重难点商品归类指南

ZHONGNANDIAN SHANGPIN GUILEI ZHINAN

《重难点商品归类指南》编委会　编

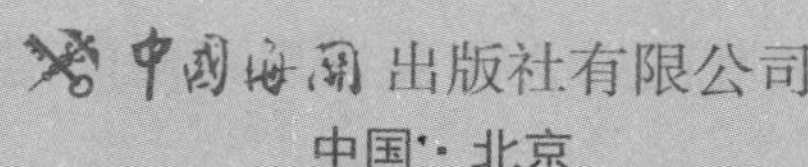

中国海关出版社有限公司
中国·北京

图书在版编目（CIP）数据

重难点商品归类指南/《重难点商品归类指南》编委会编．—北京：中国海关出版社有限公司，2020.10

ISBN 978-7-5175-0401-6

Ⅰ．①重… Ⅱ．①重… Ⅲ．①进出口商品—分类—中国—指南 Ⅳ．①F752.6-62

中国版本图书馆 CIP 数据核字（2019）第 255683 号

重难点商品归类指南

ZHONGNANDIAN SHANGPIN GUILEI ZHINAN

编　　者：《重难点商品归类指南》编委会
责任编辑：刘白雪　夏淑婷
助理编辑：衣尚书
出版发行：中国海关出版社有限公司
社　　址：北京市朝阳区东四环南路甲 1 号　　邮政编码：100023
网　　址：www. hgcbs. com. cn
编 辑 部：01065194242-7521（电话）　　01065194231（传真）
发 行 部：01065194221/4227/4238/4246（电话）　　01065194233（传真）
社办书店：01065195616（电话）　　01065195127（传真）
www. customskb. com/book（网址）
印　　刷：北京盛通印刷股份有限公司　　经　　销：新华书店
开　　本：889mm×1194mm　1/16
印　　张：47.5　　字　　数：2000 千字
版　　次：2020 年 10 月第 1 版
印　　次：2020 年 10 月第 1 次印刷
书　　号：ISBN　978-7-5175-0401-6
定　　价：200.00 元

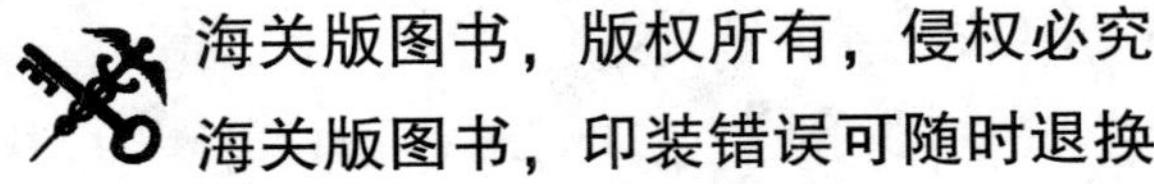

前　言

商品归类是对进出口货物进行正确申报、纳税、适用正确贸易管制条件和监管要求的重要基础。对进出口货物进行正确的商品归类是提高通关效率、降低通关成本的重要前提，也是广大进出口企业守法合规的自律要求。因此，努力提高进出口商品归类能力是广大从事进出口经营、代理报关、货代等企业和相关业者的迫切需求。

进出口贸易实践表明，由于专业性较强且进出口商品品种纷繁复杂、生产科技日新月异，对进出口货物进行准确归类一直是从事进出口贸易业者面临的一大技术难题。在进出口贸易量不断增长的时代，让国际贸易业者和海关工作人员通过多渠道、多方位了解更多的商品知识，促进归类水平的提高，无疑是维护广大进出口企业合法权益、缓解通关压力、提高通关效率和保障国家税收安全的有效途径。为此，我们编写了《重难点商品归类指南》，作为从事商品归类工作的广大外贸业者和海关工作人员的参考资料。本书汇集的商品信息主要包括税则号列、商品名称、规格型号、商品描述、监管证件要求等，考虑到便于查看，一并收集了商品所在的类、章的类注、章注、子目注释等法律条文。

体例上，本书商品按照《中华人民共和国进出口税则》的章节顺序进行排序。因部分章节暂未收录重点商品，故只列出其相关章节标题及章注释等。对每个税号商品的“规格型号”参照《中华人民共和国海关进出口商品规范申报目录及释义》中的“申报要素”栏并结合申报形式，予以详细列明，以方便读者对照参考。其中，需要据实填报或暂缺信息的要素用括号标注，例如，商品“8301.1000 挂锁”的规格型号为“家用｜铜制｜钥匙锁｜(品牌)”，其中“品牌”信息需据实填报。每个税号商品的“监管证件”栏收录了相应商品在进出口时所需申领的监管证件代码。监管证件代码所代表的监管证件名称见附表。对一些商品可能涉及不同监管证件要求的，用“/”列出，例如，商品“8443.3110 多功能复印一体机”的监管证件为

“M/无监管证件要求”，若实际商品为静电感光式多功能一体加密传真机，则所需监管证件代码为M，即“密码产品和设备进口许可证”，否则无须监管证件。

鉴于编者水平有限、时间仓促，书中难免有不当或错误之处，恳请读者批评指正。本书内容仅供进出口归类及申报参考，不作为执法或申报的法律依据。书中内容如有与国家相关政策法规不一致之处，请以政策法规条文为准。

编　者

2020年8月

目　录

第一类
活动物；动物产品

注释：

一、本类所称的各属种动物，除条文另有规定的以外，均包括其幼仔在内。

二、除条文另有规定的以外，本协调制度所称干的产品，均包括经脱水、蒸发或冷冻干燥的产品。

第一章 活动物

注释：

本章包括所有活动物，但下列各项除外：

一、税目 03. 01、03. 06、03. 07 或 03. 08 的鱼、甲壳动物、软体动物及其他水生无脊椎动物；

二、税目 30. 02 的培养微生物及其他产品；以及

三、税目 95. 08 的动物。

【税则号列】 0102. 2100
【商品名称】 荷斯坦青年牛
【规格型号】 改良种用
【商品描述】 非野生。
【监管证件】 AB

【税则号列】 0103. 9200
【商品名称】 活大猪
【规格型号】 100. 04 千克/头
【商品描述】 非野生，非改良种用。
【监管证件】 4xAB

【税则号列】 0106. 1910
【商品名称】 水貂
【规格型号】 改良种用
【商品描述】 野生。
【监管证件】 ABFE

第二章　肉及食用杂碎

注释：

本章不包括：

一、税目02.01至02.08或02.10的不适合供人食用的产品；

二、动物的肠、膀胱、胃（税目05.04）或动物血（税目05.11、30.02）；或

三、税目02.09所列产品以外的动物脂肪（第十五章）。

【税则号列】　0201.3000
【商品名称】　冷藏去骨牛肉
【规格型号】　冷藏|已去骨|（牛肉部位）|21.87千克/箱，纸箱包装
【商品描述】　非野生。
【监管证件】　47ABx

【税则号列】　0202.3000
【商品名称】　冻牛腱肉
【规格型号】　冻|去骨|含腱心|22.54千克/箱
【商品描述】　脂肪占10%。
【监管证件】　47ABx

【税则号列】　0202.3000
【商品名称】　冻去骨牛肉
【规格型号】　冻|已去骨|24.9千克/箱，纸箱包装
【商品描述】　非野生。
【监管证件】　47ABx

【税则号列】　0203.2200
【商品名称】　冻猪肘
【规格型号】　冻|带骨|15千克/纸箱
【商品描述】　略。
【监管证件】　47ABx

【税则号列】 0203. 2900
【商品名称】 冻猪大排
【规格型号】 冻 | 带骨 | 10 千克/箱
【商品描述】 略。
【监管证件】 47ABx

【税则号列】 0203. 2900
【商品名称】 冻猪颈骨
【规格型号】 冻 | 带骨 | 15 千克/箱
【商品描述】 非野生。
【监管证件】 47ABx

【税则号列】 0203. 2900
【商品名称】 冻猪肋排
【规格型号】 零下 18℃储藏 | 带骨，不带颈骨 | 10 千克/箱
【商品描述】 食用非野生濒危。
【监管证件】 47ABx

【税则号列】 0206. 4900
【商品名称】 冻猪耳
【规格型号】 冻 | 猪耳 | 15 千克/箱
【商品描述】 带内耳。
【监管证件】 47ABx

【税则号列】 0206. 4900
【商品名称】 冻猪心
【规格型号】 冻 | 猪心 | 13. 6 千克/箱
【商品描述】 略。
【监管证件】 47ABx

【税则号列】 0206. 4900
【商品名称】 冻猪头
【规格型号】 冻 | 猪头 | 21 千克/箱
【商品描述】 完整冻猪头，带鼻、耳。
【监管证件】 47ABx

【税则号列】 0206.4900
【商品名称】 冻猪肾
【规格型号】 冻丨猪肾丨13.6千克/箱
【商品描述】 略。
【监管证件】 47ABx

【税则号列】 0206.4900
【商品名称】 冻猪后脚
【规格型号】 冻丨猪脚丨长度20厘米~23厘米，10千克/箱
【商品描述】 后脚，非野生，食用。
【监管证件】 47ABx

【税则号列】 0206.4900
【商品名称】 冻猪背皮
【规格型号】 冻丨猪皮丨27.22千克/纸箱
【商品描述】 背皮。
【监管证件】 47ABx

【税则号列】 0206.4900
【商品名称】 冻猪前蹄
【规格型号】 冻丨猪蹄丨长度20厘米，10千克/箱
【商品描述】 冻猪前蹄（又称冻猪前脚），短切带趾。
【监管证件】 47ABx

【税则号列】 0206.9000
【商品名称】 冻羔羊肾
【规格型号】 冻丨羔羊肾丨20千克/箱
【商品描述】 略。
【监管证件】 7AB

【税则号列】 0207.1421
【商品名称】 冻鸡全翼
【规格型号】 冻，零下18℃储藏丨带骨丨（厂号）丨（品牌）
【商品描述】 15千克/箱，每个75克以上。
【监管证件】 7AB4x

【税则号列】 0207. 1422
【商品名称】 冻鸡爪
【规格型号】 冻，零下18℃储藏｜带骨｜（厂号）｜（品牌）｜9. 98千克/箱，每个25克以上
【商品描述】 略。
【监管证件】 7AB4x

第三章　鱼、甲壳动物、软体动物及其他水生无脊椎动物

注释：

一、本章不包括：

（一）税目01. 06的哺乳动物；

（二）税目01. 06的哺乳动物的肉（税目02. 08或02. 10）；

（三）因品种或鲜度不适合供人食用的死鱼（包括鱼肝、鱼卵及鱼精等）、死甲壳动物、死软体动物及其他死水生无脊椎动物（第五章）；不适合供人食用的鱼，甲壳动物，软体动物，其他水生无脊椎动物的粉、粒（税目23. 01）；或

（四）鲟鱼子酱及用鱼卵制成的鲟鱼子酱代用品（税目16. 04）。

二、本章所称“团粒”，是指直接挤压或加入少量黏合剂制成的粒状产品。

【税则号列】 0301. 9919
【商品名称】 活鰤鱼苗
【规格型号】 活｜鱼苗｜拉丁名称 *Seriola quinqueradiata*
【商品描述】 20厘米~23厘米/尾。
【监管证件】 AB

【税则号列】 0301. 9999
【商品名称】 活鲈鱼
【规格型号】 活｜拉丁名称 *Lateolabrax maculatus*
【商品描述】 食用，每条1千克以上。
【监管证件】 AB

【税则号列】 0302. 1410
【商品名称】 三文鱼（大西洋鲑鱼）
【规格型号】 冷｜拉丁名称 *Salmo salar*
【商品描述】 每条7千克~8千克，泡沫箱内装冰块包装，冰鲜保存，去内脏。
【监管证件】 AB

【税则号列】 0303. 2300
【商品名称】 冻罗非鱼
【规格型号】 冻 | 拉丁名称 *Oreochromis* spp. | 600 克~1000 克/条
【商品描述】 略。
【监管证件】 AB

【税则号列】 0303. 2400
【商品名称】 冻鲶鱼
【规格型号】 冻 | 拉丁名称 *Silurus* spp. | 500 克~3000 克/条
【商品描述】 略。
【监管证件】 AB

【税则号列】 0303. 5100
【商品名称】 冻鲱鱼
【规格型号】 冻 | 拉丁名称 *Clupea pallasi* | 150 克~300 克/条
【商品描述】 略。
【监管证件】 ABU

【税则号列】 0303. 5300
【商品名称】 冻沙丁鱼
【规格型号】 冻 | 拉丁名称 *Sardina pilchardus* | 40 克~60 克/条
【商品描述】 工艺为清洗—分级—排盘—急冻—脱盘—包装。
【监管证件】 AB

【税则号列】 0303. 5400
【商品名称】 冻鲭鱼
【规格型号】 冻 | 拉丁名称 *Scomber scombrus* | 80 克~160 克/条
【商品描述】 略。
【监管证件】 AB

【税则号列】 0303. 5900
【商品名称】 冻马鲛鱼
【规格型号】 冻 | 拉丁名称 *Scomberomorus niphonius* | 600 克~1200 克/条
【商品描述】 35 厘米~43 厘米/条。
【监管证件】 AB

【税则号列】 0303. 6700
【商品名称】 冻狭鳕鱼
【规格型号】 冻 | 拉丁名称 *Gadus chalcogramma* | 150 克~800 克/条
【商品描述】 整条，带头，带内脏。
【监管证件】 ABU

【税则号列】 0303. 8910
【商品名称】 冻带鱼
【规格型号】 冻 | 拉丁名称 *Trichiurus* | 200 克~650 克 /条
【商品描述】 略。
【监管证件】 AB

【税则号列】 0303. 8990
【商品名称】 冻鲳鱼（冻黑鲳）
【规格型号】 冻 | 拉丁名称 *Parastromateus niger* | 100 克~1000 克/条
【商品描述】 清洗，分级，冷冻。
【监管证件】 AB

【税则号列】 0303. 8990
【商品名称】 冻金鲳鱼
【规格型号】 冻 | 拉丁名称 *Trachinotus ovatus* | 200 克~600 克/条
【商品描述】 清洗，分级，冷冻。
【监管证件】 AB

【税则号列】 0303. 8990
【商品名称】 冻白方头鱼
【规格型号】 冻 | 拉丁名称 *Branchiostegus argentatus* | 200 克~250 克/条
【商品描述】 略。
【监管证件】 AB

【税则号列】 0304. 6100
【商品名称】 冻罗非鱼片
【规格型号】 冻 | 拉丁名称 *Oreochromis niloticus* | 1 盎司~4 盎司/片，4. 54 千克/箱
【商品描述】 口孵非鲫属；冻的，片状；加工工艺为放血—开片—去皮—磨皮—修整—清洗—分选。
【监管证件】 AB

【税则号列】 0304. 8900
【商品名称】 冻方头鱼片
【规格型号】 冻 | 拉丁名称 *Branchiostegus argentatus* | （是否带头、脏、皮、刺、鳞、鳍） | 70 克~200 克/片
【商品描述】 略。
【监管证件】 AB

【税则号列】 0305. 2000
【商品名称】 冻盐渍飞鱼卵
【规格型号】 盐腌、盐渍 | 拉丁名称 *Cypselurus agoo*
【商品描述】 用盐腌或盐渍腌制成，10 千克/箱。
【监管证件】 AB

【税则号列】 0306. 1721
【商品名称】 冻南美白虾仁
【规格型号】 冻 | 去壳 | 拉丁名称 *Penaeus Vannamei* | 51 个~90 个/磅 | 50 磅/箱
【商品描述】 加工工艺为去头—去壳—开背去肠—分级—清洗—压盘—急冻—包装入库。
【监管证件】 AB

【税则号列】 0306. 1721
【商品名称】 冻对虾仁
【规格型号】 冻 | 去壳 | 拉丁名称 *Penaeus indicus* | 71 个~90 个/磅 | 30 磅/箱
【商品描述】 加工工艺为去头—去壳—去肠—过清水—速冻处理。
【监管证件】 AB

【税则号列】 0306. 1729
【商品名称】 冻去头虾
【规格型号】 冻 | 带壳 | 拉丁名称 *Penaeus vannamei* | 71 条~90 条/磅 | 16 千克/箱
【商品描述】 加工工艺为清洗—去头—分级—镀冰衣—包装—冷藏。
【监管证件】 AB

【税则号列】 0307. 2900
【商品名称】 干贝
【规格型号】 干|去壳|粒状|拉丁名称 *Placopecten* spp.|个体重量 0. 8 克~1. 8 克/粒，560 粒~1200 粒/千克|16 千克/箱
【商品描述】 略。
【监管证件】 AB

【税则号列】 0307. 4310
【商品名称】 冻墨鱼片
【规格型号】 冻|拉丁名称 *Sepiola* spp.|500 克~1000 克/片|12 千克/箱
【商品描述】 不带壳；加工工艺为清洗—分级—排盘—急冻—脱盘—镀冰衣—包装入库。
【监管证件】 AB

【税则号列】 0307. 4310
【商品名称】 冻墨鱼肉
【规格型号】 冻|拉丁名称 *Sepia* spp.|500 克/个|10 千克/件
【商品描述】 保存方法为冷冻；状态为去皮，去内脏；加工工艺为经过去皮—去内脏—过清水—速冻处理。
【监管证件】 AB

【税则号列】 0307. 4310
【商品名称】 冻去皮鱿鱼
【规格型号】 冻|拉丁名称 *Loligo duvaucelii*|5 克/个|6×2. 27 千克/件
【商品描述】 加工方法为去皮—去内脏—过清水—速冻处理。
【监管证件】 AB

【税则号列】 0307. 4310
【商品名称】 冻小鱿鱼
【规格型号】 冻|拉丁名称 *Rossia macrosoma*|10 磅~12 磅/条|10 千克/箱
【商品描述】 冰冻，无壳。
【监管证件】 AB

【税则号列】 0307.4310

【商品名称】 冻鱿鱼片

【规格型号】 冻|拉丁名称 *Loligo Chinensis*|100克~200克/片|12千克/箱

【商品描述】 冷冻，去壳。

【监管证件】 AB

第四章 乳品；蛋品；天然蜂蜜；其他食用动物产品

注释：

一、所称“乳”，是指全脂乳及半脱脂或全脱脂的乳。

二、税目04.05所称：

（一）“黄油”，仅指从乳中提取的天然黄油、乳清黄油及调制黄油（新鲜、加盐或酸败的，包括罐装黄油），按重量计乳脂含量在80%及以上，但不超过95%，乳的无脂固形物最大含量不超过2%，以及水的最大含量不超过16%。黄油中不含添加的乳化剂，但可含有氯化钠、食用色素、中和盐及无害乳酸菌的培养物。

（二）“乳酱”是一种油包水型可涂抹的乳状物，乳脂是该制品所含的唯一脂肪，按重量计其含量在39%及以上，但小于80%。

三、乳清经浓缩并加入乳或乳脂制成的产品，若同时具有下列三种特性，则视为乳酪归入税目04.06：

（一）按干重计乳脂含量在5%及以上的；

（二）按重量计干质成分至少为70%，但不超过85%的；以及

（三）已成型或可以成型的。

四、本章不包括：

（一）按重量计乳糖含量（以干燥无水乳糖计）超过95%的乳清制品（税目17.02）；

（二）以一种物质（例如，油酸酯）代替乳中一种或多种天然成分（例如，丁酸酯）而制得的产品（税目19.01或21.06）；或

（三）白蛋白（包括按重量计干质成分的乳清蛋白含量超过80%的两种或两种以上的乳清蛋白浓缩物）（税目35.02）及球蛋白（税目35.04）。

子目注释：

一、子目0404.10所称“改性乳清”，是指由乳清成分构成的制品，即全部或部分去除乳糖、蛋白或矿物质的乳清、加入天然乳清成分的乳清及由混入天然乳清成分制成的产品。

二、子目0405.10所称“黄油”，不包括脱水黄油及印度酥油（子目0405.90）。

【税则号列】 0402. 1000
【商品名称】 脱脂奶粉
【规格型号】 浓缩未加糖 | 粉状 | 脂肪 0. 8% | 成分为脂肪 0. 8%、乳糖 54. 1%、蛋白质 33. 4%、矿物质 7. 9%、水分 3. 8% | 25 千克/袋 | （品牌）
【商品描述】 用作配方奶粉原料，婴幼儿不能直接食用。
【监管证件】 7AB

【税则号列】 0402. 2100
【商品名称】 全脂奶粉
【规格型号】 浓缩未加糖 | 粉状 | 脂肪 26. 8% | 成分为蛋白质 25%、乳糖 39. 1%、脂肪 26. 8%、水分 3. 3%、矿物质5. 8% | 25 千克/包 | （品牌）
【商品描述】 用于食品加工。
【监管证件】 7AB

【税则号列】 0402. 2100
【商品名称】 全脂奶粉（Fonterra 牌）
【规格型号】 浓缩未加糖 | 粉状 | 脂肪 6. 8% | 成分为乳糖 39. 1%、脂肪 6. 8%、蛋白质 25%、矿物质 5. 8%、水分 3. 3% | 25 千克/包 | Fonterra 牌
【商品描述】 淡黄色粉状，未加糖乳粉。
【监管证件】 7AB

【税则号列】 0404. 1000
【商品名称】 脱盐乳清粉
【规格型号】 食用 | 浓缩脱盐 | 成分为蛋白质 14. 1%、灰分 0. 9%、脂肪 1. 1%、水分 0. 9% | （品牌）
【商品描述】 食用，浓缩；25 千克/包。
【监管证件】 AB

【税则号列】 0404. 1000
【商品名称】 乳清粉
【规格型号】 饲料用 | 浓缩未脱盐 | 成分为蛋白质 6. 7%、水分 4. 8%、乳糖 78. 5% | （品牌）
【商品描述】 饲料用，由乳清浓缩干燥所得，未经脱盐处理；25 千克/包。
【监管证件】 AB

【税则号列】 0406. 3000
【商品名称】 芝士
【规格型号】 固化、熟化|成分为水分45. 4%~46%、脂肪23. 6%、蛋白质24. 2%、盐1. 3%、其他5. 4%|2块×10千克/箱|（品牌）
【商品描述】 固化，非蓝纹，熟化。
【监管证件】 AB

第五章　其他动物产品

注释：

一、本章不包括：

（一）食用产品（整个或切块的动物肠、膀胱和胃以及液态或干制的动物血除外）；

（二）生皮或毛皮（第四十一章、第四十三章），但税目05. 05的货品及税目05. 11的生皮或毛皮的边角废料仍归入本章；

（三）马毛及废马毛以外的动物纺织原料（第十一类）；或

（四）供制帚、制刷用的成束、成簇的材料（税目96. 03）。

二、仅按长度而未按发根和发梢整理的人发，视为未加工品，归入税目05. 01。

三、本协调制度所称“兽牙”，是指象、河马、海象、一角鲸和野猪的长牙、犀角及其他动物的牙齿。

四、本协调制度所称“马毛”，是指马科、牛科动物的鬃毛和尾毛。税目05. 11主要包括马毛及废马毛，不论是否制成带衬垫或不带衬垫的毛片。

【税则号列】 0504. 0011
【商品名称】 盐渍猪肠衣
【规格型号】 盐渍
【商品描述】 原料为猪肠衣。将洗好的肠衣灌满自来水，使其膨胀，放入尺码架上，测量直径后按大小分类（口径28毫米~76毫米）。撒肠衣专用盐，沥干盐水8小时后将肠衣绕成把装入塑料袋，再将塑料袋装入塑料桶。
【监管证件】 AB

【税则号列】 0504. 0029
【商品名称】 冻猪肚
【规格型号】 冻
【商品描述】 15千克/箱。冻的，整肚，非野生，经烫洗，供食用。
【监管证件】 AB

【税则号列】 0505. 1000

【商品名称】 水洗白鹅绒毛

【规格型号】 填充用 | 经分类、水洗、高温消毒、抗菌、防霉、除臭等处理 | （绒份） | （羽毛长度）

【商品描述】 50 千克/袋。由白鹅的羽毛制得，主要用作羽绒制品的填充料。

【监管证件】 AB

【税则号列】 0505. 1000

【商品名称】 水洗鸭绒羽毛

【规格型号】 填充用 | 经分类、水洗、高温消毒、抗菌、防霉、除臭等处理 | （绒份） | （羽毛长度）

【商品描述】 80 千克/袋。由鸭的羽毛制得，主要用作羽绒制品的填充料。

【监管证件】 AB

【税则号列】 0505. 9090

【商品名称】 火鸡毛

【规格型号】 已烘干，未经加工或脱脂 | 未脱胶

【商品描述】 10 厘米~18 厘米/条。原毛，已烘干，白色，不含尾毛，不含翅膀毛，非野生，未水洗，未分类。用于加工成装饰用羽毛条和鸡毛扫。

【监管证件】 AB

【税则号列】 0505. 9090

【商品名称】 洗净鸵鸟毛

【规格型号】 已洗净，已薰蒸，用于加工装饰羽毛条 | 未脱胶

【商品描述】 15 厘米~34 厘米/条。

【监管证件】 AB

第二类
植物产品

注释：

本类所称“团粒”，是指直接挤压或加入按重量计比例不超过 3%的黏合剂制成的粒状产品。

第七章　食用蔬菜、根及块茎

注释：

一、本章不包括税目 12.14 的草料。

二、税目 07.09、07.10、07.11 及 07.12 所称"蔬菜"，包括食用的蘑菇、块菌、油橄榄、刺山柑、菜葫芦、南瓜、茄子、甜玉米、辣椒、茴香菜、欧芹、细叶芹、龙蒿、水芹、甜茉乔栾那。

三、税目 07.12 包括干制的归入税目 07.01 至 07.11 的各种蔬菜，但下列各项除外：

（一）作蔬菜用的脱荚干豆（税目 07.13）；

（二）税目 11.02 至 11.04 所列形状的甜玉米；

（三）马铃薯细粉、粗粉、粉末、粉片、颗粒及团粒（税目 11.05）；

（四）用税目 07.13 的干豆制成的细粉、粗粉及粉末（税目 11.06）。

四、本章不包括辣椒干及辣椒粉（税目 09.04）。

【税则号列】 0708.1000
【商品名称】 豌豆
【规格型号】 鲜或冷
【商品描述】 又名甜豆、荷兰豆，鲜的或冷藏。
【监管证件】 AB

【税则号列】 0712.3910
【商品名称】 干制香菇
【规格型号】 干制
【商品描述】 15 千克/箱。加工方法为人工分选—微波杀菌—真空包装—金属探测检查—检查合格装箱。
【监管证件】 AB

【税则号列】 0713.1090
【商品名称】 干豌豆
【规格型号】 干制且脱荚 | 加拿大 2 号统级黄豌豆
【商品描述】 干制脱荚，有皮，非种用，水分 12.4%。
【监管证件】 AB

【税则号列】 0713. 3190
【商品名称】 绿豆
【规格型号】 干制且脱荚 | 非种用
【商品描述】 略。
【监管证件】 AB

【税则号列】 0713. 3390
【商品名称】 黑芸豆
【规格型号】 干制且脱荚 | 非种用
【商品描述】 略。
【监管证件】 AB

【税则号列】 0713. 3390
【商品名称】 奶花芸豆
【规格型号】 干制且脱荚 | 非种用
【商品描述】 略。
【监管证件】 AB

【税则号列】 0713. 3390
【商品名称】 白芸豆
【规格型号】 干制且脱荚 | 非种用
【商品描述】 略。
【监管证件】 AB

【税则号列】 0714. 1010
【商品名称】 鲜木薯
【规格型号】 鲜的 | 非种用
【商品描述】 主要成分为淀粉 20%~24%，水分及纤维分 63%~69%，杂质 1%~3%，制淀粉用。
【监管证件】 7AB

【税则号列】 0714. 1020
【商品名称】 木薯干
【规格型号】 切段晒干 | 非种用
【商品描述】 淀粉含量≥68%。
【监管证件】 7AB

第八章　食用水果及坚果；柑橘属水果或甜瓜的果皮

注释：

一、本章不包括非供食用的坚果或水果。

二、冷藏的水果和坚果应按相应的鲜果税目归类。

三、本章的干果可以部分复水或为下列目的进行其他处理，但必须保持干果的特征：

（一）为保藏或保持其稳定性（例如，经适度热处理或硫化处理、添加山梨酸或山梨酸钾）；

（二）为改进或保持其外观（例如，添加植物油或少量葡萄糖浆）。

【税则号列】　0802. 9090
【商品名称】　松子
【规格型号】　鲜｜未去壳
【商品描述】　非种用。
【监管证件】　红松子：ABE；其他松子：AB

【税则号列】　0805. 1000
【商品名称】　鲜橙
【规格型号】　鲜｜夏橙｜（等级）｜（品牌）
【商品描述】　13. 5 千克/件。
【监管证件】　AB

【税则号列】　0810. 5000
【商品名称】　鲜猕猴桃
【规格型号】　鲜｜青奇异果｜一级
【商品描述】　3 千克/件。
【监管证件】　AB

【税则号列】　0810. 9080
【商品名称】　鲜火龙果
【规格型号】　鲜｜（等级）
【商品描述】　23 千克/箱。红皮白肉。
【监管证件】　AB

第九章　咖啡、茶、马黛茶及调味香料

注释：

一、税目 09. 04 至 09. 10 所列产品的混合物，应按下列规定归类：

（一）同一税号的两种或两种以上产品的混合物仍应归入该税号；

（二）不同税号的两种或两种以上产品的混合物应归入税目 09. 10。

税目 09. 04 至 09. 10 的产品［或上述（一）或（二）项的混合物］如添加了其他物质，只要所得的混合物保持了原产品的基本特性，其归类应不受影响。基本特性已经改变的，则不应归入本章；构成混合调味品的，应归入税目 21. 03。

二、本章不包括荜澄茄椒或税目 12. 11 的其他产品。

【税则号列】　0901. 1100
【商品名称】　咖啡豆
【规格型号】　未浸除咖啡碱，未焙炒
【商品描述】　60 千克/箱。
【监管证件】　AB

【税则号列】　0902. 1090
【商品名称】　绿茶
【规格型号】　未经发酵 | 125 克/盒 | （品牌）
【商品描述】　外观呈灰绿色条形。
【监管证件】　AB

【税则号列】　0902. 3010
【商品名称】　乌龙茶
【规格型号】　半发酵 | 5 磅×6 袋/箱 | （品牌）
【商品描述】　略。
【监管证件】　AB

【税则号列】　0902. 4090
【商品名称】　红茶
【规格型号】　全发酵茶 | 50 千克/袋 | （品牌）
【商品描述】　用 CTC 制茶工艺加工成碎末白毫，装入牛皮纸袋内，用于生产台式奶茶等。
【监管证件】　AB

【税则号列】 0904. 2100
【商品名称】 辣椒干
【规格型号】 整个未磨，晒干
【商品描述】 编织袋包装。
【监管证件】 AB

第十章 谷 物

注释：

一、

（一）本章各税目所列产品必须带有谷粒，不论是否成穗或带杆。

（二）本章不包括已去壳或经其他加工的谷物。但去壳、碾磨、磨光、上光、半熟或破碎的稻米仍应归入税目 10. 06。

二、税目 10. 05 不包括甜玉米（第七章）。

子目注释：

所称“硬粒小麦”，是指硬粒小麦属的小麦及以该属具有相同染色体数目（28）的小麦种间杂交所得的小麦。

【税则号列】 1001. 9900
【商品名称】 小麦（白小麦）
【规格型号】 非种用
【商品描述】 颗粒状，散装。主要成分为蛋白质 10. 2%、水分 11. 1%。
【监管证件】 配额内：4xABty ；配额外：4xABy

【税则号列】 1003. 9000
【商品名称】 啤酒大麦
【规格型号】 非种用 | 非硬粒 | 白麦
【商品描述】 颗粒状，散装。主要成分为水分≤12%，发芽率≥95%，蛋白质 9. 5%~11. 5%。
【监管证件】 7AB

【税则号列】 1004. 9000
【商品名称】 燕麦
【规格型号】 非种用
【商品描述】 带壳，水分 9%~10. 6%。
【监管证件】 AB

【税则号列】 1005.9000
【商品名称】 玉米
【规格型号】 非种用
【商品描述】 散装。美国 2 号黄玉米，转基因产品。
【监管证件】 配额内：4xABty ；配额外：4xABy

【税则号列】 1006.1021
【商品名称】 籼米稻谷
【规格型号】 籼米 | 种用 | 40 千克/包
【商品描述】 带壳稻谷，种用。
【监管证件】 配额内：4xABty ；配额外：4xABy

【税则号列】 1006.2020
【商品名称】 长粒糙米
【规格型号】 (种类) | 糙米 | 40 千克/袋
【商品描述】 未打磨，水分 14.5%，破碎 10%，杂质 0.2%。
【监管证件】 配额内：4xABty ；配额外：4xABy

【税则号列】 1006.3020
【商品名称】 籼米精米
【规格型号】 籼米 | 50 千克/包
【商品描述】 稻谷长粒米，非种用，经机械二次精磨及刨光、筛选，含小于等于 5%的碎米。
【监管证件】 配额内：4xABty ；配额外：4xABy

【税则号列】 1006.3020
【商品名称】 糯米
【规格型号】 长粒，精米 | 50 千克/包
【商品描述】 精米，含小于等于 10%的碎米。
【监管证件】 配额内：4xABty ；配额外：4xABy

【税则号列】 1006.3080
【商品名称】 大米
【规格型号】 粳米 | 50 千克/包
【商品描述】 中短粒，精米，含小于等于 30%的碎米。
【监管证件】 配额内：4xABty ；配额外：4xABy

第十二章　含油子仁及果实；杂项子仁及果实；工业用或药用植物；稻草、秸秆及饲料

注释：

一、税目 12.07 主要包括棕榈果及棕榈仁、棉子、蓖麻子、芝麻、芥子、红花子、罂粟子、牛油树果，但不包括税目 08.01 或 08.02 的产品及油橄榄（第七章或第二十章）。

二、税目 12.08 不仅包括未脱脂的细粉和粗粉，而且包括部分或全部脱脂以及用其本身的油料全部或部分复脂的细粉和粗粉。但不包括税目 23.04 至 23.06 的残渣。

三、甜菜子、草子及其他草本植物种子、观赏用花的种子、蔬菜种子、林木种子、果树种子、巢菜子（蚕豆除外）、羽扇豆属植物种子，可一律视为种植用种子，归入税目 12.09。

但下列各项即使作种子用，也不归入税目 12.09：

（一）豆类蔬菜或甜玉米（第七章）；

（二）第九章的调味香料及其他产品；

（三）谷物（第十章）；或

（四）税目 12.01 至 12.07 或 12.11 的产品。

四、税目 12.11 主要包括下列植物或这些植物的某部分：罗勒、琉璃苣、人参、海索草、甘草、薄荷、迷迭香、芸香、鼠尾草及苦艾。

但税目 12.11 不包括：

（一）第三十章的药品；

（二）第三十三章的芳香料制品及化妆盥洗品；或

（三）税目 38.08 的杀虫剂、杀菌剂、除草剂、消毒剂及类似产品。

五、税目 12.12 的“海草及其他藻类”不包括：

（一）税目 21.02 的已死的单细胞微生物；

（二）税目 30.02 的培养微生物；或

（三）税目 31.01 或 31.05 的肥料。

子目注释：

子目 1205.10 所称“低芥子酸油菜子”，是指所榨取的固定油中芥子酸含量按重量计低于 2%，以及所得的固体成分每克葡萄糖苷酸（酯）含量低于 30 微摩尔的油菜子。

【税则号列】　1201.9010

【商品名称】　黄大豆

【规格型号】　黄大豆 | 蛋白 35.82% | 油 19.84% | （升贴水）

【商品描述】　黄色球形，散装。转基因大豆，非种用，主要用于榨油。

【监管证件】　7AB

【税则号列】 1202.4200
【商品名称】 花生仁
【规格型号】 去壳，未烘焙，未烹煮|非种用
【商品描述】 25千克/箱。
【监管证件】 AB

【税则号列】 1205.1090
【商品名称】 油菜籽
【规格型号】 芥子酸≤2%，葡萄糖甘酸（酯）≤30微摩尔/克，含油≥40%
【商品描述】 转基因，非种用。
【监管证件】 7AB

【税则号列】 1206.0090
【商品名称】 葵花籽
【规格型号】 葵花籽
【商品描述】 食用，干的。
【监管证件】 AB

【税则号列】 1207.2900
【商品名称】 棉籽
【规格型号】 非种用
【商品描述】 转基因棉籽，用于加工棉籽绒、棉皮、棉粕、棉籽油等。
【监管证件】 AB

【税则号列】 1207.4090
【商品名称】 芝麻
【规格型号】 非种用
【商品描述】 50千克/袋。主要用来榨油、加工脱皮流通到食品加工企业。
【监管证件】 AB

【税则号列】 1209.9100
【商品名称】 白菜种子
【规格型号】 种植用
【商品描述】 呈颗粒状，袋装包装。
【监管证件】 AB

【税则号列】 1209. 9100
【商品名称】 青椒种子
【规格型号】 种植用
【商品描述】 呈颗粒状，袋装包装。
【监管证件】 AB

【税则号列】 1209. 9100
【商品名称】 西红柿种子
【规格型号】 种植用
【商品描述】 呈颗粒状，袋装包装。
【监管证件】 AB

【税则号列】 1209. 9100
【商品名称】 小白菜种子
【规格型号】 种植用
【商品描述】 25 千克/袋。杂交。
【监管证件】 AB

第三类

动、植物油、脂及其分解产品；精制的食用油脂；动、植物蜡

第十五章　动、植物油、脂及其分解产品；精制的食用油脂；动、植物蜡

注释：

一、本章不包括：

（一）税目 02. 09 的猪脂肪及家禽脂肪；

（二）可可脂、可可油（税目 18. 04）；

（三）按重量计税目 04. 05 所列产品的含量超过 15%的食品（通常归入第二十一章）；

（四）税目 23. 01 的油渣或税目 23. 04 至 23. 06 的残渣；

（五）第六类的脂肪酸、精制蜡、药品、油漆、清漆、肥皂、芳香料制品、化妆盥洗品、磺化油及其他货品；或

（六）从油类提取的油膏（税目 40. 02）。

二、税目 15. 09 不包括用溶剂提取的橄榄油（税目 15. 10）。

三、税目15.18不包括变性的油、脂及其分离品，这些货品应归入其相应的未变性油、脂及其分离品的税号。

四、皂料、油脚、硬脂沥青、甘油沥青及羊毛脂残渣，归入税目15.22。

子目注释：

子目1514.11及1514.19所称“低芥子酸菜子油”，是指按重量计芥子酸含量低于2%的固定油。

【税则号列】 1507.1000
【商品名称】 初榨的豆油
【规格型号】 初榨|未经化学改性
【商品描述】 脂肪酸组成为棕榈酸6%~8%，油酸25%~36%，硬脂酸3%~5%，亚油酸52%~65%，花生酸0.1%~0.4%，亚麻酸2%~3%，碘价120~137克碘/100克油。
【监管证件】 7AB

【税则号列】 1508.1000
【商品名称】 初榨的花生油
【规格型号】 初榨|未经化学改性
【商品描述】 游离脂肪酸≤2%，水分及杂质≤0.2%，黄曲霉毒素PPB≤20，芥酸≤0.2，花生酸≥1.1%。
【监管证件】 AB

【税则号列】 1511.1000
【商品名称】 初榨的棕榈油
【规格型号】 初榨|未经化学改性
【商品描述】 游离酸含量5.21%。
【监管证件】 7AB

【税则号列】 1511.9010
【商品名称】 精炼棕榈液油
【规格型号】 未经化学改性|（熔点）|散装|（规格）
【商品描述】 由棕榈毛油经精炼、分提工序精制而成。
【监管证件】 7AB

【税则号列】 1511.9020
【商品名称】 固态棕榈硬脂
【规格型号】 未经化学改性 | 50℃≤熔点≤56℃ | 散装
【商品描述】 精炼。
【监管证件】 7AB

【税则号列】 1513.1100
【商品名称】 工业用椰子油
【规格型号】 初榨 | 未经化学改性
【商品描述】 植物油脂，FFA 不超过 4%，棕红色液体，用于洗涤行业。
【监管证件】 AB

【税则号列】 1513.2100
【商品名称】 初榨棕榈仁油
【规格型号】 初榨 | 未经化学改性
【商品描述】 FFA 3%max，I. V19 max，工业用，未氢化。
【监管证件】 AB

【税则号列】 1513.2900
【商品名称】 精炼棕榈仁软脂
【规格型号】 精制 | 未经化学改性
【商品描述】 略。
【监管证件】 AB

【税则号列】 1513.2900
【商品名称】 精炼棕榈仁硬脂
【规格型号】 精制 | 未经化学改性
【商品描述】 略。
【监管证件】 AB

【税则号列】 1513.2900
【商品名称】 精炼棕榈仁油
【规格型号】 精炼 | 未经化学改性
【商品描述】 FFA 0.1%max，I. V19 max，工业用，未氢化。
【监管证件】 AB

【税则号列】 1514. 1100
【商品名称】 初榨的菜子油
【规格型号】 初榨 | 未经化学改性 | 芥子酸<2%
【商品描述】 略。
【监管证件】 7AB

【税则号列】 1514. 1100
【商品名称】 低芥子酸菜子油
【规格型号】 初榨 | 未经化学改性 | 芥子酸含量 0. 1%
【商品描述】 葡萄糖苷酸含量 16%。
【监管证件】 7AB

【税则号列】 1515. 3000
【商品名称】 精制蓖麻油
【规格型号】 精制 | 未经化学改性
【商品描述】 略。
【监管证件】 AB

【税则号列】 1516. 2000
【商品名称】 氢化精炼棕榈硬脂
【规格型号】 全部氢化
【商品描述】 略。
【监管证件】 AB

【税则号列】 1517. 9010
【商品名称】 起酥油
【规格型号】 棕榈硬脂 99. 98%，抗氧化剂 BHA 0. 01%，抗氧化剂 BHT 0. 01% | 食用 | （加工原料） | （品牌）
【商品描述】 略。
【监管证件】 AB

【税则号列】 1517.9090

【商品名称】 混合鱼油

【规格型号】 成分为鱼油15%~23%，棕榈油64%~76%，微生物油1%~2%｜食用｜（加工原料）｜（品牌）

【商品描述】 略。

【监管证件】 AB

【税则号列】 1520.0000

【商品名称】 粗甘油

【规格型号】 甘油含量84.42%

【商品描述】 大液体袋包装。液态，工业用，主要用于提炼精甘油。

【监管证件】 AB

第四类

食品；饮料、酒及醋；烟草、烟草及烟草代用品的制品

注释：

本类所称“团粒”，是指直接挤压或加入按重量计比例不超过3%的黏合剂制成的粒状产品。

第十六章　肉、鱼、甲壳动物、软体动物及其他水生无脊椎动物的制品

注释：

一、本章不包括用第二章、第三章及税目05.04所列方法制作或保藏的肉、食用杂碎、鱼、甲壳动物、软体动物或其他水生无脊椎动物。

二、本章的食品按重量计必须含有20%以上的香肠、肉、食用杂碎、动物血、鱼、甲壳动物、软体动物或其他水生无脊椎动物及其混合物。对于含有两种或两种以上前述产品的食品，则应按其中重量最大的产品归入第十六章的相应税号。但本条规定不适用于税目19.02的包馅食品和税目21.03及21.04的食品。

子目注释：

一、子目1602.10的“均化食品”，是指用肉、食用杂碎或动物血经精细均化制成适合供婴幼儿食用或营养用的零售包装食品（每件净重不超过250克）。为了调味、保藏或其他目的，均化食品中可以加入少量其他配料，还可以含有少量可见的肉粒或食用杂碎粒。归类时该子目优先于税目16.02的其他子目。

二、税目 16. 04 或 16. 05 项下各子目所列的是鱼、甲壳动物、软体动物及其他水生无脊椎动物的俗名，它们与第三章中相同名称的鱼、甲壳动物、软体动物及其他水生无脊椎动物种类范围相同。

【税则号列】 1602. 9090
【商品名称】 牛蛙腿
【规格型号】 浸泡三聚磷酸钠，食用盐消毒杀菌 | 6×5 磅/件
【商品描述】 加工方法为去皮—去内脏—取腿—浸泡三聚磷酸钠—食用盐消毒杀菌—过清水—速冻处理。
【监管证件】 AB

【税则号列】 1604. 1700
【商品名称】 冷冻烤鳗（拉丁名称为 *Anguilla anguilla*）
【规格型号】 整条剖杀、蒸煮 | 10 千克/箱
【商品描述】 欧洲鳗鲡，加工方法为收购—冰镇—剖杀—白烧—蒸煮—蒲烧—速冻—分级—称重—选别—包装—金检—冷冻储藏—出货。
【监管证件】 ABEF

【税则号列】 1604. 1700
【商品名称】 冷冻烤鳗（拉丁名称为 *Anguilla japonica*）
【规格型号】 去头整条 | （制作或保存方法） | 10 千克/箱，227 克/条
【商品描述】 日本鳗鲡，去头，整条。
【监管证件】 AB

【税则号列】 1604. 1920
【商品名称】 冻罗非鱼片
【规格型号】 主要加工方法为杀菌、消毒 | 10 磅/箱，50 克~100 克/片
【商品描述】 略。
【监管证件】 AB

【税则号列】 1604. 1920
【商品名称】 冻面包罗非鱼片
【规格型号】 （制作或保存方法） | （包装规格）
【商品描述】 略。
【监管证件】 AB

【税则号列】 1604. 1920
【商品名称】 冻罗非鱼
【规格型号】 整条，加工方法为清洗—急冻—臭氧消毒—杀菌 | 10 千克/箱，200 克~300 克/条
【商品描述】 略。
【监管证件】 AB

【税则号列】 1604. 1990
【商品名称】 冻白方头鱼
【规格型号】 杀菌，消毒 | 20 千克/箱
【商品描述】 略。
【监管证件】 AB

【税则号列】 1604. 1990
【商品名称】 冻海鲈鱼片
【规格型号】 杀菌，消毒，切块 | 230 克~360 克/片，15 千克/箱
【商品描述】 冰衣含量 10%。
【监管证件】 AB

【税则号列】 1604. 1990
【商品名称】 制作保藏红甘鱼
【规格型号】 非整条，漂洗，浸渍，脱脂，杀菌，冷冻 | 10 千克/件
【商品描述】 略。
【监管证件】 AB

【税则号列】 1605. 1000
【商品名称】 冻调味蟹块
【规格型号】 加工方法为清洗—去壳—去内脏—修整—裹粉—速冻—包装—冷冻等 | 10×1. 362 千克/箱
【商品描述】 略。
【监管证件】 AB

【税则号列】 1605. 1000

【商品名称】 冻熟蟹肉

【规格型号】 加工方法为原料验收—清洗洁白—蒸煮后剥肉去壳—再高温巴氏杀菌—包装冷藏保存 | 2 千克×10 片/箱

【商品描述】 略。

【监管证件】 AB

【税则号列】 1605. 1000

【商品名称】 制作保藏蟹肉

【规格型号】 加工方法为清洗—蒸煮—去壳—取肉—杀菌—冷冻 | 16 千克/件

【商品描述】 略。

【监管证件】 AB

【税则号列】 1605. 2100

【商品名称】 冻熟对虾仁

【规格型号】 冻的，加工方法为去壳—蒸煮—次氯酸钠消毒和多聚磷酸盐浸泡处理 | 非密封包装 | 5 磅×4/箱，100 个~150 个/磅

【商品描述】 略。

【监管证件】 AB

【税则号列】 1605. 2100

【商品名称】 块冻虾仁

【规格型号】 非密封包装 | 加工方法为去头—去壳—挑肠—清洗—经次氯酸钠消毒处理 | 4 磅×10/箱，51 条~60 条/磅

【商品描述】 略。

【监管证件】 AB

【税则号列】 1605. 2100

【商品名称】 冻虾仁（制作）

【规格型号】 去头，去壳，去肠，杀菌，消毒 | 非密封包装 | 4 磅×10/箱

【商品描述】 略。

【监管证件】 AB

【税则号列】 1605. 2100
【商品名称】 冻熟虾仁（拉丁名称为 *Penaeus vannamei*）
【规格型号】 加工工艺为去头—去壳—去肠—去尾—盐及三聚磷酸钠溶液浸泡—煮熟—冷冻—包装 | 密封包装 | 150 条~200 条/磅，10 千克/箱
【商品描述】 略。
【监管证件】 AB

【税则号列】 1605. 2100
【商品名称】 冻熟凤尾虾
【规格型号】 冻的，加工方法为去壳—留尾—蒸煮—次氯酸钠消毒和多聚磷酸盐浸泡 | 非密封包装 | 10×1 千克/箱，71 个~90 个/磅
【商品描述】 略。
【监管证件】 AB

【税则号列】 1605. 2100
【商品名称】 冻漂烫虾仁
【规格型号】 去头，去壳，挑肠，漂烫，冷冻 | 非密封包装 | 47 条~57 条/磅，2. 656 千克/箱
【商品描述】 略。
【监管证件】 AB

【税则号列】 1605. 2100
【商品名称】 冻裹油生凤尾虾
【规格型号】 冻的 | 加工方法为去壳—留尾—裹油—复冻—次氯酸钠消毒和多聚磷酸盐浸泡 | 非密封包装 | 12×4. 01 磅/箱，46 个~55 个/磅
【商品描述】 略。
【监管证件】 AB

【税则号列】 1605. 2100
【商品名称】 冻凤尾虾
【规格型号】 冻的 | 加工方法为去壳—留尾—次氯酸钠消毒和多聚磷酸盐浸泡 | 非密封包装 | 10×1 千克/箱，61 个~70 个/磅
【商品描述】 略。
【监管证件】 AB

【税则号列】 1605. 2100

【商品名称】 冻裹粉虾

【规格型号】 冻的，加工方法为去头—去壳—裹粉—复冻—次氯酸钠消毒和多聚磷酸盐浸泡｜非密封包装｜4×5 磅/箱，41 个~46 个/磅

【商品描述】 略。

【监管证件】 AB

【税则号列】 1605. 2100

【商品名称】 冻生虾仁

【规格型号】 冻的｜加工方法为去头—去壳—盐及三聚磷酸钠溶液浸泡｜非密封包装｜31 条~36 条/磅，10 千克/箱

【商品描述】 略。

【监管证件】 AB

【税则号列】 1605. 2900

【商品名称】 冻棒对虾

【规格型号】 冻的，消毒｜密封｜2 千克~4 千克/箱

【商品描述】 略。

【监管证件】 AB

【税则号列】 1605. 5400

【商品名称】 冻鱿鱼筒

【规格型号】 去内脏，去骨，去皮，去头，杀菌，消毒｜6×2 千克/箱

【商品描述】 略。

【监管证件】 AB

【税则号列】 1605. 5400

【商品名称】 去皮鱿鱼

【规格型号】 加工方法为去皮—去内脏—浸泡三聚磷酸钠—食用盐消毒杀菌—过清水—冻制作｜6×2. 27 千克/件

【商品描述】 略。

【监管证件】 AB

【税则号列】 1605.5500
【商品名称】 冻熟切章鱼块
【规格型号】 蒸过或用水煮过后切片冷冻包装｜约10千克/箱
【商品描述】 略。
【监管证件】 AB

【税则号列】 1605.5610
【商品名称】 冻煮杂色蛤肉
【规格型号】 蒸煮，开壳，单冻｜10千克/箱
【商品描述】 略。
【监管证件】 AB

第十七章　糖及糖食

注释：

本章不包括：

一、含有可可的糖食（税目18.06）；

二、税目29.40的化学纯糖（蔗糖、乳糖、麦芽糖、葡萄糖及果糖除外）及其他产品；或

三、第三十章的药品及其他产品。

子目注释：

一、子目1701.12、1701.13及1701.14所称“原糖”，是指按重量计干燥状态的蔗糖含量对应的旋光读数低于99.5°的糖。

二、子目1701.13仅包括非离心甘蔗糖，其按重量计干燥状态的蔗糖含量对应的旋光读数不低于69°但低于93°。该产品仅含肉眼不可见的不规则形状天然他形微晶，外被糖蜜残余及其他甘蔗成分。

【税则号列】 1701.1400
【商品名称】 甘蔗原糖
【规格型号】 未加香料或着色剂｜按重量计干燥状态下旋光读数98.5°
【商品描述】 散装。
【监管证件】 配额内：ABt；配额外：7AB

【税则号列】 1701. 9910
【商品名称】 白砂糖
【规格型号】 白砂糖
【商品描述】 30 千克/袋。未添加香精着色剂。
【监管证件】 配额内：ABt ；配额外：7AB

【税则号列】 1702. 1100
【商品名称】 乳糖
【规格型号】 乳糖 99. 3%
【商品描述】 25 千克/袋。食用级，灰分 0. 15%、水分 0. 5%，用于生产加工奶粉的原料。
【监管证件】 AB

【税则号列】 1702. 3000
【商品名称】 结晶葡萄糖
【规格型号】 不含果糖 | 食用
【商品描述】 略。
【监管证件】 BA

【税则号列】 1702. 3000
【商品名称】 一水葡萄糖
【规格型号】 果糖含量小于 0. 01% | （用途）
【商品描述】 20 千克/袋，白色结晶性粉末。
【监管证件】 BA

【税则号列】 1702. 9000
【商品名称】 麦芽糊精
【规格型号】 还原糖含量 18. 54%
【商品描述】 略。
【监管证件】 AB

【税则号列】 1704. 9000
【商品名称】 水果味软糖
【规格型号】 24 克×10 包×24 盒 | （品牌）
【商品描述】 略。
【监管证件】 AB

【税则号列】 1704.9000
【商品名称】 水果味糖
【规格型号】 500 克×6 罐|（品牌）
【商品描述】 略。
【监管证件】 AB

【税则号列】 1704.9000
【商品名称】 特制椰子糖
【规格型号】 228 克×30 袋/箱、160 克×40 袋/箱、550 克×10 袋/箱|（品牌）
【商品描述】 硬糖。
【监管证件】 AB

第十八章　可可及可可制品

注释：

一、本章不包括税目 04.03、19.01、19.04、19.05、21.05、22.02、22.08、30.03、30.04 的制品。

二、税目 18.06 包括含有可可的糖食及注释一以外的其他含可可的食品。

【税则号列】 1803.1000
【商品名称】 碱化可可浆
【规格型号】 可可脂含量≥50%
【商品描述】 700 千克/托，深棕色块状，纸箱包装。主要成分为未脱脂可可脂，不含糖。加工方法为可可豆研磨为可可浆，经碱化工艺，改变可可颜色及增强巧克力风味。用于生产黑巧克力。
【监管证件】 AB

【税则号列】 1803.1000
【商品名称】 未脱脂可可膏
【规格型号】 可可脂含量≥50%
【商品描述】 25 千克/箱，纸箱包装。深棕色块状，主要成分为未脱脂可可脂、不含糖。加工工艺为可可豆研磨为可可浆，经高、中、低温烘焙。用于生产牛奶巧克力。
【监管证件】 AB

【税则号列】 1803.1000
【商品名称】 黑巧克力浆
【规格型号】 (可可脂含量)
【商品描述】 700千克/托，纸箱包装。深棕色块状，由可可豆研磨而成，未脱脂可可脂，不含糖，用于生产黑巧克力。
【监管证件】 AB

【税则号列】 1805.0000
【商品名称】 可可粉
【规格型号】 粉末状，未加糖|100%可可|25千克/包
【商品描述】 生产可可派用。
【监管证件】 AB

【税则号列】 1806.9000
【商品名称】 费列罗榛果威化巧克力
【规格型号】 主要成分为牛奶巧克力30%，榛子28.5%，食品添加剂0.26%，其他（白砂糖、植物油、乳清粉、小麦面粉、低脂可可粉、食盐）合计41.24%|12.6克/粒|费列罗牌
【商品描述】 冷冻，零下25℃储藏，含可可，球状，夹心。
【监管证件】 AB

第十九章 谷物、粮食粉、淀粉或乳的制品；糕饼点心

注释：

一、本章不包括：

（一）按重量计含香肠、肉、食用杂碎、动物血、鱼、甲壳动物、软体动物、其他水生无脊椎动物及其混合物超过20%的食品（第十六章），但税目19.02的包馅食品除外；

（二）用粮食粉或淀粉制的专作动物饲料用的饼干及其他制品（税目23.09）；或

（三）第三十章的药品及其他产品。

二、税目19.01所称：

（一）“粗粒”是指第十一章的谷物粗粒；

（二）“细粉”及“粗粉”，是指：

1. 第十一章的谷物细粉及粗粉；以及

2. 其他章所列植物的细粉、粗粉及粉末，但不包括干蔬菜、马铃薯和干豆类的细粉、粗粉及粉末（应分别归入税目07.12、11.05和11.06）。

三、税目 19.04 不包括按重量计全脱脂可可含量超过 6%或用巧克力完全包裹的食品或税目 18.06 的其他含可可食品（税目 18.06）。

四、税目 19.04 所称“其他方法制作的”，是指制作或加工程度超过第十章或第十一章各税目或注释所规定范围的。

【税则号列】 1901.9000
【商品名称】 安满智孕宝孕妇配方奶粉
【规格型号】 脱脂奶粉 42%，全脂奶粉 39%，菊粉 8%，其他 11%｜800 克×12 罐/箱
【商品描述】 略。
【监管证件】 AB

【税则号列】 1901.9000
【商品名称】 安怡长青中老年高钙配方奶粉
【规格型号】 脱脂奶粉 52%，麦芽糊精 23%，乳清粉 14%，其他 11%｜50 克×24 盒/箱
【商品描述】 略。
【监管证件】 AB

【税则号列】 1901.9000
【商品名称】 安怡金装高钙低脂配方奶粉
【规格型号】 脱脂奶粉 52%，麦芽糊精 23%，乳清粉 14%，其他 11%｜350 克×24 盒
【商品描述】 略。
【监管证件】 AB

【税则号列】 1901.9000
【商品名称】 乳基幼儿配方奶粉基粉
【规格型号】 脱脂奶粉 85.58%，乳糖 6.67%，1，3-二油酸 2-棕榈酸甘油三酯 3.37%，其他 4.38%｜25 千克/袋
【商品描述】 略。
【监管证件】 AB

【税则号列】 1901.9000
【商品名称】 麦芽精
【规格型号】 以 53%麦芽、47%木薯淀粉为原料，添加少量酶为加工助剂，以酶法工艺，低程度控制水解转化，过滤后提纯干燥而成｜25 千克/包
【商品描述】 具体成分：80.5%的麦芽精干物质和 19.5%水分。
【监管证件】 AB

【税则号列】 1902. 3020
【商品名称】 粉丝
【规格型号】 主要成分为25%豌豆，70%玉米淀粉，5%绿豆
【商品描述】 原料为豌豆、绿豆等。加工方法为清洗—浸泡—磨浆—分离—生成淀粉—漏粉—晾粉或烘干—包装成箱。
【监管证件】 AB

【税则号列】 1902. 3030
【商品名称】 方便面（辣白菜拉面）
【规格型号】 即食|小麦粉>70%，淀粉>11%，盐含量>1%|120克×20/箱
【商品描述】 略。
【监管证件】 AB

【税则号列】 1905. 3100
【商品名称】 丹麦蓝罐曲奇礼盒装甜饼干
【规格型号】 908克×6盒/箱|（品牌）
【商品描述】 略。
【监管证件】 AB

第二十章 蔬菜、水果、坚果或植物其他部分的制品

注释：

一、本章不包括：

（一）用第七章、第八章或第十一章所列方法制作或保藏的蔬菜、水果或坚果；

（二）按重量计含香肠、肉、食用杂碎、动物血、鱼、甲壳动物、软体动物、其他水生无脊椎动物及其混合物超过20%的食品（第十六章）；

（三）税目19. 05的烘焙糕饼及其他制品；或

（四）税目21. 04的均化混合食品。

二、税目20. 07及20. 08不包括制成糖食的果冻、果膏、糖衣杏仁或类似品（税目17. 04）及巧克力糖食（税目18. 06）。

三、税目20. 01、20. 04及20. 05仅酌情包括用本章注释一（一）以外的方法制作或保藏的第七章或税目11. 05、11. 06的产品（第八章产品的细粉、粗粉除外）。

四、干重量在7%及以上的番茄汁归入税目20. 02。

五、税目20. 07所称"烹煮制成的"，是指在常压或减压状态下，通过减少产品中的水分或其他方法增加产品黏稠度的热处理制得的。

六、税目 20. 09 所称“未发酵及未加酒精的水果汁”，是指按容量计酒精浓度（标准见第二十二章注释二）不超过 0. 5%的水果汁。

子目注释：

一、子目 2005. 10 所称“均化蔬菜”，是指蔬菜经精细均化制成适合供婴幼儿食用或营养用的零售包装食品（每件净重不超过 250 克）。为了调味、保藏或其他目的，均化蔬菜中可以加入少量其他配料，还可以含有少量可见的蔬菜粒。归类时，子目 2005. 10 优先于税目 20. 05 的其他子目。

二、子目 2007. 10 所称“均化食品”，是指果实经精细均化制成适合供婴幼儿食用或营养用的零售包装食品（每件净重不超过 250 克）。为了调味、保藏或其他目的，均化食品中可以加入少量其他配料，还可以含有少量可见的果粒。归类时，子目 2007. 10 优先于税目 20. 07 的其他子目。

三、子目 2009. 12、2009. 21、2009. 31、2009. 41、2009. 61 及 2009. 71 所称“白利糖度值”，是指在 20℃时直接从白利糖度计读取的度数或从折射计直接读取的以蔗糖百分比含量计的折射率，在其他温度下读取的数值应折算为 20℃时的数值。

【税则号列】 2004. 1000
【商品名称】 冷冻薯条
【规格型号】 油炸再冷冻 | 4×2. 5 千克/箱，长度 4 厘米~7 厘米，直径 7 毫米
【商品描述】 非用醋制作，需再加工后才能食用。
【监管证件】 AB

【税则号列】 2005. 9110
【商品名称】 竹笋罐头
【规格型号】 清水煮熟，高温消毒 | 2950 克×6 罐/箱
【商品描述】 略。
【监管证件】 AB

【税则号列】 2005. 9920
【商品名称】 蚕豆罐头
【规格型号】 未冷冻，加工方法为以干蚕豆为原料—浸泡—预煮—加调味液—密封—杀菌后装罐 | 400 克×24 罐/箱 | （品牌）
【商品描述】 开罐即食。
【监管证件】 AB

【税则号列】 2008. 3010

【商品名称】 桔子罐头

【规格型号】 罐头装罐|24 罐/箱，425 克/罐|（品牌）

【商品描述】 该罐头装罐介质为水、桔片、白葡萄果汁浓缩汁。

【监管证件】 AB

【税则号列】 2008. 9990

【商品名称】 熟冻甘薯

【规格型号】 去皮，烘烤|15 千克/箱

【商品描述】 略。

【监管证件】 AB

【税则号列】 2009. 7900

【商品名称】 浓缩苹果汁

【规格型号】 白利度 70%~71%|浓缩 7 倍|非冷冻|0℃~5℃保存|（成分含量）|1650 千克/箱|（品牌）

【商品描述】 加工方法为以苹果为原料—选料—洗果—洗涤—破碎—榨汁—澄清—杀菌—浓缩—灌装—成品。

【监管证件】 AB

【税则号列】 2009. 8915

【商品名称】 浓缩梨汁

【规格型号】 白利度 70%|浓缩 6 倍|零下 18℃冷冻|（成分含量）|275 千克/桶|（品牌）

【商品描述】 色泽呈棕黄色，具有梨固有的香气及滋味，为黏稠透明状，无沉淀物，无悬浮物，无可见外来杂质。加工方法为以成熟适度的梨为原料—清洗—破碎—压榨—澄清—过滤—浓缩—杀菌—定量包装制成浓缩梨清汁。

【监管证件】 AB

第二十一章　杂项食品

注释：

一、本章不包括：

（一）税目 07. 12 的什锦蔬菜；

（二）含咖啡的焙炒咖啡代用品（税目 09. 01）；

（三）加香料的茶（税目09.02）；

（四）税目09.04至09.10的调味香料或其他产品；

（五）按重量计含香肠、肉、食用杂碎、动物血、鱼、甲壳动物、软体动物、其他水生无脊椎动物及其混合物超过20%的食品（第十六章），但税目21.03或21.04的产品除外；

（六）税目30.03或30.04的药用酵母及其他产品；或

（七）税目35.07的酶制品。

二、上述注释一（二）所述咖啡代用品的精汁归入税目21.01。

三、税目21.04所称"均化混合食品"，是指两种或两种以上的基本配料，例如，肉、鱼、蔬菜或果实等，经精细均化制成适合供婴幼儿食用或营养用的零售包装食品（每件净重不超过250克）。为了调味、保藏或其他目的，可以加入少量其他配料，还可以含有少量可见的小块配料。

【税则号列】 2101. 2000
【商品名称】 普洱速溶茶粉
【规格型号】 (成分含量) | 20千克/袋 | (品牌)
【商品描述】 普洱茶，无添加物。
【监管证件】 AB

【税则号列】 2102. 1000
【商品名称】 高活性干酵母
【规格型号】 活性酵母 | 20×500克/箱 | 国光牌
【商品描述】 略。
【监管证件】 AB

【税则号列】 2102. 1000
【商品名称】 高活性干酵母
【规格型号】 活性酵母 | 500克×20袋 | Angel牌
【商品描述】 淡黄色颗粒，能承受不高于40℃的温度，具有很高的活性，采用真空包装。
【监管证件】 AB

【税则号列】 2102. 2000
【商品名称】 螺旋藻粉（干燥）
【规格型号】 非活性酵母 | （是否已死的单细胞微生物） | 20千克/袋×175袋 | 无品牌
【商品描述】 钝顶螺旋藻，食品用。
【监管证件】 AB

【税则号列】 2103. 1000
【商品名称】 酱油
【规格型号】 水 59%，盐 18%，黄豆 15%，面粉 5%，糖 3%｜750 克×12｜La shuned 牌
【商品描述】 略。
【监管证件】 AB

【税则号列】 2103. 9090
【商品名称】 洋葱酱
【规格型号】 成分为洋葱、红萝卜等｜每箱净重 20 千克｜（品牌）
【商品描述】 略。
【监管证件】 AB

【税则号列】 2103. 9090
【商品名称】 颗粒调味料
【规格型号】 成分为盐、糖、味精、香精等｜25 千克/袋｜（品牌）
【商品描述】 略。
【监管证件】 AB

【税则号列】 2103. 9090
【商品名称】 调味鸡精
【规格型号】 成分为味精、盐、糖、香精等｜25 千克/袋｜（品牌）
【商品描述】 略。
【监管证件】 AB

【税则号列】 2106. 9090
【商品名称】 纳豆复合粉
【规格型号】 纳豆 30%、胶原蛋白 25%、白果 25%、山药 20%｜先低温烘焙制熟（115℃～120℃），再干燥研磨成粉（60 目），充填入罐｜500 克/罐
【商品描述】 每次取该粉适量，加至温热开水或牛奶、豆浆等饮品中，轻轻搅拌均匀即可食用，可依个人口味调配浓淡度。
【监管证件】 AB

【税则号列】 2106.9090
【商品名称】 植脂末
【规格型号】 葡萄糖浆 58%，食用植物油脂 37%等 | 250 克×50 包/箱 | 无牌
【商品描述】 略。
【监管证件】 AB

【税则号列】 2106.9090
【商品名称】 伊美婷深海鱼类蛋白提取物复合片
【规格型号】 每粒含深海鱼类蛋白质 105 毫克，番茄红素 14.38 毫克，葡萄籽精华 13.75 毫克，维生素 C27 毫克，锌 2 毫克 | 60 粒/盒 | 伊美婷牌
【商品描述】 35 岁~50 岁人群适用。
【监管证件】 AB

【税则号列】 2106.9090
【商品名称】 椰果
【规格型号】 含水量 90%，干湿比例约为 1：6 | 22 千克/袋 | （品牌）
【商品描述】 椰子水发酵而成，醋酸保存，制果冻用。
【监管证件】 AB

【税则号列】 2106.9090
【商品名称】 雀巢超级配方奶粉
【规格型号】 成分为乳糖、乳清蛋白、植物油、微量元素预混剂、鱼油、益生菌、核苷酸等（含量） | 马口铁罐，800 克 | 雀巢能恩牌
【商品描述】 1 段婴儿奶粉。
【监管证件】 AB

【税则号列】 2106.9090
【商品名称】 雀巢超级能恩 2 段婴儿配方奶粉
【规格型号】 主要成分为乳糖 34%、乳清蛋白 25%、植物油 20%、麦芽糊精 13%、矿物盐 3.6%、维生素 0.3%、鱼油、益生菌、核苷酸 | （包装规格） | 雀巢能恩牌
【商品描述】 2 段婴儿奶粉。
【监管证件】 AB

【税则号列】 2106. 9090
【商品名称】 骨胶原高钙片
【规格型号】 碳酸钙 85. 43%，骨胶原粉 3. 13%，微晶纤维素 5. 76%，其他 5. 68% | 包装规格 60 片/瓶 | By-health 牌
【商品描述】 本产品为零售预包装食品。
【监管证件】 AB

【税则号列】 2106. 9090
【商品名称】 复配增稠剂
【规格型号】 大豆蛋白 30%，瓜尔胶 28%，麦芽糊精 25%，卡拉胶 1%，黄原胶 1%，食用盐 10%，香辛料（白胡椒、黑胡椒）5% | 25 千克/袋 | Dena 牌
【商品描述】 略。
【监管证件】 AB

【税则号列】 2106. 9090
【商品名称】 复配营养强化剂（ARA & DHA 混合粉）
【规格型号】 花生四烯酸 ARA18%，二十二碳六烯酸 DHA9%，葡萄糖 56. 75%，磷酸钙 0. 5%，大豆卵磷脂 1. 25%，磷酸钾 1. 5%，抗坏血酸钠 6%，酪蛋白酸钠 7% | 20 千克/包 |（品牌）
【商品描述】 略。
【监管证件】 AB

【税则号列】 2106. 9090
【商品名称】 复配乳化增稠剂
【规格型号】 成分为植物纤维、改良盐、香味剂、葡萄糖（含量） | 25 千克/袋 | ALM 牌
【商品描述】 略。
【监管证件】 AB

【税则号列】 2106. 9090
【商品名称】 复配糖
【规格型号】 甜菊糖苷 48%~52%，赤藓糖醇 52%~48% | 25 千克/袋
【商品描述】 天然低热量甜味剂，可用于食品添加剂。
【监管证件】 AB

【税则号列】 2106.9090
【商品名称】 酵母胨（酵母提取物）
【规格型号】 蛋白质40%，总氮10.77%，核苷酸5%，氯化钠44.23% | 20千克/包 | SAM牌
【商品描述】 食品加工营养成分添加及增鲜用，不属于食品添加剂。
【监管证件】 AB

【税则号列】 2106.9090
【商品名称】 椰浆粉
【规格型号】 椰子粉95%，植物脂末5% | 50克×12包×12盒/箱 | 春光牌
【商品描述】 略。
【监管证件】 AB

第二十二章　饮料、酒及醋

注释：

一、本章不包括：

（一）本章的产品（税目22.09的货品除外）经配制后，用于烹饪而不适于作为饮料的制品（通常归入税目21.03）；

（二）海水（税目25.01）；

（三）蒸馏水、导电水及类似的纯净水（税目28.53）；

（四）按重量计浓度超过10%的醋酸（税目29.15）；

（五）税目30.03或30.04的药品；或

（六）芳香料制品及盥洗品（第三十三章）。

二、本章及第二十章和第二十一章所称“按容量计酒精浓度”，应是温度在20℃时测得的浓度。

三、税目22.02所称“无酒精饮料”，是指按容量计酒精浓度不超过0.5%的饮料。含酒精饮料应分别归入税目22.03至22.06或税目22.08。

子目注释：

子目2204.10所称“汽酒”，是指温度在20℃时装在密封容器中超过大气压力3巴及以上的酒。

【税则号列】 2201. 9019
【商品名称】 天然水
【规格型号】 未加味 | 天然 | 散装 | （品牌）
【商品描述】 略。
【监管证件】 无监管证件要求

【税则号列】 2201. 9019
【商品名称】 西江原水
【规格型号】 无味 | 天然水，管道输送 | （包装规格） | （品牌）
【商品描述】 略。
【监管证件】 无监管证件要求

【税则号列】 2203. 0000
【商品名称】 大理啤酒
【规格型号】 麦芽酿造 | 原麦汁浓度 12 度 | 酒精度≥4. 1% | 1×12 瓶×610 毫升 | 大理牌
【商品描述】 略。
【监管证件】 AB

【税则号列】 2203. 0000
【商品名称】 红火啤酒
【规格型号】 麦芽酿造 | 麦汁浓度 10 度 | 酒精度≥3. 3% | 1×12 瓶×335 毫升 | 红火牌
【商品描述】 略。
【监管证件】 AB

【税则号列】 2203. 0000
【商品名称】 金星啤酒
【规格型号】 麦芽酿造 | 麦汁浓度 9 度 | 酒精度≥3. 3% | 1×12 瓶×475 毫升 | 金星牌
【商品描述】 略。
【监管证件】 AB

【税则号列】 2203. 0000
【商品名称】 澜沧江啤酒
【规格型号】 麦芽酿造 | 麦汁浓度 10 度 | 酒精度≥3. 3% | 1×12 瓶×620 毫升 | 澜沧江牌
【商品描述】 略。
【监管证件】 AB

【税则号列】 2203.0000

【商品名称】 啤酒

【规格型号】 麦芽酿造| 麦芽浓度 12%| 酒精含量 5.4%| 7 号 0.5 升听装| 波罗的海牌

【商品描述】 略。

【监管证件】 AB

【税则号列】 2204.2100

【商品名称】 西尔斯路干红葡萄酒［Sears Road 2009 Merlot（Dry red wine）］

【规格型号】 鲜葡萄酿造| 酒精含量 14.5%| （级别）| 2009 年| 霍克斯湾（Hawke's Bay）| 斯特灵酒庄（Stirling Vines Ltd）| 梅洛（Merlot），750 毫升×12 瓶| 西尔斯路牌（Sears Road）

【商品描述】 略。

【监管证件】 AB

【税则号列】 2204.2100

【商品名称】 意大利罗兹红葡萄酒（图拉斯 Taurasi nollitum）

【规格型号】 鲜葡萄酿造| 酒精含量 14%| DOCG| 2006 年| 意大利坎帕尼亚地区（Italy Campania）| 意大利罗兹酒庄（Casa Vinicola Raucci S. R. L.）| 桑娇维塞，艾格尼科（Sangiovese，Aglianico）| 750 毫升×6 瓶/箱| 罗兹牌（Raucci）

【商品描述】 略。

【监管证件】 AB

【税则号列】 2204.2100

【商品名称】 潘法康红酒（Vino Tinto Pe Afalcon）

【规格型号】 鲜葡萄酿造| 酒精含量 15.5%| 级别 DO| 2005 年| 西班牙巴亚多利德佩尼亚菲耶尔产区（Peafiel，Valladolid，Espaa）| 潘法康酒庄（Bodegas Penafalcon S. L.）| 品种添帕尼尤（Tempranillo）| 750 毫升/瓶×6 瓶/箱| 潘法康牌（Pe Afalcon）

【商品描述】 略。

【监管证件】 AB

【税则号列】 2204. 2900

【商品名称】 智利干红葡萄酒（Dry Chilean red Wine）

【规格型号】 鲜葡萄酿造 | 酒精含量 13. 5%（±1%）| 优级 | 2012 年 | 奥伊金斯将军解放者大区（Palmilla）| 威娜山特酒庄（Vina Santa andrea Ltda）| 赤霞珠（Cabernet Sauvignon，Vina）| 酒囊，平均每个酒囊 24000 升 | 威娜牌（Vina）

【商品描述】 略。

【监管证件】 AB

【税则号列】 2204. 2900

【商品名称】 红葡萄原酒

【规格型号】 鲜葡萄酿造 | 酒精含量 13% | 无级别 | 2011 年 | 拉斐尔山谷（Rapel Valley）| 帕提斯布特恩公司（Exportadoray Comercializadora Vinedos Patricio Butron Ltd）| 赤霞珠（Cabernet Sauvignon）| 24000 升/皮囊 | 无品牌

【商品描述】 略。

【监管证件】 AB

【税则号列】 2208. 2000

【商品名称】 马爹利名士干邑白兰地（Martell Noblige）

【规格型号】 蒸馏葡萄酒 | 酒精含量 40% | 1 箱×12 瓶×0. 7 升 | 马爹利牌（Martell）|（级别）|（产地）

【商品描述】 略。

【监管证件】 AB

【税则号列】 2208. 2000

【商品名称】 轩尼诗干邑白兰地（Hennessy XO Cognac）

【规格型号】 蒸馏葡萄酒 | 酒精含量 40% | 1 箱×12 瓶×0. 7 升 | 轩尼诗牌（Hennessy）|（级别）|（产地）

【商品描述】 略。

【监管证件】 AB

【税则号列】 2208. 2000

【商品名称】 人头马特优香槟干邑白兰地（Remy Martin Club Clear）

【规格型号】 蒸馏葡萄酒 | 酒精含量 40% | 1 箱×12 瓶×1 升 | 人头马牌（Remy Martin）|（级别）|（产地）

【商品描述】 略。

【监管证件】 AB

【税则号列】 2208. 2000

【商品名称】 马爹利名士干邑白兰地（Martell Noblige Cognac）

【规格型号】 葡萄 | 酒精含量 40. 0% | 500 毫升/瓶×6 | Martell 牌 | 无级别 | 产地 Cognac

【商品描述】 略。

【监管证件】 AB

【税则号列】 2208. 2000

【商品名称】 马爹利蓝带干邑白兰地（Martell Cordon Bleu Cognac）

【规格型号】 葡萄 | 酒精含量 40. 0% | 700 毫升/瓶×12 | 马爹利牌（Martell） | （级别） | 产地 Extra Old Cognac

【商品描述】 略。

【监管证件】 AB

【税则号列】 2208. 2000

【商品名称】 VSOP 白兰地

【规格型号】 （原料） | （酒精浓度） | （包装规格） | 马力仕牌 | （级别） | （产地）

【商品描述】 略。

【监管证件】 AB

【税则号列】 2208. 2000

【商品名称】 马爹利 XO 干邑白兰地（Martell XO Cognac）

【规格型号】 （原料） | 酒精含量 40. 0% | 3000 毫升/瓶×3 | 马爹利牌（Martell） | （级别） | 产地 Extra Old Cognac, Cognac

【商品描述】 略。

【监管证件】 AB

【税则号列】 2208. 2000

【商品名称】 轩尼诗干邑白兰地（Hennessy VSOP Cognac）

【规格型号】 蒸馏葡萄酒 | 酒精含量 40% | 1 箱×12 瓶×0. 7 升 | 轩尼诗牌 | （级别） | （产地）

【商品描述】 略。

【监管证件】 AB

【税则号列】 2208.2000
【商品名称】 马蒂斯白兰地 XO
【规格型号】 （原料） | 酒精含量 40% | 1 箱×700 毫升×12 瓶 | 马蒂斯 Matiz 牌 | XO 级别 | （产地）
【商品描述】 略。
【监管证件】 AB

【税则号列】 2208.2000
【商品名称】 君士坦丁白兰地（Constantino Brandy）
【规格型号】 （原料） | 酒精含量 36.0% | 6×1000 毫升/瓶，君士坦丁牌（Constantino） | （级别） | （产地）
【商品描述】 略。
【监管证件】 AB

【税则号列】 2208.9020
【商品名称】 五粮液酒
【规格型号】 粮食白酒 | 酒精含量 52% | 6×500 毫升/瓶 | 五粮液牌
【商品描述】 略。
【监管证件】 AB

【税则号列】 2208.9090
【商品名称】 竹叶青酒
【规格型号】 粮食、淡竹叶、陈皮、木香、檀香、砂仁、山奈等 | 酒精含量 48% | 1 箱×750 毫升×12 打 | 竹叶青牌
【商品描述】 该商品以汾酒为原料，另以淡竹叶、陈皮、木香、檀香、砂仁、山奈等十余种中药材为辅料，再制而成。颜色金黄碧翠，有晶体感。
【监管证件】 AB

第二十三章　食品工业的残渣及废料；配制的动物饲料

注释：

税目 23.09 包括其他税号未列名的配制动物饲料，这些饲料是由动、植物原料加工而成的，并且已改变了原料的基本特性，但加工过程中的植物废料、植物残渣及副产品除外。

子目注释：

子目 2306.41 所称的“低芥子酸油菜子”，是指第十二章子目注释一所定义的菜子。

【税则号列】 2301. 1019
【商品名称】 鸡肉骨粉
【规格型号】 蛋白质 65%min，脂肪 14%max，水分 10%max | 非供人食用，饲料用 | 渣粉
【商品描述】 略。
【监管证件】 AB

【税则号列】 2301. 2010
【商品名称】 饲料用白鱼粉
【规格型号】 蛋白质 60%mīn | 饲料用 | 渣粉 | 白鱼粉
【商品描述】 略。
【监管证件】 AB

【税则号列】 2301. 2010
【商品名称】 鱼粉（饲料用鱼粉）
【规格型号】 蛋白质 64%，脂肪 11%max | 非供人食用 | 渣粉 | 红鱼粉
【商品描述】 略。
【监管证件】 AB

【税则号列】 2301. 2010
【商品名称】 鱼粉（饲料用）
【规格型号】 蛋白质 64. 2%，脂肪 9. 11%，水分 8. 4% | 饲料用 | 渣粉 | 红鱼粉
【商品描述】 略。
【监管证件】 AB

【税则号列】 2301. 2010
【商品名称】 饲料用红鱼粉
【规格型号】 蛋白质 68. 02%，脂肪 7. 96%，水分 7. 89%，灰分 15. 98%，盐和沙 2. 45%，沙 0. 48%，FFA 6. 4% | 非供人食用 | 渣粉 | 红鱼粉
【商品描述】 铁甲鱼制，用于饲养鳗鱼用。
【监管证件】 AB

【税则号列】 2301. 2010
【商品名称】 饲料用鱼粉
【规格型号】 蛋白质至少 65%，脂肪至多 12% | 不适合人类食用 | 粉状 | 白鱼粉
【商品描述】 略。
【监管证件】 AB

【税则号列】 2301. 2010
【商品名称】 秘鲁鱼粉
【规格型号】 蛋白质 65. 19%，脂肪 8. 68%，水 7. 3% | 饲料用 | 渣粉 | （种类，红、白鱼粉）
【商品描述】 略。
【监管证件】 AB

【税则号列】 2301. 2010
【商品名称】 鱼粉
【规格型号】 蛋白质 65%，脂肪 9. 63%，水 5. 3% | 饲料用 | 渣粉 | （种类，红、白鱼粉）
【商品描述】 略。
【监管证件】 AB

【税则号列】 2301. 2010
【商品名称】 秘鲁红鱼粉
【规格型号】 （成分含量） | 饲料用 | 渣粉 | 红鱼粉
【商品描述】 用红色鱼肉的鱼类制成的鱼粉，颜色为红色，原产秘鲁。
【监管证件】 AB

【税则号列】 2301. 2010
【商品名称】 秘鲁红鱼粉
【规格型号】 蛋白质不低于 67% | 饲料用 | 渣粉 | 红鱼粉
【商品描述】 略。
【监管证件】 AB

【税则号列】 2301. 2010
【商品名称】 红鱼粉（饲料用）
【规格型号】 蛋白质 66. 27%，脂肪 7. 6%，水分 9% | 饲料用 | 渣粉 | 红鱼粉
【商品描述】 略。
【监管证件】 AB

【税则号列】 2301. 2010
【商品名称】 红鱼粉（饲料级）
【规格型号】 蛋白质 65. 5% | 饲料用 | 渣粉 | 红鱼粉
【商品描述】 略。
【监管证件】 AB

【税则号列】 2301. 2010
【商品名称】 秘鲁鱼粉（饲料用）
【规格型号】 蛋白质 68. 16%，脂肪 8. 19%，水 7. 96%｜饲料用｜（种类，红、白鱼粉）
【商品描述】 略。
【监管证件】 AB

【税则号列】 2303. 1000
【商品名称】 玉米蛋白饲料
【规格型号】 蛋白质≥18%｜玉米的｜未配制
【商品描述】 玉米蛋白饲料是玉米经过净化，去除杂质后进入浸泡罐，浸泡后分离出浸泡液，玉米进入破胚提取工序，分离出玉米纤维，再经过脱水烘干后，进入包装程序而得到的。外观为黄褐色颗粒。
【监管证件】 AB

【税则号列】 2303. 3000
【商品名称】 饲料用玉米酒糟粕
【规格型号】 蛋白质 28. 87%，脂肪 8. 10%，水分 11. 45%｜玉米的｜未配制
【商品描述】 略。
【监管证件】 7AB

【税则号列】 2303. 3000
【商品名称】 玉米酒糟
【规格型号】 蛋白质+脂肪≥36%，水分≤12. 5%｜玉米的｜未配制
【商品描述】 略。
【监管证件】 7AB

【税则号列】 2303. 3000
【商品名称】 玉米酒糟（玉米酒糟粕）
【规格型号】 蛋白质+脂肪≥36%｜玉米的｜未配制
【商品描述】 用玉米生产酒精后剩下的下脚料。
【监管证件】 7AB

【税则号列】 2303. 3000
【商品名称】 玉米酒糟粕（饲料用）
【规格型号】 蛋白质+脂肪 38. 9%，水分 11. 34%，纤维 6. 2%｜玉米的｜未配制
【商品描述】 略。
【监管证件】 7AB

【税则号列】 2303. 3000
【商品名称】 玉米酒糟粕（转基因）
【规格型号】 蛋白质+脂肪≥35%，水分≤12. 5%，黄曲霉素≤20PPB，呕吐霉素≤5PPM｜玉米的｜未配制
【商品描述】 酒糟粕，来源于转基因玉米提取酒精后的剩余残渣，质量标准以装货地点国外品质为准。颜色为金黄色，含有蛋白质、脂肪等有效成分，饲料用。
【监管证件】 7AB

【税则号列】 2304. 0090
【商品名称】 豆饼粉
【规格型号】 （成分含量）｜豆类的｜（是否配制）
【商品描述】 略。
【监管证件】 7AB

【税则号列】 2304. 0090
【商品名称】 豆粕
【规格型号】 （成分含量）｜大豆
【商品描述】 以大豆为原料，经浸提取油后剩余的部分，呈浅黄褐色或淡黄色不规则的颗粒状。
【监管证件】 7AB

【税则号列】 2306. 4100
【商品名称】 菜籽粕
【规格型号】 蛋白质 36. 66%，水分 8. 39%，纤维 10. 74%｜低芥子酸油菜子
【商品描述】 略。
【监管证件】 AB

【税则号列】 2306. 4100
【商品名称】 菜籽粕（饲料用，低芥子酸）
【规格型号】 蛋白质 36%，水分 10%，纤维 12% | 油菜籽
【商品描述】 略。
【监管证件】 AB

【税则号列】 2306. 6000
【商品名称】 棕榈粕
【规格型号】 蛋白质+脂肪 25. 95%，纤维 15. 4%，水分 9. 08% | 棕榈仁
【商品描述】 略。
【监管证件】 AB

【税则号列】 2306. 6000
【商品名称】 棕榈仁粕
【规格型号】 蛋白质≥14%，脂肪≤10%，纤维≤20% | 棕榈仁
【商品描述】 饲料用。
【监管证件】 AB

【税则号列】 2308. 0000
【商品名称】 稻草
【规格型号】 植物纤维 70% | 饲料用
【商品描述】 雪龙牌。
【监管证件】 AB

第二十四章　烟草、烟草及烟草代用品的制品

注释：

本章不包括药用卷烟（第三十章）。

子目注释：

子目 2403. 11 所称“水烟料”，是指由烟草和甘油混合而成用水烟筒吸用的烟草，不论是否含有芳香油及提取物、糖蜜或糖，也不论是否用水果调味，但供在水烟筒中吸用的非烟草产品除外。

【税则号列】 2401. 2010

【商品名称】 部分或全部去梗的烤烟

【规格型号】 部分或全部去梗

【商品描述】 等级 L1LA/11。

【监管证件】 7AB

【税则号列】 2401. 2010

【商品名称】 部分或全部去梗的烤烟

【规格型号】 部分或全部去梗

【商品描述】 等级 M2O。

【监管证件】 7AB

【税则号列】 2401. 2010

【商品名称】 部分或全部去梗的烤烟

【规格型号】 烟叶经复烤，打叶，部分带梗部分不带梗

【商品描述】 等级 AJB10H-S，规格 Strips。

【监管证件】 7AB

【税则号列】 2401. 2010

【商品名称】 部分去梗的烤烟

【规格型号】 部分去梗

【商品描述】 烟草为天然状态、已制过或者发酵的烟叶，整片或去梗、修剪或者未修剪、破碎或剪切。

【监管证件】 7AB

【税则号列】 2401. 2090

【商品名称】 中国白肋烟

【规格型号】 全部去梗

【商品描述】 全部去梗的白肋烟。

【监管证件】 7AB

【税则号列】 2402. 2000

【商品名称】 卷烟

【规格型号】 烟草制 | 芙蓉王牌

【商品描述】 84 毫米条盒硬盒。

【监管证件】 7

【税则号列】 2402. 2000
【商品名称】 烟草制的卷烟
【规格型号】 新兴牌
【商品描述】 94 毫米条包软盒。
【监管证件】 7

【税则号列】 2402. 2000
【商品名称】 烟草制的卷烟
【规格型号】 Marble 牌
【商品描述】 84 毫米条包硬盒。
【监管证件】 7

【税则号列】 2402. 2000
【商品名称】 玉溪（硬出口）卷烟
【规格型号】 烟草制丨玉溪牌
【商品描述】 84 毫米条包硬盒。
【监管证件】 7

【税则号列】 2403. 1900
【商品名称】 烟丝
【规格型号】 供吸用
【商品描述】 供吸用的烟草烟丝。
【监管证件】 7AB

第五类
矿产品

第二十五章　盐；硫磺；泥土及石料；石膏料、石灰及水泥

注释：

一、除条文及注释四另有规定的以外，本章各税目只包括原产状态的矿产品，或只经过洗涤（包括用化学物质清除杂质而未改变产品结构的）、破碎、磨碎、研粉、淘洗、筛分以及用浮选、磁选和其他机械物理方法（不包括结晶法）精选过的货品，但不得经过焙烧、煅烧、

混合或超过税号所列的加工范围。

本章产品可含有添加的抗尘剂，但所加剂料并不使原产品改变其一般用途而适合于某些特殊用途。

二、本章不包括：

（一）升华硫磺、沉淀硫磺及胶态硫磺（税目28.02）；

（二）土色料，按重量计三氧化二铁含量在70%及以上（税目28.21）；

（三）第三十章的药品及其他产品；

（四）芳香料制品及化妆盥洗品（第三十三章）；

（五）长方砌石、路缘石、扁平石（税目68.01）、镶嵌石或类似石料（税目68.02）及铺屋顶、饰墙面或防潮用的板岩（税目68.03）；

（六）宝石或半宝石（税目71.02或71.03）；

（七）每颗重量不低于2.5克的氯化钠或氧化镁培养晶体（光学元件除外）（税目38.24）；氯化钠或氧化镁制的光学元件（税目90.01）；

（八）台球用粉块（税目95.04）；或

（九）书写或绘画用粉笔及裁缝划粉（税目96.09）。

三、既可归入税目25.17，又可归入本章其他税号的产品，应归入税目25.17。

四、税目25.30主要包括：未膨胀的蛭石、珍珠岩及绿泥石；不论是否煅烧或混合的土色料；天然云母氧化铁；海泡石（不论是否磨光成块）；琥珀；模制后未经进一步加工的片、条、杆或类似形状黏聚海泡石及黏聚琥珀；黑玉；菱锶矿（不论是否煅烧），但不包括氧化锶；陶器、砖或混凝土的碎块。

【税则号列】 2501.0019

【商品名称】 工业盐（日晒海盐）

【规格型号】 NaCl 96.51%（干基），Ca 0.058%，Mg 0.032%，SO 40.18%，水不溶物 0.046%，水 2.89%｜米白色颗粒｜散装｜非食用盐

【商品描述】 工业盐也叫作“氯化钠”，在工业上的用途很广，是化学工业的基本原料之一，被称为“化学工业之母”。基本化学工业主要产品中的盐酸、烧碱、纯碱、氯化铵、氯气等主要是用工业盐生产的。有机合成工业中需要大量氯化钠。此外，用于肥皂制造、陶瓷、玻璃生产、日用化工、石油钻探等方面，用作钻井工作液、完井液、石油化工脱水液、建筑行业早强剂、生产涂料的凝固剂、橡胶行业乳胶凝结剂、造纸工业添加剂、化学工业的无机化工原料及硫酸根脱除剂、褐藻酸钠的凝固剂、小麦及苹果等食品的防腐剂，还用于制取金属钠及其他钠化合物。

【监管证件】 AB

【税则号列】 2502. 0000

【商品名称】 未焙烧黄铁矿

【规格型号】 未焙烧

【商品描述】 黄铁矿是地壳中分布最广的一种硫化物矿物，主要成分是二硫化亚铁（FeS_2）。纯黄铁矿中含有46. 67%的铁和53. 33%的硫，工业上称其为硫铁矿。经常呈立方体、五角十二面体等晶形或块状集合体，见于多种成因的矿石和岩石中。煤层中的黄铁矿往往呈结核状产出。因其浅黄铜的颜色和明亮的金属光泽，常被误认为是黄金，故又称为“愚人金”。黄铁矿是提取硫、制造硫酸的主要矿物原料。因特殊的形态色泽，有观赏价值，是一种古宝石。另外，还具有药用价值，中药自然铜即黄铁矿（砸碎或煅用），别名石髓铅，具有散瘀止痛、接骨疗伤的功效。

【监管证件】 无监管证件要求

【税则号列】 2503. 0000

【商品名称】 液体硫磺

【规格型号】 （包装） | （加工工艺） | 液态 | 含硫量为99. 5%以上

【商品描述】 在常温下，硫磺为淡黄色固体，在不同的温度下，将形成不同的同素异形体和三态。固态的斜方硫加温至95. 5℃形成固态单斜硫，加温至119. 25℃，形成液态黄色硫，加温至160℃形成褐色液态硫。随着技术进步、交通运输业的发展及节约能源的需要，硫磺的产出到使用用户之间逐渐实现液态化贮存、液态化运输，以节约能源，减少占地，节约投资。硫磺主要用来生产硫酸、染料、烟花爆竹及橡胶制品，还可用于军工、医药、农药等部门。食品硫磺在食品工业中可用来防腐、杀虫、漂白、熏染等，还可用于淀粉工业软化玉米及其他原料。

【监管证件】 AB

【税则号列】 2503.0000

【商品名称】 固体粒状硫磺

【规格型号】 散装 | 石油脱硫 | 固体颗粒状 | 含硫量 99.99%

【商品描述】 硫磺别名硫、胶体硫、硫黄块。根据《中华人民共和国进出口税则》，普通硫磺应归入 2503.0000 项下，但升华、深沉、胶态硫磺应归入 2802.0000 项下。升华硫磺（硫华）和深沉硫磺的纯度通常在 99.5%左右。硫华是硫磺粉或天然硫磺等矿物在密闭器中加热成蒸气，再冷却而凝成的细粉状硫磺，需贮存于密闭容器中。胶态硫磺为白色粉末，与水混合后成为乳剂，能吸收着色物质，也是很有效的抗菌剂，医药方面作内服用。石油及其产品的燃烧产生大量的有毒气体 SO_2 进入大气，造成严重的空气污染，同时也是产生酸雨的主要原因，因此需要对含硫量高的石油燃料进行脱硫处理。

【监管证件】 AB

【税则号列】 2503.0000

【商品名称】 固体块粉状硫磺

【规格型号】 （包装） | （加工工艺） | 块粉状 | 含硫量为 99.5%以上

【商品描述】 硫磺，分子式 $C_5H_{12}S$。块状硫磺为淡黄色块状结晶体，有斜方晶硫、单斜晶硫和非晶形硫三种晶型，有特殊臭味，含硫量为 99.5%以上。硫磺性质稳定，低毒，能溶于二硫化碳，不溶于水，略溶于乙醇和醚类。

【监管证件】 AB

【税则号列】 2504.1010

【商品名称】 鳞片石墨

【规格型号】 耐火材料用 | 鳞片状 | 天然 | 非球化加工 | 石墨含量 94.29% | （细度指标）

【商品描述】 天然显晶质石墨，其形似鱼鳞状，属六方晶系，呈层状结构，具有良好的耐高温、导电、导热、润滑、可塑及耐酸碱等性能。鳞片石墨品种，按含碳量的高低分类：$C\%>99.9\%$为高纯石墨；$94\%<C\%<99.9\%$为高碳石墨；$80\%<C\%<94\%$为中碳石墨；$50\%<C\%<80\%$为低碳石墨。广泛用于冶金工业的高级耐火材料、电池工艺的电极、化学工业的润滑密封材料与涂料等。

【监管证件】 无监管证件要求

【税则号列】 2507. 0010

【商品名称】 高岭土

【规格型号】 SiO_2 51. 4%，Al_2O_3 44. 7%，H_2O 0. 31%｜不是活化｜造纸填料｜白色颗粒｜煅烧｜92. 8%｜90%<2 微米

【商品描述】 型号 Ansiles 93，造纸用化工料。高岭土（又称观音土、白鳝泥、膨土岩、斑脱石、甘土、皂土、陶土、白泥）是一种含铝的硅酸盐矿物，化学分子式为 Al_4（Si_4O_{10}）OH_6，除 Al_2O_3 外，还含 SiO_2，外观呈白色软泥状，颗粒细腻，状似面粉。高岭土是一种重要的非金属矿产，与云母、石英、碳酸钙并称为四大非金属矿，为制造陶瓷的主要原料。高岭土还被广泛用于造纸、橡胶、化工、涂料、医药和国防等几十个行业，是必需的矿物原料。高岭土还被用于代替钢铁制造切削刀具、车床钻头和内燃机外壳等方面。主要分布在中国的东北、西北的石炭—二叠纪煤系中。

【监管证件】 无监管证件要求

【税则号列】 2508. 3000

【商品名称】 矾土（耐火黏土）

【规格型号】 颗粒状｜未活化｜Al_2O_3 85%｜（级别）｜未含添加剂或改性

【商品描述】 矾土是铝的氧化物 Al_2O_3，在自然界以刚玉和水合形式存在，通常由各种形式的铝土矿制得，主要用作金属铝的来源、磨料和耐火材料、催化剂和催化剂载体，以及吸附剂。用于制造耐火材料的矾土被称为耐火级矾土。

【监管证件】 4xy

【税则号列】 2510. 1010

【商品名称】 磷灰石

【规格型号】 未碾磨｜磷灰石｜（来源）｜P_2O_5 32. 03%min

【商品描述】 磷灰石是一系列磷酸盐矿物的总称，是提炼磷的重要矿物，其中氟磷灰石是商业上最主要的矿物。磷灰石为玻璃状晶体、块体或结核，它们的颜色多种多样，一般多为带锥面尖头的六方柱形。该商品成分为磷灰石，由磷灰石破碎而成，未碾磨，原产于贵州福泉市英坪矿区，用于生产磷肥。

【监管证件】 4xy

【税则号列】 2511. 1000

【商品名称】 重晶石块

【规格型号】 矿山开采未加工 | 钻井标准级

【商品描述】 以硫酸钡（$BaSO_4$）为主要成分的非金属矿产品，纯重晶石显白色、有光泽，由于杂质及混入物的影响也常呈灰色、浅红色、浅黄色等，结晶情况相当好的重晶石还可呈透明晶体。重晶石系硫酸盐矿物，化学性质稳定，不溶于水和盐酸，无磁性和毒性。重晶石是晶体属正交（斜方）晶系的硫酸盐矿物。比重为最小 4. 22，用于钻井泥浆加重剂。

【监管证件】 无监管证件要求

【税则号列】 2515. 1100

【商品名称】 大理石荒料

【规格型号】 天然原状 | （外观） | （表观比重） | （体积或面积数量） | （花色品种） | 3 米×1. 5 米×1. 5 米

【商品描述】 大理石（Marble）又称云石，原指产于云南省大理的白色带有黑色花纹的石灰岩，是商品名称，并非岩石学定义，因其盛产于云南大理而得名。大理石是石灰岩或白云岩受接触或区域变质作用而重结晶的产物，矿物成分主要为方解石，遇盐酸发生气泡，具有等粒或不等粒的变晶结构，颗粒粗细不一。大理石也是天然建筑装饰石材的一大门类，一般指具有装饰功能，可以加工成建筑石材或工艺品的已变质或未变质的碳酸盐岩类。大理石荒料就是从大理石矿山开采出来的大块石料。

【监管证件】 无监管证件要求

【税则号列】 2515. 1200

【商品名称】 洞石（学名石灰华）

【规格型号】 天然原状 | 不规则块状 | 表观比重 2. 3 | （体积或面积数量） | 白色或微黄色 | （规格）

【商品描述】 又名孔石，属于石灰石和大理石。呈不规则块状，大小不一，白色或微黄色，表面略平滑，无光泽，体轻，松脆，掰成小块后，捻之成粉，有滑润感。味微甘。

【监管证件】 无监管证件要求

【税则号列】 2515. 1200

【商品名称】 大理石石块（金碧辉煌）

【规格型号】 已切割 | 成矩形 | （表观比重） | （体积或面积） | （花色品种） | （0. 7～2）米×（0. 9～1. 92）米×（1. 3～2. 1）米

【商品描述】 略。

【监管证件】 无监管证件要求

【税则号列】 2516. 1100

【商品名称】 花岗岩荒料石

【规格型号】 原状，粗加修整，未用锯或其他方法切割成矩形 | 粗糙 | （体积或面积数量） | （花色） | 227 厘米×157 厘米×145 厘米

【商品描述】 略。

【监管证件】 A

【税则号列】 2516. 9000

【商品名称】 玄武岩石

【规格型号】 建筑用 | 六面机切 | 矩形

【商品描述】 规格 900 毫米×（200～800）毫米×30 毫米。玄武岩是一种基性喷出岩，是由火山喷发出的岩浆在地表冷却后凝固而成的一种致密状或泡沫状结构的岩石，属于岩浆岩。其岩石结构常具气孔状、杏仁状构造和斑状结构，有时带有大的矿物晶体，未风化的玄武岩主要呈黑色和灰色，也有黑褐色、暗紫色和灰绿色的。玄武岩体积密度为 2. 8 克/立方厘米～3. 3 克/立方厘米，结构致密的其压缩强度很大，耐久性甚高，节理多，且节理面多呈六边形。

【监管证件】 无监管证件要求

【税则号列】 2519. 9010

【商品名称】 电熔镁

【规格型号】 菱镁石破碎放入电炉里，通过电极产生高温，熔化，冷却 | MgO 97. 56% | 粉块状 | 0 毫米～40 毫米

【商品描述】 电熔镁砂是以优质镁砂为原料经过熔化而制成，纯度高，结晶粒大，结构致密，抗渣性强材料，热震稳定性好，是一种优良的高温电气绝缘材料，也是制作高档镁砖、镁碳砖及不定形耐火材料的重要原料。

【监管证件】 y4x

【税则号列】 2519. 9020

【商品名称】 重烧镁

【规格型号】 经过高温竖窑煅烧而成 | MgO 97. 05% | 块状，棕褐色 | 0 毫米~30 毫米

【商品描述】 菱镁矿在 1800℃煅烧时，二氧化碳完全逸出，氧化镁形成方镁石致密块体，称重烧镁（又称烧结镁砂），这种重烧镁具有很高的耐火度。其主要成分为氧化镁，选用天然特级菱镁矿石经浮选提纯、轻烧、细磨、高压压球、超高温油竖窑煅烧而成。

【监管证件】 y4x

【税则号列】 2519. 9030

【商品名称】 轻烧镁

【规格型号】 原矿煅烧，分选，破碎，磨粉 | MgO 90. 15% | 粉粒 | 0. 3 毫米~2. 0 毫米

【商品描述】 将菱镁矿、水镁石和由海水或卤水中提取的氢氧化镁经 800℃ ~1000℃左右煅烧，使其分解排出二氧化碳或水，即得到轻烧镁粉，也称轻烧氧化镁、苛性氧化镁或轻烧镁，俗称苦土粉。轻烧镁粉质地疏松、化学活性大，既可以用于制造镁水泥、菱镁建材制品、隔热保温材料等，又是二步煅烧法生产优质镁砂的中间产物。

【监管证件】 y4x

【税则号列】 2523. 1000

【商品名称】 水泥熟料

【规格型号】 制作水泥用

【商品描述】 以石灰石和黏土、铁质原料为主要原料，按适当比例配制成生料，烧至部分或全部熔融，并经冷却而获得的半成品。在水泥工业中，最常用的硅酸盐水泥熟料主要化学成分为氧化钙、二氧化硅和少量的氧化铝和氧化铁。主要矿物组成为硅酸三钙、硅酸二钙、铝酸三钙和铁铝酸四钙。硅酸盐水泥熟料加适量石膏共同磨细后，即成硅酸盐水泥。

【监管证件】 无监管证件要求

【税则号列】 2523. 1000

【商品名称】 铝酸盐水泥熟料

【规格型号】 耐火材料用等

【商品描述】 CaO_3 1%~38%，Al_2O_3 37%~44%。铝酸盐水泥以铝矾土和石灰石为原料，经煅烧制得的以铝酸钙为主要成分、氧化铝含量约50%的熟料，再磨制成的水硬性胶凝材料。铝酸盐水泥常为黄色或褐色，也有呈灰色的。铝酸盐水泥的主要矿物成分为铝酸一钙（$CaO \cdot Al_2O_3$，简写 CA）及其他铝酸盐，以及少量的硅酸二钙（$2CaO \cdot SiO_2$）等。根据国家标准（GB 201—2000）的规定，铝酸盐水泥的密度和堆积密度与普通硅酸盐水泥相近。铝酸盐水泥凝结硬化速度快，主要用于工期紧急的工程，如国防、道路和特殊抢修工程。

【监管证件】 无监管证件要求

【税则号列】 2523. 2900

【商品名称】 其他硅酸盐水泥

【规格型号】 建筑用

【商品描述】 硅酸盐水泥用天然含有或人工掺入适当比例黏土的石灰石烧结而得，也可加入其他材料，例如，硅石、矾土或含铁物质。烧结后所得的半成品称为水泥熟料。熟料经磨细后制成硅酸盐水泥。为了改良其水凝性质，可加有添加剂和促凝剂。硅酸盐水泥主要有普通水泥、中等水泥及白水泥等几种。由硅酸盐水泥熟料、20%~50%两种或两种以上规定的混合材料和适量石膏磨细制成的水硬性胶凝材料，称为复合硅酸盐水泥（简称复合水泥），代号 P. C。

【监管证件】 A

【税则号列】 2523. 2900

【商品名称】 普通硅酸盐水泥

【规格型号】 工程用

【商品描述】 袋装，主要成分为硅酸钙。为了改良其水凝性质，硅酸盐水泥可加有添加剂和促凝剂。硅酸盐水泥主要有普通水泥、中等水泥及白水泥等几种。由硅酸盐水泥熟料、6%~20%混合材料、适量石膏磨细制成的水硬性胶凝材料，称为普通硅酸盐水泥（简称普通水泥），代号 P. O。

【监管证件】 A

【税则号列】 2523. 2900
【商品名称】 硅酸盐水泥
【规格型号】 建筑用 | 海螺牌 | P. II 52. 5
【商品描述】 为了改良其水凝性质，硅酸盐水泥中可加有添加剂和促凝剂。硅酸盐水泥主要有普通水泥、中等水泥及白水泥等几种。由硅酸盐水泥熟料、0%~5%石灰石或粒化高炉矿渣、适量石膏磨细制成的水硬性胶凝材料，称为硅酸盐水泥，分P. I 和 P. II，即国外通称的波特兰水泥。
【监管证件】 A

【税则号列】 2524. 9090
【商品名称】 其他石棉
【规格型号】 灰白色压缩状长方形 | 非青石棉 | 短纤 | 型号 A-5-57
【商品描述】 具有高度耐火性、电绝缘性和绝热性，是重要的防火、绝缘和保温材料。
【监管证件】 89/无监管证件要求

【税则号列】 2524. 9090
【商品名称】 短纤温石棉
【规格型号】 絮状纤维 | 非青石棉 | 短纤 | 型号 A-5-57
【商品描述】 絮状纤维。
【监管证件】 89/无监管证件要求

【税则号列】 2525. 1000
【商品名称】 云母片
【规格型号】 用于生产云母纸（电气绝缘材料） | 片状
【商品描述】 白云母（Muscovite），A 级，1/2 英寸及以上。白云母也叫普通云母、钾云母或云母，是云母类矿物中的一种。白云母是良好的电绝缘体和热绝缘体，一般产于变质岩中，但也产于花岗岩等岩石中。白云母并非只是白色，它可以是较淡的褐色、绿色、红色至无色，具有玻璃光泽至丝绢光泽。
【监管证件】 无监管证件要求

【税则号列】 2526. 1020
【商品名称】 广西二号滑石块
【规格型号】 破碎及研磨
【商品描述】 滑石为硅酸盐类滑石族矿物滑石，主要含水合硅酸镁［Mg_3（Si_4O_{10}）（$OH)_2$］。滑石晶体结构属单斜晶系，由热水溶液和岩石中的镁和硅化合而成。通常为致密块状、鳞片状集合体，法则块状或扁块状。白色、黄白色或淡灰色至淡蓝色。半透明或不透明。具蜡样光泽，有的呈珍珠光泽。质软细腻，有滑腻感。无气，无味。本商品经破碎及研磨，SiO_2 含量 58%APPR，MgO 含量 28%APPR。
【监管证件】 4xy

【税则号列】 2526. 1020
【商品名称】 滑石块
【规格型号】 天然，未经破碎
【商品描述】 广西一号，SiO_2 含量 60%APPR，MgO 含量 30%APPR。
【监管证件】 4xy

【税则号列】 2526. 2020
【商品名称】 滑石粉
【规格型号】 原料挑选—破碎—研磨—检验—包装｜白度 93
【商品描述】 该产品为原料挑选，经破碎、研磨、检验、包装而得，为微细粉，2000 目。
【监管证件】 4Axy

【税则号列】 2528. 0090
【商品名称】 硼钙石
【规格型号】 (成分含量)
【商品描述】 硼钙石（Colemanite）为白色粉末状。
【监管证件】 无监管证件要求

【税则号列】 2529. 1000
【商品名称】 长石粒
【规格型号】 用于瓷砖原料｜颗粒状，直径≤1 厘米，长石破碎
【商品描述】 长石是长石族矿物的总称，它是一类常见的含钙、钠和钾的铝硅酸盐类造岩矿物。长石常见乳白色，但常因含有多种杂质而被染成黄、褐、浅红、深灰等色。富含钾或钠的长石主要用于陶瓷工业、玻璃工业及搪瓷工业。
【监管证件】 无监管证件要求

【税则号列】 2529.2100

【商品名称】 萤石

【规格型号】 用途为炼钢、炼玻璃用的催化剂 | 外观无色半透明状 | 氟化钙含量≤97%

【商品描述】 萤石（Fluorite）又称氟石，是一种矿物，其主要成分是氟化钙（CaF_2），含杂质较多，Ca 常被 Y 和 Ce 等稀土元素替代，此外还含有少量的 Fe_2O_3、SiO_2 和微量的 Cl、O_3、He 等。自然界中的萤石常显鲜艳的颜色，硬度比小刀低。它可以用于制备氟化氢：$CaF_2 + H_2SO_4 = CaSO_4 + 2HF\uparrow$。在人造萤石技术成熟前，是制造镜头所用光学玻璃的材料之一。

【监管证件】 4xy

【税则号列】 2529.2200

【商品名称】 萤石块

【规格型号】 炼钢、炼玻璃用的催化剂 | 外观无色半透明状 | 氟化钙含量>97%

【商品描述】 略。

【监管证件】 4xy

【税则号列】 2529.2200

【商品名称】 萤石粉

【规格型号】 用于提炼氟化钙 | 粉状 | 氟化钙含量 98.71%

【商品描述】 略。

【监管证件】 4xy

【税则号列】 2530.9020

【商品名称】 磷钇矿

【规格型号】 用于生产稀土产品 | 原矿筛选 | 棕色粉 | 氧化钇 32.54%，五氧化二磷 35%，水 0.14%

【商品描述】 稀土元素矿（稀土矿）的主要矿物组分之一。常含铒、铈、镧和钍等元素。四方晶系，晶体呈四方柱状或双锥状，集合体呈散染粒状或致密块状。黄褐、红、灰色等。玻璃光泽至油脂光泽。硬度 4~5，密度 4.4 克/立方厘米~5.1 克/立方厘米。常具放射性。化学性质稳定。

【监管证件】 4Bxy

【税则号列】 2530. 9099

【商品名称】 恰拉矿石坯料

【规格型号】 制造工艺品、装饰品 | 石英和硅酸铝盐矿产品，天然开采 | 不规则块状 | 石英 60%，硅酸铝盐 35%，其他 5%

【商品描述】 又名查罗石，主要组成矿物为紫硅碱钙石，可含有霓辉石、长石、硅钛钙钾石等。

【监管证件】 无监管证件要求

【税则号列】 2530. 9099

【商品名称】 锂辉石

【规格型号】 生产碳酸锂、氢氧化锂等锂化工产品的基础性原料 | 加工方法为经破碎筛选重选加工 | 外观为白色颗粒状 | 成分为氧化锂 6. 1%，三氧化二铁 0. 7%，氧化铝 23. 6%，二氧化硅 66. 3%

【商品描述】 锂辉石外观为白色颗粒，主要成分为氧化锂、三氧化二铁，用于生产陶瓷玻璃产品、冶金材料等。

【监管证件】 无监管证件要求

第二十六章　矿砂、矿渣及矿灰

注释：

一、本章不包括：

（一）供铺路用的矿渣及类似的工业废渣（税目 25. 17）；

（二）天然碳酸镁（菱镁矿），不论是否煅烧（税目 25. 19）；

（三）主要含有石油的石油储罐的淤渣（税目 27. 10）；

（四）第三十一章的碱性熔渣；

（五）矿物棉（税目 68. 06）；

（六）贵金属或包贵金属的废碎料；主要用于回收贵金属的含贵金属或贵金属化合物的其他废碎料（税目 71. 12）；或

（七）通过熔炼所产生的铜锍、镍锍或钴锍（第十五类）。

二、税目 26. 01 至 26. 17 所称“矿砂”，是指冶金工业中提炼汞、税目 28. 44 的金属以及第十四类、第十五类金属的矿物，即使这些矿物不用于冶金工业，也包括在内。但税目 26. 01 至 26. 17 不包括不是以冶金工业正常加工方法处理的各种矿物。

三、税目 26. 20 仅适用于：

（一）在工业上提炼金属或作为生产金属化合物基本原料的矿渣、矿灰及残渣，但焚化城市垃圾所产生的灰、渣除外（税目 26. 21）；以及

（二）含有砷的矿渣、矿灰及残渣，不论其是否含有金属，用于提取或生产砷或金属及其化合物。

子目注释：

一、子目 2620. 21 所称“含铅汽油的淤渣及含铅抗震化合物的淤渣”，是指含铅汽油及含铅抗震化合物（例如，四乙基铅）储罐的淤渣，主要含有铅、铅化合物以及铁的氧化物。

二、含有砷、汞、铊及其混合物的矿渣、矿灰及残渣，用于提取或生产砷、汞、铊及其化合物，归入子目 2620. 60。

【税则号列】 2601. 1110

【商品名称】 铁矿砂

【规格型号】 炼铁用 | 未烧结 | 开采 | 筛选 | 粉状 | （成分含量） | （平均粒度） | 来源巴西 | （签约日期）

【商品描述】 铁矿砂即铁矿石。凡是含有铁元素或铁化合物的矿石都可以叫作铁矿石，但是在工业上或者商业上来说，铁矿石不仅要含有铁的成分，而且必须有利用的价值才行。该矿砂原产于巴西，外观为粉状（细粉），主体粒度小于 0. 8 毫米，通过矿山开采、筛选，未经过烧结，主要用于炼铁。

【监管证件】 7A

【税则号列】 2601. 1110

【商品名称】 球团精粉铁矿

【规格型号】 炼铁用 | 露天开采，未烧结 | 黑褐色、黑色 | 含铁量 66. 6% | 主体粒度小于 0. 8 毫米 | 来源巴西 | （签约日期）

【商品描述】 球团精粉铁矿原产于巴西，为露天开采的一种未烧结的粉铁矿，用于炼铁。该种铁矿砂有黑褐色、黑色两种，主体粒度小于 0. 8 毫米，含铁量在 66. 6% 左右。

【监管证件】 7A

【税则号列】 2601. 1110

【商品名称】 巴西精粉铁矿

【规格型号】 炼铁用 | 未烧结 | 黑褐色 | 含铁量 65. 63% | 主体粒度小于 0. 8 毫米 | 来源巴西 | （签约日期）

【商品描述】 略。

【监管证件】 7A

【税则号列】 2601. 1110

【商品名称】 铁精矿

【规格型号】 炼钢用 | 机械采磨，未烧结 | 黑色粉末 | 含铁量 62%～64%，含水量 5. 98% | 平均粒度小于 0. 8 毫米 | （来源矿区） | （签约日期）

【商品描述】 铁精矿，是指天然矿石经过破碎、磨碎、选矿等加工处理而形成的矿粉。精矿粉按照选矿方法的不同分为多种精矿粉，如磁选、浮选、重选等精矿粉。60%以上含量的一般被认为是高品位的，我国缺乏这种高品位铁矿石，几乎依赖从巴西、澳大利亚、印度进口。矿砂颗粒的平均直径，一般经过粉碎，在 5 毫米～10 毫米最佳，过大过小都不好，否则既不方便运输也不利于生产。需要注意的是，为了方便运输，所有成品铁矿砂都必须在装船装车运输前接受注水，一般含水率在 8%以下。因此铁矿砂和其他矿石同类产品都有干、湿两种计重方式。

【监管证件】 7A

【税则号列】 2601. 1110

【商品名称】 未烧结铁矿砂及其精矿

【规格型号】 炼铁用 | 未烧结 | 粉末状 | 含铁量 58. 62%～61. 88% | 巴西矿 | 平均粒度<0. 8 毫米 | （签约日期）

【商品描述】 铁矿石是钢铁生产企业的重要原材料，天然矿石（铁矿石）经过破碎、磨碎、磁选、浮选、重选等程序逐渐选出。在理论上来说，凡是含有铁元素或铁化合物的矿石都可以叫作铁矿石；但是，在工业上或者商业上来说，铁矿石和锰矿不同，铁矿石不仅要含有铁的成分，而且必须有利用的价值才行。从矿山开采出来天然矿石以后用选矿设备处理成 65%左右的铁精粉，铁精粉再拿去冶炼成海绵铁，然后再炼钢。

【监管证件】 7A

【税则号列】 2601. 1110

【商品名称】 细精矿

【规格型号】 炼铁用ǀ未烧结，有筛选ǀ黑色粉状ǀ含铁量 69. 24%，含水量 8. 19%ǀ秘鲁伊卡省马尔科纳矿区天然直接开采ǀ粒度为 100 目 97. 81%ǀ（签约日期）

【商品描述】 铁精粉为铁矿粉，是由铁矿石（含有铁元素或铁化合物的矿石）经过选矿、破碎、分选、磨碎等加工处理而成的矿粉。铁矿粉的种类主要分为磁铁矿粉、赤铁矿粉、褐铁矿粉、菱铁矿铁的硅酸盐矿粉及硫化铁矿。铁矿粉是钢铁工业的主要原料，常应用于冶金行业、建筑行业、造船业、机械行业、飞机制造等对钢材需求量大的行业。进口的铁矿粉品味比较高，也叫铁精粉，要经过烧结或球团才可以进入高炉。

【监管证件】 7A

【税则号列】 2601. 1110

【商品名称】 朱红色未烧结铁矿砂/粉矿

【规格型号】 炼铁用ǀ未烧结ǀ红褐色粉末ǀ含铁量 65. 34%，含水量 4. 1%ǀ平均粒度小于 0. 8 毫米ǀ（来源矿区）ǀ（签约日期）

【商品描述】 略。

【监管证件】 7A

【税则号列】 2601. 1110

【商品名称】 加拿大铁精粉

【规格型号】 炼铁用ǀ未烧结ǀ黑褐色ǀ含铁量 66. 01%ǀ主体粒度小于 0. 8 毫米ǀ（来源矿区）ǀ（签约日期）

【商品描述】 天然矿石经过破碎、磨碎、选矿等加工处理而成的矿粉叫精矿粉。加拿大铁精粉是一种原产于加拿大的精矿粉，为露天开采、未烧结，用于炼铁。

【监管证件】 7A

【税则号列】 2601. 1120

【商品名称】 CVRD-SSFG 粉铁矿

【规格型号】 炼铁用ǀ未烧结ǀ黑褐色、褐色ǀ含铁量 63. 5%左右ǀ主体粒度 0. 8 毫米~6. 3 毫米ǀ（来源矿区）ǀ（签约日期）

【商品描述】 CVRD-SSFG 粉铁矿，原产于巴西，为露天开采的一种未烧结的粉铁矿，用于炼铁。

【监管证件】 7A

【税则号列】 2601.1120

【商品名称】 乌克兰铁矿粉

【规格型号】 炼铁用|未烧结|粉末状|含铁量65.65%|0.8毫米~6.3毫米|乌克兰原生矿|(签约日期)

【商品描述】 略。

【监管证件】 7A

【税则号列】 2601.1120

【商品名称】 铁矿粉(特粉)

【规格型号】 炼铁用|未烧结|黑色粉末|Fe 57.15%,SiO_2 5.02%,Al_2O_3 2.42%,P 0.053%,S 0.031%,H_2O 8.89%|平均粒度0.8毫米~6.3毫米|(来源矿区)|(签约日期)

【商品描述】 由FMG公司生产的品位57.5%左右的火箭粉,硅5个左右,铝2个左右。

【监管证件】 7A

【税则号列】 2601.1120

【商品名称】 磁铁矿

【规格型号】 炼铁用|未烧结|褐色粉末|Fe 54.93%,SiO_2 8.79%,Al_2O_3 2.14%,S 0.045%,P 0.195%,$FeO_2$3.2%,H_2O 5.61%|粒度0.8毫米~6.3毫米|(来源矿区)|(签约日期)

【商品描述】 磁铁矿(Magnetite)为氧化物类矿物磁铁矿的矿石。属等轴晶系,晶体呈八面体、十二面体,晶面有条纹。多为粒块状集合体。铁黑色,或具暗蓝靛色。条痕黑,半金属光泽。不透明。无解理。断口不平坦。硬度5.5~6.5。密度5.16克/立方厘米~5.18克/立方厘米。具强磁性。性脆。无臭,无味。常产于岩浆岩、变质岩中。海滨沙中也常存在。磁铁矿分布广,俄罗斯、北美、巴西、澳大利亚都有特大型的此种铁矿。

【监管证件】 7A

【税则号列】 2601.1120

【商品名称】 毛里塔尼亚铁矿粉

【规格型号】 炼铁用|未烧结|粉末|含铁量61.05%|0.8毫米≤平均粒度≤6.3毫米|(来源矿区)|(签约日期)

【商品描述】 毛里塔尼亚铁矿石储量约107亿吨，其铁矿石平均品位为57%，硫含量低于0.35%，二氧化硫相对偏高。毛里塔尼亚是仅次于南非的非洲第二大铁矿石出口国。国家铁矿工业公司（SNIM）是毛里塔尼亚最大的铁矿石生产商，年产量约1200万吨，下属四个露天采矿场，其中克迪亚—迪吉尔（Kedia d′Idjil）和姆哈乌达特（M′Haoudat）两个矿区的为赤铁矿，品位达64%~65%；在盖尔布—埃尔—来恩（Guelb El Rhein）采出的铁矿，品位为37%。

【监管证件】 7A

【税则号列】 2601.1120

【商品名称】 南非阿斯芒粉铁矿

【规格型号】 炼铁用|未烧结|褐色|含铁量64.2%，含水量2.49%|平均粒度0.8毫米~6.3毫米

【商品描述】 南非阿斯芒粉铁矿原产于南非，为露天开采的一种未烧结的粉铁矿，用于炼铁。该种铁矿砂的颜色为褐色，主体粒度为0.8毫米~6.3毫米，含铁量在64.2%左右，含水量为2.49%。

【监管证件】 7A

【税则号列】 2601.1120

【商品名称】 恰那粉铁矿

【规格型号】 炼铁用|未烧结|颜色黄褐色或褐色|含铁量不同，如61.8%、61.42%、61.71%|主体粒度0.8毫米~6.3毫米|(澳大利亚纽曼山矿)|(签约日期)

【商品描述】 恰那粉铁矿原产于澳大利亚，为露天开采的一种未烧结的粉铁矿，用于炼铁。该种铁矿砂的颜色有黄褐色、褐色两种，主体粒度为0.8毫米~6.3毫米，含铁量在61.4%左右。

【监管证件】 7A

【税则号列】 2601.1120

【商品名称】 铁矿粉（卡拉加斯粉）

【规格型号】 炼铁用 | 未烧结 | 褐色粉末 | Fe 65%，SiO_2 3.08%，Al_2O_3 1.13%，P 0.021%，H_2O 9.15% | 0.8毫米~6.3毫米 | （来源矿区） | （签约日期）

【商品描述】 英文简称SFCJ粉，全称Sinter Feed Carajas，含铁量在65%以上（65%~67%），产于巴西卡拉加斯矿的铁矿石。

【监管证件】 7A

【税则号列】 2601.1120

【商品名称】 铁矿粉（麦克粉）

【规格型号】 炼铁用 | 未烧结 | 褐色粉末 | Fe 60.75%，SiO_2 3.85%，Al_2O_3 2.07%，S 0.027%，P 0.087%，H_2O 8.08% | 平均粒度0.8毫米~6.3毫米 | （来源矿区） | （签约日期）

【商品描述】 麦克粉正常品位在61.5%左右，目前供给中国市场的多为58%左右的品位，部分属褐铁矿，烧结性能较好。

【监管证件】 7A

【税则号列】 2601.1120

【商品名称】 铁矿粉（纽曼粉）

【规格型号】 炼铁用 | 未烧结 | 褐色粉末 | Fe 62.14%，SiO_2 4.03%，Al_2O_3 2.24%，S 0.011%，P 0.067%，H_2O 7.27% | 平均粒度0.8毫米~6.3毫米 | （来源矿区） | （签约日期）

【商品描述】 产于澳大利亚的东皮尔巴拉的纽曼镇的纽曼山矿，属赤铁矿，烧结性能较好，粉的品位在62.5%左右，由西澳州必和必拓公司生产。

【监管证件】 7A

【税则号列】 2601.1120

【商品名称】 西非铁矿粉

【规格型号】 炼钢用 | 未烧结 | 黑褐色粉末 | Fe 62.32%，SiO_2 9.43%，Al_2O_3 0.81%，P 0.035%，S 0.01%，H_2O 1.82% | 0.8毫米~6.3毫米 | （来源矿区） | （签约日期）

【商品描述】 略。

【监管证件】 7A

【税则号列】 2601.1120

【商品名称】 铁矿砂（Pilbara Blend Fines）

【规格型号】 钢炼铁或烧结，破碎未烧结 | 粉末状 | 含铁量63.95%，含水量6.9% | 4毫米 |（来源矿区） | （签约日期）

【商品描述】 皮尔巴拉混合矿（简称PB粉），澳大利亚产，粉的品位在61.5%左右，部分褐铁矿烧结性能较好；平均粒度不小于0.8毫米，但不大于6.3毫米。

【监管证件】 7A

【税则号列】 2601.1120

【商品名称】 朱红色未烧结铁矿砂/粉矿

【规格型号】 炼铁用 | 未烧结 | 粉末状 | 含铁量58.62%~61.88% | 0.8毫米≤平均粒度≤6.3毫米 | 巴西（矿区） | （签约日期）

【商品描述】 为未煅烧铁矿砂及其精矿。

【监管证件】 7A

【税则号列】 2601.1120

【商品名称】 印度尼西亚铁矿粉

【规格型号】 炼铁用 | 未烧结 | 粉末 | 含铁量50.73% | 0.8毫米~6.3毫米 | （来源矿区） |（签约日期）

【商品描述】 铁矿粉，是由铁矿石（含有铁元素或铁化合物的矿石）经过选矿、破碎、分选、磨碎等加工处理而成的矿粉。进口的铁矿粉品位比较高，也叫铁精粉，要经过烧结或球团才可以进入高炉。该铁矿粉为精炼矿。

【监管证件】 7A

【税则号列】 2601.1120

【商品名称】 杨迪粉铁矿

【规格型号】 炼铁用 | 未烧结 | 外观褐色 | 含铁量58.54% | 主体粒度0.8毫米~6.3毫米 | 原产于澳大利亚杨迪矿区 | （签约日期）

【商品描述】 露天开采。

【监管证件】 7A

【税则号列】 2601. 1120
【商品名称】 乌克兰铁矿粉
【规格型号】 炼铁用丨未烧结丨粉末状丨含铁量 65. 65%丨0. 8 毫米~6. 3 毫米丨（来源矿区）丨（签约日期）
【商品描述】 原产于乌克兰。
【监管证件】 7A

【税则号列】 2601. 1120
【商品名称】 未烧结铁矿（CJF 粉）
【规格型号】 炼铁丨未烧结丨深褐色丨含铁量 65. 56%，含水量 8. 5%丨0. 8 毫米~6. 3 毫米丨巴西马德拉矿区丨（签约日期）
【商品描述】 略。
【监管证件】 7A

【税则号列】 2601. 1120
【商品名称】 未烧结铁精矿
【规格型号】 炼铁用丨破碎磁选丨红褐色颗粒丨含铁量 60%丨粒度 0. 8 毫米~6. 3 毫米丨蒙古国（矿区）丨（签约日期）
【商品描述】 天然矿石经过破碎、磁选等加工处理而成的矿砂。
【监管证件】 7A

【税则号列】 2601. 1120
【商品名称】 智利铁矿粉
【规格型号】 炼铁用丨未烧结丨粉末状丨含铁量 61. 76%丨0. 8 毫米≤平均粒度≤6. 3 毫米丨智利（矿区）丨（签约日期）
【商品描述】 略。
【监管证件】 7A

【税则号列】 2601. 1190
【商品名称】 褐铁矿石
【规格型号】 炼铁用丨天然未加工，未烧结丨红褐色块状丨含铁量 54. 2%丨粒度>6. 3 毫米丨俄罗斯（矿区）丨（签约日期）
【商品描述】 炼铁用天然矿石。
【监管证件】 7A

【税则号列】 2601.1190

【商品名称】 南非块

【规格型号】 炼铁用｜未破碎｜大块矿石｜含铁量 64.61%｜粒度大于 6.3 毫米｜（来源矿区）｜（签约日期）

【商品描述】 选矿工艺中，块矿是指通过采矿得到的大块铁矿石，没有经过破碎，粒度一般较大。粉矿是指经过几段破碎后的最终产品，一般粒度在 8~13 之间。两者只在粒度和价格上有区别，构成没有区别，粉矿是由块矿通过破碎得到的产品。制作工艺只有破碎，一般是 2 段~3 段破碎，由大粒度的块矿得到可以进入磨矿机的粉矿。

【监管证件】 7A

【税则号列】 2601.1190

【商品名称】 FMG 块铁矿

【规格型号】 炼铁用｜未烧结｜黑褐色｜含铁量 58.64%｜主体粒度 6.3 毫米~31.5 毫米｜（来源矿区）｜（签约日期）

【商品描述】 FMG 块铁矿是原产于澳大利亚的块铁矿，又称火箭粉，属于褐铁矿，烧结性能较好。为露天开采，未烧结。

【监管证件】 7A

【税则号列】 2601.1190

【商品名称】 古埃巴未筛分块铁矿

【规格型号】 炼铁用｜未烧结｜黑褐色｜含铁量 64.81%｜主体粒度 6.3 毫米~31.5 毫米｜（来源矿区）｜（签约日期）

【商品描述】 古埃巴未筛分块铁矿是原产于巴西的块铁矿，为露天开采，未烧结，用于炼铁。

【监管证件】 7A

【税则号列】 2601.1190

【商品名称】 图巴朗粉铁矿

【规格型号】 炼铁用｜未烧结，经筛选｜红褐色粉末｜含铁量 63.77%｜粒度 6.3 毫米以上｜巴西 Quadrangle 矿区｜（签约日期）

【商品描述】 巴西淡水河谷公司在巴西东南部地区 Quadrangle 矿区直接天然开采，经筛选，未烧结，红褐色粉末状。

【监管证件】 7A

【税则号列】 2601. 1190
【商品名称】 秘鲁块铁矿
【规格型号】 炼铁用|未烧结|黑褐色|含铁 54. 9%|主体粒度 6. 3 毫米~31. 5 毫米|(来源矿区)|(签约日期)
【商品描述】 秘鲁块铁矿原产于秘鲁，为露天开采的一种未烧结的块铁矿，用于炼铁。该种铁矿的颜色为黑褐色，主体粒度为 6. 3 毫米~31. 5 毫米，含铁量在 55%左右。
【监管证件】 7A

【税则号列】 2601. 1190
【商品名称】 南非阿斯芒块铁矿
【规格型号】 炼铁用|未烧结|褐色|含铁量 64. 52%，含水量 1. 16%|主体粒度大于 6. 3 毫米|(来源矿区)|(签约日期)
【商品描述】 南非阿斯芒块铁矿原产于南非，为露天开采的一种未烧结的块铁矿，用于炼铁。该种铁矿砂的颜色为褐色，主体粒度大于 6. 3 毫米，含铁量在 64%左右，含水量为 1. 16%。
【监管证件】 7A

【税则号列】 2601. 1190
【商品名称】 伊朗块铁矿
【规格型号】 炼铁用|未烧结|黑色|含铁量 56. 20%|主体粒度大于 6. 3 毫米|(来源矿区)|(签约日期)
【商品描述】 原产于伊朗的块铁矿，炼铁用，未烧结，外观黑色，粒度大于 6. 3 毫米。
【监管证件】 7A

【税则号列】 2601. 1190
【商品名称】 纽曼山高品位块铁矿
【规格型号】 炼铁用|未烧结|黄褐色|含铁量 63. 67%|主体粒度 6. 3 毫米~31. 5 毫米|(澳大利亚纽曼山矿)|(签约日期)
【商品描述】 纽曼山高品位块铁矿原产于澳大利亚纽曼山矿，为露天开采的一种未烧结的块铁矿，用于炼铁。该种铁矿砂的颜色有黄褐色、褐色两种，主体粒度为 6. 3 毫米~31. 5 毫米，含铁量在 63. 6%左右。
【监管证件】 7A

【税则号列】 2601.1190

【商品名称】 KUMBA 基础块铁矿

【规格型号】 炼铁用｜未烧结｜黑褐色｜含铁量 63.22%｜主体粒度 6.3 毫米~31.5 毫米｜（来源矿区）｜（签约日期）

【商品描述】 KUMBA 基础块铁矿原产于南非，为露天开采的一种未烧结的块铁矿，用于炼铁。该种铁矿砂的颜色为黑褐色，主体粒度为 6.3 毫米~31.5 毫米，含铁量在 63.2%左右。

【监管证件】 7A

【税则号列】 2601.1190

【商品名称】 朱红色未烧结铁矿砂/块矿

【规格型号】 炼铁用｜未烧结｜块状｜含铁量 62.73%｜平均粒度>6.3 毫米｜澳大利亚（来源矿区）｜（签约日期）

【商品描述】 平均粒度大于 6.3 毫米的未烧结铁矿砂及其精矿。

【监管证件】 7A

【税则号列】 2601.1190

【商品名称】 杨迪粉矿（HIY FINES）

【规格型号】 炼铁用｜未烧结｜褐色颗粒｜含铁量 58.58%｜平均粒度>6.3 毫米｜（来源矿区）｜（签约日期）

【商品描述】 产于澳大利亚，铝含量低，属褐铁矿，炼铁用。

【监管证件】 7A

【税则号列】 2601.1190

【商品名称】 铁矿石（赤铁矿块矿）

【规格型号】 冶炼钢铁用｜未烧结，天然开采｜块状｜含铁量 62.18%，二氧化硅 4.74%，三氧化二铝 2.75%，磷 0.028%，水分 0.90%，硫 0.22%｜平均粒度>6.3 毫米｜（来源矿区）｜（签约日期）

【商品描述】 略。

【监管证件】 7A

【税则号列】 2601.1190

【商品名称】 铁矿砂（麦克块）

【规格型号】 炼铁用｜未烧结｜黑色块状｜含铁量62.7%，含水量4.32%｜平均粒度大于6.3毫米｜（来源矿区）｜（签约日期）

【商品描述】 略。

【监管证件】 7A

【税则号列】 2601.1190

【商品名称】 铁矿块（皮尔巴拉块）

【规格型号】 炼铁用｜未烧结｜（外观）｜含铁量62.55%｜平均粒度大于6.3毫米｜（来源矿区）｜（签约日期）

【商品描述】 略。

【监管证件】 7A

【税则号列】 2601.1200

【商品名称】 CVRD-AF08自熔性球团铁矿

【规格型号】 炼钢用｜已烧结｜黑色、黑褐色｜含铁量65.51%｜（来源矿区）｜（签约日期）

【商品描述】 CVRD-AF08自熔性球团铁矿是巴西淡水河谷公司出产的球团铁矿，为露天开采的一种已烧结的球团铁矿，用于炼铁。

【监管证件】 7A

【税则号列】 2601.1200

【商品名称】 铁矿砂及其精矿

【规格型号】 炼铁用｜已烧结｜含Fe 67.14%，SiO_2 2.17%，Al_2O_3 0.86%｜（来源矿区）｜（签约日期）

【商品描述】 卡塔尔产铁矿砂。

【监管证件】 7A

【税则号列】 2601.1200

【商品名称】 巴西高炉球团铁矿

【规格型号】 炼铁用｜已烧结｜黑褐色｜含铁量67.75%｜（来源矿区）｜（签约日期）

【商品描述】 巴西高炉球团铁矿原产于巴西，为露天开采的一种已烧结的球团铁矿，用于炼铁。

【监管证件】 7A

【税则号列】 2601. 1200

【商品名称】 法布利卡高炉球团铁矿

【规格型号】 炼铁用 | 已烧结 | 黑褐色 | 含铁量 65. 43% | （来源矿区） | （签约日期）

【商品描述】 法布利卡高炉球团铁矿为露天开采的一种已烧结的球团铁矿，用于炼铁。

【监管证件】 7A

【税则号列】 2601. 1200

【商品名称】 美国球团铁矿

【规格型号】 炼铁用 | 已烧结 | 灰褐色 | 含铁量 64. 67% | （来源矿区） | （签约日期）

【商品描述】 美国产球团矿，露天开采。

【监管证件】 7A

【税则号列】 2601. 1200

【商品名称】 球团

【规格型号】 炼铁用 | 已烧结 | （外观） | 含 Fe 63. 25%，Al_2O_3 0. 29%，SiO_2 7. 85%，P 0. 009%，S 0. 014%，H_2O 0. 2% | （来源矿区） | （签约日期）

【商品描述】 球团是人造块状原料的一种方法，球团过程中，物料不仅在密度、扎隙率、形状、机械强度等物理性质上变化，更重要的是在化学组成、还原性、膨胀性、高温还原软化性、低温还原软化性、熔融性等化学和物理化学性质上发生了变化，使物料的冶金性能得到改善。现代工业化的炼铁生产，其含铁原料必须使用一定规格的块状炉料，主要包括块矿、烧结矿和球团矿。通常情况下，铁矿粉烧结和球团都是成熟的铁矿粉造块工艺，细铁精矿应采用球团工艺。

【监管证件】 7A

【税则号列】 2601. 1200

【商品名称】 CVRD-AF40 自熔性球团铁矿

【规格型号】 已烧结 | 黑色、黑褐色 | 含铁量 65. 40% | （来源矿区） | （签约日期）

【商品描述】 CVRD-AF40 自熔性球团铁矿原产于巴西，为露天开采的一种已烧结的球团铁矿，用于炼铁。

【监管证件】 7A

【税则号列】 2601.1200

【商品名称】 球团碎

【规格型号】 炼铁用|已烧结|黑色粉末|含 Fe 66.68%，SiO_2 1.58%，Al_2O_3 0.56%，S 0.007%，P 0.033%，H_2O 1.19%|（来源矿区）|（签约日期）

【商品描述】 略。

【监管证件】 7A

【税则号列】 2601.1200

【商品名称】 铁矿砂（Robe Valley Fines）

【规格型号】 炼铁用|已烧结球团|含铁量 65.18%|（外观）|澳大利亚罗布河谷 MesaJ|（签约日期）

【商品描述】 来源于澳大利亚的罗布河铁矿。罗布河铁矿联合公司是澳大利亚第三大铁矿石生产公司。该公司的铁矿资源集中在潘那瓦尼加附近的罗布河谷，矿脉延续近 100 千米，估计褐铁矿储量 30 亿~40 亿吨。现生产矿山位于罗布河谷的 MesaJ 矿区，目前公司铁矿年生产能力为 3000 万吨。该类型铁矿属于褐铁矿。

【监管证件】 7A

【税则号列】 2601.1200

【商品名称】 乌克兰优质球团铁矿

【规格型号】 炼铁用|已烧结|黑褐色|含铁量 64.72%|（来源矿区）|（签约日期）

【商品描述】 乌克兰优质球团铁矿原产于乌克兰，为露天开采的一种已烧结的球团铁矿，用于炼铁。

【监管证件】 7A

【税则号列】 2601.1200

【商品名称】 智利瓦斯科球团铁矿

【规格型号】 炼铁用|已烧结|黑褐色|含铁量 65.6%|（来源矿区）|（签约日期）

【商品描述】 智利瓦斯科球团铁矿原产于智利，为露天开采的一种已烧结的球团铁矿，用于炼铁。

【监管证件】 7A

【税则号列】 2601. 1200

【商品名称】 已烧结铁矿砂（球团矿）

【规格型号】 炼铁用｜已烧结｜（外观）｜含铁量 62. 25%，含水量 1. 06%，含二氧化硅 9. 71%｜（来源矿区）｜（签约日期）

【商品描述】 略。

【监管证件】 7A

【税则号列】 2601. 1200

【商品名称】 萨玛珂球团铁矿

【规格型号】 炼铁用，工业用｜已烧结｜黑褐色｜含铁量 66. 86%｜（来源矿区）｜（签约日期）

【商品描述】 萨玛珂球团铁矿原产于巴西，为露天开采的一种已烧结的球团铁矿，有炼铁用和工业用两种。

【监管证件】 7A

【税则号列】 2602. 0000

【商品名称】 锰矿石

【规格型号】 生产锰铁用｜用于炼钢添加剂｜锰矿原矿经破碎分选｜黑色颗粒｜含锰量 49. 7%，含水量 6. 3%｜澳大利亚｜（签约日期）

【商品描述】 0. 5 毫米<平均粒度<15 毫米，现货 4. 3 美元/干吨度。

【监管证件】 A

【税则号列】 2602. 0000

【商品名称】 锰矿砂及其精矿

【规格型号】 用于炼锰｜未加工｜黑色块状｜含锰量 42. 32%｜（来源矿区）｜（签约日期）

【商品描述】 锰在自然界分布很广，几乎各种矿石及硅酸盐的岩石中均含有锰。锰矿最常见的是无水和含水的氧化锰和碳酸锰，现已知的锰矿物有 150 种，但含锰最高、能大量富集形成有经济价值的锰矿物却不过五六种，其中最重要、最有经济价值的是软锰矿和硬锰矿。大部分的锰矿都含有相当多的水分，烘干过的锰矿具有很大的吸水性。锰矿中一般含有二氧化硅、磷、铅、硫、铝、砷、钡、钙、镁、钾和钠等杂质，在锰矿层中有时伴生有铜、钴、镍及其他稀有金属，其中二氧化硅、硫、磷和砷都是有害杂质，特别是磷含量的高低非常重要，是评价锰矿石的一个重要指标。

【监管证件】 A

【税则号列】 2602. 0000
【商品名称】 锰矿砂
【规格型号】 生产锰铁 | 天然 | 黑色块状 | 含锰量 43. 9% | （来源矿区） | （签约日期）
【商品描述】 略。
【监管证件】 A

【税则号列】 2603. 0000
【商品名称】 铜精矿
【规格型号】 破碎，碾细，浮选，分离 | 粉末 | 含铜量 20%～35%，含银量 15 克/吨～200 克/吨，含金量 0. 5 克/吨～20 克/吨 | （含水率） | （来源矿区） | （签约日期）
【商品描述】 加工方法为原矿采掘出来后（原矿品位在 0. 5%～1%左右），经过旋回破碎机、中细碎圆锥破碎机进行三级破碎，其尺寸达到 1 厘米左右；然后将矿粒投入球磨机，将其碾细至 200 目左右粉状（即 0. 074 毫米左右）进入浮选池；再将粉矿投入有一定 pH 值的溶液（浮选池）中，加入药物，经浮选机不断搅拌，金属吸附在搅拌后形成的泡沫上，泡沫悬浮在池的表面，金属随泡沫流入浮选池边上的槽内得到分离。此时的水分有 90%以上，品位可以达到 20%～30%；分离后的矿浆经浓缩和过滤相结合的脱水处理，在真空过滤机的作用下，将水分过滤。
【监管证件】 7A

【税则号列】 2604. 0000
【商品名称】 镍矿砂（粉状）
【规格型号】 经加工 | 天然红色 | 含镍量 2. 07% | 印尼（矿区） | （签约日期）
【商品描述】 红土镍矿资源为硫化镍矿岩体风化、淋滤、沉积形成的地表风化壳性矿床。世界上红土镍矿分布在赤道线南北 30 度以内的热带国家，集中分布在环太平洋的热带—亚热带地区，主要有：美洲的古巴、巴西；东南亚的印度尼西亚、菲律宾；大洋洲的澳大利亚、新喀里多尼亚、巴布亚新几内亚等。我国镍矿资源 70%集中在甘肃，全球至今约探获 7000 万吨镍金属资源。其中，硫化镍约 3000 万吨，占 42%。其余均为红土型镍。
【监管证件】 无监管证件要求

【税则号列】 2604.0000

【商品名称】 红土镍矿

【规格型号】 未加工｜红褐色｜含镍｜（来源矿区）｜（签约日期）｜含镍量 1.87%，含铁量 15.14%，含水量 30.5%

【商品描述】 镍红土矿含铁高，含镍量为 1%~2%。目前，氧化镍矿的开发利用以镍红土矿为主，它是由超基性岩风化发展而成的。镍主要以镍褐铁矿（很少结晶到不结晶的氧化铁）的形式存在。该矿砂天然开采，未经加工，呈红褐色泥浆状。

【监管证件】 无监管证件要求

【税则号列】 2604.0000

【商品名称】 天然红黄色粉末状红土镍矿砂

【规格型号】 天然开采｜粉末状｜含 Ni1.71%，$SiO_2$38%，P0.003%｜（来源矿区）｜（签约日期）

【商品描述】 镍红土矿含铁高，含镍量为 1%~2%。目前，氧化镍矿的开发利用以镍红土矿为主，它是由超基性岩风化发展而成的。镍主要以镍褐铁矿（很少结晶到不结晶的氧化铁）的形式存在。

【监管证件】 无监管证件要求

【税则号列】 2605.0000

【商品名称】 钴精矿

【规格型号】 球磨，浮选，烘干｜黑褐色，小颗粒，粉状｜含水量约 14.3278%，干物质下含钴 9.2635%，铜 12.5462%，铁 1.43%~3.53%，镁 0.52%~0.94%，锰 0.05%~0.16%，其他杂质（镍+铝+钙+铬+镉+铅+锌+硅酸盐+有机物等）59.2325%~61.8625%｜（来源矿区）｜（签约日期）

【商品描述】 制造氧化钴、硫酸钴，冶炼钴，天然开采。钴（Co）是具有钢灰色和金属光泽的硬质金属，钴原子序数为 27，位于元素周期表第八族，原子量为 58.93，它的主要物理、化学参数与铁、镍接近，属铁族元素。钴是一种高熔点和稳定性良好的磁性硬金属。它是制造耐热合金、硬质合金、防腐合金、磁性合金和各种钴盐的重要原料，广泛用于航空、航天、电器、机械制造、化学和陶瓷工业。因此，它是一种重要的战略物资。钴精矿主要用于合金行业，生产硫酸钴、氯化钴、碳酸钴、氧化钴、金属钴、钨钴。

【监管证件】 无监管证件要求

【税则号列】 2606.0000

【商品名称】 铝矿砂

【规格型号】 （加工方法）|（外观）|含氧化铝 46.87%，二氧化硅 4.8%，氧化铁 17.87%，水 11.68%|（来源矿区）|（签约日期）

【商品描述】 又称铝土矿，实际上是指工业上能利用的，以三水铝石、一水软铝石或一水硬铝石为主要矿物所组成的矿石的统称。铝土矿的化学成分主要为氧化铝、二氧化硅、氧化铁、二氧化钛、水，五者总量占成分的95%以上，一般大于98%。氧化铝主要赋存于铝矿物，如水铝石、一水软铝石、三水铝石中，其次赋存于硅矿物中（主要是高岭石类矿物）。用途一是金属方面（铝土矿中提取氧化铝，然后氧化铝经电解成为金属铝）；二是非金属方面（活性氧化铝可作催化剂，触媒载体及脱色、脱水、脱气、脱酸、干燥等物理吸附剂，研磨材料，耐火材料）。

【监管证件】 4xy

【税则号列】 2606.0000

【商品名称】 铝矿

【规格型号】 露天开采|褐色粉块|含氧化铝 44.65%，氧化铁 19.98%，二氧化硅 4.74%，氧化钙 2.93%，水 2.42%|（来源矿区）|（签约日期）

【商品描述】 铝矿的组成成分异常复杂，是多种地质来源极不相同的含水氧化铝矿石的总称。主要成分是氧化铝，系含有杂质的水合氧化铝，是一种土状矿物。白色或灰白色，因含铁而呈褐黄或浅红色。密度 3.9 克/立方厘米~4 克/立方厘米，硬度 1~3，不透明，质脆。极难熔化。不溶于水，能溶于硫酸、氢氧化钠溶液。主要用于炼铝、制耐火材料。

【监管证件】 4xy

【税则号列】 2606.0000

【商品名称】 铝矾土

【规格型号】 露天开采|褐色粉块|含氧化铝 44.08%|（来源矿区）|（签约日期）

【商品描述】 铝矾土（Aluminous Soil，Bauxite）又称矾土或铝土矿，其组成成分异常复杂，是多种地质来源极不相同的含水氧化铝矿石的总称。主要成分是氧化铝，系含有杂质的水合氧化铝，是一种土状矿物。白色或灰白色，因含铁而呈褐黄或浅红色。密度 3.9 克/立方厘米~4 克/立方厘米，硬度 1~3，不透明，质脆。极难熔化。不溶于水，能溶于硫酸、氢氧化钠溶液。主要用于炼铝、制耐火材料。

【监管证件】 4xy

【税则号列】 2607.0000

【商品名称】 铅锌矿

【规格型号】 未加工原矿 | 不规则块状 | 含铅 22.1%，锌 3.67%，银 59.89 克/吨 | （来源矿区） | （签约日期）

【商品描述】 天然开采。

【监管证件】 A

【税则号列】 2607.0000

【商品名称】 铅精矿（非黄金价值部分）

【规格型号】 矿石经破碎、球磨、泡沫浮送 | 黑色粉末状 | 含铅 75.25%，银 57 克/吨 | （来源矿区） | （签约日期）

【商品描述】 铅精矿的选矿工艺一般是由铅矿石经破碎、球磨、泡沫浮选等工艺，生产出达到国家标准的铅精矿。铅精矿的主要成分根据产品等级规定，含铅量为 40%~70%。本铅精矿为原矿破碎后经过筛选而成，呈黑色粉末状，从山野矿场开采。

【监管证件】 A

【税则号列】 2607.0000

【商品名称】 铅精矿

【规格型号】 原矿浮选 | 黑色颗粒 | 含铅 47.577%，银 2630.746 克/干吨，金 4.712 克/干吨 | （来源矿区） | （签约日期）

【商品描述】 该商品为原矿浮选所得到的铅精矿，呈黑色颗粒状。主要成分为铅、银，并伴有少量的金。

【监管证件】 A

【税则号列】 2607.0000

【商品名称】 红狗铅精矿

【规格型号】 原矿浮选 | 灰色粉状 | 含铜 52.50%，锌 17%，银 445.70 克/公吨 | 美国（矿区） | （签约日期）

【商品描述】 含铅矿石经浮选或其他方法选矿得到的含铅量不小于 45%、供冶炼铅用的精矿产品。灰色粉状。一般为散装，也可袋装。

【监管证件】 A

【税则号列】 2608.0000

【商品名称】 锌矿

【规格型号】 经破碎，筛选，球磨 | 粉状 | 含锌 38.42%，铅 5.74%，水分 7.76% | （来源矿区） | （签约日期）

【商品描述】 锌（Zinc）是一种化学元素，化学符号是 Zn，原子序数是 30，是一种浅灰色的过渡金属。锌是第四“常见”的金属，仅次于铁、铝及铜。锌主要用于钢铁、冶金、机械、电气、化工、轻工、军事和医药等领域。世界上锌的全部消费中大约有一半用于镀锌，约 10%用于黄铜和青铜，不到 10%用于锌基合金，约 7.5%用于化学制品，约 13%用于制造干电池，以锌饼、锌板的形式出现。锌在自然界中，多以硫化物状态存在。主要含锌矿物是闪锌矿，也有少量氧化矿，如菱锌矿和异极矿。我国的锌矿一般与铅共生，故称为铅锌矿，产地遍布全国。

【监管证件】 A

【税则号列】 2608.0000

【商品名称】 铅锌矿

【规格型号】 经破碎，筛选，球磨 | 粉状 | 含锌 26.84%，含铅 15.68%，含水 13.40% | （来源矿区） | （签约日期）

【商品描述】 略。

【监管证件】 A

【税则号列】 2608.0000

【商品名称】 锌精矿粉

【规格型号】 浮选 | 灰色粉末 | 含锌 50.98%，含水 12.89% | 蒙古（矿区） | （签约日期）

【商品描述】 锌精矿一般是由铅锌矿或含锌矿石经破碎、球磨、泡沫浮选等工艺而生产出的达到国家标准的含锌量较高的矿粉，是生产金属锌、锌化合物等的主要原料，锌含量为 40%～55%。

【监管证件】 A

【税则号列】 2608.0000

【商品名称】 氧化锌原生矿

【规格型号】 未加工 | 土黄色，块状 | 含锌 6.41%，含水 13.74% | （来源矿区） | （签约日期）

【商品描述】 略。

【监管证件】 A

【税则号列】 2608.0000

【商品名称】 锌精矿

【规格型号】 原矿 | 灰色粉状 | 含锌 52.94%，铅 9.553%，银 133.895 克/吨 | 澳大利亚（矿区）

【商品描述】 含锌矿石经浮选或其他方法选矿得到的含锌量不小于 40%、供冶炼锌用的精矿产品。灰色粉状。一般为散装，也可袋装。

【监管证件】 A

【税则号列】 2609.0000

【商品名称】 锡精矿

【规格型号】 未加工或经破碎洗选等粗加工 | 灰黑颗粒状 | 含锡 66.42%，含微量铅、砷等元素，含水 0.44%~13.4% | （来源矿区） | （签约日期）

【商品描述】 锡，金属元素，一种略带蓝色的白色光泽的低熔点金属元素，在化合物内是二价或四价，不会被空气氧化，主要以二氧化物（锡石）和各种硫化物（例如硫锡石）的形式存在。元素符号为 Sn。锡是大名鼎鼎的“五金”——金、银、铜、铁、锡之一，广泛应用于电子、信息、电器、化工、冶金、建材、机械、食品包装等行业。全球锡需求增长迅速，半导体行业的电子焊料雄踞锡下游需求的半壁江山，光伏产业的爆发性增长使光伏焊带成为锡焊领域增长最快的下游需求端，PVC 阻燃、羟基锡酸锌规模化替代效应或将进一步强化锡在化工领域的需求爆发。

【监管证件】 4xy

【税则号列】 2610.0000

【商品名称】 铬矿（块矿）

【规格型号】 原矿 | 灰黑色块矿 | 含三氧化二铬 44.39%，铬/铁 3.20/1 | （来源矿区） | （签约日期）

【商品描述】 铁合金冶炼原料。化学成分为（Mg、Fe）Cr_2O_4，介于亚铁铬铁矿与镁铬铁矿之间，通常有人将亚铁铬铁矿和镁铬铁矿也都称为铬铁矿。铬铁矿为等轴晶系，晶体呈细小的八面体，通常呈粒状和致密块状集合体，颜色黑色，条痕褐色，半金属光泽，硬度 5.5，比重 4.2~4.8，具弱磁性。铬铁矿是岩浆成因矿物，产于超基性岩中，当含矿岩石遭受风化破坏后，铬铁矿常转入砂矿中。铬铁矿是炼铬的最主要的矿物原料，是富含铁的劣质矿石。

【监管证件】 A

【税则号列】 2610. 0000
【商品名称】 铬矿
【规格型号】 铬矿原矿经破碎分选 | 黑色颗粒 | 含三氧化二铬 44. 6%，水 0. 1% | （来源矿区） | （签约日期）
【商品描述】 冶炼铬铁合金用，用于炼钢添加剂。6 毫米<平均粒度<16 毫米。
【监管证件】 A

【税则号列】 2610. 0000
【商品名称】 铬精矿
【规格型号】 原矿未加工 | 灰黑色粉状 | 含三氧化二铬 43. 56% | （来源矿区） | （签约日期）
【商品描述】 矿山开采。在冶金工业上，铬铁矿主要用来生产铬铁合金和金属铬。铬铁合金作为钢的添加料，可生产多种高强度、抗腐蚀、耐磨、耐高温、耐氧化的特种钢，如不锈钢、耐酸钢、耐热钢、滚珠轴承钢、弹簧钢、工具钢等。在自然界中目前已发现的含铬矿物约有 50 余种，分别属于氧化物类、铬酸盐类和硅酸盐类。有工业价值的铬矿物，其三氧化二铬含量一般都在 30%以上。按国家发展和改革委员会规定，铬铁矿石按工业用途划分为冶金级、化工级、耐火级和铸石级。冶金用铬矿石按加工方式不同（选矿和天然矿）分为精矿（G）和块矿（K）两类，精矿按三氧化二铬含量的不同，分为 7 个牌号。
【监管证件】 A

【税则号列】 2611. 0000
【商品名称】 钨精矿
【规格型号】 锡钨矿 | 粗加工 | 褐色，颗粒状 | 含锡 22. 42%，三氧化钨 35. 48% | （来源矿区） | （签约日期）
【商品描述】 天然开采。钨属于稀有元素，在地壳中的含量仅为 0. 007%。我国钨储量约占世界总储量的 55%，居首位。钨属亲石元素，主要以钨酸盐的形态存在于伟晶岩和热液矿床中。已知的钨矿约有 15 种，其中主要有黑钨矿和白钨矿两种。黑钨矿（Fe，Mn）WO_4，又名钨锰铁矿，含三氧化钨约 76%，呈褐黑色至黑色，显半金属光泽，比重为 7. 1~7. 9；属单斜晶系，晶体常呈厚板状，晶面上常有纵纹。黑钨矿常与石英脉共生在一起。白钨矿（$CaWO_4$），又名钨酸钙矿，含三氧化钨约 80%，常呈灰白色，有时略带浅黄、浅紫、浅褐等色，显金刚光泽或油脂光泽。
【监管证件】 4xy

【税则号列】 2612. 2000

【商品名称】 钍矿砂（独居石）

【规格型号】 磁选｜棕黄色细砂状｜含二氧化钍5%，五氧化二磷30%，水0. 032%｜独居石｜含钍59. 39%｜（来源矿区）｜（签约日期）

【商品描述】 用于生产科技产品，比如电脑液晶显示器。独居石这个名字是源于它经常以单晶体存在而来的。它是一种含有铈和镧的磷酸盐矿物，是一种稀土矿物，中文学名“磷铈镧矿”（Ce，Y，La，Th）。PO_4是提炼铈、镧的主要矿物，商业钚的主要来源。这种矿物会放射钍-232，之后会吸收慢中子而变成铀-233，而铀-233可作核燃料之用。可合成钚-239，常被用在核子反应炉及核武器中。铈可用来作合金、打火石、抛光等的材料。此外，由于成分中经常有钍代替铈，二氧化钍含量最多可达30%钍。独居石是主要的稀土矿物。

【监管证件】 4xy

【税则号列】 2613. 1000

【商品名称】 已焙烧的钼矿砂及其精矿（焙烧钼精矿）

【规格型号】 焙烧｜黑色块状｜钼含量最小57%mīn｜（来源矿区）｜（签约日期）

【商品描述】 焙烧钼精矿又称三氧化钼或工业氧化钼，泛指钼精矿焙烧的焙砂。将钼精矿在630℃～700℃下进行氧化焙烧，便使硫化钼转化为工业三氧化钼。它是一种灰色粉状物质，粒度多小于0. 3毫米，在碱性溶液中（氢氧化钠、氢氧化铵）的最小溶解度为97%，酸不溶物约10%。本产品呈黑色块状。用于炼钢、钼化工、陶瓷等行业。

【监管证件】 4xy

【税则号列】 2614. 0000

【商品名称】 钛铁矿

【规格型号】 天然｜黑色粉末｜含二氧化钛57. 7%，FE（T）25. 50%（其中氧化亚铁10. 2%，氧化铁25. 2%）｜（来源矿区）｜（签约日期）

【商品描述】 略。

【监管证件】 无监管证件要求

【税则号列】 2614.0000

【商品名称】 钛矿

【规格型号】 矿山开采 | 机械破碎—筛选 | 黑褐色粉状 | 含 TiO_2 51.42% | FeO 33.65% | ZrO 20.016% | （来源矿区） | （签约日期）

【商品描述】 略。

【监管证件】 无监管证件要求

【税则号列】 2614.0000

【商品名称】 金红石

【规格型号】 筛选晾晒 | 黑褐色颗粒 | 含 TiO_2 89.3%，Fe_2O_3 1.92%，Al_2O_3 0.73%，P 0.05%，SiO_2 3.46%，S 0.02%，H_2O 0.28%，其他 4.24% | 海南原生钛矿（矿区） | （签约日期）

【商品描述】 金红石是较纯的二氧化钛，二氧化钛在含量一般95%以上，是提炼钛的重要矿物原料，但在地壳中储量较少。它具有耐高温、耐低温、耐腐蚀、高强度、小比重等优异性能，被广泛用于军工航空、航天、航海、机械、化工、海水淡化等方面。金红石本身是高档电焊条必需的原料之一，也是生产金红石型钛白粉的最佳原料。

【监管证件】 无监管证件要求

【税则号列】 2614.0000

【商品名称】 钛精矿

【规格型号】 海沙中磁选、重选制得 | 黑色细颗粒砂状 | 含 TiO_2 49.64% | 归仁矿区 | （签约日期）

【商品描述】 钛和钛合金钛材主要用于航空和宇航部门。

【监管证件】 无监管证件要求

【税则号列】 2615. 1000

【商品名称】 锆英砂

【规格型号】 原矿经过水洗—电洗—磁选等加工而成丨黄褐色丨含 Zro_2+HfO_2 65%min，Fe_2O_3 0. 15%max，TiO_2 0. 25%丨100 目~150 目丨用于耐火材料及锆化合物的生产丨（来源矿区）丨（签约日期）

【商品描述】 锆砂亦称锆英砂、锆英石，是一种以锆的硅酸盐（$ZrSiO_4$）为主要成分的矿物。纯净的锆英砂为无色透明晶体，常因产地不同、含杂质的种类与数量不同而呈黄、橙、红、褐等色，主要化学成分为 ZrO_2、SiO_2，以及少量 Fe_2O_3、CaO、AI_2O_3 等杂质。锆英砂的理论组成为 ZrO_2 67. 1%、SiO_2 32. 9%。锆英砂（锆英石）极耐高温，其熔点达 2750℃，并耐酸腐蚀。世界上有 80%的锆英砂直接用于铸造、陶瓷、玻璃工业及制造耐火材料，少量的用于铁合金、医药、油漆、制革、磨料、化工及核工业，极少量的用于冶炼金属锆。

【监管证件】 无监管证件要求

【税则号列】 2615. 1000

【商品名称】 锆矿砂及其精矿

【规格型号】 锆英石经水洗、电选、磁选等选矿工艺分选后而得到丨褐色，颗粒状丨含 ZrO_2+HfO_2 65% mīn，Fe_2O_3 0. 15% max，TiO_2 0. 30% max 丨（粒度）丨制氧氯化锆丨（来源矿区）丨（签约日期）

【商品描述】 用于与固碱经高温反应去除其内的钠硅铁等化学物质，是制氧氯化锆的原料，经矿石加工而得。

【监管证件】 无监管证件要求

【税则号列】 2615. 9090

【商品名称】 钽铌矿（Tantalum Concentrates）

【规格型号】 矿产破碎后经重选，磁选等方法加工而成丨黑褐灰色不规则颗粒状丨含 Ta_2O_5 54. 1%，Nb_2O_5<0. 002%，U_3O_8<0. 0025%，ThO_2<0. 0025%，其余杂质丨（来源矿区）丨（签约日期）

【商品描述】 来源于天然矿石，无牌子。

【监管证件】 无监管证件要求

【税则号列】 2615.9090

【商品名称】 钽矿

【规格型号】 天然 | 灰黑色炼钽用 | 含 Ta_2O_5 34.46% | 巴西 Pitinga 钽矿 | （签约日期）

【商品描述】 略。

【监管证件】 无监管证件要求

【税则号列】 2615.9090

【商品名称】 铌钽矿

【规格型号】 经挖掘—选矿—烘干 | 黑灰色颗粒 | 含 Ta_2O_5 23.54%，Nb_2O_5 23.63%，H_2O 0.159%，其他 52.671% | （来源矿区） | （签约日期）

【商品描述】 钽铌矿呈黑灰色颗粒状，颗粒直径一般在 5 毫米到 100 毫米之间，主要用于生产氧化钽、氧化铌、氟钽酸钾及其深加工产品。

【监管证件】 无监管证件要求

【税则号列】 2615.9090

【商品名称】 铌矿

【规格型号】 天然 | 灰色颗粒 | 含 Ta_2O_5 4.5%，Nb_2O_5 48% | 尼日利亚（矿区） | （签约日期）

【商品描述】 铌，一种化学元素，化学符号 Nb，原子序数 41，原子量 92.90638。金属铌可用电解熔融的七氟铌酸钾制取，也可用金属钠还原七氟铌酸钾或金属铝还原 Nb_2O_5 制取。纯铌在电子管中用于除去残留气体，钢中掺铌能提高钢在高温时的抗氧化性，改善钢的焊接性能。铌、钽与钨、钼、钒、镍、钴等一系列金属合作，得到的“热强合金”，可以用作超音速喷气式飞机和火箭、导弹等的结构材料。科学家们在研制新型的高温结构材料时，已开始把注意力转向铌、钽。用铌和钽的碳化物作基体制成的硬质合金，有很高的强度和抗压性。

【监管证件】 无监管证件要求

【税则号列】 2616.1000

【商品名称】 银精矿

【规格型号】 原矿破碎后经过浮选，加工成精矿 | 粉状深灰色硫化矿 | 含银 15175 克/千吨，铜 14.3% | （来源矿区） | （签约日期）

【商品描述】 略。

【监管证件】 无监管证件要求

【税则号列】 2616. 1000

【商品名称】 银精矿

【规格型号】 原矿浮选 | 黑色颗粒 | 银 4977. 1911 克/千吨，铅 37. 9088% | （来源矿区） | （签约日期）

【商品描述】 该类商品为原矿浮选所得到的铅银混合伴生矿，呈黑色颗粒状，主要成分为银和铅。

【监管证件】 无监管证件要求

【税则号列】 2616. 9000

【商品名称】 黄金矿砂

【规格型号】 块状金矿经破碎、细碎、研磨、筛选形成黄金矿砂 | 淡黄色粉状 | 金 130 克/千吨，水分 13% | （来源矿区） | （签约日期）

【商品描述】 略。

【监管证件】 无监管证件要求

【税则号列】 2616. 9000

【商品名称】 淡黄色粉末状黄金矿砂

【规格型号】 块状金矿经破碎、细碎、研磨、筛选，最后形成黄金矿砂 | 淡黄色粉末 | 铜 14. 02%，银 263. 96 克/吨，金 263. 96 克/吨 | （来源矿区） | （签约日期）

【商品描述】 金精矿中金含量≥20 克/吨，水分含量≤20%，散装，淡黄色或黑色。

【监管证件】 无监管证件要求

【税则号列】 2616. 9000

【商品名称】 金精矿

【规格型号】 天然开采 | 黑色粉末 | 金 52. 24 克/吨，水 6. 447768% | （来源矿区） | （签约日期）

【商品描述】 金精矿或称黄金矿砂，是指 2616. 9000 项下的部分货物，依据海关总署公告 2013 年第 16 号的规定，鉴于工业和信息化部发布了新的金精矿标准，该商品应符合新标准 YS/T 3004—2011 的规定。金精矿根据含金量分为九个品级，一级品含金量不小于 100 克/吨，九级品含金量不小于 20 克/吨。

【监管证件】 无监管证件要求

【税则号列】 2617.1090

【商品名称】 锑矿

【规格型号】 天然原矿|灰色，块状|含 Sb 1.93%，Fe 23.2%，Pb 1.64%，SiO_2 21.08%，S 17.3%，不包含金银金属|（来源矿区）|（签约日期）

【商品描述】 粒度 12.7 毫米~50.8 毫米，92.41%min。

【监管证件】 4xy

【税则号列】 2617.1090

【商品名称】 锑精矿（非黄金价值部分）

【规格型号】 原矿经过初选，破碎，浮选之后除去水分而成|啡褐色粉末状|按干净重含锑 57.83%|（来源矿区）|（签约日期）

【商品描述】 锑精矿是一种黑灰色粉末，如果含金较高（金计价）就是含金锑精矿，是冶炼锑锭和加工成氧化锑的原料。开采出来的锑原矿，经过破碎机破碎，球磨机碾磨成粉末，通过重力浮选（岩石和锑的比重不同）而得到含锑丰富的粉末，即锑精矿。锑精矿用来加工成锑氧粉，然后冶炼成锑锭，最终可以深加工成氧化锑系列产品。

【监管证件】 4xy

【税则号列】 2617.9090

【商品名称】 氧化铍精矿

【规格型号】 浮选法|沙土色粉末|含 BeO 6.18%，Be 36%（占 BeO 的分子量），Fe_2O_3 1.65%，Mn 0.063%，F<0.08%，Al_2O_3 16.25%，H_2O 1.0%|（来源矿区）|（签约日期）

【商品描述】 用于炼铍锭、铍铜金属。

【监管证件】 无监管证件要求

【税则号列】 2619.0000

【商品名称】 轧钢产生的氧化皮

【规格型号】 用于炼钢|破碎处理未经还原|棕褐色片或粉状固体金属氧化物|含铁量70.38%|钢水钢坯与空气接触的表层形成的铁的氧化物

【商品描述】 钢坯在加热炉加热后进行轧制，出炉时温度迅速下降，内外温差较大，表面形成氧化层，脱落后形成氧化皮；进入轧机前和轧制过程中对表面进行高压水冲洗除鳞产生氧化皮。钢材锻造和热轧热加工时，由于钢铁和空气中氧的反应，常会大量形成氧化铁皮，一般氧化铁皮的层次有三层：最外一层为 Fe_2O_3，约占整个氧化铁皮厚度的10%，其性质是细腻有光泽、松脆、易脱落，并且有阻止内部继续剧烈氧化的作用；第二层是 Fe_2O_3 和 FeO 的混合体，通常写成 Fe_3O_4，约占全部厚度的50%；与金属本体相连的第三层是 FeO，约占氧化铁皮厚度的40%。

【监管证件】 9A

【税则号列】 2619.0000

【商品名称】 氧化铁皮

【规格型号】 炼钢时作烧结添加料以提高铁含量|经破碎处理未经还原|铁屑状颗粒|含铁量70.04%，含水量1.85%|轧钢过程中产生的废料

【商品描述】 钢材锻造和热轧热加工时，由于钢铁和空气中氧的反应，常会大量形成氧化铁皮，一般氧化铁皮的层次有三层：最外一层为 Fe_2O_3；第二层是 Fe_2O_3 和 FeO 的混合体，通常写成 Fe_3O_4；与金属本体相连的第三层是 FeO。FeO 的性质发黏，粘到钢料上不易除掉。化工行业氧化铁皮提供给化工厂可用来生产氧化铁红、氧化铁黄、三氯化铁、硫酸亚铁等。可用氧化铁皮替代钢屑。

【监管证件】 9A

【税则号列】 2619.0000

【商品名称】 钒渣

【规格型号】 提炼五氧化二钒|（加工方法）|（外观）|含五氧化二钒25.71%，铁15.09%，氧化硅20%，氧化锰14%|冶炼钢铁产生

【商品描述】 略。

【监管证件】 9

第二十七章　矿物燃料、矿物油及其蒸馏产品；沥青物质；矿物蜡

注释：

一、本章不包括：

（一）单独的已有化学定义的有机化合物，但纯甲烷及纯丙烷应归入税目 27.11；

（二）税目 30.03 及 30.04 的药品；或

（三）税目 33.01、33.02 及 38.05 的不饱和烃混合物。

二、税目 27.10 所称“石油及从沥青矿物提取的油类”，不仅包括石油、从沥青矿物提取的油及类似油，还包括那些用任何方法提取的主要含有不饱和烃混合物的油，但其非芳族成分的重量必须超过芳族成分。

然而，它不包括采用减压蒸馏法，在压力转换为 1013 毫巴下的温度 300℃时，以体积计馏出量小于 60%的液体合成聚烯烃（第三十九章）。

三、税目 27.10 所称“废油”，是指主要含石油及从沥青矿物提取的油类（参见本章注释二）的废油，不论其是否与水混合。它们包括：

（一）不再适于作为原产品使用的废油（例如，用过的润滑油、液压油及变压器油）；

（二）石油储罐的淤渣油，主要含废油及高浓度的在生产原产品时使用的添加剂（例如，化学品）；以及

（三）水乳浊液状的或与水混合的废油，例如，浮油、清洗油罐所得的油或机械加工中已用过的切削油。

子目注释：

一、子目 2701.11 所称“无烟煤”，是指含挥发物（以干燥、无矿物质计）不超过 14%的煤。

二、子目 2701.12 所称“烟煤”，是指含挥发物（以干燥、无矿物质计）超过 14%，并且热值（以潮湿、无矿物质计）等于或大于 5833 大卡/千克的煤。

三、子目 2707.10、2707.20、2707.30 及 2707.40 所称“粗苯”“粗甲苯”“粗二甲苯”及“萘”，是分别指按重量计苯、甲苯、二甲苯或萘的含量在 50%以上的产品。

四、子目 2710.12 所称“轻油及其制品”，是指根据 ISO 3405 方法（等同于 ASTM D 86 方法），温度在 210℃时以体积计馏出量（包括损耗）在 90%及以上的产品。

五、税目 27.10 的子目所称“生物柴油”，是指从动植物油脂（不论是否使用过）得到的用作燃料的脂肪酸单烷基酯。

【税则号列】 2701.1100

【商品名称】 鸿基精细无烟煤

【规格型号】 颗粒粉末混合状 | 挥发物（以干燥、无矿物质计）6.95% | 恒湿无灰基高位发热量 32.85 焦耳/千克 | 灰分 34.41% | 硫 0.43% | 水分 8.42%

【商品描述】 略。

【监管证件】 47Axy

【税则号列】 2701.1100

【商品名称】 阳泉喷吹煤

【规格型号】 粉末状 | 挥发物（以干燥、无矿物质计）7%~14% | 热值≥7650 千卡/千克 | 灰分≤11% | 硫≤0.6% | 水≤8%

【商品描述】 无烟煤，未制成型。阳泉喷吹煤是以山西阳泉产的一种无烟煤为原料，经高炉喷吹技术而制成。粒度 0 毫米~50 毫米。

【监管证件】 47Axy

【税则号列】 2701.1100

【商品名称】 无烟煤

【规格型号】 颗粒粉末混合状 | 挥发物（以干燥、无矿物质计）7.04 PCT | 灰分 37.64% | 硫 0.39% | 水分 7.5%

【商品描述】 略。

【监管证件】 47Axy

【税则号列】 2701.1100

【商品名称】 无烟煤（南溪一号）

【规格型号】 黑色粉末 | 挥发物（以干燥、无矿物质计）13.9% | 恒湿无灰基高位发热量 8338 卡/千克 | 灰分 9.7% | 硫 0.37% | 水分 8.8%

【商品描述】 粒度 0 毫米~50 毫米，透光率 70.7%。

【监管证件】 47Axy

【税则号列】 2701.1100

【商品名称】 南沃克喷吹煤（无烟煤）

【规格型号】 黑色颗粒状 | 挥发物（以干燥、无矿物质计）13.3% | 恒湿无灰基高位发热量 7300 卡/千克 | 灰分 9.2% | 硫 0.36% | 水分 8.3%

【商品描述】 粒度 0 毫米~50 毫米。

【监管证件】 47Axy

【税则号列】 2701.1100

【商品名称】 无烟煤

【规格型号】 黑色粉末|挥发物（以干燥、无矿物质计）9.0%|最大发热值 7468 千卡/千克|灰分 11.2%|硫 0.77%|水分 8.9%

【商品描述】 粒度 0 毫米~50 毫米。

【监管证件】 47Axy

【税则号列】 2701.1100

【商品名称】 朝鲜无烟煤

【规格型号】 黑色粉末|挥发物 5.59%|恒湿无灰基高位发热量 7267 卡/千克|灰分 18.79%|硫 0.4%|水分 6.8%

【商品描述】 略。

【监管证件】 47Axy

【税则号列】 2701.1100

【商品名称】 澳洲无烟煤

【规格型号】 黑色，粒状|挥发物（以干燥、无矿物质计）12.05%|热值（恒湿无灰基高位发热量）8221 卡/千克|灰分 9.4%|硫 0.31%|水分 10.0%

【商品描述】 略。

【监管证件】 47Axy

【税则号列】 2701.1210

【商品名称】 炼焦煤

【规格型号】 黑色粉状|挥发物（以干燥、无矿物质计）18.90%|角质层最大厚度 17.5 毫米|粘结指数 84%|透光率 90%，坩埚膨胀系数 9.0|发热量 7500 卡/千克|灰分 10.70%|硫 0.63%|水分 9.9%

【商品描述】 略。

【监管证件】 47Axy

【税则号列】 2701.1290

【商品名称】 动力煤、其他烟煤

【规格型号】 黑色粉状颗粒块矿混合|挥发物（以干燥、无矿物质计）23.2%|恒湿无灰基高位发热量 7754 卡/千克|（灰分）|（含硫量）|（含水量）

【商品描述】 略。

【监管证件】 47Axy

【税则号列】 2701. 1290
【商品名称】 印尼动力煤（其他烟煤）
【规格型号】 0 毫米~50 毫米不规则颗粒 | 挥发物（以干燥、无矿物质计）38. 6% | 恒湿无灰基高位发热量 6271 卡/千克 | 灰分 6. 7% | 硫 1. 13% | 全水 16. 3%，内水 11. 4%
【商品描述】 略。
【监管证件】 47Axy

【税则号列】 2701. 1290
【商品名称】 印尼动力煤（其他烟煤）
【规格型号】 黑色颗粒状 | 挥发物（以干燥、无矿物质计）41. 2% | 恒湿无灰基高位发热量 7060 卡/千克 | （灰分） | （含硫量） | （含水量）
【商品描述】 略。
【监管证件】 47Axy

【税则号列】 2701. 1290
【商品名称】 印度尼西亚动力煤
【规格型号】 黑色固体 | 挥发物（以干燥、无矿物质计）49. 35% | 恒湿无灰基高位发热量 6342 大卡/千克 | 灰分 13. 0% | 硫 0. 53% | 水分 19. 5%
【商品描述】 略。
【监管证件】 47Axy

【税则号列】 2701. 1290
【商品名称】 其他烟煤（印尼动力煤）
【规格型号】 黑色粉末颗粒混合物 | 挥发物（以干燥、无矿物质计）39. 2% | 恒湿无灰基高位发热量 6305 卡/千克 | 灰分 4. 8% | 硫 0. 94% | 全水 19%，内水 13. 1%
【商品描述】 略。
【监管证件】 47Axy

【税则号列】 2701. 1290
【商品名称】 其他烟煤（动力煤）
【规格型号】 黑色粉末颗粒混合物 | 挥发物（以干燥、无矿物质计）39. 6% | 恒湿无灰基高位发热量 6213 卡/千克 | 灰分 5. 9% | 硫 1. 22% | 全水 22. 7%，内水 12. 4%
【商品描述】 略。
【监管证件】 47Axy

【税则号列】 2701.1290
【商品名称】 南非动力煤（其他烟煤）
【规格型号】 0毫米~50毫米黑色不规则颗粒状 | 挥发物（以干燥、无矿物质计）23.1% | 恒湿无灰基高位发热量7578大卡/千克 | 灰分20.1% | 硫0.58% | 水分7.2%
【商品描述】 略。
【监管证件】 47Axy

【税则号列】 2701.1290
【商品名称】 南非动力煤
【规格型号】 黑色粉状 | 挥发物（以干燥、无矿物质计）24.4% | 恒湿无灰基高位发热量6780卡/千克 | 灰分13.4% | 硫0.57% | 水分7.5%
【商品描述】 略。
【监管证件】 47Axy

【税则号列】 2701.1290
【商品名称】 美国动力煤（烟煤）
【规格型号】 外观粉状 | 挥发物（以干燥、无矿物质计）37.05% | 恒湿无灰基高位发热量8568大卡/千克 | 灰分7.69% | 硫2.51% | 水分6.4%
【商品描述】 略。
【监管证件】 47Axy

【税则号列】 2701.1290
【商品名称】 美国动力煤
【规格型号】 外观黑色固体 | 挥发物（以干燥、无矿物质计）43.04% | 恒湿无灰基高位发热量7413大卡/千克 | 灰分8.8% | 硫2.23% | 水分10.8%
【商品描述】 略。
【监管证件】 47Axy

【税则号列】 2701.1290
【商品名称】 电煤
【规格型号】 黑色颗粒 | 挥发物（以干燥、无矿物质计）24% | 恒湿无灰基高位发热量7437卡/千克 | 灰分12.2% | 硫0.32% | 全水9.9%
【商品描述】 略。
【监管证件】 47Axy

【税则号列】 2701.1290

【商品名称】 澳洲喷吹煤

【规格型号】 黑色 | 挥发物（以干燥、无矿物质计）20% | 恒湿无灰基高位发热量 8460 卡/千克 | 灰分 10.4% | 硫 0.36% | 水分 9.6%

【商品描述】 略。

【监管证件】 47Axy

【税则号列】 2701.1290

【商品名称】 澳洲动力煤

【规格型号】 颗粒状 | 挥发物（以干燥、无矿物质计）30.5% | 恒湿无灰基高位发热量 6184 大卡/千克（以潮湿无矿物质计），大于 5833 大卡/千克 | （灰分） | （含硫量） | （含水量）

【商品描述】 略。

【监管证件】 47Axy

【税则号列】 2701.1290

【商品名称】 澳大利亚喷吹煤

【规格型号】 外观黑色固体 | 挥发物（以干燥、无矿物质计）14.45% | 恒湿无灰基高位发热量 8222 大卡/千克 | 灰分 10.4% | 硫 0.35% | 水分 8.8%

【商品描述】 略。

【监管证件】 47Axy

【税则号列】 2701.1290

【商品名称】 澳大利亚动力煤（其他烟煤）

【规格型号】 0 毫米~50 毫米黑色不规则颗粒 | 挥发物（以干燥、无矿物质计）26% | 恒湿无灰基高位发热量 7339 卡/千克 | 灰分 17% | 硫 0.28% | 全水 11.8%，内水 5.8%

【商品描述】 略。

【监管证件】 47Axy

【税则号列】 2701. 1290

【商品名称】 美国动力煤（其他烟煤）

【规格型号】 外观黑色，颗粒状丨挥发物（以干燥、无矿物质计）31. 26%丨恒湿无灰基高位发热量 7349 卡/千克丨灰分 9. 46%丨硫 2. 86%丨全水 11. 98%

【商品描述】 略。

【监管证件】 47Axy

【税则号列】 2707. 3000

【商品名称】 粗二甲苯

【规格型号】 非芳烃≤1. 0%，苯≤0. 05%，甲苯≤1. 0%，乙苯≤18. 0%

【商品描述】 用于加工生产对二甲苯、苯和甲苯，是芳烃生产领域重要的化工原料。

【监管证件】 无监管证件要求

【税则号列】 2707. 5000

【商品名称】 混合芳香烃

【规格型号】 苯 2. 71VOL%，芳香烃含量 69. 03VOL%，硫含量小于 0. 0150WT%丨（250℃蒸馏出芳烃体积含量）丨74. 4℃馏出 10%，127. 3℃馏出 50%，161. 5℃馏出 90%，终馏点 201. 6℃

【商品描述】 15℃密度 0. 8110 克/升。通过分离，分出其中的苯、甲苯、二甲苯。主要用于橡胶工业、制鞋业等。

【监管证件】 无监管证件要求

【税则号列】 2707. 5000

【商品名称】 碳九石油树脂芳烃

【规格型号】 未加氢，芳烃含量>90%丨250℃蒸馏出芳烃体积含量>90%丨馏程初馏点 156℃，终馏点 202℃

【商品描述】 透明棕红色液体。在 15. 6℃时的密度为 0. 9389 克/毫升，溴价 110 克溴/100 克。本品是乙烯厂用石油裂解生产乙烯时候的联产物，再经抽提苯、甲苯及二甲苯后所得到的副产物。主要用作加氢精制原料、调和燃料油黏度的原料，也可用于生产热聚合型碳九石油树脂。

【监管证件】 无监管证件要求

【税则号列】 2707.5000
【商品名称】 芳烃混合物（混合芳烃）
【规格型号】 芳烃总含量71.7%，C9及以上芳烃22.8%，苯0.98%，甲苯24.3%，二甲苯17.8%，乙基苯6.21%｜馏程终馏点189.5℃，初馏点38.5℃｜250℃回收体积96.0%
【商品描述】 略。
【监管证件】 无监管证件要求

【税则号列】 2707.9990
【商品名称】 芳烃油
【规格型号】 芳香烃>60%，饱和烃19%~23%，极性化合物14%~18%，250℃回收体积小于65%
【商品描述】 石油化工的基础原料之一，主要由苯、甲苯和二甲苯构成，可以对橡胶起到软化、增塑的作用，最后达到改变橡胶的弹性跟韧性的效果。芳烃油主要用于橡胶、轮胎的炼胶过程中。
【监管证件】 无监管证件要求

【税则号列】 2708.1000
【商品名称】 煤焦沥青
【规格型号】 黑色小块状｜煤焦油蒸馏后残渣
【商品描述】 略。
【监管证件】 无监管证件要求

【税则号列】 2708.1000
【商品名称】 煤焦油硬质沥青
【规格型号】 （外观）｜从煤焦油所得
【商品描述】 甲苯不溶物25.3%，灰分0.12%，软化点110.2℃，闪点260℃。
【监管证件】 无监管证件要求

【税则号列】 2709.0000
【商品名称】 沙重原油
【规格型号】 中质原油｜密度0.8876克/毫升｜（是否凝析油）
【商品描述】 硫分2.96%。
【监管证件】 4x7AByv

【税则号列】 2709.0000
【商品名称】 马西拉原油
【规格型号】 轻质原油｜密度 0.8466 克/毫升｜（是否凝析油）
【商品描述】 硫分 0.457%。
【监管证件】 4x7AByv

【税则号列】 2709.0000
【商品名称】 玛雅原油
【规格型号】 中质原油｜密度 0.9267 克/毫升｜非凝析油
【商品描述】 硫分 3.70%。
【监管证件】 4x7AByv

【税则号列】 2709.0000
【商品名称】 玛丽塔凝析原油
【规格型号】 原油｜密度 735.4 千克/立方米
【商品描述】 硫分 0.0974%。
【监管证件】 4x7AByv

【税则号列】 2709.0000
【商品名称】 纳波原油
【规格型号】 重质原油｜密度 0.9334 克/毫升｜（是否凝析油）
【商品描述】 略。
【监管证件】 4x7AByv

【税则号列】 2709.0000
【商品名称】 南帕斯凝析原油
【规格型号】 轻质原油｜密度 0.7378 克/毫升｜凝析油
【商品描述】 硫分 0.258%。
【监管证件】 4x7AByv

【税则号列】 2709.0000
【商品名称】 帕兹弗罗原油
【规格型号】 中质原油｜密度 0.8976 克/毫升｜（是否凝析油）
【商品描述】 硫分 0.504%。
【监管证件】 4x7AByv

【税则号列】 2709.0000

【商品名称】 普鲁托尼原油

【规格型号】 中质原油|密度0.8544克/毫升|（是否凝析油）

【商品描述】 硫分0.414%。

【监管证件】 4x7AByv

【税则号列】 2709.0000

【商品名称】 萨西原油

【规格型号】 轻质原油|密度0.8512克/毫升|（是否凝析油）

【商品描述】 硫分0.254%。

【监管证件】 4x7AByv

【税则号列】 2709.0000

【商品名称】 沙轻原油

【规格型号】 中质原油|密度0.8563克/毫升|（是否凝析油）

【商品描述】 硫分2.02%。

【监管证件】 4x7AByv

【税则号列】 2709.0000

【商品名称】 马瑞普原油

【规格型号】 轻质原油|密度0.8040克/毫升|（是否凝析油）

【商品描述】 硫分0.112%。

【监管证件】 4x7AByv

【税则号列】 2709.0000

【商品名称】 文森特原油

【规格型号】 原油|密度946.6千克/立方米|（是否凝析油）

【商品描述】 硫分0.394%（米/米）。

【监管证件】 4x7AByv

【税则号列】 2709.0000

【商品名称】 西北大陆架凝析原油

【规格型号】 原油|密度725千克/立方米|凝析油

【商品描述】 硫分0.015%。

【监管证件】 4x7AByv

【税则号列】 2709.0000
【商品名称】 伊朗轻原油
【规格型号】 中质原油 | 密度 0.855 克/毫升 | （是否凝析油）
【商品描述】 硫分 1.47%。
【监管证件】 4x7AByv

【税则号列】 2709.0000
【商品名称】 伊朗重原油
【规格型号】 中质原油 | 密度 0.8730 克/毫升 | （是否凝析油）
【商品描述】 硫分 1.88%。
【监管证件】 4x7AByv

【税则号列】 2709.0000
【商品名称】 沙哈然原油
【规格型号】 轻质原油 | 密度 0.802 克/毫升 | （是否凝析油）
【商品描述】 硫分 0.0516%。
【监管证件】 4x7AByv

【税则号列】 2709.0000
【商品名称】 埃斯坡原油
【规格型号】 轻质原油 | （密度或 API 度） | 非凝析油
【商品描述】 0.8438 克/毫升，硫分 0.517%。
【监管证件】 4x7AByv

【税则号列】 2709.0000
【商品名称】 AMNA 原油
【规格型号】 原油 | （密度或 API 度） | 非凝析油
【商品描述】 略。
【监管证件】 4x7AByv

【税则号列】 2709.0000
【商品名称】 DAR BLEND 原油
【规格型号】 原油 | （是否凝析油）
【商品描述】 含硫量 0.0989%。
【监管证件】 4x7AByv

【税则号列】 2709.0000
【商品名称】 奎都原油
【规格型号】 重质原油|密度 0.9148 克/毫升|非凝析油
【商品描述】 硫分 0.782%。
【监管证件】 4x7AByv

【税则号列】 2709.0000
【商品名称】 阿曼原油
【规格型号】 中质原油|密度 0.8636 克/毫升|非凝析油
【商品描述】 硫分 1.41%。
【监管证件】 4x7AByv

【税则号列】 2709.0000
【商品名称】 巴士拉原油
【规格型号】 中质原油|密度 0.8789 克/毫升|（是否凝析油）
【商品描述】 硫分 3.23%。
【监管证件】 4x7AByv

【税则号列】 2709.0000
【商品名称】 巴斯洛原油
【规格型号】 原油|密度 899 千克/立方米|（是否凝析油）
【商品描述】 硫分 0.425%（米/米）。
【监管证件】 4x7AByv

【税则号列】 2709.0000
【商品名称】 巴渝乌旦凝析原油
【规格型号】 原油|密度 719.8 千克/立方米|凝析油
【商品描述】 硫分 0.015%（米/米），用于生产乙烯。
【监管证件】 4x7AByv

【税则号列】 2709.0000
【商品名称】 达混原油
【规格型号】 中质原油|密度 900.4 千克/立方米|（是否凝析油）
【商品描述】 硫分 0.124%（米/米）。
【监管证件】 4x7AByv

【税则号列】 2709.0000
【商品名称】 科威特原油
【规格型号】 中质原油|密度0.8703克/毫升|非凝析油
【商品描述】 硫分2.7%。
【监管证件】 4x7AByv

【税则号列】 2709.0000
【商品名称】 达利亚原油
【规格型号】 中质原油|密度0.9116克/毫升|（是否凝析油）
【商品描述】 硫分0.514%。
【监管证件】 4x7AByv

【税则号列】 2709.0000
【商品名称】 达连原油
【规格型号】 中质原油|密度0.911克/毫升|非凝析油
【商品描述】 硫分0.548%。
【监管证件】 4x7AByv

【税则号列】 2709.0000
【商品名称】 大庆原油
【规格型号】 原油|（密度）|（是否凝析油）
【商品描述】 硫份0.11%，水分0.07%。
【监管证件】 4x7AByv

【税则号列】 2709.0000
【商品名称】 SARIR原油
【规格型号】 原油|（密度或API度）|非凝析油
【商品描述】 0.8408千克/升。
【监管证件】 4x7AByv

【税则号列】 2709.0000
【商品名称】 低硫凝析原油
【规格型号】 轻度原油|密度0.7409克/毫升|凝析油
【商品描述】 硫分0.238%（米/米）。
【监管证件】 4x7AByv

【税则号列】 2709. 0000
【商品名称】 内姆巴原油
【规格型号】 原油｜（密度）｜（是否凝析油）
【商品描述】 略。
【监管证件】 4x7AByv

【税则号列】 2709. 0000
【商品名称】 卡斯蒂利亚原油
【规格型号】 重质原油｜密度 0. 9384 克/毫升｜非凝析油
【商品描述】 硫分 1. 56%。
【监管证件】 4x7AByv

【税则号列】 2709. 0000
【商品名称】 达里亚原油
【规格型号】 原油｜密度 910. 4 千克/立方米｜（是否凝析油）
【商品描述】 硫分 0. 549%。
【监管证件】 4x7AByv

【税则号列】 2710. 1220
【商品名称】 石脑油
【规格型号】 馏程 25℃ ~205℃
【商品描述】 略。
【监管证件】 47ABvy

【税则号列】 2710. 1230
【商品名称】 油漆溶剂油（异链烷烃）
【规格型号】 ISOPAR｜IP CLEAN LX｜151 千克/桶｜馏程为 5%174℃，95%178℃｜作氧化物引发剂的载体和添加剂的溶剂
【商品描述】 初馏点 168. 2℃，终馏点 184. 1℃。
【监管证件】 无监管证件要求

【税则号列】 2710. 1291
【商品名称】 壬烯
【规格型号】 碳九异构体混合物 94. 2% | 碳八含量 0. 06%、碳十含量 5. 74% | 不含生物柴油
【商品描述】 略。
【监管证件】 4Ay

【税则号列】 2710. 1299
【商品名称】 异戊烯（异戊烯同分异构体混合物）
【规格型号】 沸点：35. 5℃，5% 回收温度：36. 9℃，50% 回收温度：37. 2℃，95% 回收温度：39℃，99% 回收温度：44. 3℃ | 2-甲基-2-丁烯：84%～86%，2-甲基-1-丁烯：14%～16%
【商品描述】 略。
【监管证件】 4Ay

【税则号列】 2710. 1299
【商品名称】 脱模剂
【规格型号】 馏程：160℃～210℃ | 含量：石蜡 5. 5%、石脑油 94. 5%
【商品描述】 脱模用。
【监管证件】 4Ay

【税则号列】 2710. 1911
【商品名称】 航空煤油
【规格型号】 初馏点到终馏点不高于 300℃
【商品描述】 JET A-1。
【监管证件】 47ABvy

【税则号列】 2710. 1919
【商品名称】 煤油馏分油
【规格型号】 馏程：70%<270℃，96%<310℃，终馏点：<340℃
【商品描述】 略。
【监管证件】 4y/4ABy

【税则号列】 2710. 1919
【商品名称】 其他煤油
【规格型号】 馏程 161. 3℃ ~243. 5℃
【商品描述】 密度：20℃时 789. 5 千克/立方米，黏度：-20℃时 3. 56 SCT，40℃时 1. 174 CST，含硫量小于 0. 0005%。
【监管证件】 4y/4ABy

【税则号列】 2710. 1922
【商品名称】 5~7 号燃料油
【规格型号】 馏程 10% 372. 2℃，20% 417. 8℃ | CST：32. 72 MM2/S（100℃） | S 2. 25% | 水分 0. 2%，沉淀物 0. 01% | 闭口闪点 108℃ | 灰分 0. 027%，倾点 15℃
【商品描述】 略。
【监管证件】 7ABv

【税则号列】 2710. 1991
【商品名称】 润滑油
【规格型号】 从石油或沥青提取矿物油类的百分比含量：75%~85%
【商品描述】 汽车手动变速器润滑用油，起润滑作用。
【监管证件】 4Axy

【税则号列】 2710. 1992
【商品名称】 润滑脂
【规格型号】 从石油或沥青提取矿物油类的百分比含量：80%
【商品描述】 设备连接润滑用。
【监管证件】 4Axy

【税则号列】 2710. 1993
【商品名称】 基础油
【规格型号】 品牌 FORMOSA（台塑） | 型号 150N | 包装散装 | 生产润滑油用
【商品描述】 成分碳氢化合物 100%，L/C 1 千克=1. 126 升。
【监管证件】 4xy

【税则号列】 2710. 1993

【商品名称】 润滑油基础油

【规格型号】 用于车船工业用润滑油的调配 | HVI 120，HVI 60，HVI 650 等 | 壳牌

【商品描述】 石油矿物油 100%，外观为浅黄色液体或者无色液体。

【监管证件】 4xy

【税则号列】 2711. 1100

【商品名称】 液化天然气

【规格型号】 液化 | 甲烷 90. 73%，乙烷 4. 49%，丙烷 3. 02%，异丁烷及其他 1. 76% | （包装容器容积） | （加工方法）

【商品描述】 略。

【监管证件】 4ABy

【税则号列】 2711. 1100

【商品名称】 液化天然气

【规格型号】 （状态） | 甲烷 90. 37%，乙烷 6. 43%，丙烷 0. 02% | （包装容器容积） | （加工方法）

【商品描述】 略。

【监管证件】 4ABy

【税则号列】 2711. 1200

【商品名称】 液化丙烷

【规格型号】 -42℃低压，液态贮存 | （成分含量） | （包装容器容积） | 首先将裂解气中的碳三及更轻组分同其他重组分分离，分离出的轻组分在进入深冷系统之前进行全馏分加氢，分离系统经过优化组合产出丙烷

【商品描述】 主要用作燃料，以及制造乙烯或丙烯等。

【监管证件】 AB

【税则号列】 2711. 1390

【商品名称】 液化混合丁烷

【规格型号】 散装货物 | 低温常压冷冻货 | 液化 | 正丁烷 57. 23%，异丁烷 42. 12%

【商品描述】 略。

【监管证件】 无监管证件要求

【税则号列】 2711. 1400
【商品名称】 液化丁烯
【规格型号】 包含丙烷、丙烯、异丁烷、反丁烯、正丁烯、异丁烯、顺丁烯、异戊烷、1. 3-丁二烯、戊烯等 |（包装容器容积）|（加工方法）
【商品描述】 用于库区生产轻芳烃产品，如纯苯、甲苯、二甲苯。
【监管证件】 无监管证件要求

【税则号列】 2711. 1400
【商品名称】 抽余碳四（液化异丁烯）
【规格型号】 液化 | 异丁烯 61. 58%，异丁烷 23. 16%，正丁烷 4. 53%，1-丁烯 7. 01% |（包装容器容积）|（加工方法）
【商品描述】 略。
【监管证件】 无监管证件要求

【税则号列】 2711. 2100
【商品名称】 气态天然气
【规格型号】 气态 | 无包装管道运输 | 无加工 | 84. 683%~85. 232%甲烷等
【商品描述】 略。
【监管证件】 AB

【税则号列】 2712. 2000
【商品名称】 石蜡
【规格型号】 半精炼 | 白色块状 | 从石油中提取 | 含油量 0. 38%
【商品描述】 1×50 千克，古塔牌。
【监管证件】 4Ax

【税则号列】 2713. 1110
【商品名称】 未煅烧石油焦
【规格型号】 黑色块状 | 硫 0. 5%max | 经进一步加工后，作碳素业阳极原料 | 未煅烧
【商品描述】 略。
【监管证件】 无监管证件要求

【税则号列】 2713.1190
【商品名称】 石油焦
【规格型号】 黑色固体 | 硫 8.45% | 用作燃料 | 未煅烧
【商品描述】 灰分 0.15%，固定碳 85.27%，挥发物 14.38%，热值 8621.82 卡/千克，总水分 9.93%，固定水分 8%。
【监管证件】 无监管证件要求

【税则号列】 2713.1190
【商品名称】 石油焦 PETROLEUM COKE
【规格型号】 黑色颗粒 | 硫 5.61% | 燃烧用 | 未煅烧
【商品描述】 原油经蒸馏将轻重质油分离后，重质油再经热裂转化而成的产品。
【监管证件】 无监管证件要求

【税则号列】 2713.1210
【商品名称】 已煅烧针状石油焦
【规格型号】 银灰色颗粒 | 硫含量最大 0.55% | 用于制造超高功率石墨电极 | 已煅烧
【商品描述】 略。
【监管证件】 无监管证件要求

【税则号列】 2713.1290
【商品名称】 已煅烧石油焦
【规格型号】 黑色颗粒 | 硫 2.4% | 生产电解铝时作阳极 | 已煅烧
【商品描述】 略。
【监管证件】 无监管证件要求

【税则号列】 2713.2000
【商品名称】 埃索石油沥青（PAVING ASPHALT 60/80M）
【规格型号】 埃索 | 散装 | 针入度 62 | 铺筑公路用 | 非煅烧 | 液态 | 含蜡量 1% | （签约日期）
【商品描述】 略。
【监管证件】 无监管证件要求

【税则号列】 2713.2000

【商品名称】 石油沥青

【规格型号】 韩国双龙牌｜散装｜针入度66｜铺路用｜未煅烧｜黑色黏稠液态｜含蜡量1.2%｜（签约日期）

【商品描述】 略。

【监管证件】 无监管证件要求

【税则号列】 2713.2000

【商品名称】 铺路用石油沥青（直接蒸馏）

【规格型号】 散装｜针入度60~100｜铺路用｜未煅烧｜黑色液体｜含蜡量1.3%~2.0%｜（签约日期）

【商品描述】 直接蒸馏。

【监管证件】 无监管证件要求

【税则号列】 2713.2000

【商品名称】 埃索石油沥青 PAVING ASPHALT 60/80M

【规格型号】 埃索｜散装｜针入度67｜铺筑公路用｜非煅烧｜液态｜含蜡量1%｜（签约日期）

【商品描述】 略。

【监管证件】 无监管证件要求

【税则号列】 2713.2000

【商品名称】 沥青、石油沥青、散装重交沥青

【规格型号】 壳牌｜散装｜针入度60~80｜铺路用｜未煅烧｜黑色稠状｜含蜡量最大值为2%｜（签约日期）

【商品描述】 略。

【监管证件】 无监管证件要求

【税则号列】 2713.2000

【商品名称】 铺路用石油沥青

【规格型号】 散装｜针入度60~100｜铺路用｜未煅烧｜黑色液体｜含蜡量1.3%~2.0%｜（签约日期）

【商品描述】 略。

【监管证件】 无监管证件要求

【税则号列】 2715.0000

【商品名称】 沥青混合物

【规格型号】 沥青 84.6%，油性物 15.4%｜（用途）｜原油按蒸馏法得到沥青后用调和法将沥青与非标油浆按照比例混合｜黑色黏稠状液体

【商品描述】 略。

【监管证件】 无监管证件要求

【税则号列】 2715.0000

【商品名称】 稀释沥青

【规格型号】 石油沥青 70%，油性溶剂 30%｜建筑防水膜及铺路用黏合剂｜石油沥青和稀释剂加热搅拌，无煅烧｜黑色黏稠液体

【商品描述】 略。

【监管证件】 无监管证件要求

第六类
化学工业及其相关工业的产品

注释：

一、

（一）凡符合税目 28.44 或 28.45 规定的货品（放射性矿砂除外），应分别归入这两个税号而不归入本协调制度的其他税号。

（二）除上述（一）款另有规定的以外，凡符合税号 28.43、28.46 或 28.52 规定的货品，应分别归入以上税号而不归入本类的其他税号。

二、除上述注释一另有规定的以外，凡由于按一定剂量或作为零售包装而可归入税目 30.04、30.05、30.06、32.12、33.03、33.04、33.05、33.06、33.07、35.06、37.07 或 38.08 的货品，应分别归入以上税号，而不归入本协调制度的其他税号。

三、由两种或两种以上单独成分配套的货品，其部分或全部成分属于本类范围以内，混合后则构成第六类或第七类的货品，应按混合后产品归入相应的税目，但其组成成分必须符合下列条件：

（一）其包装形式足以表明这些成分不需经过改装就可一起使用的；

（二）一起报验的；以及

（三）这些成分的属性及相互比例足以表明是相互配用的。

第二十八章　无机化学品；贵金属、稀土金属、放射性元素及其同位素的有机及无机化合物

注释：

一、除条文另有规定的以外，本章各税号只适用于：

（一）单独的化学元素及单独的已有化学定义的化合物，不论是否含有杂质；

（二）上述（一）款产品的水溶液；

（三）溶于其他溶剂的上述（一）款产品，但该产品处于溶液状态只是为了安全或运输所采取的正常必要方法，其所用溶剂并不使该产品改变其一般用途而适合于某些特殊用途；

（四）为了保存或运输需要，加入稳定剂（包括抗结块剂）的上述（一）、（二）、（三）款产品；

（五）为了便于识别或安全起见，加入抗尘剂或着色剂的上述（一）、（二）、（三）、（四）款产品，但所加剂料并不使原产品改变其一般用途而适合于某些特殊用途。

二、除以有机物质稳定的连二亚硫酸盐及次硫酸盐（税目 28.31），无机碱的碳酸盐及过碳酸盐（税目 28.36），无机碱的氰化物、氧氰化物及氰络合物（税目 28.37），无机碱的雷酸盐、氰酸盐及硫氰酸盐（税目 28.42），税目 28.43 至 28.46 及 28.52 的有机产品，以及碳化物（税目 28.49）之外，本章仅包括下列碳化合物：

（一）碳的氧化物，氰化氢及雷酸、异氰酸、硫氰酸及其他简单或络合氰酸（税目 28.11）；

（二）碳的卤氧化物（税目 28.12）；

（三）二硫化碳（税目 28.13）；

（四）硫代碳酸盐、硒代碳酸盐、碲代碳酸盐、硒代氰酸盐、碲代氰酸盐、四氰硫基二氨基络酸盐及其他无机碱络合氰酸盐（税目 28.42）；

（五）用尿素固化的过氧化氢（税目 28.47）、氧硫化碳、硫代羰基卤化物、氰、卤化氰、氨基氰及其金属衍生物（税目 28.53），不论是否纯净，但氰氨化钙除外（第三十一章）。

三、除第六类注释一另有规定的以外，本章不包括：

（一）氯化钠或氧化镁（不论是否纯净）及第五类的其他产品；

（二）上述注释二所述以外的有机—无机化合物；

（三）第三十一章注释二、三、四或五所述的产品；

（四）税目 32.06 的用作发光剂的无机产品；税目 32.07 的搪瓷玻璃料及其他玻璃，呈粉、粒或粉片状的；

（五）人造石墨（税目 38.01）；税目 38.13 的灭火器的装配药及已装药的灭火弹；税目 38.24 的零售包装的除墨剂；税目 38.24 的每颗重量不少于 2.5 克的碱金属或碱土金属卤化物的培养晶体（光学元件除外）；

（六）宝石或半宝石（天然、合成或再造）及这些宝石、半宝石的粉末（税目 71.02 至

71.05)，第七十一章的贵金属及贵金属合金；

（七）第十五类的金属（不论是否纯净）、金属合金或金属陶瓷，包括硬质合金（与金属烧结的金属碳化物）；或

（八）光学元件，例如，用碱金属或碱土金属卤化物制成的（税目90.01）。

四、由本章第二分章的非金属酸和第四分章的金属酸所构成的已有化学定义的络酸，应归入税目28.11。

五、税目28.26至28.42只适用于金属盐、铵盐及过氧酸盐。

除条文另有规定的以外，复盐及络盐应归入税目28.42。

六、税目28.44只适用于：

（一）锝（原子序数43）、钷（原子序数61）、钋（原子序数84）及原子序数大于84的所有化学元素；

（二）天然或人造放射性同位素（包括第十四类及第十五类的贵金属和贱金属的放射性同位素），不论是否混合；

（三）上述元素或同位素的无机或有机化合物，不论是否已有化学定义或是否混合；

（四）含有上述元素或同位素及其无机或有机化合物并且具有某种放射性强度超过74贝克勒尔/克（0.002微居里/克）的合金、分散体（包括金属陶瓷）、陶瓷产品及混合物；

（五）核反应堆已耗尽（已辐照）的燃料元件（释热元件）；

（六）放射性的残渣，不论是否有用。

税目28.44、28.45及本注释所称“同位素”，是指：

1. 单独的核素，但不包括自然界中以单一同位素状态存在的核素；

2. 同一元素的同位素混合物，其中一种或几种同位素已被浓缩，即人工地改变了该元素同位素的自然构成。

七、税目28.53包括按重量计含磷量超过15%的磷化铜（磷铜）。

八、经掺杂用于电子工业的化学元素（例如，硅、硒），如果拉制后未经加工或呈圆筒形、棒形，应归入本章；如果已切成圆片、薄片或类似形状，则归入税目38.18。

子目注释：

子目2852.10所称“已有化学定义”是指符合第二十八章注释一（一）至（五）或第二十九章注释一（一）至（八）规定的汞的无机或有机化合物。

【税则号列】 2801.2000

【商品名称】 碘

【规格型号】 桶

【商品描述】 含量>99.8%。一种紫黑色有光泽的片状晶体。碘及其相关化合物主要用于医药、照相及染料。

【监管证件】 G

【税则号列】 2803.0000

【商品名称】 炭黑

【规格型号】 煤焦油制｜无活性｜320目｜25千克/包｜N330｜（型号）｜（品牌）

【商品描述】 炭黑是一种无定形碳，轻、松而极细的黑色粉末，表面积非常大，为10平方米/克~3000平方米/克，是有机物（天然气、重油、燃料油等）在空气不足的条件下经不完全燃烧或受热分解而得的产物；可用作黑色染料、制造中国墨、油墨、油漆等，也用作橡胶的补强剂。

【监管证件】 无监管证件要求

【税则号列】 2804.6119

【商品名称】 单晶硅棒

【规格型号】 直径200毫米±0.2毫米｜太阳能行业｜经掺杂微量的硼等｜硅含量99.9999%

【商品描述】 电阻率大于50欧姆。

【监管证件】 无监管证件要求

【税则号列】 2804.6190

【商品名称】 多晶硅块

【规格型号】 黑灰色有金属光泽的方块｜经掺杂｜硅含量>99.99%｜无电阻率｜无须清洗｜生产硅棒用｜密度2.32~2.34｜熔点1410℃｜沸点2355℃

【商品描述】 溶于氢氟酸和硝酸的混酸中，不溶于水、硝酸和盐酸。室温下质脆，切割时易碎裂。加热至800℃以上即有延性。常温下不活泼，高温下与氧、氮、硫等反应。高温熔融状态下，具有较大的化学活泼性，几乎能与任何材料作用。具有半导体性质，是极为重要的优良半导体材料，电子工业中广泛用作制造半导体收音机、录音机、电冰箱、彩电、录像机、电子计算机等的基础材料。

【监管证件】 9

【税则号列】 2804.6190

【商品名称】 原生太阳能级多晶硅块料

【规格型号】 用于太阳能单晶硅生产｜西门子法｜硅含量≥99.99%｜块状｜P型>0.5欧｜免洗料｜3013型

【商品描述】 多晶硅生产的西门子工艺，其原理就是在1100℃左右的高纯硅芯上用高纯氢还原高纯三氯氢硅，生成多晶硅沉积在硅芯上。这种方法的优点是节能降耗显著、成本低、质量好。

【监管证件】 无监管证件要求

【税则号列】 2804. 6190

【商品名称】 原生太阳能级多晶硅料

【规格型号】 流化床法 | 硅纯度>99. 99% | 粉末状 | P 型>0. 5 欧 | 免洗料 | 未经表面加工 | 用于单晶硅生产

【商品描述】 流化床法生产出的产品为直径近似的颗粒状，尺寸在 1 毫米~5 毫米左右，灰黑色，是生产单晶、多晶硅片最好的原料。

【监管证件】 无监管证件要求

【税则号列】 2804. 6900

【商品名称】 金属硅

【规格型号】 未经掺杂 | 硅最小 98. 7% | 铁最大 0. 5%，铝最大 0. 5%，钙最大 0. 3%

【商品描述】 该商品为金属硅，用于电子、化工业；生产过程：将原材料放入电炉熔炼—通氧—液体硅—铸锭冷却—取样分析定级，未经过外延、扩散、氧化、涂层等表面加工。

【监管证件】 无监管证件要求

【税则号列】 2804. 7090

【商品名称】 赤磷、红磷

【规格型号】 纯度最小 98% | 桶装，50 千克/桶

【商品描述】 紫红或略带棕色的无定形粉末，有光泽。密度 2. 34 克/立方厘米，加热升华，用于生产安全火柴、有机磷农药、制磷青铜等。

【监管证件】 ABG

【税则号列】 2805. 1200

【商品名称】 金属钙

【规格型号】 不属于高纯度钙 | 桶装

【商品描述】 该商品是通过铝热还原氧化钙或电解熔融氯化钙制的，为一种白色金属，用于氩的提纯，铜或钢的精炼以及制造锆、氢化钙、耐磨合金等，其中金属杂质的含量>1‰。

【监管证件】 无监管证件要求

【税则号列】 2805. 3011

【商品名称】 金属钕

【规格型号】 Nd/TREM 99%min | 非电池级的稀土金属 | 桶

【商品描述】 该商品为稀土金属钕，未相混合或相互熔合，为非电池级的稀土金属，外观锭状，主要用于制造稀土磁性材料及有色金属添加剂等。

【监管证件】 4Bxy

【税则号列】 2805. 3014

【商品名称】 金属镧

【规格型号】 La/TREM 99. 5%min | 非电池级的稀土金属 | 桶

【商品描述】 该商品为稀土金属镧，未相互混合或相互熔合。

【监管证件】 4Bxy

【税则号列】 2805. 3015

【商品名称】 金属铈

【规格型号】 Ce/TREM 99. 5%min | 非电池级 | 桶装

【商品描述】 该商品为稀土金属铈，未相互混合或相互熔合。外观银灰色块状。供稀土磁性材料、特种钢以及有色合金添加剂等用。

【监管证件】 4Bxy

【税则号列】 2805. 3019

【商品名称】 金属钆

【规格型号】 稀土元素的重量百分比 | 非电池级 | 桶装 | 以［A］表示 Gd_2O_3/TREM 99. 9%min

【商品描述】 非混合稀土，非电池级，桶装。

【监管证件】 4Bxy

【税则号列】 2805. 3029

【商品名称】 镧铈混合金属

【规格型号】 La/TREM 35%，Ce/TREM 65% | 非电池级的稀土金属 | 桶装 | TREM 98%min

【商品描述】 该商品为稀土金属镧铈混合金属，可作为生产加工钕铁硼磁性材料的原料。

【监管证件】 4Bxy

【税则号列】 2807.0000

【商品名称】 硫酸

【规格型号】 H_2SO_4 98.0%min | 散装 | （用途） | （加工工艺）

【商品描述】 一种高腐蚀性的无机强酸，一般为透明至微黄色，其有高沸点，易溶于水，在不同浓度下有不同的特性，故有不同的应用，亦是许多化工产品的原料。

【监管证件】 32

【税则号列】 2809.2019

【商品名称】 磷酸

【规格型号】 磷酸>50%（水溶液）

【商品描述】 白色固体或者无色黏稠液体（>42 ℃），非食品级。磷酸主要用于制药、食品、肥料等工业，也可用作化学试剂。

【监管证件】 B

【税则号列】 2810.0020

【商品名称】 硼酸

【规格型号】 H_3BO_3 含量 99.9%

【商品描述】 白色结晶性粉末或无色微带珍珠状光泽的鳞片，有刺激性。

【监管证件】 AB

【税则号列】 2811.2290

【商品名称】 二氧化硅（沉淀型）

【规格型号】 二氧化硅 100% | 6 微米~8 微米 | 白色粉末 | 油漆用添加剂 | 未经表面处理 | 水沉淀法

【商品描述】 略。

【监管证件】 A

【税则号列】 2811.2290

【商品名称】 二氧化硅

【规格型号】 二氧化硅 100% | 0.2 微米~0.3 微米 | 白色无味粉末

【商品描述】 用于营养保健食品，作为加工助剂，增加流动性。该原料在反应完成后无任何表面处理步骤，直接合成的无定形二氧化硅。

【监管证件】 A

【税则号列】 2814. 1000

【商品名称】 液氨

【规格型号】 氨 99. 90%min，水分 0. 1%max

【商品描述】 用作生产化肥的原料。

【监管证件】 AB

【税则号列】 2815. 1100

【商品名称】 氢氧化钠

【规格型号】 （成分含量）| 白色晶体 | （用途）

【商品描述】 氢氧化钠（NaOH），俗称烧碱、火碱、苛性钠，常温下是一种白色晶体，具有强腐蚀性，易溶于水，其水溶液呈强碱性，能使酚酞变红；氢氧化钠是一种极常用的碱，是化学实验室必备药品之一；其在空气中易吸收水蒸气而潮解，所以必须对其密封保存，且要用橡胶瓶塞；广泛应用于污水处理剂、基本分析试剂、配制分析用标准碱液、少量二氧化碳和水分的吸收剂、酸的中和钠盐制造、制造其他含氢氧根离子的试剂；在造纸、印染、废水处理、电镀、化工钻探方面均有重要用途，还是许多有机反应的良好催化剂。

【监管证件】 ABG

【税则号列】 2815. 1200

【商品名称】 液体烧碱

【规格型号】 氢氧化钠≥49% | 白色晶体 | （用途）

【商品描述】 烧碱又名为氢氧化钠（NaOH），俗称烧碱、火碱、苛性钠，常温下是一种白色晶体，具有强腐蚀性。易溶于水，其水溶液呈强碱性，能使酚酞变红。氢氧化钠是一种极常用的碱，是化学实验室的必备药品之一。氢氧化钠在空气中易吸收水蒸气而潮解，所以必须对其密封保存，且要用橡胶瓶塞。它的溶液可以用作洗涤液。

【监管证件】 ABG

【税则号列】 2818. 1010

【商品名称】 棕刚玉

【规格型号】 氧化铝 95. 0%min | （用途） | （外观） | （晶型） | （莫氏硬度）

【商品描述】 棕刚玉，俗名又称金刚砂，主要用于耐火材料、砂轮、喷砂。用矾土、碳素材料、铁屑三种原料在电炉中经过融化还原而制得。棕刚玉的主要化学成分是氧化铝，其含量为 94. 5% ~ 97%，另含有少量的铁、硅、钛等。其具有纯度高、结晶好、流动性强、线膨胀系数低、耐腐蚀的特点。用它制成的磨具，适于磨削抗张较高的金属，如各种通用钢材、可锻铸铁、硬青铜等，也可制造高级耐火材料。

【监管证件】 无监管证件要求

【税则号列】 2818. 1090

【商品名称】 白刚玉

【规格型号】 氧化铝 99. 49% | 人造磨料的一种 | 白色 | （晶型）

【商品描述】 含有少量氧化铁、氧化硅等成分。

【监管证件】 无监管证件要求

【税则号列】 2818. 1090

【商品名称】 烧结刚玉

【规格型号】 氧化铝 90%min | α 晶型，SIZE 4 目 ~ 30 目 | 用作耐火材料 | 深灰色，呈板片状结构

【商品描述】 略。

【监管证件】 无监管证件要求

【税则号列】 2818. 2000

【商品名称】 氧化铝

【规格型号】 用于生产铝锭 | 初级砂状冶炼级 | 含量 99. 6%

【商品描述】 氧化铝，又称三氧化二铝，分子式 Al_2O_3，相对分子质量 102。通常称为“铝氧”，是一种白色无定形粉状物，俗称矾土，用作分析试剂，有机溶剂的脱水、吸附剂，有机反应催化剂，研磨剂，抛光剂，冶炼铝的原料，耐火材料。

【监管证件】 无监管证件要求

【税则号列】 2820. 1000
【商品名称】 电解二氧化锰
【规格型号】 二氧化锰 91%min | 40 千克/包
【商品描述】 由锰加硫酸产生硫酸锰，硫酸锰电解而得。主要用作干电池生产中的负极材料，也可用于催化剂生产。
【监管证件】 无监管证件要求

【税则号列】 2820. 9000
【商品名称】 高纯四氧化三锰
【规格型号】 四氧化三锰 98%min
【商品描述】 化学分子式 Mn_3O_4，分子量 228. 81，密度 4. 856，熔点 1564℃，呈粉末状。主要用于电子工业，是生产软磁铁氧体（Mn-Zn 铁氧体）的原材料之一。
【监管证件】 无监管证件要求

【税则号列】 2823. 0000
【商品名称】 二氧化钛
【规格型号】 未经混合 | 未经表面处理
【商品描述】 含量 98%，25 千克/包。加工工艺为用钛矿加硫酸反应成溶液后结晶、沉淀过滤冲洗、熔烧成二氧化钛。白色粉状，塑料编织袋装。
【监管证件】 无监管证件要求

【税则号列】 2825. 3010
【商品名称】 五氧化二钒
【规格型号】 五氧化二钒 98%min
【商品描述】 分子式 V_2O_5，橙黄色、砖红色、红棕色结晶粉末或灰黑色片状，广泛用于冶金、化工等行业，主要用于冶炼钒铁。
【监管证件】 4ABxy

【税则号列】 2825. 6000
【商品名称】 二氧化锆
【规格型号】 二氧化锆 95%min，二氧化硅 0. 21%max，氧化铝 0. 22%max，氧化铁 0. 038%max，二氧化钛 0. 2%max，氧化钙 4%max
【商品描述】 二氧化锆（化学式 ZrO_2）是锆的主要氧化物，通常状况下为白色无臭无味晶体，化学性质不活泼，但高熔点、高电阻率、高折射率和低热膨胀系数的性质，使它成为重要的耐高温材料、陶瓷绝缘材料和陶瓷遮光剂。
【监管证件】 3

【税则号列】 2825. 7000
【商品名称】 钼的氧化物（三氧化钼）
【规格型号】 高纯
【商品描述】 产品呈均匀的淡黄绿色或浅灰色。三氧化钼主要用于钼制品、化工、催化剂、颜料、陶瓷和玻璃及精密合金生产等行业。
【监管证件】 4xy

【税则号列】 2825. 8000
【商品名称】 氧化锑
【规格型号】 99. 5%min
【商品描述】 氧化锑是一种白色颜料，用于油漆等工业，并可制备各种锑化物。
【监管证件】 4xBy

【税则号列】 2825. 9012
【商品名称】 三氧化钨
【规格型号】 淡黄色粉末|粒度约 20 微米|杂质含量≤0. 05%，三氧化钨≥99. 95%
【商品描述】 分子式 WO_3，用于制高熔点合金和硬质合金，制钨丝和防火材料等。
【监管证件】 4xy

【税则号列】 2825. 9019
【商品名称】 蓝色氧化钨
【规格型号】 深蓝色结晶粉末|粒度 16. 2 微米|杂质<0. 05%
【商品描述】 用于制备钨粉。
【监管证件】 4xy

【税则号列】 2826.1210

【商品名称】 无水氟化铝

【规格型号】 密度 3.00 克/厘米 | （氟质量分数） | （铝质量分数） | （烧碱量）

【商品描述】 分子式 AlF_3，相对分子质量 83.98，外观为白色粉末或很大的斜方晶系六面结晶体。主要用于熔盐炼铝作电解质的调整剂，另外还用于陶瓷上釉，催化剂和非铁金属冶炼的溶剂等。

【监管证件】 无监管证件要求

【税则号列】 2826.9090

【商品名称】 氟钛酸钾

【规格型号】 纯度 98%min

【商品描述】 分子式 K_2TiF_6，白色粉末状、白色片状结晶，无机物，相对分子质量 240.09，有毒。有刺激性。用于分析试剂，以及合成原料、钛酸、金属钛的制造。

【监管证件】 无监管证件要求

【税则号列】 2827.1010

【商品名称】 肥料用氯化铵

【规格型号】 肥料用

【商品描述】 分子式 NH_4Cl，氯化铵为无色结晶或白色结晶性粉末；无臭，味咸、凉；有引湿性。作肥料用。

【监管证件】 G

【税则号列】 2828.1000

【商品名称】 次氯酸钙

【规格型号】 略

【商品描述】 俗称漂白粉，分子式 $Ca(ClO)_2$，工业用水及生活用水消毒与杀菌用。

【监管证件】 无监管证件要求

【税则号列】 2828.9000

【商品名称】 次氯酸钠

【规格型号】 略

【商品描述】 分子式 NaClO，是钠的次氯酸盐。次氯酸钠与二氧化碳反应产生的次氯酸是漂白剂的有效成分。

【监管证件】 AB

【税则号列】 2829. 1100

【商品名称】 氯酸钠

【规格型号】 氯酸钠≥99. 5%，水分≤0. 5%，铁≤0. 03%

【商品描述】 分子式 $NaClO_3$，相对分子质量 106. 44。通常为白色或微黄色等轴晶体。工业上主要用于制造二氧化氯、亚氯酸钠、高氯酸盐及其他氯酸盐。

【监管证件】 AB

【税则号列】 2830. 1010

【商品名称】 硫化钠

【规格型号】 略

【商品描述】 纯硫化钠为无色结晶粉末。吸潮性强，易溶于水。用于印染工业、纺织工业和皮革工业。

【监管证件】 3AB

【税则号列】 2831. 1010

【商品名称】 连二亚硫酸钠

【规格型号】 略

【商品描述】 分子式 $Na_2S_2O_4$，连二亚硫酸钠 85%，纯碱 4. 7%，亚硫酸钠 1. 7%，硫代硫酸钠 1. 8%，焦亚硫酸钠 6. 8%。也称为保险粉，是一种白色砂状结晶或淡黄色粉末化学用品，用于纺织行业、纸浆造纸业、食品行业、化学工业中的漂白剂及还原剂等。

【监管证件】 AB

【税则号列】 2832. 1000

【商品名称】 焦亚硫酸钠

【规格型号】 略

【商品描述】 分子式 $Na_2S_2O_5$，为白色或黄色结晶，粉末或小结晶。工业上用于印染、有机合成、印刷、制革、制药等；在食品加工中作防腐剂、漂白剂、疏松剂。

【监管证件】 无监管证件要求

【税则号列】 2833. 1100

【商品名称】 硫酸二钠

【规格型号】 略

【商品描述】 硫酸二钠99%min。无水硫酸钠，又名元明粉，分子式 Na_2SO_4。十水合硫酸钠又名芒硝，白色、无臭、有苦味的结晶或粉末，有吸湿性。外形为无色、透明、大的结晶或颗粒性小结晶。主要用于制水玻璃、玻璃、瓷釉、纸浆、致冷混合剂、洗涤剂、干燥剂、染料稀释剂、分析化学试剂、医药品等。

【监管证件】 4xy

【税则号列】 2833. 2930

【商品名称】 一水硫酸锌

【规格型号】 略

【商品描述】 饲料级/工业级。硫酸锌系白色粉末结晶，分子式 $ZNSO_4. H_2O$，比重3. 31，加热至200℃以上时，脱水形成无水物，至770℃时分解成氧化锌和三氧化硫，易溶于水。硫酸锌在工业上主要作选矿用原料，也可用作饲料业的营养添加剂。

【监管证件】 A

【税则号列】 2833. 2990

【商品名称】 硫酸钴（工业用）

【规格型号】 硫酸钴

【商品描述】 二氧化碳0. 5%min。分子式 $CoSO_4 \cdot 7H_2O$，玫瑰红色结晶。脱水后呈红色粉末状，溶于水和甲醇，微溶于乙醇。用于陶瓷釉料和油漆催干剂，也用于电镀、碱性电池、生产含钴颜料和其他钴产品，还用于催化剂、分析试剂、饲料添加剂、轮胎胶黏剂、立德粉添加剂等。

【监管证件】 4ABxy

【税则号列】 2834. 2990

【商品名称】 硝酸镍水溶液

【规格型号】 硝酸镍45%，水55%。

【商品描述】 略。

【监管证件】 无监管证件要求

【税则号列】 2835. 2400

【商品名称】 磷酸二氢钾

【规格型号】 略

【商品描述】 分子式 KH_2PO_4，相对分子质量 136. 09，外观白色或无色结晶。性状易溶于水，1% 水溶液 pH 值为 4. 5，相对密度为 2. 338，熔点为 252. 6℃。用于医药工业及制造偏磷酸盐。

【监管证件】 无监管证件要求

【税则号列】 2835. 2510

【商品名称】 饲料级磷酸氢钙

【规格型号】 F 0. 18%max | 饲料添加剂 | $CaHPO_4 \cdot 2H_2O$≥90%，Ca 20%min，P 18%min，Arsenic 30ppm max，Pb（As Heavy Metal）30ppm max，Mesh 95% passing 40 mesh

【商品描述】 白色或淡黄色松散干燥的结晶粉末，难溶于水，饲料加工中作为钙、磷补充剂。

【监管证件】 AB

【税则号列】 2835. 2990

【商品名称】 磷酸二氢钾

【规格型号】 略

【商品描述】 1075 千克/包。分子式 KH_2PO_4，相对分子质量 136. 09。为无色结晶或白色颗粒状粉末，用于配制缓冲液。测定砷、锑、磷、铝和铁。配制磷标准液。配制培养基。测定血清中无机磷、碱性磷酸酶活力。

【监管证件】 A

【税则号列】 2835. 3190

【商品名称】 三聚磷酸钠

【规格型号】 作合成洗涤剂的添加剂

【商品描述】 三聚磷酸钠 94%min。由不同的磷酸氢钠分子缩合而成，又称三磷酸钠。因其分子（$Na_5P_3O_{10}$）中有 5 个钠原子，故俗称五钠。分子式 $Na_5P_3O_{10}$，外观形态为白色粉末。

【监管证件】 无监管证件要求

【税则号列】 2835. 3990
【商品名称】 酸式焦磷酸钠
【规格型号】 用作发酵剂等
【商品描述】 分子式 $Na_2H_2P_2O_7$，相对分子质量 221. 95 CAS，性状白色粉末，相对密度 1. 86，溶于水，不溶于乙醇，水溶液与稀无机酸加热则水解成磷酸，有吸湿性，吸水后形成六个结晶水合物，加热至 220℃以上时分解生成偏磷酸钠。
【监管证件】 无监管证件要求

【税则号列】 2836. 2000
【商品名称】 纯碱
【规格型号】 重质纯碱
【商品描述】 重质，99%。俗名苏打、纯碱、洗涤碱，化学式 Na_2CO_3，普通情况下为白色粉末，为强电解质。碳酸钠是重要的化工原料之一，广泛应用于轻工日化、建材、化学工业、食品工业、冶金、纺织、石油、国防、医药等领域，用作制造其他化学品的原料、清洗剂、洗涤剂，也用于照相术和分析领域。
【监管证件】 AG

【税则号列】 2836. 2000
【商品名称】 轻质纯碱
【规格型号】 略
【商品描述】 50 千克/袋。产品为白色粉状结晶，易溶于水，水溶液呈碱性，在空气中易吸收水分和二氧化碳转化成碳酸氢钠而结块。主要用于基本的工业原料，广泛用于玻璃、冶金、石油化工、洗涤剂和食品工业及日常生活中。
【监管证件】 AG

【税则号列】 2836. 5000
【商品名称】 碳酸钙
【规格型号】 合成碳酸钙约 99%，水 1%。
【商品描述】 用于家具清洁产品——磨粒亮洁剂。
【监管证件】 A

【税则号列】 2836.6000

【商品名称】 碳酸钡

【规格型号】 略

【商品描述】 含量98.5%。分子式$BaCO_3$，白色粉末或颗粒状。主要用于磁性材料、电子陶瓷、净化水、油漆、显像管玻壳、光学玻璃、建筑材料等的生产，以及制造其他钡盐及试剂等。

【监管证件】 无监管证件要求

【税则号列】 2836.9990

【商品名称】 过碳酸钠

【规格型号】 略

【商品描述】 分子式$2Na_2CO_3 \cdot 3H_2O_2$（或Na_2CO_4），又称过氧碳酸钠，俗称固体双氧水，是一种无机盐，为白色颗粒状粉末，其水溶液呈碱性，可以分解为碳酸钠和过氧化氢。主要用作漂白剂和氧化剂，以及化工、造纸、纺织、染整、食品、医药、卫生等部门的去污剂、清洗剂、杀菌剂。

【监管证件】 A

【税则号列】 2837.1110

【商品名称】 氰化钠

【规格型号】 （成分含量）|（包装）

【商品描述】 氰化钠（Sodium Cyanide，NaCN）为白色粒状或熔块。在充分干燥时无气味，在湿空气中吸湿并分解产生微量的氰化氢气体（苦杏仁气味）。易溶于水，微溶于乙醇。其水溶液呈强碱性，易水解。在空气存在下其溶液能很快溶解金和银。相对分子质量49.0072。主要用于络合剂、掩蔽剂、金银等贵重金属提、电解铂和铬等。

【监管证件】 23AB

【税则号列】 2840.1900

【商品名称】 五水硼砂

【规格型号】 略

【商品描述】 白色晶体；制造光学玻璃、瓷釉的原料。

【监管证件】 无监管证件要求

【税则号列】 2841.7010

【商品名称】 钼酸铵

【规格型号】 呈白色粉末状

【商品描述】 主要用于冶炼钼铁和制取三氧化钼、金属钼粉，作为钨钼合金、钼丝的原料；其次是作化工的催化剂。

【监管证件】 4xy

【税则号列】 2841.8010

【商品名称】 仲钨酸铵

【规格型号】 三氧化钨含量≥88.5%| 杂质含量≤11.5%| 洁白色晶体

【商品描述】 用于制备钨粉。

【监管证件】 4xy

【税则号列】 2841.8020

【商品名称】 钨酸钠

【规格型号】 无色结晶或白色结晶性粉末| 三氧化钨≥68%| （钼 8 ppm，钙 18 ppm，铜 1 ppm，铝 17 ppm，铅 0.5 ppm） max

【商品描述】 用于媒染剂、分析试剂、催化剂、水处理药剂。

【监管证件】 4xy

【税则号列】 2841.8040

【商品名称】 偏钨酸铵

【规格型号】 白色结晶粉末| AMT-1| 三氧化钨含量为 90.0%min| 其他元素，结晶水及杂质约 10%

【商品描述】 分子式为 $(NH_4)_6H_2W_{12}O_{14}\cdot XH_2O$，主要用于石油工业，作为炼油的催化剂。

【监管证件】 4xy

【税则号列】 2841.9000

【商品名称】 焦锑酸钠

【规格型号】 呈白色粉末状

【商品描述】 焦锑酸钠是锑的无机盐化合物，低毒。用氧化锑等锑产品经过碱和双氧水生产而成。化学稳定性好。

【监管证件】 无监管证件要求

【税则号列】 2846. 1010

【商品名称】 氧化铈

【规格型号】 CeO_2/TREO 99. 95%min，TERO 99%min

【商品描述】 外观淡黄色粉末。用于玻璃脱色剂、抛光粉、陶瓷、电子、化学催化剂等工业领域。

【监管证件】 4Bxy

【税则号列】 2846. 1020

【商品名称】 氢氧化铈

【规格型号】 CeO_2/TREO 95%min，TERO 50%min

【商品描述】 外观黄色粉末。作汽车尾气净化催化剂、高铈化合物原料等。

【监管证件】 4Bxy

【税则号列】 2846. 1030

【商品名称】 碳酸铈

【规格型号】 CEO_2/TREO 99. 9%min，TREO 49%~51%

【商品描述】 外观白色粉末。作汽车尾气净化催化剂、工程塑料颜料、防紫外线辐射玻璃等。

【监管证件】 4Bxy

【税则号列】 2846. 9011

【商品名称】 氧化钇

【规格型号】 Y_2O_3/TREO 99. 999%min，TREO 99%min

【商品描述】 分子式 Y_2O_3，白色略带黄色粉末，主要用于制造微波用磁性材料和军工用重要材料，也用作光学玻璃、陶瓷材料添加剂、大屏幕电视用高亮度荧光粉和其他显像管涂料。还用于制造薄膜电容器和特种耐火材料，以及高压水银灯、激光、储存元件等的磁泡材料。

【监管证件】 4xBy

【税则号列】 2846.9012

【商品名称】 氧化镧

【规格型号】 La_2O_3/TREO 99.99%min

【商品描述】 分子式 La_2O_3，白色无定形粉末。密度 6.51 克/立方厘米。主要用于制造精密光学玻璃、光导纤维，也用于电子工业，作陶瓷电容器、压电陶瓷掺入剂，还用作制硼化镧的原料、石油分离精制催化剂。

【监管证件】 4Bxy

【税则号列】 2846.9013

【商品名称】 氧化钕

【规格型号】 Nd_2O_3/TREO 99.9%min

【商品描述】 分子式 Nd_2O_3，淡紫色固体粉末，主要用作玻璃、陶瓷的着色剂，制造金属钕的原料和强磁性钕铁硼的原料。

【监管证件】 4Bxy

【税则号列】 2846.9017

【商品名称】 氧化镨

【规格型号】 Pr_6O_{11}/TREO 99.9%min，TREO 99%min

【商品描述】 分子式 Pr_6O_{11}，黑色粉末，密度 6.88 克/立方厘米。用于混合制成色釉，也可单独作釉下颜料，还可用于制造永磁体，以及石油催化裂化、磨料抛光等。

【监管证件】 4Bxy

【税则号列】 2846.9019

【商品名称】 氧化钆

【规格型号】 Gd_2O_3/TREO 99.9%min

【商品描述】 分子式 Gd_2O_3，白色无味无定形粉末，用作钇铝和钇铁石榴石掺入剂、医疗器械中的增感荧光材料、核反应堆控制材料、金属钆的制取原料、制磁泡材料和光学棱镜添加剂等。

【监管证件】 4Bxy

【税则号列】 2847.0000

【商品名称】 过氧化氢溶液（工业级）

【规格型号】 过氧化氢 8%、水 92%。10 升/桶，非零售包装。

【商品描述】 略。

【监管证件】 AB

【税则号列】 2849. 1000

【商品名称】 电石

【规格型号】 （成分含量）｜（品牌）｜（型号）｜无色晶体，工业品为灰黑色块状物，断面为紫色或灰色｜主要用于产生乙炔气，也用于有机合成、氧炔焊接等｜（碳化钨请注明粒度）

【商品描述】 电石，又名碳化钙，无机化合物。遇水立即发生激烈反应，生成乙炔，并放出热量。

【监管证件】 AB

【税则号列】 2849. 2000

【商品名称】 碳化硅

【规格型号】 石英砂、石油焦（或煤焦）、木香｜（品牌）｜（型号）｜六方晶体｜可作磨料用，用以制成高级耐火材料、脱氧剂｜（碳化钨请注明粒度）

【商品描述】 碳化硅（SiC）是用石英砂、石油焦（或煤焦）、木屑为原料通过电阻炉高温冶炼而成，俗称金刚砂或耐火砂。工业生产的碳化硅分为黑色碳化硅和绿色碳化硅两种，均为六方晶体，比重为 3. 20～3. 25，显微硬度为 2840 千克/平方毫米～3320 千克/平方毫米。碳化硅化学性能稳定、导热系数高、热膨胀系数小、耐磨性能好。

【监管证件】 4xy

【税则号列】 2849. 9020

【商品名称】 碳化钨

【规格型号】 （成分含量）｜（品牌）｜（型号）｜深灰色粉末，黑色六方晶体，有金属光泽，硬度与金刚石相近，为电、热的良好导体，硬质合金生产材料｜（碳化钨请注明粒度）

【商品描述】 分子式 WC。

【监管证件】 4xy

第二十九章　有机化学品

注释：

一、除条文另有规定的以外，本章各税号只适用于：

（一）单独的已有化学定义的有机化合物，不论是否含有杂质；

（二）同一有机化合物的两种或两种以上异构体的混合物（不论是否含有杂质），但无环烃异构体的混合物（立体异构体除外），不论是否饱和，应归入第二十七章；

（三）税目 29.36 至 29.39 的产品，税目 29.40 的糖醚、糖缩醛、糖酯及其盐类和税目 29.41 的产品，不论是否已有化学定义；

（四）上述（一）、（二）、（三）款产品的水溶液；

（五）溶于其他溶剂的上述（一）、（二）、（三）款的产品，但该产品处于溶液状态只是为了安全或运输所采取的正常必要方法，其所用溶剂并不使该产品改变其一般用途而适合于某些特殊用途；

（六）为了保存或运输的需要，加入稳定剂（包括抗结块剂）的上述（一）、（二）、（三）、（四）、（五）各款产品；

（七）为了便于识别或安全起见，加入抗尘剂、着色剂或气味剂的上述（一）、（二）、（三）、（四）、（五）、（六）各款产品，但所加剂料并不使原产品改变其一般用途而适合于某些特殊用途；

（八）为生产偶氮染料而稀释至标准浓度的下列产品：重氮盐，用于重氮盐、可重氮化的胺及其盐类的耦合剂。

二、本章不包括：

（一）税目 15.04 的货品及税目 15.20 的粗甘油；

（二）乙醇（税目 22.07 或 22.08）；

（三）甲烷及丙烷（税目 27.11）；

（四）第二十八章注释二所述的碳化合物；

（五）税目 30.02 的免疫制品；

（六）尿素（税目 31.02 或 31.05）；

（七）植物性或动物性着色料（税目 32.03）、合成有机着色料、用作荧光增白剂或发光体的合成有机产品（税目为 32.04）及零售包装的染料或其他着色料（税目 32.12）；

（八）酶（税目 35.07）；

（九）聚乙醛、六亚甲基四胺（乌洛托品）及类似物质，制成片、条或类似形状作为燃料用的，以及包装容器的容积不超过 300 立方厘米的直接灌注香烟打火机及类似打火器用的液体燃料或液化气体燃料（税目 36.06）；

（十）灭火器的装配药及已装药的灭火弹（税目 38.13）；零售包装的除墨剂（税目 38.24）；或

（十一）光学元件，例如，用酒石酸乙二胺制成的（税目 90.01）。

三、可以归入本章两个或两个以上税号的货品，应归入有关税号中的最后一个税号。

四、税目 29.04 至 29.06、29.08 至 29.11 及 29.13 至 29.20 的卤化、磺化、硝化或亚硝化衍生物均包括复合衍生物，例如，卤磺化、卤硝化、磺硝化及卤磺硝化衍生物。

硝基及亚硝基不作为税目 29.29 的含氮基官能团。

税目 29.11、29.12、29.14、29.18 及 29.22 所称“含氧基”，仅限于税目 29.05 至 29.20

的各种含氧基（其特征为有机含氧基）。

五、

（一）本章第一分章至第七分章的酸基有机化合物与这些分章的有机化合物构成的酯，应归入有关分章的最后一个税号。

（二）乙醇与本章第一分章至第七分章的酸基有机化合物所构成的酯，应按有关酸基化合物归类。

（三）除第六类注释一及第二十八章注释二另有规定的以外：

1. 第一分章至第十分章及税目 29.42 的有机化合物的无机盐，例如，含酸基、酚基或烯醇基的化合物及有机碱的无机盐，应归入相应的有机化合物的税号；

2. 第一分章至第十分章及税目 29.42 的有机化合物之间生成的盐，应按生成该盐的碱或酸（包括酚基或烯醇基化合物）归入本章有关税目中的最后一个税号；以及

3. 除第十一分章或税目 29.41 的产品外，配位化合物应按该化合物所有金属键（金属-碳键除外）“断开”所形成的片段归入第二十九章有关税目中的最后一个税号。

（四）除乙醇外，金属醇化物应按相应的醇归类（税目 29.05）。

（五）羧酸酰卤化物应按相应的酸归类。

六、税目 29.30 及 29.31 的化合物是指有机化合物，其分子中除含氢、氧或氮原子外，还含有与碳原子直接连接的其他非金属或金属原子（例如，硫、砷或铅）。

税目 29.30（有机硫化合物）及税目 29.31（其他有机-无机化合物）不包括某些磺化或卤化衍生物（含复合衍生物）。这些衍生物分子中除氢、氧、氮之外，只有具有磺化或卤化衍生物（或复合衍生物）性质的硫原子或卤素原子与碳原子直接连接。

七、税目 29.32、29.33 及 29.34 不包括三节环环氧化物、过氧化酮、醛或硫醛的环聚合物、多元羧酸酐、多元醇或酚与多元酸构成的环酯及多元酸酰亚胺。

本条规定只适用于由本条所列环化功能形成环内杂原子的化合物。

八、税目 29.37 所称：

（一）“激素”，包括激素释放因子、激素刺激和释放因子、激素抑制剂以及激素抗体；

（二）“主要用作激素的”，不仅适用于主要起激素作用的激素衍生物及结构类似物，也适用于在本税目所列产品合成过程中主要用作中间体的激素衍生物及结构类似物。

子目注释：

一、属于本章任一税目项下的一种（组）化合物的衍生物，如果该税目其他子目未明确将其包括在内，而且有关的子目中又无列名为“其他”的子目，则应与该种（组）化合物归入同一子目。

二、第二十九章注释三不适用于本章的子目。

【税则号列】 2901. 1000
【商品名称】 正十四烷
【规格型号】 工业用散装 | 纯度 99% | （用途）
【商品描述】 分子式 $C_{14}H_{30}$，无色液体。
【监管证件】 无监管证件要求

【税则号列】 2901. 2100
【商品名称】 乙烯
【规格型号】 乙烯≥99. 9% | 散装 | （用途）
【商品描述】 乙烯是由两个碳原子和四个氢原子组成的化合物。两个碳原子之间以双键连接。乙烯是合成纤维、合成橡胶、合成塑料（聚乙烯及聚氯乙烯）、合成乙醇（酒精）的基本化工原料，也用于制造氯乙烯、苯乙烯、环氧乙烷、醋酸、乙醛、乙醇和炸药。还可用作水果和蔬菜的催熟剂，是一种已证实的植物激素。
【监管证件】 AB

【税则号列】 2901. 2200
【商品名称】 丙烯
【规格型号】 （成分含量） | 主要用于生产丙烯腈、异丙烯、丙酮和环氧丙烷等 | （是否散装） | （包装容器容积）
【商品描述】 常温下为无色、无臭、稍带有甜味的气体。相对分子质量 42. 08，是化工行业合成材料的基本原料。
【监管证件】 AB

【税则号列】 2901. 2330
【商品名称】 异丁烯
【规格型号】 （成分含量） | 用于库区甲基叔丁基醚的生产 | （包装容器容积） | （是否散装）
【商品描述】 相对分子质量 56. 11，无色液体。
【监管证件】 无监管证件要求

【税则号列】 2901. 2410
【商品名称】 1,3-丁二烯
【规格型号】 1,3-丁二烯 ≥99. 5% | 制造合成橡胶、合成树脂、尼龙等的原料 | （包装容器容积） | （是否散装）
【商品描述】 丁二烯，又名联乙烯，无色、有特殊气味。
【监管证件】 AB

【税则号列】 2901.2420
【商品名称】 异戊二烯
【规格型号】 异戊二烯≥99.3% | 罐装 | 主要用于制取丁苯橡胶和顺式聚异戊二烯橡胶
【商品描述】 分子式 C_5H_8，无色刺激性液体，是一种共轭二烯烃。
【监管证件】 无监管证件要求

【税则号列】 2902.1100
【商品名称】 环己烷
【规格型号】 环己烷98%，杂质2%。
【商品描述】 油漆生产用原料。
【监管证件】 AB

【税则号列】 2902.2000
【商品名称】 苯
【规格型号】 苯>99.9%
【商品描述】 在常温下为一种无色、有甜味的透明液体，并具有强烈的芳香气味，是一种石油化工的基本原料。
【监管证件】 AB

【税则号列】 2902.3000
【商品名称】 甲苯
【规格型号】 纯度99.8%
【商品描述】 分子式 C_7H_8，无色澄清液体，有苯样气味。用作溶剂和高辛烷值汽油添加剂，是有机化工的重要原料。
【监管证件】 23AB

【税则号列】 2902.4100
【商品名称】 邻二甲苯
【规格型号】 含量>96%
【商品描述】 分子式 C_8H_{10}，无色透明液体，主要用于生产苯酐（邻苯二甲酸酐）、染料、杀虫剂等的化工原料。
【监管证件】 无监管证件要求

【税则号列】 2902.4300

【商品名称】 对二甲苯

【规格型号】 含量 99.7% | 比重 0.8652

【商品描述】 分子式 C_8H_{10}，无色透明液体，具有芳香气味，有毒，是合成聚酯纤维、树脂、涂料、染料和农药等的原料。

【监管证件】 无监管证件要求

【税则号列】 2902.5000

【商品名称】 苯乙烯

【规格型号】 含量 99.7%

【商品描述】 苯乙烯是用苯取代乙烯的一个氢原子形成的有机化合物，分子式 C_8H_8，无色油状液体，有芳香气味，是工业上合成树脂、离子交换树脂及合成橡胶等的重要单体。

【监管证件】 AB

【税则号列】 2903.1500

【商品名称】 1,2-二氯乙烷

【规格型号】 (成分含量) | 用作谷物和粮仓的熏蒸剂

【商品描述】 分子式 $C_2H_4Cl_2$，无色透明油状液体，味甜，易挥发，质重，是一种工业上广泛使用的有机溶剂，主要用于黏合剂、溶剂和氯代烃的生产。

【监管证件】 AB

【税则号列】 2903.2100

【商品名称】 氯乙烯

【规格型号】 (成分含量) | 可由乙烯或乙炔制得

【商品描述】 分子式 C_2H_3Cl，CAS 号 75-01-4，是一种应用于高分子化工的重要的单体，为无色、易液化气体。

【监管证件】 AB

【税则号列】 2903.3990

【商品名称】 四氟乙烷

【规格型号】 含量 99.9%，其余水 | 广泛用于新制冷空调设备上的初装和维修过程中的再添加

【商品描述】 R-134a 制冷剂是目前主流的环保制冷剂。

【监管证件】 无监管证件要求

【税则号列】 2903. 9930
【商品名称】 4″-乙基-2′-氟-4-丙基-1，1′：4′，1″-三联苯（2BFB3）
【规格型号】 $C_{23}H_{23}F$（HPLC）>99. 5%｜用于制造液晶显示器的液晶显示材料
【商品描述】 略。
【监管证件】 无监管证件要求

【税则号列】 2904. 9900
【商品名称】 硝基苯磺酸钠
【规格型号】 含量 100%。
【商品描述】 制漆用原料。
【监管证件】 无监管证件要求

【税则号列】 2905. 1100
【商品名称】 甲醇
【规格型号】 含量 99. 8%｜散装｜主要应用于精细化工、塑料等领域
【商品描述】 无色透明液体，用途广泛，是基础的有机化工原料和优质燃料。
【监管证件】 AB

【税则号列】 2905. 1210
【商品名称】 正丙醇
【规格型号】 含量≥99. 5%｜桶装｜用于燃料油的杀菌剂、农药及医药原料、香料原料等
【商品描述】 又称 1-丙醇、丙醇，分子式 C_3H_8O，CAS 号 71-23-8，无色液体。
【监管证件】 AB

【税则号列】 2905. 1220
【商品名称】 异丙醇
【规格型号】 含量 99. 9%｜散装｜主要用于制药、化妆品、塑料、香料、涂料等
【商品描述】 别名二甲基甲醇、2-丙醇，分子式 C_3H_8O，CAS 号 67-63-0，无色透明、具有乙醇气味的可燃性液体，是重要的化工产品和原料。
【监管证件】 ABG

【税则号列】 2905. 1300
【商品名称】 正丁醇
【规格型号】 正丁醇含量 >99. 5%，异丁醇含量<0. 1%，水分含量<0. 1% | 用作色谱分析试剂，用于配制香蕉、奶油、威士忌和干酪等型食用香精等 | （包装）
【商品描述】 分子式 $C_4H_{10}O$，CAS 号 71-36-3，无色、透明液体，用于制造邻苯二甲酸、脂肪族二元酸及磷酸的正丁酯类增塑剂，另外用于生产乙酸丁酯、邻苯二甲酸二丁酯及磷酸类增塑剂。
【监管证件】 AB

【税则号列】 2905. 1410
【商品名称】 异丁醇
【规格型号】 含量≥99. 5% | 桶装，165 千克/桶，非零售包装 | 用作有机合成的原料、分析试剂、色谱分析试剂及萃取剂，也用作高级溶剂
【商品描述】 分子式 $C_4H_{10}O$，CAS 号 78-83-1，无色透明液体，有特殊气味。
【监管证件】 无监管证件要求

【税则号列】 2905. 1690
【商品名称】 异辛醇
【规格型号】 含量 99. 7% | 罐装 | 制聚氯乙烯增塑剂的原料，还可用作溶剂和防腐剂
【商品描述】 分子式 $C_8H_{18}O$，CAS 号 26952-21-6，无色、澄清、有特殊气味的可燃性液体。
【监管证件】 无监管证件要求

【税则号列】 2905. 1990
【商品名称】 异壬醇
【规格型号】 含量>99% | （包装） | 食品用香料
【商品描述】 分子式 $C_9H_{20}O$，CAS 号 27458-94-2、2430-22-0，无色液体。
【监管证件】 无监管证件要求

【税则号列】 2905. 2900
【商品名称】 异戊烯醇
【规格型号】 含量 99. 65% | 170 千克/桶 | 用于苯氯菊酯杀虫剂以及其他精细化学品的合成，是生产医药或农药的重要原料
【商品描述】 又名 3-甲基-3-丁烯-1-醇或 3-甲基-3-丁烯醇，分子式 $C_5H_{10}O$，为无色透明易燃液体。
【监管证件】 无监管证件要求

【税则号列】 2905. 2900
【商品名称】 异戊烯醇
【规格型号】 含量 99%｜（包装）｜化工中间体用
【商品描述】 液态。
【监管证件】 无监管证件要求

【税则号列】 2905. 3100
【商品名称】 1，2-乙二醇
【规格型号】 含量 99. 94%｜散装，瓶级｜用作溶剂、防冻剂以及合成涤纶的原料
【商品描述】 分子式 $C_2H_6O_2$，CAS 号 107-21-1，为无色、无臭、有甜味的液体。
【监管证件】 无监管证件要求

【税则号列】 2905. 3990
【商品名称】 1，3-丙二醇
【规格型号】 含量>99. 7%｜槽罐装散货｜可用于多种药物、新型聚酯 PTT、医药中间体及新型抗氧剂的合成
【商品描述】 分子式 $C_3H_8O_2$，CAS 号 504-63-2，为无色、无臭，具咸味、吸湿性的黏稠液体。
【监管证件】 AB

【税则号列】 2905. 4200
【商品名称】 单季戊四醇
【规格型号】 含量 98%min｜袋装｜可用于制造醇酸树脂、油漆、稳定剂、增塑剂等
【商品描述】 分子式 $C_5H_{12}O_4$，相对分子质量 136. 15，白色粉末状结晶。
【监管证件】 无监管证件要求

【税则号列】 2905. 4500
【商品名称】 丙三醇
【规格型号】 含量 100%｜12. 6 千克/瓶｜非零售包装
【商品描述】 胰岛素用辅料。
【监管证件】 A

【税则号列】 2906. 1100

【商品名称】 薄荷醇

【规格型号】 总含量 97% | 180 千克/桶 | 可用作牙膏、香水、饮料和糖果等的赋香剂

【商品描述】 分子式 $C_{10}H_{20}O$，CAS 号 89-78-1，无色针状结晶或粒状。

【监管证件】 无监管证件要求

【税则号列】 2906. 2100

【商品名称】 苯甲醇

【规格型号】 苯甲醇含量 99. 95%，苯甲醛含量 0. 1% | 210 千克/桶 | 极有用的定香剂，是茉莉、月下香、伊兰等香精调配时不可缺少的香料，在工业化学品生产中用途广泛

【商品描述】 分子式 C_7H_8O，CAS 号 100-51-6，无色液体，有芳香味。

【监管证件】 无监管证件要求

【税则号列】 2907. 1110

【商品名称】 苯酚

【规格型号】 含量 99. 5%min | 生产某些树脂、杀菌剂、防腐剂以及药物（如阿司匹林）的重要原料

【商品描述】 分子式 C_6H_6O，CAS 号 108-95-2，白色结晶，有特殊气味。

【监管证件】 AB

【税则号列】 2907. 2300

【商品名称】 双酚 A/环氧级

【规格型号】 含量 99% | 在工业上双酚 A 被用来合成聚碳酸酯（PC）和环氧树脂等材料

【商品描述】 BPA，2，2-二（4-羟基苯基）丙烷，白色针状晶体。

【监管证件】 无监管证件要求

【税则号列】 2908. 1990

【商品名称】 四溴双酚 A

【规格型号】 含量 98% | 杂质 2% | 作为反应型阻燃剂，可用于环氧树脂、聚氨酯树脂等；作为添加型阻燃剂可用于聚苯乙烯、SAN 树脂及 ABS 树脂等

【商品描述】 分子式 $C_{15}H_{12}Br4O_2$，CAS 号 79-94-7，白色粉末。

【监管证件】 无监管证件要求

【税则号列】 2909. 1990
【商品名称】 甲基叔丁基醚
【规格型号】 MTBE（WT）98%min，METHANOL（WT）0. 5%max | 常在无铅汽油中作为抗爆剂，在化工及生物领域也具有广泛用途
【商品描述】 分子式 $C_5H_{12}O$，CAS 号 1634-04-4，一种无色、透明、黏度低的可挥发性液体，具有特殊气味。
【监管证件】 无监管证件要求

【税则号列】 2909. 4400
【商品名称】 二乙二醇单辛醚
【规格型号】 含量 99%~100% | 190 千克/桶 | 用作润湿剂
【商品描述】 分子式 $C_{12}H_{26}O_3$，CAS 号 1559-36-0，无色、透明液体。
【监管证件】 无监管证件要求

【税则号列】 2909. 4990
【商品名称】 苯氧基乙醇
【规格型号】 含量 100%。
【商品描述】 用于护肤系列产品。
【监管证件】 无监管证件要求

【税则号列】 2910. 2000
【商品名称】 甲基环氧乙烷（氧化丙烯）
【规格型号】 含量 99. 9%min | 散装 | 用于生产聚醚、丙二醇、表面活性剂、起泡剂、破乳剂、选矿药剂等
【商品描述】 又名环氧丙烷，无色液体，有醚的气味，是重要的石油化工原料。
【监管证件】 无监管证件要求

【税则号列】 2912. 1900
【商品名称】 乙二醛
【规格型号】 1250 千克/桶 | 白色透明液体 | 主要用作乙醛酸、M2D 树脂、咪唑等产品的原料，以及作明胶、动物胶、乳酪、聚乙烯醇和淀粉等的不溶黏合剂，人造丝的阻缩剂等
【商品描述】 分子式 $C_2H_2O_2$，能与含有羟基的化合物生成缩醛。
【监管证件】 无监管证件要求

【税则号列】 2912.1900

【商品名称】 正丁醛

【规格型号】 （成分含量）|（用途）|无色透明液体

【商品描述】 无色透明液体，有窒息性气味，常用作树脂、塑料增塑剂、硫化促进剂、杀虫剂等的中间体。分子式 C_4H_8O，CAS 号 123-72-8。

【监管证件】 无监管证件要求

【税则号列】 2912.4100

【商品名称】 香兰素

【规格型号】 含量 99.7%，水和杂质 0.3%|广泛应用于任何食用香料

【商品描述】 又名香草醛，为一种广泛使用的可食用香料。分子式 $C_8H_8O_3$，CAS 号 121-33-5，白色针状结晶，有芳香气味。

【监管证件】 无监管证件要求

【税则号列】 2914.1100

【商品名称】 丙酮

【规格型号】 含量 99.68%|散装|（用途）

【商品描述】 无色透明易流动液体，有芳香气味，极易挥发。分子式 CH_3COCH_3。丙酮是重要的有机合成原料和有机溶剂，属易制毒化学品。

【监管证件】 23AB

【税则号列】 2914.1100

【商品名称】 丙酮 ACETONE

【规格型号】 含量 99.8%|用于制造塑料、橡胶、纤维等|散装

【商品描述】 略。

【监管证件】 23AB

【税则号列】 2914.1200

【商品名称】 甲基乙基酮（丁酮）

【规格型号】 含量 99%|无色透明液体|主要用于溶剂及部分有机化工品原料，属易制毒化学品

【商品描述】 丁酮即甲基乙基酮，有类似丙酮气味。分子式 C_4H_8O，CAS 号 78-93-3。易挥发。

【监管证件】 23

【税则号列】 2915.1200

【商品名称】 甲酸钠

【规格型号】 含量 92.5%，工业级｜用于催化剂和稳定合成剂

【商品描述】 分子式 HCOONa，CAS 号 141-53-7，常温下是白色或淡黄色结晶固体，略有潮解性。微有甲酸气味。用作皮革工业铬制革法中的伪装酸；用作催化剂和稳定合成剂，印染行业的还原剂；用于生产保险粉、草酸和甲酸；用于沉淀贵金属；用作醇酸树脂涂料、增塑剂、烈性炸药、耐酸材料、航空润滑油、黏合剂添加剂。

【监管证件】 无监管证件要求

【税则号列】 2915.3100

【商品名称】 乙酸乙酯

【规格型号】 乙酸乙酯≥99.8%，色度≤10%，水分≤0.15%，乙醇≤0.2%，酸度≤0.01%，蒸发残渣≤0.001%｜用于萃取剂、有机溶剂

【商品描述】 无色透明液体，有水果香，易挥发。分子式 $C_4H_8O_2$，CAS 号 141-78-6。

【监管证件】 ABG

【税则号列】 2915.3900

【商品名称】 乙酸仲丁酯（工业用）

【规格型号】 乙酸仲丁酯 98.5%min，水分 0.1%max，残渣 0.002%max，游离酸 0.01%max｜调制香料

【商品描述】 分子式 $C_6H_{12}O_2$，CAS 号 105-46-4，无色液体，有水果香味。主要用作溶剂、化学试剂。

【监管证件】 AB

【税则号列】 2915.6000

【商品名称】 新戊酸异癸酯

【规格型号】 含量 100%

【商品描述】 作为皮肤调理剂，用于化妆品。

【监管证件】 无监管证件要求

【税则号列】 2915. 7090
【商品名称】 乙二醇硬脂酸酯
【规格型号】 含量 100%
【商品描述】 用于生产洗发水、毛发调理剂。
【监管证件】 无监管证件要求

【税则号列】 2915. 9000
【商品名称】 原甲酸三甲酯
【规格型号】 原甲酸三甲酯≥99%，甲醇≤0. 2%，甲酸甲酯≤0. 3%，三嗪≤0. 02%，其他单个杂质 0. 1% | 医药方面主要用于合成维生素 B_1、磺胺剂、抗菌素等；涂料方面用于防止聚氨酯或环氧涂料因水合而硬化的脱水剂；亦可用于香料合成
【商品描述】 无色液体，分子式 $C_4H_{10}O_3$，有机合成中间体。
【监管证件】 AB

【税则号列】 2916. 1900
【商品名称】 山梨酸钾
【规格型号】 含量≥98% | 500 千克/包 | 主要用作食品防腐剂
【商品描述】 分子式 $C_6H_7KO_2$，CAS 号 24634-61-5，白色至浅黄色鳞片状结晶，以碳酸钾或氢氧化钾和山梨酸为原料制得。
【监管证件】 AB

【税则号列】 2916. 3100
【商品名称】 苯甲酸钠
【规格型号】 BP2000 | （成分含量） | （包装） | 用于食品防腐剂、化学分析用试剂、用于医药工业和植物遗传研究
【商品描述】 分子式 $C_7H_5NaO_2$，CAS 号 532-32-1，白色颗粒或结晶性粉末。无气味，有甜涩味。
【监管证件】 AB

【税则号列】 2917. 3500
【商品名称】 苯酐
【规格型号】 含量 99. 95% | 25 千克/包 | 用于制造增塑剂、苯二甲酸二丁酯、树脂和染料等 | （注明 4-CBA 值） | （注明 P-TL 配值） | （注明色度） | （注明水分）
【商品描述】 分子式 $C_8H_4O_3$，又称邻苯二甲酸酐，白色针状结晶。
【监管证件】 AB

【税则号列】 2917. 3611
【商品名称】 精对苯二甲酸
【规格型号】 含量99%以上 | 4-CBA 值 13 | 酸值 675. 4 | 色度 5 | 水分 0. 09 | 主要用于制造合成树脂、酸成纤维和增塑剂等
【商品描述】 分子式 $C_8H_6O_4$，简称 PTA，主要从对二甲苯制得，是生产聚酯的主要原料。常温下为固体。加热不熔化，300℃以上升华。若在密闭容器中加热，可于425℃熔化。常温下难溶于水。
【监管证件】 无监管证件要求

【税则号列】 2917. 3619
【商品名称】 对苯二甲酸
【规格型号】 4-CBA 值 128/129/132/133/134PPM | P-TL10PPM | （色度） | （成分含量） | 主要用于制造合成树脂、酸成纤维和增塑剂等
【商品描述】 分子式 $C_8H_6O_4$，主要从对二甲苯制得，是生产聚酯的主要原料。常温下为固体。加热不熔化，300℃以上升华。若在密闭容器中加热，可于426℃熔化。常温下难溶于水。
【监管证件】 无监管证件要求

【税则号列】 2917. 3619
【商品名称】 其他对苯二甲酸（EPTA）
【规格型号】 含量98. 5% | 4-CBA 值 146PPM | 酸值 675 | 色度 3. 26 | 水分 0. 02 | 主要用于制造合成树脂、酸成纤维和增塑剂等
【商品描述】 分子式 $C_8H_6O_4$，主要从对二甲苯制得，是生产聚酯的主要原料。常温下为固体。加热不熔化，300℃以上升华。若在密闭容器中加热，可于425℃熔化。常温下难溶于水。
【监管证件】 无监管证件要求

【税则号列】 2917. 3619
【商品名称】 其他对苯二甲酸（MTA）
【规格型号】 含量98. 5% | 4-CBA 值 130PPM | 酸值 675 | 色度 3. 37 | 水分 0. 02 | 主要用于制造合成树脂、酸成纤维和增塑剂等
【商品描述】 分子式 $C_8H_6O_4$，主要从对二甲苯制得，是生产聚酯的主要原料。常温下为固体。加热不熔化，300℃以上升华。若在密闭容器中加热，可于425℃熔化。常温下难溶于水。
【监管证件】 无监管证件要求

【税则号列】 2917.3619

【商品名称】 其他对苯二甲酸（QTA）

【规格型号】 含量约 99.9%｜4-CBA 值 262/260PPM｜（酸值）｜（色度）｜（水分）｜主要用于制造合成树脂、酸成纤维和增塑剂等

【商品描述】 分子式 $C_8H_6O_4$，主要从对二甲苯制得，是生产聚酯的主要原料。常温下为固体。加热不熔化，300℃以上升华。若在密闭容器中加热，可于426℃熔化。常温下难溶于水。

【监管证件】 无监管证件要求

【税则号列】 2917.3910

【商品名称】 间苯二甲酸

【规格型号】 含量 99%，500 千克，25 千克/袋｜（4-CBA 值）｜（酸值）｜（色度）｜（水分）｜用于生产醇酸树脂、不饱和聚酯树脂及其他高聚物和增塑剂，也用于制造电影胶片成色剂，涂料和聚酯纤维染色改性剂及医药等

【商品描述】 分子式 $C_8H_6O_4$，相对分子质量 166.13，CAS 号 121-91-5，由水或乙醇结晶者为无色结晶。易燃、低毒、能升华。

【监管证件】 无监管证件要求

【税则号列】 2918.1100

【商品名称】 乳酸钠溶液

【规格型号】 乳酸钠 60%，水 40%。

【商品描述】 用作腹膜透析液。

【监管证件】 AB

【税则号列】 2918.1400

【商品名称】 无水柠檬酸

【规格型号】 含量 99.5%以上｜主要用于食品、饮料行业，并在医药、化工、洗涤等行业，在食品领域主要用作酸味剂和调味剂

【商品描述】 无色半透明结晶、白色颗粒或白色结晶粉末；无臭，味极酸；在干燥空气中微有风化性。分子式 $C_6H_8O_7$，相对分子质量 192.12。

【监管证件】 4Axy

【税则号列】 2918.1400
【商品名称】 一水柠檬酸
【规格型号】 含量99.5%以上| 主要用于食品
【商品描述】 无色半透明结晶、白色颗粒或白色结晶粉末；无臭，味极酸；分子式 $C_6H_8O_7 \cdot H_2O$，相对分子质量210.14。
【监管证件】 4Axy

【税则号列】 2918.1500
【商品名称】 柠檬酸钠
【规格型号】 99.5%min| （用途）
【商品描述】 分子式 $C_6H_5Na_3O_7 \cdot 2H_2O$，无色晶体或白色结晶粉末。化学上是优良的螯合剂/络合剂，在食品、饮料工业中用作风味剂、稳定剂；在医药工业中用作抗血凝剂、化痰药和利尿药；在洗涤剂工业中可替代三聚磷酸钠作为无毒洗涤剂的助剂；还用于酿造、注射液、摄影药品和电镀等。
【监管证件】 4Axy

【税则号列】 2918.1600
【商品名称】 葡萄糖酸亚铁
【规格型号】 含量100%| 灰绿色至黄色粉末
【商品描述】 用于生产营养食品。
【监管证件】 无监管证件要求

【税则号列】 2918.2110
【商品名称】 升华水杨酸
【规格型号】 $C_7H_6O_3$ 含量≥99%| （用途）
【商品描述】 升华法制得水杨酸，化学名称邻羟基苯甲酸，俗名水杨酸、柳酸，分子式 $C_7H_6O_3$，CAS号69-72-7，相对分子质量138.12。本品为白色块状和粉末，允许微黄或淡粉红色，无臭味微甜后转辛，置空气中无变化，76℃以上能常压升华。常压加热易脱羧而成苯酚及二氧化碳；其水溶液呈酸性反应，遇 $FeCl_3$ 呈紫色。本品在水中微溶、在沸水中溶解、在乙醇或乙醚中易溶，在氯仿中略溶。为消毒防腐药，有溶解皮肤角质的作用，用于局部角质增生及皮肤霉菌感染，配制酊剂作外用，治疗角质和皮癣等。
【监管证件】 无监管证件要求

【税则号列】 2918.2110

【商品名称】 水杨酸

【规格型号】 $C_7H_6O_3$ 含量≥99%｜（用途）

【商品描述】 分子式 $C_7H_6O_3$，CAS 号 69-72-7，为白色块状和粉末，由水杨酸甲酯同苯乙醇在乙醇钠作用下进行醇交换反应而得。用于多种花香型日化香精，微量用于桃、杏、糖蜜等食用香精。

【监管证件】 无监管证件要求

【税则号列】 2918.2190

【商品名称】 显色剂（水杨酸锌）

【规格型号】 水杨酸锌含量 50%，水含量 50%｜（用途）

【商品描述】 无碳纸显色剂用，白色液体。

【监管证件】 无监管证件要求

【税则号列】 2918.3000

【商品名称】 乙醛酸

【规格型号】 （成分含量）｜（用途）

【商品描述】 250 千克/桶。分子式 $C_2H_2O_3$，相对分子质量 74.04，为无色或淡黄色液体。在香料工业上用作甲基香兰素、乙基香兰素的生产原料。在医药工业上用于抗高血压药物阿替洛尔、DL-对羟基苯甘氨酸、广谱抗生素（口服）、苯乙酮、氨基酸等化合物的合成中间体，用作清漆原料、染料、塑料和农业化学品的中间体，也可用于生产尿囊素（抗溃疡的医药产品、日用化学品的中间体）。

【监管证件】 无监管证件要求

【税则号列】 2920.9000

【商品名称】 碳酸二苯酯

【规格型号】 （成分含量）｜用于氨基甲酸酯类杀虫剂，农药中间体

【商品描述】 分子式 $C_{13}H_{10}O_3$，CAS 号 102-09-0。碳酸二苯酯（DPC）是一种不溶于水，溶于热乙醇、苯、乙醚、四氯化碳、冰醋酸等有机溶剂的白色结晶固体。

【监管证件】 无监管证件要求

【税则号列】 2921. 1990
【商品名称】 2–氨基乙磺酸
【规格型号】 2–氨基乙磺酸含量>98. 5%，水分杂质含量<1. 5%｜用于医药食品行业
【商品描述】 略。
【监管证件】 无监管证件要求

【税则号列】 2921. 2290
【商品名称】 六亚甲基二胺（1,6 己二胺）
【规格型号】 六亚甲基二胺含量 98%，水含量 2%｜用作环氧树脂胶黏剂的固化剂
【商品描述】 分子式 $NH_2(CH_2)_6NH_2$，白色片状结晶。
【监管证件】 无监管证件要求

【税则号列】 2921. 4990
【商品名称】 盐酸舍曲林/原料药
【规格型号】 盐酸舍曲林含量 89. 36%以上｜治疗抑郁症用
【商品描述】 白色晶体粉末状。
【监管证件】 无监管证件要求

【税则号列】 2921. 5190
【商品名称】 二苯基对苯二胺
【规格型号】 二苯基对苯二胺含量 97%，灰粉含量 3%｜用于制造轮胎、胶鞋等工业用品
【商品描述】 分子式 $C_{18}H_{16}N_2$，CAS 号 74–31–7，灰色粉末状或片状，橡胶防老剂。
【监管证件】 无监管证件要求

【税则号列】 2922. 1950
【商品名称】 本芴醇
【规格型号】 含量 98%以上｜抗疟疾药品｜（色度）｜（包装）
【商品描述】 分子式 $C_{30}H_{32}CI_3NO$，相对分子质量 528. 94，CAS 号 82186–77–4，中文名为 α–（二正丁氨基甲基）–2,7–二氯–9–（对氯苯亚甲基）–4–芴甲醇。黄色结晶性粉末，有苦杏仁臭，无味。
【监管证件】 无监管证件要求

【税则号列】 2922.4190

【商品名称】 L-赖氨酸盐

【规格型号】 赖氨酸盐含量98.5%，游离赖氨酸含量0.5%，水含量0.5%，灰质含量0.5%｜用于营养增补剂、饲料添加剂或调味剂｜（色度）｜（包装）

【商品描述】 分子式 $C_6H_{14}N_2O_2 \cdot HCL$，CAS 号 657-27-2。白色或近白色自由流动性的结晶性粉末。

【监管证件】 AB

【税则号列】 2922.4220

【商品名称】 谷氨酸钠

【规格型号】 含量≥99%｜用于制作味精｜（色度）｜（包装）

【商品描述】 分子式 $C_5H_8NO_4Na$，CAS 号 142-47-2。一种氨基酸谷氨酸的钠盐，无颜色无气味晶体，是调味料味精的主要成分。

【监管证件】 A

【税则号列】 2922.4999

【商品名称】 乙二胺四乙酸二钾

【规格型号】 含量100%。

【商品描述】 用于化妆品、螯合剂。

【监管证件】 AB

【税则号列】 2922.5090

【商品名称】 L-苏氨酸

【规格型号】 苏氨酸含量98.5%｜用作饲料添加剂｜（色度）｜（包装）

【商品描述】 化学名称是α-氨基-β-羟基丁酸。分子式 $NH_2—CH(COOH)—CHOH—CH_3$，有四种立体异构，具有生物学活性的只有L-型，白色晶体或结晶性粉末，用作饲料添加剂。

【监管证件】 A

【税则号列】 2922.5090

【商品名称】 酒石酸美托洛尔

【规格型号】 含量100%｜（色度）｜（包装）｜成品用于抗心律失常药和抗高血压药

【商品描述】 1-异丙氨基-3-［对-（2-甲氧乙基）苯氧基］-2-丙醇L（+）-酒石酸盐，分子式 $(C_{15}H_{25}NO_3)_2 \cdot C_4H_6O_6$。

【监管证件】 A

【税则号列】 2923.2000

【商品名称】 卵磷脂

【规格型号】 丙酮不溶物含量66.00%、大豆油含量33.30%、水含量0.70%，其中丙酮不溶物是磷脂，因其不溶于丙酮，因此在提取过程中加入丙酮萃取后将其沉淀出来｜琥珀色黏稠状液体

【商品描述】 作为乳化剂用于生产营养健康食品。

【监管证件】 A

【税则号列】 2924.1990

【商品名称】 芥酸酰胺

【规格型号】 含量98.5%以上｜用作塑料的爽滑剂和防粘剂｜（包装）

【商品描述】 分子式 $CH_3(CH_2)7CH=CH(CH_2)_{11}CONH_2$，CAS号112-84-5，白色颗粒或白色粉末。

【监管证件】 无监管证件要求

【税则号列】 2924.2990

【商品名称】 碘海醇

【规格型号】 （成分含量）｜（包装）

【商品描述】 为非离子型造影剂，尤其适用于有造影剂反应高危因素的病人。

【监管证件】 无监管证件要求

【税则号列】 2925.2900

【商品名称】 精氨酸

【规格型号】 含量100%

【商品描述】 分子式 $C_6H_{14}N_4O_2$｜用于生产美容护肤产品、皮肤调理剂。

【监管证件】 无监管证件要求

【税则号列】 2926.1000

【商品名称】 丙烯腈

【规格型号】 （成分含量）| （用途）

【商品描述】 丙烯腈是一种无色的有辛辣气味的液体，属大众基本有机化工产品，是三大合成材料——合成纤维、合成橡胶、塑料的基本且重要的原料，在有机合成工业和人民经济生活中用途广泛。易燃，其蒸气与空气可形成爆炸性混合物。遇明火、高热易引起燃烧，并放出有毒气体。与氧化剂、强酸、强碱、胺类、溴反应剧烈。在火场高温下，能发生聚合放热，使容器破裂。

【监管证件】 无监管证件要求

【税则号列】 2926.2000

【商品名称】 双氰胺

【规格型号】 （成分含量）| （用途）

【商品描述】 双氰胺是氰胺的二聚体，也是胍的氰基衍生物。分子式 $C_2H_4N_4$，CAS 号 461-58-5。白色结晶粉末。可溶于水、醇、乙二醇和二甲基甲酰胺，几乎不溶于醚和苯、不可燃、干燥时稳定。主要用于检定钴、镍、铜和钯，有机合成，硝化纤维稳定剂、硬化剂、去垢剂、硫化促进剂，树脂合成。

【监管证件】 无监管证件要求

【税则号列】 2929.1010

【商品名称】 甲苯二异氰酸酯

【规格型号】 TDI 80/20 | 用于生产聚氨酯泡沫、塑料、涂料、弹性体和黏合剂

【商品描述】 分子式 $C_9H_6N_2O_2$，为无色透明至淡黄色液体，有刺激性气味。

【监管证件】 AB

【税则号列】 2929.1030

【商品名称】 二苯基甲烷二异氰酸酯

【规格型号】 MDI 大于 95% | （用途）

【商品描述】 分子式 $C_{15}H_{10}N_2O_2$，简称 MDI。有 4，4′-MDI、2，4′-MDI、2，2′-MDI 等异构体，应用最多的是 4，4’-MDI。白色至淡黄色熔触固体，加热时有刺激性臭味。相对密度（50 ℃/4℃）1.19，熔点 40℃ ~ 41℃，沸点 156℃ ~ 158℃（1.33kPa），黏度（50 ℃）4. 9mPa · s，闪点（开口）202℃，折射率 1.5906。溶于丙酮、四氯化碳、苯、氯苯、煤油、硝基苯、二氧六环。

【监管证件】 无监管证件要求

【税则号列】 2929.1040
【商品名称】 六亚甲基二异氰酸酯
【规格型号】 含量 100%
【商品描述】 用途：生产油漆用原料。
【监管证件】 无监管证件要求

【税则号列】 2930.4000
【商品名称】 饲料级 DL–蛋氨酸
【规格型号】 DL–蛋氨酸含量≥99%，水分含量≤0.3%，粗灰分含量≤0.5%，氯化物含量≤0.2% | 用于制作动物饲料
【商品描述】 又名甲硫氨酸，主要用于饲料添加剂，分子式 $C_5H_{11}O_2NS$，CAS 号 59–51–8，外观为白色结晶状粉末。
【监管证件】 A

【税则号列】 2930.9090
【商品名称】 液体蛋氨酸
【规格型号】 2–羟基–4–甲硫基–丁酸含量含量 88%，水分含量 12% | 饲料添加剂 | 鸡用 | DL 型 | 羟基蛋氨酸
【商品描述】 250 千克/桶。
【监管证件】 A

【税则号列】 2930.9090
【商品名称】 L–半胱氨酸盐酸盐一水合物
【规格型号】 半胱氨酸盐酸盐含量大于 99%，其余为水 | 用于医药原料、饲料添加剂等
【商品描述】 分子式 $C_3H_8O_2NSCl \cdot H_2O$，CAS 号 7048–4–6，相对分子质量 175.64，外观为白色晶体粉末，纸板桶（全纸桶）包装。
【监管证件】 无监管证件要求

【税则号列】 2930.9090
【商品名称】 氟虫双酰胺原药
【规格型号】 氟虫双酰胺含量≥95% | （用途）
【商品描述】 属新型邻苯二甲酰胺类杀虫剂，商品名垄歌。
【监管证件】 S

【税则号列】 2930. 9090

【商品名称】 谷胱甘肽

【规格型号】 谷胱甘肽含量不低于 98%，硫酸盐、铵盐、铁盐杂质不大于 2% | 医用工业原料 | 25 千克/桶

【商品描述】 本品为医用化工原料，性状为白色结晶或结晶性粉末，在水中易溶，在乙醇中几乎不溶。

【监管证件】 无监管证件要求

【税则号列】 2931. 3910

【商品名称】 双甘膦

【规格型号】 双-［3-（三乙氧基硅）丙基］-四硫化物 98%，乙醇 0. 5%，丙基三乙氧基硅烷 0. 5%，氯丙基三乙氧基硅烷 1% | 该票货物包装为吨桶包装，每桶 1060 千克 | 用于橡胶加工助剂和草甘膦的中间体

【商品描述】 中文化学名称为双-［3-（三乙氧基硅）-丙基］-四硫化物或 3，3′-四硫双（丙基三乙氧基硅烷），英文化学名称为 Bis［3-（triethoxysilyl）propyl］tetrasulfide 或 3，3′-Tetrathiobis（propyl-triethoxysilane），相对分子质量 538. 95，含双-［3-（三乙氧基硅）丙基］-四硫化物 98. 0%、乙醇 0. 5%、丙基三乙丙基三乙氧基硅烷 0. 5%、氯丙基三乙氧基硅烷 1%。

【监管证件】 AB

【税则号列】 2931. 3990

【商品名称】 草甘膦原药

【规格型号】 草甘膦 95%，水分 0. 2%，甲醇 0. 4%，双甘膦 4. 4% | 农用除草剂

【商品描述】 中文别名 N-（膦羧甲基）甘氨酸，农达，镇草宁，膦甘酸，CAS 号 1071-83-6，分子式 $C_3H_8NO_5P$，相对分子质量 169，熔点 230℃。一种非选择性、无残留灭生性除草剂，对多年生根杂草非常有效，广泛用于橡胶、桑、茶、果园及甘蔗地。属低毒除草剂，原粉大鼠急性经口 LD50 为 4300 毫克/千克，兔急性经皮 LD50>5000 毫克/千克。对兔眼睛和皮肤有轻度刺激作用，对豚鼠皮肤无过敏和刺激作用。草甘膦在动物体内不蓄积。

【监管证件】 S

【税则号列】 2932. 2090

【商品名称】 葡醛内酯

【规格型号】 主含量 98. 5%，水分 1. 5%丨用于医疗领域的急慢性肝炎、肝硬化治疗，或用于食物或药物的中毒解毒之用

【商品描述】 葡萄糖醛酸内酯的简称，为白色结晶或结晶性粉末。

【监管证件】 无监管证件要求

【税则号列】 2932. 2090

【商品名称】 青蒿素

【规格型号】 含量 99%丨主要用于间日疟、恶性疟的症状控制，以及耐氯喹虫株的治疗，也可用于治疗凶险型恶性疟，如脑型、黄疸型等，还可以治疗系统性红斑狼疮与盘状红斑狼疮

【商品描述】 化学名为（3R，5aS，6R，8aS，9R，12S，12aR）–八氢–3，6，9–三甲基–3，12–氧桥–12H–吡喃并［4，3–j］–1，2–苯并二塞平–10（3H）–酮，是从中药青蒿中提取的有过氧基团的倍半萜内酯药物。青蒿素为无色针状结晶，味苦。在丙酮、乙酸乙酯、三氯甲烷或苯中易溶，在甲醇、乙醇、稀乙醇、乙醚及石油醚中溶解，在水中几乎不溶，在冰醋酸中易溶。

【监管证件】 无监管证件要求

【税则号列】 2932. 9990

【商品名称】 阿卡波糖

【规格型号】 （成分含量）丨一种新型口服降糖药的原料

【商品描述】 铁桶装，50 千克/每桶。分子式 $C_{25}H_{43}NO_{18}$，CAS 号 56180–94–0。

【监管证件】 无监管证件要求

【税则号列】 2932. 9990

【商品名称】 托吡酯

【规格型号】 （成分含量）丨抗癫痫药等

【商品描述】 化学名为 2,3：4,5–双–0–（1–甲基亚乙基）–β–D 吡喃果糖氨基磺酸酯。用于妥泰生产，托吡酯为白色晶体粉末，有苦味，极易溶于氢氧化钠或磷酸钠等 pH 值为 9~10 的碱性溶液中，易溶于丙酮，氯仿，二甲亚砜和乙醇。为广谱抗癫痫新药，对各类癫痫发作均有效，其中对原发性利继发性全身强直一阵挛发作及单纯或复杂部分发作效果尤其明显。对肌阵挛、婴儿痉挛也有效。作为心境稳定剂用于治疗双相障碍。

【监管证件】 无监管证件要求

【税则号列】 2933.2900
【商品名称】 氯沙坦钾
【规格型号】 含量99%以上｜一种用于治疗原发性高血压的药品原料｜（签约日期）
【商品描述】 略。
【监管证件】 无监管证件要求

【税则号列】 2933.2900
【商品名称】 硝酸咪康唑
【规格型号】 含量99%｜用于生产达克宁乳膏的制药原料｜（签约日期）
【商品描述】 性状白色粉末状，无味。该药品用于治疗由真菌、酵母菌及其他真菌引起的皮肤疾病，也可治疗此类细菌引起的继发性感染。
【监管证件】 无监管证件要求

【税则号列】 2933.3990
【商品名称】 苯磺酸氨氯地平/原料药
【规格型号】 含量99%以上｜治疗心血管症｜（签约日期）
【商品描述】 桶装，白色晶体粉末。
【监管证件】 无监管证件要求

【税则号列】 2933.3990
【商品名称】 多潘立酮
【规格型号】 含量99%｜用于生产多潘立酮片剂和混悬液的制药原料，成品用于治疗由胃排空延缓、胃食道反流、食道炎引起的消化不良症｜（签约日期）
【商品描述】 白色粉末，无味。
【监管证件】 无监管证件要求

【税则号列】 2933.3990
【商品名称】 非洛地平
【规格型号】 含量100%｜片剂制剂原料，成品用于治疗高血压等｜（签约日期）｜（外观）
【商品描述】 分子式 $C_{18}H_{19}Cl_2NO_4$，生产非洛地平片的原料，成品用于轻、中度原发性高血压的治疗。
【监管证件】 无监管证件要求

【税则号列】 2933.5990

【商品名称】 4,6-二羟基嘧啶

【规格型号】 4,6 二羟基嘧啶含量≥98%，水分含量≤1%，甲酸盐含量≤0.5%，丙二酰胺含量≤0.5%｜（签约日期）

【商品描述】 白色或浅黄色粉末，无毒，熔点 338℃，溶于热水、氨水及其他碱性溶液。分子式 $C_4H_4N_2O_2$，用作农药中间体。

【监管证件】 无监管证件要求

【税则号列】 2933.5990

【商品名称】 盐酸曲美他嗪

【规格型号】 （成分含量）｜心脑血管用药原料｜（签约日期）

【商品描述】 分子式 $C_{14}H_{24}Cl_2N_2O_3$，相对分子质量 339.26，白色结晶性粉末，心脑血管用药原料。

【监管证件】 无监管证件要求

【税则号列】 2933.5990

【商品名称】 盐酸氟硅利嗪

【规格型号】 含量 99%｜用于西比灵生产｜（签约日期）

【商品描述】 化学名（E）-1-［双（4-氟苯基）甲基］-4-2（2-丙烯基-3-苯基）-哌嗪二盐酸盐。用于西比灵生产，能防止因缺血等原因导致的细胞内病理性钙超载而造成的细胞损害。

【监管证件】 无监管证件要求

【税则号列】 2933.5990

【商品名称】 恩替卡韦

【规格型号】 含量>98%｜用于生产博路定，抗乙肝病毒的一线药物｜（签约日期）

【商品描述】 化学名称为 2-氨基-9-［（1S，3S，4S）-4-羟基-3-羟甲基-2-亚甲戊基］-1,9-氢-6-H-嘌呤-6-酮-水合物，分子式 $C_{12}H_{15}N_5O_3 \cdot H_2O$，相对分子质量 295.3。

【监管证件】 无监管证件要求

【税则号列】 2933. 5990

【商品名称】 阿德福韦酯

【规格型号】 （成分含量）｜（用途）｜（签约日期）

【商品描述】 分子式 $C_{20}H_{32}N_5O_8P$。目前临床应用的阿德福韦酯是阿德福韦的前体，在体内水解为阿德福韦，发挥抗病毒作用。阿德福韦酯是5'–单磷酸脱氧阿糖腺苷的无环类似物。

【监管证件】 无监管证件要求

【税则号列】 2933. 6100

【商品名称】 三聚氰胺

【规格型号】 含量99. 8%，其他为水分和杂质｜（用途）｜（签约日期）

【商品描述】 分子式 $C_3N_6H_6$，CAS号108–78–1。本产品系无毒、无害、不爆炸、不腐蚀的一般化学品。主要用于制造三聚氰胺甲醛树脂，广泛用于木材加工，纺织喷漆等行业。

【监管证件】 A

【税则号列】 2933. 6922

【商品名称】 三氯异氰尿酸

【规格型号】 有效氯90%，主含量99%，杂质1%｜极强的氧化剂和氯化剂，具有高效、广谱、较为安全的消毒作用，对细菌、病毒、真菌、芽孢等都有杀灭作用，对球虫卵囊也有一定的杀灭作用｜（签约日期）

【商品描述】 分子式 $C_3N_3O_3CI_3$，CAS号87–90–1，相对分子质量232. 41。用于家庭消毒、漂白等，为有机化合物，白色结晶性粉末或粒状固体，具有强烈的氯气刺激味。

【监管证件】 AB

【税则号列】 2933. 7100

【商品名称】 己内酰胺

【规格型号】 含量大于99%｜（用途）｜常温下白色晶体｜（签约日期）

【商品描述】 分子式 $C_6H_{11}NO$：$NH(CH_2)_5CO$，相对分子质量113. 18，是重要的有机化工原料之一，主要通过聚合生成聚酰胺切片，常温下状态为白色晶体。

【监管证件】 A

【税则号列】 2933.7900
【商品名称】 1-甲基-2-吡咯烷酮
【规格型号】 1-甲基-2-吡咯烷酮含量 99.5%，水含量 0.5%｜广泛应用于锂电、医药、农药、颜料、清洗剂、绝缘材料等行业｜（签约日期）
【商品描述】 分子式 C_5H_9NO，无色透明油状液体，微有胺的气味。
【监管证件】 无监管证件要求

【税则号列】 2933.7900
【商品名称】 盐酸贝那普利（洛汀新）
【规格型号】 30 千克/桶｜（成分含量）｜抗高血压药物｜（签约日期）
【商品描述】 略。
【监管证件】 无监管证件要求

【税则号列】 2933.9900
【商品名称】 3-（4-溴苯基）-9-苯基-9H-咔唑
【规格型号】 （成分含量）｜主要用于制造 OEL 显示材料｜（签约日期）
【商品描述】 分子式 $C_{24}H_{16}BRN$，相对分子质量 398.29。
【监管证件】 无监管证件要求

【税则号列】 2933.9900
【商品名称】 阿托伐他汀钙/原料药
【规格型号】 阿托伐他汀钙含量 99.7%以上｜可治疗其总胆固醇升高、低密度脂蛋白胆固醇升高｜（签约日期）
【商品描述】 分子式 $C_{66}H_{68}Ca_2F_2N_4O_{10}$，载脂蛋白 B 升高和甘油三酯升高，粉末状。
【监管证件】 无监管证件要求

【税则号列】 2933.9900
【商品名称】 氟康唑/原料药
【规格型号】 含量 99.9%｜抗感染药｜（签约日期）
【商品描述】 桶装，白色粉末状。分子式 $C_{13}H_{12}F_2N_6O$，相对分子质量 306.27。该品为白色或类白色结晶或结晶性粉末，无臭或微带特异臭，味苦。为氟代三唑类抗真菌药，抗菌谱与酮康唑相似，抗菌活性比酮康唑强。
【监管证件】 无监管证件要求

【税则号列】 2933. 9900

【商品名称】 缬沙坦（代文）

【规格型号】 含量 100% | 可用于各种类型高血压，并对心脑肾有较好的保护作用 | （签约日期）

【商品描述】 30 千克/桶。分子式 $C_{24}H_{29}N_5O_3$。

【监管证件】 无监管证件要求

【税则号列】 2934. 9960

【商品名称】 7-氨基脱乙酰氧基头孢烷酸

【规格型号】 含量≥98. 5% | 头孢氨苄原料 | 塑料包装 | 组成头孢产品的母核部分，是合成头孢氨苄、头孢拉定和头孢羟氨苄等头孢菌素类原料药的主要医药中间体

【商品描述】 简称 7-ADCA，分子式 $C_8H_{10}N_2O_3S$，白色或类白色粉末状。

【监管证件】 无监管证件要求

【税则号列】 2934. 9990

【商品名称】 5′-鸟苷酸二钠

【规格型号】 (成分含量) | 味鲜，用作增味剂

【商品描述】 分子式 $C_{10}H_{12}N_5Na_2O_8P \cdot 7H_2O$，无色至白色结晶，或白色结晶性粉末，含约 7 分子结晶水。

【监管证件】 无监管证件要求

【税则号列】 2934. 9990

【商品名称】 卡培他滨

【规格型号】 含量 99. 6% | 用于制造希罗达的原料药

【商品描述】 分子式 $C_{15}H_{22}O_6N_3F$，相对分子质量 359. 35。卡培他滨英文名 Capecitabine，是一种可以在体内转变成 5-FU 的抗代谢氟嘧啶脱氧核苷氨基甲酸酯类药物，用于制造希罗达的原料药。

【监管证件】 无监管证件要求

【税则号列】 2934.9990

【商品名称】 酮康唑

【规格型号】 $C_{26}H_{28}Cl_2N_4O$ 4.99%｜用于里素劳生产

【商品描述】 类白色结晶性粉末，无臭，无味。本品在氯仿中易溶，在甲醇中溶解，在乙醇中微溶，在水中几乎不溶。熔点本品的熔点为147℃～151℃。比旋度取本品，精密称定，加甲醇制成每1毫升中含40毫克的溶液，依法测定，按干燥品计算，比旋度应为-1°至+1°。该品为咪唑类抗真菌药，其作用机制为抑制真菌细胞膜麦角甾醇的生物合成，影响细胞膜的通透性，抑制其生长。可用于治疗浅表和深部真菌病，如皮肤和指甲癣、阴道白色念珠菌病、胃肠真菌感染等，以及由白色念珠菌、类球孢子菌引起的疾病。

【监管证件】 无监管证件要求

【税则号列】 2934.9990

【商品名称】 盐酸帕罗西汀

【规格型号】 主要成分为盐酸帕罗西汀｜抗抑郁症药

【商品描述】 化学名称为（-）-反式-4R-（4-氟苯基）-3S-｛［3'，4'-（亚甲二氧基）苯氧基］甲基｝-哌啶盐酸盐半水物。分子式 $C_{19}H_{20}FNO_3$. HCL . 1/2H_2O，相对分子质量374.84。属抗抑郁症药，为强效、高选择性5-羟色胺再摄取抑制剂，可使突触间隙中5-羟色胺浓度升高，增强中枢5-羟色胺神经功能。仅微弱抑制去甲肾上腺素和多巴胺的再摄取，与毒蕈碱1、2受体或肾上腺素受体、多巴胺2受体、5-羟色胺1、2受体和组胺H1受体几乎没有亲和力。

【监管证件】 无监管证件要求

【税则号列】 2934.9990

【商品名称】 2-（4-氟苯基）-5-［（5-碘代-2-甲苯基）甲基］-噻吩

【规格型号】 本品含量97%，其余为水分和杂质｜糖尿病类的医药中间体

【商品描述】 为淡黄色或橙黄色固体，用于生产治疗糖尿病类的医药中间体，非用于精神类及麻醉类药品的生产。分子式 $C_{18}H_{14}FIS$，相对分子质量408.3。

【监管证件】 无监管证件要求

【税则号列】 2935.9000
【商品名称】 磺胺嘧啶
【规格型号】 该产品为单一物质，产品含量均大于99%，有少于1%的其他物质 | 医药用途
【商品描述】 英文名称 Sulfadiazine，分子式 $C_{10}H_{10}N_4O_2S$，相对分子质量 250.28。白色或类白色固体晶状粉末物质。无毒，无害，无腐蚀，无味或几乎无味。为磺胺类抗菌药物，仅限于医药用途，适合各类运输，所含的少量其他物质不会影响或改变产品的理化性质及使用安全性。
【监管证件】 无监管证件要求

【税则号列】 2935.9000
【商品名称】 格列美脲
【规格型号】 含量 100% | 用于治疗糖尿病的原料药
【商品描述】 桶装，白色粉末。
【监管证件】 无监管证件要求

【税则号列】 2935.9000
【商品名称】 枸橼酸西地那非/原料药
【规格型号】 含量 99.8% | 治疗男性勃起障碍用药
【商品描述】 白色粉末状。
【监管证件】 无监管证件要求

【税则号列】 2936.2600
【商品名称】 维生素 B_{12}
【规格型号】 （成分含量） | 治疗失血性贫血 | （包装）
【商品描述】 分子式 $C_{63}H_{88}CoN_{14}O_{14}P$，相对分子质量 1355.37，是一种由含钴的卟啉类化合物组成的 B 族维生素。深红色结晶或结晶性粉末。
【监管证件】 A

【税则号列】 2936.2700
【商品名称】 维生素 C 钠
【规格型号】 含量 100% | 食品添加用 | 非零售包装
【商品描述】 分子式 $C_6H_7NaO_6$，相对分子质量 198.1059，为 L-抗坏血酸钠盐。白色或极微黄色结晶或结晶性粉末。用于维生素 C 补充，作用与抗坏血酸相同，可作为抗氧化剂、食品营养强化剂。
【监管证件】 A

【税则号列】 2936. 2700

【商品名称】 维生素 C

【规格型号】 (成分含量) | (用途) | (包装)

【商品描述】 维生素 C (Vitamin C, Ascorbic Acid) 又叫 L-抗坏血酸，是一种水溶性维生素。食物中的维生素 C 被人体小肠上段吸收。一旦吸收，就分布到体内所有的水溶性结构中，正常成人体内的维生素 C 代谢活性池中约有 1500 毫克维生素 C，最高储存峰值为 3000 毫克维生素 C。正常情况下，维生素 C 绝大部分在体内经代谢分解成草酸或与硫酸结合生成抗坏血酸-2-硫酸由尿排出；另一部分可直接由尿排出体外。

【监管证件】 A

【税则号列】 2936. 2800

【商品名称】 维生素 E 油

【规格型号】 维生素 E 含量为 95. 0%，其余部分为其他物质，含高沸物、低沸物及少量水分 | 动物饲料添加剂 | (包装)

【商品描述】 维生素 E 油，英文名称 Vitamin E Oil，分子式为 $C_{31}H_{52}O_3$，相对分子质量 472. 75，黄色或黄绿色的透明黏稠液体。该产品为单一物质，所含的少量其他物质不会影响或改变维生素 E 油的理化性质及使用安全性。

【监管证件】 A

【税则号列】 2936. 2900

【商品名称】 生物素

【规格型号】 (成分含量) | (包装) | (用途)

【商品描述】 生物素 (Biotin) 为 B 族维生素之一，又称维生素 H、维生素 B7、辅酶 R (Coenzyme R) 等。分子式 $C_{10}H_{15}N_2O_3S$，相对分子质量 243. 3032，是一种维持人体自然生长和正常人体机能所必需的水溶性维生素，是代谢脂肪及蛋白质不可或缺的物质，也是维持正常成长、发育及健康必要的营养素，无法经由人工合成。

【监管证件】 A

【税则号列】 2937. 1210

【商品名称】 重组人胰岛素

【规格型号】 含量 100% | 5 升/桶

【商品描述】 治疗糖尿病。

【监管证件】 L

【税则号列】 2937.2100
【商品名称】 泼尼松龙
【规格型号】 含量98%以上｜（包装）｜肾上腺皮质激素类药
【商品描述】 分子式 $C_{23}H_{30}O_6$，相对分子质量402.4807，为白色或几乎白色结晶性粉末。无臭，味苦。
【监管证件】 Q

【税则号列】 2937.2100
【商品名称】 氢化可的松
【规格型号】 含量98%以上｜（包装）｜用于肾上腺皮质激素类药
【商品描述】 分子式 $C_{21}H_{30}O_5$，相对分子质量362.46，肾上腺皮质激素及促肾上腺皮质激素药，白色或几乎白色结晶性粉末。无臭。
【监管证件】 Q

【税则号列】 2937.2290
【商品名称】 16-甲氟孕酮
【规格型号】 含量>97%，99.7%｜塑料袋外加铝听外加纸箱｜肾上腺皮质激素类医药原料
【商品描述】 生产肾上腺皮质激素类医药原料，白色或类白色结晶粉末，又名倍他米松，英文名 Betamethasone Base，分子式 $C_{22}H_{29}FO_5$，相对分子质量392.46。
【监管证件】 Q

【税则号列】 2938.9090
【商品名称】 橙皮甙
【规格型号】 （成分含量）｜用于心血管疾病的预防与治疗、血糖血脂的调节、血压调节、循环系统健康、机体调节、抗菌消炎、抗病毒功效｜（来源）
【商品描述】 又名陈皮甙，分子式 $C_{28}H_{34}O_{15}$，相对分子质量610.55，为芸香科植物酸橙（Citrus aurantium L.）及其栽培变种或甜橙（Citrus sinensis Osbeck）的干燥幼果提取物。
【监管证件】 无监管证件要求

【税则号列】 2938. 9090

【商品名称】 罗汉果提取物（罗汉果甜苷）

【规格型号】 （成分含量）| 用作甜味剂 | （来源）

【商品描述】 浅黄色粉末，有罗汉果香，味极甜，甜度约为蔗糖的 240 倍，熔点 197℃ ~ 201℃（分解）。热稳定性强，易溶于水和稀乙醇。

【监管证件】 无监管证件要求

【税则号列】 2941. 1092

【商品名称】 阿莫西林（三水酸）

【规格型号】 25 千克/桶

【商品描述】 分子式 $C_{16}H_{19}N_3O_5S \cdot 3H_2O$，CAS 号 26787-78-0，相对分子质量 419. 46，是一种最常用的青霉素类广谱 β-内酰胺类抗生素，为一种白色粉末。

【监管证件】 Q

【税则号列】 2941. 3020

【商品名称】 盐酸金霉素

【规格型号】 25 千克/箱 | 盐酸金霉素含量≥89. 5%，差向金霉素含量<4%，酸盐四四环含量<8% | 非零售包装

【商品描述】 为金黄色或黄色结晶；无臭，味苦；抗菌谱同四环素，对耐青霉素，金黄色葡萄球菌的疗效比四环素稍强。现主要用于治疗结膜炎，沙眼。

【监管证件】 Q

【税则号列】 2941. 5000

【商品名称】 红霉素

【规格型号】 （包装）

【商品描述】 分子式 $C_{37}H_{67}NO_{13}$，相对分子质量 733. 93，是由红霉素链霉菌（Streptomyces erythreus）所产生的大环内酯（Macrolide）系的代表性的抗菌素。为白色或类白色的结晶或粉末。

【监管证件】 Q

【税则号列】 2941.9010
【商品名称】 硫酸庆大霉素
【规格型号】 8 千克/罐 | PH. EUR. 7. 6
【商品描述】 常用分子式 $C_{21}H_{45}N_5O_{11}S$，相对分子质量 547.6207，为氨基糖甙类广谱抗生素，对多种革兰阴性菌及阳性菌都具有抑菌和杀菌作用。
【监管证件】 Q

【税则号列】 2941.9055
【商品名称】 头孢曲松钠
【规格型号】 纸箱装
【商品描述】 分子式 $C_{18}H_{16}N_8Na_2O_7S_3 \cdot 3H_2O$，相对分子质量 661.59。该品为白色或类白色结晶性粉末，用于治疗呼吸道感染、泌尿系统感染、淋病及术前感染预防。
【监管证件】 Q

【税则号列】 2941.9059
【商品名称】 拉氧头孢钠
【规格型号】 原料药 | 15 千克/桶
【商品描述】 分子式 $C_{20}H_{18}N_6Na_2O_9S$，是半合成的氧头孢烯类抗生素，抗菌性能与第三代头孢菌素相近。为白色或淡黄白色粉末或块状物，无臭。用于敏感菌所致感染，还可用于败血症和脑膜炎。
【监管证件】 Q

【税则号列】 2941.9090
【商品名称】 舒巴坦钠/原料药
【规格型号】 桶装
【商品描述】 抗感染药，舒巴坦钠 88.8%以上，白色粉末。
【监管证件】 Q

【税则号列】 2941.9090
【商品名称】 阿奇霉素/原料药
【规格型号】 桶装
【商品描述】 抗感染药用白色粉末状。
【监管证件】 Q

【税则号列】 2941.9090

【商品名称】 吗替麦考酚酯

【规格型号】 桶装|含量98%~100%

【商品描述】 分子式 $C_{23}H_{31}NO_7$，相对分子质量433.50，具有维持免疫抑制治疗的作用，可作为移植术后的患者接受环孢霉素治疗产生严重的肾毒性、溶血性尿毒症综合症等毒性时的替代疗法。

【监管证件】 Q

第三十章 药 品

注释：

一、本章不包括：

（一）食品及饮料（例如，营养品、糖尿病食品、强化食品、保健食品、滋补饮料及矿泉水），但不包括供静脉摄入用的滋养品（第四类）；

（二）用于帮助吸烟者戒烟的制剂，例如，片剂、咀嚼胶或透皮贴片（税目21.06或38.24）；

（三）经特殊煅烧或精细研磨的牙科用熟石膏（税目25.20）；

（四）适合医药用的精油水馏液及水溶液（税目33.01）；

（五）税目33.03至33.07的制品，不论是否具有治疗及预防疾病的作用；

（六）加有药料的肥皂及税目34.01的其他产品；

（七）以熟石膏为基本成分的牙科用制品（税目34.07）；或

（八）不作治疗及预防疾病用的血清蛋白（税目35.02）。

二、税目30.02所称的“免疫制品”是指直接参与免疫过程调节的多肽及蛋白质（税目29.37的货品除外），例如，单克隆抗体（MAB）、抗体片段、抗体偶联物及抗体片段偶联物、白介素、干扰素（IFN）、趋化因子及特定的肿瘤坏死因子（TNF）、生长因子（GF）、促红细胞生成素及集落刺激因子（CSF）。

三、税目30.03及30.04以及本章注释四（四）所述的非混合产品及混合产品，按下列规定处理：

（一）非混合产品：

1. 溶于水的非混合产品；

2. 第二十八章及第二十九章的所有货品；以及

3. 税目13.02的单一植物浸膏，只经标定或溶于溶剂的。

（二）混合产品：

1. 胶体溶液及悬浮液（胶态硫磺除外）；

2. 从植物性混合物加工所得的植物浸膏；以及

3. 蒸发天然矿质水所得的盐及浓缩物。

四、税目 30.06 仅适用于下列物品（这些物品只能归入税目 30.06，而不得归入本协调制度其他税目）：

（一）无菌外科肠线、类似的无菌缝合材料（包括外科或牙科用无菌可吸收缝线）及外伤创口闭合用的无菌黏合胶布；

（二）无菌昆布及无菌昆布塞条；

（三）外科或牙科用无菌吸收性止血材料；外科或牙科用无菌抗粘连阻隔材料，不论是否可吸收；

（四）用于病人的 X 光检查造影剂及其他诊断试剂，这些药剂是由单一产品配定剂量或由两种以上成分混合而成的；

（五）血型试剂；

（六）牙科粘固剂及其他牙科填料；骨骼粘固剂；

（七）急救药箱、药包；

（八）以激素、税目 29.37 的其他产品或杀精子剂为基本成分的化学避孕药物。

（九）专用于人类或作兽药用的凝胶制品，作为外科手术或体检时躯体部位的润滑剂，或者作为躯体和医疗器械之间的耦合剂；

（十）废药物，即因超过有效保存期等原因而不适合作原用途的药品；以及

（十一）可确定用于造口术的用具，即裁切成型的结肠造口术、回肠造口术、尿道造口术用袋及其具有黏性的片或底盘。

子目注释：

一、子目 3002.13 及 3002.14 所述的非混合产品、纯物质及混合产品，按下列规定处理：

（一）非混合产品或纯物质，不论是否含有杂质；

（二）混合产品：

1. 上述（一）款所述的产品溶于水或其他溶剂的；

2. 为保存或运输需要，上述（一）款及（二）1 项所述的产品加入稳定剂的；以及

3. 上述（一）款、（二）1. 项及（二）2 项所述的产品添加其他添加剂的。

二、子目 3003.60 和 3004.60 包括的药品含有与其他药用活性成分配伍的口服用青蒿素（INN），或者含有下列任何一种活性成分，不论是否与其他药用活性成分配伍：阿莫地喹（INN）、蒿醚林酸及其盐（INN）、双氢青蒿素（INN）、蒿乙醚（INN）、蒿甲醚（INN）、青蒿琥酯（INN）、氯喹（INN）、二氢青蒿素（INN）、本芴醇（INN）、甲氟喹（INN）、哌喹（INN）、乙胺嘧啶（INN）或磺胺多辛（INN）。

【税则号列】 3001. 9010

【商品名称】 肝素钠

【规格型号】 用于治疗心脑血管疾病 | 酶解提取，离子交换吸附 | （品牌） | （型号）

【商品描述】 黏多糖硫酸酯类抗凝血药。由猪或牛的肠黏膜中提取的硫酸氨基葡聚糖的钠盐，属粘多糖类物质。白色或类白色粉末，有引湿性，易溶于水，有旋光性。用于抗血凝、抗血栓、抗血脂、抗过敏等。

【监管证件】 Q

【税则号列】 3001. 9090

【商品名称】 硫酸软骨素

【规格型号】 硫酸软骨素含量 85%，水含量 15% | 用于制备软骨素药品 | （加工工艺） | （品牌） | （型号）

【商品描述】 从动物组织中提取制备的酸性黏多糖，是糖胺聚糖的一种，由 D–葡糖醛酸和 N–乙酰氨基半乳糖以 β–1，4–糖苷键连接而成的重复二糖单位组成的多糖，并在 N–乙酰氨基半乳糖的 C–4 位或 C–6 位羟基上发生硫酸酯化。主要分为硫酸软骨素钠盐和硫酸软骨素钙盐等，主要应用于关节炎、滴眼液等。

【监管证件】 AB

【税则号列】 3002. 1200

【商品名称】 静注人免疫球蛋白

【规格型号】 （IVIG）5%，5 克/100 毫升 | （用途） | （加工工艺） | （品牌） | （型号） | （包装规格）

【商品描述】 人体受抗原（比如病毒）刺激后产生的一种蛋白质，主要功能是与抗原起免疫反应，从而阻断抗原（比如病毒产生抗原）对人体的危害。为无色或黄色澄清液体，可带乳光。主要用于预防麻疹和传染性肝炎。

【监管证件】 AB

【税则号列】 3002. 1200

【商品名称】 人血白蛋白

【规格型号】 注射剂：5%100 毫升，20%50 毫升，25%50 毫升 | 冻干粉针剂 10 克/瓶，20 克/瓶 | （用途） | （加工工艺） | （品牌） | （型号） | （包装规格）

【商品描述】 生物制品，冻干制剂应为白色或灰白色的疏松体，液体制剂和冻干制剂溶解后，溶液应为略黏稠、黄色或绿色至棕色澄明液体，具有增加循环血容量和维持血浆渗透压的作用。用于失血、创伤及烧伤等引起的休克，脑水肿及大脑损伤所致的脑压增高，防治低蛋白血症及肝硬变或肾病引起的水肿和腹水。

【监管证件】 AB

【税则号列】 3002. 1500

【商品名称】 C-反应蛋白检测试剂盒

【规格型号】 （用途） | （加工工艺） | （品牌） | （型号） | （包装规格）

【商品描述】 该商品为体外检测血清中 C 反应蛋白（HSCRP）和常规 C 反应蛋白，从实验室小鼠上取的抗 CRP 的单克隆抗体。

【监管证件】 AB

【税则号列】 3002. 1500

【商品名称】 西妥昔单抗注射液（爱必妥）

【规格型号】 （用途） | （加工工艺） | （品牌） | （型号） | （包装规格）

【商品描述】 略。

【监管证件】 AB

【税则号列】 3002. 2000

【商品名称】 水痘减毒活疫苗

【规格型号】 Keygen | 0. 5 毫升/瓶 | 用于预防水痘 | 冻干 | （型号）

【商品描述】 人用，冻干。本疫苗免疫接种后，可刺激机体产生抗水痘和带状疱疹病毒的免疫力。

【监管证件】 QAB

【税则号列】 3002. 3000

【商品名称】 猪繁殖与呼吸综合征活疫苗

【规格型号】 猪蓝耳病疫苗 | 兽用 | 生物细胞培养法 | （型号） | （包装规格）

【商品描述】 略。

【监管证件】 R

【税则号列】 3002. 9030

【商品名称】 乳酸菌

【规格型号】 菌体常排列成链 | （用途） | （加工工艺） | （品牌） | （型号） | （包装规格）

【商品描述】 发酵糖类的主要产物为乳酸的一类无芽孢、革兰氏染色阳性细菌的总称。乳酸菌能促进动物生长，调节胃肠道正常菌群、维持微生态平衡，从而改善胃肠道功能；提高食物消化率和生物效价；降低血清胆固醇，控制内毒素；抑制肠道内腐败菌生长；提高机体免疫力等。

【监管证件】 AB

【税则号列】 3004. 1011

【商品名称】 安必仙（氨苄西林胶囊）

【规格型号】 零售包装 | 主要用于敏感菌所致的泌尿系统、呼吸系统、胆道、肠道感染及脑膜炎、心内膜炎等 | 广谱半合成青霉素，毒性极低

【商品描述】 略。

【监管证件】 Q

【税则号列】 3004. 1012

【商品名称】 阿莫仙（阿莫西林胶囊）

【规格型号】 零售包装 | （成分） | 一种最常用的青霉素类广谱 β–内酰胺类抗生素，为一种白色粉末

【商品描述】 阿莫西林杀菌作用强，穿透细胞膜的能力也强，是目前应用较为广泛的口服青霉素之一。

【监管证件】 Q

【税则号列】 3004. 2019

【商品名称】 注射用盐酸头孢替安

【规格型号】 零售包装 | 注射用 | 海替舒 | （成分） | 主要用于对本品敏感的葡萄球菌属、链球菌属（肠球菌除外）、肺炎球菌、流感杆菌、大肠杆菌、克雷白杆菌属、肠道菌属、枸橼酸杆菌属、奇异变形杆菌、普通变形杆菌、雷特格氏变形杆菌，摩根氏变形杆菌等所致的感染

【商品描述】 外观为白色至淡黄色结晶性粉末。

【监管证件】 Q

【税则号列】 3004. 2090
【商品名称】 他克莫司胶囊
【规格型号】 已成剂量 | 非零售包装 | 一种强力的新型免疫抑制剂，用于治疗术后排异反应 | (品牌)
【商品描述】 从链霉菌属（*Streptomyces Tsukubaensis*）中分离出的发酵产物，其化学结构属23元大环内酯类抗生素。
【监管证件】 Q

【税则号列】 3004. 2090
【商品名称】 注射用醋酸卡泊芬净（科赛斯）
【规格型号】 零售包装 | 注射用 | 醋酸卡泊芬净 | （品牌）
【商品描述】 属粉针剂。本品适用于治疗对其他治疗无效或不能耐受的侵袭性曲霉菌病，治疗真菌感染。
【监管证件】 Q

【税则号列】 3004. 2090
【商品名称】 注射用亚胺培南西司他丁钠（泰能）
【规格型号】 零售包装 | 注射用 | （成分） | （品牌）
【商品描述】 为具有碳青霉烯环的硫霉素类抗生素，由链霉素 S. cattleya 培养液中分离出硫霉素经半合成制取。用于敏感菌引起抗感染类药物。
【监管证件】 Q

【税则号列】 3004. 3900
【商品名称】 注射用尿促卵泡激素
【规格型号】 零售包装 | 注射用 | 水乳糖，配定剂 | （品牌）
【商品描述】 用于治疗不孕不育，为高纯度的人卵泡刺激激素，属于垂体促性素类药物。
【监管证件】 Q

【税则号列】 3004. 4900
【商品名称】 盐酸伊立替康注射液（开普拓）
【规格型号】 零售包装 | 注射液 | 盐酸伊立替康 | （品牌）
【商品描述】 用于治疗晚期大肠癌。
【监管证件】 Q

【税则号列】 3004. 5000

【商品名称】 小儿碳酸钙 D3 颗粒

【规格型号】 迪巧牌 | 5000 袋/箱，5 千克/箱，388 箱 | （用途） | （成分） | （是否配定剂量或零售包装）

【商品描述】 儿童钙补充配定量剂。

【监管证件】 Q

【税则号列】 3004. 9010

【商品名称】 格列吡嗪控释片/瑞易宁

【规格型号】 格列吡嗪 | 已配定剂量 | （成分） | 治疗糖尿病用

【商品描述】 白色或类白色结晶性粉末。

【监管证件】 Q

【税则号列】 3004. 9010

【商品名称】 注射用帕瑞昔布钠/特耐

【规格型号】 注射用 | 帕瑞昔布钠 | 帕瑞昔布钠、磷酸氢二钠七水合物、磷酸和/或氢氧化钠 | （是否配定剂量或零售包装） | （品牌）

【商品描述】 主要成分为帕瑞昔布钠（Parecoxib Na），辅料主要为磷酸氢二钠七水合物，磷酸和/或氢氧化钠（用于调节 pH 值），为白色或类白色冻干块状物，用于手术后疼痛的短期治疗。

【监管证件】 Q

【税则号列】 3004. 9010

【商品名称】 塞来昔布胶囊/西乐葆

【规格型号】 胶囊剂 | 治疗关节炎和类风湿关节炎症状 | （成分） | （品牌）

【商品描述】 内容物为白色粉末。

【监管证件】 Q

【税则号列】 3004. 9010

【商品名称】 安博诺（厄贝沙坦氢氯噻嗪片）

【规格型号】 厄贝沙坦氢氯噻嗪片 | （成分） | 用于治疗原发性高血压 | 配定剂量 | （品牌）

【商品描述】 一种血管紧张–II 受体拮抗剂，即厄贝沙坦和噻嗪类利尿剂氢氯噻嗪组成的复方药。

【监管证件】 Q

【税则号列】 3004.9010
【商品名称】 波生坦片
【规格型号】 全可利|波生坦片|内皮素受体阻断剂|零售包装
【商品描述】 略。
【监管证件】 Q

【税则号列】 3004.9059
【商品名称】 枫蓼肠胃康颗粒
【规格型号】 8克×6包/盒×240盒/箱|(品牌)|(成分)|用于治疗急性胃肠炎
【商品描述】 牛耳枫、辣蓼属于中成药，清热除湿化滞。
【监管证件】 Q

【税则号列】 3004.9059
【商品名称】 珠珀猴枣散
【规格型号】 金杏牌|0.3克×10瓶/盒|零售包装|用于治小儿咳嗽
【商品描述】 主要成分为猴枣、珍珠、琥珀、双花、茯苓、薄荷、钩藤、防风、神曲、麦芽、天竺黄、一梅片、甘草等。
【监管证件】 Q

【税则号列】 3004.9090
【商品名称】 瑞舒伐他汀钙片
【规格型号】 零售包装|20毫克/30片|(用途)|(成分)|(品牌)
【商品描述】 一种选择性HMG-CoA还原酶抑制剂。用于高脂血症和高胆固醇血症，无心脏病临床表现但潜在心血管疾病风险的患者。
【监管证件】 Q

【税则号列】 3004.9090
【商品名称】 左卡尼汀注射液
【规格型号】 含量1克，配定剂量|零售包装|可益能牌|5毫升/支，5支/盒|用于防治左卡尼汀缺乏|(品牌)
【商品描述】 主要成分为左卡尼汀。左旋肉毒碱是类维生素的营养素。如慢性肾衰病人因血液透析所致的左卡尼汀缺乏。
【监管证件】 Q

【税则号列】 3004.9090
【商品名称】 利伐沙班片
【规格型号】 利伐沙班片|零售包装|（用途）|（成分）|（品牌）
【商品描述】 用于择期髋关节或膝关节置换手术，以预防静脉血栓形成。
【监管证件】 Q

【税则号列】 3004.9090
【商品名称】 乐沙定（注射用奥沙利铂）
【规格型号】 注射用奥沙利铂|（成分）|（是否配定剂量或零售包装）|（品牌）
【商品描述】 新的铂类抗癌药，常用于转移性结直肠癌治疗，或辅助治疗原发性肿瘤完全切除后三期（Dukes C）结肠癌。
【监管证件】 Q

【税则号列】 3004.9090
【商品名称】 麦滋林颗粒
【规格型号】 一种治疗胃溃疡、十二指肠溃疡的药品|（成分）|（是否配定剂量或零售包装）|（品牌）
【商品描述】 略。
【监管证件】 Q

【税则号列】 3004.9090
【商品名称】 孟鲁司特钠咀嚼片（顺尔宁）
【规格型号】 治疗哮喘|（成分）|（是否配定剂量或零售包装）|（品牌）
【商品描述】 一种口服的选择性白三烯受体拮抗剂，能抑制半胱氨酰白三烯（CysLT1）受体。药品适用于15岁及15岁以上成人哮喘的预防和长期治疗，包括预防白天和夜间的哮喘症状，治疗对阿司匹林敏感的哮喘患者以及预防运动引起的支气管收缩。
【监管证件】 Q

【税则号列】 3004.9090
【商品名称】 苹果酸舒尼替尼胶囊
【规格型号】 98.4%苹果酸|舒尼替尼|28粒/瓶，125毫克/粒|零售包装|一种新型多靶向性的治疗肿瘤的口服药物|（品牌）
【商品描述】 略。
【监管证件】 Q

【税则号列】 3004.9090

【商品名称】 瑞香素胶囊

【规格型号】 零售包装｜0.15克/粒×12×2板/盒×10×24｜配定剂量｜主要成分为瑞香素｜用于血栓闭塞性脉管炎及其他闭塞性血管疾病和冠心病的辅助治疗｜（品牌）

【商品描述】 略。

【监管证件】 Q

【税则号列】 3004.9090

【商品名称】 施普善

【规格型号】 脑蛋白水解物注射液｜治疗原发性痴呆｜（成分）｜（是否配定剂量或零售包装）｜（品牌）

【商品描述】 用生物技术标准化的酶学降解法对纯化的猪脑蛋白所制造的一种肽制剂。应用于注射或滴注的溶液中，不含蛋白、脂肪及其他抗原性物质。

【监管证件】 Q

【税则号列】 3004.9090

【商品名称】 硝酸益康唑栓剂

【规格型号】 150毫克/1×3｜抑制真菌｜硝酸益康唑｜杨森

【商品描述】 用于念珠菌性外阴阴道病。本品为抗真菌药，对白色念珠菌、球孢子菌、新生隐球菌、荚膜组织胞浆菌、皮炎芽生菌及癣菌等有效。作用机制是抑制真菌细胞膜的合成，以及影响其代谢过程。

【监管证件】 Q

【税则号列】 3004.9090

【商品名称】 乙酰半胱氨酸泡腾片（富露施）

【规格型号】 乙酰半胱氨酸泡腾片｜N-乙酰-L-半胱氨酸是富露施的活性成分｜用于治疗分泌大量浓痰的慢性阻塞性肺病（COPD）、慢性支气管炎（CB）、肺气肿（PE）等慢性呼吸系统感染｜否配定剂量

【商品描述】 略。

【监管证件】 Q

【税则号列】 3004.9090

【商品名称】 注射用泮托拉唑（潘妥洛克）

【规格型号】 注射｜零售包装｜治疗十二指肠溃疡、胃溃疡等｜泮托拉唑｜（品牌）

【商品描述】 不可逆质子泵抑制剂。

【监管证件】 Q

【税则号列】 3004. 9090
【商品名称】 复方甘草酸单铵注射液
【规格型号】 主要成分为甘草酸单铵、氨基乙酸|配定剂量|零售包装|（品牌）|5毫升/支×5×10×20
【商品描述】 主要成分为甘草酸单铵、氨基乙酸，配定剂量，用于急、慢性、迁延型肝炎引起的肝功能异常。
【监管证件】 Q

【税则号列】 3004. 9090
【商品名称】 硝酸益康唑栓剂
【规格型号】 GYNO/150mg/1×3|（用途）|（成分）|（是否配定剂量或零售包装）|（品牌）
【商品描述】 硝酸益康唑为抗真菌药，对白色念珠菌、球孢子菌、新生隐球菌、荚膜组织胞浆菌、皮炎芽生菌及癣菌等有效。
【监管证件】 Q

【税则号列】 3004. 9090
【商品名称】 爱斯万（替吉奥胶囊）
【规格型号】 替吉奥胶囊|抗癌剂|（成分）|（是否配定剂量或零售包装）|（品牌）
【商品描述】 爱斯万（替吉奥）是一种氟尿嘧啶衍生物口服抗癌剂。
【监管证件】 Q

【税则号列】 3004. 9090
【商品名称】 肌氨肽苷注射液
【规格型号】 零售包装|5毫升，8. 75毫克/支×5×10×20|含有多肽、氨基酸、核苷及核苷酸等的混合物水溶液|有促进机体代谢作用，用于肌肉萎缩、神经性水肿、脑血管意外性瘫痪、神经性衰弱综合症等|（品牌）
【商品描述】 略。
【监管证件】 Q

【税则号列】 3004. 9090
【商品名称】 阿司匹林肠溶片
【规格型号】 拜耳|（成分）|治疗不稳定性心绞痛|阿司匹林|已配定剂量非零售包装
【商品描述】 略。
【监管证件】 Q

【税则号列】 3004.9090

【商品名称】 甲磺酸多沙唑嗪缓释片/可多华

【规格型号】 甲磺酸多沙唑嗪控释片|治疗良性前列腺增生和高血压症|（成分）|配定剂量|（品牌）

【商品描述】 略。

【监管证件】 Q

【税则号列】 3004.9090

【商品名称】 埃索美拉唑镁肠溶片

【规格型号】 40毫克，30片/盒|用于治疗消化性溃疡、十二指肠溃疡、反流性食管炎、胃食管反流病|（成分）|配定剂量，零售包装|（品牌）

【商品描述】 略。

【监管证件】 Q

【税则号列】 3004.9090

【商品名称】 安博维（厄贝沙坦片）

【规格型号】 厄贝沙坦片|厄贝沙坦|用于原发性高血压、合并高血压的II型糖尿病肾病的治疗|配定剂量|（品牌）

【商品描述】 主要成分为顾沙坦片。

【监管证件】 Q

【税则号列】 3004.9090

【商品名称】 安素泰（紫杉醇注射液）

【规格型号】 紫杉醇注射液|零售包装|常规治疗失败后的转移性卵巢和乳腺癌|（成分）|（品牌）

【商品描述】 液态成品。

【监管证件】 EFQ

【税则号列】 3004.9090

【商品名称】 骨肽注射液

【规格型号】 有机钙、磷、无机钙、微量元素、氨基酸等|配定剂量，零售包装|5毫升，25毫克/支×5×10×20|促进骨折愈合|（品牌）

【商品描述】 略。

【监管证件】 Q

【税则号列】 3004.9090

【商品名称】 拜新同

【规格型号】 拜新同|138400 片每桶|已配定剂量|治疗冠心病心绞痛|硝苯地平硬脂酸镁

【商品描述】 略。

【监管证件】 Q

【税则号列】 3004.9090

【商品名称】 波立维（硫酸氢氯吡格雷片）

【规格型号】 硫酸氢氯吡格雷|适用于有过近期发作的中风、心肌梗塞和确诊外周动脉硬化的患者|（成分）|配定剂量|（品牌）

【商品描述】 本品英文名称 Plavix，可减少动脉粥样硬化性事件的发生（如心肌梗塞，中风和血管性死亡），体质弱的人群需谨慎使用。

【监管证件】 Q

【税则号列】 3004.9090

【商品名称】 阿托伐他汀钙片/立普妥

【规格型号】 阿托伐他汀钙片|临床上用于家族性高胆固醇血症、混合性高脂血症等症|配定剂量|（成分）|（品牌）

【商品描述】 又名立普妥，能够降低血浆胆固醇和脂蛋白水平，减少低密度脂蛋白的生成。

【监管证件】 Q

【税则号列】 3004.9090

【商品名称】 多吉美

【规格型号】 甲苯磺酸索拉非尼|200 毫克/片×60 片/盒|用于治疗肾细胞癌的药物|甲苯磺酸索拉非尼片|已配定剂量

【商品描述】 外观呈红色圆形片状。

【监管证件】 Q

【税则号列】 3004.9090

【商品名称】 复方甘草酸单铵注射液

【规格型号】 甘草酸单铵、氨基乙酸|配定剂量，零售包装|5 毫升/支×5×10×20|用于急慢性、迁延型肝炎引起的肝功能异常|（品牌）

【商品描述】 略。

【监管证件】 Q

【税则号列】 3004. 9090
【商品名称】 拜复乐片
【规格型号】 盐酸莫西沙星片 | 广谱和具有抗菌活性的 8-甲氧基氟喹诺酮类抗菌药 | 盐酸莫西沙星 | 已配定剂量
【商品描述】 具有浓度依赖性的杀菌活性，抗菌机制为干扰 II、IV 拓扑异构酶。
【监管证件】 Q

【税则号列】 3005. 1090
【商品名称】 康惠尔渗液吸收贴
【规格型号】 12 厘米×12 厘米/有粘贴敷料 | 零售包装医疗用 | 未经药物浸涂聚氨酯泡沫>55%，羧甲基纤维素钠>25%/3420
【商品描述】 略。
【监管证件】 无监管证件要求

【税则号列】 3005. 1090
【商品名称】 康惠尔透明贴
【规格型号】 10 厘米×10 厘米 | 零售包装医疗用 | 未经药物浸涂 | 羧甲基纤维素钠>30%，其他 60% | 3533 型 | Comfeel 牌
【商品描述】 略。
【监管证件】 无监管证件要求

【税则号列】 3005. 9010
【商品名称】 医用纱布片
【规格型号】 零售包装 | 70%胶粘、30%涤纶制品，未经药物浸涂 | 医用纱布片 | （品牌） | (型号)
【商品描述】 略。
【监管证件】 无监管证件要求

【税则号列】 3005. 9090

【商品名称】 医用无纺布片

【规格型号】 外科用｜制成零售包装｜（成分）｜（品牌）｜（型号）

【商品描述】 医用无纺布片的生产工艺过程：1. 由粘胶短纤维、涤纶纤维、少量棉纤维等根据客户要求配定纤维比例，通过水刺无纺布机器将这些纤维生产成规定长度、宽度和平方米克重的大的无纺布卷（幅宽一般在 1. 5 米左边）。这就是最初的无纺布卷（水刺是无纺布生产加工工艺的一种）。2. 再由分切机将上述无纺布大卷分切成规定尺寸的小卷（一般在 50 厘米以内），这就是无纺布分切卷。3. 再经过无纺布折叠机将上述分切卷折叠切割成规定长度、宽度及厚度的无纺布片。

【监管证件】 无监管证件要求

【税则号列】 3005. 9090

【商品名称】 医用无纺布片

【规格型号】 外科用｜制成零售包装｜（成分）｜（品牌）｜（型号）

【商品描述】 由粘胶短纤维、涤纶纤维等纤维通过水刺加工工艺将其生产成大卷无纺布，再经过分切、折叠切割成无纺布片，最后将其零售包装、灭菌后出口销售，最终产品主要销往医院、诊所。

【监管证件】 无监管证件要求

【税则号列】 3006. 5000

【商品名称】 急救包

【规格型号】 DIN13164｜包含胶带、止血绷带、创口贴、PVC 手套、警示三角牌、警示背心、剪刀、烧伤敷料｜（品牌）

【商品描述】 略。

【监管证件】 无监管证件要求

【税则号列】 3006. 9100

【商品名称】 艺舒造口袋

【规格型号】 造口袋｜EASIFLEX 牌｜14361 型

【商品描述】 医疗用，造口术用具，二件式开口袋，不透明薄膜，35 毫米，塑料制，无粘胶。

【监管证件】 无监管证件要求

第三十一章　肥　料

注释：

一、本章不包括：

（一）税目05.11的动物血；

（二）单独的已有化学定义的化合物〔符合下列注释二（一）、三（一）、四（一）或五所规定的化合物除外〕；或

（三）税目38.24的每颗重量不低于2.5克的氯化钾培养晶体（光学元件除外）；氯化钾光学元件（税目90.01）。

二、税目31.02只适用于下列货品，但未制成税目31.05所述形状或包装：

（一）符合下列任何一条规定的货品：

1. 硝酸钠，不论是否纯净；

2. 硝酸铵，不论是否纯净；

3. 硫酸铵及硝酸铵的复盐，不论是否纯净；

4. 硫酸铵，不论是否纯净；

5. 硝酸钙及硝酸铵的复盐（不论是否纯净）或硝酸钙及硝酸铵的混合物；

6. 硝酸钙及硝酸镁的复盐（不论是否纯净）或硝酸钙及硝酸镁的混合物；

7. 氰氨化钙，不论是否纯净或用油处理；

8. 尿素，不论是否纯净。

（二）由上述（一）款任何货品相互混合的肥料；

（三）由氯化铵或上述（一）或（二）款任何货品与白垩、石膏或其他无肥效无机物混合而成的肥料；

（四）由上述（一）2或8项的货品或其混合物溶于水或液氨的液体肥料。

三、税目31.03只适用于下列货品，但未制成税目31.05所述形状或包装：

（一）符合下列任何一条规定的货品：

1. 碱性熔渣；

2. 税目25.10的天然磷酸盐，已焙烧或经过超出清除杂质范围的热处理；

3. 过磷酸钙（一过磷酸钙、二过磷酸钙或三过磷酸钙）；

4. 磷酸氢钙，按干燥无水产品重量计含氟量不低于0.2%。

（二）由上述（一）款的任何货品相互混合的肥料，不论含氟量多少。

（三）由上述（一）或（二）款的任何货品与白垩、石膏或其他无肥效无机物混合而成的肥料，不论含氟量多少。

四、税目31.04只适用于下列货品，但未制成税目31.05所述形状或包装：

（一）符合下列任何一条规定的货品：

1. 天然粗钾盐（例如，光卤石、钾盐镁矾及钾盐）；

2. 氯化钾，不论是否纯净，但上述注释一（三）所述的产品除外；

3. 硫酸钾，不论是否纯净；

4. 硫酸镁钾，不论是否纯净。

（二）由上述（一）款任何货品相互混合的肥料。

五、磷酸二氢铵及磷酸氢二铵（不论是否纯净）及其相互之间的混合物应归入税目31.05。

六、税目31.05所称“其他肥料”，仅适用于其基本成分至少含有氮、磷、钾中一种肥效元素的肥料用产品。

【税则号列】 3102.1000

【商品名称】 尿素

【规格型号】 散装｜50千克/包｜颗粒度2毫米~4.75毫米｜（品牌）｜（型号）｜（成分含量）｜（总含氮量）

【商品描述】 化学名称叫脲或碳酰二胺，是化学合成的有机酰胺态氮素中性化肥，分子式为$CO(NH_2)_2$。纯品为无色、无臭、针状或棱柱状结晶。工业产品因含有杂质，略带微红色。比重1.323（20/40C）。用氨和二氧化碳直接合成。能溶于水、醇，不溶于乙醚、氯仿，容易吸湿，当空气中的相对湿度大于尿素的吸湿点时，就吸收空气的水分而潮解。温度高于130℃时，水溶液会直接分解为氨和二氧化碳。尿素除用作化肥外，还可应用于塑料、医药、饲料、染料等行业。

【监管证件】 tA/A

【税则号列】 3102.1000

【商品名称】 尿素

【规格型号】 1吨/包｜总氮44.45%｜Yi-Duo-Bao牌｜无型号｜缩二脲1.02%，水分0.04%N/M

【商品描述】 用于农业，浅蓝色颗粒状，缓释尿素。

【监管证件】 tA/A

【税则号列】 3102. 2100
【商品名称】 硫酸铵
【规格型号】 50 千克/袋 | （总含氮量） | （品牌） | CAS 号 7783-20-2 | （成分含量）
【商品描述】 分子式为（NH_4）$_2SO_4$，晶体或白色颗粒，无气味，280℃以上分解。水中溶解度：0℃时 70. 6 克，100℃时 103. 8 克。不溶于乙醇和丙酮，0. 1 升水溶液的 pH 为 5. 5。相对密度 1. 77。折光率 1. 521。低毒，有刺激性。硫酸铵主要用作肥料，适用于各种土壤和作物。还可用于纺织、皮革、医药等方面。
【监管证件】 7A

【税则号列】 3102. 2900
【商品名称】 硫硝酸铵
【规格型号】 散装 | ENTEC 牌 | ENTEC 26 | 氮含量 26%±0. 8%，硫含量 13%，水分 0. 7% max | （总氮含量）
【商品描述】 硫酸铵和硝酸铵的复盐，绿色颗粒状，散装入柜。
【监管证件】 7

【税则号列】 3102. 3000
【商品名称】 硝酸铵
【规格型号】 50 千克/袋 | 大力牌 | 1000 千克/包 | 1×50 千克 | 红河牌 | （总氮含量） | （型号） | （成分含量）
【商品描述】 硝酸铵≥99. 5%，白色粉状，用作化肥及化工原料。
【监管证件】 9k

【税则号列】 3102. 4000
【商品名称】 硝酸铵钙
【规格型号】 散货颗粒状 | Uralchem 牌 | N27 型 | 尺寸 2 毫米~5 毫米（99%） | 硝酸铵 78%min，碳酸钙 20%min，硝酸钙 1%max | （总氮含量） | （每包重量）
【商品描述】 灰白色颗粒。
【监管证件】 7

【税则号列】 3103. 1110

【商品名称】 重过磷酸钙

【规格型号】 P_2O_5-46｜（每包重量）｜（品牌）｜（型号）

【商品描述】 无色三斜晶系结晶或白色结晶性粉末。相对密度 2. 22（16℃）。稍有吸湿性，易溶于盐酸、硝酸，微溶于冷水，几乎不溶于乙醇。在 30℃时，100 毫升水中可溶磷酸二氢钙 1. 8g。水溶液显酸性，加热水溶液则水解为正磷酸氢钙。在 109℃时失去结晶水，203℃时则分解成偏磷酸钙。相对分子质量 252. 07。小粒状固体，微酸性，外观呈灰色或暗褐色，适宜长途运输和贮存。易溶于盐酸、硝酸，溶于水中，几乎不溶于乙醇。受潮后易结块。加热失水（100℃）。腐蚀性和吸湿性比过磷酸钙更强。因不含硫酸铁、硫酸铝，不易发生磷酸盐的退化。

【监管证件】 7A

【税则号列】 3103. 1900

【商品名称】 富过磷酸钙

【规格型号】 散装｜粒度 1 毫米～5 毫米｜（每包重量）｜总磷含量：按重量计 P_2O_5 含量 20%～32%｜（品牌）｜（型号）

【商品描述】 灰色粒状，用硫酸分解磷矿粉，经过混合、化成、熟化工序，造粒烘干制得，作化肥用。

【监管证件】 7A

【税则号列】 3103. 1900

【商品名称】 过磷酸钙

【规格型号】 50 千克/袋｜总磷含量：按重量计 P_2O_5 含量 14%～20%｜（品牌）｜（型号）

【商品描述】 灰色颗粒状，由磷酸与磷矿粉反应制得。

【监管证件】 7A

【税则号列】 3103. 9000

【商品名称】 钙镁磷肥

【规格型号】 1000 千克/包｜（总磷含量）｜（品牌）｜（型号）

【商品描述】 氧化镁 12%min，二氧化硅 45%min，水分 2. 0%max。外观为浅绿色砂状。由磷矿石和含镁、硅的矿石经高温熔解、干燥、磨细而成，作化肥用。

【监管证件】 7

【税则号列】 3104.2090

【商品名称】 氯化钾（非分析纯的）

【规格型号】 散装 | 无品牌 | （每包重量） | （总磷含量） | （型号）

【商品描述】 分子式为 KCl。纯品为无色结晶体，易溶于水，水溶液呈中性。农业用氯化钾含量一般为96%（一级）、93%（二级）和90%（三级），外观为白色或微红色细结晶。氯化钾是一种施用最普遍的钾肥品种，适用于除烟草和茶叶等忌氯化物以外的所有作物，具有调节作物的功能，减少水分蒸发，提高植物抗旱能力；促进植物中细胞的形成；增强植物抵抗疾病和不良气候条件的能力；平衡植物中氮、磷和其他营养元素，加强杆的强度，防止植物倒伏等作用。氯化钾可以作基肥，也可以作追肥。工业上氯化钾主要用于制取其他钾盐，如苛性钾、碳酸钾、硝酸钾。

【监管证件】 7A

【税则号列】 3104.3000

【商品名称】 硫酸钾

【规格型号】 1吨/包 | 氧化钾50%min | 无品牌 | 无型号

【商品描述】 灰色颗粒状。氧化钾50%min，氯0.8%max，水分1%max。

【监管证件】 7A

【税则号列】 3104.9010

【商品名称】 钾石盐

【规格型号】 （每包重量） | （总钾含量） | （品牌） | （型号）

【商品描述】 可溶性钾盐矿物，用于制造钾肥，为白色、红色、褐色等颜色的结晶体。

【监管证件】 7

【税则号列】 3105.3000

【商品名称】 磷酸氢二铵

【规格型号】 五氧化二磷46%~47%，氮18.15%，磷46.66%，水分2.5% | 颗粒状 | 摩洛哥2号 | 1毫米~4毫米 | 散装 | Mosaic

【商品描述】 磷酸氢二铵别名磷酸二铵，英文名 Diacm Onium Hydrogen Phosphate，Diacm Onium Phosphate，分子式（NH_4）$_2HPO_4$，易溶于水，不溶于醇、丙酮、氨，加热至155℃分解，露置空气中逐渐失去氨而成磷酸二氢铵，水溶液呈碱性（1%溶液 pH 值为8）。肥料级主要用作高浓度氮磷复合肥料，工业级用于浸渍木材及织物以增加其耐久性；可作干粉灭火剂、荧光灯用的磷素；还用于印刷制版；军工方面用作火箭发动机马达隔热材料的阻燃剂。

【监管证件】 At/A

【税则号列】 3105.3000

【商品名称】 磷酸氢二铵

【规格型号】 散装｜氮 17.5%min｜五氧化二磷 46%min｜（品牌）｜（型号）

【商品描述】 外观棕色粒状，缩写 DAP，分子式（NH_4）$_2HPO_4$，相对分子质量 132.05。白色单斜晶系结晶。密度 1.619 克/立方厘米，熔点 155℃。易溶于水，不溶于醇，1%的水溶液 pH 值为 8.0。磷酸二氢铵主要在化肥、木材、纸张、织物领域作防火剂等，也用作防火涂料添加剂，还用于印刷制版和医药的制造等。在食品工业中用作发酵剂、营养剂等。

【监管证件】 At/A

【税则号列】 3105.3000

【商品名称】 磷酸氢二铵

【规格型号】 散装，无包装｜粒度：1 毫米~5 毫米｜90%｜棕色

【商品描述】 简称磷酸二铵，缩写 DAP，分子式（NH_4）$_2HPO_4$，相对分子质量 132.05。白色单斜晶系结晶。密度 1.619 克/立方厘米，熔点 155 ℃。易溶于水 ，不溶于醇 ，1%的水溶液 pH 值为 8.0。磷酸二氢铵主要在化肥、木材、纸张、织物领域作防火剂等，也用作防火涂料添加剂，还用于印刷制版和医药的制造等。在食品工业中用作发酵剂、营养剂等。

【监管证件】 At/A

【税则号列】 3105.4000

【商品名称】 磷酸二氢铵

【规格型号】 散装｜型号 12-61-0｜磷酸二氢铵 99%｜（品牌）｜（总氮含量、总磷含量、总钾含量）

【商品描述】 略。

【监管证件】 7A

【税则号列】 3105.4000

【商品名称】 磷酸二氢铵

【规格型号】 散装或袋装 | 杰泰牌 | （成分含量） | （型号） | （总氮含量、总磷含量、总钾含量）

【商品描述】 又称磷酸一铵，分子式 $NH_4H_2PO_4$，相对分子质量 115.03。无色透明正方晶系晶体，密度 1.803（19℃），熔点 190℃。易溶于水，微溶于醇、不溶于丙酮。水溶液呈酸性。也呈棕色或淡黄色颗粒，由氨水与磷酸作用制得，是高浓度的速效肥料，适用于各种作物和土壤，特别适用于喜铵需磷的作物，作基肥或追肥均可，宜深施。

【监管证件】 7A

【税则号列】 3105.4000

【商品名称】 磷酸二氢铵及其与磷酸氢二铵的混合物

【规格型号】 50 千克/袋 | 总养分≥55%，五氧化二磷≥44%，水分≤3% | 总氮≥10% | （品牌） | （型号）

【商品描述】 略。

【监管证件】 7A

第三十二章　鞣料浸膏及染料浸膏；鞣酸及其衍生物；染料、颜料及其他着色料；油漆及清漆；油灰及其他类似胶粘剂；墨水、油墨

注释：

一、本章不包括：

（一）单独的已有化学定义的化学元素及化合物（税目 32.03 及 32.04 的货品、税目 32.06 的用作发光体的无机产品、税目 32.07 所述形状的熔融石英或其他熔融硅石制成的玻璃及税目 32.12 的零售形状或零售包装的染料及其他着色料除外）；

（二）税目 29.36 至 29.39、29.41 及 35.01 至 35.04 的鞣酸盐及其他鞣酸衍生物；或

（三）沥青胶粘剂（税目 27.15）。

二、税目 32.04 包括生产偶氮染料用的稳定重氮盐与偶合物的混合物。

三、税目 32.03、32.04、32.05 及 32.06 也包括以着色料为基本成分的制品（例如，税目 32.06 包括以税目 25.30 或第二十八章的颜料，金属粉片及金属粉末为基本成分的制品）。该制品是用作原材料着色剂的拼料。但以上税目不包括分散在非水介质中呈液状或浆状的制漆用颜料，例如，税目 32.12 的瓷漆及税目 32.07、32.08、32.09、32.10、32.12、32.13 及 32.15 的其他制品。

四、税目 32.08 包括由税目 39.01 至 39.13 所列产品溶于挥发性有机溶剂的溶液（胶棉除

外），但溶剂重量必须超过溶液重量的50%。

五、本章所称“着色料”，不包括作为油漆填料的产品，不论这些产品能否用于水浆涂料的着色。

六、税目32.12所称“压印箔”，只包括用以压印诸如书本封面或帽带之类的薄片，这些薄片由以下材料构成：

（一）金属粉（包括贵金属粉）或颜料经胶水、明胶及其他黏合剂凝结而成的；或

（二）金属（包括贵金属）或颜料沉积于任何材料衬片上的。

【税则号列】 3204. 1510

【商品名称】 靛蓝

【规格型号】 301 | 靛蓝94. 15%，水分0. 7%，灰分1. 15%，低沸物4. 0% | 用于棉麻制品印染 | （染料须报明种类） | （包装） | （品牌）

【商品描述】 略。

【监管证件】 A

【税则号列】 3204. 1600

【商品名称】 活性染料

【规格型号】 500千克大软袋装，25千克编织袋装，纸箱或塑桶包装等 | 活性染料85%，钠盐5%，水分5%，防尘剂5%等 | 用于染布 | （染料须报明种类） | （品牌） | （型号）

【商品描述】 略。

【监管证件】 无监管证件要求

【税则号列】 3204. 1700

【商品名称】 碱性蓝调色剂

【规格型号】 180千克/桶 | Sakata牌 | EB-190 | 碱性蓝颜料36%，氧化鱼油38%，大豆油18%，油墨溶剂8% | （用途） | （染料须报明种类）

【商品描述】 外观为深蓝膏状，无气味。

【监管证件】 无监管证件要求

【税则号列】 3204. 1700

【商品名称】 颜料紫

【规格型号】 250千克编织袋装 | 含量≥97. 5% | 制造油墨用有机颜料，非染料 | （品牌） | （型号）

【商品描述】 粉状。

【监管证件】 无监管证件要求

【税则号列】 3206. 1110

【商品名称】 钛白粉

【规格型号】 二氧化钛 94%，三氧化二铝 3%，二氧化硅 3%| 该商品以钛矿为原料、经硫酸法生产，主要用于造纸着色，无放射性盐| （包装） | （型号） | （品牌） | （是否加入放射性盐） | （级别） | （签约日期）

【商品描述】 略。

【监管证件】 4xy

【税则号列】 3206. 1110

【商品名称】 钛白粉

【规格型号】 25 千克/袋| TMC–A100| 飞碟牌| 与碳酸钙粉末混合，用作涂料| （是否加入放射性盐） | （级别） | （签约日期） | 二氧化钛≥95%

【商品描述】 略。

【监管证件】 4xy

【税则号列】 3206. 4210

【商品名称】 立德粉

【规格型号】 25 千克，塑料编织袋| B301| 白云山牌| 用于涂料、油漆、橡胶、造纸和皮革等领域| （成分含量） | （是否加入放射性盐）

【商品描述】 硫化锌 28%~30%，又称为锌钡白，英文名 Lithopone，为无毒白色粉末，不溶于水，与酸作用分解释放出硫化氢，与硫化氢和碱不起作用，耐热性良好，可改善耐候性，防藻，低成本，具有优异的遮蔽力的白度。立德粉是一种白颜料，硫化锌和硫酸钡的混合物。

【监管证件】 无监管证件要求

【税则号列】 3206. 5000

【商品名称】 荧光粉

【规格型号】 主要成分硫化锌，含稀土类荧光粉| 彩色显像管用，色温 3000k 以上| （包装） | （规格型号） | （是否加入放射性盐） | （稀土元素的重量百分比）

【商品描述】 略。

【监管证件】 无监管证件要求

【税则号列】 3208.2010

【商品名称】 汽车漆

【规格型号】 YATU | 丙烯酸树脂 40%，颜料 25%，二甲苯 17.5%，n-醋酸丁酯 10.5%，丙二醇甲醚醋酸酯 7% | （用途） | （是否分散于或溶于非水介质） | （包装） | （型号）

【商品描述】 略。

【监管证件】 A

【税则号列】 3208.9010

【商品名称】 非水介质聚氨酯油漆

【规格型号】 聚氨酯树脂 50%、二氧化钛 15%、4-甲基-2 戊酮 15%、2-庚酮 10%、二甲苯 5%、2，4-戊二酮 5% | 0.68 千克/套

【商品描述】 飞机机身涂装用，分散于或溶于非水介质。

【监管证件】 A

【税则号列】 3208.9090

【商品名称】 船用油漆

【规格型号】 桶装 | 醇酸树脂 25%～35%，磷酸锌 1.00%～3.00%，2-丁酮肟 1.00%～3.00%，石脑油 10%～15%，二甲苯 25%～30%，乙基苯 15% | 涂装船舶 | （外观） | （品牌） | （型号）

【商品描述】 略。

【监管证件】 A

【税则号列】 3208.9090

【商品名称】 油漆

【规格型号】 桶装 | 赫普涂料 | 石油树脂 15%～25%，有机化合物 1.0%～10%，二甲苯 25%～35%，着色剂 10%～20%，氧化亚铜 10%～20% | （用途） | （型号） | （是否分散于或溶于非水介质）

【商品描述】 略。

【监管证件】 A

【税则号列】 3208.9090

【商品名称】 油漆（集装箱，船舶或工业用油漆）

【规格型号】 桶装 | CMP | 环氧树脂 25%～35%，着色颜料/填充剂/助剂（消泡剂、防流挂剂等）35%～45%，其他非水混合溶剂 15%～25% | 涂装船舶用 | （型号） | （是否分散于或溶于非水介质）

【商品描述】 略。

【监管证件】 A

【税则号列】 3210.0000

【商品名称】 光纤涂料

【规格型号】 硅树脂 90%，丙烯酸酯化合物、少量添加剂 10% | 30 千克/桶，非零售包装

【商品描述】 光纤表面着色用。

【监管证件】 无监管证件要求

【税则号列】 3211.0000

【商品名称】 配制的催干剂

【规格型号】 铝醇盐螯合物 40%，异丙醇 60% | 400 磅/桶

【商品描述】 油漆生产用添加剂。

【监管证件】 无监管证件要求

【税则号列】 3212.9000

【商品名称】 色料

【规格型号】 聚酯树脂 30%，庚烷-2-庚酮 30%，硫酸钡 30%，二甲苯 4%，环己酮 6% | 4.395 千克/罐 | 白色液态

【商品描述】 制造油漆用。

【监管证件】 无监管证件要求

【税则号列】 3213.9000

【商品名称】 绘画用颜料

【规格型号】 管装 | 75ML | 不成套

【商品描述】 绘画用。

【监管证件】 无监管证件要求

【税则号列】 3214. 1010
【商品名称】 塑封胶
【规格型号】 环氧树脂 35%、二氧化硅 60%、碳黑 5%｜内包装，15 千克/塑料袋｜非零售
【商品描述】 二极管塑封用。
【监管证件】 无监管证件要求

【税则号列】 3214. 1090
【商品名称】 油底壳密封胶
【规格型号】 硅树脂 85%~95%、黑炭 5%~14%｜250 毫升/支，80 支/箱
【商品描述】 用于填补汽车油底壳的空隙位置。
【监管证件】 无监管证件要求

【税则号列】 3215. 1900
【商品名称】 阻焊油墨
【规格型号】 主剂 0. 7 千克/瓶，辅剂 0. 3 千克/瓶｜主剂：绿色液体，辅剂：白色液体｜主剂：44%改性环氧树脂、5%有机材料、15%乙酸-2-（2-乙氧基乙氧基）乙酯、9%重芳烃溶剂石脑油（石油）、11%二氧化硅、16%硫酸钡
【商品描述】 印刷电路板用，不具有曝光显影功能。
【监管证件】 无监管证件要求

第三十三章 精油及香膏；芳香料制品及化妆盥洗品

注释：

一、本章不包括：

（一）税目 13. 01 或 13. 02 的天然油树脂或植物浸膏；

（二）税目 34. 01 的肥皂及其他产品；或

（三）税目 38. 05 的脂松节油、木松节油和硫酸盐松节油及其他产品。

二、税目 33. 02 所称“香料”，仅指税目 33. 01 所列的物质、从这些物质离析出来的香料组分以及合成芳香剂。

三、税目 33. 03 至 33. 07 主要包括适合作这些税目所列用途的零售包装产品，不论其是否混合（精油水馏液及水溶液除外）。

四、税目 33. 07 所称“芳香料制品及化妆盥洗品”，主要适用于下列产品：香袋；通过燃烧散发香气的制品；香纸及用化妆品浸渍或涂布的纸；隐形眼镜片或假眼用的溶液；用香水或化妆品浸渍、涂布、包覆的絮胎、毡呢及无纺织物；动物用盥洗品。

【税则号列】 3302.9000
【商品名称】 工业用香精
【规格型号】 无牌 | 40045492 | 香味素25%，天然香基25%，丙二醇25%，水25% | 提高香气，用于日化卷烟工业
【商品描述】 略。
【监管证件】 无监管证件要求

【税则号列】 3302.9000
【商品名称】 生产牙膏用混合香料
【规格型号】 Symrise牌 | 895296 | 180千克/桶 | 天然香料98.5%，合成香料1.5% | 生产牙膏用
【商品描述】 略。
【监管证件】 无监管证件要求

【税则号列】 3303.0000
【商品名称】 玛丽艳俏丽女士香水
【规格型号】 50毫升/瓶 | 玛丽艳牌
【商品描述】 变性乙醇80%，水12%，香精8%。
【监管证件】 AB

【税则号列】 3303.0000
【商品名称】 香水
【规格型号】 施华洛维奇牌 | 50毫升/75毫升
【商品描述】 略。
【监管证件】 AB

【税则号列】 3304.1000
【商品名称】 雅姿唇线笔（裸粉）
【规格型号】 化妆用 | 0.21克/件
【商品描述】 略。
【监管证件】 AB/ABEF

【税则号列】 3304. 2000
【商品名称】 雅姿自动眉笔（棕褐色）
【规格型号】 0. 15 克/件 | 化妆用
【商品描述】 略。
【监管证件】 AB/ABEF

【税则号列】 3304. 9900
【商品名称】 迪奥雪晶灵焕白亮采防晒霜
【规格型号】 塑料包装 | Dior 牌 | 防晒
【商品描述】 略。
【监管证件】 AB/ABEF

【税则号列】 3304. 9900
【商品名称】 护肤霜
【规格型号】 30 毫升、40 毫升、50 毫升、100 毫升、125 毫升、150 毫升、200 毫升、300 毫升 | 茱莉蔻牌 | 型号 100600 | 护肤用
【商品描述】 略。
【监管证件】 AB/ABEF

【税则号列】 3304. 9900
【商品名称】 保湿霜
【规格型号】 （规格） | 塑料瓶包装 | 洪牌 | 润肤用
【商品描述】 略。
【监管证件】 AB/ABEF

【税则号列】 3304. 9900
【商品名称】 玛丽艳脸部安瓶精华液
【规格型号】 20 支×1 毫升 | 玛丽艳牌 | 无型号 | 地中海柏木水 50%，迷迭香水 43. 95%，积雪草油 2. 998%，其他 3. 052% | 净化肌肤使肌肤亮丽光泽
【商品描述】 略。
【监管证件】 AB/ABEF

第三十四章　肥皂、有机表面活性剂、洗涤剂、润滑剂、人造蜡、调制蜡、光洁剂、蜡烛及类似品、塑型用膏、“牙科用蜡”及牙科用熟石膏制剂

注释：

一、本章不包括：

（一）用作脱模剂的食用动植物油、脂混合物或制品（税目 15.17）；

（二）单独的已有化学定义的化合物；或

（三）含肥皂或其他有机表面活性剂的洗发剂、洁齿品、剃须膏及沐浴用制剂（税目 33.05、33.06 及 33.07）。

二、税目 34.01 所称“肥皂”，只适用于水溶性肥皂。税目 34.01 的肥皂及其他产品可以含有添加料（例如，消毒剂、磨料粉、填料或药料）。含磨料粉的产品，只有条状、块状或模制形状可以归入税目 34.01。其他形状的应作为“去污粉及类似品”归入税目 34.05。

三、税目 34.02 所称“有机表面活性剂”，是指温度在 20℃时与水混合配成 0.5%浓度的水溶液，并在同样温度下搁置一小时后与下列规定相符的产品：

（一）成为透明或半透明的液体或稳定的乳浊液而未离析出不溶解物质；以及

（二）将水的表面张力减低到每厘米 45 达因及以下。

四、税目 34.03 所称“石油及从沥青矿物提取的油类”，适用于第二十七章注释二所规定的产品。

五、税目 34.04 所称“人造蜡及调制蜡”，仅适用于：

（一）用化学方法生产的具有蜡质特性的有机产品，不论是否为水溶性的；

（二）各种蜡混合制成的产品；

（三）以一种或几种蜡为基本原料并含有油脂、树脂、矿物质或其他原料的具有蜡质特性的产品。

本税目不包括：

（一）税目 15.16、34.02 或 38.23 的产品，不论是否具有蜡质特性；

（二）税目 15.21 的未混合的动物蜡或未混合的植物蜡，不论是否精制或着色；

（三）税目 27.12 的矿物蜡或类似产品，不论是否相互混合或仅经着色；或

（四）混合、分散或溶解于液体溶剂的蜡（税目 34.05、38.09 等）。

【税则号列】 3401. 1990
【商品名称】 厨房湿巾
【规格型号】 浸渍液成分 72. 97%，载体 27. 03% | 纸盒包装 | 2 包/盒（每包含 24 张湿巾） | 水 97. 60%，其他 2. 4% [1-（2-丁氧基-1-甲基乙氧基）-2-丙醇、1-丁氧基-2-丙醇、D-吡喃型葡萄糖、低聚物癸基辛基苷类、月桂硫酸酯钠、碳酸钠、1-辛基磺酸钠]
【商品描述】 略。
【监管证件】 无监管证件要求

【税则号列】 3402. 1100
【商品名称】 树脂控制剂
【规格型号】 Amazon 牌 | APCM 8230 | 乙氧基化直链醇磷酸酯盐 90% max，水 10% min | 阴离子
【商品描述】 略。
【监管证件】 无监管证件要求

【税则号列】 3402. 1100
【商品名称】 造纸用乳化剂
【规格型号】 HOPAX | WB-20 | 磺胺聚丙烯酸盐 20%，水 80% | 阳离子
【商品描述】 微黄透明液体，造纸用化工品。
【监管证件】 无监管证件要求

【税则号列】 3402. 1200
【商品名称】 原油添加剂
【规格型号】 Nalco 牌 | EC6261A | 阳离子 | 离子聚合物型表面活性剂和水 | （品牌） | （型号）
【商品描述】 略。
【监管证件】 无监管证件要求

【税则号列】 3402. 1300
【商品名称】 非离子表面活性剂
【规格型号】 无牌 | Softanol90 | 200 千克/桶 | 非离子 | 脂肪仲醇聚氧乙烯醚>95%，水<5%
【商品描述】 略。
【监管证件】 无监管证件要求

【税则号列】 3402. 1300
【商品名称】 树脂分散剂
【规格型号】 Amazon 牌 | AP 8230 | 非离子，聚烷基乙氧基化物 70%max，水 30%min
【商品描述】 用于洗涤浆料。
【监管证件】 无监管证件要求

【税则号列】 3402. 2010
【商品名称】 洗衣粉
【规格型号】 零售包装 | 主要用于家庭衣物洗涤 | 主要成分为烷基苯磺酸钠、三聚磷酸钠、硅酸钠、元明粉等 | （品牌） | （型号）
【商品描述】 略。
【监管证件】 无监管证件要求

【税则号列】 3402. 2090
【商品名称】 汽车清洗剂
【规格型号】 零售包装 | 月桂硫酸酯钠、N，N-二（羟基乙基）椰油酰胺、氯化钠、脂肪醇-C12-15-聚氧乙烯醚、卡松（防腐剂）
【商品描述】 清洗汽车用。
【监管证件】 无监管证件要求

【税则号列】 3403. 1100
【商品名称】 纺织助剂
【规格型号】 Honol MGR | 由 60%烷基硫酸盐，15%矿物油，10%脂肪酸聚氧乙烯醚组成 | 主要用于生产粘胶短纤的添加剂，能保持纤维的湿度及柔软度 | （矿物油含量） | （型号） | （包装规格）
【商品描述】 略。
【监管证件】 无监管证件要求

【税则号列】 3403. 1100
【商品名称】 纺织助剂
【规格型号】 F-1619 | 180 千克/桶 | 脂肪酸聚氧乙烯醚 25%，脂肪酸酯 15%，脂肪醇聚氧乙烯醚 10%，烷基磷酸盐 5%，烷基磺酸盐 5%，水 10%，矿物油 30% | （品牌）
【商品描述】 产品使丝束平滑和具抗静电性，减少纤维与加工件间的摩擦，减少纤维的黏合和断裂。
【监管证件】 无监管证件要求

【税则号列】 3403. 1900
【商品名称】 防锈剂
【规格型号】 矿物油 22%，氢化植物油 48%，甲醚 30%｜0. 0237 千克/罐
【商品描述】 金属表面防锈用。
【监管证件】 无监管证件要求

【税则号列】 3403. 9900
【商品名称】 冷冻机油
【规格型号】 ZE-GLES RB68EP｜193 千克/桶｜（品牌）｜（矿物油含量）｜用于压缩机润滑｜多元醇酯合物>95%，添加剂<5%，不含矿物油
【商品描述】 略。
【监管证件】 无监管证件要求

【税则号列】 3405. 9000
【商品名称】 抛光粉
【规格型号】 丘特牌｜BKA-1200A1｜性状为暗红色，平面光学玻璃的精密研磨抛光用｜氧化铈约为 65%，氧化镧约为 25%，另含少量氧化镨和杂质
【商品描述】 略。
【监管证件】 无监管证件要求

【税则号列】 3406. 0000
【商品名称】 新型聚合物机制复合体蜡制品
【规格型号】 石蜡｜（品牌）｜（型号）
【商品描述】 由石蜡制成的各种蜡烛及类似品，部分产品进行了着色、装饰处理或添加了香料。
【监管证件】 EF/无监管证件要求

第三十五章　蛋白类物质；改性淀粉；胶；酶

注释：

一、本章不包括：

（一）酵母（税目 21. 02）；

（二）第三十章的血份（非治病、防病用的血清白蛋白除外）、药品及其他产品；

（三）预鞣用酶制剂（税目 32. 02）；

（四）第三十四章的加酶的浸透剂、洗涤剂及其他产品；

（五）硬化蛋白（税目 39.13）；或

（六）印刷工业用的明胶产品（第四十九章）。

二、税目 35.05 所称“糊精”，是指淀粉的降解产品，其还原糖含量以右旋糖的干重量计不超过 10%。

如果还原糖含量超过 10%，应归入税目 17.02。

【税则号列】 3502.2000
【商品名称】 乳清蛋白
【规格型号】 15 千克/包，20 千克/包，25 千克/包｜作为原料用于乳制品中添加，以增加蛋白含量｜（成分）
【商品描述】 略。
【监管证件】 AB

【税则号列】 3503.0010
【商品名称】 明胶
【规格型号】（用途）｜（外观）｜（包装）
【商品描述】 Rousselot 牌，型号 150LB 40。
【监管证件】 AB

【税则号列】 3504.0090
【商品名称】 大豆分离蛋白
【规格型号】 复合纸袋，20 千克/袋｜（来源）｜（用途）｜蛋白质≥90%
【商品描述】 大豆分离蛋白一般采用大豆为原料加工生产，凝胶性极好，具有良好的水溶性，能够改善产品的质地和切品性，不扬尘，可提高产品成品率，一般用于西式香肠、火腿肠等生产。
【监管证件】 A

【税则号列】 3505.1000
【商品名称】 交联淀粉
【规格型号】 25 千克/包｜用于石油钻井行业，非供人类食用及动物饲料或添加剂｜还原糖<0.1%｜（品牌）｜（型号）
【商品描述】 略。
【监管证件】 A

【税则号列】 3505.1000
【商品名称】 阳离子淀粉
【规格型号】 编织袋装，850 千克/袋｜不含还原糖｜用于造纸施胶｜（品牌）｜（型号）
【商品描述】 略。
【监管证件】 A

【税则号列】 3505.1000
【商品名称】 玉米变性淀粉
【规格型号】 800 千克/包，1000 千克/包｜（用途）｜（还原糖含量）｜（品牌）｜（型号）
【商品描述】 略。
【监管证件】 A

【税则号列】 3506.1000
【商品名称】 接着剂
【规格型号】 50 克/支｜V-50C｜零售包装｜塑料黏合用｜氰基丙烯酸乙酯 100%
【商品描述】 略。
【监管证件】 无监管证件要求

【税则号列】 3506.9190
【商品名称】 黏合剂
【规格型号】 无品牌｜772PB｜用于黏合口罩上鼻架｜含量 EVA60%，石油树脂 35%，蜡 4.98%，抗氧化剂 0.02%｜（包装）
【商品描述】 略。
【监管证件】 无监管证件要求

【税则号列】 3506.9900
【商品名称】 接着剂
【规格型号】 W-70｜非零售包装｜黏合用｜氰基丙烯酸乙酯 99%，对苯二酚 1%｜（品牌）
【商品描述】 略。
【监管证件】 无监管证件要求

【税则号列】 3507. 9090
【商品名称】 分解酶
【规格型号】 用于生产6–氨基青霉烷酸|（种类）
【商品描述】 略。
【监管证件】 AB

【税则号列】 3507. 9090
【商品名称】 糜胰蛋白酶
【规格型号】 （用途）|（种类）
【商品描述】 略。
【监管证件】 AB

第三十六章　炸药；烟火制品；火柴；引火合金；易燃材料制品

注释：

一、本章不包括单独的已有化学定义的化合物，但下列注释二（一）、（二）所述物品除外。

二、税目36.06所称“易燃材料制品”，只适用于：

（一）聚乙醛、六亚甲基四胺（六甲撑四胺）及类似物质，已制成片、棒或类似形状作燃料用的；以酒精为基本成分的固体或半固体燃料及类似的配制燃料；

（二）直接灌注香烟打火机及类似打火器用的液体燃料或液化气体燃料，其包装容器的容积不超过300立方厘米；以及

（三）树脂火炬、引火物及类似品。

【税则号列】 3604. 1000
【商品名称】 烟花
【规格型号】 Fireworks
【商品描述】 无。
【监管证件】 AB

第三十七章　照相及电影用品

注释：

一、本章不包括废碎料。

二、本章所称“摄影”，是指光或其他射线作用于感光面上直接或间接形成可见影像的过程。

【税则号列】 3702. 1000
【商品名称】 富士医用 X 光胶片
【规格型号】 生产 X 光医用胶片用 | 108. 35 厘米×2530. 11 米×16 卷 | 富士牌 | Super RX | 成卷 | 非一次成像 | 蓝色聚酯纤维为片基，涂布为卤化银
【商品描述】 面积含白边+涂布面积，未曝光，未冲洗。
【监管证件】 无监管证件要求

【税则号列】 3702. 4229
【商品名称】 成卷照相制版用氦氖激光片
【规格型号】 1270 毫米×2438 米等 | 富士牌 | 型号 SRR | 半成品，聚乙烯制 | 成卷 | 一次成像 | 照相制版用
【商品描述】 略。
【监管证件】 无监管证件要求

【税则号列】 3702. 4292
【商品名称】 富士医用干式激光胶片大轴
【规格型号】 105. 55 厘米×2436. 68 米×12 卷 | 富士牌 | MDI-HLJ | 生产医用干式胶片用 | PET 聚酯为片基、涂层为卤化银 | 成卷，非一次性成像 | 适用氦氖激光或红色激光
【商品描述】 面积含白边+涂布面积，未曝光，未冲洗。
【监管证件】 无监管证件要求

【税则号列】 3703. 1010
【商品名称】 富士未曝光彩色相纸、未曝光彩色相纸
【规格型号】 143. 7 厘米×2525. 20 米×14 卷 | 富士牌 | 型号 80，DPFS 145. 1CM 3 T CHN | 成卷 | 晒相用
【商品描述】 相纸普通感光及数码感光均通用。
【监管证件】 无监管证件要求

【税则号列】 3703.2010

【商品名称】 乐凯彩色数码相纸

【规格型号】 成卷丨152毫米×175米丨LUCKY牌丨型号SA-16丨用于冲洗相片

【商品描述】 绒面。

【监管证件】 无监管证件要求

【税则号列】 3707.9090

【商品名称】 碳粉

【规格型号】 20千克/箱，非零售包装丨Threebond牌丨CLT-08R丨打印机硒鼓用丨苯乙烯丙烯酸树脂30%~45%，聚烯烃1%~5%，磁铁矿45%~55%，金属1%~5%，硅石1%~2%

【商品描述】 全新，不含感光鼓，黑色。

【监管证件】 无监管证件要求

第三十八章　杂项化学产品

注释：

一、本章不包括：

（一）单独的已有化学定义的元素及化合物，但下列各项除外：

1. 人造石墨（税目38.01）；

2. 制成税目38.08所述的形状或包装的杀虫剂、杀鼠剂、杀菌剂、除草剂、抗萌剂、植物生长调节剂、消毒剂及类似产品；

3. 灭火器的装配药及已装药的灭火弹（税目38.13）；

4. 下列注释二所规定的检定参照物；

5. 下列注释三（一）及三（三）所规定的产品。

（二）化学品与食品或其他营养物质的混合物，配制食品用的（一般归入税目21.06）；

（三）含有金属、砷及其混合物，并符合第二十六章注释三（一）或三（二）的规定的矿渣、矿灰和残渣（包括淤渣，但下水道淤泥除外）（税目26.20）；

（四）药品（税目30.03及30.04）；或

（五）用于提取贱金属或生产贱金属化合物的废催化剂（税目26.20），主要用于回收贵金属的废催化剂（税目71.12），或某种形状（例如，精细粉末或纱网状）的金属或金属合金催化剂（第十四类或第十五类）。

二、

（一）税目38.22所称的“检定参照物”，是指附有证书的参照物，该证书标明了参照物属性的指标、确定这些指标的方法以及与每一指标相关的确定度，这些参照物用于分析、校准和比较。

（二）除第二十八和二十九章的产品外，检定参照物在本目录中应优先归入税目 38.22。

三、税目 38.24 包括不归入本协调制度其他税目的下列货品：

（一）每颗重量不小于 2.5 克的氧化镁、碱金属或碱土金属卤化物制成的培养晶体（光学元件除外）；

（二）杂醇油；骨焦油；

（三）零售包装的除墨剂；

（四）零售包装的蜡纸改正液、其他改正液及改正带（税目 96.12 的产品除外）；以及

（五）可熔性陶瓷测温器（例如，塞格测温锥）。

四、本目录所称“城市垃圾”，是指从家庭、宾馆、餐厅、医院、商店、办公室等收集来的废物、马路和人行道的垃圾以及建筑垃圾或拆建垃圾。城市垃圾通常含有大量各种各样的材料，例如，塑料、橡胶、木材、纸张、纺织品、玻璃、金属、食物、破烂家具和其他已损坏或被丢弃的物品。但“城市垃圾”不包括：

（一）已从垃圾中分拣出来的单独的材料或物品，例如，废的塑料、橡胶、木材、纸张、纺织品、玻璃、金属和电池的废品，这些材料或物品应归入本目录中适当税目；

（二）工业废物；

（三）第三十章注释四（十）所规定的废药物；或

（四）本章注释六（一）所规定的医疗废物。

五、税目 38.25 所称“下水道淤泥”，是指经城市污水处理厂处理的淤泥，包括预处理的废料、刷洗污垢和性质不稳定的淤泥。但适合作为肥料用的性质稳定的淤泥除外（第三十一章）。

六、税目 38.25 所称的“其他废物”适用于：

（一）医疗废物，即医学研究、诊断、治疗以及其他内科、外科、牙科或兽医治疗所产生的被污染的废物，通常含有病菌和药物，需作专门处理（例如，脏的敷料、用过的手套及注射器）；

（二）废有机溶剂；

（三）废的金属酸洗液、液压油、制动油及防冻液；以及

（四）化学工业及相关工业的其他废物。

但不包括主要含有石油及从沥青矿物提取的油类的废油（税目 27.10）。

七、税目 38.26 所称的“生物柴油”，是指从动植物油脂（不论是否使用过）得到的用作燃料的脂肪酸单烷基酯。

子目注释：

一、子目 3808.52 及 3808.59 仅包括税目 38.08 的货品，含有一种或多种下列物质：甲草胺（ISO）、涕灭威（ISO）、艾氏剂（ISO）、谷硫磷（ISO）、乐杀螨（ISO）、毒杀芬（ISO）、敌菌丹（ISO）、氯丹（ISO）、杀虫脒（ISO）、乙酯杀螨醇（ISO）、滴滴涕（ISO，INN）〔1,

1，1–三氯–2，2–双（4–氯苯基）乙烷〕、狄氏剂（ISO，INN）、4，6–二硝基邻甲酚〔二硝酚（ISO）〕及其盐、地乐酚（ISO）及其盐或酯、硫丹（ISO）、1，2–二溴乙烷（ISO）、1，2–二氯乙烷（ISO）、氟乙酰胺（ISO）、七氯（ISO）、六氯苯（ISO）、1，2，3，4，5，6–六氯环己烷〔六六六（ISO）〕，包括林丹（ISO，INN）、汞化合物、甲胺磷（ISO）、久效磷（ISO）、环氧乙烷（氧化乙烯）、对硫磷（ISO）、甲基对硫磷（ISO）、五溴二苯醚及八溴二苯醚、五氯苯酚（ISO）及其盐或酯、全氟辛基磺酸及其盐、全氟辛基磺胺、全氟辛基磺酰氯、磷胺（ISO）、2，4，5–涕（ISO）（2，4，5–三氯苯氧基乙酸）及其盐或酯、三丁基锡化合物。

子目 3808. 59 还包括含有苯菌灵（ISO）、克百威（ISO）及福美双（ISO）混合物的粉状制剂。

二、子目 3808. 61 及 3808. 69 仅包括税目 38. 08 项下含有下列物质的货品：α–氯氰菊酯（ISO）、恶虫威（ISO）、联苯菊酯（ISO）、虫螨腈（ISO）、氟氯氰菊酯（ISO）、溴氰菊酯（INN，ISO）、醚菊酯（INN）、杀螟硫磷（ISO）、高效氯氟氰菊酯（ISO）、马拉硫磷（ISO）、甲基嘧啶磷（ISO）、或残杀威（ISO）。

三、子目 3824. 81 至 3824. 88 仅包括含有下列一种或多种物质的混合物及制品：环氧乙烷（氧化乙烯）、多溴联苯（PBBs）、多氯联苯（PCBs）、多氯三联苯（PCTs）、三（2，3–二溴丙基）磷酸酯、艾氏剂（ISO）、毒杀芬（ISO）、氯丹（ISO）、十氯酮（ISO）、滴滴涕（ISO，INN）〔1，1，1–三氯–2，2–双（4–氯苯基）乙烷〕、狄氏剂（ISO，INN）、硫丹（ISO）、异狄氏剂（ISO）、七氯（ISO）、灭蚁灵（ISO）、1，2，3，4，5，6–六氯环己烷〔六六六（ISO）〕，包括林丹（ISO，INN）、五氯苯（ISO）、六氯苯（ISO）、全氟辛基磺酸及其盐、全氟辛基磺胺、全氟辛基磺酰氯，或四、五、六、七或八溴联苯醚。

四、子目 3825. 41 和 3825. 49 所称“废有机溶剂”，是指主要含有有机溶剂的废物，不适合再作原产品使用，不论其是否用于回收溶剂。

【税则号列】 3806. 1010
【商品名称】 松香
【规格型号】 蒸汽法
【商品描述】 略。
【监管证件】 无监管证件要求

【税则号列】 3806. 9000
【商品名称】 富马改性松香季戊四醇酯
【规格型号】 松香为主要原料
【商品描述】 先与富马酸部分加成反应后，再与季戊四醇发生酯化反应后制得。
【监管证件】 无监管证件要求

【税则号列】 3806.9000
【商品名称】 歧化松香
【规格型号】 松香加催化剂发生歧化反应后的一种深加工产品
【商品描述】 225 千克/桶。
【监管证件】 无监管证件要求

【税则号列】 3808.9190
【商品名称】 600 克/升吡虫啉悬浮种衣剂
【规格型号】 拜耳牌 | FS600、EDFL019836、EDFL021344、EDFL020612 等 | 25 升/桶，非零售包装 | 吡虫啉 48.4%，作为抗冻剂的丙二醇约 5%，乳化剂约 8%，消泡剂约 0.3%，成膜剂 0.2%，其他为水 | 杀虫剂
【商品描述】 略。
【监管证件】 AS

【税则号列】 3810.1000
【商品名称】 焊锡膏
【规格型号】 锡 40%、铅 40%、银 5%、松香 5%、其他辅料 10%。
【商品描述】 用于贴装电子元器件。
【监管证件】 无监管证件要求

【税则号列】 3810.9000
【商品名称】 焊接用助焊剂
【规格型号】 焊接用 | 氟化氢钾 17%，硼酸钾 13%，氟硼酸钾 40%，硼酸 20%，三氧化二硼 10%
【商品描述】 略。
【监管证件】 无监管证件要求

【税则号列】 3811.1900
【商品名称】 汽油抗震添加剂
【规格型号】 200 千克/桶 | 甲基环戊二烯三羰基锰 98%，多环芳烃碳 2% | 提高汽油的辛烷值和抗爆震性能 | （品牌） | （型号）
【商品描述】 略。
【监管证件】 无监管证件要求

【税则号列】 3811. 2100

【商品名称】 润滑油添加剂

【规格型号】 槽罐装散货，非零售包装｜矿物油 44%，聚烯烃多胺琥珀酰亚胺，多元醇 29%，烷基二硫代磷酸酯锌 8%，长链烷芳基磺酸钙 15%，硼酸化 3%，盐类化合物 1%

【商品描述】 用于生产车用润滑油。

【监管证件】 无监管证件要求

【税则号列】 3811. 9000

【商品名称】 喷油嘴清净剂（汽油添加剂）

【规格型号】 300 毫升/支，1 支/包｜石脑油重芳烃溶剂 60%～80%，聚醚共聚物 10%～40%，三甲基苯 7%～8%，其他 2%～3%

【商品描述】 添加到汽油中，使汽油在喷油嘴燃烧时能对喷油嘴起清洁除垢的作用，改善启动性能。

【监管证件】 无监管证件要求

【税则号列】 3814. 0000

【商品名称】 稀释剂

【规格型号】 2-庚酮 40%，乙酸乙酯 45%，二甲苯 5%，2-甲氧基-1 丙醇乙酸酯 10%

【商品描述】 用于稀释油墨，进行塑胶件丝网印刷。

【监管证件】 无监管证件要求

【税则号列】 3815. 1100

【商品名称】 蒸汽转化催化剂

【规格型号】 氧化镍（活性物）16%，二氧化硅 0. 15%，载体 83. 85%｜生产甲醇时，用于催化转化烃类与蒸汽反应，提高混合天然气转变为合成气的反应速度

【商品描述】 57-4GQC。

【监管证件】 无监管证件要求

【税则号列】 3815. 1900

【商品名称】 甲醇合成催化剂

【规格型号】 含氧化铜 60%，载体（三氧化二铝，氧化锌，氧化镁混合物）40%｜在生产甲醇时，提高合成气（$COCO_2H_2$）转化成甲醇的反应速度

【商品描述】 型号 51-7S。

【监管证件】 无监管证件要求

【税则号列】 3815.1900
【商品名称】 催化剂
【规格型号】 氧化铅约20%，三氧化二铝约80%｜乙烯及丙烯脱硫脱砷用
【商品描述】 以三氧化二铝为载体，氧化铅为活性物。
【监管证件】 无监管证件要求

【税则号列】 3815.9000
【商品名称】 催化裂化催化剂
【规格型号】 铝氧化物41%，稀土元素氧化物1.85%，钠氧化物0.2%｜利用分子筛，提供油气分子的反应空间，催化裂化装置内重油的裂化
【商品描述】 品牌BASF牌。
【监管证件】 无监管证件要求

【税则号列】 3815.9000
【商品名称】 主催化剂
【规格型号】 氯化镁、四氯化钛（5%~16%），邻苯二甲酸二异丁酯，2-甲基戊烷｜使聚丙烯聚合，生产聚丙烯用主催化剂
【商品描述】 型号ZN118。
【监管证件】 无监管证件要求

【税则号列】 3816.0000
【商品名称】 耐火浇注料
【规格型号】 由耐火骨料、粉料、结合剂、外加剂等组成的用浇注法施工的不定形耐火材料｜其中二氧化硅33.67%，氧化钙29.64%，氧化镁2.24%，氧化铝4.64%
【商品描述】 型号SLLC-11。
【监管证件】 无监管证件要求

【税则号列】 3817.0000
【商品名称】 混合烷基苯
【规格型号】 用作洗衣粉的中间体｜其中C11 29%，C12 39%，C13 20%
【商品描述】 略。
【监管证件】 无监管证件要求

【税则号列】 3818.0019

【商品名称】 硅片

【规格型号】 圆形｜单晶硅与化学元素硼混制｜8 英寸｜盒装

【商品描述】 集成电路生产和制造用，加工程度为抛光空白硅片。

【监管证件】 无监管证件要求

【税则号列】 3819.0000

【商品名称】 制动液

【规格型号】 聚烯烃基二醇醚 68%，聚烃基乙二醇 31%，多种助剂总和约 1%｜矿物油含量为 0｜淡黄透明液体，弱胺气味

【商品描述】 加入汽车制动装置中，作为力传递的介质，促进制动部件及离合器的传动作用，增加制动的效果。

【监管证件】 无监管证件要求

【税则号列】 3822.0090

【商品名称】 化学试剂

【规格型号】 瓶装｜羧基和氨基三氟乙酰化时的保护剂等混合制剂，不含血液病毒及生物成分｜非血源筛查用诊断试剂

【商品描述】 型号 147815000 等。

【监管证件】 AB

【税则号列】 3822.0090

【商品名称】 试剂

【规格型号】 3.8 升/瓶｜甲醇 30%，异丙醇 5%，丙酮 10%，醋酸 0.5%，水 54.5%等｜用于样本的检测处理，非血源筛查用诊断试剂，不含有血液病毒生物抗体等成分

【商品描述】 略。

【监管证件】 AB

【税则号列】 3822.0090

【商品名称】 兽用诊断试剂

【规格型号】 200 份/瓶｜用于犬瘟热、病毒性肠炎等的诊断与检测｜玻璃瓶装｜冻干蛋白粉、饱和氢氧化铝盐水｜非血源筛查用诊断试剂

【商品描述】 略。

【监管证件】 AB

【税则号列】 3822.0090
【商品名称】 诊断试剂
【规格型号】 制血体外诊断用试剂原料丨桶装丨不附于衬背，非血源筛查用，不含血液病毒抗体等成分，不是由人体组织、器官、血液提取而得
【商品描述】 成分包含腺苷甲硫氨酸、谷氨酸脱氢酶、三乙羧乙基膦、a-酮戊二酸、HCY甲基转移酶。
【监管证件】 AB

【税则号列】 3823.1100
【商品名称】 硬脂酸
【规格型号】 25千克/包丨（来源）丨（加工程度）丨碳16约58%~62%，碳18约37%~42%丨（品牌）丨（型号）
【商品描述】 用于生产醇酸树脂。
【监管证件】 无监管证件要求

【税则号列】 3823.1900
【商品名称】 棕榈混合酸
【规格型号】 棕榈酸约60%，油酸约40%丨（来源）丨（加工程序）丨（品牌）丨（型号）
【商品描述】 略。
【监管证件】 无监管证件要求

【税则号列】 3823.7000
【商品名称】 工业用脂肪醇
【规格型号】 碳12约76.3%~76.4%，碳14约23.1%~23.2%，碳16约0.4%~0.5%丨（来源）丨（加工程度）丨（品牌）丨（型号）
【商品描述】 集装液袋装，用于日用化工品原料。
【监管证件】 无监管证件要求

【税则号列】 3824.9999
【商品名称】 修护眼霜（原料）膏状
【规格型号】 无牌子丨79.4千克/桶~124.1千克/桶丨用于生产护肤品丨水75.6%，甘油6%，角鲨烷6%，甘油硬脂酸酯3.4%，其他9%丨（型号）丨（稀土元素的重量百分比）
【商品描述】 略。
【监管证件】 无监管证件要求

【税则号列】 3824.9999
【商品名称】 异氰酸酯混合物
【规格型号】 桶装| Basf 牌| ELASTOFLEX KW5023 C-B| 甲苯二异氰酸酯（TDI）≤80%，异氰酸聚亚甲基聚亚苯基酯（P-MDI）≥20%，无稀土元素| 汽车座椅发泡用
【商品描述】 略。
【监管证件】 无监管证件要求

【税则号列】 3824.9999
【商品名称】 乙烯脱氧剂
【规格型号】（包装）|（品牌）|（型号）|（稀土元素的重量百分比）| 氧化锌 66%，氧化铜 33%|（用途）
【商品描述】 一氧化碳和氧化铜反应，脱除乙烯中含有的一氧化碳。
【监管证件】 无监管证件要求

【税则号列】 3824.9999
【商品名称】 液晶
【规格型号】 Licristal 牌| 型号 LCT-12-1147| 500 克/瓶| 成分烷基双环碳氢化合物 45-<50%，烷基三环碳氢化合物 50-<55%|（稀土元素的重量百分比）| 用于生产液晶显示面板
【商品描述】 略。
【监管证件】 无监管证件要求

【税则号列】 3824.9999
【商品名称】 高钛渣
【规格型号】 塑编吨袋装|（品牌）|（型号）|（稀土元素的重量百分比）|（成分含量）| 生产钛白粉和海绵钛的原料
【商品描述】 略。
【监管证件】 无监管证件要求

【税则号列】 3824.9999
【商品名称】 纤维浆（Viatop Premium）
【规格型号】（品牌）|（型号）|（稀土元素的百分比）| 颗粒状| 木质纤维素 90%，沥青 10%|（用途）
【商品描述】 略。
【监管证件】 无监管证件要求

【税则号列】 3824.9999

【商品名称】 三氯单丁基锡

【规格型号】 （品牌）| （型号）| 1815 千克/桶| 三氯丁基锡>70%，4-甲基-2-戊酮<10%| 不含稀土元素| 玻璃镀膜工艺用原料

【商品描述】 略。

【监管证件】 无监管证件要求

【税则号列】 3824.9999

【商品名称】 活性氧化铝选择性吸附剂

【规格型号】 （品牌）| （型号）| 袋装| （用途）| 含三氧化二铝及助促进剂（>95.1%）| 脱水床层吸附剂，用于吸收氧、水、硫醇、氨等微量杂质| （稀土元素的重量百分比）

【商品描述】 略。

【监管证件】 无监管证件要求

【税则号列】 3824.9999

【商品名称】 分子筛吸附剂

【规格型号】 （品牌）| （型号）| 袋装，0.3 毫米~0.8 毫米（细品）| 硅酸铝>80%，无机黏结剂>15%，石英<3%，磷石英<1%，方石英<1%，其他<0.1%| 不含稀土元素| 用来分离混合二甲苯中的对二甲苯

【商品描述】 略。

【监管证件】 无监管证件要求

【税则号列】 3824.9999

【商品名称】 二氧化硅（沉淀型）

【规格型号】 Acematt 牌| Acematt OK500| 3 微米，15 千克/纸袋| 二氧化硅 98%| 经表面处理，生产油漆用| （稀土元素的重量百分比）

【商品描述】 略。

【监管证件】 无监管证件要求

【税则号列】 3824.9999

【商品名称】 聚合氯化铝（聚氯化铝）

【规格型号】 25 千克/包| 用作水净化处理| 氧化铝含量 29%min| 不含稀土元素| （品牌）|（型号）

【商品描述】 分子式［Al_2（OH）nCl（6-n）］m。

【监管证件】 无监管证件要求

第七类
塑料及其制品；橡胶及其制品

注释：

一、由两种或两种以上单独成分配套的货品，其部分或全部成分属于本类范围以内，混合后则构成第六类或第七类的货品，应按混合后产品归入相应的税号，但其组成成分必须同时符合下列条件：

（一）其包装形式足以表明这些成分不需经过改装就可以一起使用的；

（二）一起报验的；以及

（三）这些成分的属性及相互比例足以表明是相互配用的。

二、除税目 39.18 或 39.19 的货品外，印有花纹、文字、图画的塑料、橡胶及其制品，如果所印花纹、字画作为其主要用途，应归入第四十九章。

第三十九章　塑料及其制品

注释：

一、本协调制度所称“塑料”，是指税目 39.01 至 39.14 的材料，这些材料能够在聚合时或聚合后在外力（一般是热力和压力，必要时加入溶剂或增塑剂）作用下通过模制、浇铸、挤压、滚轧或其他工序制成一定的形状，成形后除去外力，其形状仍保持不变。

本协调制度所称“塑料”，还应包括钢纸，但不包括第十一类的纺织材料。

二、本章不包括：

（一）税目 27.10 或 34.03 的润滑剂；

（二）税目 27.12 或 34.04 的蜡；

（三）单独的已有化学定义的有机化合物（第二十九章）；

（四）肝素及其盐（税目 30.01）；

（五）税目 39.01 至 39.13 所列的任何产品溶于挥发性有机溶剂的溶液（胶棉除外），但溶剂的重量必须超过溶液重量的 50%（税目 32.08）；税目 32.12 的压印箔；

（六）有机表面活性剂或税目 34.02 的制剂；

（七）再熔胶及酯胶（税目 38.06）；

（八）矿物油（包括汽油）或与矿物油用途相同的其他液体用的配制添加剂（税目 38.11）；

（九）以第三十九章的聚乙二醇、聚硅氧烷或其他聚合物为基本成分配制的液压用液体

（税目 38.19）；

（十）附于塑料衬背上的诊断或实验用试剂（税目 38.22）；

（十一）第四十章规定的合成橡胶及其制品；

（十二）鞍具及挽具（税目 42.01）；税目 42.02 的衣箱、提箱、手提包及其他容器；

（十三）第四十六章的缏条、编结品及其他制品；

（十四）税目 48.14 的壁纸；

（十五）第十一类的货品（纺织原料及纺织制品）；

（十六）第十二类的物品（例如，鞋靴、帽类、雨伞、阳伞、手杖、鞭子、马鞭及其零件）；

（十七）税目 71.17 的仿首饰；

（十八）第十六类的物品（机器、机械器具或电气器具）；

（十九）第十七类的航空器零件及车辆零件；

（二十）第九十章的物品（例如，光学元件、眼镜架及绘图仪器）；

（二十一）第九十一章的物品（例如，钟壳及表壳）；

（二十二）第九十二章的物品（例如，乐器及其零件）；

（二十三）第九十四章的物品（例如，家具、灯具、照明装置、灯箱及活动房屋）；

（二十四）第九十五章的物品（例如，玩具、游戏品及运动用品）；或

（二十五）第九十六章的物品（例如，刷子、纽扣、拉链、梳子、烟斗的嘴及柄、香烟嘴及类似品、保温瓶的零件及类似品、钢笔、活动铅笔、独脚架、双脚架、三脚架及类似品）。

三、税目 39.01 至 39.11 仅适用于化学合成的下列货品：

（一）采用减压蒸馏法，在压力转换为 1013 毫巴下的温度 300℃时，以体积计馏出量小于 60%的液体合成聚烯烃（税目 39.01 及 39.02）；

（二）非高度聚合的苯并呋喃-茚树脂（税目 39.11）；

（三）平均至少有五个单体单元的其他合成聚合物；

（四）聚硅氧烷（税目 39.10）；

（五）甲阶酚醛树脂（税目 39.09）及其他预聚物。

四、所称“共聚物”，包括在整个聚合物中按重量计没有一种单体单元的含量在 95%及以上的各种聚合物。

在本章中，除条文另有规定的以外，共聚物（包括共缩聚物、共加聚物，嵌段共聚物及接枝共聚物）及聚合物混合体应按聚合物中重量最大的那种共聚单体单元所构成的聚合物归入相应税目。在本注释中，归入同一税目的聚合物的共聚单体单元应作为一种单体单元对待。

如果没有任何一种共聚单体单元重量为最大，共聚物或聚合物混合体应按号列顺序归入其可归入的最末一个税目。

五、化学改性聚合物，即聚合物主链上的支链通过化学反应发生了变化的聚合物，应按未改性的聚合物的相应税目归类。本规定不适用于接枝共聚物。

六、税目39.01至39.14所称“初级形状”，只限于下列各种形状：

（一）液状及糊状，包括分散体（乳浊液及悬浮液）及溶液；

（二）不规则形状的块，团、粉（包括压型粉）、颗粒、粉片及类似的散装形状。

七、税目39.15不适用于已制成初级形状的单一的热塑材料废碎料及下脚料（税目39.01至39.14）。

八、税目39.17所称“管子”，是指通常用于输送或供给气体或液体的空心制品或半制品（例如，肋纹浇花软管、多孔管），还包括香肠用肠衣及其他扁平管。除肠衣及扁平管外，内截面如果不呈圆形、椭圆形、矩形（其长度不超过宽度的1.5倍）或正几何形，则不能视为管子，而应作为异型材。

九、税目39.18所称“塑料糊墙品”，适用于墙壁或天花板装饰用的宽度不小于45厘米的成卷产品，这类产品是将塑料牢固地附着在除纸张以外任何材料的衬背上，并且在塑料面起纹、压花、着色、印制图案或用其他方法装饰。

十、税目39.20及39.21所称“板、片、膜、箔、扁条”，只适用于未切割或仅切割成矩形（包括正方形）（含切割后即可供使用的），但未经进一步加工的板、片、膜、箔、扁条（第五十四章的物品除外）及正几何形块，不论是否经过印制或其他表面加工。

十一、税目39.25只适用于第二分章以前各税目未包括的下列物品：

（一）容积超过300升的囤、柜（包括化粪池）、罐、桶及类似容器；

（二）用于地板、墙壁、隔墙、天花板或屋顶等方面的结构件；

（三）槽管及其附件；

（四）门、窗及其框架和门槛；

（五）阳台、栏杆、栅栏、栅门及类似品；

（六）窗板、百叶窗（包括威尼斯式百叶窗）或类似品及其零件、附件；

（七）商店、工棚、仓库等用的拼装式固定大形货架；

（八）建筑用的特色（例如，凹槽、圆顶及鸽棚式）装饰件；以及

（九）固定装于门窗、楼梯、墙壁或建筑物其他部位的附件及架座，例如，球形把手、拉手、挂钩、托架、毛巾架、开关板及其他护板。

子目注释：

一、属于本章任一税目项下的聚合物（包括共聚物）及化学改性聚合物应按下列规则归类：

（一）在同级子目中有一个“其他”子目的：

1. 子目所列聚合物名称冠有“聚（多）”的（例如，聚乙烯及聚酰胺-6，6），是指列名的该种聚合物单体单元含量在整个聚合物中按重量计必须占95%及以上。

2. 子目3901.30、3901.40、3903.20、3903.30及3904.30所列的共聚物，如果该种共聚单体单元含量在整个聚合物中按重量计占95%及以上，应归入上述子目。

3. 化学改性聚合物如未在其他子目具体列名，应归入列明为“其他”的子目内。

4. 不符合上述1、2、3款规定的聚合物，应按聚合物中重量最大的那种单体单元（与其他各种单一的共聚单体单元相比）所构成的聚合物归入该级其他相应子目。为此，归入同一子目的聚合物单体单元应作为一种单体单元对待。只有在同级子目中的聚合物共聚单体单元才可以进行比较。

（二）在同级子目中没有“其他”子目的：

1. 聚合物应按聚合物中重量最大的那种单体单元（与其他各种单一的共聚单体单元相比）所构成的聚合物归入该级相应子目。为此，归入同一子目的聚合物单体单元应作为一种单体单元对待。只有在同级子目中的聚合物共聚单体单元才可以进行比较。

2. 化学改性聚合物应按相应的未改性聚合物的子目归类。

聚合物混合体应按单体单元比例相等、种类相同的聚合物归入相应子目。

二、子目3920.43所称“增塑剂”，包括“次级增塑剂”。

【税则号列】 3901.1000

【商品名称】 低密度高压聚乙烯

【规格型号】 Ineos Novex | 20P730 | 乙烯100% | 非线性 | 密度为0.9205 | 挤出级 | 白色颗粒 | （签约日期） | （用途）

【商品描述】 略。

【监管证件】 无监管证件要求

【税则号列】 3901.1000

【商品名称】 中密度聚乙烯

【规格型号】 Yuclair牌 | DX800 | 乙烯95.6%，1-辛烯4%，添加剂0.4%，乙烯95.98%，1-辛烯4.02% | 非线性 | 密度为0.9335 | 管材级 | 颗粒状 | 制造管材用 | （签约日期）

【商品描述】 略。

【监管证件】 无监管证件要求

【税则号列】 3901.1000

【商品名称】 聚乙烯

【规格型号】 碧美特牌 | AC-06A | 乙烯95%，丁烯5% | 线性 | 密度为0.92 | 注塑级 | 白色颗粒 | （签约日期）

【商品描述】 略。

【监管证件】 无监管证件要求

【税则号列】 3901. 1000

【商品名称】 高压低密度聚乙烯 LDPE

【规格型号】 （品牌） | （型号） | （签约日期） | （用途） | 聚乙烯 98%，添加剂 2% | 乙烯单体 100% | 非线型 | 密度为 0. 92 | 颗粒状

【商品描述】 略。

【监管证件】 无监管证件要求

【税则号列】 3901. 1000

【商品名称】 高压低密度聚乙烯

【规格型号】 （品牌） | （型号） | （签约日期） | （用途） | 99%聚乙烯，1%添加剂 | 乙烯 100% | 非线型 | 吹膜级 | 密度为 0. 921 | 颗粒状

【商品描述】 略。

【监管证件】 无监管证件要求

【税则号列】 3901. 2000

【商品名称】 高密度低压聚乙烯

【规格型号】 Indian 牌 | 010E52 | （签约日期） | 用于制造绳索和中空制品等 | 100%的聚乙烯，97%的乙烯单体，3%的已烯单体 | 密度为 0. 952 | 拉丝级 | 颗粒状

【商品描述】 略。

【监管证件】 无监管证件要求

【税则号列】 3901. 2000

【商品名称】 高密度聚乙烯

【规格型号】 （品牌） | FILM9001 型 | （签约日期） | （用途） | 聚乙烯 99%，添加剂 1% | 乙烯单体 100% | 密度为 0. 95 | 薄膜级 | 颗粒状

【商品描述】 略。

【监管证件】 无监管证件要求

【税则号列】 3901. 2000

【商品名称】 高密度聚乙烯胶粒

【规格型号】 Equate 牌 | EGDA-6888 | 乙烯单体>95% | 乙烯单体 | 密度为 0. 952 克/立方厘米 | 薄膜级 | 粒状 | 用途为吹膜胶袋

【商品描述】 略。

【监管证件】 无监管证件要求

【税则号列】 3901. 4020
【商品名称】 线型低密度聚乙烯
【规格型号】 Exxonmobil 牌 | 1018LA | （签约日期） | 用于制作农膜及包装薄膜 | 99%的聚合物，添加剂 1%，乙烯 93%，辛烯 7% | 薄膜级 | 颗粒状 | （单体单元的种类和比例）
【商品描述】 略。
【监管证件】 无监管证件要求

【税则号列】 3901. 4020
【商品名称】 线型低密度聚乙烯（LL1999SS）
【规格型号】 埃克森美孚 | LL1999SS | （签约日期） | 制造薄膜用 | 乙烯 89. 1%，a 烯烃 10. 9% | 线型 | 薄膜级 | 副牌料，颗粒 | （单体单元的种类和比例）
【商品描述】 略。
【监管证件】 无监管证件要求

【税则号列】 3901. 4020
【商品名称】 线型低密度聚乙烯 LLDPE
【规格型号】 （品牌） | （型号） | （签约日期） | （用途） | 乙烯丁烯共聚物 100%，乙烯单体 93%，乙烯单体 7% | 薄膜级 | 颗粒状
【商品描述】 略。
【监管证件】 无监管证件要求

【税则号列】 3901. 4020
【商品名称】 线性低密度聚乙烯
【规格型号】 Exxonmobil 牌 | LL1002KW | （签约日期） | （用途） | 聚乙烯 92. 5%，添加剂 7. 5% | 乙烯<95%，丁烯>5% | 0. 918 克/立方厘米 | 薄膜级 | 粒状
【商品描述】 略。
【监管证件】 无监管证件要求

【税则号列】 3901. 9090
【商品名称】 乙烯–丙烯酸共聚物
【规格型号】 Dupont | TP101 | （签约日期） | （用途） | 乙烯 92%、丙烯酸 8% | 挤出级 | 白色颗粒
【商品描述】 易碎性好。
【监管证件】 无监管证件要求

【税则号列】 3902. 1000
【商品名称】 聚丙烯（副牌）
【规格型号】 PPCL | 丙烯>99%，添加剂<1% | 熔指 27g/10min | 注塑级 | 粒状 | 做注塑件用
【商品描述】 略。
【监管证件】 无监管证件要求

【税则号列】 3902. 1000
【商品名称】 聚丙烯塑胶粒
【规格型号】 Samsung Total | FB51 | 聚丙烯 96%，阻燃剂 3%，抗氧剂 1% | 单体含量丙烯：乙烯=95：5，灰分 0. 5%~3% | 注塑级 | 粒状 | 用于制造电器配件
【商品描述】 略。
【监管证件】 无监管证件要求

【税则号列】 3902. 1000
【商品名称】 聚丙烯
【规格型号】 Yuhwa | PP RP2400 | 25 千克/包 | 由 96%的丙烯单体单元和 4%的其他烯烃单体单元组成（非共聚物） | 挤出级 | 粒状 | 用于塑料管材加工 | （签约日期）
【商品描述】 略。
【监管证件】 无监管证件要求

【税则号列】 3902. 3010
【商品名称】 乙烯丙烯共聚物（注塑级）
【规格型号】 Cosmoplene | AZ191 | 乙烯 8%~10%，丙烯 90%~95%，其他 1% | 注塑级 | 颗粒状 | 用作制造汽车零部件 | （单体单元的种类和比例） | （签约日期）
【商品描述】 略。
【监管证件】 无监管证件要求

【税则号列】 3902. 3010
【商品名称】 丙烯聚合物
【规格型号】 AZ564G 等 | 乙烯丙烯共聚物 100%，丙烯 80%，乙烯 20% | 注塑级 | 颗粒状 | （品牌） | （单体单元的种类和比例） | （签约日期） | （用途）
【商品描述】 略。
【监管证件】 无监管证件要求

【税则号列】 3903. 3090
【商品名称】 丙烯腈–丁二烯–苯乙烯/ABS 塑胶粒
【规格型号】 LG 牌等 | HI–12 | 丙烯腈–丁二烯–苯乙烯 100% | 丙烯腈：丁二烯：苯乙烯=2：2：6 | 未改性 | 颗粒 | （用途） | （单体单元的种类和比例） | （级别） | （签约日期）
【商品描述】 略。
【监管证件】 无监管证件要求

【税则号列】 3903. 3090
【商品名称】 丙烯腈–丁二烯–苯乙烯共聚物（ABS 树脂）
【规格型号】 Styron 牌 | 3416SC | 丙烯腈–丁二烯–苯乙烯共聚物 100%，丙烯腈 25%，丁二烯 25%，苯乙烯 50% | 非改性 | 注塑级 | 本白色颗粒 | 生产汽车内饰用 | （单体单元的种类和比例） | （签约日期）
【商品描述】 略。
【监管证件】 无监管证件要求

【税则号列】 3903. 3090
【商品名称】 丙烯腈–丁二烯–苯乙烯共聚物（ABS 塑胶粒）
【规格型号】 台达牌 | 8540T | 丙烯腈 21%~25%，丁二烯 15%~19%，苯乙烯 57%~61%，其他 1%~3% | 非改性 | 颗粒状 | 防火级 | 制作电池壳 | （单体单元的种类和比例） | （签约日期）
【商品描述】 略。
【监管证件】 无监管证件要求

【税则号列】 3905. 3000
【商品名称】 聚乙烯醇
【规格型号】 PVA088–50（G） | 白色或微黄粉末 | （单体单元的种类和比例） | （品牌） | （签约日期） | PVA95%，水 1. 1%，醋酸甲酯 0. 5%，甲醇 2. 4%，醋酸钠约 1% | 用于纺织、环保白乳胶、造纸等行业
【商品描述】 英文简写为 PVA。
【监管证件】 A

【税则号列】 3906. 9010

【商品名称】 聚丙烯酰胺

【规格型号】 AN934MPM | 白色粉末，稍有气味 | 聚丙烯酰胺 90%，其余为水 | 用途为水处理剂 | （单体单元的种类和比例） | （品牌） | （签约日期）

【商品描述】 略。

【监管证件】 A

【税则号列】 3906. 9090

【商品名称】 丙烯酸树脂溶液

【规格型号】 Olester 牌 | 丙烯酸树脂 85%，醋酸乙酯 15% | 单体二季戊四醇六丙烯酸酯 80%，异佛尔酮二乙氰酸酯 20% | （外观） | （型号） | （签约日期） | （用途）

【商品描述】 略。

【监管证件】 无监管证件要求

【税则号列】 3907. 2090

【商品名称】 聚苯醚

【规格型号】 白蓝星 | LXR040 | 白色或浅黄色颗粒 | 聚苯醚 99. 9% | （单体单元的种类和比例） | （签约日期）

【商品描述】 略。

【监管证件】 无监管证件要求

【税则号列】 3907. 4000

【商品名称】 PC 胶粒

【规格型号】 Emerge 牌 | 聚碳酸酯 100% | 白色粒子 | （型号） | （单体单元的种类和比例） | （签约日期）

【商品描述】 略。

【监管证件】 无监管证件要求

【税则号列】 3907. 4000

【商品名称】 聚碳酸酯塑胶粒

【规格型号】 Lupilon 牌 | S-2000 VR5313 | 粒状 | 聚碳酸酯 97%，添加剂 3% | 含单体双酚 A30%，碳酸二苯酯 70% | 注塑级 | 用于生产电器零件 | （签约日期）

【商品描述】 略。

【监管证件】 无监管证件要求

【税则号列】 3907. 4000
【商品名称】 聚碳酸酯胶粒
【规格型号】 Panlite（帝人牌）｜L–1250Y｜聚碳酸酯 100%｜含单体双酚 A99. 9%，其他 0. 1%｜薄膜级｜无色透明｜生产薄膜用｜（签约日期）
【商品描述】 略。
【监管证件】 无监管证件要求

【税则号列】 3907. 4000
【商品名称】 聚碳酸酯（PC/ABS）
【规格型号】 Styron｜A35–105（NA）｜聚碳酸酯 65%，丙烯腈–丁二烯–苯乙烯 35%｜白色颗粒｜（单体单元的种类和比例）｜（签约日期）
【商品描述】 略。
【监管证件】 无监管证件要求

【税则号列】 3908. 1012
【商品名称】 锦纶（尼龙）6 切片
【规格型号】 美达牌｜M6A2403H｜聚酰胺–6 制，聚酰胺 99. 5%｜已内酰胺单体 0. 5%｜纺丝级｜半消光粒状｜纺丝用｜（签约日期）
【商品描述】 略。
【监管证件】 无监管证件要求

【税则号列】 3908. 1012
【商品名称】 聚酰胺–6 切片（宇部尼龙 1022B10）
【规格型号】 UBE｜1022B10｜尼龙 6 含量 98. 8%，低聚物 1. 2%，已内酰胺 0. 2%，二聚物～六聚物 1%｜拉膜级｜乳白色半透明颗粒｜生产薄膜用｜（签约日期）
【商品描述】 略。
【监管证件】 无监管证件要求

【税则号列】 3908. 1012
【商品名称】 聚酰胺–6 切片［NYLON6 CHIPS］
【规格型号】 集盛［ZISAMIDE］牌｜HP3207｜聚已内酰胺 99. 94%，水分 0. 06%｜6–已内酰胺 99. 94%｜A 级，拉丝级｜有光，颗粒状｜（用途）｜（签约日期）
【商品描述】 略。
【监管证件】 无监管证件要求

【税则号列】 3908. 1012
【商品名称】 聚酰胺-6 切片
【规格型号】 力宝龙（LIBOLON）牌 | N130-310 | 聚己内酰胺 100% | 6-己内酰胺 100% | AA 级 | 有光，颗粒状 | 生产锦纶用 | （签约日期）
【商品描述】 略。
【监管证件】 无监管证件要求

【税则号列】 3909. 2000
【商品名称】 三聚氰胺甲醛树脂
【规格型号】 Hopax 牌 | 型号 WF-70 | 吨桶装 | 三聚氰胺甲醛 70%，水 30% | 三聚氰胺 63%，甲醛 37% | 无色液体 | 造纸用化工原料 | （签约日期）
【商品描述】 略。
【监管证件】 无监管证件要求

【税则号列】 3909. 4000
【商品名称】 酚醛树脂
【规格型号】 Dow 牌 | XZ92741. 00 等 | 黄色黏性液体 | （成分含量） | （单体单元的种类和比例） | （签约日期） | （用途）
【商品描述】 略。
【监管证件】 AB

【税则号列】 3909. 5000
【商品名称】 甲苯二异氰酸酯-三羟甲基丙烷加成物
【规格型号】 HY-75 | 75%的三羟甲基丙烷与甲苯二异氰酸酯 1：3 得到的加成产物，乙酸乙酯 5%，三羟甲基丙烷：甲苯二异氰酸酯：乙酸乙酯 = 12：63：25 | 液体透明状 | 与聚氯酯涂料混合使用 | （品牌） | （签约日期）
【商品描述】 略。
【监管证件】 AB

【税则号列】 3909. 5000
【商品名称】 聚氨酯预聚体
【规格型号】 CPU–H8013 等 | 18 千克/铁桶 | 聚氨酯树脂 80%～90%，二苯基甲烷–4，4'–二异氰酸酯 10%～20% | 聚氨酯多元醇预聚物 80%～90%，二异氰酸酯 10%～20%，其中 10%包括己二酸、丙二醇、丁二醇 | 用于生产打印机/复印机配件 | （品牌） | （签约日期） | （外观）
【商品描述】 略。
【监管证件】 AB

【税则号列】 3910. 0000
【商品名称】 聚硅氧烷
【规格型号】 Shin–Etsu | RF–1500CS | 纯度≥99. 7% | 无色透明液体 | 不溶于水 | 生产硅酮密封胶用 | （签约日期）
【商品描述】 略。
【监管证件】 无监管证件要求

【税则号列】 3910. 0000
【商品名称】 有机硅树脂
【规格型号】 Wacker | SILRES H62 | 100%聚硅氧烷 | 桶装液体 | 不溶于水 | 用于电机绝缘件的真空浸渍工艺 | （签约日期）
【商品描述】 略。
【监管证件】 无监管证件要求

【税则号列】 3911. 1000
【商品名称】 石油树脂
【规格型号】 Oppera 牌 | PR130J | 20 千克/包 | 环戊二烯>99%，抗氧化剂<0. 5% | 白色粒状 | 生产薄膜用的添加剂 | （签约日期）
【商品描述】 略。
【监管证件】 无监管证件要求

【税则号列】 3911. 1000
【商品名称】 石油树脂
【规格型号】 中德 | FT–5100 | 石油树脂 99. 97% | 浅黄色至浅褐色片状或粒状固体 | 橡胶中加入石油树脂能起到增黏、补强、软化的作用等 | （签约日期）
【商品描述】 略。
【监管证件】 无监管证件要求

【税则号列】 3912. 3100
【商品名称】 羧甲基纤维素钠
【规格型号】 Bondwel 牌 | FVH6-2 | 粉状 | 羧甲基纤维素钠 100% | （用途） | （签约日期）
【商品描述】 略。
【监管证件】 无监管证件要求

【税则号列】 3913. 9000
【商品名称】 黄原胶
【规格型号】 （外观） | （来源） | （成分含量） | （品牌） | （型号） | （签约日期） | （用途）
【商品描述】 黄原胶又称黄胶、汉生胶，黄单胞多糖，是一种由假黄单胞菌属发酵产生的单孢多糖，由甘蓝黑腐病野油菜黄单胞菌以碳水化合物为主要原料，经好氧发酵生物工程技术，切断 1，6-糖苷键，打开支链后，再按 1，4-键合成直链组成的一种酸性胞外杂多糖。由于它的大分子特殊结构和胶体特性而具有多种功能，可作为乳化剂、稳定剂、凝胶增稠剂、浸润剂、膜成型剂等，广泛应用于国民经济各个领域。
【监管证件】 无监管证件要求

【税则号列】 3915. 1000
【商品名称】 PE 废薄膜料
【规格型号】 成卷，带轴心 41 厘米~90 厘米 | （来源） | 已经破坏处理 | 杂色 | 聚乙烯
【商品描述】 无规则，回收级，使用过程中的剩余料件或不能正常使用的残废品。
【监管证件】 9A

【税则号列】 3915. 1000
【商品名称】 PE 废塑料
【规格型号】 捆膜 | 杂色 | 不成卷 | 工业回收 | 已破坏
【商品描述】 略。
【监管证件】 9A

【税则号列】 3915. 1000
【商品名称】 PE 杂色废塑料
【规格型号】 杂色 | （来源） | 桶箱盒废碎料 | 破坏清洗 | （是否成卷）
【商品描述】 略。
【监管证件】 9A

【税则号列】 3915. 1000
【商品名称】 废聚乙烯工业下脚碎料
【规格型号】 杂色|（来源）|废桶粉碎料|已破坏性处理|（是否成卷）
【商品描述】 略。
【监管证件】 9A

【税则号列】 3915. 1000
【商品名称】 乙烯聚合物的废碎料及下脚料
【规格型号】 捆装|非居民家收集的和生活垃圾中分拣的|非使用过的农用聚乙烯地膜|无轴心|已破坏性处理，经粗洗
【商品描述】 略。
【监管证件】 9A

【税则号列】 3915. 2000
【商品名称】 废塑料（废家用电器拆解聚苯乙烯片材）、聚苯乙烯的废片材
【规格型号】 杂色，无规则|打捆废片材，家用电器拆解|聚苯乙烯（PS）|非成卷，无轴心|已破坏性处理
【商品描述】 略。
【监管证件】 9A

【税则号列】 3915. 3000
【商品名称】 PVC 废膜料、聚氯乙烯的废碎料及下脚料
【规格型号】 杂色，不规则|在生产加工过程中产生的边角废料|非成卷，无轴心
【商品描述】 回收级。
【监管证件】 9A

【税则号列】 3915. 9010
【商品名称】 废 PET 饮料瓶（砖）
【规格型号】 杂色占 20%或 30%|市场回收的旧 PET 饮料瓶|已破坏性处理|（是否有轴心）
【商品描述】 略。
【监管证件】 9A

【税则号列】 3915. 9090

【商品名称】 废塑料 PP

【规格型号】 杂色膜（白色膜在 80%以下）| 注塑加工产生的下脚料及日用杂塑料| 聚丙烯| 非成卷不带轴心| 已破坏性处理

【商品描述】 工业回收级/散装不规则，PP 废膜或与其他少量聚合物混装/打捆的废膜料。

【监管证件】 9A

【税则号列】 3915. 9090

【商品名称】 PP 废塑料

【规格型号】 杂色，无规则| 在生产、加工过程中产生的聚丙烯边角废料| 非成卷，无轴心| 已破坏性处理| （成分）

【商品描述】 回收级。

【监管证件】 9A

【税则号列】 3917. 2100

【商品名称】 塑料管

【规格型号】 福乐斯牌| 乙烯聚合物| （型号）|（生产厂商）| 输水用塑料管道

【商品描述】 具有质轻、耐腐蚀、外形美观、无不良气味、加工容易、施工方便等特点。

【监管证件】 无监管证件要求

【税则号列】 3917. 2900

【商品名称】 玻璃钢管

【规格型号】 （成分）|（是否装有附件）|（最小爆破压力）|（品牌）|（型号）|（生产厂商）| 输出石油用

【商品描述】 玻璃纤维增强环氧树脂制硬管。

【监管证件】 无监管证件要求

【税则号列】 3918. 1090

【商品名称】 PVC 地板

【规格型号】 D10902，D12401，D17502 等，0. 35 毫米×72 英寸×22. 86 米（25Y）|（品牌）| 铺地用| 聚氯乙烯 65%，增塑剂 25%，稳定剂 2. 5%，颜料 0. 3%，碳酸钙 4%等

【商品描述】 彩色地砖图。

【监管证件】 无监管证件要求

【税则号列】 3918. 1090

【商品名称】 塑料地砖

【规格型号】 12 英寸×12 英寸×1. 2 毫米｜装饰地面用｜成分包括 PVC 、$CaCO_3$、增塑剂、稳定剂｜（品牌）

【商品描述】 杂色。

【监管证件】 无监管证件要求

【税则号列】 3919. 9090

【商品名称】 自粘保护膜

【规格型号】 非卷状｜宽≤20 厘米｜Action 牌｜（型号）｜（成分含量）｜自粘｜烯烃聚合物等制｜保护作用

【商品描述】 略。

【监管证件】 无监管证件要求

【税则号列】 3919. 9090

【商品名称】 自粘泡棉

【规格型号】 成片｜89. 52 毫米×55. 37 毫米｜聚烯烃与亚克力胶合制｜安装在手机内部起缓冲作用｜（成分含量）｜（品牌）｜（型号）

【商品描述】 略。

【监管证件】 无监管证件要求

【税则号列】 3920. 1090

【商品名称】 MPM 封口条

【规格型号】 7. 5 毫米×0. 08 毫米｜（外观）｜（品牌）｜（是否非泡沫）｜（型号）｜聚乙烯 75%，聚对苯二甲酸乙二醇酯 25%｜三层聚乙烯经过热压黏合在一起制成的成卷细长条｜用于封口

【商品描述】 略。

【监管证件】 无监管证件要求

【税则号列】 3920. 1090

【商品名称】 PE 胶片

【规格型号】 保护电子显示屏｜浅灰色透明片状｜不与其他材料合制｜100%PE｜厚 0. 5 毫米，长 1600 毫米，宽 700 毫米~850 毫米｜非泡沫｜无品牌｜无型号

【商品描述】 略。

【监管证件】 无监管证件要求

【税则号列】 3920. 1090
【商品名称】 聚烯烃热收缩薄膜
【规格型号】 厚15毫米~25微米，宽200毫米~500毫米|（外观）|（是否与其他材料合制）|（是否非泡沫）|（品牌）|（型号）|聚乙烯含量大于85%|食物包装用
【商品描述】 略。
【监管证件】 无监管证件要求

【税则号列】 3920. 1090
【商品名称】 阻隔薄膜
【规格型号】 卷状|长1500米~3000米，宽880毫米~1320毫米|（是否与其他材料合制）|（品牌）|（型号）|非泡沫未加强薄膜|聚乙烯55%~65%、（聚酰胺-6、聚丙烯、乙烯-乙烯醇共聚物）35%~45%|包装用
【商品描述】 略。
【监管证件】 无监管证件要求

【税则号列】 3920. 6200
【商品名称】 聚对苯二甲酸乙二酯薄膜
【规格型号】 厚12微米，宽1086毫米~1419毫米|EWA牌|（型号）|经聚偏二氯乙烯乳胶涂层的白色非泡沫薄膜，其中聚酯含量≥86%|食物包装用
【商品描述】 略。
【监管证件】 无监管证件要求

【税则号列】 3920. 6200
【商品名称】 聚酯薄膜
【规格型号】 Toyobo牌|K2411型等|（规格尺寸）|聚对苯二甲酸乙二酯制|成卷|非泡沫|未与其他材料合制|生产标签用
【商品描述】 略。
【监管证件】 无监管证件要求

【税则号列】 3920. 9200
【商品名称】 聚酰胺薄膜
【规格型号】 (品牌) | (型号) | 厚 17 微米，宽 675 毫米～1170 毫米 | (是否与其他材料合制) | 经偏二氯乙烯乳胶涂层的非泡沫薄膜 | 聚酰胺含量大于 90% | 食物包装用
【商品描述】 略。
【监管证件】 无监管证件要求

【税则号列】 3920. 9910
【商品名称】 聚四氟乙烯制其他非农业用膜
【规格型号】 (品牌) | (型号) | 1040D×4000M，AGC，25PWA | (是否与其他材料合制) | (是否非泡沫) | 成卷白色膜 | 聚四氟乙烯 100% | 太阳能电池背板用
【商品描述】 略。
【监管证件】 无监管证件要求

【税则号列】 3920. 9990
【商品名称】 覆盖膜
【规格型号】 (品牌) | (型号) | 厚 0. 25 毫米×宽 250 毫米×长 100 米 | 卷状盒装 | (是否非泡沫) | 丙烯酸树脂 50%，聚酰亚胺 50% | 未与其他材料合制 | 印刷电路板用
【商品描述】 不自粘。
【监管证件】 无监管证件要求

【税则号列】 3920. 9990
【商品名称】 聚醚醚酮薄膜
【规格型号】 井上牌 | (型号) | 22 微米×35 毫米 | 聚醚醚酮 65%，黏合剂 35% | 上下两层为聚醚醚酮，中间为黏合剂压制而成 | 非泡沫 | 微黄色半透明卷状 | 生产喇叭振膜用
【商品描述】 略。
【监管证件】 无监管证件要求

【税则号列】 3920. 9990
【商品名称】 塑料膜
【规格型号】 Opulent 牌 | CR2050MT6 等 | 厚 0. 12 毫米，宽 270 毫米 | 4-甲基戊烯聚合物制 | 扁条成卷 | 不与其他材料合制 | 非自粘非泡沫无加强 | 用于线路板
【商品描述】 略。
【监管证件】 无监管证件要求

【税则号列】 3921. 9090

【商品名称】 聚丙烯板

【规格型号】 （品牌）|（型号）|235 毫米×151 毫米×4. 8 毫米|（外观）|（是否与其他材料合制）|（泡沫塑料请注明）|玻纤层压加强|加工后生产汽车底护板用

【商品描述】 略。

【监管证件】 无监管证件要求

【税则号列】 3921. 9090

【商品名称】 离子交换膜

【规格型号】 Aciplex 牌|F-6801|1350 毫米×2465 毫米|羧酸树脂、磺酸树脂、聚四氟乙烯制|白色|未与其他材料合制|非泡沫|用于生产烧碱

【商品描述】 略。

【监管证件】 无监管证件要求

【税则号列】 3923. 5000

【商品名称】 瓶盖

【规格型号】 （品牌）|（型号）|聚乙烯制白酒瓶用盖子

【商品描述】 略。

【监管证件】 无监管证件要求

【税则号列】 3923. 5000

【商品名称】 塑料瓶盖

【规格型号】 梅列娜亚牌|（型号）|聚丙烯制瓶盖|用于封闭酒瓶

【商品描述】 略。

【监管证件】 无监管证件要求

【税则号列】 3923. 9000

【商品名称】 可回收货架

【规格型号】 （品牌）|聚乙烯制|用于盛装变速箱

【商品描述】 略。

【监管证件】 无监管证件要求

【税则号列】 3924. 1000
【商品名称】 塑料盘
【规格型号】 (品牌) | 13 英寸 | 100%聚丙烯制餐桌用盘
【商品描述】 略。
【监管证件】 A

【税则号列】 3924. 1000
【商品名称】 塑料咖啡杯
【规格型号】 Whirley | (型号) | 聚苯乙烯制 | 饮水用小号塑料咖啡杯
【商品描述】 略。
【监管证件】 A

【税则号列】 3926. 2090
【商品名称】 塑料衣服
【规格型号】 (品牌) | 型号 XL | 聚乙烯制塑料衣服 | 一次性防尘用
【商品描述】 略。
【监管证件】 无监管证件要求

【税则号列】 3926. 2090
【商品名称】 塑料围裙
【规格型号】 (品牌) | 大号 | 100%聚乙烯制防尘用塑料围裙
【商品描述】 略。
【监管证件】 无监管证件要求

【税则号列】 3926. 9090
【商品名称】 PU 平板电脑套
【规格型号】 (品牌) | (材质) | PU 平板电脑套
【商品描述】 略。
【监管证件】 无监管证件要求

【税则号列】 3926.9090

【商品名称】 玻璃钢炮筒

【规格型号】 （品牌）|内筒直径2寸、4寸、5寸、6寸、8寸、10寸|玻璃钢纤维筒是礼花燃放工具，俗称炮筒|用玻璃纤维35%，不饱和树脂55%，碳酸钙10%加工而成

【商品描述】 一端封口。烟花燃放时，将炮筒置于固定的铁架或其他固定材料上，再将礼花弹放入其中，通过引线或其他电子点火设备点燃后发射礼花弹。

【监管证件】 无监管证件要求

第四十章　橡胶及其制品

注释：

一、除条文另有规定的以外，本协调制度所称"橡胶"，是指不论是否硫化或硬化的下列产品：天然橡胶、巴拉塔胶、古塔波胶、银胶菊胶、糖胶树胶及类似的天然树胶、合成橡胶、从油类中提取的油膏以及上述物品的再生品。

二、本章不包括：

（一）第十一类的货品（纺织原料及纺织制品）；

（二）第六十四章的鞋靴及其零件；

（三）第六十五章的帽类及其零件（包括游泳帽）；

（四）第十六类的硬质橡胶制的机械器具、电气器具及其零件（包括各种电气用品）；

（五）第九十章、第九十二章、第九十四章或第九十六章的物品；或

（六）第九十五章的物品（运动用分指手套、连指手套及露指手套及税目40.11至40.13的制品除外）。

三、税目40.01至40.03及40.05所称"初级形状"，只限于下列形状：

（一）液状及糊状，包括胶乳（不论是否预硫化）及其他分散体和溶液；

（二）不规则形状的块，团、包、粉、粒、碎屑及类似的散装形状。

四、本章注释一和税目40.02所称"合成橡胶"，适用于：

（一）不饱和合成物质，即用硫磺硫化能使其不可逆地变为非热塑物质，这种物质能在温度18℃~29℃之间被拉长到其原长度的3倍而不致断裂，拉长到原长度的2倍时，在5分钟内能回复到不超过原长度的1.5倍。为了进行上述试验，可以加入交联所需的硫化活化剂或促进剂；也允许含有注释五（二）2及3所述的物质。但不能加入非交联所需的物质，例如，增量剂、增塑剂及填料；

（二）聚硫橡胶（TM）；以及

（三）与塑料接枝共聚或混合而改性的天然橡胶、解聚天然橡胶以及不饱和合成物质与饱和合成高聚物的混合物，但这些产品必须符合以上（一）款关于硫化、延伸及回复的要求。

五、

（一）税目40.01及40.02不适用于任何凝结前或凝结后与下列物质相混合的橡胶或橡胶混合物：

1. 硫化剂、促进剂、防焦剂或活性剂（为制造预硫胶乳所加入的除外）；

2. 颜料或其他着色料，但仅为易于识别而加入的除外；

3. 增塑剂或增量剂（用油增量的橡胶中所加的矿物油除外）、填料、增强剂、有机溶剂或其他物质，但以下（二）款所述的除外；

（二）含有下列物质的橡胶或橡胶混合物，只要仍具有原料的基本特性，应归入税目40.01或40.02：

1. 乳化剂或防粘剂；

2. 少量的乳化剂分解产品；

3. 微量的下列物质：热敏剂（一般为制造热敏胶乳用）、阳离子表面活性剂（一般为制造阳性胶乳用）、抗氧剂、凝固剂、碎裂剂、抗冻剂、胶溶剂、保存剂、稳定剂、黏度控制剂或类似的特殊用途添加剂。

六、税目40.04所称"废碎料及下脚料"，是指在橡胶或橡胶制品生产或加工过程中由于切割、磨损或其他原因明显不能按橡胶或橡胶制品使用的废橡胶及下脚料。

七、全部用硫化橡胶制成的线，其任一截面的尺寸超过5毫米的，应作为带、杆或型材及异型材归入税目40.08。

八、税目40.10包括用橡胶浸渍、涂布、包覆或层压的织物制成的或用橡胶浸渍、涂布、包覆或套裹的纱线或绳制成的传动带、输送带。

九、税目40.01、40.02、40.03、40.05及40.08所称"板""片""带"，仅指未切割或只简单切割成矩形（包括正方形）的板片带及正几何形块，不论是否具有成品的特征，也不论是否经过印制或其他表面加工，但未切割成其他形状或进一步加工。

税目40.08所称"杆"或"型材及异型材"，仅指不论是否切割成一定长度或表面加工，但未经进一步加工的该类产品。

【税则号列】 4001.2100

【商品名称】 天然橡胶烟胶片

【规格型号】 RSS3 | 裸装 | （签约日期） | 形状不规则

【商品描述】 从橡胶树上切下，经烟熏加工而成。

【监管证件】 无监管证件要求

【税则号列】 4001. 2200

【商品名称】 技术分类天然橡胶（TSNR）

【规格型号】 SIR20｜（包装）｜（签约日期）｜黄褐色块状

【商品描述】 主要来源于三叶橡胶树，当这种橡胶树的表皮被割开时，就会流出乳白色的汁液，称为胶乳，胶乳经凝聚、洗涤、成型、干燥即得天然橡胶，用于制造小轿车的子午线轮胎。

【监管证件】 无监管证件要求

【税则号列】 4002. 1911

【商品名称】 丁苯橡胶

【规格型号】 SBR（1502）｜昆仑牌｜（丁苯橡胶请注明是否充油、热塑）｜（成分含量）｜（签约日期）｜初级形状｜做轮胎用

【商品描述】 未经任何加工。

【监管证件】 无监管证件要求

【税则号列】 4002. 2090

【商品名称】 丁二烯橡胶板

【规格型号】 BUD1207｜（签约日期）｜（品牌）｜制作轮胎用｜板状｜100%顺丁橡胶

【商品描述】 略。

【监管证件】 无监管证件要求

【税则号列】 4002. 3990

【商品名称】 卤代丁基橡胶

【规格型号】 Exxonmobil｜HT-1066｜制造内胎用｜乳白色方块｜氯化丁基胶 100%｜2011. 12. 12

【商品描述】 略。

【监管证件】 无监管证件要求

【税则号列】 4002. 3990

【商品名称】 氯化丁基橡胶

【规格型号】 CB1066｜（品牌）｜（签约日期）｜乳白色规则形状｜异戊二烯含量2%，异丁烯含量97%，氯含量1%｜主要用于生产丁基橡胶医用瓶塞，与瓶盖的密封性极高

【商品描述】 相对密度为0. 92，不饱和度1. 7mol%，定伸应力4. 7兆帕，灰分0. 5%，水分0. 3%，稳定剂0. 01%~0. 2%。氯化丁基橡胶在辊温低于145℃下混炼，易粘辊，能与不饱和橡胶、氧化锌等材料共混并用，具有共硫化能力，硫化速度较快，自黏性和互黏性较高。由于硫化密致性好，耐热性好，撕裂强度也较高。

【监管证件】 无监管证件要求

【税则号列】 4002. 6090

【商品名称】 异戊二烯橡胶板

【规格型号】 板状78厘米×42厘米×11厘米｜Sawex牌｜SUBSTIC SKI-3｜（签约日期）｜用于制作轮胎｜异戊二烯橡胶100%

【商品描述】 略。

【监管证件】 无监管证件要求

【税则号列】 4002. 8000

【商品名称】 混合橡胶

【规格型号】 SMR10｜（用途）｜（外观）｜（签约日期）｜（品牌）｜天然橡胶SMR10 96. 1%，异戊二烯橡胶3. 9%

【商品描述】 略。

【监管证件】 无监管证件要求

【税则号列】 4002. 8000

【商品名称】 天然橡胶与异戊二烯橡胶的混合物

【规格型号】 97%天然橡胶，3%异戊二烯｜欧马｜无型号｜（签约日期）｜不规则的块状｜用于生产轮胎

【商品描述】 略。

【监管证件】 无监管证件要求

【税则号列】 4002. 9911

【商品名称】 热塑性橡胶 SIS 1106

【规格型号】 巴陵牌 | SIS 1106 | （签约日期） | 苯乙烯-异戊二烯-苯乙烯嵌段共聚物 | 白色颗粒状 | 因其具有热塑性、高弹性、熔融指数和溶液黏度低，与增黏树脂相容性好的特点，广泛用于黏合剂、涂料、塑料及沥青改性等领域，可制备包装袋、妇女卫生巾、纸尿裤、双面胶及标签等

【商品描述】 略。

【监管证件】 无监管证件要求

【税则号列】 4003. 0000

【商品名称】 再生橡胶板

【规格型号】 黑色板状 | 由废旧轮胎再生而成

【商品描述】 规格为 1. 5 毫米×（1~1. 5）米×20 米。

【监管证件】 无监管证件要求

【税则号列】 4005. 1000

【商品名称】 未硫化的复合橡胶

【规格型号】 泉利牌 | SMR20 | （签约日期） | 天然橡胶 98. 5%，炭黑 1%，芳烃油 0. 5% | 黑色有弹性的片状固体 | 未硫化

【商品描述】 略。

【监管证件】 A

【税则号列】 4005. 9100

【商品名称】 复合橡胶

【规格型号】 无品牌型号 | 无 | （签约日期） | 天然橡胶 NR97%，丁苯橡胶 SBR2. 5%，硬脂酸 SA0. 5% | 棕黄色弹性块状固体 | 未硫化

【商品描述】 略。

【监管证件】 A

【税则号列】 4009. 2200

【商品名称】 与金属合制的硫化橡胶管

【规格型号】 奔驰 | S/A2762001052 | 水管用 | 管状 | 与金属合制 | 有附件 | 奔驰 E260 轿车用

【商品描述】 略。

【监管证件】 无监管证件要求

【税则号列】 4009. 3200
【商品名称】 奥迪轿车用用纺织材料加强硫化橡胶管
【规格型号】 （品牌） | 4F0 819 375 B | （外观） | 轿车用 | 用纺织材料加强硫化橡胶管 | 有附件
【商品描述】 略。
【监管证件】 无监管证件要求

【税则号列】 4009. 4200
【商品名称】 奥迪轿车用硫化橡胶管
【规格型号】 （品牌） | 8R0 422 891 B | （外观） | 轿车连接用水管，硫化橡胶软管 | 用塑料材料加强 | 有附件
【商品描述】 略。
【监管证件】 无监管证件要求

【税则号列】 4010. 1100
【商品名称】 输送带
【规格型号】 （品牌） | （规格尺寸） | （用途） | （外观） | 仅用金属加强的硫化橡胶输送带
【商品描述】 略。
【监管证件】 无监管证件要求

【税则号列】 4010. 1200
【商品名称】 橡胶输送带
【规格型号】 （品牌） | （规格尺寸） | （用途） | （外观） | 用纺织材料加强的硫化橡胶输送带
【商品描述】 略。
【监管证件】 无监管证件要求

【税则号列】 4010. 3100
【商品名称】 奥迪轿车硫化橡胶制环形传动带
【规格型号】 （品牌） | 06H 903 137 C 等 | 轿车用 | V 形肋状 | 无加强材料 | 周长 159. 2 厘米 | 梯形截面
【商品描述】 略。
【监管证件】 无监管证件要求

【税则号列】 4011. 1000
【商品名称】 轮胎
【规格型号】 DUNLOP 牌 | 145R 12 6PR LT DV-01 | （速度等级） | 机动小客车用 | 12 英寸 | DV-01（直沟型花纹等） | 145 毫米
【商品描述】 略。
【监管证件】 A

【税则号列】 4011. 2000
【商品名称】 全钢子午线轮胎
【规格型号】 AMBERSTONE 牌 | （胎面花纹） | （速度等级） | 12. 00R24 | 24 英寸 | 断面宽 12 英寸 | 货车用
【商品描述】 略。
【监管证件】 A

【税则号列】 4011. 4000
【商品名称】 摩托车外胎
【规格型号】 （品牌） | 140/60-17 | 混合花纹斜交轮胎 | 摩托车用 | 层级 8PRTL（8 层级真空胎） | 轮辋尺寸 12 英寸×3. 50 英寸（轮胎适配的钢圈尺寸） | 轮胎断面宽度 142 毫米
【商品描述】 由天然橡胶、钢丝、帘布等主要材料组成。
【监管证件】 A

【税则号列】 4011. 8092
【商品名称】 BRIDGESTONE 牌断面宽度 24 英寸以上轮胎
【规格型号】 （品牌） | 53/80R63，36. 00R51 | （速度等级） | 非人字形胎面新充气橡胶子午线轮胎 | 工业用 | 辋圈尺寸大于 61 厘米 | 53/80R63 断面宽度 53 英寸，36. 00R51 断面宽度 36 英寸
【商品描述】 略。
【监管证件】 无监管证件要求

【税则号列】 4014. 1000
【商品名称】 硫化橡胶制安全套
【规格型号】 第六感牌/杰士邦牌 | 计生用品
【商品描述】 至尊超滑型等，144 个/罗（袋）。
【监管证件】 无监管证件要求

【税则号列】 4015. 1900
【商品名称】 硫化橡胶制其他分指、连指及露指手套
【规格型号】 (品牌) | M | 乳胶 90%，填料 10% | 医疗卫生行业护理检查用
【商品描述】 略。
【监管证件】 无监管证件要求

【税则号列】 4015. 1900
【商品名称】 乳胶手套
【规格型号】 (品牌) | XS | 非灭菌型工业用一次性手套 | 乳胶 65%，填充物 35%
【商品描述】 长度最小 230 毫米，厚度最小 0. 08 毫米，包装 100 只/扎、50 扎/包。米白色。
【监管证件】 无监管证件要求

【税则号列】 4016. 9390
【商品名称】 密封条
【规格型号】 (品牌) | 型号 51147203635 等 | 硫化橡胶制 | 用于劳斯莱斯车密封
【商品描述】 略。
【监管证件】 无监管证件要求

【税则号列】 4016. 9990
【商品名称】 绝缘垫
【规格型号】 奔驰 | S/A2126820810 | 硫化橡胶制座椅用 | 非密封件，用于奔驰 E260 轿车
【商品描述】 宽约 2. 5 厘米。
【监管证件】 无监管证件要求

第八类

生皮、皮革、毛皮及其制品；鞍具及挽具；旅行用品、手提包及类似容器；动物肠线（蚕胶丝除外）制品

第四十一章　生皮（毛皮除外）及皮革

注释：

一、本章不包括：

（一）生皮的边角废料（税目 05. 11）；

（二）税目05.05或67.01的带羽毛或羽绒的整张或部分鸟皮；

（三）带毛生皮或已鞣的带毛皮张（第四十三章）；但下列动物的带毛生皮应归入第四十一章：牛（包括水牛）、马、绵羊及羔羊（不包括阿斯特拉罕、喀拉科尔、波斯羔羊或类似羔羊、印度、中国或蒙古羔羊）、山羊或小山羊（不包括也门、蒙古或西藏的山羊及小山羊）、猪（包括野猪）、小羚羊、瞪羚、骆驼（包括单峰骆驼）、驯鹿、麋、鹿、狍或狗。

二、

（一）税目41.04至41.06不包括经逆鞣（包括预鞣）加工的皮（酌情归入税目41.01至41.03）。

（二）税目41.04至41.06所称“坯革”，包括在干燥前经复鞣、染色或加油（加脂）的皮。

三、本协调制度所称“再生皮革”，仅指税目41.15的皮革。

【税则号列】 4101.2019
【商品名称】 盐湿生牛皮（D级）
【规格型号】 整张｜15.20千克/张｜母牛｜（产区）｜盐渍
【商品描述】 未修剪，未去肉，未脱毛，手工削，手套用料，烂边，刀伤，虱口，花青，愈口伤，用于生产劳保制品及其他制品。1.5厘米~2.5厘米，25SF~35SF。
【监管证件】 ABFE/AB

【税则号列】 4101.2019
【商品名称】 盐渍生牛皮
【规格型号】 整张｜平均重量15.81千克/张｜（种类）｜（产区）｜盐渍
【商品描述】 每张面积约30平方英尺~42平方英尺，厚度1.5毫米~4.5毫米，B级。
【监管证件】 ABFE/AB

【税则号列】 4101.5019
【商品名称】 盐湿整张已育生母牛皮
【规格型号】 整张｜大于16千克/张｜（种类）｜（产区）｜盐湿非退鞣处理
【商品描述】 非野生。
【监管证件】 AB

【税则号列】 4101.5019
【商品名称】 湿盐渍的生牛皮、盐渍生牛皮
【规格型号】 整张｜24千克~26千克/张｜母牛｜弗里斯兰｜盐渍
【商品描述】 无烙印，无去肉，机剥。约38平方英尺~40平方英尺/张。
【监管证件】 ABFE/AB

【税则号列】 4101. 5019

【商品名称】 盐湿生牛皮（C 级）

【规格型号】 整张 | 22. 26 千克/张 | 母牛 | （产区） | 盐湿未鞣制非退鞣

【商品描述】 未修剪，未去肉，未脱毛，手工削，有刀伤，虱口，开口伤，机开手助，用于生产劳保制品及其他制品。1. 5 厘米~2. 5 厘米，36SF~42SF。

【监管证件】 ABFE/AB

【税则号列】 4101. 5019

【商品名称】 盐湿整张生牛皮

【规格型号】 整张 | 大于 16 千克/张 | （种类） | （产区） | 盐湿非退鞣处理

【商品描述】 非野生。

【监管证件】 AB

【税则号列】 4101. 9019

【商品名称】 盐湿生牛皮

【规格型号】 3 千克~6 千克/张 | （种类） | （产区） | 盐渍

【商品描述】 腩条，未修剪，未去肉，未脱毛，手工削，有刀伤。用于生产劳保制品及其他制品。厚 0. 5 厘米~1. 5 厘米，15~25 厘米。

【监管证件】 FEAB/AB

【税则号列】 4102. 1000

【商品名称】 盐渍羔羊皮

【规格型号】 厚约 1. 2 毫米，毛长 3 英寸~4 英寸 | 7 平方英尺~7. 5 平方英尺/张 | 1 级 90%，2 级 10% | 盐渍 | 非野生英国羔羊皮 | 带毛 | 制革用

【商品描述】 略。

【监管证件】 AB

【税则号列】 4102. 1000

【商品名称】 盐渍带毛绵羊皮

【规格型号】 1/4 英寸以上 | 平均面积 7 平方英尺/张 | 1 级 90%，2 级 10% | 盐渍 | 老绵羊 | 带毛 | 制革用

【商品描述】 略。

【监管证件】 AB

【税则号列】 4103. 3000
【商品名称】 盐湿猪皮（整张生皮）
【规格型号】 5 千克～13 千克/张，10 平方英尺～22 平方英尺/张｜（种类）｜（是否源于野生动物）｜盐湿非逆鞣
【商品描述】 略。
【监管证件】 ABFE/AB

【税则号列】 4104. 1111
【商品名称】 蓝湿牛皮/粒面已剖层半张腹背皮
【规格型号】 6 千克～9 千克/半张｜（状态）｜（种类）｜（品种）｜（用途）｜（级别）｜经鞣制｜非野生不带毛｜无涂覆
【商品描述】 略。
【监管证件】 AB

【税则号列】 4104. 1911
【商品名称】 蓝湿牛皮
【规格型号】 4 毫米｜3 级｜鞣制，无毛｜全粒面未剖层｜蓝湿｜公牛｜非野生动物｜制皮革用
【商品描述】 略。
【监管证件】 AB

【税则号列】 4104. 4100
【商品名称】 牛皮干革
【规格型号】 1. 2 毫米～1. 8 毫米｜3 级｜经植鞣无毛｜整张｜公牛｜粒面剖层｜非野生｜汽车内饰用
【商品描述】 略。
【监管证件】 无监管证件要求

【税则号列】 4105. 1010
【商品名称】 蓝湿绵羊皮
【规格型号】 3 毫米｜鞣制无毛绵羊皮｜蓝湿｜非野生
【商品描述】 略。
【监管证件】 AB

第四十二章　皮革制品；鞍具及挽具；旅行用品、手提包及类似容器；动物肠线（蚕胶丝除外）制品

注释：

一、本章所称的“皮革”包括油鞣皮革（含结合鞣制的油鞣皮革）、漆皮、层压漆皮和镀金属皮革。

二、本章不包括：

（一）外科用无菌肠线或类似的无菌缝合材料（税目30.06）；

（二）以毛皮或人造毛皮衬里或作面（仅饰边的除外）的衣服及衣着附件（分指手套、连指手套及露指手套除外）（税目43.03或43.04）；

（三）网线袋及类似品（税目56.08）；

（四）第六十四章的物品；

（五）第六十五章的帽类及其零件；

（六）税目66.02的鞭子、马鞭或其他物品；

（七）袖扣、手镯或其他仿首饰（税目71.17）；

（八）单独报验的挽具附件或装饰物，例如，马镫、马嚼子、马铃铛及类似品、带扣（一般归入第十五类）；

（九）弦线、鼓面皮或类似品及其他乐器零件（税目92.09）；

（十）第九十四章的物品（例如，家具，灯具及照明装置）；

（十一）第九十五章的物品（例如，玩具、游戏品及运动用品）；或

（十二）税目96.06的纽扣、揿扣、纽扣芯或这些物品的其他零件、纽扣坯。

三、

（一）除上述注释二所规定的以外，税目42.02也不包括：

1. 非供长期使用的带把手塑料薄膜袋，不论是否印制（税目39.23）；

2. 编结材料制品（税目46.02）。

（二）税目42.02及42.03的制品，如果装有用贵金属、包贵金属、天然或养殖珍珠、宝石或半宝石（天然、合成或再造）制的零件，即使这些零件不是仅作为小配件或小饰物的，只要其未构成物品的基本特征，仍应归入上述税目。但如果这些零件已构成物品的基本特征，则应归入第七十一章。

四、税目42.03所称“衣服及衣着附件”，主要适用于分指手套、连指手套及露指手套（包括运动手套及防护手套）、围裙及其他防护用衣着、裤吊带、腰带、子弹带及腕带，但不包括表带（税目91.13）。

【税则号列】 4202. 1210
【商品名称】 拉杆箱
【规格型号】 ZOTA 牌 | 化纤作面的拉杆箱衣箱 | Lumi 牌，GA801-3
【商品描述】 拉杆箱指具有拉杆和滚轮的箱子。按材质来分，可以分为软的布箱和硬箱两种（硬的又可分为 ABS、PP 和皮革面等，市面上流行的材料为 ABS 或 ABS+PC 还有纯 PC）；按构造来分，可分为立式的拉杆和横式的衣箱两种；按尺寸来分，可分为（从小的尺寸到大的尺寸）16 寸、18 寸、20 寸、22 寸、24 寸、26 寸、28 寸、30 寸等。
【监管证件】 无监管证件要求

【税则号列】 4202. 1290
【商品名称】 书包
【规格型号】 （品牌及款号） | （种类） | 牛津布制
【商品描述】 略。
【监管证件】 无监管证件要求

【税则号列】 4202. 1290
【商品名称】 PU 手袋
【规格型号】 Espada 牌 | 款号 111304，38 厘米×30 厘米×14 厘米 | （种类） | PU 制
【商品描述】 略。
【监管证件】 无监管证件要求

【税则号列】 4202. 1290
【商品名称】 手袋
【规格型号】 （种类） | 化纤制
【商品描述】 略。
【监管证件】 无监管证件要求

【税则号列】 4202. 2200
【商品名称】 手提包
【规格型号】 O′Stin | （种类） | 100%PU
【商品描述】 略。
【监管证件】 无监管证件要求

【税则号列】 4202. 2200
【商品名称】 PU 面手提包
【规格型号】 Lxxb 牌 | 手提式 | PU 面
【商品描述】 略。
【监管证件】 无监管证件要求

【税则号列】 4202. 2200
【商品名称】 帆布制面手提包
【规格型号】 (种类) | (表面材质)
【商品描述】 略。
【监管证件】 无监管证件要求

【税则号列】 4202. 3100
【商品名称】 钱包
【规格型号】 (种类) | 再生皮革或 PU 制
【商品描述】 略。
【监管证件】 无监管证件要求

【税则号列】 4203. 1000
【商品名称】 女式羊皮上衣
【规格型号】 绵羊皮制女式上衣 | 非野生
【商品描述】 略。
【监管证件】 无监管证件要求

【税则号列】 4203. 1000
【商品名称】 羊皮衣
【规格型号】 羊皮制女式上衣 | 非野生
【商品描述】 略。
【监管证件】 无监管证件要求

【税则号列】 4203. 2910
【商品名称】 劳保手套
【规格型号】 10. 50 英寸~12. 00 英寸 | (是否源于野生动物) | 劳保用 | 牛头层半皮制
【商品描述】 略。
【监管证件】 FE/无监管证件要求

【税则号列】 4203. 2990

【商品名称】 皮革手套

【规格型号】 Eleganzza 牌 | 保暖用 | 非野生绵羊皮制

【商品描述】 略。

【监管证件】 无监管证件要求

第四十三章　毛皮、人造毛皮及其制品

注释：

一、本协调制度所称“毛皮”，是指已鞣的各种动物的带毛毛皮，但不包括税目 43.01 的生毛皮。

二、本章不包括：

（一）带羽毛或羽绒的整张或部分鸟皮（税目 05.05 或 67.01）；

（二）第四十一章的带毛生皮［参见该章注释一（三）］；

（三）用皮革与毛皮或用皮革与人造毛皮制成的分指手套、连指手套及露指手套（税目 42.03）；

（四）第六十四章的物品；

（五）第六十五章的帽件及其零件；或

（六）第九十五章的物品（例如，玩具、游戏品及运动用品）。

三、税目 43.03 包括加有其他材料缝合的毛皮和毛皮部分品，以及缝合成衣服、衣服部分品、衣着附件或其他制品的毛皮和毛皮部分品。

四、以毛皮或人造毛皮衬里或作面（仅饰边的除外）的衣服及衣着附件（不包括注释二所述的货品），应分别归入税目 43.03 或 43.04，但毛皮或人造毛皮仅作为装饰的除外。

五、本协调制度所称“人造毛皮”，是指以毛、发或其他纤维粘附或缝合于皮革、织物或其他材料之上而构成的仿毛皮，但不包括以机织或针织方法制得的仿毛皮（一般应归入税目 58.01 或 60.01）。

【税则号列】 4301. 1000

【商品名称】 整张生水貂皮

【规格型号】 整张 | 三级 | （品种） | （性别） | （尺寸） | （颜色） | （是否来自拍卖会及拍卖日期） | 带头、爪的生貂皮

【商品描述】 略。

【监管证件】 AB

【税则号列】 4301. 6000
【商品名称】 整张生兰狐皮
【规格型号】 整张｜0. 18 平方米/张｜2 级｜（颜色）｜（是否来自拍卖会及拍卖会日期）｜兰狐皮｜生皮毛
【商品描述】 略。
【监管证件】 AB

【税则号列】 4301. 8090
【商品名称】 灰鼠皮
【规格型号】 整张｜（种类）｜未加工的生毛皮
【商品描述】 非源于野生动物。
【监管证件】 AB

【税则号列】 4302. 1990
【商品名称】 羊毛皮
【规格型号】 整张｜1 级｜未缝制的已鞣绵羊毛皮
【商品描述】 略。
【监管证件】 EF/无监管证件要求

【税则号列】 4302. 3090
【商品名称】 兔皮褥子
【规格型号】 整张｜55 厘米×110 厘米｜已缝制的已鞣兔皮
【商品描述】 略。
【监管证件】 EF/无监管证件要求

【税则号列】 4303. 1010
【商品名称】 狐狸皮马甲
【规格型号】 女式中款｜里涤纶，外狐狸皮
【商品描述】 略。
【监管证件】 EF/无监管证件要求

【税则号列】 4303. 1010
【商品名称】 兔皮大衣
【规格型号】 女式短款｜里涤纶，外兔皮
【商品描述】 略。
【监管证件】 EF/无监管证件要求

【税则号列】 4303.1010
【商品名称】 獭兔皮大衣
【规格型号】 女式长款｜里涤纶，外獭兔皮
【商品描述】 略。
【监管证件】 无监管证件要求

【税则号列】 4303.1010
【商品名称】 水貂皮大衣
【规格型号】 女式貂皮大衣｜外水貂皮，里化纤
【商品描述】 非源于野生动物。
【监管证件】 无监管证件要求

【税则号列】 4303.1010
【商品名称】 水貂皮服装
【规格型号】 水貂皮制上衣｜（材质）
【商品描述】 非源于野生动物。
【监管证件】 无监管证件要求

第九类

木及木制品；木炭；软木及软木制品；稻草、秸秆、针茅或其他编结材料制品；篮筐及柳条编结品

第四十四章　木及木制品；木炭

注释：

一、本章不包括：

（一）主要作香料、药料、杀虫、杀菌或类似用途的木片、刨花、碎木、木粒或木粉（税目12.11）；

（二）竹或主要作编结用的其他木质材料，呈原木状，不论是否经劈开、纵锯或切段（税目14.01）；

（三）主要作染料或鞣料用的木片、刨花、木粒或木粉（税目14.04）；

（四）活性炭（税目38.02）；

（五）税目42.02的物品；

（六）第四十六章的货品；

（七）第六十四章的鞋靴及其零件；

（八）第六十六章的货品（例如，伞、手杖及其零件）；

（九）税目 68.08 的货品；

（十）税目 71.17 的仿首饰；

（十一）第十六类或第十七类的货品（例如，机器零件，机器及器具的箱、罩、壳，车辆部件）；

（十二）第十八类的货品（例如，钟壳、乐器及其零件）；

（十三）火器的零件（税目 93.05）；

（十四）第九十四章的物品（例如，家具、灯具及照明装置、活动房屋）；

（十五）第九十五章的物品（例如，玩具、游戏品及运动用品）；

（十六）第九十六章的物品（例如，烟斗及其零件、纽扣、铅笔、独脚架、双脚架、三脚架及类似品），但税目 96.03 所列物品的木身及木柄除外；或

（十七）第九十七章的物品（例如，艺术品）。

二、本章所称“强化木”，是指经过化学或物理方法处理（对于多层黏合木材，其处理应超出一般黏合需要），从而增加了密度或硬度并改善了机械强度、抗化学或抗电性能的木材。

三、税目 44.14 至 44.21 适用于碎料板或类似木质材料板、纤维板、层压板或强化木的制品。

四、税目 44.10、44.11 或 44.12 的产品，可以加工成税目 44.09 所述的各种形状，也可以加工成弯曲、瓦楞、多孔或其他形状（正方形或矩形除外），以及经其他任何加工，但未具有其他税目所列制品的特性。

五、税目 44.17 不包括装有第八十二章注释一所述材料制成的刀片、工作刃、工作面或其他工作部件的工具。

六、除上述注释一及其他条文另有规定的以外，本章税目中所称“木”，也包括竹及其他木质材料。

子目注释：

一、子目 4401.31 所称“木屑棒”是指由木材加工业、家具制造业及其他木材加工活动中产生的副产品（例如，刨花、锯末及碎木片）直接压制而成或加入按重量计不超过 3%的黏合剂后黏聚而成的产品。此类产品呈圆柱状，其直径不超过 25 毫米，长度不超过 100 毫米。

【税则号列】 4401. 2100

【商品名称】 松木片

【规格型号】 辐射松，拉丁学名 *Pinups radiata D. Don*｜木片

【商品描述】 心边材区别明显，心材黄色略带红色，边材白色至浅黄色。生长轮明显。树干顶部和接近心部的木材常现螺旋纹理，其他部分为直纹理。木材轻、较软，气干密度 0. 5 克/立方厘米～0. 7 克/立方厘米。用途广泛，主要用于建造木房，使用寿命长；辐射松木材纤维是生产高强度纸的好材料；辐射松木材也是很好的家具用材；经防腐处理的辐射松木材是制作电杆的好材料，使用寿命长；辐射松木材经杂酚钠处理，可制作铁路枕木，还可用于大型建筑，制造人造板，加工各种工艺品和精加工产品。

【监管证件】 AB

【税则号列】 4401. 2200

【商品名称】 制浆用杂木片（Mixed Hard Woodchips）

【规格型号】 柳桉（Shorea spp）、阎浮树（Eugenia spp）｜（L≥55 毫米）≤5%，（L<4. 8 毫米）≤3%，水分 36. 44%

【商品描述】 略。

【监管证件】 AB

【税则号列】 4401. 2200

【商品名称】 制浆用桉木片（Eucalyptus）

【规格型号】 桉木｜木片，（L≥40 毫米）占 1. 3%，（L<4. 8 毫米）2. 5%，水分含量 40. 78%

【商品描述】 非针叶，木片，按绝干重成交，长度 3 毫米～45 毫米。桉树被采伐后经过专用的树木剥皮机将树木的树皮剥离，剥皮后的树木经过木片削片机进行削片，用来制浆造纸。通过化学药品在一定的温度下对木片进行蒸煮，将木片中的木素去除，留下的纤维就成为制浆的原料。

【监管证件】 AB

【税则号列】 4401. 2200

【商品名称】 相思木木片

【规格型号】 木片长度以 4. 8 毫米~28. 6 毫米为主| 越南相思木片| 相思树，学名 *Acacia confusa*

【商品描述】 含羞草科金合欢属。树高可达 15 米以上，胸径达 60 厘米以上。相思树的适应性非常强，各种各样的环境都能生长，还具备自身的固氮能力，能自己制造肥料，对绿地的改善作用也非常强。用途非常广泛。由于相思树具有材质坚实而硬、耐摩擦及易加工等多项优点，可作建筑、家具、造船、纸浆、人造板等用材。5 年或 6 年为一个轮伐周期，制浆用得率约为 45%~48%。伐木后进行人工剥皮，去皮后按照客户要求，用切片机切片。

【监管证件】 AB

【税则号列】 4401. 2200

【商品名称】 白千层木片（Melaleuca Leucadendra Wood Chips）

【规格型号】 白千层| 木片

【商品描述】 用于生产纤维板。

【监管证件】 AB

【税则号列】 4401. 2200

【商品名称】 桉木片

【规格型号】 桉树| 非针叶，木片

【商品描述】 按绝干重成交，长度 3 毫米~45 毫米，桉树被采伐后经过专用的树木剥皮机将树木的树皮剥离，剥皮后的树木经过木片削片机进行削片，用来制浆造纸。通过化学药品在一定的温度下对木片进行蒸煮，将木片中的木素去除，留下的纤维就是制浆的原料。水分含量 34. 42%。

【监管证件】 AB

【税则号列】 4401. 4000

【商品名称】 樟子松锯末

【规格型号】 沫状木屑| 未粘结

【商品描述】 樟子松为松科大乔木，常绿乔木。因切割而从樟松上散落下来的树木本身的末状木屑。

【监管证件】 AB

【税则号列】 4402.9000

【商品名称】 木炭（Charcoal）

【规格型号】 含碳量85%｜挥发份10%~15%｜杂质15%

【商品描述】 木材或木质原料经过不完全燃烧，或者在隔绝空气的条件下热解，所残留的深褐色或黑色多孔固体燃料。木炭的主要成分是碳元素，有大量的微孔和过渡孔，使它不仅有较高的比表面积，而且孔内焦油物质被排除后将有很好的吸附性能。与氧气完全燃烧产生二氧化碳，不完全燃烧产生有毒气体一氧化碳。较为疏松。木炭产品主要分为白炭、黑炭、活性炭、机制炭四大类。木炭除了作为燃料，常用于冶金工业冶炼生铁，对钢制品渗碳，制造二硫化碳。压制木炭砖为优质燃料，甚至具备一定的医疗价值。此外，木炭还是活性炭优异的吸附剂。

【监管证件】 8/无监管证件要求

【税则号列】 4402.9000

【商品名称】 椰壳炭

【规格型号】 椰壳｜含碳量不低于60%｜挥发份14%~18%

【商品描述】 椰壳活性炭以椰子壳为原料，经系列生产工艺精加工而成。活性炭即将木炭利用氯化锌、磷酸、硫化钾和白云石等化学物品活化、漂洗、干燥、粉碎加工而成的，其生产过程对水污染比较严重，国家一般限制其生产。活性炭是具有发达孔隙结构、有很大比表面积和吸附能力的炭。每克活性炭的总表面积可达1500平方米以上。产品主要用于饮用水、纯净水、制酒、饮料、工业污水的净化、脱色、脱氯、除臭；也可用于炼油行业的脱硫醇等。椰子壳活性炭有高效空气净化功能。水分含量少于20%。

【监管证件】 无监管证件要求

【税则号列】 4402.9000

【商品名称】 以木材为原料直接烧制的木炭

【规格型号】 以杂木为原料直接烧制｜含碳量85%以上｜（挥发份）

【商品描述】 略。

【监管证件】 8

【税则号列】 4403. 2110

【商品名称】 樟子松原木

【规格型号】 拉丁学名为 *Pinus sylvestnis var. mongolica Litv.* | 直径 26 厘米以上 | 长 3 米~6 米 | 锯材级

【商品描述】 属于松科松属，为松属植物欧洲赤松的变种。分布于俄罗斯及我国的黑龙江、吉林、辽宁、内蒙古、甘肃等省区。其中俄罗斯的细纹樟子松，由于树脂少，纹理细腻、美观，材质强度高，抗弯耐磨性好，成为用途最多的木材之一。由于其资源丰富、价格低廉，材质仅次于北欧赤，成为我国松木家具、建筑景观的首选木材。本货品由樟松原木纵向锯成，为板材和方材的统称，宽度为厚度 3 倍以上的称“板材”，宽度不足厚度 3 倍的矩形木材称“方材”。

【监管证件】 8A

【税则号列】 4403. 2110

【商品名称】 红松原木

【规格型号】 拉丁学名为 *Pinus koraiensis Sieb. et Zucc* | 红松 | 直径 15 厘米~40 厘米 | 长 4 米 | 锯材级

【商品描述】 又名朝鲜松，属于松科松属，红松材质轻软，结构细腻，纹理密直通达，形色美观又不容易变形，并且耐腐朽力强，所以是建筑、桥梁、枕木、家具制作的上等木料。即使是红松的枝丫、树皮、树根也可用来制造纸浆和纤维板。从松根、松叶、松脂中还能提取松节油、松针油、松香等工业原料。红松分布在中国东北的小兴安岭到长白山一带，国外只分布在俄罗斯、日本、朝鲜的部分区域。中国黑龙江省伊春市境内小兴安岭的自然条件最适合红松生长，全世界一半以上的红松资源分布在这里。

【监管证件】 8AEF

【税则号列】 4403. 2120

【商品名称】 辐射松原木

【规格型号】 拉丁名称为 *Pinus Radiata* | *P. Radiata* | 直径 20 厘米~60 厘米 | 长 3. 8 米 | CA 级

【商品描述】 松科（Pinaceae）。该木材心边材区别明显，心材黄色略带红色，边材白色至浅黄色。生长轮明显。树干顶部和接近心部的木材常现螺旋纹理，其他部分为直纹理。木材轻、较软，气干密度 0. 5 克/立方厘米~0. 7 克/立方厘米。

【监管证件】 8A

【税则号列】 4403. 2190

【商品名称】 锯材级西黄松原木

【规格型号】 拉丁学名为 *Pinus ponderosa* | 直径 22 厘米~30 厘米 | 长 4 米 | 1、2 等

【商品描述】 属于松科（Pinaceae）松属树木，高大乔木，主干通直，边材白色，心材淡红色，纹理致密，树脂道少，坚硬而脆。原分布于北美，是北美西部分布较广的树种之一，在北美作建筑、枕木及板材等用，可以提高防护林体系的抗火能力和综合效能。

【监管证件】 8A

【税则号列】 4403. 2190

【商品名称】 加勒比松原木

【规格型号】 别名古巴松，拉丁学名为 *Pinus caribaea Morelet* | 直径 15 厘米~49 厘米 | 4.0 米/6.0 米/10.0 米/12.0 米 | （级别）

【商品描述】 属于松科，松属，木材比重 0. 35~0. 50，天然耐抗性中等至差，易干燥，易锯，易防腐。锯材可用于重工业和轻工业建筑领域，原木可作电杆、篱柱、长纤维纸浆，可采脂。分布于加勒比海地区的巴哈马群岛、古巴西部、中美东部沿海地区的洪都拉斯、危地马拉东部及尼加拉瓜东北部。本货品规格 6.0 厘米~49.0 厘米，4.0 米/6.0 米/10.0 米/12.0 米，纸浆级。4.0 米对应的方数为 3502. 489 立方米，6.0 米对应的方数为 10698. 276 立方米。

【监管证件】 8A

【税则号列】 4403. 2300

【商品名称】 冷杉原木

【规格型号】 拉丁学名为 *Abies Balsamea* | 直径 15 厘米~30 厘米 | 长 6 米 | 锯材级

【商品描述】 由原条长向的冷杉按尺寸、形状、质量的标准规定或特殊规定截成一定长度的木段，树皮为褐黄色或淡黄色，冷杉为松科的 1 属，常绿乔木，树干端直，枝条轮生。

【监管证件】 8A

【税则号列】 4403. 2300

【商品名称】 白松原木

【规格型号】 拉丁学名为 *Picea asperata* | 直径 32 厘米及以上 | 长 3 米~6 米 | 锯材级

【商品描述】 属于松科，云杉属。木材纹理直，结构细致，韧性强；可供建筑、土木工程、细木工、木纤维工业原料等用。树皮可提取栲胶。主要分布在中国、俄罗斯。

【监管证件】 8A

【税则号列】 4403. 2400

【商品名称】 云杉原木

【规格型号】 拉丁学名为 *Picea spp* | 直径 15 厘米以下 | 长 3 米~6 米 | 锯材级

【商品描述】 松科，云杉属。属于针叶树的一类。直径 15 厘米以下，适用俄罗斯国家标准。

【监管证件】 8A

【税则号列】 4403. 2500

【商品名称】 铁杉原木

【规格型号】 拉丁学名为 *Pinaceae* | 直径 30 厘米~49 厘米 | 长 200 厘米~260 厘米 | （级别）

【商品描述】 松科，铁杉属，为常绿针叶乔木。做过烘干后的铁杉，可以保持稳定的形态和尺寸，不会出现收缩、膨胀、翘曲或扭曲。铁杉具有很强的握钉力和优异的黏合性能，可以接受各种表面涂料，而且非常耐磨，是适合户外各种用途的经济型木材，在北美市场上很流行。原木可做纸浆、人造丝的原材，又可做胶合板、木桶、枕木、坑木。强度中等，易加工，适宜做房架、墙板、檩条椽子、地板里层、门、窗、柱子、百叶窗、家具、木梯等。

【监管证件】 8A

【税则号列】 4403. 4910

【商品名称】 柚木原木

【规格型号】 柚木原木，拉丁学名 *Tectona grandis L. F.*，别称胭脂木、血树、麻栗等 | 直径 10 厘米~90 厘米 | 长 2 米~11. 4 米不等 | （级别）

【商品描述】 柚木原产于缅甸、泰国、印度和印度尼西亚、老挝等，是东南亚的主要造林树种，也是世界上贵重的用材之一。被誉为“万木之王”，在缅甸、印尼被称为“国宝”。柚木具有光泽，以缅甸产的为最好，柚木油性光亮，材色均一，纹理通直。从纹理来看柚木有明显的墨线（或血筋）和油斑，墨线成直线分布，越细越多，代表油质量越高，品质越好，树龄越大，其密度越高，年轮因压力而呈不规则的扭曲，横切之后呈现鬼斧神工般的美丽花纹，细致优美，被行家称为“鬼脸”。

【监管证件】 8A

【税则号列】 4403. 4920

【商品名称】 奥克榄原木

【规格型号】 中文名奥古曼或奥克榄，拉丁学名为 *Aucoumea klaineana* | 直径超过 50 厘米 | 长超过 5 米 | 锯材级

【商品描述】 橄榄科，奥克榄属，大乔木，高达 25 米~35 米，直径 1.0 米~2.5 米，具大板根，有“非洲树木之王”之称。该属仅 1 种。树皮厚 0.5 厘米~0.8 厘米，质较硬，易块状剥落。外皮灰褐色，易小片状脱落而残留浅凹坑，细点状皮孔密集。内皮深红褐色，纤维发达。新鲜树皮刚剥落时，材表及皮底均呈红黄色。横断面心边材区别略明显。心材橙红色至浅红褐色。边材灰白、窄。生长轮不明显。宏观构造为散孔材。管孔肉眼可见，略少，大小中等，主要为单管孔，极少径列复管孔。

【监管证件】 8A

【税则号列】 4403. 4930

【商品名称】 龙脑香木

【规格型号】 大花龙脑香原木，拉丁学名为 *Dipterocarpus grandiflorus* | 直径 10 厘米~190 厘米 | 长 2.2 米~2.6 米 | （级别）

【商品描述】 未加工。

【监管证件】 8A

【税则号列】 4403. 4990

【商品名称】 圆盘豆原木

【规格型号】 圆盘豆，拉丁学名为 *Chlorophora* spp. | 直径超过 61 厘米 | 长度超过 5 米 | 锯材级

【商品描述】 热带木，属含羞草科系。该木材具光泽，生材时有气味，平时无特殊气味和滋味，纹理交错，结构细而匀，是上等实木地板材料。木材气干密度 0.76 克/立方厘米~0.89 克/立方厘米，干缩甚大；强度高（顺纹抗压强度 76.1 兆帕，抗弯强度 128.9 兆帕）。心材呈金黄褐色至红褐色，具光泽。材性稳定，耐磨抗白蚁。主要分布于非洲地区，盛产于加蓬和刚果，其中以加蓬出产的尤为珍贵。适用于高档家具、地板、装饰等。

【监管证件】 8A

【税则号列】 4403. 4990

【商品名称】 爱里古夷苏木

【规格型号】 原木，拉丁学名为 *Guibourtia ehie* | 直径≥1 米 | 长≥3 米

【商品描述】 散孔材。心材黄褐色至巧克力色。与边材区分明显，边材黄白色。轴向薄壁组织主要为翼状、聚翼状及轮界状。无特殊气味和滋味，气干密度约为 0. 83 克/立方厘米~0. 97 克/立方厘米。产于非洲、南美洲，主产地为非洲的科特迪瓦、加纳、尼日利亚、加蓬、喀麦隆等。喜生于密闭的雨林和过度林带中，常见于小片林带。巴西花梨木一般一个年轮一年，1 米直径需要 200 年以上，2 米直径需要 400 年~500 年。木材新锯面有不愉快气味，具光泽。

【监管证件】 8A

【税则号列】 4403. 9100

【商品名称】 锯材级柞木原木

【规格型号】 拉丁学名为 *Quercus* | 直径 42 厘米及以上 | 长 4 米~6 米 | （级别）

【商品描述】 略。

【监管证件】 8AEF

【税则号列】 4403. 9500

【商品名称】 桦木原木

【规格型号】 拉丁学名为 *Betula* | 切片级 | 直径 15 厘米及以上 | 长 3 米~4 米 | 锯材级

【商品描述】 桦木科，桦木属，淡褐色至红褐色，具有闪亮的表面和光滑的机理。黄白色略带褐，年轮明显，木身纯细，略重硬，结构细，力学强度大，富有弹性，吸湿性大，干燥易开裂翘曲。在易于腐朽的环境下不十分耐久，更多以夹板形式使用。桦木通常用于特种胶合板、地板、家具、纸浆、内部装饰材料、车船设备、胶合板等。所制家具光滑耐磨，花纹明晰。如今用于结构、镶花木细工和内部框架的制作。桦木的主要化学成分水杨酸甲酯也是阿司匹林的主要成分，具有止痛的特性。

【监管证件】 8A

【税则号列】 4403. 9700

【商品名称】 锯材级杨木原木

【规格型号】 拉丁学名为 *Populus simonii Carr* | 直径 24 厘米~50 厘米 | 长 4 米 | 1，2 等

【商品描述】 适用俄罗斯国家标准。

【监管证件】 8A

【税则号列】 4403. 9950

【商品名称】 锯材级水曲柳原木

【规格型号】 拉丁学名为 *Fraxinus mandshurica Rupr* | 长 3 米~4 米 | 直径 26 厘米 | （级别）

【商品描述】 木犀科梣属（又称为白蜡属），原木外观呈黄白色（边材）或褐色略黄（心材）。年轮明显但不均匀，木质结构粗，纹理直，花纹美丽，有光泽，硬度较大。水曲柳具有弹性大、韧性好，耐磨，耐湿等特点。干燥困难，易翘曲。加工性能好，但应防止撕裂。切面光滑，油漆、胶黏性能好。水曲柳材质优良，是东北、华北地区的珍贵用材树种，可制作各种家具、乐器、体育器具、车船、机械及特种建筑材料。同时，对于研究第三纪植物区系及第四纪冰川期气候具有科学意义。国外分布于朝鲜、日本、俄罗斯。

【监管证件】 8AF

【税则号列】 4403. 9980

【商品名称】 锯材级椴木原木

【规格型号】 长 3 米~6 米 | 直径 42 厘米及以上 | （级别） | 椴木

【商品描述】 椴木分布于我国东北地区（大兴安岭、小兴安岭一带）、华东地区及福建、云南等地区，国外的椴木有美国椴木、南非椴木等，是上等木材。椴木硬度适中，气干密度 500 千克/立方米~550 千克/立方米，有油脂，耐磨、耐腐蚀，细胞间质结构均匀致密，但木性温和所以不易开裂变形，木纹细，易加工，韧性强。适用范围比较广，可用来制作木线、细木工板、木制工艺品等装饰材料。伐倒木经打枝后的原木，用来锯制成各种规格（包括不带钝棱的）的木材。广泛应用于细木工。

【监管证件】 8A

【税则号列】 4406. 1100

【商品名称】 枕木

【规格型号】 未浸渍 | 2. 5 米×0. 16 米×0. 22 米 | 针叶木

【商品描述】 又名轨枕、木枕、防腐木枕。枕木是承载物体，是用于铁路、专用轨道走行设备铺设和承载设备铺垫的材料。其特点是弹性好、重量轻、制作简单、绝缘性能好。扣件与木枕连接简单，铺设和养护维修、运输方便，木枕与碎石道碴之间有较大的摩擦系数。但其缺点是使用年限较短，消耗木材量大。为有效延长使用寿命，枕木一般必须经过注油防腐后方可使用。

【监管证件】 4ABxy

【税则号列】 4407. 1110

【商品名称】 樟子松板材

【规格型号】 拉丁学名为 *Pinus sylvestnis var* | 非端部接合经纵锯纵切加工 | 净边 3 米×0. 12 米×0. 018 米 | 1~4 等

【商品描述】 松科松属，为松属植物欧洲赤松的变种。分布于俄罗斯及我国的黑龙江、吉林、辽宁、内蒙古、甘肃等省区。其中俄罗斯的细纹樟子松，由于树脂少，纹理细腻、美观，材质强度高，抗弯耐磨性，成为用途最多的木材之一。

【监管证件】 4ABxy

【税则号列】 4407. 1110

【商品名称】 非端部接合纵锯樟子松板材

【规格型号】 拉丁学名为 *Pinus sylvestnis var.* | （加工方法） | 4000 毫米×210 毫米×50 毫米 | 1 等

【商品描述】 略。

【监管证件】 4ABxy

【税则号列】 4407. 1120

【商品名称】 辐射松板材

【规格型号】 辐射松，拉丁学名为 *Pinus radiata* | 纵锯纵切烘干非端部接合 | （2400~4000）毫米×（100~125）毫米×24 毫米 | COL 级

【商品描述】 该木材心边材区别明显，心材黄色略带红色，边材白色至浅黄色。生长轮明显。树干顶部和接近心部的木材常现螺旋纹理，其他部分为直纹理。

【监管证件】 4ABxy

【税则号列】 4407. 1190

【商品名称】 非端部接合纵锯西黄松板方材

【规格型号】 拉丁学名为 *Pinus ponderosa* | 长 2000 毫米~4000 毫米，宽 30 毫米~300 毫米，厚 12 毫米~100 毫米 | （加工方法） | 不分等级

【商品描述】 又名加州白松、俄勒冈松，松科松属，针叶材。高达 70 米，胸径可达 3 米。边材近白至淡黄、橙白色，心材明显，呈淡红褐或浅褐色。早晚材过渡急变，薄壁组织未见。木材纹理直但不均匀，纹路独特且优美。具明显树脂气味。气干密度可达 0. 77 克/立方厘米。原分布于北美，是北美西部分布较广的树种之一，在北美作建筑、枕木及板材等用。

【监管证件】 4ABxy

【税则号列】 4407. 1190

【商品名称】 非端部接合扭叶松板材

【规格型号】 拉丁学名 *Pinus Contort*，英文名 Lodgepole Pine（SPF）| 38 毫米×140 毫米×2 米（UP）| 二级 | 烘干，四面刨光

【商品描述】 略。

【监管证件】 4ABxy

【税则号列】 4407. 1200

【商品名称】 云杉净边板材

【规格型号】 拉丁学名为 *Picea asperata* | 一等 | 非端部接合纵锯 | 15 毫米×50 毫米×300 毫米

【商品描述】 松科，云杉属。木材纹理直，结构细致，韧性强；可供建筑、土木工程、细木工、木纤维工业原料等用。树皮可提取栲胶。主要分布在中国、俄罗斯、蒙古国。

【监管证件】 4ABxy

【税则号列】 4407. 1200

【商品名称】 白松板材（红皮云杉）

【规格型号】 拉丁学名为 *Picea koraiensis* | 纵锯净边，非端部接合 | 900 毫米×80 毫米×20 毫米 | 不分等级

【商品描述】 松科云杉属常绿乔木，分布于东北小兴安岭、吉林山区海拔 1400～1800 米地带。木材轻软，可作为建筑、航空、造纸和制造乐器的用材。木材淡褐黄白色，较轻软，结构细，比重 0. 59～0. 66，耐腐力较弱。可作建筑、电杆、造船、家具、木纤维工业原料、细木加工等的用材。树干可割取树脂；树皮及球果的种鳞均含鞣质，可提栲胶，可作东北地区的造林及庭园树种。

【监管证件】 4ABxy

【税则号列】 4407. 1200

【商品名称】 白云杉板材

【规格型号】 拉丁学名为 *Picea glauca Voss* | 经纵锯、纵切、刨切或旋切的木材 | 900 毫米×80 毫米×20 毫米 | （等级）

【商品描述】 常绿乔木，树冠圆锥形，树皮灰色，枝光滑无毛，1 年生枝白色微带褐色，2 年生枝灰色，叶座短，斜上或与枝近平行。

【监管证件】 AB/4ABxy

【税则号列】 4407. 1200

【商品名称】 欧洲云杉

【规格型号】 拉丁学名为 *Picea abies* | 纵锯，纵切 | 32×175×（2100～6000）毫米 | B级（6级） | 非端部接合等

【商品描述】 别名挪威云杉，属于松科，云杉属。木材通直，切削容易，无隐性缺陷。可作电杆、枕木、建筑、桥梁用材；还可用于制作乐器、滑翔机等，是造纸的原料。云杉针叶含油率约0.1%～0.5%，可提取芳香油。树皮含单宁6.9%～21.4%，可提取。其在欧洲的分布十分广泛，以挪威北至70°N为限，东界一般被认为在乌拉尔山，西南至阿尔卑斯山西南端，东南至希腊北部。

【监管证件】 4ABxy

【税则号列】 4407. 1200

【商品名称】 纵锯净边冷杉板方材

【规格型号】 拉丁学名为 *Abies Balsamea* | 长1米~4米，宽3.8厘米~8.5厘米，厚1.5厘米~4厘米 | 非端部接合 | （种类） | （等级）

【商品描述】 宽度为厚度三倍以上的称“板材”；宽度不足厚度三倍的矩形木材称“方材”。家具制造、土建工程等常用的材料。冷杉是松科的1属，常绿乔木，树干端直。

【监管证件】 4ABxy

【税则号列】 4407. 1200

【商品名称】 冷杉板材

【规格型号】 拉丁学名为 *Abies Balsamea* | 非端部接合经纵锯纵切加工 | 净边3米×0.068米×0.038米 | 1～4等

【商品描述】 中文名香胶冷杉或香脂冷杉，松科，冷杉属。英文名 Balsam fir，木材浅白至浅褐色，无明显气味，木理通直，木肌粗或疏。生长轮明显，早晚材移行渐进。不具树脂沟，具伤愈树脂沟。木材轻软，加工容易，不易劈裂或撕裂，钉著力低。木材用于圣诞树、浆纸材、制材品、轻结构材；液体树脂有麦加香脂、加拿大松油等名称，现称加拿大香油。常用于显微、医疗用之胶黏剂或芳香剂。主要产于加拿大及美国。

【监管证件】 4ABxy

【税则号列】 4407.2910

【商品名称】 非端部接合的柚木板材

【规格型号】 柚木锯材，拉丁学名为 *Tectona Grandis L. F* | 横切、纵锯，非端部接合 | 厚度 1 厘米~70 厘米不等 | （等级）

【商品描述】 略。

【监管证件】 y4xAB

【税则号列】 4407.2990

【商品名称】 橡胶木木方（AB 级）

【规格型号】 拉丁学名为 *Hevea brasiliensis* | 非端部接合 | 1 英寸×5 英寸×2 米 | （种类） | （等级） | 经纵锯而成 | 1.25″×1.25~5″×1.3 米 | AB 级 | 毛坯料，干板，未刨光，非端部接合

【商品描述】 别称三叶橡胶树、巴西橡胶树，被子植物门、双子叶植物纲、蔷薇亚纲、大戟科、橡胶树属（三叶橡胶树属）。橡胶用途非常广泛，用于汽车、飞机、船舰、电缆、传送带、薄膜制品等多种工农业机具配件，生活用品产品多达 5 万种以上。种子含油 22%~25%，为半干性油，是油漆和肥皂的原料。果实的木质果壳坚硬，可作为制优质活性炭及醋酸等的化工原料。木材质轻、花纹美观，加工性能好，经化学处理后可制作高级家具、纤维板、胶合板、纸浆等。

【监管证件】 y4xAB

【税则号列】 4407.2990

【商品名称】 橡胶木板材（AB 级）

【规格型号】 拉丁学名为 *Hevea brasiliensis* | 刨切，非端部接合 | 2.5 英寸×（3~5）英寸×（1.10~1.13）米 | AB 级

【商品描述】 略。

【监管证件】 y4xAB

【税则号列】 4407.2990

【商品名称】 南洋楹芯板

【规格型号】 楹木，拉丁学名为 *Albizia falcata*（*L*）*Baker et Merr.* | 端部接合，纵切 | 13 毫米×1220 毫米×2440 毫米 | A 级

【商品描述】 别称马六甲芯板，是使用马六甲木材加工生产而成的人造板材，属于半成品，用于生产细木工板、三聚氰胺饰面板、宝丽板等。

【监管证件】 AB

【税则号列】 4407. 2990

【商品名称】 马达加斯加铁木豆木木板

【规格型号】 拉丁学为名 *Swartzia Madagascariensis* | 非端部接合，锯材，纵锯，板材，湿板 | 厚度 1 厘米~12. 5 厘米，长度 206 厘米~395 厘米，宽度 10 厘米~63 厘米 | C 级

【商品描述】 俗称红檀、小叶红檀，豆目蝶形花科。该品种心边材区别明显。心材红褐色，常具深色同心圆状条纹。边材浅浅黄色，具不规则黑条纹。生长轮略可见。适用于家具、地板、橱柜、乐器、工艺品、镶嵌细木工、运动器材、重型结构、玩具、雕刻、耐久材等。马达加斯加铁木豆具有硬性大、抗白蚁等特点，很适合用作古典家具。分布于热带美洲和非洲。

【监管证件】 y4xAB

【税则号列】 4407. 9100

【商品名称】 柞木板材

【规格型号】 拉丁学名为 *Quercus mongolica* | 纵锯净边，非端部接合 | 20 毫米×30 毫米×4 米（UP） | 不分等级

【商品描述】 学名蒙古栎，也称柞树，为壳斗科、栎属。落叶乔木，国家二级珍贵树种，是中国东北林区中主要的次生林树种。材质坚硬，纹理直而斜，结构粗，力学强度高，耐磨。不易干燥，易开裂、翘曲，耐腐性好。着色、涂饰性能良好，胶接性能欠佳。加工困难，切削面光滑。蒙古栎主要分布在中国东北、华北、西北各地，华中地区亦有少量分布。在俄罗斯、日本、蒙古国及朝鲜半岛也有分布。

【监管证件】 4ABEFxy

【税则号列】 4407. 9100

【商品名称】 白橡木板材

【规格型号】 橡木，拉丁学名为 *Quercus Alba* | 纵锯，纵切，烘干，非端部接合 | （6~14）英寸×（3~19）英寸×1. 25 英寸 | 普 1 级

【商品描述】 制造木家具。

【监管证件】 y4xAB

【税则号列】 4407.9200

【商品名称】 山毛榉木板材

【规格型号】 拉丁学名为 *Fagussylvatica* | 长 3 米~5 米，宽 10 厘米，厚 65 毫米 | 非端部结合 | （等级） | 纵切

【商品描述】 BC 级，毛边板，已烘干密度 0.86。

【监管证件】 4ABExy

【税则号列】 4407.9500

【商品名称】 水曲柳板材

【规格型号】 拉丁学名为 *Fraxinus mandshurica Rupr.* | 纵锯非端部接合 | 20 毫米×30 毫米×300 毫米 | 不分等级

【商品描述】 属于木犀科梣属（又称为白蜡属），原木外观呈黄白色（边材）或褐色略黄（心材）。年轮明显但不均匀，木质结构粗，纹理直，花纹美丽，有光泽，硬度较大。

【监管证件】 4ABEFxy

【税则号列】 4407.9600

【商品名称】 桦木板材

【规格型号】 拉丁学名为 *Betula* | 纵锯 | （50~600）厘米×（4~40）厘米×（1~6）厘米 | 家具级

【商品描述】 桦木科桦木属，木材淡褐色至红褐色，具有闪亮的表面和光滑的机理。黄白色略带褐，年轮明显，木身纯细，略重硬，结构细，力学强度大，富有弹性，吸湿性大，干燥易开裂翘曲。在易于腐朽的环境下不十分耐久，更多以夹板形式使用。桦木通常用于特种胶合板、地板、家具、纸浆、内部装饰材料、车船设备、胶合板等。所制家具光滑耐磨，花纹明晰。如今用于结构、镶花木细工和内部框架的制作。桦木的主要化学成分为水杨酸甲酯，也是阿司匹林的主要成分，具有止痛的特性。

【监管证件】 AB/4ABxy

【税则号列】 4407.9600

【商品名称】 非端部接合纵锯桦木净边板材

【规格型号】 拉丁学名为 *Betula* | 净边 300 毫米×30 毫米×10 毫米 | 不分等级 | （加工方法）

【商品描述】 略。

【监管证件】 4ABxy

【税则号列】 4407. 9600

【商品名称】 西南桦板材

【规格型号】 西南桦板材，拉丁学名为 *Betula alnoides Buch. -Ham. ex D. Don* | 非端部接合 | 厚度超过 6 毫米 | （等级）

【商品描述】 北半球桦木科桦木属分布最南的一个种。西南桦适应性广、生长迅速，容易天然更新，为常绿阔叶林区次生林的先锋树种和重要的用材树种。木材不翘不裂、干缩比小、不易变形且花纹和色泽美观，除传统家具、建筑和军工等用途外，普遍作为胶合板、高档家具、木地板及室内装饰用材。其共振性能良好，也是优良的乐器用材。树皮含鞣质 6. 9%～11. 6%，可提取栲胶。集中分布在云南西南部、南部、东南部及广西西部、西南部、西北部和贵州南部地区。

【监管证件】 4ABxy

【税则号列】 4407. 9910

【商品名称】 花梨木

【规格型号】 花梨木（大果紫檀）锯材，拉丁学名为 *Pterocarpus macrocarpus Kurz* | 非端部接合 | 长（120～250）厘米×宽（10～28）厘米×高（5～20）厘米 | （等级）

【商品描述】 略。

【监管证件】 4ABxy

【税则号列】 4407. 9920

【商品名称】 桐木拼板

【规格型号】 泡桐，拉丁学名为 *Paulownia* | 横截锯 | 16. 7×140×4877 | 原木打成板材—干燥—车间选料—锯抛光—拼粘—开指（短板接长）—刨光—砂光—涂漆 | （等级）

【商品描述】 落叶乔木。木材纹理通直，结构均匀，不挠不裂，易于加工。气干容重轻。隔潮性好。不易变形。声学性好，共鸣性强。不易燃烧，油漆染色良好。可供建筑、家具、人造板和乐器等用材。桐材的纤维素含量高、材色较浅，是造纸工业的好原料。叶、花、果和树皮可入药。原产我国，除个别种（白花泡桐）在越南、老挝有分布以外，其他各种均为我国所特有。我国具有完整的泡桐属植物种群。

【监管证件】 AB

【税则号列】 4407.9930

【商品名称】 美国鹅掌楸木板材

【规格型号】 鹅掌楸，拉丁学名为 *Liriodendron Tulipifera* | 纵锯，纵切，烘干，非端部接合 | (4~12)′× (3~18)″×1″ | 普 1 级

【商品描述】 欧洲人称之为“郁金香树”，世界四大行道树之一，是城市中极佳的行道树、庭荫树种，无论丛植、列植或片植于草坪、公园入口处，均有独特的景观效果，对有害气体的抗性较强，也是工矿区绿化的优良树种之一。

【监管证件】 AB

【税则号列】 4407.9930

【商品名称】 赤杨木板

【规格型号】 拉丁学名为 *Alnus Rubra* | 纵锯直切 | 厚 5/4″，长 8~10′，宽 2~16″ | 普一级 | 非端部接合

【商品描述】 其他中文名赤桦木、红桤木，是一种木质相对较软的中密度硬木，具有较低的抗弯曲强度、抗震力和刚性。该品种机械加工性能好，非常适合镟造和打磨。适于敲钉、螺钻，胶合性能良好，经砂光、上漆或着色后效果良好。易于干燥，不易变质，干燥后尺寸稳定。主要用于家具、厨柜、门、室内模制部件，车制品，雕刻品，厨具。

【监管证件】 AB

【税则号列】 4407.9980

【商品名称】 白皮榆木板材

【规格型号】 拉丁学名为 *Ulmus propingua* | 纵锯净边非端部接合 | 3000 毫米×200 毫米×20 毫米 | 不分等级

【商品描述】 略。

【监管证件】 4ABxy

【税则号列】 4407. 9980

【商品名称】 椴木净边板材

【规格型号】 椴木，拉丁学名为 *Tilia Linn. Linn.* | 非端部接合纵锯 | 4000 毫米×120 毫米×60 毫米 | 不分等级

【商品描述】 分布于我国东北地区（大兴安岭、小兴安岭一带）、华东地区、福建、云南等，国外的椴木有美国椴木、南非椴木等，是一种上等木材，椴木硬度适中，气干密度 500 千克/立方米～550 千克/立方米，有油脂，耐磨、耐腐蚀，细胞间质结构均匀致密，但木性温和所以不易开裂变形，木纹细，易加工，韧性强。适用范围比较广，可用来制作木线、细木工板、木制工艺品等装饰材料。

【监管证件】 4ABxy

【税则号列】 4408. 9012

【商品名称】 饰面单板

【规格型号】 旋切单板樱桃木 | 53. 5 厘米×17. 1 厘米×0. 5 毫米等 | 加工汽车内饰件饰面用 |（加工工艺） | 0. 853 立方米

【商品描述】 略。

【监管证件】 AB

【税则号列】 4408. 9021

【商品名称】 桦木单板

【规格型号】 拉丁学名为 *Betula platyphylla* | 制胶合板用 | 单板 | 0. 0015 米×1. 35 米×1. 55 米 | 旋切 | （立方米数或平方米数）

【商品描述】 桦木科桦木属。桦木的木材淡褐色至红褐色，具有闪亮的表面和光滑的机理。黄白色略带褐，年轮明显，木身纯细，略重硬，结构细，力学强度大，富有弹性，吸湿性大，干燥易开裂翘曲。在易于腐朽的环境下不十分耐久，更多以夹板形式使用。

【监管证件】 AB

【税则号列】 4408. 9021

【商品名称】 制胶合板用旋切桦木单板

【规格型号】 拉丁学名为 *Betula platyphylla* | 制胶合板 | 单板 | 长 0. 4 米～2. 6 米，宽 0. 3 米～2. 6 米，厚 0. 001 米～0. 0022 米 | 旋切 | 25. 81 立方米

【商品描述】 略。

【监管证件】 AB

【税则号列】 4408.9029

【商品名称】 制胶合板用南洋楹木旋切单板

【规格型号】 南洋楹树制，拉丁学名为 *Albizia falcataria* | 旋切单板 | 制胶合板用 | 单板 |（1~3 毫米）×（45~50 厘米）×（95~100 厘米）| 旋切加工 |（立方米数或平方米数）

【商品描述】 又名仁仁树，仁人木，常绿大乔木，高 10 米~25 米。冠幅可达 20 米，树干粗壮，树冠广伞形，伸展开阔，树形美观。生长迅速，为著名的速生树种。具光泽，心材浅褐带粉，与边材区别略明显或不明显。心切面具强烈气味。纹理直；结构中而均匀；质甚轻软；强度低。气干密度约 0.32 克/立方厘米~0.38 克/立方厘米。木材适于作一般家具、室内建筑、箱板、农具、火柴等。

【监管证件】 AB

【税则号列】 4408.9091

【商品名称】 纵锯椴木叶片

【规格型号】 拉丁学名为 *Tilia Linn. Linn.* | 饰面用 | 叶片 | 长 1245 毫米，宽 25 毫米，厚 2.5 毫米 | 纵锯 | 40.78 立方米

【商品描述】 略。

【监管证件】 AB

【税则号列】 4408.9091

【商品名称】 椴木叶片

【规格型号】 拉丁学名为 *Tilia Linn. Linn.* | 饰面用 | 叶片 | 长 1245 毫米，宽 25 毫米，厚 2.5 毫米 | 旋切 |（立方米数或平方米数）

【商品描述】 略。

【监管证件】 AB

【税则号列】 4408.9091

【商品名称】 椴木单板

【规格型号】 饰面用 | 0.55 毫米×1300 毫米×1900 毫米 | 旋切 | 3.769 立方米 |（种类）|（外观）

【商品描述】 略。

【监管证件】 AB

【税则号列】 4410. 1900

【商品名称】 贴面刨花板

【规格型号】 木质碎锯末及碎料| 571. 5456 平方米

【商品描述】 刨花板又叫微粒板、蔗渣板，由木材或其他木质纤维素材料制成的碎料，施加胶黏剂后在热力和压力作用下胶合成的人造板，又称碎料板。主要用于家具和建筑工业及火车、汽车车厢制造。

【监管证件】 AB

【税则号列】 4411. 1429

【商品名称】 中密度纤维板

【规格型号】 木材粉碎，高温高压加工而成，干法| 0. 635 克/立方厘米| 18 毫米| 843. 92 平方米| （是否辐射松制）

【商品描述】 将木材或植物纤维经机械分离和化学处理手段，掺入胶黏剂和防水剂等，再经高温、高压成型制成的一种人造板材，是制作家具较为理想的人造板材。其密度一般在 500 千克/立方米～880 千克/立方米，厚度一般为 2 毫米～30 毫米。

【监管证件】 AB

【税则号列】 4411. 9290

【商品名称】 强化地板

【规格型号】 机械加工盖面| 密度超过 0. 8 克/立方厘米| 非辐射松制| 1812. 50 平方米

【商品描述】 以一层或多层专用纸浸渍固性氨基树脂，铺装在刨花板、高密度纤维板等人造板基材表层，背面加平衡层，正面加耐磨层，经热压、成型的地板。

【监管证件】 AB

【税则号列】 4412. 3100

【商品名称】 胶合板

【规格型号】 芯板桉木，面底板克隆木（学名龙脑香）| 0. 3 毫米| 桉木单板加入辅料胶水经过加热加压而成| 9 层| （规格）| 45. 72 立方米

【商品描述】 用三层及以上薄板层叠胶合及压合制成，通常上下层的纹理是成一定角度的，从而使木板具有更大强度，并可弥补木材收缩，减少翘曲。

【监管证件】 AB

【税则号列】 4412.3300

【商品名称】 覆膜胶合板

【规格型号】 膜纸面，杨木芯 | 1.61 毫米 | 21 毫米×1250 毫米×2500 毫米 | 旋切等 | 392.77 立方米

【商品描述】 用三层及以上薄板层叠胶合及压合制成，通常上下层的纹理是成一定角度的，从而使木板具有更大强度，并可弥补木材收缩，减少翘曲。表面、边缘或端头经过织物、塑料、油漆、纸或金属涂层包覆。

【监管证件】 AB

【税则号列】 4412.3300

【商品名称】 多层桦木薄板制胶合板

【规格型号】 表底层及每层均为桦木 | 1.4 毫米 | 12 毫米×1525 毫米×3000 毫米 | 旋切 | 2424.75 平方米

【商品描述】 略。

【监管证件】 AB

【税则号列】 4412.3300

【商品名称】 胶合板

【规格型号】 杨树 | 1 毫米~4 毫米 | 3050 毫米×1220 毫米×12 毫米等 | 分选—接长—涂胶—热压—抽条—打包成品 | 242.43 立方米

【商品描述】 胶合板，用三层及以上薄板层叠胶合及压合制得，通常上下层的纹理是成一定角度的，从而使木板具有更大强度，并可弥补木材收缩，减少翘曲。每层板都称为“夹板”。胶合板通常由单数的多层夹板组成，中间一层称为“芯板”。

【监管证件】 AB

【税则号列】 4412.3900

【商品名称】 胶合板

【规格型号】 杂木 | 面底板 2 层，厚 0.4 毫米，中板 5 层，厚 2.6 毫米 | 11.5 毫米×1230 毫米×2440 毫米 | 中板涂胶——胶拼—预压—修补—热压—刮灰—砂芯—裁边—砂光 | 124.251 立方米

【商品描述】 略。

【监管证件】 AB

【税则号列】 4412. 3900

【商品名称】 覆膜胶合板

【规格型号】 杂木制 | 1. 7 毫米 | 1220 毫米×2440 毫米×20 毫米 | 单板，涂胶，压缩，中板抛光，二次涂胶，贴表板，压缩，成品砂光，锯切打包 | 55. 01 立方米

【商品描述】 略。

【监管证件】 AB

【税则号列】 4412. 3900

【商品名称】 胶合板、松桉木胶合板

【规格型号】 表底层松木，板芯桉木制 | 单层厚度不超过 6 毫米 | 11. 5 毫米×910 毫米×1820 毫米 | 单板—涂胶—组坯—预压—热压—修补—裁边—检验—包装 | 单板面积 1. 6562 平方米，单板立方数 0. 0190463 立方米

【商品描述】 略。

【监管证件】 AB

【税则号列】 4412. 9410

【商品名称】 多层地板

【规格型号】 柞木，杨木 | 表层柞木 4 毫米，芯板杨木 9 毫米，背板杨木 2 毫米 | 2200 毫米×220 毫米×15/4 毫米 | 剖分后表芯背三层用胶压合 | 41. 82 立方米

【商品描述】 多实木地板是以纵横交错排列的多层板为基材，选择优质珍贵木材为面板，经涂树脂胶后在热压机中通过高温高压制作而成。不易变形开裂，干缩膨胀系极小，具有较好的调节室内温度和湿度的能力，面层能显示出木材天然木纹，铺装简捷，使用范围较广。价格高于复合地板，低于实木地板。适合地热供暖房安装。剖分后表芯背三层用胶压合。

【监管证件】 ABFE

【税则号列】 4412. 9410

【商品名称】 板条芯胶合板

【规格型号】 表板柞木 3 毫米厚，芯板杨木 9 毫米厚 | 背板杨木 2 毫米厚 | （规格） | 2200 平方米 | 胶合板，用三层及以上薄板层叠胶合及压合制得

【商品描述】 略。

【监管证件】 ABFE

【税则号列】 4412.9910

【商品名称】 多层板胶合板

【规格型号】 表板色木2毫米厚，背板杨木9层，杨桦混10毫米厚｜1860平方米｜（规格）｜胶合板，用三层及以上薄板层叠胶合及压合制得

【商品描述】 略。

【监管证件】 AB

【税则号列】 4418.2000

【商品名称】 木门

【规格型号】 建筑用｜木制｜桉木

【商品描述】 2032×864×44毫米。

【监管证件】 AB

【税则号列】 4418.7320

【商品名称】 竹地板

【规格型号】 已装拼｜毛竹制｜1830毫米×125毫米×12毫米｜非马赛克地板用｜多层

【商品描述】 一种新型建筑装饰材料，它采用中上等竹材，经严格选材、制材、漂白、硫化、脱水、防虫、防腐等工序加工处理之后，再经高温、高压热固胶合面而成，之后的加工流程则大致与木地板加工相同，包括四面刨（定宽、开背槽）、双端铣（横向、纵向开榫）、上漆、UV固化等。竹地板按表面结构可分为径面竹地板—侧压竹地板、弦面竹地板—平压竹地板和重组竹地板三大类。其耐磨、耐压、防潮、防火，物理性能优于实木地板，抗拉强度高于实木地板而收缩率低于实木地板，铺设后不开裂、不扭曲、不变形起拱。

【监管证件】 AB

【税则号列】 4419.1210

【商品名称】 竹筷

【规格型号】 竹制｜一次性

【商品描述】 20厘米竹制一次性筷子。

【监管证件】 ABE/AB

【税则号列】 4419.9010

【商品名称】 木制一次性筷子半成品

【规格型号】 未开槽杨木质一次性筷子半成品｜（材质）

【商品描述】 （180~240）毫米×（4~5）毫米，杨木，四面不光滑，未开槽。

【监管证件】 AB

【税则号列】 4419.9090
【商品名称】 橡胶木刀座
【规格型号】 橡胶木|（材质）
【商品描述】 用来装各种厨房刀具。
【监管证件】 AB

【税则号列】 4421.9910
【商品名称】 木牙签
【规格型号】 桦木制|长60毫米|圆签|一次性产品
【商品描述】 用来清除牙齿缝中的渣屑，长60毫米。
【监管证件】 AB

第四十六章　稻草、秸秆、针茅或其他编结材料制品；篮筐及柳条编结品

注释：

一、本章所称“编结材料”，是指其状态或形状适于编结、交织或类似加工的材料，包括稻草、秸秆、柳条、竹、藤、灯芯草、芦苇、木片条、其他植物材料扁条（例如，树皮条、狭叶、酒椰叶纤维或其他从阔叶获取的条）、未纺的天然纺织纤维、塑料单丝及扁条、纸带，但不包括皮革、再生皮革、毡呢或无纺织物的扁条、人发、马毛、纺织粗纱或纱线以及第五十四章的单丝和扁条。

二、本章不包括：

（一）税目48.14的壁纸；

（二）不论是否编结而成的线、绳、索、缆（税目56.07）；

（三）第六十四章和第六十五章的鞋靴、帽类及其零件；

（四）编结而成的车辆或车身（第八十七章）；或

（五）第九十四章的物品（例如，家具、灯具及照明装置）。

三、税目46.01所称“平行连结的成片编结材料、缏条或类似的编结材料产品”，是指编结材料、缏条及类似的编结材料产品平行排列连结成片的制品，其连结材料不论是否为纺制的纺织材料。

【税则号列】 4601. 2911

【商品名称】 榻榻米

【规格型号】 以蔺草为原料

【商品描述】 用蔺草编织而成，一年四季都铺在地上供人坐或卧的一种席子。尺寸为 0. 895 米×19. 7 米。

【监管证件】 4ABxy

【税则号列】 4602. 1100

【商品名称】 竹篮、竹藤篮、竹芒盆、竹木盆等

【规格型号】 竹、芒

【商品描述】 竹篮、竹藤篮、竹芒盆、竹木盆等，主要为竹制，7 英寸~12 英寸。

【监管证件】 AB

【税则号列】 4602. 1930

【商品名称】 柳篮

【规格型号】 柳制

【商品描述】 一般以杞柳条为主要原料，主要作盛装物品、装饰等用。

【监管证件】 AB

第十类

木浆及其他纤维状纤维素浆；回收（废碎）纸或纸板；纸、纸板及其制品

第四十七章　木浆及其他纤维状纤维素浆；回收（废碎）纸或纸板

注释：

税目 47. 02 所称“化学木浆，溶解级”，是指温度在 20℃时浸入含 18%氢氧化钠的苛性碱溶液内，1 小时后，按重量计含有 92%及以上的不溶级分的碱木浆或硫酸盐木浆，或者含有 88%及以上的不溶级分的亚硫酸盐木浆。对于亚硫酸盐木浆，按重量计灰分含量不得超过 0. 15%。

【税则号列】 4702.0000
【商品名称】 化学木浆（溶解级）
【规格型号】 （品牌）|（签约日期）
【商品描述】 R-H-J，规格 RAYACETA-HJ，AD%103.492。化学木浆（溶解级）是指温度在20℃时浸入含18%氢氧化钠的苛性碱溶液内，1小时后，按重量计含有92%及以上的不溶级分的碱木浆或硫酸盐木浆，或者含有88%及以上的不溶级分的亚硫酸盐木浆。对于亚硫酸盐木浆，按重量计灰分含量不得超过0.15%。
【监管证件】 无监管证件要求

【税则号列】 4702.0000
【商品名称】 漂白亚硫酸盐溶解浆
【规格型号】 MONDI 牌|（签约日期）
【商品描述】 针叶木，漂白亚硫酸盐溶解浆。
【监管证件】 无监管证件要求

【税则号列】 4702.0000
【商品名称】 化学木浆、溶解级
【规格型号】 Bahia 牌|（签约日期）
【商品描述】 “溶解级化学木浆”的简称，分硬木浆和软木浆。浆料的纤维素含量达88%以上，白度很高，纤维素聚合度高度均一，主要用于生产粘胶短纤的原料。
【监管证件】 无监管证件要求

【税则号列】 4702.0000
【商品名称】 硫酸盐漂白针叶粘胶浆
【规格型号】 贝加尔牌|（签约日期）
【商品描述】 空干吨，溶解级化学木浆。
【监管证件】 无监管证件要求

【税则号列】 4702. 0000
【商品名称】 化学木浆
【规格型号】 BAHIA | (签约日期)
【商品描述】 溶解级化学木浆，是指温度在20℃时浸入含18%氢氧化钠的溶液内，1小时后，按重量计含有92%及以上的不溶部分的碱木浆或硫酸盐木浆，或者含有88%及以上的不溶部分的亚硫酸盐木浆。对于亚硫酸盐木浆，按重量计灰分含量不得超过0. 15%。该商品被用来制造再生纤维素、纤维素醚和纤维素酯，以及这些材料的产品。按最终用途或最终产品，可分为粘胶纸浆、醋酸纤维纸浆等。
【监管证件】 无监管证件要求

【税则号列】 4702. 0000
【商品名称】 漂白针叶木化学溶解级木浆（改性浆）
【规格型号】 水分9. 195% | 惠好PEARL428 | (签约日期)
【商品描述】 空干重，溶解级化学木浆。
【监管证件】 无监管证件要求

【税则号列】 4702. 0000
【商品名称】 溶解木浆
【规格型号】 水分10% | 鹰牌（TOBA） | (签约日期)
【商品描述】 溶解级化学木浆。
【监管证件】 无监管证件要求

【税则号列】 4703. 1100
【商品名称】 木浆
【规格型号】 针叶木 | 未漂白硫酸盐 | 水分12. 0574% | (品牌) | (签约日期)
【商品描述】 奥林匹克浆。非溶解级，非绒毛浆。
【监管证件】 无监管证件要求

【税则号列】 4703. 1100
【商品名称】 未漂白硫酸盐针叶木浆（浆渣）
【规格型号】 针叶木 | 未漂白 | 水分13. 6% | 乌斯奇 | (签约日期)
【商品描述】 未漂白硫酸盐针叶木浆，非溶解级。空干吨。
【监管证件】 无监管证件要求

【税则号列】 4703. 1100

【商品名称】 未漂白针叶木浆

【规格型号】 针叶木|未漂白、硫酸盐|水分 10%|HammarKraft UKP|（签约日期）

【商品描述】 非溶解级，未漂白针叶木硫酸盐木浆。净重为空干重，用于制造水泥袋。

【监管证件】 无监管证件要求

【税则号列】 4703. 1100

【商品名称】 非漂白硫酸盐针叶木浆浆渣

【规格型号】 未漂白针叶木|空干重水分 13. 0%|（品牌）|（签约日期）

【商品描述】 非溶解级、非漂白硫酸盐针叶木浆浆渣。

【监管证件】 无监管证件要求

【税则号列】 4703. 1100

【商品名称】 未漂白硫酸盐针叶木木浆

【规格型号】 针叶木|未漂白|（水分）|（品牌）|（签约日期）

【商品描述】 非溶解级。通过用氢氧化钠和硫化钠混合液为蒸煮剂，通过蒸煮取得木浆纤维，纤维长度一般在 2 毫米~3. 5 毫米。在蒸煮过程中，因为药液作用比较缓和，纤维未受强烈侵蚀，故强韧有理，所制成的纸，其耐折、耐破和撕裂程度极好。可供制造牛皮纸、纸袋纸、牛皮箱板纸及一般的包装纸和纸板。

【监管证件】 无监管证件要求

【税则号列】 4703. 2100

【商品名称】 漂白硫酸盐非溶解级针叶木浆

【规格型号】 针叶木|漂白|水分 7. 50%|仙锋牌|（签约日期）

【商品描述】 漂白硫酸盐针叶木浆，是用经改性的氢氧化钠溶液蒸煮木片状的针叶木材制得的木浆。该商品用于生产吸水产品（如婴儿纸尿布）及需具有高抗撕裂度、抗张强度和耐破度的纸和纸板。空干重成交。

【监管证件】 无监管证件要求

【税则号列】 4703.2100
【商品名称】 漂白硫酸盐针叶木浆
【规格型号】 材质针叶木 | 漂白 | 空干吨水分含量 16.3% | （品牌） | （签约日期）
【商品描述】 简称漂针浆，英文缩写 NBKP。以针叶木为原料，采用硫酸盐法蒸煮、漂白后制得的一种化学纸浆。它是商品纸浆中应用最为广泛的，根据不同的针叶树、蒸煮漂白工艺和操作条件，几乎可以生产所有的纸种（特殊品种例外）。非溶解级。
【监管证件】 无监管证件要求

【税则号列】 4703.2100
【商品名称】 漂白针叶木硫酸盐木浆
【规格型号】 针叶木硫酸盐木浆 | （加工方法） | （水分含量） | （品牌） | （签约日期）
【商品描述】 略。
【监管证件】 无监管证件要求

【税则号列】 4703.2100
【商品名称】 漂白针叶木硫酸盐木浆
【规格型号】 针叶木 | 漂白非溶解级硫酸盐木浆 | 水分含量 16.98% | MKZ-BLEACHED | （签约日期）
【商品描述】 略。
【监管证件】 无监管证件要求

【税则号列】 4703.2100
【商品名称】 木浆
【规格型号】 针叶木 | 漂白硫酸盐 | 水分 8.01% | Stora 牌 | （签约日期）
【商品描述】 非溶解级漂白硫酸盐针叶木浆。
【监管证件】 无监管证件要求

【税则号列】 4703.2100
【商品名称】 漂白针叶硫酸盐木浆
【规格型号】 材质针叶木 | 漂白 | 水分 10.62% | UPM 牌 | （签约日期）
【商品描述】 简称漂针浆，是以针叶木为原料，采用硫酸盐法蒸煮、漂白后制得的一种非溶解级化学纸浆。
【监管证件】 无监管证件要求

【税则号列】 4703. 2100
【商品名称】 漂白硫酸盐针叶木浆
【规格型号】 针叶木｜漂白｜水分 12. 2373%｜白金｜（签约日期）
【商品描述】 针叶木通过硫酸盐制浆方法所得到的纸浆，用于造纸。非溶解级。
【监管证件】 无监管证件要求

【税则号列】 4703. 2100
【商品名称】 漂白针叶木碱木浆
【规格型号】 非溶解级漂白针叶木碱木浆｜（加工方法）｜（水分含量）｜（品牌）｜（签约日期）
【商品描述】 非溶解级漂白针叶木碱木浆，用于造纸。
【监管证件】 无监管证件要求

【税则号列】 4703. 2100
【商品名称】 硫酸盐木浆
【规格型号】 针叶木制｜漂白｜水分 5. 46%｜月亮牌｜（签约日期）
【商品描述】 针叶木制漂白非溶解级硫酸盐木浆，长纤，制卷烟纸用。
【监管证件】 无监管证件要求

【税则号列】 4703. 2100
【商品名称】 木浆（漂白硫酸盐针叶木浆）
【规格型号】 针叶木浆｜漂白，化学法中的碱法的硫酸盐制浆｜水分 11. 2%｜阿拉巴马河牌｜（签约日期）
【商品描述】 非溶解级漂白硫酸盐针叶木浆。
【监管证件】 无监管证件要求

【税则号列】 4703. 2900
【商品名称】 芬亚漂白桉木浆
【规格型号】 非针叶木｜漂白｜水分 8. 62%｜芬亚牌｜（签约日期）
【商品描述】 原产乌拉圭，属于漂白硫酸盐非针叶浆，是生产高档生活用纸的主要原材料之一。光泽度 ISO 89%～92%，纤维长度 0. 63 毫米～0. 85 毫米，粗度 0. 06～0. 08mg/m，含灰量 0～0. 7%，提取物少于 0. 2%，pH 值 5～7，原材料 100%桉树。非溶解级。
【监管证件】 无监管证件要求

【税则号列】 4703. 2900
【商品名称】 漂白非针叶木硫酸盐木浆
【规格型号】 非针叶木｜漂白｜水分 9. 961%｜维拉塞尔（Veracel）｜（签约日期）
【商品描述】 桉树经化学方法处理及漂白后的商品浆。非溶解级。
【监管证件】 无监管证件要求

【税则号列】 4703. 2900
【商品名称】 漂白硫酸盐阔叶木浆
【规格型号】 非针叶木｜漂白｜水分 11. 26%｜绿叶牌｜（签约日期）
【商品描述】 非溶解级。
【监管证件】 无监管证件要求

【税则号列】 4703. 2900
【商品名称】 漂白硫酸盐阔叶木浆
【规格型号】 非针叶木｜漂白｜水分 8. 6947%｜芬亚牌｜（签约日期）
【商品描述】 以阔叶木片为原料，采用氢氧化钠和硫化钠混合液为蒸煮剂脱除木质素、再经过漂白制得，由于蒸煮过程较为和缓，纤维未受强烈侵蚀，所以纤维强韧有力，用其所制成的纸耐折、耐破和撕裂强度好；同时蒸煮过程中纤维间木质素脱除率高，制得的浆料容易漂白、白度高，不容易返黄。该商品用于生产吸水产品（如婴儿纸尿布）及需具有高抗撕裂度、抗张强度和耐破度的纸和纸板，广泛应用于高档文化用纸，如胶版印刷纸等的抄造。以干重计量成交，非溶解级。
【监管证件】 无监管证件要求

【税则号列】 4703. 2900
【商品名称】 漂白硫酸盐非溶解级阔叶木浆
【规格型号】 阔叶木｜漂白｜水分 10. 461%｜小叶牌｜（签约日期）
【商品描述】 用经改性的氢氧化钠溶液蒸煮木片状的阔叶木材制得的木浆，用于生产吸水产品（如婴儿纸尿布）及需具有高抗撕裂度、抗张强度和耐破度的纸和纸板。空干重成交。
【监管证件】 无监管证件要求

【税则号列】 4703. 2900
【商品名称】 小叶相思牌漂白阔叶木浆
【规格型号】 非针叶木 | 漂白 | 水分 10. 495% | 小叶相思牌 | （签约日期）
【商品描述】 非针叶木漂白硫酸盐木浆，非溶解级。
【监管证件】 无监管证件要求

【税则号列】 4703. 2900
【商品名称】 漂白硫酸盐桉木浆
【规格型号】 非针叶木浆 | 漂白 | 水分 9. 725% | （品牌） | （签约日期）
【商品描述】 用于生产卷烟纸的原料。空干重，非溶解级。
【监管证件】 无监管证件要求

【税则号列】 4703. 2900
【商品名称】 漂白硫酸盐阔叶木浆
【规格型号】 非针叶木 | 漂白 | 水分 9. 087% | 赛尔比牌 | （签约日期）
【商品描述】 非溶解级。
【监管证件】 无监管证件要求

【税则号列】 4703. 2900
【商品名称】 漂白非针叶木硫酸盐木浆
【规格型号】 漂白非针叶木硫酸盐木浆，以非针叶木为原料 | 采用硫酸盐法蒸煮、漂白后制得的一种化学纸浆 | 水分 0. 8445% | 金鱼牌
【商品描述】 非溶解级。用于生产高档装饰纸的原料。
【监管证件】 无监管证件要求

【税则号列】 4703. 2900
【商品名称】 桉木浆
【规格型号】 阔叶木 | 漂白 | 水分 10. 848% | 鹦鹉牌 | （签约日期）
【商品描述】 硫酸盐桉木浆，非溶解级。
【监管证件】 无监管证件要求

【税则号列】 4703. 2900

【商品名称】 漂白硫酸盐阔叶木浆

【规格型号】 非针叶木 | 漂白 | 水分 17. 60% | 布拉茨克牌 | （签约日期）

【商品描述】 简称漂阔浆，英文缩写 LBKP，用硫酸盐法生产，采用的原料是阔叶木。很有名的是巴西出售的“尤加利浆”（即按木浆），它可以单独或与漂针浆配抄各种高级印刷纸等。空干吨，非溶解级。

【监管证件】 无监管证件要求

【税则号列】 4705. 0000

【商品名称】 热磨化学机械木浆

【规格型号】 机械和化学联合制浆法 | 水分 16. 876% | 昆河牌

【商品描述】 商品外观为白色片状；按照国际惯例，木浆是以 90%纤维含量和 10%水分含量作为木浆重量构成，该商品实际水分含量为 16. 876%；先用化学品（一般为亚硫酸钠和烧碱）浸渍木片，然后通过蒸汽加热木片，经过磨浆、筛选、漂白、洗涤，即获得漂白化学热磨机械浆。这种浆的收获率高达 91%~96%（软木）或 88%~95%（硬木），比化学浆高一倍。最终主要用于生产新闻纸。

【监管证件】 无监管证件要求

【税则号列】 4705. 0000

【商品名称】 漂白化学机械木浆

【规格型号】 加工方法用机械和化学联合制浆法 | 水分 14. 57% | （品牌）

【商品描述】 化机浆，又称采用化学和机械联合制浆法加工的木浆。所谓化学和机械联合制浆法，是指用机械方法对原料进行碎解和研磨，然后用局部的化学方法（化学制剂）对木质素进行粗略的脱除。由于大部分的木质素没有脱除，有效物质的获得率较高，加工方式比化学浆简单，因此成本相对较低，价格也适中。在外观上颜色呈淡黄色，形态为絮状，包装时需要用化学浆的浆片进行包裹。

【监管证件】 无监管证件要求

【税则号列】 4705. 0000

【商品名称】 漂白化学热磨机械木浆

【规格型号】 用机械和化学联合制浆法 | 水分 14. 94706% | 天柏牌等

【商品描述】 漂白化学热磨机械木浆。

【监管证件】 无监管证件要求

【税则号列】 4705. 0000

【商品名称】 漂白化学热磨机械针叶木浆

【规格型号】 用温和的化学品浸渍，经精磨、漂白后的一种高得率木浆 | 水分 14. 943% | 雪山

【商品描述】 针叶浆白度可达 80%，阔叶浆白度约 85%。与其他化学木浆相比，该木浆有下列优点：1. 较低的基建费用；2. 得浆率高达 85%～90%（其他化学木浆的得浆率为 42%～45%）；3. 较低的生产成本；4. 较高的松厚度、不透明度和挺度。游离度 350，白度 75。

【监管证件】 无监管证件要求

【税则号列】 4705. 0000

【商品名称】 漂白化学热磨机械木浆

【规格型号】 用化学（TCF）处理与机械磨解联合制浆法制得的木浆 | （水分含量） | （品牌）

【商品描述】 一般是将纤维原料（木材、蔗渣、芦苇、禾草等）置于冷碱液或中性亚硫酸钠溶液中进行短时间浸渍处理，再送入盘磨机磨解成浆。通常细分为两个品种，以针叶木材为原料制得的统称为针叶化机浆；以阔叶木材为原料制得的统称为阔叶化机浆。其特点是化学处理条件温和，浆中保留了原料中较多的木素含量，纯浆得率高达 85%～90%。用阔叶木制作的化学机械浆，其性质与针叶木磨木浆相近，成纸紧度高，不透明度低，长纤维含量多，纤维束少，适印性好。

【监管证件】 无监管证件要求

【税则号列】 4707. 1000

【商品名称】 废纸：废旧瓦楞纸箱

【规格型号】 日废 11 号、美废 11 号、欧废 A5 号 | （种类） | （状态） | （签约日期）

【商品描述】 瓦楞纸板由面纸、里纸、芯纸和加工成波形瓦楞的瓦楞纸通过黏合而成。根据商品包装的需求，瓦楞纸板可以加工成单面、三层、五层、七层、十一层等。

【监管证件】 ABP

【税则号列】 4707. 1000

【商品名称】 废旧瓦楞纸

【规格型号】 未漂白废旧瓦楞纸 | 状态成捆 | 产地标准及标号欧废 A5 号 | （签约日期）

【商品描述】 成捆废旧瓦楞纸。已拣选 L/C 包装，铁线扎。

【监管证件】 ABP

【税则号列】 4707. 1000
【商品名称】 废旧瓦楞纸箱、废碎瓦楞纸箱
【规格型号】 废碎瓦楞纸≥80%，杂纸≤20%｜废碎｜港废｜（签约日期）
【商品描述】 略。
【监管证件】 ABP

【税则号列】 4707. 1000
【商品名称】 废纸/未分拣统货
【规格型号】 美废 11 号｜（种类）｜（状态）｜（签约日期）
【商品描述】 该商品为未漂白废旧瓦楞纸箱，用于制造包装类用纸的原料，利用进口废纸，可以替代国内植被来作为造浆原料。
【监管证件】 ABP

【税则号列】 4707. 1000
【商品名称】 废旧瓦楞纸箱（未漂白）
【规格型号】 欧废 A5｜不规则｜（种类）｜（签约日期）
【商品描述】 略。
【监管证件】 ABP

【税则号列】 4707. 1000
【商品名称】 回收瓦楞纸板
【规格型号】 废瓦楞纸板｜（状态）｜（产地标准及标号）｜（签约日期）
【商品描述】 废瓦楞纸板。
【监管证件】 ABP

【税则号列】 4707. 2000
【商品名称】 办公室废杂纸
【规格型号】 办公废纸｜废纸｜日废 37 号｜（签约日期）
【商品描述】 不含水，已拣选。主要成分为漂白化学木浆，未经本体染色。
【监管证件】 ABP

【税则号列】 4707. 2000
【商品名称】 澳门办公室废杂纸
【规格型号】 已漂白｜废碎｜澳门废纸不规则状，块状等｜（签约日期）
【商品描述】 主要由漂白化学木浆制成未经本体染色的废纸。
【监管证件】 ABP

【税则号列】 4707. 2000

【商品名称】 办公室废杂纸

【规格型号】 白色及彩色，不含磨木浆的办公室废杂纸，不含未经漂白的纤维，允许有少量含磨木浆的废电脑纸及传真纸｜美废 37 号、日废 37 号｜（状态）｜（签约日期）

【商品描述】 打包供货。杂物不得超过 2%。不合格废纸总量不得超过 5%。

【监管证件】 ABP

【税则号列】 4707. 2000

【商品名称】 废白卡纸

【规格型号】 废白卡纸｜已废碎｜美废 4 号或台湾废纸｜（签约日期）

【商品描述】 主要由漂白化学木浆制成未经本体染色的废纸。有印刷，已拣选。

【监管证件】 ABP

【税则号列】 4707. 2000

【商品名称】 办公室废纸

【规格型号】 水分不超过 12%｜部分废碎｜欧废 B5 号｜（签约日期）

【商品描述】 已拣选，主要由漂白化学木浆制，未经本体染色。

【监管证件】 ABP

【税则号列】 4707. 3000

【商品名称】 香港废旧报纸

【规格型号】 未漂白废报纸｜成捆｜水分不超过 13%，杂质不超过 2%｜香港废纸｜（签约日期）

【商品描述】 废旧报纸。

【监管证件】 ABP

【税则号列】 4707. 3000

【商品名称】 废纸

【规格型号】 回收的废旧杂志纸及类似印刷品｜废碎｜欧废 A10 号｜（签约日期）

【商品描述】 废旧杂志纸。

【监管证件】 ABP

【税则号列】 4707. 3000

【商品名称】 废报纸

【规格型号】 使用过的旧报纸｜已拣选，无混杂物｜美废 8 号｜（签约日期）

【商品描述】 路耗<1%、水分<12%、废弃物<1%、不合格纸<2%、黑白报纸+彩报>60%。

【监管证件】 ABP

【税则号列】 4707. 3000

【商品名称】 废旧杂志

【规格型号】 使用过的旧杂志｜不含水，已拣选，无混杂物｜美废 10 号｜（签约日期）

【商品描述】 略。

【监管证件】 ABP

【税则号列】 4707. 3000

【商品名称】 特级旧报纸（供脱墨用）

【规格型号】 未废碎｜已拣选｜拣选的未粉碎的旧报纸｜美废 8 号｜（签约日期）

【商品描述】 供脱墨用。

【监管证件】 ABP

【税则号列】 4707. 3000

【商品名称】 废旧杂志纸

【规格型号】 水分不超过 12%｜部分废碎｜已拣选｜欧废 A10 号｜（签约日期）

【商品描述】 商品外形为打碎的废旧杂志和报纸；商品规格为按照欧废 A10（混合报纸和杂志，报纸和杂志的混合，含有最低 80%的杂志，部分带胶）标准，其中杂志纸 80%，水分含量不超过 12%；从欧洲采购；最终用途为生产办公用纸。

【监管证件】 ABP

【税则号列】 4707. 3000

【商品名称】 美国 8 号旧报纸

【规格型号】 未漂白的旧报纸｜成张（捆装分选）｜美废 8 号｜（签约日期）

【商品描述】 略。

【监管证件】 ABP

【税则号列】 4707.3000
【商品名称】 废杂志
【规格型号】 废碎 | 废旧报纸 | 美废 10 号 | （签约日期）
【商品描述】 已漂白机械浆制，废旧报纸，用于制造新闻纸。
【监管证件】 ABP

【税则号列】 4707.9000
【商品名称】 废杂纸
【规格型号】 报纸、纸板和瓦楞纸的混合纸打包供应 | 日废 3 号、美废 3 号、欧废 A2 号 | （签约日期）
【商品描述】 在废纸标准中质量最差，价格最低廉。由于分拣程度较低，该纸型外观为不同质量的废杂纸混合组成，但含磨木浆（用机械方法对木材纤维进行离解制成的机械木浆）不超过 10%。
【监管证件】 9B

【税则号列】 4707.9000
【商品名称】 废纸
【规格型号】 废杂纸，报纸和杂志 30%，纸板 30%，各种杂纸 40% | 欧废 A2 号 | （签约日期）
【商品描述】 由经拣选的不同质量的废杂纸混合。
【监管证件】 9B

第四十八章　纸及纸板；纸浆、纸或纸板制品

注释：

一、除条文另有规定外，本章所称“纸”包括纸板（不考虑其厚度或每平方米重量）。

二、本章不包括：

（一）第三十章的物品；

（二）税目 32.12 的压印箔；

（三）香纸及用化妆品浸渍或涂布的纸（第三十三章）；

（四）用肥皂或洗涤剂浸渍、覆盖或涂布的纸或纤维素絮纸（税目 34.01）和用光洁剂、擦光膏及类似制剂浸渍、覆盖或涂布的纸或纤维素絮纸（税目 34.05）；

（五）税目 37.01 至 37.04 的感光纸或感光纸板；

（六）用诊断或实验用试剂浸渍的纸（税目 38.22）；

（七）第三十九章的用纸强化的层压塑料板，用塑料覆盖或涂布的单层纸或纸板（塑料部

分占总厚度的一半以上)，以及上述材料的制品，但税目 48.14 的壁纸除外；

(八) 税目 42.02 的物品 (例如，旅行用品)；

(九) 第四十六章的物品 (编结材料制品)；

(十) 纸纱线或纸纱线纺织物 (第十一类)；

(十一) 第六十四章或第六十五章的物品；

(十二) 税目 68.05 的砂纸或税目 68.14 的用纸或纸板衬底的云母 (但涂布云母粉的纸及纸板归入本章)；

(十三) 用纸或纸板衬底的金属箔 (通常归入第十四类或第十五类)；

(十四) 税目 92.09 的制品；

(十五) 第九十五章的物品 (例如，玩具、游戏品及运动用品)；或

(十六) 第九十六章的物品 [例如，纽扣，卫生巾 (护垫) 及止血塞、婴儿尿布及尿布衬里]。

三、除注释七另有规定的以外，税目 48.01 至 48.05 包括经研光、高度研光、釉光或类似处理、仿水印、表面施胶的纸及纸板；同时还包括用各种方法本体着色或染成斑纹的纸、纸板、纤维素絮纸及纤维素纤维网纸。除税目 48.03 另有规定的以外，上述税目不适用于经过其他方法加工的纸、纸板、纤维素絮纸或纤维素纤维网纸。

四、本章所称“新闻纸”，是指所含用机械或化学-机械方法制得的木纤维不少于全部纤维重量的 50%的未经涂布的报刊用纸，未施胶或微施胶，每面粗糙度 [帕克印刷表面粗糙度 (1 兆帕)] 超过 2.5 微米，每平方米重量不小于 40 克，但不超过 65 克，并且仅适用于下列规格的纸：

(一) 成条或成卷，宽度超过 28 厘米；或

(二) 成张矩形 (包括正方形)，一边超过 28 厘米，另一边超过 15 厘米 (以未折叠计)。

五、税目 48.02 所称“书写、印刷或类似用途的纸及纸板”“未打孔的穿孔卡片和穿孔纸带纸”，是指主要用漂白纸浆或用机械或化学—机械方法制得的纸浆制成的纸及纸板，并且符合下列任一标准：

每平方米重量不超过 150 克的纸或纸板：

(一) 用机械或化学—机械方法制得的纤维含量在 10%及以上，并且

1. 每平方米重量不超过 80 克；或

2. 本体着色；

(二) 灰分含量在 8%以上，并且

1. 每平方米重量不超过 80 克；或

2. 本体着色；

(三) 灰分含量在 3%以上，亮度在 60%及以上；或

(四) 灰分含量在 3%以上，但不超过 8%，亮度低于 60%，耐破指数等于或小于 2.5 千帕斯卡·平方米/克；或

（五）灰分含量在3%及以下，亮度在60%及以上，耐破指数等于或小于2.5千帕斯卡·平方米/克。

每平方米重量超过150克的纸或纸板：

（一）本体着色；或

（二）亮度在60%及以上，并且

1. 厚度在225微米及以下；或

2. 厚度在225微米以上，但不超过508微米，灰分含量在3%以上；或

（三）亮度低于60%，厚度不超过254微米，灰分含量在8%以上。

税目48.02不包括滤纸及纸板（含茶袋纸）或毡纸及纸板。

六、本章所称“牛皮纸及纸板”，是指所含用硫酸盐法或烧碱法制得的纤维不少于全部纤维重量的80%的纸及纸板。

七、除税号条文另有规定的以外，符合税目48.01至48.11中两个或两个以上税目所规定的纸、纸板、纤维素絮纸及纤维素纤维网纸，应按号列顺序归入有关税目中的最末一个税号。

八、税目48.03至48.09仅适用于下列规格的纸、纸板、纤维素絮纸及纤维素纤维网纸：

（一）成条或成卷，宽度超过36厘米；或

（二）成张矩形（包括正方形），一边超过36厘米，另一边超过15厘米（以未折叠计）。

九、税目48.14所称“壁纸及类似品”，仅限于：

（一）适合作墙壁或天花板装饰用的成卷纸张，宽度不小于45厘米，但不超过160厘米：

1. 起纹、压花、染面、印有图案或经其他装饰的（例如，植绒），不论是否用透明的防护塑料涂布或覆盖；

2. 表面饰有木粒或草粒而凹凸不平的；

3. 表面用塑料涂布或覆盖并起纹、压花、染面、印有图案或经其他装饰的；或

4. 表面用不论是否平行连结或编织的编结材料覆盖的；

（二）适于装饰墙壁或天花板用的经上述加工的纸边及纸条，不论是否成卷；

（三）由几幅拼成的壁纸，成卷或成张，贴到墙上可组成印刷的风景画或图案。

既可作铺地制品，也可作壁纸的以纸或纸板为底的产品，应归入税目48.23。

十、税目48.20不包括切成一定尺寸的活页纸张或卡片，不论是否印制、压花、打孔。

十一、税目48.23主要适用于提花机或类似机器用的穿孔纸或卡片，以及纸花边。

十二、除税目48.14及48.21的货品外，印有图案、文字或图画的纸、纸板、纤维素絮纸及其制品，如果所印图案、文字或图画作为其主要用途，应归入第四十九章。

子目注释：

一、子目4804.11及4804.19所称“牛皮衬纸”，是指所含用硫酸盐法或烧碱法制得的木纤维不少于全部纤维重量的80%的成卷机器整饰或上光纸及纸板，每平方米重量超过115克，并且最低缪伦耐破度符合下表所示（其他重量的耐破度可参照下表换算）：

重量 （克/平方米）	最低缪伦耐破度 （千帕斯卡）
115	393
125	417
200	637
300	824
400	961

二、子目 4804.21 及 4804.29 所称“袋用牛皮纸”，是指所含用硫酸盐法或烧碱法制得的木纤维不少于全部纤维重量的 80%的成卷机器上光纸，每平方米重量不少于 60 克，但不超过 115 克，并且符合下列一种规格：

（一）缪伦耐破指数不小于 3.7 千帕斯卡・平方米/克，并且横向伸长率大于 4.5%，纵向伸长率大于 2%；

（二）至少能达到下表所示的最小撕裂度和抗张强度（其他重量的可参照下表换算）：

重　量 （克/平方米）	最小撕裂度 （毫牛顿）		最小抗张强度 （千牛顿/米）	
	纵向	纵向加横向	横向	纵向加横向
60	700	1510	1.9	6
70	830	1790	2.3	7.2
80	965	2070	2.8	8.3
100	1230	2635	3.7	10.6
115	1425	3060	4.4	12.3

三、子目 4805.11 所称“半化学的瓦楞纸”，是指所含用机械和化学联合法制得的未漂白硬木纤维不少于全部纤维重量的 65%的成卷纸张，并且在温度为 23℃和相对湿度为 50%时，经过 30 分钟的瓦楞芯纸平压强度测定（CMT30），抗压强度超过 1.8 牛顿/克/平方米。

四、子目 4805.12 包括主要用机械和化学联合法制得的草浆制成的成卷纸张，每平方米重量在 130 克及以上，并且在温度为 23℃和相对湿度为 50%时，经过 30 分钟的瓦楞芯纸平压强度测定（CMT30），抗压强度超过 1.4 牛顿/克/平方米。

五、子目 4805.24 和 4805.25 包括全部或主要由回收（废碎）纸或纸板制得的纸浆制成的纸和纸板。强韧箱纸板也可以有一面用染色纸或漂白或未漂白的非再生浆制得的纸做表层。这些产品缪伦耐破指数不小于 2 千帕斯卡・平方米/克。

六、子目 4805.30 所称“亚硫酸盐包装纸”，是指所含用亚硫酸盐法制得的木纤维超过全部纤维重量的 40%的机器研光纸，灰分含量不超过 8%，并且缪伦耐破指数不小于 1.47 千帕斯卡・平方米/克。

七、子目 4810. 22 所称“轻质涂布纸”，是指双面涂布纸，其每平方米总重量不超过 72 克，每面每平方米的涂层重量不超过 15 克，原纸中所含用机械方法制得的木纤维不少于全部纤维重量的 50%。

【税则号列】 4801. 0010

【商品名称】 新闻纸

【规格型号】 卷状 | 宽度超过 36 厘米 | （签约日期） | 木纤维不少于全部纤维重量的 50% | 未经涂布，未施胶，每面粗糙度范围 3. 9 微米~4. 2 微米 | 每平方米克重范围 45. 0 克±1 克

【商品描述】 规格为成卷的新闻纸，以机械方法制得，总重量包含 80%~82%的机械浆。

【监管证件】 无监管证件要求

【税则号列】 4801. 0010

【商品名称】 成卷的新闻纸（JEONJU）

【规格型号】 卷状 | 克重 45，宽度 720 毫米 | （签约日期） | 100%阔叶木纤维 | 68 微米

【商品描述】 机械法制得，未经涂布的报刊用纸，未施胶。

【监管证件】 无监管证件要求

【税则号列】 4802. 5500

【商品名称】 书写原纸

【规格型号】 成卷，70GSM，HW-155CIE，宽 2120 毫米，直径 1400 毫米~1600 毫米 | （签约日期） | 书写印刷用 | 机制纸 | 未涂布 | 漂白硫酸盐阔叶木浆 80%，针叶木浆 20%

【商品描述】 略。

【监管证件】 无监管证件要求

【税则号列】 4802. 5500

【商品名称】 40<每平方米重≤150 克未涂布中厚纸。

【规格型号】 书写印刷用 | 机制纸 | 未涂布 | 成卷，P1P（CL），MW-167CIE，克重 100GSM，宽 1276 毫米，直径 1400 毫米~1600 毫米 | 漂白硫酸盐阔叶木浆 80%，针叶木浆 20% | (签约日期)

【商品描述】 技术指标符合四十八章注释五规定。

【监管证件】 无监管证件要求

【税则号列】 4804. 1100
【商品名称】 威士牌牛皮挂面纸
【规格型号】 卷装 950 毫米~1800 毫米，克重｜牛皮挂面纸｜未漂白未涂布｜80%未漂白纯木浆，20%再生纸纤维｜环压 21. 4，耐破 3. 8，耐折 65，紧度 0. 75｜威士牌｜（签约日期）
【商品描述】 略。
【监管证件】 无监管证件要求

【税则号列】 4804. 2900
【商品名称】 牛皮纸
【规格型号】 克重 70，1510 毫米｜Korsnaes｜R1136-510｜袋用牛皮纸｜漂白，无涂布，成卷｜100%木浆｜用机械或化学制法，缪伦耐破度 4 千帕卡·平方米/克 。横向伸长率 8%，纵向伸长率 4%，最小纵向加横向撕裂度 1900 毫牛顿，最小纵向加横向抗张强度 7. 5 千牛顿/米｜（签约日期）
【商品描述】 略。
【监管证件】 无监管证件要求

【税则号列】 4804. 3900
【商品名称】 工艺牛皮纸
【规格型号】 35 格令/平方米，1200 毫米，95%硫酸盐木浆纤维；32 格令/平方米，620 毫米，95%硫酸盐木浆纤维｜牛皮纸｜经漂白，未涂布｜Billerud｜（签约日期）
【商品描述】 略。
【监管证件】 无监管证件要求

【税则号列】 4809. 2000
【商品名称】 无碳复写纸（宽>360 毫米）
【规格型号】 470 毫米×6000 米，克重 47｜（种类）｜涂布，成卷｜（签约日期）
【商品描述】 略。
【监管证件】 无监管证件要求

【税则号列】 4810. 1300
【商品名称】 铜版纸
【规格型号】 宽 1615 毫米，长 12300 米，80GSM｜化学浆纤维≥90%｜用于印刷｜单面铜版纸｜成卷｜单面涂高岭土｜（签约日期）
【商品描述】 略。
【监管证件】 无监管证件要求

【税则号列】 4810. 2200

【商品名称】 成卷的轻涂纸

【规格型号】 卷筒状 | 58 或 60 克每平方米，宽度 765 毫米 | （种类） | （加工程度） | 全化学制纤维 30%，化学机械制纤维 35%，脱墨制纤维 30%，高岭土及其他填料 5% | 主要用于印刷杂志、商品目录、广告、商标、报刊插页等 | （签约日期）

【商品描述】 卷筒外径为 1000 毫米，卷芯为 76 毫米。

【监管证件】 无监管证件要求

【税则号列】 4810. 3200

【商品名称】 涂无机物的白板纸

【规格型号】 白板纸是一种正面呈白色且光滑，背面多为灰底的纸板 | 主要用于单面彩色印刷后制成纸盒供包装使用，或者用于设计、手工制品 | 表面涂有无机物的白板纸，同时本体均匀漂白 | 所含用化学方法制得的木纤维超过全部纤维重量的 95% | 每平方米重量超过 150 克 | （状态） | （签约日期）

【商品描述】 略。

【监管证件】 无监管证件要求

【税则号列】 4810. 9200

【商品名称】 白板纸

【规格型号】 复合包装用 | 白板纸 | 成卷，多层 | 单纯的无铝箔等料面，漂白，有涂布，涂有高岭瓷土，无聚乙烯薄膜，纤维含量用机械或化学制法 | 100%木浆 | 192 克/平方米，宽 1574 毫米 | （签约日期）

【商品描述】 型号 574，品牌利乐。

【监管证件】 无监管证件要求

【税则号列】 4811. 4100

【商品名称】 不干胶自粘纸

【规格型号】 双面 | 涂布，成卷 | 涂布物亚克力胶 | 280 克/平方米，500 毫米×100 米

【商品描述】 略。

【监管证件】 无监管证件要求

【税则号列】 4811.5110

【商品名称】 彩色相纸用涂塑纸基

【规格型号】 照相原纸丨未涂感光材料，漂白，成卷，双面涂塑丨1176 毫米×（2645～2820）米，223 克/平方米

【商品描述】 光面/绒面，古楼牌。

【监管证件】 无监管证件要求

【税则号列】 4811.5110

【商品名称】 涂塑纸基

【规格型号】 相纸丨已涂塑丨1176 毫米×2820 米/卷，223 克/平方米，1176 毫米×2820 米/卷，220 克/平方米

【商品描述】 彩色相纸用双面涂塑纸。

【监管证件】 无监管证件要求

【税则号列】 4811.5199

【商品名称】 离型纸

【规格型号】 漂白丨涂有机硅丨159 克/平方米～161 克/平方米

【商品描述】 制革用，漂白涂层（美国华伦）。

【监管证件】 无监管证件要求

【税则号列】 4811.5199

【商品名称】 离型纸

【规格型号】 塑料涂布，已漂白，未染色丨规格 163.83 克/平方米，规格 165.4 克/平方米

【商品描述】 离型纸，每平方米重量超过 150 克的纸。

【监管证件】 无监管证件要求

【税则号列】 4813.2000

【商品名称】 卷烟纸

【规格型号】 成卷丨26.5 毫米×4000 米

【商品描述】 纸质，用于包裹烟丝，制作烟支。

【监管证件】 7

【税则号列】 4819. 1000
【商品名称】 纸箱
【规格型号】 （材质）| （是否瓦楞纸制）| 520 毫米×80 毫米×345 毫米
【商品描述】 利用瓦楞良好的抗压强度和防震性能，能承受一定的压力、冲击和振动；起保护作用，用于包装电子产品。
【监管证件】 无监管证件要求

【税则号列】 4819. 2000
【商品名称】 纸盒
【规格型号】 纸板制 | CP-6P-LP | （是否可折叠）
【商品描述】 非瓦楞纸纸板制纸盒。
【监管证件】 无监管证件要求

【税则号列】 4819. 2000
【商品名称】 包装彩盒
【规格型号】 白板纸制非瓦楞纸彩盒 | 145. 1 毫米×80. 2 毫米×46. 4 毫米 | （是否可折叠）
【商品描述】 略。
【监管证件】 无监管证件要求

【税则号列】 4819. 2000
【商品名称】 包装彩盒
【规格型号】 非瓦楞 | 以白板纸为主要材质 | 145. 1 毫米×80. 2 毫米×46. 4 毫米 | 折叠型
【商品描述】 略。
【监管证件】 无监管证件要求

【税则号列】 4819. 3000
【商品名称】 底宽超过 40 厘米的纸袋
【规格型号】 牛皮纸制成的纸袋 | 底宽 1110 毫米
【商品描述】 用于包装该公司的产品二氧化硅。
【监管证件】 无监管证件要求

【税则号列】 4819. 5000
【商品名称】 工艺纸盒
【规格型号】 纸板，花纸制的工艺纸盒 | 23 厘米×16 厘米×7 厘米，5 个/套
【商品描述】 不可折叠。
【监管证件】 A

【税则号列】 4820.3000
【商品名称】 文件夹
【规格型号】 纸制文件夹
【商品描述】 办公室用。
【监管证件】 无监管证件要求

【税则号列】 4823.7000
【商品名称】 内衬盒
【规格型号】 模制纸浆制品
【商品描述】 包装材料。
【监管证件】 无监管证件要求

【税则号列】 4823.9020
【商品名称】 神纸
【规格型号】 纸制 | 13×15 厘米
【商品描述】 拜神用神纸。老文成牌。
【监管证件】 无监管证件要求

【税则号列】 4823.9090
【商品名称】 隔板
【规格型号】 瓦楞纸制 | 蜂窝状
【商品描述】 包装用。
【监管证件】 无监管证件要求

第四十九章 书籍、报纸、印刷图画及其他印刷品；手稿、打字稿及设计图纸

注释：

一、本章不包括：

（一）透明基的照相负片或正片（第三十七章）；

（二）立体地图、设计图表或地球仪、天体仪，不论是否印刷（税目 90.23）；

（三）第九十五章的扑克牌或其他物品；或

（四）雕版画、印刷画、石印画的原本（税目 97.02），税目 97.04 的邮票、印花税票、纪念封、首日封、邮政信笺及类似品，以及第九十七章的超过一百年的古物或其他物品。

二、第四十九章所称“印刷”，也包括用胶版复印机、油印机印制，在自动数据处理设备控制下打印绘制，压印、冲印、感光复印、热敏复印或打字。

三、用纸以外材料装订成册的报纸、杂志和期刊，以及一期以上装订在同一封面里的成套报纸、杂志和期刊，应归入税目 49. 01，不论是否有广告材料。

四、税目 49. 01 还包括：

（一）附有说明文字，每页编有号数以便装订成一册或几册的整集印刷复制品，例如，美术作品、绘画；

（二）随同成册书籍的图画附刊；以及

（三）供装订书籍或小册子用的散页、集页或书帖形式的印刷品，已构成一部作品的全部或部分。

但没有说明文字的印刷图画或图解，不论是否散页或书帖形式，应归入税目 49. 11。

五、除本章注释三另有规定的以外，税目 49. 01 不包括主要作广告用的出版物（例如，小册子、散页印刷品、商业目录、同业公会出版的年鉴、旅游宣传品），这类出版物应归入税目 49. 11。

六、税目 49. 03 所称“儿童图画书”，是指以图画为主、文字为辅，供儿童阅览的书籍。

【税则号列】 4901. 9900
【商品名称】 图书
【规格型号】 成册 | 儿童读物类
【商品描述】 略。
【监管证件】 无监管证件要求

【税则号列】 4901. 9900
【商品名称】 书籍
【规格型号】 装订成册的书籍 | 历史纪实
【商品描述】 无牌。
【监管证件】 无监管证件要求

【税则号列】 4902. 9000
【商品名称】 16 开期刊
【规格型号】 周刊
【商品描述】 纸制。
【监管证件】 无监管证件要求

【税则号列】 4903.0000
【商品名称】 儿童图画书
【规格型号】 装订成册的图画书|供儿童阅览
【商品描述】 略。
【监管证件】 无监管证件要求

【税则号列】 4903.0000
【商品名称】 外文图画书
【规格型号】 儿童图画书
【商品描述】 略。
【监管证件】 无监管证件要求

【税则号列】 4907.0090
【商品名称】 许可证
【规格型号】 (种类)
【商品描述】 品牌 Cisco，型号 CUWL-LIC-APAC。
【监管证件】 无监管证件要求

【税则号列】 4911.1010
【商品名称】 说明书
【规格型号】 用于手机功能用途和操作使用说明（无商业价值)
【商品描述】 纸制印刷品。
【监管证件】 无监管证件要求

【税则号列】 4911.1010
【商品名称】 说明书
【规格型号】 无商业价值
【商品描述】 用于手机功能用途和操作使用说明。
【监管证件】 无监管证件要求

第十一类
纺织原料及纺织制品

注释：

一、本类不包括：

（一）制刷用的动物鬃、毛（税目 05.02）；马毛及废马毛（税目 05.11）；

（二）人发及人发制品（税目 05.01、67.03 或 67.04），但通常用于榨油机或类似机器的滤布除外（税目 59.11）；

（三）第十四章的棉短绒或其他植物材料；

（四）税目 25.24 的石棉、税目 68.12 或 68.13 的石棉制品或其他产品；

（五）税目 30.05 或 30.06 的物品；税目 33.06 的用于清洁牙缝的纱线（牙线），单独零售包装的；

（六）税目 37.01 至 37.04 的感光布；

（七）截面尺寸超过 1 毫米的塑料单丝和表面宽度超过 5 毫米的塑料扁条及类似品（例如，人造草）（第三十九章），以及上述单丝或扁条的缏条、织物、篮筐或柳条编结品（第四十六章）；

（八）第三十九章的用塑料浸渍、涂布、包覆或层压的机织物、针织物或钩编织物、毡呢或无纺织物及其制品；

（九）第四十章的用橡胶浸渍、涂布、包覆或层压的机织物、针织物或钩编织物、毡呢或无纺织物及其制品；

（十）带毛皮张（第四十一章或第四十三章）、税目 43.03 或 43.04 的毛皮制品、人造毛皮及其制品；

（十一）税目 42.01 或 42.02 的用纺织材料制成的物品；

（十二）第四十八章的产品或物品（例如，纤维素絮纸）；

（十三）第六十四章的鞋靴及其零件、护腿、裹腿及类似品；

（十四）第六十五章的发网、其他帽类及其零件；

（十五）第六十七章的货品；

（十六）涂有研磨料的纺织材料（税目 68.05）以及税目 68.15 的碳纤维及其制品；

（十七）玻璃纤维及其制品，但可见底布的玻璃线刺绣品除外（第七十章）；

（十八）第九十四章的物品（例如，家具、寝具、灯具及照明装置）；

（十九）第九十五章的物品（例如，玩具、游戏品、运动用品及网具）；

（二十）第九十六章的物品[例如，刷子、旅行用成套缝纫用具、拉链、打字机色带、卫生巾（护垫）及止血塞、婴儿尿布及尿布衬里]；或

(二十一) 第九十七章的物品。

二、

(一) 可归入第五十章至第五十五章及税目58.09或59.02的由两种或两种以上纺织材料混合制成的货品，应按其中重量最大的那种纺织材料归类。

当没有一种纺织材料重量较大时，应按可归入的有关税目中最后一个税目所列的纺织材料归类。

(二) 应用上述规定时：

1. 马毛粗松螺旋花线（税目51.10）和含金属纱线（税目56.05）均应作为一种单一的纺织材料，其重量应为它们在纱线中的合计重量；在机织物的归类中，金属线应作为一种纺织材料；

2. 在选择合适的税目时，应首先确定章，然后再确定该章的有关税目，至于不归入该章的其他材料可不予考虑；

3. 当归入第五十四章及第五十五章的货品与其他章的货品进行比较时，应将这两章作为一个单一的章对待；

4. 同一章或同一税目所列各种不同的纺织材料应作为单一的纺织材料对待。

(三) 上述（一）、(二) 两款规定亦适用于以下注释三、四、五或六所述纱线。

三、

(一) 本类的纱线（单纱、多股纱线或缆线）除下列（二）款另有规定的以外，凡符合以下规格的应作为“线、绳、索、缆”：

1. 丝或绢丝纱线，细度在20000分特以上；

2. 化学纤维纱线（包括第五十四章的用两根及以上单丝纺成的纱线），细度在10000分特以上；

3. 大麻或亚麻纱线：

(1) 加光或上光的，细度在1429分特及以上；或

(2) 未加光或上光的，细度在20000分特以上；

4. 三股或三股以上的椰壳纤维纱线；

5. 其他植物纤维纱线，细度在20000分特以上；或

6. 用金属线加强的纱线。

(二) 下列各项不按上述（一）款规定办理：

1. 羊毛或其他动物毛纱线及纸纱线，但用金属线加强的纱线除外；

2. 第五十五章的化学纤维长丝丝束以及第五十四章的未加捻或捻度每米少于5转的复丝纱线；

3. 税目50.06的蚕胶丝及第五十四章的单丝；

4. 税目56.05的含金属纱线；但用金属线加强的纱线按上述（一）款6项规定办理；以及

5. 税目 56.06 的绳绒线、粗松螺旋花线及纵行起圈纱线。

四、

(一) 除下列 (二) 款另有规定的以外，第五十章、第五十一章、第五十二章、第五十四章和第五十五章所称“供零售用”纱线是指以下列方式包装的纱线（单纱、多股纱线或缆线）：

1. 绕于纸板、线轴、纱管或类似芯子上，其重量（含线芯）符合下列规定：

(1) 丝、绢丝或化学纤维长丝纱线，不超过 85 克；或

(2) 其他纱线，不超过 125 克；

2. 绕成团、绞或束，其重量符合下列规定：

(1) 细度在 3000 分特以下的化学纤维长丝纱线，丝或绢丝纱线，不超过 85 克；

(2) 细度在 2000 分特以下的任何其他纱线，不超过 125 克；或

(3) 其他纱线，不超过 500 克；

3. 绕成绞或束，每绞或每束中有若干用线分开的小绞或小束，每小绞或小束的重量相等，并且符合下列规定：

(1) 丝、绢丝或化学纤维长丝纱线，不超过 85 克；或

(2) 其他纱线，不超过 125 克。

(二) 下列各项不按上述 (一) 款规定办理：

1. 各种纺织材料制的单纱，但下列两种除外：

(1) 未漂白的羊毛或动物细毛单纱；以及

(2) 漂白、染色或印色的羊毛或动物细毛单纱，细度在 5000 分特以上；

2. 未漂白的多股纱线或缆线：

(1) 丝或绢丝制的，不论何种包装；或

(2) 除羊毛或动物细毛外其他纺织材料制，成绞或成束的；

3. 漂白、染色或印色丝或绢丝制的多股纱线或缆线，细度在 133 分特及以下；以及

4. 任何纺织材料制的单纱、多股纱线或缆线：

(1) 交叉绕成绞或束的；或

(2) 绕于纱芯上或以其他方式卷绕，明显用于纺织工业的（例如，绕于纱管、加捻管、纬纱管、锥形筒管或锭子上的或者绕成蚕茧状以供绣花机使用的纱线）。

五、税目 52.04、54.01 及 55.08 所称“缝纫线”是指下列多股纱线或缆线：

(一) 绕于芯子（例如，线轴、纱管）上，重量（包括纱芯）不超过 1000 克；

(二) 作为缝纫线上过浆的；以及

(三) 终捻为反手 (Z) 捻的。

六、本类所称“高强力纱”，是指断裂强度大于下列标准的纱线：

尼龙、其他聚酰胺或聚酯制的单纱 60 厘牛顿/特克斯；

尼龙、其他聚酰胺或聚酯制的多股纱线或缆线 53 厘牛顿/特克斯；

粘胶纤维制的单纱、多股纱线或缆线27厘牛顿/特克斯。

七、本类所称“制成的”是指：

（一）裁剪成除正方形或长方形以外的其他形状的；

（二）呈制成状态，无需缝纫或其他进一步加工（或仅需剪断分隔联线）即可使用的（例如，某些抹布、毛巾、台布、方披巾、毯子）；

（三）裁剪成一定尺寸，至少有一边为带有可见的锥形或压平形的热封边，其余各边经本注释其他各项所述加工，但不包括为防止剪边脱纱而用热切法或其他简单方法处理的织物；

（四）已缝边或滚边，或者在任一边带有结制的流苏，但不包括为防止剪边脱纱而锁边或用其他简单方法处理的织物；

（五）裁剪成一定尺寸并经抽纱加工的；

（六）缝合、胶合或用其他方法拼合而成的（将两段或两段以上同样料子的织物首尾连接而成的匹头，以及由两层或两层以上的织物，不论中间有无胎料，层叠而成的匹头除外）；

（七）针织或钩编成一定形状，不论报验时是单件还是以若干件相连成幅的。

八、对于第五十章至第六十章：

（一）第五十章至第五十五章和第六十章，以及除条文另有规定以外的第五十六章至第五十九章，不适用于上述注释七所规定的制成货品；以及

（二）第五十章至第五十五章及第六十章不包括第五十六章至第五十九章的货品。

九、第五十章至第五十五章的机织物包括由若干层平行纱线以锐角或直角相互层叠，在纱线交叉点用黏合剂或以热黏合法黏合而成的织物。

十、以纺织材料和橡胶线制成的弹性产品归入本类。

十一、本类所称“浸渍”包括“浸泡”。

十二、本类所称“聚酰胺”包括“芳族聚酰胺”。

十三、本类及本协调制度所称“弹性纱线”，是指合成纤维纺织材料制成的长丝纱线（包括单丝），但变形纱线除外。这些纱线可拉伸至原长的三倍而不断裂，并可在拉伸至原长两倍后五分钟内回复到不超过原长度一倍半。

十四、除条文另有规定的以外，各种服装即使成套包装供零售用，也应按各自税目分别归类。本注释所称“纺织服装”是指税目61.01至61.14及税目62.01至62.11所列的各种服装。

子目注释：

一、本类及本协调制度所用有关名词解释如下：

（一）未漂白纱线

1. 带有纤维自然色泽并且未经漂染（不论是否整体染色）或印色的纱线；或

2. 从回收纤维制得，色泽未定的纱线（本色纱）。

这种纱线可用无色浆料或易褪色染料（可轻易地用肥皂洗去）处理，如果是化学纤维纱线，则整体用消光剂（例如，二氧化钛）进行处理。

（二）漂白纱线

1. 经漂白加工、用漂白纤维制得或经染白（除条文另有规定的以外）（不论是否整体染色）及用白浆料处理的纱线；

2. 用未漂白纤维和漂白纤维混纺制得的纱线；或

3. 用未漂白纱和漂白纱纺成多股纱线或缆线。

（三）着色（染色或印色）纱线

1. 染成彩色（不论是否整体染色，但白色或易褪色除外）或印色的纱线，以及用染色或印色纤维纺制的纱线；

2. 用各色染色纤维混合纺制或用未漂白或漂白纤维与着色纤维混合制得的纱线（夹色纱或混色纱），以及用一种或几种颜色间隔印色而获得点纹印迹的纱线；

3. 用已经印色的纱条或粗纱纺制的纱线；或

4. 用未漂白纱和漂白纱与着色纱纺成的多股纱线或缆线。

上述定义在必要的地方稍做修改后，可适用于第五十四章的单丝、扁条或类似产品。

（四）未漂白机织物

用未漂白纱线织成后未经漂白、染色或印花的机织物。这类织物可用无色浆料或易褪色染料处理。

（五）漂白机织物

1. 经漂白、染白或用白浆料处理（除条文另有规定的以外）的成匹机织物；

2. 用漂白纱线织成的机织物；或

3. 用未漂白纱线和漂白纱线织成的机织物。

（六）染色机织物

1. 除条文另有规定的以外，染成白色以外的其他单一颜色或用白色以外的其他有色整理剂处理的成匹机织物；或

2. 以单一颜色的着色纱线织成的机织物。

（七）色织机织物

除印花机织物以外的下列机织物：

1. 用各种不同颜色纱线或同一颜色不同深浅（纤维的自然色彩除外）纱线织成的机织物；

2. 用未漂白或漂白纱线与着色纱线织成的机织物；或

3. 用夹色纱线或混色纱线织成的机织物。

不论何种情况，布边或布头的纱线均可忽略不计。

（八）印花机织物

成匹印花的机织物，不论是否用各色纱线织成。

用刷子或喷枪、经转印纸转印、植绒或蜡防印花等方法印成花纹图案的机织物亦可视为印花机织物。

上述各类纱线或织物如经丝光工艺处理并不影响其归类。

上述第（四）至（八）项的定义在必要的地方稍加修改后，可适用于针织或钩编织物。

（九）平纹组织

每根纬纱在并排的经纱间上下交错而过，而每根经纱也在并排的纬纱间上下交错而过的织物组织。

二、

（一）含有两种或两种以上纺织材料的第五十六章至第六十三章的产品，应根据本类注释二对第五十章至第五十五章或税目 58.09 的此类纺织材料产品归类的规定来确定归类。

（二）运用本条规定时：

1. 应酌情考虑按归类总规则第三条来确定归类；

2. 对由底布和绒面或毛圈面构成的纺织品，在归类时可不考虑底布的属性；

3. 对税目 58.10 的刺绣品及其制品，归类时应只考虑底布的属性，但不见底布的刺绣品及其制品应根据绣线的属性确定归类。

第五十一章　羊毛、动物细毛或粗毛；马毛纱线及其机织物

注释：

本协调制度所称：

一、“羊毛”是指绵羊或羔羊身上长的天然纤维；

二、“动物细毛”是指下列动物的毛：羊驼、美洲驼、驼马、骆驼（包括单峰骆驼）、牦牛、安哥拉山羊、西藏山羊、克什米尔山羊及类似山羊（普通山羊除外）、家兔（包括安哥拉兔）、野兔、海狸、河狸鼠或麝鼠；

三、“动物粗毛”是指以上未提及的其他动物的毛，但不包括制刷用鬃、毛（税目 05.02）以及马毛（税目 05.11）。

【税则号列】　5101.2100
【商品名称】　未梳脱脂绵羊毛
【规格型号】　未梳脱脂 | 细度 25 微米 | 长度 1.5 英寸~2 英寸 | 草杂含量低于 1%
【商品描述】　略。
【监管证件】　tAB/AB

【税则号列】 5102. 1920
【商品名称】 未梳脱脂山羊绒
【规格型号】 山羊绒 | 紫色 | 纤维长度<45 毫米 | 含绒率≤60%
【商品描述】 略。
【监管证件】 AB

【税则号列】 5105. 2900
【商品名称】 羊毛条
【规格型号】 精梳羊毛条 | 100S~56S（16 微米~30 微米）
【商品描述】 可纺纱或者加工成服装面料、羊毛毯等。
【监管证件】 tAB/AB

【税则号列】 5112. 1100
【商品名称】 纯毛面料
【规格型号】 100%羊毛 | 机织 | 精梳 | 幅宽 150 厘米 | 每平方米克重 190 | （成分含量）
【商品描述】 略。
【监管证件】 无监管证件要求

【税则号列】 5112. 3000
【商品名称】 毛涤面料
【规格型号】 精梳羊毛机织物 | 其中含 70%羊毛，26%涤纶短纤，4%莱卡 | 幅宽 152 厘米 | 每平方米克重 235
【商品描述】 略。
【监管证件】 无监管证件要求

第五十二章 棉 花

子目注释：

子目 5209. 42 及 5211. 42 所称“粗斜纹布（劳动布）”，是指用不同颜色的纱线织成的三线或四线斜纹织物，包括破斜纹组织的织物，这种织物以经纱为面，经纱染成一种相同的颜色，纬纱未漂白或经漂白、染成灰色或比经纱稍浅的颜色。

【税则号列】 5201.0000

【商品名称】 未梳的棉花

【规格型号】 未梳的棉花｜1-5/32 英寸｜等级 3 级

【商品描述】 用于加工棉纱线或其他制品。

【监管证件】 t4xAB/4ABex/4xAB

【税则号列】 5202.9900

【商品名称】 废棉

【规格型号】 纺织过程中的落地棉｜含棉量 95%，化纤 5%，不含涤纶｜（棉种类）

【商品描述】 絮状，用于回收纤维再利用。12 毫米以下。

【监管证件】 9B

【税则号列】 5205.1100

【商品名称】 非供零售用粗梳粗支纯棉单纱

【规格型号】 非供零售用粗梳粗支纯棉单纱｜12.4 公支｜（成分含量）｜（品牌）｜（加工工艺）

【商品描述】 略。

【监管证件】 无监管证件要求

【税则号列】 5205.1100

【商品名称】 棉纱

【规格型号】 100%棉｜粗梳｜单纱｜非供零售用｜1458 分特/4 英支｜（品牌）｜（加工工艺）

【商品描述】 略。

【监管证件】 无监管证件要求

【税则号列】 5205.1200

【商品名称】 棉纱

【规格型号】 粗梳｜单纱｜非供零售用｜100%全棉｜20 支/291.5 分特｜Super Bajwa 牌｜（加工工艺）

【商品描述】 略。

【监管证件】 无监管证件要求

【税则号列】 5205. 1200
【商品名称】 气流纺非零售粗梳中支纯棉单纱
【规格型号】 含棉量 100%｜粗梳｜单纱｜非供零售用｜583. 1 分特/10 英支｜（品牌）｜（加工工艺）
【商品描述】 略。
【监管证件】 无监管证件要求

【税则号列】 5205. 1400
【商品名称】 纯棉单纱
【规格型号】 粗梳纯棉单纱｜40S/1｜无品牌｜146 分特｜（是否供零售用）｜原棉经开清棉、粗梳、并条、粗纱、细纱等工序加工而成的单根的连续的纤维长条
【商品描述】 针织或机织的原料。
【监管证件】 无监管证件要求

【税则号列】 5205. 1400
【商品名称】 非零售粗梳较细支纯棉单纱
【规格型号】 粗梳｜单纱｜非供零售用｜含棉量 100%｜40S/1｜无品牌｜146 分特｜（加工工艺）
【商品描述】 粗梳棉单纱。
【监管证件】 无监管证件要求

【税则号列】 5205. 2400
【商品名称】 非零售精梳较细支纯棉单纱
【规格型号】 纯棉｜精梳｜单纱｜非供零售用｜单纱细度 145. 8 分特/58. 59 公支｜（品牌）｜（加工工艺）
【商品描述】 略。
【监管证件】 无监管证件要求

【税则号列】 5205. 4800
【商品名称】 纯棉纱
【规格型号】 精梳｜股线｜非供零售用｜含棉量 100%｜单纱细度<83. 33 分特｜（品牌）｜（加工工艺）
【商品描述】 略。
【监管证件】 无监管证件要求

【税则号列】 5205. 4800
【商品名称】 棉
【规格型号】 精梳 | 股线 | 非供零售用 | 含棉量 100% | 137 分支/73 分特 | 苍山牌 | （加工工艺）
【商品描述】 略。
【监管证件】 无监管证件要求

【税则号列】 5206. 4500
【商品名称】 棉纱
【规格型号】 精梳 | 股线 | 非供零售用 | 含棉量<85% | 单纱细度<125 分特
【商品描述】 略。
【监管证件】 无监管证件要求

【税则号列】 5208. 1100
【商品名称】 棉布
【规格型号】 平纹机织布 | 未漂白 | 含棉量 100% | 幅宽 0. 95 米 | 每平方米克重 60～65 | （品牌）
【商品描述】 略。
【监管证件】 无监管证件要求

【税则号列】 5208. 1100
【商品名称】 棉布
【规格型号】 未漂白 100%棉梭织物 | 平纹 | 幅宽 60 英寸 | 每平方米克重 79 | （品牌）
【商品描述】 略。
【监管证件】 无监管证件要求

【税则号列】 5208. 1100
【商品名称】 未漂白纯棉医用纱布
【规格型号】 未漂白 100%棉平纹机织物 | 未经过药物浸涂 | 幅宽 90 厘米 | 每平方米克重 21. 1667 | （品牌）
【商品描述】 非供零售包装，用作医用纱布。
【监管证件】 无监管证件要求

【税则号列】 5208. 1100
【商品名称】 未漂白棉布
【规格型号】 未漂白 90%棉平纹机织物｜幅宽 1 米｜每平方米克重 70~80｜（品牌）
【商品描述】 略。
【监管证件】 无监管证件要求

【税则号列】 5208. 1200
【商品名称】 棉布
【规格型号】 平纹机织布｜未漂白｜含棉量≥85%｜幅宽 0. 9 米｜每平方米克重 127~131｜(品牌)
【商品描述】 略。
【监管证件】 无监管证件要求

【税则号列】 5208. 2900
【商品名称】 纯棉漂白提花布
【规格型号】 纯棉漂白提花机织布｜幅宽 51 英寸｜每平方米克重 110｜（品牌）
【商品描述】 略。
【监管证件】 无监管证件要求

【税则号列】 5208. 3900
【商品名称】 纯棉染色提花布
【规格型号】 梭织｜染色｜缎纹｜纯棉｜幅宽 130 厘米｜每平方米克重 124｜（品牌）
【商品描述】 略。
【监管证件】 无监管证件要求

【税则号列】 5208. 5200
【商品名称】 纯棉印花布
【规格型号】 纯棉印花平纹机织布｜幅宽 46 英寸~47 英寸｜每平方米克重 128~138｜（品牌）
【商品描述】 略。
【监管证件】 无监管证件要求

【税则号列】 5208.5200
【商品名称】 纯棉机织蜡印花布
【规格型号】 印花的纯棉平纹机织平布｜幅宽46英寸~47英寸｜每平方米克重141｜（品牌）
【商品描述】 略。
【监管证件】 无监管证件要求

【税则号列】 5208.5200
【商品名称】 印花的纯棉平纹机织平布
【规格型号】 印花的纯棉平纹机织平布｜幅宽46英寸~47英寸｜每平方米克重110~150｜（品牌）
【商品描述】 俗称纯棉印花布，是将颜色图案等印染到纯棉坯布上而成。
【监管证件】 无监管证件要求

【税则号列】 5209.3100
【商品名称】 纯棉染色机织布
【规格型号】 平纹机织｜染色｜含棉量100%｜幅宽约1.14米｜每平方米克重250~380｜（品牌）
【商品描述】 略。
【监管证件】 无监管证件要求

第五十三章 其他植物纺织纤维；纸纱线及其机织物

【税则号列】 5301.2100
【商品名称】 破开或打成的亚麻
【规格型号】 破开或打成｜36公支~39公支｜600毫米~1000毫米
【商品描述】 略。
【监管证件】 AB

【税则号列】 5305. 0092
【商品名称】 椰壳纤维
【规格型号】 （种类）| （加工程度）| （是否为短纤或废麻）
【商品描述】 由 46%～63%的纤维素、31%～36%的木质素、0. 15%～0. 25%的半纤维素、3%～4%的果胶，以及其他杂糖、矿物质类等组成。成纤过程：椰子壳→浸泡→脱脂→机械打松→挑选→成纤。主要用于生产小地毯、垫席、绳索及滤布等。长度 5 厘米～20 厘米。
【监管证件】 AB

【税则号列】 5306. 1000
【商品名称】 亚麻单纱
【规格型号】 100%亚麻单纱| （细度）
【商品描述】 具有拉力强、质地优、吸水散水快、抗菌、透气性好等特点，可用于织造高档衬衫面料，家用沙发、窗帘等面料。
【监管证件】 无监管证件要求

【税则号列】 5308. 9011
【商品名称】 苎麻纱
【规格型号】 苎麻纱线| 100%苎麻| 未漂白| （细度）
【商品描述】 略。
【监管证件】 无监管证件要求

第五十四章　化学纤维长丝；化学纤维纺织材料制扁条及类似品

注释：

一、本协调制度所称“化学纤维”，是指通过下列任一方法加工制得的有机聚合物的短纤或长丝：

（一）将有机单体物质加以聚合而制成的聚合物，例如，聚酰胺、聚酯、聚烯烃、聚氨基甲酸酯；或通过上述加工得到的聚合物经化学改性制得（例如，聚乙酸乙烯酯水解制得的聚乙烯醇）；或

（二）将天然有机聚合物（例如，纤维素）溶解或化学处理制成聚合物，例如，铜铵纤维或粘胶纤维；或将天然有机聚合物（例如，纤维素、酪蛋白及其他蛋白质或藻酸）经化学改性制成聚合物，例如，醋酸纤维素纤维或藻酸盐纤维。

对于化学纤维，所称“合成”是指（一）款所述的纤维；所称“人造”是指（二）款所述的纤维。税目 54. 04 或 54. 05 的扁条及类似品不视作化学纤维。

对于纺织材料，所称“化学纤维”“合成纤维”及“人造纤维”，其含义应与上述解释相同。

二、税目 54. 02 及 54. 03 不适用于第五十五章的合成纤维或人造纤维的长丝丝束。

【税则号列】 5402. 1920
【商品名称】 工业丝
【规格型号】 聚酰胺-6，6（尼龙 6，6）纺制的高强力单纱 | 840 分特 | 非供零售用
【商品描述】 非差别化纤维，未消光。
【监管证件】 无监管证件要求

【税则号列】 5402. 2000
【商品名称】 高强涤纶丝
【规格型号】 涤纶高强力单纱 | 以聚酯切片为主要原料 | 纱线细度 250D~6000D | （是否供零售用）
【商品描述】 通过固相聚合、纺丝拉伸卷绕成型。主要应用于制作汽车安全带、轮胎帘子布、土工格栅、重型吊装带、各种织带，以及作其他特殊用途。
【监管证件】 无监管证件要求

【税则号列】 5402. 4410
【商品名称】 氨纶弹性纱线丝
【规格型号】 聚醚型氨纶弹性纤维单纱 | 非差别化纤维，非高强纱 | 非供零售用 | 纱线细度 78 分特 | 未加捻
【商品描述】 略。
【监管证件】 无监管证件要求

【税则号列】 5402. 4510
【商品名称】 尼龙长丝
【规格型号】 未消光尼龙-6 长丝 | 非供零售用单纱 | 纱线细度 85D/24F | 未加捻
【商品描述】 略。
【监管证件】 无监管证件要求

【税则号列】 5403. 3190
【商品名称】 粘胶纤维单纱
【规格型号】 粘胶长丝单纱 | 非高强力纱 | 单股 | 非供零售用 | 纱线细度 120D | 捻度每米 120 转以下
【商品描述】 略。
【监管证件】 无监管证件要求

【税则号列】 5403. 3190
【商品名称】 其他粘胶纤维单纱
【规格型号】 非供零售用 | 1100D/1F，未消光 | （种类） | （纱线形态） | （纤维成分） | （纱线细度） | （纱线捻度） | （高强力纱需注明断裂强度） | （股数）
【商品描述】 略。
【监管证件】 无监管证件要求

【税则号列】 5403. 3190
【商品名称】 粘胶长丝
【规格型号】 100%粘胶单纱 | 非高强力纱 | 非零售用 | 纱线细度 120D，捻度每米约 100 转 | （股数）
【商品描述】 略。
【监管证件】 无监管证件要求

【税则号列】 5403. 4100
【商品名称】 粘胶长丝多股纱线
【规格型号】 非供零售用 | 粘胶长丝股线 | 120D/2F | 每米 520 转 | （种类） | （高强力纱需注明断裂强度） | （股数）
【商品描述】 略。
【监管证件】 无监管证件要求

【税则号列】 5407. 2000
【商品名称】 塑料扁条布
【规格型号】 机织物 | 织造方法为机织 | 染整方法为色织 | 组织结构为平纹 | 聚丙烯长丝制塑料扁条布 | 幅宽 2 米 | 每平方米克重 115～125. 3 | （品牌）
【商品描述】 略。
【监管证件】 无监管证件要求

【税则号列】 5407. 5100

【商品名称】 化纤布

【规格型号】 平纹机织布｜未漂白｜含聚酯变形长丝 100%｜幅宽 1. 54 米｜每平方米克重 30～35｜（品牌）

【商品描述】 略。

【监管证件】 无监管证件要求

【税则号列】 5407. 5200

【商品名称】 涤纶染色布

【规格型号】 100%涤纶变形长丝制平纹机织染色布｜幅宽 150 厘米｜每平方米克重 131｜（品牌）

【商品描述】 略。

【监管证件】 无监管证件要求

【税则号列】 5407. 5200

【商品名称】 涤纶染色布

【规格型号】 涤纶平纹机织染色布｜89%涤纶变形长丝，8%粘胶，3%弹力纤维｜幅宽 150 厘米｜每平方米克重 199｜（品牌）

【商品描述】 略。

【监管证件】 无监管证件要求

【税则号列】 5407. 5200

【商品名称】 涤纶染色布

【规格型号】 面料是用聚酯变形长丝梭织而成｜染色｜幅宽 1. 47 米｜每平方米克重 124｜（组织结构）｜（品牌）

【商品描述】 略。

【监管证件】 无监管证件要求

【税则号列】 5407. 5200

【商品名称】 全涤染色布

【规格型号】 100%涤纶变形长丝制缎纹机织染色布｜幅宽 150 厘米｜每平方米克重 122｜（品牌）

【商品描述】 略。

【监管证件】 无监管证件要求

【税则号列】 5407. 5300
【商品名称】 涤纶布
【规格型号】 90%聚酯变形长丝制平纹机织色织布｜幅宽 1. 5 米｜每平方米克重 299｜（品牌）
【商品描述】 略。
【监管证件】 无监管证件要求

【税则号列】 5407. 5400
【商品名称】 涤纶印花布
【规格型号】 面料是用聚酯变形长丝梭织而成｜幅宽 1. 47 米｜每平方米克重 67｜（组织结构）｜（品牌）
【商品描述】 面料皆为印花，主要用于制作服装，也可用于装饰。
【监管证件】 无监管证件要求

【税则号列】 5407. 5400
【商品名称】 涤纶印花布
【规格型号】 100%涤纶变形长丝制平纹机织印花布｜幅宽 114 厘米｜每平方米克重 67｜（品牌）
【商品描述】 略。
【监管证件】 无监管证件要求

【税则号列】 5407. 7100
【商品名称】 汽车天窗用遮阳帘面料
【规格型号】 100%聚醚砜树脂纤维｜平纹机织｜未漂白｜厚 1. 78 米｜每平方米克重 140. 91｜Webasto 牌
【商品描述】 略。
【监管证件】 无监管证件要求

第五十五章　化学纤维短纤

注释：

税目 55. 01 和 55. 02 仅适用于每根与丝束长度相等的平行化学纤维长丝丝束。前述丝束应同时符合下列规格：

一、丝束长度超过 2 米；

二、捻度每米少于 5 转；

三、每根长丝细度在67分特以下；

四、合成纤维长丝丝束，须经拉伸处理，即本身不能被拉伸至超过本身长度的一倍；

五、丝束总细度大于20000分特。

丝束长度不超过2米的归入税目55.03或55.04。

【税则号列】 5502. 1010

【商品名称】 二醋酸纤维丝束

【规格型号】 单丝细度3旦尼尔｜丝束长度900米｜丝束捻度35000旦尼尔｜丝束总细度38850分特｜（纤维成分）

【商品描述】 略。

【监管证件】 7

【税则号列】 5503. 3000

【商品名称】 未梳的腈纶短纤

【规格型号】 聚乙烯65%，聚丙烯35%｜未梳｜细度1.7分特｜长度6毫米

【商品描述】 略。

【监管证件】 无监管证件要求

【税则号列】 5503. 9090

【商品名称】 聚乙烯聚丙烯复合短纤维

【规格型号】 聚乙烯50%，聚丙烯50%｜长度6毫米｜细度3分特｜未梳纤维

【商品描述】 略。

【监管证件】 无监管证件要求

【税则号列】 5503. 9090

【商品名称】 高效高模量聚乙烯醇纤维

【规格型号】 未梳聚乙烯醇纤维短纤｜长度6毫米｜细度2±0. 25分特

【商品描述】 略。

【监管证件】 无监管证件要求

【税则号列】 5508. 1000

【商品名称】 全涤缝纫线（合纤短纤缝纫线）

【规格型号】 100%涤纶｜非供零售用｜上浆｜终捻为反手（Z）捻｜（每只重量）｜（纱线细度）

【商品描述】 用于纺织缝纫。

【监管证件】 无监管证件要求

【税则号列】 5509.2100
【商品名称】 涤纶纱
【规格型号】 100%涤纶单纱 | 非供零售用 | 20支2股，33.86公支；20支3股，33.86公支；30支2股，50.79公支；30支3股，50.79公支；40支2股，67.72公支；40支3股，67.72公支；42支2股，71.106公支；42支3股，71.106公支；45支2股，76.185公支；45支3股，76.185公支；50支2股，84.65公支；50支2股，84.65公支；54支2股，91.422公支；54支3股，91.422公支；60支2股，101.58公支；60支3股，101.58公支
【商品描述】 1千克以下重量/个，枫树牌。
【监管证件】 无监管证件要求

【税则号列】 5509.2200
【商品名称】 纯涤纶线
【规格型号】 100%涤纶短纤 | 非零售的股线 | 10S/1～60S/9
【商品描述】 非上浆，终捻为反手（Z）捻。
【监管证件】 无监管证件要求

【税则号列】 5509.2200
【商品名称】 非零售聚酯短纤多股纱线
【规格型号】 100%涤纶短纤多股纱线 | 非供零售用 | 20支2股，33.86公支；20支3股，33.86公支；30支2股，50.79公支；30支3股，50.79公支；40支2股，67.72公支；40支3股，67.72公支；42支2股，71.106公支；42支3股，71.106公支；45支2股，76.185公支；45支3股，76.185公支；50支2股，84.65公支；50支2股，84.65公支；54支2股，91.422公支；54支3股，91.422公支；60支2股，101.58公支；60支3股，101.58公支
【商品描述】 上浆，终捻为反手（Z）捻，用于纺织缝纫。枫树牌。
【监管证件】 无监管证件要求

【税则号列】 5510.1100
【商品名称】 粘胶纱
【规格型号】 100%粘胶短纤 | 非零售的单纱 | 纱线细度197分特/30支
【商品描述】 粘胶指的是粘胶纤维，粘胶纤维是以自然界中的木材、芦苇、棉短绒等纤维素为原料，经化学加工制成的，分长丝和短纤维两种。
【监管证件】 无监管证件要求

【税则号列】 5512. 1100

【商品名称】 涤纶布

【规格型号】 100%涤纶短纤 | 平纹机织 | 漂白 | 幅宽 114 厘米~160 厘米，每平方米克重 60~88 | 幅宽 144 厘米，每平方米克重 136. 83

【商品描述】 略。

【监管证件】 无监管证件要求

【税则号列】 5512. 1100

【商品名称】 化纤布

【规格型号】 100%涤纶短纤 | 平纹机织 | 未漂白 | 幅宽 1. 58 米 | 每平方米克重 29~34

【商品描述】 略。

【监管证件】 无监管证件要求

【税则号列】 5512. 1900

【商品名称】 化纤布

【规格型号】 平纹机织色织 | 90%聚酯短纤 | 幅宽 1 米~1. 5 米 | 每平方米克重 55~104

【商品描述】 略。

【监管证件】 无监管证件要求

【税则号列】 5513. 1110

【商品名称】 涤棉布

【规格型号】 80%聚酯短纤、20%棉 | 平纹机织 | 未漂白 | 幅宽 1. 6 米 | 每平方米克重76~81

【商品描述】 略。

【监管证件】 无监管证件要求

【税则号列】 5513. 2100

【商品名称】 涤棉染色布

【规格型号】 80%涤纶短纤、20%棉 | 平纹机织 | 染色 | 幅宽 90 厘米~110 厘米 | 每平方米克重 73. 5~100

【商品描述】 略。

【监管证件】 无监管证件要求

【税则号列】 5513. 3100
【商品名称】 涤棉色织布
【规格型号】 80%涤纶短纤、20%棉｜色织｜平纹机织｜幅宽 112 厘米｜每平方米克重 88. 1｜（品牌）
【商品描述】 略。
【监管证件】 无监管证件要求

【税则号列】 5513. 3100
【商品名称】 混纺化纤布
【规格型号】 80%涤纶短纤、20%棉｜平纹机织｜色织｜幅宽 1 米｜每平方米克重 50｜（品牌）
【商品描述】 略。
【监管证件】 无监管证件要求

【税则号列】 5513. 4100
【商品名称】 涤棉印花布
【规格型号】 80%涤纶短纤、20%棉｜平纹机织｜印花｜幅宽 103 厘米~150 厘米｜每平方米克重 51~120｜（品牌）
【商品描述】 略。
【监管证件】 无监管证件要求

【税则号列】 5515. 1100
【商品名称】 涤粘染色布
【规格型号】 用 35%粘胶纤维和 65%涤纶（聚酯）纤维混纺的纱线梭织成坯布，经染色而成｜幅宽 1. 5 米｜每平方米克重 167｜（品牌）
【商品描述】 主要用于制作服装。
【监管证件】 无监管证件要求

【税则号列】 5515. 1100
【商品名称】 涤粘染色布
【规格型号】 80%涤纶纤维、20%粘胶纤维｜斜纹机织｜染色｜幅宽 150 厘米｜每平方米克重 149｜（品牌）
【商品描述】 略。
【监管证件】 无监管证件要求

【税则号列】 5516.1400
【商品名称】 人造棉印花布
【规格型号】 100%人造棉短纤 | 平纹机织 | 印花 | 幅宽 144 厘米 | 每平方米克重 114
【商品描述】 略。
【监管证件】 无监管证件要求

【税则号列】 5516.1400
【商品名称】 人造纤维短纤含量在 85%以上的印花布
【规格型号】 100%人造纤维短纤 | 平纹机织 | 印花 | 幅宽 148 厘米 | 每平方米克重 90
【商品描述】 略。
【监管证件】 无监管证件要求

第五十六章　絮胎、毡呢及无纺织物；特种纱线；线、绳、索、缆及其制品

注释：

一、本章不包括：

（一）用各种物质或制剂（例如，第三十三章的香水或化妆品、税目 34.01 的肥皂或洗涤剂、税目 34.05 的光洁剂及类似制剂、税目 38.09 的织物柔软剂）浸渍、涂布、包覆的絮胎、毡呢或无纺织物，其中的纺织材料仅作为承载介质；

（二）税目 58.11 的纺织产品；

（三）以毡呢或无纺织物为底的砂布及类似品（税目 68.05）；

（四）以毡呢或无纺织物为底的粘聚或复制云母（税目 68.14）；

（五）以毡呢或无纺织物为底的金属箔（通常归入第十四类或第十五类）；或

（六）税目 96.19 的卫生巾（护垫）及止血塞、婴儿尿布及尿布衬里和类似品。

二、所称“毡呢”包括针刺机制毡呢以及纤维本身通过缝编工序增强了抱合力的纺织纤维网状织物。

三、税目 56.02 及 56.03 分别包括用各种性质（紧密结构或泡沫状）的塑料或橡胶浸渍、涂布、包覆或层压的毡呢及无纺织物。

税目 56.03 还包括用塑料或橡胶做黏合材料的无纺织物。

但税目 56.02 及 56.03 不包括：

（一）用塑料或橡胶浸渍、涂布、包覆或层压，按重量计纺织材料含量在 50%及以下的毡呢或者完全嵌入塑料或橡胶之内的毡呢（第三十九章或第四十章）；

（二）完全嵌入塑料或橡胶之内的无纺织物，以及用肉眼可辨别出两面都用塑料或橡胶涂布、包覆的无纺织物，涂布或包覆所引起的颜色变化可不予考虑（第三十九章或第四十

章）；或

（三）与毡呢或无纺织物混制的泡沫塑料或海绵橡胶板、片或扁条，纺织材料仅在其中起增强作用（第三十九章或第四十章）。

四、税目 56. 04 不包括用肉眼无法辨别出是否经过浸渍、涂布或包覆的纺织纱线或税目 54. 04 或 54. 05 的扁条及类似品（通常归入第五十章至第五十五章）；运用本条规定，可不考虑浸渍、涂布或包覆所引起的颜色变化。

【税则号列】 5601. 2100
【商品名称】 日用棉签
【规格型号】 棉絮胎
【商品描述】 属于棉絮胎制品，为日常生活使用的双头棉签。
【监管证件】 无监管证件要求

【税则号列】 5603. 9210
【商品名称】 无纺布
【规格型号】 50 克 | 已浸渍 | 100%粘胶纤维 | （用途）
【商品描述】 略。
【监管证件】 无监管证件要求

【税则号列】 5603. 9310
【商品名称】 无纺布
【规格型号】 75 克 | 70%粘胶纤维、30%涤纶 | （用途）
【商品描述】 略。
【监管证件】 无监管证件要求

【税则号列】 5607. 2900
【商品名称】 剑麻绳
【规格型号】 100%剑麻绳
【商品描述】 直径 8 毫米~32 毫米 | 长度 200 米。
【监管证件】 无监管证件要求

【税则号列】 5608. 1100
【商品名称】 化纤渔网
【规格型号】 100%化纤结制渔网 | 渔业养殖用
【商品描述】 略。
【监管证件】 无监管证件要求

【税则号列】 5608.1100
【商品名称】 尼龙渔网
【规格型号】 100%尼龙结制渔网|捕鱼用
【商品描述】 0.16毫米。
【监管证件】 无监管证件要求

【税则号列】 5608.1100
【商品名称】 渔网
【规格型号】 100%尼龙结制渔网|捕鱼用
【商品描述】 9PLY×52MD×80MTRS，金鱼牌。
【监管证件】 无监管证件要求

第五十八章　特种机织物；簇绒织物；花边；装饰毯；装饰带；刺绣品

注释：

一、本章不适用于经浸渍、涂布、包覆或层压的第五十九章注释一所述的纺织物或第五十九章的其他货品。

二、税目58.01也包括因未将浮纱割断而使表面无竖绒的纬起绒织物。

三、税目58.03所称“纱罗”是指经线全部或部分由地经纱和绞经纱构成的织物，其中绞经纱绕地经纱半圈、一圈或几圈而形成圈状，纬纱从圈中穿过。

四、税目58.04不适用于税目56.08的线、绳、索结制的网状织物。

五、税目58.06所称“狭幅机织物”是指：

（一）幅宽不超过30厘米的机织物，不论是否织成或从宽幅料剪成，但两侧必须有织成的、胶粘的或用其他方法制成的布边；

（二）压平宽度不超过30厘米的圆筒机织物；以及

（三）折边的斜裁滚条布，其未折边时的宽度不超过30厘米。

流苏状的狭幅机织物归入税目58.08。

六、税目58.10所称“刺绣品”，除了一般纺织材料绣线绣制的刺绣品外，还包括在可见底布上用金属线或玻璃线刺绣的刺绣品，也包括用珠片、饰珠、纺织材料或其他材料制的装饰用花纹图案所缝绣的贴花织物。该税目不包括手工针绣嵌花装饰毯（税目58.05）。

七、除税目58.09的产品外，本章还包括金属线制的用于衣着、装饰及类似用途的物品。

【税则号列】 5801. 2100
【商品名称】 不割绒棉布
【规格型号】 幅宽 0. 8 米~1 米 | 不割绒的棉制纬起绒机织布 | 棉 85%
【商品描述】 略。
【监管证件】 无监管证件要求

【税则号列】 5801. 2300
【商品名称】 棉布
【规格型号】 幅宽 0. 8 米~1. 5 米 | 割绒的棉制纬起绒机织布 | 棉 85%
【商品描述】 略。
【监管证件】 无监管证件要求

【税则号列】 5801. 3600
【商品名称】 涤纶装饰布
【规格型号】 幅宽 1. 5 米 | 100%涤纶机织绳绒布
【商品描述】 略。
【监管证件】 无监管证件要求

【税则号列】 5804. 2100
【商品名称】 化纤花边
【规格型号】 幅宽 6. 3 厘米 | 化纤机制花边 | 89%锦纶、11%氨纶
【商品描述】 略。
【监管证件】 无监管证件要求

【税则号列】 5804. 2100
【商品名称】 化纤机制花边
【规格型号】 化纤机制花边 | （织造方法） | （幅宽）
【商品描述】 略。
【监管证件】 无监管证件要求

【税则号列】 5806. 3200
【商品名称】 织带
【规格型号】 幅宽 2. 4 厘米 | 机织 | 100%涤纶，不含弹性纱线和橡胶线，非起绒
【商品描述】 略。
【监管证件】 无监管证件要求

【税则号列】 5810.9200
【商品名称】 涤纶染色绣花布
【规格型号】 见底布的刺绣|100%涤纶布
【商品描述】 略。
【监管证件】 无监管证件要求

第五十九章　浸渍、涂布、包覆或层压的纺织物；工业用纺织制品

注释：

一、除条文另有规定的以外，本章所称“纺织物”，仅适用于第五十章至第五十五章、税目58.03及58.06的机织物、税目58.08的成匹编带和装饰带及税目60.02至60.06的针织物或钩编织物。

二、税目59.03适用于：

（一）用塑料浸渍、涂布、包覆或层压的纺织物，不论每平方米重量多少以及塑料的性质如何（紧密结构或泡沫状的），但下列各项除外：

1. 用肉眼无法辨别出是否经过浸渍、涂布、包覆或层压的织物（通常归入第五十章至第五十五章、第五十八章或第六十章），但由于浸渍、涂布、包覆或层压所引起的颜色变化可不予考虑；

2. 温度在15℃~30℃时，用手工将其绕于直径7毫米的圆柱体上会发生断裂的产品（通常归入第三十九章）；

3. 纺织物完全嵌入塑料内或在其两面均用塑料完全包覆或涂布，而这种包覆或涂布用肉眼是能够辨别出的产品（但由于包覆或涂布所引起的颜色变化可不予考虑）（第三十九章）；

4. 用塑料部分涂布或包覆并由此而形成图案的织物（通常归入第五十章至第五十五章、第五十八章或第六十章）；

5. 与纺织物混制而其中纺织物仅起增强作用的泡沫塑料板、片或带（第三十九章）；或

6. 税目58.11的纺织品。

（二）由税目56.04的用塑料浸渍、涂布、包覆或套裹的纱线、扁条或类似品制成的织物。

三、税目59.05所称“糊墙织物”是指以纺织材料作面，固定在一衬背上或在背面进行处理（浸渍或涂布以便于裱糊），适于装饰墙壁或天花板，且宽度不小于45厘米的成卷产品。

但本税目不适用于以纺织纤维屑或粉末直接粘于纸上（税目48.14）或布底上（通常归入税目59.07）的糊墙物品。

四、税目59.06所称“用橡胶处理的纺织物”是指：

（一）用橡胶浸渍、涂布、包覆或层压的纺织物：

1. 每平方米重量不超过1500克；或

2. 每平方米重量超过1500克，按重量计纺织材料含量在50%以上；

（二）由税目56.04的用橡胶浸渍、涂布、包覆或套裹的纱线、扁条或类似品制成的织物；以及

（三）平行纺织纱线经橡胶黏合的织物，不论每平方米重量多少。

但本税目不包括与纺织物混制而其中纺织物仅起增强作用的海绵橡胶板、片或带（第四十章），也不包括税目58.11的纺织品。

五、税目59.07不适用于：

（一）用肉眼无法辨别出是否经过浸渍、涂布或包覆的织物（通常归入第五十章至第五十五章、第五十八章或第六十章），但由于浸渍、涂布或包覆所引起的颜色变化可不予考虑；

（二）绘有图画的织物（作为舞台、摄影布景或类似品的已绘制的画布除外）；

（三）用短绒、粉末、软木粉或类似品部分覆面并由此而形成图案的织物，但仿绒织物仍归入本税目；

（四）以淀粉或类似物质为基本成分的普通浆料上浆整理的织物；

（五）以纺织物为底的木饰面板（税目44.08）；

（六）以纺织物为底的砂布及类似品（税目68.05）；

（七）以纺织物为底的黏聚或复制云母片（税目68.14）；或

（八）以纺织物为底的金属箔（通常归入第十四类或第十五类）。

六、税目59.10不适用于：

（一）厚度小于3毫米的纺织材料制传动带料或输送带料；或

（二）用橡胶浸渍、涂布、包覆或层压的织物制成的或用橡胶浸渍、涂布、包覆或套裹的纱线或绳制成的传动带料及输送带料（税目40.10）。

七、税目59.11适用于下列不能归入第十一类其他税目的货品：

（一）下列成匹的、裁成一定长度或仅裁成矩形（包括正方形）的纺织产品（具有税目59.08至59.10所列产品特征的产品除外）：

1. 用橡胶、皮革或其他材料涂布、包覆或层压的作针布用的纺织物、毡呢及毡呢衬里机织物，以及其他专门技术用途的类似织物，包括用橡胶浸渍的用于包覆纺锤（织轴）的狭幅丝绒织物；

2. 筛布；

3. 用于榨油机器或类似机器的纺织材料制或人发制滤布；

4. 用多股经纱或纬纱平织而成的纺织物，不论是否毡化、浸渍或涂布，通常用于机械或其他专门技术用途；

5. 专门技术用途的增强纺织物；

6. 工业上用作填塞或润滑材料的线绳、编带及类似品，不论是否涂布、浸渍或用金属加强。

（二）专门技术用途的纺织制品（税目59.08至59.10的货品除外），例如，造纸机器或

类似机器（如制浆机或制石棉水泥的机器）用的环状或装有连接装置的纺织物或毡呢、密封垫、垫圈、抛光盘及其他机器零件。

【税则号列】 5902. 2000
【商品名称】 聚酯帘子布
【规格型号】 97%聚酯，3%胶乳丨高强力纱制
【商品描述】 制作轮胎用。
【监管证件】 无监管证件要求

【税则号列】 5907. 0090
【商品名称】 44″铝粉涂布棉梭织布
【规格型号】 底布为纯棉平纹布，表层涂有6%铝粉和涂料浆
【商品描述】 此布用于制作微波炉手套。工艺流程：染色下机→上防水→印花上铝粉→烘焙→后整预缩→成品。规格为21×21×60×60，幅宽44英寸，每平方米克重162。
【监管证件】 无监管证件要求

第六十章　针织物及钩编织物

注释：

一、本章不包括：

（一）税目58.04的钩编花边；

（二）税目58.07的针织或钩编的标签、徽章及类似品；或

（三）第五十九章的经浸渍、涂布、包覆或层压的针织物及钩编织物。但经浸渍、涂布、包覆或层压的起绒针织物及起绒钩编织物仍归入税目60.01。

二、本章还包括用金属线制的用于衣着、装饰或类似用途的织物。

三、本协调制度所称“针织物”包括由纺织纱线用链式针法构成的缝编织物。

子目注释：

子目6005.35包括由聚乙烯单丝或涤纶复丝制成的织物，重量不小于30克/平方米，但不超过55克/平方米，网眼尺寸不小于20孔/平方厘米，但不超过100孔/平方厘米，并且用α-氯氰菊酯（ISO）、虫螨腈（ISO）、溴氰菊酯（INN，ISO）、高效氯氟氰菊酯（ISO）、除虫菊酯（ISO）或甲基嘧啶磷（ISO）浸渍或涂层。

【税则号列】　6004. 1030

【商品名称】　拉架针织布

【规格型号】　幅宽 58 英寸，每平方米克重 150 | 34%涤纶、27%腈纶、33%粘胶纤维、6%氨纶（弹性纱线）| 针织

【商品描述】　染色，制衣用。

【监管证件】　无监管证件要求

【税则号列】　6004. 1030

【商品名称】　化纤制针织布

【规格型号】　幅宽 62 英寸，HX3031-1 | 85%锦纶、15%氨纶 | 化纤制针织

【商品描述】　略。

【监管证件】　无监管证件要求

【税则号列】　6005. 3900

【商品名称】　涤纶印花面料（经编）

【规格型号】　全涤纶 | 经编针织 | 印花面料 | 幅宽 220 厘米

【商品描述】　略。

【监管证件】　无监管证件要求

【税则号列】　6006. 2200

【商品名称】　棉涤针织染整布

【规格型号】　幅宽 40 英寸～80 英寸 | 棉>51%、涤纶<49% | 针织 | 染色布

【商品描述】　略。

【监管证件】　无监管证件要求

【税则号列】　6006. 2200

【商品名称】　棉针织染色布

【规格型号】　幅宽 66 英寸 | 纯棉针织染色布

【商品描述】　VC 牌。

【监管证件】　无监管证件要求

【税则号列】　6006. 2200

【商品名称】　棉针织染整布

【规格型号】　幅宽 40 英寸～80 英寸 | 棉>90% | 针织 | 染色

【商品描述】　略。

【监管证件】　无监管证件要求

【税则号列】 6006.2200
【商品名称】 棉涤针织染色布
【规格型号】 幅宽62英寸~75英寸|60%棉、40%涤纶|针织|染色
【商品描述】 VC牌。
【监管证件】 无监管证件要求

【税则号列】 6006.3200
【商品名称】 涤纶针织染色布
【规格型号】 幅宽180厘米|100%涤纶|针织|染色
【商品描述】 略。
【监管证件】 无监管证件要求

【税则号列】 6006.3400
【商品名称】 涤纶针织印花布
【规格型号】 规格58英寸~60英寸|96%涤纶、4%弹力|针织|印花
【商品描述】 略。
【监管证件】 无监管证件要求

【税则号列】 6006.4200
【商品名称】 人造棉针织染色布
【规格型号】 幅宽160厘米|针织染色布|96%人造棉、4%弹力
【商品描述】 略。
【监管证件】 无监管证件要求

第六十一章　针织或钩编的服装及衣着附件

注释：

一、本章仅适用于制成的针织品或钩编织品。

二、本章不包括：

（一）税目62.12的货品；

（二）税目63.09的旧衣着或其他旧物品；或

（三）矫形器具、外科手术带、疝气带及类似品（税目90.21）。

三、税目61.03及61.04所称：

（一）“西服套装”是指面料用相同的织物制成的两件套或三件套的下列成套服装：

——一件人体上半身穿着的外套或短上衣，除袖子外，其面料应由四片或四片以上组成；

也可附带一件马甲（西服背心），这件马甲（西服背心）的前片面料应与套装其他各件的面料相同，后片面料则应与外套或短上衣的衬里料相同；以及

——一件人体下半身穿着的服装，即不带背带或护胸的长裤、马裤、短裤（游泳裤除外）、裙子或裙裤。

西服套装各件面料质地、颜色及构成必须相同，其款式也必须相同，尺寸大小还须相互般配，但可以用不同织物滚边（在缝口上缝入长条织物）。

如果数件人体下半身穿着的服装同时报验（例如，两条长裤、长裤与短裤、裙子或裙裤与长裤），构成西服套装下装的应是一条长裤，而对于女式西服套装，应是裙子或裙裤，其他服装应分别归类。

所称“西服套装”包括不论是否完全符合上述条件的下列配套服装：

——常礼服，由一件后襟下垂并下端开圆弧形叉的素色短上衣和一条条纹长裤组成；

——晚礼服（燕尾服），一般用黑色织物制成，上衣前襟较短且不闭合，背后有燕尾；

——无燕尾套装夜礼服，其中上衣款式与普通上衣相似（可以更为显露衬衣前胸），但有光滑丝质或仿丝质的翻领。

（二）“便服套装”是指面料相同并作零售包装的下列成套服装（西服套装及税目 61.07、61.08 或 61.09 的物品除外）：

——一件人体上半身穿着的服装，但套头 衫及背心除外，因为套头衫可在两件套服装中作为内衣，背心也可作为内衣；以及

——一件或两件不同的人体下半身穿着的服装，即长裤、护胸背带工装裤、马裤、短裤（游泳裤除外）、裙子或裙裤。

便服套装各件面料质地、款式、颜色及构成必须相同；尺寸大小也须相互般配。所称“便服套装”，不包括税目 61.12 的运动服及滑雪服。

四、税目 61.05 及 61.06 不包括在腰围以下有口袋的服装、带有罗纹腰带及以其他方式收紧下摆的服装或其织物至少在 10 厘米×10 厘米的面积内沿各方向的直线长度上平均每厘米少于 10 针的服装。税目 61.05 不包括无袖服装。

五、税目 61.09 不包括带有束带、罗纹腰带或其他方式收紧下摆的服装。

六、对于税目 61.11：

（一）所称“婴儿服装及衣着附件”是指用于身高不超过 86 厘米幼儿的服装；

（二）既可归入税目 61.11，也可归入本章其他税目的物品，应归入税目 61.11。

七、税目 61.12 所称“滑雪服”是指从整个外观和织物质地来看，主要在滑雪（速度滑雪或高山滑雪）时穿着的下列服装或成套服装：

（一）“滑雪连身服”即上下身连在一起的单件服装；除袖子和领子外，滑雪连身服可有口袋或脚带；或

（二）“滑雪套装”即由两件或三件构成一套并作零售包装的下列服装：

——一件用一条拉链扣合的带风帽的厚夹克、防风衣、防风短上衣或类似的服装，可以

附带一件背心（滑雪背心）；以及

——一条不论是否过腰的长裤、一条马裤或一条护胸背带工装裤。

“滑雪套装”也可由一件类似以上（一）款所述的连身服和一件可套在连身服外面的有胎料背心组成。

“滑雪套装”各件颜色可以不同，但面料质地、款式及构成必须相同；尺寸大小也须相互般配。

八、既可归入税目61.13，也可归入本章其他税目的服装，除税目61.11所列的仍归入该税目外，其余的应一律归入税目61.13。

九、本章的服装，凡门襟为左压右的，应视为男式；右压左的，应视为女式。但本规定不适用于其式样已明显为男式或女式的服装。

无法区别是男式还是女式的服装，应按女式服装归入有关税目。

十、本章物品可用金属线制成。

【税则号列】 6101.2000
【商品名称】 棉制针织男式短大衣
【规格型号】 纯棉|针织|男式短大衣|（成分含量）
【商品描述】 略。
【监管证件】 无监管证件要求

【税则号列】 6101.2000
【商品名称】 棉制针织男式防风衣
【规格型号】 纯棉|针织|男式防风衣
【商品描述】 略。
【监管证件】 无监管证件要求

【税则号列】 6102.2000
【商品名称】 棉制针织女式防风衣
【规格型号】 纯棉|针织|女式防风衣
【商品描述】 略。
【监管证件】 无监管证件要求

【税则号列】 6102.3000
【商品名称】 女大衣
【规格型号】 21%羊毛，18%马海毛，35%涤纶，26%腈纶|针织女式大衣
【商品描述】 略。
【监管证件】 无监管证件要求

【税则号列】 6103. 1090
【商品名称】 棉制针织男式西服套装
【规格型号】 纯棉 | 针织 | 男式西服套装
【商品描述】 略。
【监管证件】 无监管证件要求

【税则号列】 6103. 2200
【商品名称】 棉制针织男式便服套装
【规格型号】 纯棉 | 针织 | 男式便服套装
【商品描述】 略。
【监管证件】 无监管证件要求

【税则号列】 6103. 3200
【商品名称】 棉制针织男式上衣
【规格型号】 95%棉，5%涤纶 | 针织 | 男式上衣
【商品描述】 略。
【监管证件】 无监管证件要求

【税则号列】 6103. 3200
【商品名称】 棉制针织男式上衣
【规格型号】 纯棉 | 针织 | 男式上衣
【商品描述】 略。
【监管证件】 无监管证件要求

【税则号列】 6103. 3200
【商品名称】 男式上衣
【规格型号】 棉制针织男式上衣 | 88%棉，12%锦纶 | （品牌）
【商品描述】 M~XXL 码。
【监管证件】 无监管证件要求

【税则号列】 6103. 3200
【商品名称】 男式上衣
【规格型号】 95%棉，5%氨纶 | 针织 | 男式上衣 | （品牌）
【商品描述】 略。
【监管证件】 无监管证件要求

【税则号列】 6103. 3200
【商品名称】 针织上衣
【规格型号】 65%棉，35%合成纤维 | 针织 | 男式上衣 | （品牌）
【商品描述】 略。
【监管证件】 无监管证件要求

【税则号列】 6103. 4200
【商品名称】 棉制针织男式长裤
【规格型号】 纯棉 | 针织 | 男式长裤 | （品牌）
【商品描述】 略。
【监管证件】 A/无监管证件要求

【税则号列】 6103. 4200
【商品名称】 男式长裤
【规格型号】 92%棉，8%涤纶 | 针织 | 男式长裤 | （品牌）
【商品描述】 略。
【监管证件】 A/无监管证件要求

【税则号列】 6103. 4200
【商品名称】 棉制针织男式长裤
【规格型号】 棉制针织男式长裤 | 92%棉，8%短纤 | （品牌）
【商品描述】 略。
【监管证件】 A/无监管证件要求

【税则号列】 6103. 4200
【商品名称】 针织男裤
【规格型号】 100%棉 | 针织 | 男短裤
【商品描述】 minI&max/K-87。
【监管证件】 A/无监管证件要求

【税则号列】 6104. 2200
【商品名称】 女式便服套装
【规格型号】 85%棉，15%涤纶 | 针织 | 女式便服套装 | （品牌）
【商品描述】 略。
【监管证件】 无监管证件要求

【税则号列】 6104. 3200
【商品名称】 棉制针织女式上衣
【规格型号】 90%棉，10%涤纶| 针织| 女式上衣| （品牌）
【商品描述】 略。
【监管证件】 无监管证件要求

【税则号列】 6104. 3200
【商品名称】 纯棉针织女装上衣
【规格型号】 纯棉| 针织| 女式上衣| （品牌）
【商品描述】 S~XXL 码。
【监管证件】 无监管证件要求

【税则号列】 6104. 3200
【商品名称】 针织女式上衣
【规格型号】 80%棉，20%涤纶| 针织| 女式上衣| （品牌）
【商品描述】 略。
【监管证件】 无监管证件要求

【税则号列】 6104. 3200
【商品名称】 女装上衣
【规格型号】 90%棉，10%氨纶| 针织| 女式上衣| （品牌）
【商品描述】 略。
【监管证件】 无监管证件要求

【税则号列】 6104. 3200
【商品名称】 棉制针织女式上衣
【规格型号】 纯棉| 针织| 女式上衣| （品牌）
【商品描述】 略。
【监管证件】 无监管证件要求

【税则号列】 6104. 3200
【商品名称】 棉制针织女式上衣
【规格型号】 80%棉，20%涤纶| 针织| 女式上衣| （品牌）
【商品描述】 略。
【监管证件】 无监管证件要求

【税则号列】 6104. 3200
【商品名称】 棉制针织女式上衣
【规格型号】 92%棉，8%短纤 | 针织 | 女式上衣 | （品牌）
【商品描述】 略。
【监管证件】 无监管证件要求

【税则号列】 6104. 3300
【商品名称】 女式上衣
【规格型号】 化纤 | 针织 | 女式上衣 | （品牌）
【商品描述】 略。
【监管证件】 无监管证件要求

【税则号列】 6104. 3300
【商品名称】 针织女式上衣
【规格型号】 95%涤纶，5%氨纶 | 针织 | 女式上衣 | （品牌）
【商品描述】 略。
【监管证件】 无监管证件要求

【税则号列】 6104. 4200
【商品名称】 棉制针织女式连衣裙
【规格型号】 纯棉 | 针织 | 女式连衣裙 | （品牌）
【商品描述】 略。
【监管证件】 无监管证件要求

【税则号列】 6104. 4300
【商品名称】 化纤针织连衣裙
【规格型号】 100%涤纶 | 针织 | 女式连衣裙 | High Target 牌
【商品描述】 略。
【监管证件】 无监管证件要求

【税则号列】 6104. 5200
【商品名称】 棉制针织女式短裙
【规格型号】 纯棉 | 针织 | 女式短裙 | （品牌）
【商品描述】 略。
【监管证件】 无监管证件要求

【税则号列】 6104. 5200
【商品名称】 女裙
【规格型号】 98%棉，2%锦纶｜针织｜女裙｜（品牌）
【商品描述】 略。
【监管证件】 无监管证件要求

【税则号列】 6104. 6200
【商品名称】 棉制针织女式长裤
【规格型号】 96%棉，4%氨纶｜针织｜女式长裤｜（品牌）
【商品描述】 略。
【监管证件】 A/无监管证件要求

【税则号列】 6104. 6200
【商品名称】 棉制针织女式长裤
【规格型号】 98%棉，2%尼龙｜针织｜女式长裤｜（品牌）
【商品描述】 略。
【监管证件】 A/无监管证件要求

【税则号列】 6104. 6200
【商品名称】 女式长裤
【规格型号】 91%棉，9%涤纶｜针织｜女式长裤｜（品牌）
【商品描述】 略。
【监管证件】 A/无监管证件要求

【税则号列】 6104. 6200
【商品名称】 棉制针织女式长裤
【规格型号】 89%棉，11%短纤｜针织｜女式长裤｜（品牌）
【商品描述】 略。
【监管证件】 A/无监管证件要求

【税则号列】 6104. 6300
【商品名称】 合纤制女裤
【规格型号】 合纤含量>80%｜针织女长裤｜DDAO 牌
【商品描述】 略。
【监管证件】 A/无监管证件要求

【税则号列】 6105. 1000
【商品名称】 男式衬衫
【规格型号】 95%棉，5%涤纶 | 针织 | 男式衬衫 | （品牌）
【商品描述】 略。
【监管证件】 A/无监管证件要求

【税则号列】 6105. 9000
【商品名称】 绢丝制针织男式衬衫
【规格型号】 90%丝 | 针织 | 男式衬衫 | （品牌）
【商品描述】 略。
【监管证件】 无监管证件要求

【税则号列】 6106. 1000
【商品名称】 棉制针织女式衬衫
【规格型号】 棉制针织女式衬衫 | （品牌）
【商品描述】 略。
【监管证件】 A/无监管证件要求

【税则号列】 6106. 1000
【商品名称】 女式衬衫
【规格型号】 85%棉，15%涤纶 | 针织 | 女式衬衫 | Meilian 牌
【商品描述】 略。
【监管证件】 A/无监管证件要求

【税则号列】 6107. 1100
【商品名称】 棉制针织男式短内裤
【规格型号】 95%棉，5%氨纶 | 针织 | 男式内裤 | Venice，Vovoboy 牌
【商品描述】 略。
【监管证件】 A

【税则号列】 6107. 1200
【商品名称】 化纤针织男式内裤
【规格型号】 以 92%锦纶，8%氨纶针织物为面料 | 四角内裤 | （品牌）
【商品描述】 略。
【监管证件】 A

【税则号列】 6108. 2100
【商品名称】 棉制针织女式三角内裤
【规格型号】 以 95%棉，5%氨纶针织物为面料｜贴身，短三角裤｜（品牌）
【商品描述】 略。
【监管证件】 A

【税则号列】 6108. 2100
【商品名称】 棉制针织女式短裤
【规格型号】 95%棉，5%氨纶制女式短裤｜属于针织女式系列短裤｜（品牌）
【商品描述】 长度约 30 厘米。
【监管证件】 A

【税则号列】 6108. 2200
【商品名称】 涤纶针织女式三角内裤
【规格型号】 以 100%涤纶针织物为面料｜贴身，短三角裤｜（成分含量）｜（品牌）
【商品描述】 略。
【监管证件】 A

【税则号列】 6108. 2910
【商品名称】 三角裤
【规格型号】 丝含量 75%｜针织而成｜女式三角裤｜（品牌）
【商品描述】 略。
【监管证件】 A

【税则号列】 6108. 3200
【商品名称】 涤纶针织女式睡衣套装
【规格型号】 针织｜睡衣套装｜女式｜涤纶｜（品牌）
【商品描述】 二件套。
【监管证件】 A

【税则号列】 6108. 9200
【商品名称】 化纤针织女式内裤
【规格型号】 以 92%锦纶，8%氨纶针织物为面料｜四角内裤，非紧身裤，不起保持体形作用｜女式｜（品牌）
【商品描述】 略。
【监管证件】 A

【税则号列】 6109. 1000
【商品名称】 男式棉制针织T恤
【规格型号】 100%棉| 男装| 针织T恤| (品牌)
【商品描述】 略。
【监管证件】 A

【税则号列】 6110. 1100
【商品名称】 羊毛制非起绒男式毛衫
【规格型号】 外层100%羊毛，内层100%棉| 针织| 开襟衫| 男式套头衫| Maselli牌
【商品描述】 略。
【监管证件】 无监管证件要求

【税则号列】 6110. 2000
【商品名称】 男式毛衫
【规格型号】 43%羊毛，57%棉| 针织| 男式套头毛衫| (品牌)
【商品描述】 略。
【监管证件】 A/无监管证件要求

【税则号列】 6110. 2000
【商品名称】 女童套头毛衫
【规格型号】 90%棉，10%涤纶| 针织| 起绒| 女童套头毛衫| Odkgne牌
【商品描述】 略。
【监管证件】 A/无监管证件要求

【税则号列】 6110. 2000
【商品名称】 女式套头毛衫
【规格型号】 90%棉，10%涤纶| 针织| 非起绒| 女式套头毛衫| Odkgnf牌
【商品描述】 略。
【监管证件】 A/无监管证件要求

【税则号列】 6110. 2000
【商品名称】 棉制针织非起绒女式套头衫
【规格型号】 纯棉| 针织| 非起绒| 女式套头衫| (品牌)
【商品描述】 略。
【监管证件】 A/无监管证件要求

【税则号列】 6110. 2000
【商品名称】 棉制非起绒男式紧身衫
【规格型号】 纯棉 | 非起绒 | 男式紧身衫 | （品牌） | （织造方法）
【商品描述】 略。
【监管证件】 A/无监管证件要求

【税则号列】 6110. 2000
【商品名称】 混纺针织女式衫
【规格型号】 65%棉，35%涤纶 | 针织 | 套头衫，开襟衫 | 非起绒，非 T 恤 | Momoco，Weima 牌
【商品描述】 略。
【监管证件】 A/无监管证件要求

【税则号列】 6110. 2000
【商品名称】 针织女式毛衫
【规格型号】 85%棉，15%涤纶 | 针织 | 女式套头毛衫 | （品牌）
【商品描述】 略。
【监管证件】 A/无监管证件要求

【税则号列】 6110. 2000
【商品名称】 棉制针织女式起绒套头衫
【规格型号】 纯棉 | 针织 | 起绒 | 女式套头衫 | （品牌）
【商品描述】 略。
【监管证件】 A/无监管证件要求

【税则号列】 6110. 3000
【商品名称】 人造毛衫片
【规格型号】 100%腈纶 | 针织 | 非起绒，女式开襟衫 | （品牌）
【商品描述】 略。
【监管证件】 A/无监管证件要求

【税则号列】 6110. 3000
【商品名称】 针织混纺女式套头衫
【规格型号】 70%腈纶，25%人造丝，5%金银线 | 针织 | 女式套头衫 | （品牌）
【商品描述】 略。
【监管证件】 A/无监管证件要求

【税则号列】 6110. 3000
【商品名称】 女式针织长袖套头衫
【规格型号】 83%腈纶，17%棉 | 针织 | 非起绒 | 女式套头衫 | Buffalo 牌
【商品描述】 略。
【监管证件】 A/无监管证件要求

【税则号列】 6110. 3000
【商品名称】 毛衫
【规格型号】 化纤制 | 针织 | 非起绒 | 女式套头衫 | （品牌）
【商品描述】 略。
【监管证件】 A/无监管证件要求

【税则号列】 6110. 3000
【商品名称】 腈纶制针织非起绒女式套头衫
【规格型号】 65%腈纶，35%其他 | 针织 | 非起绒 | 女式套头衫 | GCY 牌
【商品描述】 略。
【监管证件】 A/无监管证件要求

【税则号列】 6111. 2000
【商品名称】 婴儿棉针织套装
【规格型号】 86 厘米以下 | 100%棉制 | 2 件连身衣+1 件长裤+1 件帽 | 针织 | 婴儿
【商品描述】 略。
【监管证件】 A

【税则号列】 6112. 1100
【商品名称】 男式运动服套装
【规格型号】 100%棉 | 针织 | 男式运动套装
【商品描述】 略。
【监管证件】 无监管证件要求

【税则号列】 6115. 2200
【商品名称】 连裤袜
【规格型号】 120 分特 | 90%尼龙，10%氨纶 | 针织 | 连裤女袜 | （品牌）
【商品描述】 略。
【监管证件】 无监管证件要求

【税则号列】 6115. 9500
【商品名称】 棉制短袜
【规格型号】 盛元牌 | 80%棉 | 针织 | 短袜
【商品描述】 略。
【监管证件】 无监管证件要求

【税则号列】 6115. 9500
【商品名称】 棉制针织短袜
【规格型号】 （品牌） | 纯棉 | 针织 | 短袜
【商品描述】 略。
【监管证件】 无监管证件要求

【税则号列】 6115. 9600
【商品名称】 袜子
【规格型号】 65%丙纶，32%涤纶，2%斯潘德克斯弹性纤维，1%橡胶纤维 | 针织 | 筒袜 | 女士 | （单丝细度）
【商品描述】 略。
【监管证件】 无监管证件要求

【税则号列】 6116. 9100
【商品名称】 毛呢手套
【规格型号】 羊毛针织手套 | 80%羊毛，20%涤纶 | （品牌） | （处理材料）
【商品描述】 略。
【监管证件】 无监管证件要求

第六十二章　非针织或非钩编的服装及衣着附件

注释：

一、本章仅适用于除絮胎以外任何纺织物的制成品，但不适用于针织品或钩编织品（税目 62. 12 的除外）。

二、本章不包括：

（一）税目 63. 09 的旧衣着或其他旧物品；或

（二）矫形器具、外科手术带、疝气带及类似品（税目 90. 21）。

三、税目 62. 03 及 62. 04 所称：

（一）“西服套装”是指面料用完全相同织物制成的两件套或三件套的下列成套服装：

——一件人体上半身穿着的外套或短上衣，除袖子外，应由四片或四片以上面料组成；也可附带一件马甲（西服背心），这件马甲（西服背心）的前片面料应与套装其他各件的面料相同，后片面料则应与外套或短上衣的衬里料相同；以及

——一件人体下半身穿着的服装，即不带背带或护胸的长裤、马裤、短裤（游泳裤除外）、裙子或裙裤。

西服套装各件面料质地、颜色及构成必须完全相同，其款式、尺寸大小也须相互般配。但套装的各件可以有不同织物的滚边（缝入夹缝中的成条织物）。

如果数件人体下半身穿着的服装同时报验（例如，两条长裤、长裤与短裤、裙子或裙裤与长裤），构成西服套装下装的应是一条长裤，而对于女式西服套装，应是裙子或裙裤，其他服装应分别归类。

所称“西服套装”包括不论是否完全符合上述条件的下列配套服装：

——常礼服，由一件后襟下垂并下端开圆弧形叉的素色短上衣和一条条纹长裤组成；

——晚礼服（燕尾服），一般用黑色织物制成，上衣前襟较短且不闭合，背后有燕尾；

——无燕尾套装夜礼服，其中上衣款式与普通上衣相似（可以更为显露衬衣前胸），但有光滑丝质或仿丝质的翻领。

（二）“便服套装”是指面料相同并作零售包装的下列成套服装（西服套装及税目 62.07 或 62.08 的物品除外）：

——一件人体上半身穿着的服装，但背心除外，因为背心可作为内衣；以及

——一件或两件不同的人体下半身穿着的服装，即长裤、护胸背带工装裤、马裤、短裤（游泳裤除外）、裙子或裙裤。

便服套装各件面料质地、款式、颜色及构成必须相同；尺寸大小也须相互般配。所称“便服套装”，不包括税目 62.11 的运动服及滑雪服。

四、对于税目 62.09：

（一）所称“婴儿服装及衣着附件”是指用于身高不超过 86 厘米幼儿的服装；

（二）既可归入税目 62.09，也可归入本章其他税目的物品，应归入税目 62.09；

五、既可归入税目 62.10，也可归入本章其他税目的服装，除税目 62.09 所列的仍归入该税目外，其余的应一律归入税目 62.10。

六、税目 62.11 所称“滑雪服”是指从整个外观和织物质地来看，主要在滑雪（速度滑雪和高山滑雪）时穿着的下列服装或成套服装：

（一）“滑雪连身服”即上下身连在一起的单件服装；除袖子和领子外，滑雪连身服可有口袋或脚带；或

（二）“滑雪套装”即由两件或三件构成一套并作零售包装的下列服装：

——一件用一条拉链扣合的带风帽的厚夹克、防风衣、防风短上衣或类似的服装，可以附带一件背心（滑雪背心）；以及

——一条不论是否过腰的长裤、一条马裤或一条护胸背带工装裤。

“滑雪套装”也可由一件类似以上（一）款所述的连身服和一件可套在连身服外面的有胎料背心组成。

“滑雪套装”各件颜色可以不同，但面料质地、款式及构成必须相同；尺寸大小也须相互般配。

七、正方形或近似正方形的围巾及围巾式样的物品，如果每边均不超过60厘米，应作为手帕归类（税目62.13）。任何一边超过60厘米的手帕，应归入税目62.14。

八、本章的服装，凡门襟为左压右的，应视为男式；右压左的，应视为女式。但本规定不适用于其式样已明显为男式或女式的服装。

无法区别是男式还是女式的服装，应按女式服装归入有关税目。

九、本章物品可用金属线制成。

【税则号列】 6201. 9390
【商品名称】 男式防寒上衣
【规格型号】 Seyn 牌 | 100%涤纶 | 梭织 | （处理材料）
【商品描述】 防寒短上衣。
【监管证件】 无监管证件要求

【税则号列】 6201. 9390
【商品名称】 男式防寒服
【规格型号】 Yves Salomon 牌 | 外皮 100%涤纶，里布 100%涤纶，貉子帽条 | 机织 | （处理材料）
【商品描述】 机织男式防寒服。
【监管证件】 无监管证件要求

【税则号列】 6202. 1310
【商品名称】 化纤制女式羽绒服
【规格型号】 （品牌） | 机织大衣 | 面料 100%涤纶，衬里 100%涤纶，填充物为 70%鸭绒及 30%羽绒 | （类别）
【商品描述】 略。
【监管证件】 无监管证件要求

【税则号列】 6202.9390
【商品名称】 化纤制女式防寒上衣
【规格型号】 City Classic，Mirge-mv，Lamide，de Salitto 牌 | 化纤制女式防寒上衣 | （类别） | （成分含量）
【商品描述】 略。
【监管证件】 无监管证件要求

【税则号列】 6202.9390
【商品名称】 女式防寒上衣
【规格型号】 100%涤纶 | 梭织 | 女式防寒上衣 | （品牌）
【商品描述】 略。
【监管证件】 无监管证件要求

【税则号列】 6202.9390
【商品名称】 女式风衣
【规格型号】 （品牌） | 化纤制女式梭织防风衣
【商品描述】 略。
【监管证件】 无监管证件要求

【税则号列】 6203.2300
【商品名称】 男式套装
【规格型号】 Cloche 牌 | 100%涤纶 | 机织 | 男式便服套装
【商品描述】 略。
【监管证件】 无监管证件要求

【税则号列】 6203.3200
【商品名称】 棉制男式上衣
【规格型号】 （品牌） | 100%棉 | 梭织 | 男式上衣
【商品描述】 略。
【监管证件】 无监管证件要求

【税则号列】 6203.3300
【商品名称】 男式上衣
【规格型号】 Bragard 牌 | 65%涤纶，35%棉 | 机织 | 男式上衣
【商品描述】 略。
【监管证件】 无监管证件要求

【税则号列】 6203. 4100
【商品名称】 羊毛制男式长裤
【规格型号】 100%羊毛 | 机织 | （种类） | （类别） | Meyer 牌
【商品描述】 1–120/06/08。
【监管证件】 A

【税则号列】 6203. 4290
【商品名称】 棉制男式短裤
【规格型号】 100%棉 | 机织 | 男式制短裤 | Meyer 牌
【商品描述】 略。
【监管证件】 无监管证件要求

【税则号列】 6203. 4290
【商品名称】 棉制梭织男式长裤
【规格型号】 Boulevard 牌 | 纯棉 | 梭织 | 男式长裤
【商品描述】 略。
【监管证件】 A/无监管证件要求

【税则号列】 6203. 4290
【商品名称】 棉制梭织男童长裤
【规格型号】 Virus Kids 牌 | 100%棉 | 机织 | 男童长裤
【商品描述】 略。
【监管证件】 A

【税则号列】 6203. 4290
【商品名称】 棉制梭织男式成人裤
【规格型号】 Exit Jeans，Exuss Jeanswear CO. 牌 | 80%棉，20%涤纶 | 机织男式长裤
【商品描述】 略。
【监管证件】 A/无监管证件要求

【税则号列】 6203. 4290
【商品名称】 棉梭织长裤
【规格型号】 99%棉，1%弹力纤维 | 机织 | 男式长裤 | （品牌）
【商品描述】 略。
【监管证件】 A/无监管证件要求

【税则号列】 6203. 4290
【商品名称】 混纺梭织男式长裤
【规格型号】 60%棉，25%涤纶，14%粘胶纤维，1%氨纶 | 梭织 | 男式长裤 | （品牌）
【商品描述】 略。
【监管证件】 A/无监管证件要求

【税则号列】 6203. 4290
【商品名称】 非职业用棉制男式长裤
【规格型号】 99%棉，1%氨纶 | 机织 | 男式长裤 | Meyer 牌
【商品描述】 2-342/39。
【监管证件】 A/无监管证件要求

【税则号列】 6203. 4290
【商品名称】 棉制男式成人长裤
【规格型号】 Shield 牌 | 纯棉 | 梭枳 | 男式成人长裤
【商品描述】 职业用，非游戏装，不带防寒衬里。
【监管证件】 A

【税则号列】 6203. 4290
【商品名称】 混纺梭织男式长裤
【规格型号】 73%棉，25%涤纶，2%氨纶 | 梭织 | 男式长裤 | （品牌）
【商品描述】 略。
【监管证件】 A/无监管证件要求

【税则号列】 6203. 4390
【商品名称】 非职业用合成纤维制男式长裤
【规格型号】 55%聚酯纤维，43%羊毛，2%氨纶 | 机织 | 男式长裤 | Meyer 牌
【商品描述】 略。
【监管证件】 A/无监管证件要求

【税则号列】 6203. 4990
【商品名称】 亚麻制男式长裤
【规格型号】 100%亚麻 | 机织 | 男式长裤 | Meyer 牌
【商品描述】 1-509/09。
【监管证件】 无监管证件要求

【税则号列】 6204. 3300
【商品名称】 女式上衣
【规格型号】 65%涤纶，35%棉｜机织｜女式上衣｜（品牌）
【商品描述】 职业用。
【监管证件】 无监管证件要求

【税则号列】 6204. 4300
【商品名称】 涤纶布钉珠连衣裙
【规格型号】 100%涤纶｜梭织｜钉珠连衣裙｜（品牌）
【商品描述】 主要用于晚宴、舞会等场合。
【监管证件】 无监管证件要求

【税则号列】 6204. 4400
【商品名称】 人造纤维制女式连衣裙
【规格型号】 （织造方法）｜（品牌）｜人造纤维｜女式连衣裙
【商品描述】 略。
【监管证件】 无监管证件要求

【税则号列】 6204. 6200
【商品名称】 混纺梭织女式长裤
【规格型号】 70%棉，22%涤纶，7%人造丝，1%氨纶｜梭织｜女式长裤｜（品牌）
【商品描述】 略。
【监管证件】 无监管证件要求

【税则号列】 6205. 2000
【商品名称】 100%棉梭织男式长袖衬衫
【规格型号】 100%棉｜梭织｜男式长袖衬衫｜Kanzler、Kanzler Jens 牌，John W. Nordstrom 牌
【商品描述】 略。
【监管证件】 A/无监管证件要求

【税则号列】 6205. 2000
【商品名称】 男式衬衫
【规格型号】 90%棉，10%涤纶｜梭织｜男式衬衫｜（品牌）
【商品描述】 略。
【监管证件】 A/无监管证件要求

【税则号列】 6210. 1030
【商品名称】 无纺布防护服
【规格型号】 100%聚丙烯无纺布 | 机制 | 连体服 | （品牌）
【商品描述】 XL。男女通用，工厂用。
【监管证件】 无监管证件要求

【税则号列】 6210. 1030
【商品名称】 无纺布手术衣
【规格型号】 100%聚丙烯无纺布 | 机制 | 连体服 | 男女通用 | （品牌）
【商品描述】 S、M、X、XL。一次性用品，主要用于手术室。
【监管证件】 无监管证件要求

【税则号列】 6211. 3390
【商品名称】 涤棉男式连体工装
【规格型号】 工作服 | 梭织 | 连体服 | 男式 | 65%涤纶，35%棉 | （品牌）
【商品描述】 S、M、L、XL、2XL、3XL。
【监管证件】 无监管证件要求

【税则号列】 6212. 1010
【商品名称】 化纤针织胸罩
【规格型号】 86%锦纶，14%氨纶 | Gisela 牌
【商品描述】 80B~105B。
【监管证件】 A

【税则号列】 6212. 1010
【商品名称】 化纤针织胸罩
【规格型号】 （品牌） | 以 90%尼龙、10%氨纶针织物为面料
【商品描述】 两罩杯中海绵填充，肩带，后扣式。
【监管证件】 A

【税则号列】 6212. 1090
【商品名称】 胸罩
【规格型号】 丝含量 75% | （品牌）
【商品描述】 略。
【监管证件】 A

【税则号列】 6214. 3000
【商品名称】 围巾
【规格型号】 （品牌）| 100%涤纶 | 梭织围巾
【商品描述】 略。
【监管证件】 无监管证件要求

第六十三章　其他纺织制成品；成套物品；旧衣着及旧纺织品；碎织物

注释：

一、第一分章仅适用于各种纺织物制成的物品。

二、第一分章不包括：

（一）第五十六章至第六十二章的货品；或

（二）税目 63. 09 的旧衣着或其他旧物品。

三、税目 63. 09 仅适用于下列货品：

（一）纺织材料制品：

1. 衣着和衣着附件及其零件；

2. 毯子及旅行毯；

3. 床上、餐桌、盥洗及厨房用的织物制品；

4. 装饰用织物制品，但税目 57. 01 至 57. 05 的地毯及税目 58. 05 的装饰毯除外。

（二）用石棉以外其他任何材料制成的鞋帽类。

上述物品只有同时符合下列两个条件才能归入本税目：

1. 必须明显看得出穿用过；以及

2. 必须以散装、捆装、袋装或类似的大包装形式报验。

子目注释：

子目 6304. 20 包括用 α–氯氰菊酯（ISO）、虫螨腈（ISO）、溴氰菊酯（INN，ISO）、高效氯氟氰菊酯（ISO）、除虫菊酯（ISO）或甲基嘧啶磷（ISO）浸渍或涂层的经编针织物制品。

【税则号列】 6301. 3000
【商品名称】 棉制毯子
【规格型号】 100%棉制毯子
【商品描述】 略。
【监管证件】 无监管证件要求

【税则号列】 6301. 4000
【商品名称】 涤纶毛毯
【规格型号】 100%涤纶制毛毯
【商品描述】 Star Candle 牌，190 厘米×230 厘米/4. 5 千克。
【监管证件】 无监管证件要求

【税则号列】 6301. 4000
【商品名称】 合成纤维制毯子及旅行毯
【规格型号】 绒毛为 100%新型合成纤维，基布为 100%涤纶
【商品描述】 略。
【监管证件】 无监管证件要求

【税则号列】 6302. 2110
【商品名称】 棉制印花床单
【规格型号】 纯棉| 印花| 机织床单| （用途）
【商品描述】 略。
【监管证件】 无监管证件要求

【税则号列】 6302. 2190
【商品名称】 棉制印花枕套
【规格型号】 100%棉| 机织| 床上用印花枕套
【商品描述】 略。
【监管证件】 无监管证件要求

【税则号列】 6302. 2190
【商品名称】 棉制印花枕罩
【规格型号】 棉制枕罩| 机织| 表面有印花
【商品描述】 略。
【监管证件】 无监管证件要求

【税则号列】 6302. 3290
【商品名称】 化纤制床单
【规格型号】 100%化纤| 机织| 非印花| 非刺绣| 床上用
【商品描述】 略。
【监管证件】 无监管证件要求

【税则号列】 6302. 6010
【商品名称】 纯棉浴巾
【规格型号】 100%棉 | 毛圈织物 | 盥洗用
【商品描述】 50×100 厘米，70 厘米×140 厘米。
【监管证件】 无监管证件要求

【税则号列】 6302. 6090
【商品名称】 盥洗用针织毛巾
【规格型号】 100%棉 | 盥洗用 | （织造方法）
【商品描述】 略。
【监管证件】 无监管证件要求

【税则号列】 6302. 6090
【商品名称】 棉制机织毛巾
【规格型号】 100%棉 | 毛圈织物 | 盥洗用
【商品描述】 略。
【监管证件】 无监管证件要求

【税则号列】 6303. 1210
【商品名称】 合纤制针织窗帘
【规格型号】 合纤制针织窗帘 | 化纤含量>85%
【商品描述】 略。
【监管证件】 无监管证件要求

【税则号列】 6303. 1931
【商品名称】 棉制窗帘
【规格型号】 纯棉制针织窗帘
【商品描述】 略。
【监管证件】 无监管证件要求

【税则号列】 6303. 9100
【商品名称】 棉制窗帘
【规格型号】 70%棉、30%化纤 | 机织窗帘
【商品描述】 略。
【监管证件】 无监管证件要求

【税则号列】 6307.9000
【商品名称】 无纺布口罩
【规格型号】 100%无纺布 | 已缝制 | 防尘用口罩
【商品描述】 略。
【监管证件】 无监管证件要求

【税则号列】 6307.9000
【商品名称】 无纺布鞋套
【规格型号】 100%聚丙烯无纺布鞋套
【商品描述】 略。
【监管证件】 无监管证件要求

【税则号列】 6307.9000
【商品名称】 纯棉手术巾
【规格型号】 纯棉手术用巾 | 用于医疗手术
【商品描述】 略。
【监管证件】 无监管证件要求

【税则号列】 6310.9000
【商品名称】 全新布碎
【规格型号】 未分拣 | 棉含量60%以上
【商品描述】 纺织材料制碎织物，包括化纤、尼龙、毛料等布碎，杂色混装，分拣后做地拖或打烂再织成布、机布、垫布。宽0.15米以下，95%长在1米以内。
【监管证件】 9

第十二类
鞋、帽、伞、杖、鞭及其零件；已加工的羽毛及其制品；人造花；人发制品

第六十四章 鞋靴、护腿和类似品及其零件

注释：

一、本章不包括：

（一）易损材料（例如，纸、塑料薄膜）制的无外绱鞋底的一次性鞋靴罩或套。这些产品应按其构成材料归类；

（二）纺织材料制的鞋靴，没有用粘、缝或其他方法将外底固定或安装在鞋面上的（第十一类）；

（三）税目63.09的旧鞋靴；

（四）石棉制品（税目68.12）；

（五）矫形鞋靴或其他矫形器具及其零件（税目90.21）；或

（六）玩具鞋及装有冰刀或轮子的滑冰鞋；护胫或类似的运动防护服装（第九十五章）。

二、税目64.06所称"零件"不包括鞋钉、护鞋铁掌、鞋眼、鞋钩、鞋扣、饰物、编带、鞋带、绒球或其他装饰带（应分别归入相应税目）及税目96.06的纽扣或其他货品。

三、本章所称：

（一）"橡胶"及"塑料"包括能用肉眼辨出其外表有一层橡胶或塑料的机织物或其他纺织产品；运用本款时，橡胶或塑料仅引起颜色变化的不计在内；以及

（二）"皮革"是指税目41.07及41.12至41.14的货品。

四、除本章注释三另有规定的以外：

（一）鞋面的材料应以占表面面积最大的那种材料为准，计算表面面积可不考虑附件及加固件，例如，护踝、裹边、饰物、扣子、拉襻、鞋眼或类似附属件；

（二）外底的主要材料应以与地面接触最广的那种材料为准，计算接触面时可不考虑鞋底钉、铁掌或类似附属件。

子目注释：

子目6402.12、6402.19、6403.12、6403.19及6404.11所称"运动鞋靴"，仅适用于：

一、带有或可装鞋底钉、止滑柱、夹钳、马蹄掌或类似品的体育专用鞋靴；

二、滑冰靴、滑雪靴及越野滑雪用鞋靴、滑雪板靴、角力靴、拳击靴及赛车鞋。

【税则号列】 6402.2000
【商品名称】 拖鞋（PVC底PVC面）
【规格型号】 白鸽牌|无帮|栓塞制|PVC制鞋面及鞋底
【商品描述】 略。
【监管证件】 无监管证件要求

【税则号列】 6403.4000
【商品名称】 安全鞋
【规格型号】 Treck牌|装有金属护头|牛皮制鞋面，PU制外底
【商品描述】 非运动用。
【监管证件】 无监管证件要求

【税则号列】 6404. 1990
【商品名称】 女凉鞋
【规格型号】 （品牌） | 女凉鞋 | 超纤面或布面，TPR 底或 TR 底 | 不过踝
【商品描述】 略。
【监管证件】 无监管证件要求

【税则号列】 6404. 1990
【商品名称】 女式布靴
【规格型号】 Vallenssia 牌 | 中筒，纺织材料制鞋面，橡胶制鞋底
【商品描述】 略。
【监管证件】 无监管证件要求

【税则号列】 6404. 1990
【商品名称】 女童休闲鞋
【规格型号】 棉布面，橡胶或塑料制外底的休闲鞋
【商品描述】 略。
【监管证件】 无监管证件要求

【税则号列】 6404. 1990
【商品名称】 鞋
【规格型号】 单鞋 | 布面，TPR 底 | （品牌）
【商品描述】 略。
【监管证件】 无监管证件要求

【税则号列】 6406. 1000
【商品名称】 男式鞋帮
【规格型号】 已成型的牛皮制男式鞋帮
【商品描述】 12-40-1 型。
【监管证件】 无监管证件要求

【税则号列】 6406. 2010
【商品名称】 鞋底
【规格型号】 已成型 | 橡胶制
【商品描述】 略。
【监管证件】 无监管证件要求

【税则号列】 6406. 2020
【商品名称】 塑料鞋底
【规格型号】 聚氯乙烯制 | 已成型
【商品描述】 24#~45#。
【监管证件】 无监管证件要求

第六十五章 帽类及其零件

注释：

一、本章不包括：

（一）税目 63. 09 的旧帽类；

（二）石棉制帽类（税目 68. 12）；或

（三）第九十五章的玩偶帽、其他玩具帽或狂欢节用品。

二、税目 65. 02 不包括缝制的帽坯，但仅将条带缝成螺旋形的除外。

【税则号列】 6505. 0099
【商品名称】 无纺布帽子
【规格型号】 （品牌） | （制作工艺） | （成分含量） | 无纺布制帽子
【商品描述】 均码。
【监管证件】 无监管证件要求

【税则号列】 6505. 0099
【商品名称】 化纤制针织帽
【规格型号】 （品牌） | （材质） | 80%化纤 | 针织
【商品描述】 略。
【监管证件】 无监管证件要求

【税则号列】 6507. 0000
【商品名称】 水貂皮帽圈
【规格型号】 水貂皮制 | 非野生
【商品描述】 略。
【监管证件】 无监管证件要求

第六十六章　雨伞、阳伞、手杖、鞭子、马鞭及其零件

注释：

一、本章不包括：

（一）丈量用杖及类似品（税目90.17）；

（二）火器手杖、刀剑手杖、灌铅手杖及类似品（第九十三章）；或

（三）第九十五章的货品（例如，玩具雨伞、玩具阳伞）。

二、税目66.03不包括纺织材料制的零件、附件及装饰品或者任何材料制的罩套、流苏、鞭梢、伞套及类似品。此类货品即使与税目66.01或66.02的物品一同报验，只要未装配在一起，则不应视为上述税目所列物品的组成零件，而应分别归入各有关税目。

【税则号列】　6601.1000
【商品名称】　太阳伞
【规格型号】　户外用庭院遮阳伞
【商品描述】　略。
【监管证件】　无监管证件要求

第六十七章　已加工羽毛、羽绒及其制品；人造花；人发制品

注释：

一、本章不包括：

（一）人发制滤布（税目59.11）；

（二）花边、刺绣品或其他纺织物制成的花卉图案（第十一类）；

（三）鞋靴（第六十四章）；

（四）帽类及发网（第六十五章）；

（五）玩具、运动用品或狂欢节用品（第九十五章）；或

（六）羽毛掸帚、粉扑及人发制的筛子（第九十六章）。

二、税目67.01不包括：

（一）羽毛或羽绒仅在其中作为填充料的物品（例如，税目94.04的寝具）；

（二）羽毛或羽绒仅作为饰物或填充料的衣服或衣着附件；或

（三）税目67.02的人造花、叶及其部分品，以及它们的制成品。

三、税目67.02不包括：

（一）玻璃制品（第七十章）；或

（二）用陶器、石料、金属、木料或其他材料经模铸、锻造、雕刻、冲压或其他方法整件制成形的人造花、叶或果实；用捆扎、胶粘及类似方法以外的其他方法将部分品组合而成的上述制品。

【税则号列】 6704.2000
【商品名称】 人发假发
【规格型号】 人发制|经梳理、染色等加工
【商品描述】 略。
【监管证件】 无监管证件要求

【税则号列】 6704.9000
【商品名称】 毛发制假发
【规格型号】 动物毛制|经梳理、脱色加工
【商品描述】 略。
【监管证件】 无监管证件要求

【税则号列】 6704.9000
【商品名称】 毛发制品
【规格型号】 动物毛制|经梳理、清洗、染色等加工
【商品描述】 略。
【监管证件】 无监管证件要求

第十三类
石料、石膏、水泥、石棉、云母及类似材料的制品；陶瓷产品；玻璃及其制品

第六十八章 石料、石膏、水泥、石棉、云母及类似材料的制品

注释：

一、本章不包括：

（一）第二十五章的货品；

（二）税目48.10或48.11的经涂布、浸渍或覆盖的纸及纸板（例如，用云母粉或石墨涂布的纸及纸板、沥青纸及纸板）；

（三）第五十六章或第五十九章的经涂布、浸渍或包覆的纺织物（例如，用云母粉、沥青涂布或包覆的织物）；

（四）第七十一章的物品；

（五）第八十二章的工具及其零件；

（六）税目 84. 42 的印刷用石板；

（七）绝缘子（税目 85. 46）或绝缘材料制的零件（税目 85. 47）；

（八）牙科用磨锉（税目 90. 18）；

（九）第九十一章的物品（例如，钟及钟壳）；

（十）第九十四章的物品（例如，家具、灯具及照明装置、活动房屋）；

（十一）第九十五章的物品（例如，玩具、游戏品及运动用品）；

（十二）用第九十六章注释二（二）所述材料制成的税目 96. 02 的物品或税目 96. 06 的物品（例如，纽扣）、税目 96. 09 的物品（例如，石笔）、税目 96. 10 的物品（例如，绘画石板）或税目 96. 20 的物品（独脚架、双脚架、三脚架及类似品）；或

（十三）第九十七章的物品（例如，艺术品）。

二、税目 68. 02 所称"已加工的碑石或建筑用石"，不仅适用于已加工的税目 25. 15、25. 16 的各种石料，也适用于所有经类似加工的其他天然石料（例如，石英岩、燧石、白云石及冻石），但不适用于板岩。

【税则号列】 6802. 9190

【商品名称】 现代大理石制品

【规格型号】 160 厘米×40 厘米×1. 8 厘米等 | 该商品由大理石经磨光等［除劈，锯，粗切成块、片、板状（石面为方形或长方形）外］加工制得 | 建筑用

【商品描述】 略。

【监管证件】 无监管证件要求

【税则号列】 6802. 9390

【商品名称】 花岗岩板材

【规格型号】 （1. 5~2. 5）吨×（50~65）厘米×（75~380）厘米 | 建筑用花岗岩 | 经进一步加工，单面抛光

【商品描述】 略。

【监管证件】 A

【税则号列】 6802. 9390
【商品名称】 花岗岩磨光板
【规格型号】 最长 2. 02 米｜建筑用花岗岩｜磨光｜工艺流程：锯割加工→研磨抛光→切断加工
【商品描述】 略。
【监管证件】 A

【税则号列】 6802. 9390
【商品名称】 现代花岗岩石制品
【规格型号】 60 厘米×90 厘米×（1. 2~1. 3）厘米｜该商品由花岗岩经磨光等（除劈，锯，粗切成块、片、板状外）深加工制得｜建筑墙面用
【商品描述】 略。
【监管证件】 A

【税则号列】 6802. 9390
【商品名称】 现代花岗岩制品
【规格型号】 （1500~2000）毫米×（210~230）毫米×20 毫米｜可直接用于建筑｜花岗岩经机切磨光
【商品描述】 略。
【监管证件】 A

【税则号列】 6804. 2210
【商品名称】 砂轮片
【规格型号】 Rappold 牌｜材质为人造棕刚玉｜无支架｜切割钢材用
【商品描述】 略。
【监管证件】 无监管证件要求

【税则号列】 6805. 2000
【商品名称】 砂纸
【规格型号】 5 寸｜800#｜（品牌）｜（基底材料）｜（砂粒材质）｜（是否有涂层）
【商品描述】 略。
【监管证件】 无监管证件要求

【税则号列】 6808.0000
【商品名称】 玻镁板
【规格型号】 平板 | 木屑 | 氧化镁
【商品描述】 1220 毫米×2440 毫米×8 毫米。
【监管证件】 无监管证件要求

【税则号列】 6815.9100
【商品名称】 菱镁砖
【规格型号】 材质为菱镁矿，氧化镁含量不少于 76%
【商品描述】 未烧制。型号 RI-AMC04LC。
【监管证件】 无监管证件要求

【税则号列】 6815.9100
【商品名称】 耐火砖
【规格型号】 材质为菱镁矿，氧化镁含量 90.96%
【商品描述】 未烧制。
【监管证件】 无监管证件要求

【税则号列】 6815.9990
【商品名称】 耐火砖
【规格型号】 材质为矾土，三氧化二铝含量 72.1%
【商品描述】 高铝砖，未烧制。
【监管证件】 无监管证件要求

第六十九章　陶瓷产品

注释：

一、本章仅适用于成形后经过烧制的陶瓷产品。税目 69.04 至 69.14 仅适用于不能归入税目 69.01 至 69.03 的产品。

二、本章不包括：

（一）税目 28.44 的产品；

（二）税目 68.04 的物品；

（三）第七十一章的物品（例如，仿首饰）；

（四）税目 81.13 的金属陶瓷；

（五）第八十二章的物品；

（六）绝缘子（税目 85. 46）或绝缘材料制的零件（税目 85. 47）；

（七）假牙（税目 90. 21）；

（八）第九十一章的物品（例如，钟及钟壳）；

（九）第九十四章的物品（例如，家具、灯具及照明装置、活动房屋）；

（十）第九十五章的物品（例如，玩具、游戏品及运动用品）；

（十一）税目 96. 06 的物品（例如，纽扣）或税目 96. 14 的物品（例如，烟斗）；或

（十二）第九十七章的物品（例如，艺术品）。

【税则号列】 6902. 1000
【商品名称】 镁碳砖
【规格型号】 砖，耐火温度大于 1500℃ | 氧化镁含量 95. 5%
【商品描述】 用于炼钢炉内，起耐高温作用。
【监管证件】 无监管证件要求

【税则号列】 6902. 1000
【商品名称】 耐火砖
【规格型号】 氧化镁含量 58%，三氧化二铬含量 19%，三氧化二铝含量 6. 5%，三氧化二铁含量 14%，氧化钙含量 1. 4%，二氧化硅含量 0. 9%，耐火温度为 1600℃
【商品描述】 略。
【监管证件】 无监管证件要求

【税则号列】 6902. 2000
【商品名称】 高铝砖
【规格型号】 三氧化二铝含量大于 65% | 耐火温度为 1500℃
【商品描述】 该商品以高铝矾土、硅线石族矿物及刚玉、合成莫来石等为主要原料，加入适量黏土等结合剂，混匀后干压成型，干燥后高温烧成。
【监管证件】 无监管证件要求

【税则号列】 6902. 2000
【商品名称】 铝碳化硅碳砖
【规格型号】 三氧化二铝含量大于 80% | 耐火温度为 1500℃
【商品描述】 该商品是以刚玉、矾土、石墨和碳化硅为主要原料的耐火材料，添加了适量的抗氧化剂改善材质的抗氧化性。
【监管证件】 无监管证件要求

【税则号列】 6902. 2000

【商品名称】 耐火砖

【规格型号】 三氧化二铝含量40%~50%，二氧化硅含量55%~60%，三氧化二铁含量1%~2%，其他元素含量1%|（耐火温度）

【商品描述】 该商品主要以山东淄博的优质焦宝石为主要原料，配以部分黏土和铝矾土细粉进行生产。工艺流程：原料筛选→冲洗粉碎→机压成型→入窑烧制。

【监管证件】 无监管证件要求

【税则号列】 6902. 2000

【商品名称】 耐火砖

【规格型号】 耐火砖|三氧化二铝含量51. 8%，铁含量2%，其他元素含量46. 2%

【商品描述】 耐火温度为1780℃。

【监管证件】 无监管证件要求

【税则号列】 6903. 2000

【商品名称】 中包水口

【规格型号】 管子|三氧化二铝含量56. 84%

【商品描述】 耐火温度为2000℃。

【监管证件】 无监管证件要求

【税则号列】 6910. 1000

【商品名称】 瓷制卫生器具

【规格型号】 瓷制|（品牌）|（规格型号）

【商品描述】 瓷制脸盆、浴缸及类似卫生器具，包括洗涤槽、抽水马桶、小便池等。

【监管证件】 无监管证件要求

【税则号列】 6910. 1000

【商品名称】 卫生瓷洁具

【规格型号】 瓷制|INA牌|24英寸，16英寸

【商品描述】 瓷制坐便器，水箱。

【监管证件】 无监管证件要求

【税则号列】 6910. 1000
【商品名称】 坐便器
【规格型号】 瓷制坐便器｜（品牌）｜型号 C201
【商品描述】 略。
【监管证件】 无监管证件要求

【税则号列】 6913. 1000
【商品名称】 陈设瓷
【规格型号】 瓷制｜（品牌）
【商品描述】 瓷制的花插用物品，主要用于室内装饰、摆设。
【监管证件】 无监管证件要求

【税则号列】 6913. 1000
【商品名称】 工艺瓷
【规格型号】 瓷制｜（品牌）
【商品描述】 瓷制的花插摆设工艺瓷。
【监管证件】 无监管证件要求

【税则号列】 6913. 9000
【商品名称】 陈设陶
【规格型号】 陶制｜（品牌）
【商品描述】 摆设用，规格 32 厘米。
【监管证件】 无监管证件要求

【税则号列】 6914. 1000
【商品名称】 瓷花盆
【规格型号】 种植用瓷制花盆
【商品描述】 2. 75 英寸～10 英寸。
【监管证件】 无监管证件要求

第七十章　玻璃及其制品

注释：

一、本章不包括：

（一）税目 32. 07 的货品（例如，珐琅和釉料、搪瓷玻璃料及其他玻璃粉、粒或粉片）；

（二）第七十一章的物品（例如，仿首饰）；

（三）税目 85.44 的光缆、税目 85.46 的绝缘子或税目 85.47 所列绝缘材料制的零件；

（四）光导纤维、经光学加工的光学元件、注射用针管、假眼、温度计、气压计、液体比重计或第九十章的其他物品；

（五）有永久固定电光源的灯具及照明装置、灯箱标志或铭牌和类似品及其零件（税目 94.05）；

（六）玩具、游戏品、运动用品、圣诞树装饰品及第九十五章的其他物品（供玩偶或第九十五章其他物品用的无机械装置的玻璃假眼除外）；或

（七）纽扣、保温瓶、香水喷雾器和类似的喷雾器及第九十六章的其他物品。

二、对于税目 70.03、70.04 及 70.05：

（一）玻璃在退火前的各种处理都不视为“已加工”；

（二）玻璃切割成一定形状并不影响其作为板片归类；

（三）所称“吸收、反射或非反射层”是指极薄的金属或化合物（例如，金属氧化物）镀层，该镀层可以吸收红外线等光线或可以提高玻璃的反射性能，同时仍然使玻璃具有一定程度的透明性或半透明性；或者该镀层可以防止光线在玻璃表面的反射。

三、税目 70.06 所述产品，不论是否具有制成品的特性仍归入该税目。

四、税目 70.19 所称“玻璃棉”是指：

（一）按重量计二氧化硅的含量在 60%及以上的矿质棉；

（二）按重量计二氧化硅的含量在 60%以下，但碱性氧化物（氧化钾或氧化钠）的含量在 5%以上或氧化硼的含量在 2%以上的矿质棉。

不符合上述规定的矿质棉归入税目 68.06。

五、本协调制度所称“玻璃”包括熔融石英及其他熔融硅石。

子目注释：

子目 7013.21、7013.31 及 7013.91 所称“铅晶质玻璃”，仅指按重量计氧化铅含量不低于 24%的玻璃。

【税则号列】 7001.0000

【商品名称】 熔融石英块

【规格型号】 块状｜（用途）

【商品描述】 该商品以高纯石英砂作为原料，通过高温熔融制得。块状（外观无色透明，伴有少量絮状），具有极低的热膨胀系数和热导率、极优的热稳定性，化学性能稳定，通过专用机械加工、除杂、破碎、筛分、磁选而成。

【监管证件】 无监管证件要求

【税则号列】 7005. 2900
【商品名称】 透明浮法玻璃
【规格型号】 制造汽车玻璃用非夹丝浮法透明平板玻璃
【商品描述】 1610 毫米×790 毫米×2. 3 毫米。
【监管证件】 无监管证件要求

【税则号列】 7006. 0000
【商品名称】 背板玻璃
【规格型号】 未镶框或装配的片材|用于生产太阳能电池组件
【商品描述】 1244 毫米×634 毫米×4 毫米。磨边，打孔。
【监管证件】 无监管证件要求

【税则号列】 7007. 1900
【商品名称】 钢化浮法背板玻璃
【规格型号】 太阳能电池组件封装用的钢化玻璃|（加工方法）
【商品描述】 1937 毫米×1027 毫米×3. 2 毫米、1937 毫米×1033. 5 毫米×3. 2 毫米。
【监管证件】 无监管证件要求

【税则号列】 7009. 1000
【商品名称】 宝马轿车用汽车后视镜
【规格型号】 车辆后视用|未经光学加工
【商品描述】 型号 S/7245504/7245503。
【监管证件】 无监管证件要求

【税则号列】 7009. 1000
【商品名称】 奥迪轿车用后视镜
【规格型号】 轿车用后视镜总成|未经光学加工
【商品描述】 8R0 857 511 B。
【监管证件】 无监管证件要求

【税则号列】 7010. 9020
【商品名称】 玻璃瓶
【规格型号】 750 毫升|可用于盛装饮料、油类、酒等
【商品描述】 钠钙硅酸盐玻璃瓶，无刻度。
【监管证件】 无监管证件要求

【税则号列】 7010. 9020
【商品名称】 啤酒瓶
【规格型号】 450 毫升 | 玻璃制啤酒瓶
【商品描述】 略。
【监管证件】 无监管证件要求

【税则号列】 7010. 9030
【商品名称】 玻璃瓶
【规格型号】 250 毫升，2050# | 装食物用
【商品描述】 略。
【监管证件】 无监管证件要求

【税则号列】 7010. 9090
【商品名称】 玻璃瓶
【规格型号】 盛装药油用 | 60 毫升
【商品描述】 Eagle 牌。
【监管证件】 无监管证件要求

【税则号列】 7013. 1000
【商品名称】 玻璃陶瓷餐具
【规格型号】 供餐桌用的玻璃陶瓷制餐具
【商品描述】 47 头。
【监管证件】 无监管证件要求

【税则号列】 7013. 3700
【商品名称】 玻璃杯
【规格型号】 厨房用钠钙玻璃制平脚杯
【商品描述】 8. 62 厘米×6 厘米×13. 6 厘米。
【监管证件】 A

【税则号列】 7013. 3700
【商品名称】 玻璃杯
【规格型号】 供餐桌等用普通玻璃杯
【商品描述】 Prarthna 牌。生产厂商为德力。
【监管证件】 A

【税则号列】 7013. 4900
【商品名称】 玻璃餐具
【规格型号】 钢化玻璃制餐具用盘、碗等
【商品描述】 略。
【监管证件】 A

【税则号列】 7014. 0010
【商品名称】 未打磨玻璃镜片毛坯
【规格型号】 DC013EC37-G4 等，7. 05 克/个等 | 数码相机镜头用玻璃镜片毛坯 | 未经光学加工的光学元件毛坯
【商品描述】 略。
【监管证件】 无监管证件要求

【税则号列】 7016. 1000
【商品名称】 玻璃马赛克
【规格型号】 建筑铺面用模制玻璃马赛克 | 供镶嵌或装饰用
【商品描述】 327 毫米×327 毫米；310 毫米×295 毫米×8 毫米。
【监管证件】 无监管证件要求

【税则号列】 7019. 1200
【商品名称】 玻璃纤维粗纱
【规格型号】 玻璃纤维制成的粗纱 | （长度）
【商品描述】 用于制玻璃钢管道。SE 2350 250 2000 特。
【监管证件】 无监管证件要求

【税则号列】 7019. 1200
【商品名称】 直接无捻玻璃纤维（粗纱）
【规格型号】 玻璃纤维无捻 | 粗纱 | （长度）
【商品描述】 ER15-514。
【监管证件】 3

【税则号列】 7019. 1200
【商品名称】 玻璃纤维粗纱
【规格型号】 玻璃纤维制 | 粗纱 | （长度）
【商品描述】 ECR469L–410 特。
【监管证件】 3

【税则号列】 7019. 1900
【商品名称】 玻璃纤维纱
【规格型号】 玻璃纤维制 | 细纱 | （长度）
【商品描述】 无牌，G75 1/0 0. 7Z，卷装。
【监管证件】 3

【税则号列】 7019. 3200
【商品名称】 黑色自粘玻纤毡
【规格型号】 薄片状的无纺织物，由不规则分布的各根玻璃纤维（长丝）制成
【商品描述】 略。
【监管证件】 无监管证件要求

【税则号列】 7020. 0011
【商品名称】 导电玻璃 FTO
【规格型号】 导电层为二氧化锡 | 电阻值 10±2 欧 | 用于生产太阳能电池组件
【商品描述】 1245 毫米×635 毫米×3. 2 毫米。
【监管证件】 无监管证件要求

第十四类

天然或养殖珍珠、宝石或半宝石、贵金属、包贵金属及其制品；仿首饰；硬币

第七十一章 天然或养殖珍珠、宝石或半宝石、贵金属、包贵金属及其制品；仿首饰；硬币

注释：

一、除第六类注释一（一）及下列各款另有规定的以外，凡制品的全部或部分由下列物

品构成，均应归入本章：

（一）天然或养殖珍珠、宝石或半宝石（天然、合成或再造）；或

（二）贵金属或包贵金属。

二、

（一）税目71.13、71.14及71.15不包括带有贵金属或包贵金属制的小零件或小装饰品（例如，交织字母、套、圈、套环）的制品，上述注释一（二）也不适用于这类制品；

（二）税目71.16不包括含有贵金属或包贵金属（仅作为小零件或小装饰品的除外）的制品。

三、本章不包括：

（一）贵金属汞齐及胶态贵金属（税目28.43）；

（二）第三十章的外科用无菌缝合材料、牙科填料或其他货品；

（三）第三十二章的货品（例如，光瓷釉）；

（四）载体催化剂（税目38.15）；

（五）第四十二章注释三（二）所述的税目42.02或42.03的物品；

（六）税目43.03或43.04的物品；

（七）第十一类的货品（纺织原料及纺织制品）；

（八）第六十四章或第六十五章的鞋靴、帽类及其他物品；

（九）第六十六章的伞、手杖及其他物品；

（十）税目68.04或68.05及第八十二章含有宝石或半宝石（天然或合成）粉末的研磨材料制品；第八十二章装有宝石或半宝石（天然、合成或再造）工作部件的器具；第十六类的机器、机械器具、电气设备及其零件。然而，完全以宝石或半宝石（天然、合成或再造）制成的物品及其零件，除未安装的唱针用已加工蓝宝石或钻石外（税目85.22），其余仍应归入本章；

（十一）第九十章、第九十一章或第九十二章的物品（科学仪器、钟表及乐器）；

（十二）武器及其零件（第九十三章）；

（十三）第九十五章注释二所述物品；

（十四）根据第九十六章注释四应归入该章的物品；或

（十五）雕塑品原件（税目97.03）、收藏品（税目97.05）或超过一百年的古物（税目97.06），但天然或养殖珍珠、宝石及半宝石除外。

四、

（一）所称“贵金属”是指银、金及铂；

（二）所称“铂”是指铂、铱、锇、钯、铑及钌；

（三）所称“宝石或半宝石”不包括第九十六章注释二（二）所述任何物质。

五、含有贵金属的合金（包括烧结及化合的），只要其中任何一种贵金属的含量达到合金重量的2%，即应视为本章的贵金属合金。贵金属合金应按下列规则归类：

（一）按重量计含铂量在2%及以上的合金，应视为铂合金；

（二）按重量计含金量在2%及以上，但不含铂或按重量计含铂量在2%以下的合金，应视为金合金；

（三）按重量计含银量在2%及以上的其他合金，应视为银合金。

六、除条文另有规定的以外，本协调制度所称贵金属应包括上述注释五所规定的贵金属合金，但不包括包贵金属或表面镀以贵金属的贱金属及非金属。

七、本协调制度所称“包贵金属”是指以贱金属为底料，在其一面或多面用焊接、熔接、热轧或类似机械方法覆盖一层贵金属的材料。除条文另有规定的以外，也包括镶嵌贵金属的贱金属。

八、除第六类注释一（一）另有规定的以外，凡符合税目71.12规定的货品，应归入该税目而不归入本协调制度的其他税目。

九、税目71.13所称“首饰”是指：

（一）个人用小饰物（例如，戒指、手镯、项圈、饰针、耳环、表链、表链饰物、垂饰、领带别针、袖扣、饰扣、宗教性或其他勋章及徽章）；以及

（二）通常放置在衣袋、手提包或佩戴在身上的个人用品（例如，雪茄盒或烟盒、鼻烟盒、口香糖盒或药丸盒、粉盒、链袋、念珠）。

这些物品可以和下列物品组合或镶嵌：例如，天然或养殖珍珠、宝石或半宝石、合成或再造的宝石或半宝石、玳瑁壳、珍珠母、兽牙、天然或再生琥珀、黑玉或珊瑚。

十、税目71.14所称“金银器”，包括装饰品、餐具、梳妆用具、吸烟用具及类似的家庭、办公室或宗教用的其他物品。

十一、税目71.17所称“仿首饰”是指不含天然或养殖珍珠、宝石或半宝石（天然、合成或再造）及贵金属或包贵金属（仅作为镀层或小零件、小装饰品的除外）的上述注释九（一）所述的首饰（不包括税目96.06的纽扣及其他物品或税目96.15的梳子、发夹及类似品）。

子目注释：

一、子目7106.10、7108.11、7110.11、7110.21、7110.31及7110.41所称“粉末”是指按重量计90%及以上可从网眼孔径为0.5毫米的筛子通过的产品。

二、子目7110.11及7110.19所称“铂”可不受本章注释四（二）的规定约束，不包括铱、锇、钯、铑及钌。

三、对于税目71.10项下的子目所列合金的归类，按其所含铂、钯、铑、铱、锇或钌中重量最大的一种金属归类。

【税则号列】 7101. 2290
【商品名称】 已加工淡水养殖珍珠串/已加工淡水养殖散珍珠
【规格型号】 淡水珍珠 | 抛光、打磨、打孔 | 串联成串 | 养殖 | （等级）
【商品描述】 经抛光、打磨并根据颗粒大小分级后的养殖淡水珍珠。为便于运输，上述部分珍珠会打孔并串联成串，但并不具有项链等饰品特征，部分珍珠以散珠形式运输出境。
【监管证件】 无监管证件要求

【税则号列】 7102. 3900
【商品名称】 成品钻
【规格型号】 天然钻石 | 首饰用 | （加工程度）
【商品描述】 略。
【监管证件】 无监管证件要求

【税则号列】 7102. 3900
【商品名称】 装饰用钻石
【规格型号】 已分级、装饰用的天然钻石 | （用途） | （加工程度）
【商品描述】 12/385-R1。
【监管证件】 无监管证件要求

【税则号列】 7103. 1000
【商品名称】 玉矿石
【规格型号】 （种类） | 未加工 | 未镶嵌 | （来源） | （矿物学名） | （规格） | 钙镁硅酸盐 | （缅甸公盘成交需申报玉石编号、件数、重量）
【商品描述】 玉矿石山料，未加工，未成串，未镶嵌，主要成分为钙镁硅酸盐。
【监管证件】 无监管证件要求

【税则号列】 7103. 1000
【商品名称】 玉矿石毛料
【规格型号】 （种类） | 未加工 | 未镶嵌 | （来源） | （矿物学名） | （规格） | 钙镁硅酸盐 | （缅甸公盘成交需申报玉石编号、件数、重量）
【商品描述】 天然阳起石，未加工，未成串，未镶嵌，不规则形状，主要成分为钙镁硅酸盐。
【监管证件】 无监管证件要求

【税则号列】 7104. 9012
【商品名称】 蓝宝石衬底片
【规格型号】 （用途）｜（种类）｜人工合成｜（状态）｜合成
【商品描述】 2 英寸或 4 英寸（直径）×0. 43 毫米（厚度）。人工合成的工业用人造蓝宝石单晶片，已经抛光。
【监管证件】 无监管证件要求

【税则号列】 7104. 9012
【商品名称】 人造蓝宝石晶片
【规格型号】 （用途）｜圆形人造蓝宝石晶片｜线切割→仿形→双面研磨（粗磨）→粗抛→精抛→超声清洗→检测→包装→成品晶片｜（状态）｜（来源）
【商品描述】 2 寸片，厚度 0. 25 毫米~0. 6 毫米，不同规格。
【监管证件】 无监管证件要求

【税则号列】 7105. 1020
【商品名称】 合成的钻石粉末
【规格型号】 合成的钻石粉末｜（状态）｜（来源）
【商品描述】 15 微米~25 微米。
【监管证件】 无监管证件要求

【税则号列】 7106. 9110
【商品名称】 高纯银
【规格型号】 锭状｜未锻造｜纯度 99. 99%
【商品描述】 略。
【监管证件】 4xy

【税则号列】 7108. 1200
【商品名称】 未锻造黄金（非货币用）
【规格型号】 （形状）｜纯金｜未锻造｜纯度 99. 99%
【商品描述】 略。
【监管证件】 J

【税则号列】 7110. 1100
【商品名称】 铂锭
【规格型号】 锭状 | 未锻造 | 铂含量 98%
【商品描述】 略。
【监管证件】 8x

【税则号列】 7110. 1910
【商品名称】 铂板
【规格型号】 板片状 | 纯度 99. 95% | （加工程度）
【商品描述】 略。
【监管证件】 8x

【税则号列】 7110. 3100
【商品名称】 铑粉
【规格型号】 粉末状 | 未锻造
【商品描述】 铑含量≥99. 95%。
【监管证件】 4xy

【税则号列】 7113. 1921
【商品名称】 戒指
【规格型号】 成分为金 90%，铂金 10% | 镶嵌钻石的戒指
【商品描述】 略。
【监管证件】 无监管证件要求

【税则号列】 7115. 9010
【商品名称】 贵金属流道
【规格型号】 片状 | 成分为白金 4. 69%，铑 0. 36%，氧化铝 94. 95% | 玻璃生产设备用流道
【商品描述】 略。
【监管证件】 无监管证件要求

第十五类
贱金属及其制品

注释：

一、本类不包括：

（一）以金属粉末为基本成分的调制油漆、油墨或其他产品（税目 32.07 至 32.10、32.12、32.13 或 32.15）；

（二）铈铁或其他引火合金（税目 36.06）；

（三）税目 65.06 或 65.07 的帽类及其零件；

（四）税目 66.03 的伞骨及其他物品；

（五）第七十一章的货品（例如，贵金属合金、以贱金属为底的包贵金属、仿首饰）；

（六）第十六类的物品（机器、机械器具及电气设备）；

（七）已装配的铁道或电车道轨道（税目 86.08）或第十七类的其他物品（车辆、船舶、航空器）；

（八）第十八类的仪器及器具，包括钟表发条；

（九）做弹药用的铅弹（税目 93.06）或第十九类的其他物品（武器、弹药）；

（十）第九十四章的物品（例如，家具、弹簧床垫，灯具及照明装置、发光标志、活动房屋）；

（十一）第九十五章的物品（例如，玩具、游戏品及运动用品）；

（十二）手用筛子、纽扣、钢笔、铅笔套、钢笔尖、独脚架、双脚架、三脚架及类似品或第九十六章的其他物品（杂项制品）；或

（十三）第九十七章的物品（例如，艺术品）。

二、本协调制度所称“通用零件”是指：

（一）税目 73.07、73.12、73.15、73.17 或 73.18 的物品及其他贱金属制的类似品；

（二）贱金属制的弹簧及弹簧片，但钟表发条（税目 91.14）除外；以及

（三）税目 83.01、83.02、83.08、83.10 的物品及税目 83.06 的贱金属制的框架及镜子。

第七十三章至第七十六章（税目 73.15 除外）及第七十八章至第八十二章所列货品的零件，不包括上述的通用零件。

除上段及第八十三章注释一另有规定的以外，第七十二章至第七十六章及第七十八章至第八十一章不包括第八十二章、第八十三章的物品。

三、本协调制度所称“贱金属”是指铁及钢、铜、镍、铝、铅、锌、锡、钨、钼、钽、镁、钴、铋、镉、钛、锆、锑、锰、铍、铬、锗、钒、镓、铪、铟、铌（钶）、铼及铊。

四、本协调制度所称“金属陶瓷”是指金属与陶瓷成分以极细微粒不均匀结合而成的产

品。"金属陶瓷"包括硬质合金（金属碳化物与金属烧结而成）。

五、合金的归类规则（第七十二章、第七十四章所规定的铁合金及母合金除外）：

（一）贱金属的合金按其所含重量最大的金属归类；

（二）由本类的贱金属和非本类的元素构成的合金，如果所含贱金属的总重量等于或超过所含其他元素的总重量，应作为本类贱金属合金归类；

（三）本类所称"合金"包括金属粉末的烧结混合物、熔化而得的不均匀紧密混合物（金属陶瓷除外）及金属间化合物。

六、除条文另有规定的以外，本协调制度所称的贱金属包括贱金属合金，这类合金应按上述注释五的规则进行归类。

七、复合材料制品的归类规则：

除各税目另有规定的以外，贱金属制品（包括根据"归类总规则"作为贱金属制品的混合材料制品）如果含有两种或两种以上贱金属的，按其所含重量最大的贱金属的制品归类。

为此：

（一）钢、铁或不同种类的钢铁，均视为一种金属；

（二）按照注释五的规定作为某一种金属归类的合金，应视为一种金属；以及

（三）税目 81.13 的金属陶瓷，应视为一种贱金属。

八、本类所用有关名词解释如下：

（一）废碎料

在金属生产或机械加工中产生的废料及碎屑以及因破裂、切断、磨损及其他原因而明显不能作为原物使用的金属货品。

（二）粉末

按重量计 90%及以上可从网眼孔径为 1 毫米的筛子通过的产品。

第七十二章　钢铁

注释：

一、本章所述有关名词解释如下［本条注释（四）、（五）、（六）适用于本协调制度其他各章］：

（一）生铁

无实用可锻性的铁碳合金，按重量计含碳量在 2%以上并可含有一种或几种下列含量范围的其他元素：

铬不超过 10%；

锰不超过 6%；

磷不超过 3%；

硅不超过 8%；

其他元素合计不超过10%。

（二）镜铁

按重量计含锰量在6%以上，但不超过30%的铁碳合金，其他方面符合上述（一）款所列标准。

（三）铁合金

锭、块、团或类似初级形状、连续铸造而形成的各种形状及颗粒、粉末状的合金，不论是否烧结，通常用于其他合金生产过程中的添加剂或在黑色金属冶炼中作除氧剂、脱硫剂及类似用途，一般无实用可锻性，按重量计铁元素含量在4%及以上并含有下列一种或几种元素：

铬超过10%；

锰超过30%；

磷超过3%；

硅超过8%；

除碳以外的其他元素，合计超过10%，但最高含铜量不得超过10%。

（四）钢

除税目72.03以外的黑色金属材料（某些铸造而成的种类除外），具有实用可锻性，按重量计含碳量在2%及以下，但铬钢可具有较高的含碳量。

（五）不锈钢

按重量计含碳量在1.2%及以下，含铬量在10.5%及以上的合金钢，不论是否含有其他元素。

（六）其他合金钢

不符合以上不锈钢定义的钢，含有一种或几种按重量计符合下列含量比例的元素：

铝0.3%及以上；

硼0.0008%及以上；

铬0.3%及以上；

钴0.3%及以上；

铜0.4%及以上；

铅0.4%及以上；

锰1.65%及以上；

钼0.08%及以上；

镍0.3%及以上；

铌0.06%及以上；

硅0.6%及以上；

钛0.05%及以上；

钨0.3%及以上；

钒0.1%及以上；

锆0.05%及以上；

其他元素（硫、磷、碳及氮除外）单项含量在0.1%及以上。

（七）供再熔的碎料钢铁锭

粗铸成形无缩孔或冒口的锭块产品，表面有明显瑕疵，化学成分不同于生铁、镜铁及铁合金。

（八）颗粒

按重量计不到90%可从网眼孔径为1毫米的筛子通过，而90%及以上可从网眼孔径为5毫米的筛子通过的产品。

（九）半制成品

连续铸造的实心产品，不论是否初步热轧；其他实心产品，除经初步热轧或锻造粗制成形以外未经进一步加工，包括角材、型材及异型材的坯件。

本类产品不包括成卷的产品。

（十）平板轧材

截面为矩形（正方形除外）并且不符合以上第（九）款所述定义的下列形状实心轧制产品：

1. 层叠的卷材；或

2. 平直形状，其厚度如果在4.75毫米以下，则宽度至少是厚度的十倍；其厚度如果在4.75毫米及以上，其宽度应超过150毫米，并且至少应为厚度的两倍。

平板轧材包括直接轧制而成并有凸起式样（例如，凹槽、肋条形、格槽、珠粒、菱形）的产品以及穿孔、抛光或制成瓦楞形的产品，但不具有其他税目所列制品或产品的特征。

各种规格的平板轧材（矩形或正方形除外），但不具有其他税目所列制品或产品的特征，都应作为宽度为600毫米及以上的产品归类。

（十一）不规则盘绕的热轧条、杆

经热轧不规则盘绕的实心产品，其截面为圆形、扇形、椭圆形、矩形（包括正方形）、三角形或其他外凸多边形（包括“扁圆形”及“变形矩形”，即相对两边为弧拱形，另外两边为等长平行直线形）。这类产品可带有在轧制过程中产生的凹痕、凸缘、槽沟或其他变形（钢筋）。

（十二）其他条、杆

不符合上述（九）、（十）、（十一）款或“丝”定义的实心产品，其全长截面均为圆形、扇形、椭圆形、矩形（包括正方形）、三角形或其他外凸多边形（包括“扁圆形”及“变形矩形”，即相对两边为弧拱形，另外两边为等长平行直线形）。这些产品可以：

1. 带有在轧制过程中产生的凹痕、凸缘、槽沟或其他变形（钢筋）；

2. 轧制后扭曲的。

（十三）角材、型材及异型材

不符合上述（九）、（十）、（十一）、（十二）款或“丝”定义，但其全长截面均为同样形状的实心产品。

第七十二章不包括税目73.01或73.02的产品。

（十四）丝

不符合平板轧材定义但全长截面均为同样形状的盘卷冷成形实心产品。

（十五）空心钻钢

适合钻探用的各种截面的空心条、杆，其最大外形尺寸超过15毫米但不超过52毫米，最大内孔尺寸不超过最大外形尺寸的二分之一。不符合本定义的钢铁空心条、杆应归入税目73.04。

二、用一种黑色金属包覆不同种类的黑色金属，应按其中重量最大的材料归类。

三、用电解沉积法、压铸法或烧结法所得的钢铁产品，应按其形状、成分及外观归入本章类似热轧产品的相应税目。

子目注释：

一、本章所用有关名词解释如下：

（一）合金生铁

按重量计含有一种或几种下列比例的元素的生铁：

铬0.2%以上；

铜0.3%以上；

镍0.3%以上；

0.1%以上的任何下列元素：铝、钼、钛、钨、钒。

（二）非合金易切削钢

按重量计含有一种或几种下列比例的元素的非合金钢：

硫0.08%及以上；

铅0.1%及以上；

硒0.05%以上；

碲0.01%以上；

铋0.05%以上。

（三）硅电钢

按重量计含硅量至少为0.6%但不超过6%，含碳量不超过0.08%的合金钢。这类钢还可含有按重量计不超过1%的铝，但所含其他元素的比例并不使其具有其他合金钢的特性。

（四）高速钢

不论是否含有其他元素，但至少含有按重量计合计含量在7%及以上的钼、钨、钒中两种元素的合金钢，按重量计其含碳量在0.6%及以上，含铬量在3%～6%。

（五）硅锰钢

按重量计同时含有下列元素的合金钢：

碳不超过 0. 7%；

锰 0. 5%及以上，但不超过 1. 9%；以及

硅 0. 6%及以上，但不超过 2. 3%。但所含其他元素的比例并不使其具有其他合金钢的特性。

二、税目 72. 02 项下的子目所列铁合金，应按照下列规则归类：

对于只有一种元素超出本章注释一（三）规定的最低百分比的铁合金，应作为二元合金归入相应的子目。以此类推，如果有两种或三种合金元素超出了最低百分比的，则可分别作为三元或四元合金。

在运用本规定时，本章注释一（三）所述的未列名的“其他元素”，按重量计单项含量必须超过 10%。

【税则号列】 7201. 1000

【商品名称】 生铁

【规格型号】 铁 95%，碳 2. 2%，硅 1%，磷 0. 09%，硫 0. 03% | 矩形块状非合金生铁锭

【商品描述】 略。

【监管证件】 无监管证件要求

【税则号列】 7202. 1100

【商品名称】 高碳锰铁

【规格型号】 按重量计含碳量在 2%以上 | 锰 77. 1%，碳 6. 93%，硅 0. 1%，磷 0. 18%，硫 0. 002%，其余为铁

【商品描述】 10 毫米×50 毫米，为一种铁合金。

【监管证件】 4xy

【税则号列】 7202. 1900

【商品名称】 低碳锰铁

【规格型号】 铁≥ 4%，锰 ≥91%，硫 ≤0. 08%，磷 ≤0. 05%，硅 ≤1. 5%，碳 ≤0. 2% | 含碳量低于 0. 5% | 锰和铁

【商品描述】 由锰和铁组成，用作脱氧剂或合金元素添加剂，锰含量在 65%～90%内的铁锰合金。因含碳量低于 0. 5%，故属于低碳锰铁。低碳锰铁是炼钢生产中用得较多的一种脱氧剂和合金化材料。

【监管证件】 4xy

【税则号列】 7202. 1900

【商品名称】 锰铁，按重量计含碳量小于或等于 2%

【规格型号】 锰 78. 75%，铁含量不列为计价指标 | 铁 19. 19%，硅 0. 27%，硫 0. 003%，磷 0. 12%，碳 1. 27%

【商品描述】 略。

【监管证件】 4xy

【税则号列】 7202. 2100

【商品名称】 硅铁

【规格型号】 硅 73. 46%，铝 0. 067%，钙 0. 048%，钛 0. 012%，磷 0. 017%，碳 0. 091%，硫 0. 004%，铁 26. 28%

【商品描述】 粒度 0 毫米~4 毫米占 90%以上。

【监管证件】 4xy

【税则号列】 7202. 4100

【商品名称】 高碳铬铁

【规格型号】 铬 60. 12%，铁 28. 542%，硅 3. 30%，磷 0. 030%，碳 7. 97%，硫 0. 038% | 粒度 10 毫米~150 毫米占 95. 12%，10 毫米以下占 2. 2%，150 毫米以上占 2. 68%

【商品描述】 略。

【监管证件】 4xy

【税则号列】 7202. 4100

【商品名称】 高碳铬铁

【规格型号】 铬 48. 26%，铁 39. 86%，碳 6. 3%，硅 5. 53%，磷 0. 02%，硫 0. 03%

【商品描述】 材质为铬铁，为铁合金的一种。粒度 10 毫米~100 毫米占 98. 03%。

【监管证件】 4xy

【税则号列】 7202. 4100

【商品名称】 铬铁（无品牌）

【规格型号】 铬 48. 39%，碳 6. 23%，硅 4. 41%，磷 0. 027%，硫 0. 048%，铁 38. 85%。

【商品描述】 材质为铬铁，为铁合金的一种。

【监管证件】 4xy

【税则号列】 7202. 4100

【商品名称】 铬铁（无品牌）

【规格型号】 铬 50. 01%，碳 6. 39%，磷 0. 019%，硫 0. 05%，硅 4. 48%，其余为铁

【商品描述】 材质为铬铁，为铁合金的一种。

【监管证件】 4xy

【税则号列】 7202. 4100

【商品名称】 高碳铬铁

【规格型号】 铬铁 | 铬 52. 69%，碳 8. 78%，硅 0. 69%，硫 0. 014%，磷 0. 016%，其余为铁

【商品描述】 材质为铬铁，为铁合金的一种。

【监管证件】 4xy

【税则号列】 7202. 4100

【商品名称】 高碳铬铁

【规格型号】 铬铁 | 铬 60. 52%，硅 2. 96%，碳 7. 62%，磷 0. 028%，硫 0. 032%，水分 0. 23%，炉渣 0. 05%，其余为铁

【商品描述】 属于按重量计含碳量在 4%以上的高碳铬铁。粒度 10 毫米~150 毫米占 94. 77%。

【监管证件】 4xy

【税则号列】 7202. 6000

【商品名称】 镍铁

【规格型号】 镍 23. 24%，铁 72%

【商品描述】 含镍的铁合金，一般为颗粒状，在炼钢过程中用作合金元素添加剂使用，可提高钢材强度和硬度，为铁合金的一种。

【监管证件】 4xy

【税则号列】 7202. 8010

【商品名称】 钨铁

【规格型号】 钨铁 | 碳 0. 6%，硫 0. 05%，磷 0. 05%，锰 0. 5%，砷 0. 1%，锡 0. 08%，铜 0. 1%，硅 0. 5%

【商品描述】 钨含量≥75%，粒度 3 毫米~30 毫米占 90%及以上。钨铁合金，黑色块状。

【监管证件】 4xy

【税则号列】 7202. 9210

【商品名称】 钒铁

【规格型号】 钒铁 | 钒 78%~82%，铁>10%，铝≤1. 5%，硅≤1. 5%，碳≤0. 15%，硫≤0. 05%，磷≤0. 06%，锰≤1. 50%

【商品描述】 可锻性。

【监管证件】 4xy

【税则号列】 7202. 9300

【商品名称】 铌铁

【规格型号】 铌 65. 5%，硅 1. 4%，铝 0. 6%，磷 0. 12%，铁 29. 9%，碳 0. 12%，其余为钽

【商品描述】 为铁合金的一种，用作炼钢添加剂。

【监管证件】 4xy

【税则号列】 7202. 9300

【商品名称】 铌铁

【规格型号】 铌 65. 5%，铁 30%，硫 0. 12%，碳 0. 1%，粒度 5 毫米~30 毫米，不规则状

【商品描述】 不规则状铌铁。

【监管证件】 4xy

【税则号列】 7202. 9911

【商品名称】 速凝永磁片

【规格型号】 钕 20. 1±1%，镝 18. 3±1%，硼 1. 0±0. 1%，其余为铁

【商品描述】 钕铁硼合金速凝永磁片，金属光泽，烧结片状金属，非易燃易爆品，以稀土金属钕、纯铁、硼铁等初级产品为原料，经真空高温熔融，通过喷口喷射到旋转的低温铜质辊子上，迅速凝结成带状或片状而得到的产品。该产品再经研磨成粉状，加工成型后充磁制成永磁体，主要应用于计算机、通讯产品、电子设备等高科技领域。

【监管证件】 4xy

【税则号列】 7202. 9999

【商品名称】 硼铁

【规格型号】 硼铁 | 铁 79. 39%，硼≥18%，硅≤1. 5%，碳≤0. 5%，铝≤0. 5%，磷≤0. 1%，硫≤0. 01%

【商品描述】 用作炼钢添加剂。

【监管证件】 4xy

【税则号列】 7203.1000

【商品名称】 热压铁块

【规格型号】 全铁≥90%，金属铁≥84%，碳1.3%~1.6%，硫≤0.005%，磷≤0.06%，脉石≤6%|块状|直接从铁矿还原所得

【商品描述】 略。

【监管证件】 无监管证件要求

【税则号列】 7203.1000

【商品名称】 热压铁块碎

【规格型号】 水分0.5%，铁87.67%，碳1.02%，磷0.098%，硫0.022%，三氧化二铝1.02%，二氧化硅1.8%，氧化钙0.06%，氧化镁0.3%|块碎状|直接从铁矿还原所得

【商品描述】 粒度6.35毫米以上占90%。

【监管证件】 无监管证件要求

【税则号列】 7203.1000

【商品名称】 直接还原铁粉

【规格型号】 水分3.02%，铁81.44%，碳0.72%，磷0.105%，硫0.018%，三氧化二铝0.86%，二氧化硅1.42%|灰黑色粉状|直接从铁矿还原所得

【商品描述】 略。

【监管证件】 无监管证件要求

【税则号列】 7204.2100

【商品名称】 304SS不锈钢废碎料

【规格型号】 炼钢用|不规则状|100%不锈钢|汽车用品或生活用品等加工过程中产生的不锈钢废碎料|非汽车压件或废旧五金电器|钢号304SS

【商品描述】 不锈钢废碎料为清洁非焊接的固体块状物，主要来源于汽车用品或生活用品等加工过程中产生的不锈钢废碎料，用于炼制新钢材。镍8%，铬16%，铜0.5%，锰1.5%，锡0.025%，铅0.01%，磷0.035%，硫0.035%。

【监管证件】 9A

【税则号列】 7204. 2900

【商品名称】 废轮柄

【规格型号】 供再熔炼钢用 | 圆饼状 | 合金钢 | 总 99% | 火车废旧件 | 经破坏处理 | （钢号）

【商品描述】 略。

【监管证件】 AP

【税则号列】 7204. 4100

【商品名称】 废铁屑

【规格型号】 供再熔炼钢用 | 废碎 | 非合金钢 | 机械加工产生的废料，非汽车压件、非废五金电器 | 总 98%，废铁屑 98% | （钢号）

【商品描述】 机械加工产生的供再熔炼钢用废铁屑。

【监管证件】 AP

【税则号列】 7204. 4900

【商品名称】 以回收钢铁为主的废五金电器

【规格型号】 供再熔炼钢用 | 切割 | 破碎电器外壳而得 | 非汽车压件 | 不含稀土元素

【商品描述】 散装。

【监管证件】 9A

【税则号列】 7204. 4900

【商品名称】 废钢

【规格型号】 回炉炼钢 | 已切割 | 非合金钢 | 俄报废车厢箱体 | 非汽车压件、非废五金电器 | 不含稀土元素

【商品描述】 略。

【监管证件】 AP

【税则号列】 7204. 4900

【商品名称】 以回收钢铁为主的废五金

【规格型号】 （用途） | （形状） | （材质） | （来源） | （是否汽车压件、废五金电器） | 不含稀土元素

【商品描述】 指以回收钢铁为主需拆解、分选的各种钢铁废料。总 97%，铜 4%，铝 3%，铁 90%。

【监管证件】 AP

【税则号列】 7204. 4900

【商品名称】 废钢铁

【规格型号】 废碎，无特定形状 | 废非合金钢 | 主要为机械设备拆解破碎件 | （是否汽车压件、废五金电器） | 不含稀土元素

【商品描述】 总98%，废钢98%。废钢铁是在生产生活过程中淘汰或者损坏的作为回收利用的废旧钢铁，仅供再熔炼钢用。

【监管证件】 AP

【税则号列】 7204. 4900

【商品名称】 废钢铁

【规格型号】 炼钢用 | 汽车粉碎料 | 主要成分为钢铁 | 非汽车压件、非废五金电器 | 不含稀土元素

【商品描述】 略。

【监管证件】 AP

【税则号列】 7207. 1100

【商品名称】 钢坯（杂码）

【规格型号】 矩形坯和方坯 | 非合金钢 | 初轧 | 铁>96%，碳<0. 25%，铝<0. 3%，铬<0. 3%，锰<1. 65%，硅<0. 6% | 矩形和正方形截面 | （230～300）毫米×（320～430）毫米和155毫米×155毫米

【商品描述】 略。

【监管证件】 无监管证件要求

【税则号列】 7207. 1200

【商品名称】 库存板坯

【规格型号】 大方坯 | 非合金钢 | 热轧 | 碳0%～0. 09%，锰0. 07%～1. 64%，硅0%～0. 59%，磷0. 004%～0. 048%，硫0%～0. 029%，铝0%～0. 29%，铜0%～0. 265%，铬0. 007%～0. 29%，镍0%～0. 197%，钼0%～0. 07%，钛0%～0. 049%，铌0%～0. 059%，钒0%～0. 059%，铁97. 674%～99. 813% | 其他矩形 | （210～211）毫米×（820～1900）毫米×（1875～11500）毫米

【商品描述】 略。

【监管证件】 无监管证件要求

【税则号列】 7208. 2790

【商品名称】 热轧酸洗卷板

【规格型号】 非合金钢卷板 | 宽度超过 600 毫米，厚度超过 1. 5 毫米、小于 3 毫米 | 热轧 | 酸洗 | （成分含量） | （技术参数） | （钢号）

【商品描述】 酸洗是指清除钢材表面上的氧化铁皮的过程。热轧酸洗卷板是一种热轧后经过酸洗的卷板，与普通热轧板相比，热轧酸洗板清除了表面氧化铁皮，提高了钢材的表面质量，便于焊接、涂油和上漆，无其他加工。

【监管证件】 无监管证件要求

【税则号列】 7208. 3700

【商品名称】 热轧卷板

【规格型号】 9. 15 毫米×1264 毫米×长度 | 非合金钢 | 热轧 | 未包覆、未涂层 | 碳 0. 087%～0. 09%，硅 0. 01%～0. 11%，锰 1. 18%～1. 2%，硫 0. 0013%～0. 0015%，磷 0. 011%～0. 013% | （技术参数） | （钢号）

【商品描述】 首钢牌。

【监管证件】 无监管证件要求

【税则号列】 7208. 3890

【商品名称】 非合金钢热轧卷

【规格型号】 卷板 | 非合金钢 | 热轧 | 未经进一步加工 | 铁>99%，碳<0. 08%，硅 0. 05%～0. 07% | 厚 3 毫米～4. 5 毫米，宽 945 毫米～1667 毫米 | 屈服强度≤355 牛顿/平方毫米 | 钢号 SPHC/D/E/F/G

【商品描述】 级别普碳，种类记号 Q/BQB302。

【监管证件】 A

【税则号列】 7209. 1610

【商品名称】 冷轧卷板

【规格型号】 宽度大于 600 毫米，厚度超过 1 毫米、小于 3 毫米 | 除冷轧外未经进一步加工 | 冷轧卷板 | 屈服强度>275 牛顿/平方毫米 | （材质） | （加工程度） | （成分含量） | （钢号）

【商品描述】 略。

【监管证件】 A

【税则号列】 7209. 1610
【商品名称】 冷轧卷板
【规格型号】 卷板 | 高碳钢 | 冷轧 | 未包覆 | 未涂层 | 铁 98%，碳 0. 72%，硅 0. 19%，锰 0. 72%，铬 0. 02% | 1. 5 毫米×914 毫米 | 屈服强度>275 牛顿/平方毫米 | 钢号 SAE1074-SB
【商品描述】 正级品，除冷轧外未经进一步加工。
【监管证件】 A

【税则号列】 7209. 1610
【商品名称】 冷硬钢带
【规格型号】 1. 2/1. 5 毫米×1200 毫米×长度 | 非合金钢冷轧卷板 | 未镀层、未涂层、未包覆 | 碳 0. 03%～0. 05%，锰 0. 16%～0. 18%，硫 0. 007%～0. 014%，磷 0. 012%～0. 017%，0. 02%～0. 03% | 屈服强度 365 牛顿/平方毫米 | 钢号 JISG3141 SPCC-SD
【商品描述】 一级品。
【监管证件】 A

【税则号列】 7209. 1690
【商品名称】 冷轧低碳钢带
【规格型号】 1. 2/1. 5/1. 6/2 毫米×1250 毫米×长度 | 非合金钢冷轧卷板 | 未包覆、未镀层、未酸洗 | 碳 0. 03%～0. 05%，硅 0. 01%～0. 02%，锰 0. 16%～0. 18%，硫 0. 009%～0. 014%，磷 0. 012%～0. 019% | 屈服强度 240 牛顿/平方毫米 | （钢号）
【商品描述】 略。
【监管证件】 无监管证件要求

【税则号列】 7209. 1710
【商品名称】 冷硬钢带
【规格型号】 0. 6/0. 8/1 毫米×1250 毫米×长度 | 非合金钢冷轧卷板 | 未镀层、未涂层、未包覆、未退火 | 碳 0. 03%～0. 05%，锰 0. 16%～0. 18%，硫 0. 01%～0. 013%，磷 0. 011%～0. 018%，硅 0. 02% | 屈服强度 330 牛顿/平方毫米 | 钢号 JIS G3141 SPCC-1 | 一级品
【商品描述】 略。
【监管证件】 A

【税则号列】 7209.1790

【商品名称】 冷轧钢卷

【规格型号】 铁 99.7845%，碳 0.0189%，锰 0.18%，磷 0.0072%｜卷板｜非合金钢｜冷轧｜未镀层、未经进一步加工｜0.5 毫米×1300 毫米×长度｜屈服强度 214 牛顿/平方毫米~229 牛顿/平方毫米｜（钢号）

【商品描述】 略。

【监管证件】 无监管证件要求

【税则号列】 7209.1790

【商品名称】 冷轧低碳钢带

【规格型号】 0.61/0.68/0.76/0.91 毫米×1219 毫米×长度｜一级品｜非合金钢卷板｜未酸洗、未镀层、未涂层｜碳 0.04%~0.05%，锰 0.17%~0.19%，硫 0.003%~0.012%，磷 0.01%~0.022%，硅 0.01%~0.03%｜屈服强度 235 牛顿/平方毫米｜钢号 SAE 1008

【商品描述】 略。

【监管证件】 无监管证件要求

【税则号列】 7209.1790

【商品名称】 冷轧卷板

【规格型号】 卷板｜非合金钢｜冷轧｜未涂层｜碳 0.04%，硅 0.01%，锰 0.24%，磷 0.014%，硫 0.01%，其余为铁｜0.95 毫米×1020 毫米｜屈服强度 219 牛顿/平方毫米｜钢号 JIS G3141 SPCC

【商品描述】 除冷轧外未经进一步加工的非合金钢卷板，一级品，用于制作电子元器件，厂家为新日铁住金株式会社。

【监管证件】 无监管证件要求

【税则号列】 7209.1790

【商品名称】 冷轧非合金钢卷

【规格型号】 卷板｜非合金钢制｜冷轧｜未镀涂层包覆｜铁 99.92%，碳 0.0012%，硅 0.003%，锰 0.075%｜0.5 毫米<厚度<1 毫米，宽度>600 毫米｜屈服强度 134.4 牛顿/平方毫米~135.3 牛顿/平方毫米｜（钢号）

【商品描述】 热轧钢卷通过酸洗去除杂质、氧化物，进入冷轧生产线，通过轧制以达到一定的厚度，物理性能达到一定要求，形成冷轧非合金钢卷，汽车用。

【监管证件】 无监管证件要求

【税则号列】 7209. 1790

【商品名称】 冷轧卷板 TMBP

【规格型号】 厚度 0. 5 毫米，宽度 916 毫米；厚度 0. 6 毫米，宽度 908 毫米；厚度 0. 6 毫米，宽度 914 毫米等 | 卷板 | 非合金钢 | 冷轧 | 除冷轧外无进一步加工 | 碳≤0. 13%，铁≥98%，硅≤0. 02%，锰≤0. 6%，磷≤0. 02%，硫≤0. 03% | 0. 5 毫米<厚度≤1 毫米，宽度>600 毫米 | MR 钢种屈服强度≤275 牛顿/平方毫米 | 一级品 |（钢号）

【商品描述】 略。

【监管证件】 无监管证件要求

【税则号列】 7209. 1810

【商品名称】 冷轧卷板

【规格型号】 厚度 0. 18 毫米~0. 22 毫米，宽度≥600 毫米 | 卷板 | 非合金钢 | 冷轧 | 未镀层、未涂层 | 屈服强度 275 牛顿/平方毫米 | （成分含量） | （加工方法） |（钢号）

【商品描述】 略。

【监管证件】 无监管证件要求

【税则号列】 7209. 1810

【商品名称】 冷轧卷板 TMBP

【规格型号】 厚度 0. 25 毫米，宽度 852 毫米；厚度 0. 18 毫米，宽度 860 毫米；厚度 0. 19 毫米，宽度 869 毫米等规格 | 卷板 | 非合金钢 | 冷轧 | 除冷轧外无进一步加工 | 碳≤0. 13%，铁≥98%，硅≤0. 02%，锰≤0. 6%，磷≤0. 02%，硫≤0. 03% | 厚度<0. 3 毫米，宽度>600 毫米 | 一级品 | （钢号） | （技术参数）

【商品描述】 略。

【监管证件】 无监管证件要求

【税则号列】 7209. 1810

【商品名称】 冷轧钢卷板

【规格型号】 卷板 | 非合金钢 | 冷轧 | 未镀层 | 碳 0. 0001%~0. 13%，硅 0. 001%~0. 03%，锰 0. 01%~0. 6%，磷 0. 001%~0. 02%，硫 0. 001%~0. 05% | （0. 18~0. 25）毫米×（712~950）毫米 | 屈服强度 190 牛顿/平方毫米~490 牛顿/平方毫米 | 一级品 | （钢号）

【商品描述】 除冷轧外未经进一步加工的非合金钢卷板。

【监管证件】 无监管证件要求

【税则号列】 7209. 1810

【商品名称】 镀锡原板（未镀锡冷轧卷材）

【规格型号】 铁≥98%，碳≤0. 13%，硅≤0. 03%，锰≤0. 6%，硫≤0. 05%，磷≤0. 02%，铜≤0. 2%，镍≤0. 2%，铬≤0. 1%，钼≤0. 05%｜厚度<0. 3 毫米，宽≥600 毫米｜卷板｜非合金钢｜除冷轧外未经进一步加工｜未包覆未镀层未涂层｜厚度<0. 3 毫米，宽≥600 毫米｜（屈服强度）｜一级品｜（钢号）

【商品描述】 略。

【监管证件】 无监管证件要求

【税则号列】 7209. 1810

【商品名称】 冷轧薄钢板

【规格型号】 铁≤98. 62%，碳≤0. 13%，合金元素（锰≤0. 6%，磷≤0. 02%，硫≤0. 05%，硅≤0. 03%），非合金元素（铜≤0. 2%，镍≤0. 2%，铬≤0. 1%，钼≤0. 05%）｜0. 2 毫米×824 毫米｜屈服强度 415±40 牛顿/平方毫米｜卷板｜非合金钢｜冷轧｜未镀层｜一级品｜（钢号）

【商品描述】 略。

【监管证件】 无监管证件要求

【税则号列】 7209. 1890

【商品名称】 冷轧卷板 TMBP

【规格型号】 卷板｜非合金钢｜冷轧｜除冷轧外无进一步加工｜碳≤0. 13%，铁≥98%，硅≤0. 02%，锰≤0. 6%，磷≤0. 02%，硫≤0. 03%｜0. 3 毫米<厚度<0. 5 毫米，宽度>600 毫米｜一级品｜（钢号）｜（技术参数）

【商品描述】 略。

【监管证件】 无监管证件要求

【税则号列】 7209. 1890

【商品名称】 冷轧低碳钢带

【规格型号】 0. 4/0. 45 毫米×1000 毫米×长度｜非合金冷轧钢卷｜未包覆、未镀层、未涂层｜碳 0. 04%，锰 0. 18%，硫 0. 009%，磷 0. 017%，硅 0. 03%｜屈服强度 152 牛顿/平方毫米｜一级品｜钢号 EN10130 DC01

【商品描述】 略。

【监管证件】 无监管证件要求

【税则号列】 7210. 1200
【商品名称】 冷轧白铁片（一级平板）
【规格型号】 厚度<0. 5 毫米，宽度≥600 毫米 | 镀（涂）锡的非合金钢薄宽平板轧材 | （加工方法） | （成分含量） | （钢号）
【商品描述】 略。
【监管证件】 无监管证件要求

【税则号列】 7210. 3000
【商品名称】 电镀锌钢卷
【规格型号】 卷板 | 非合金钢 | 经镀层 | 1. 6 毫米×1219 毫米 | 铁约 99%，碳 0. 05%，硅 0. 01%，锰 0. 17%，磷 0. 015% | A 级 | 钢号 SECC-GXK2K
【商品描述】 略。
【监管证件】 无监管证件要求

【税则号列】 7210. 3000
【商品名称】 非合金钢电镀锌卷板
【规格型号】 卷板 | 非合金钢 | 经镀层 | 碳 0. 003%，锰 0. 12%，硅 0. 003%，磷 0. 01%，硫 0. 01% | 0. 85 毫米×1660 毫米 | 屈服强度 127 牛顿/平方毫米 | 宽度>600 毫米的非合金钢电镀锌卷板 | （钢号）
【商品描述】 略。
【监管证件】 无监管证件要求

【税则号列】 7210. 4900
【商品名称】 热镀锌钢卷
【规格型号】 卷板 | 非合金钢 | 经镀层 | 铁 99. 892%，锰 0. 069%，碳 0. 0014%，硅 0. 001%，磷 0. 0075%，硫 0. 0031%，钛 0. 026% | 0. 65 毫米≤厚度≤0. 7 毫米，1560 毫米≤宽度≤1690 毫米 | 涂锌 | A 级 | 涂层厚 0. 0068 毫米 | （钢号）
【商品描述】 略。
【监管证件】 无监管证件要求

【税则号列】 7210. 4900
【商品名称】 非合金钢热镀锌卷板
【规格型号】 卷板 | 非合金钢 | 经镀层 | 碳 0. 0017%，硅 0. 037%～0. 042%，锰 0. 087%～0. 104% | 0. 7 毫米×1647 毫米 | 热镀锌 | 涂层厚 0. 7 毫米 | 正品 | 钢号 CR5
【商品描述】 宽度>600 毫米的非合金钢热镀锌卷板。
【监管证件】 无监管证件要求

【税则号列】 7210.4900

【商品名称】 镀锌钢卷

【规格型号】 非合金钢卷|经镀层|碳0.1113%，硅0.008%，锰0.473%等|3毫米×1030毫米|热镀|涂层上表面69.3克/平方米，涂层下表面65.7克/平方米|钢号CGCHS40

【商品描述】 略。

【监管证件】 无监管证件要求

【税则号列】 7210.4900

【商品名称】 热镀锌钢卷

【规格型号】 钢卷|非合金钢|经镀层|碳0.0022%，硅0.004%，锰0.143%等|0.8毫米×1000毫米|热镀|涂层上表面56.7克/平方米，涂层下表面55克/平方米|钢号JS-SGH400

【商品描述】 略。

【监管证件】 无监管证件要求

【税则号列】 7210.4900

【商品名称】 热镀锌卷板

【规格型号】 非合金钢卷板|宽度>600毫米|（加工方法）|（成分含量）|（涂层种类）|（涂层厚度）|（钢号）

【商品描述】 热镀锌卷板是以热轧钢带或冷轧钢带为基板，经过连续热浸镀锌而生产出来的。经横切以矩形平板供货的为热镀锌板；经卷取以卷状供货的为热镀锌卷。热镀锌卷板主要用于建筑、家电、汽车、容器、交通等行业，特别是钢结构建筑、汽车制造、钢板仓制造等行业。

【监管证件】 无监管证件要求

【税则号列】 7210.4900

【商品名称】 热镀锌钢卷

【规格型号】 厚度0.65毫米~3.5毫米，宽度820~1365毫米|卷材|非合金钢|经镀层|（成分含量）|（涂层种类）|（钢号）

【商品描述】 使用熔融锌溶液镀在热轧基钢板、冷轧基钢板上，卷材，用于制造乘用车外板，非合金钢。

【监管证件】 无监管证件要求

【税则号列】 7210. 4900

【商品名称】 热镀锌宽板材

【规格型号】 1. 118 毫米×1245 毫米×长度｜非合金钢卷板｜经镀层｜碳 0. 054%，硅% 0. 018，锰 0. 2%，磷 0. 012%，硫 0. 006%｜加工方法为热镀锌｜镀锌层厚度为 0. 01 毫米～0. 02 毫米｜热镀锌｜一级品｜钢号 ASTM A653

【商品描述】 热镀锌也叫热浸锌，是一种有效的金属防腐方式，是将除锈后的钢材浸入 500℃左右的锌液中，使其表面附着锌层，从而起到防腐的目的。

【监管证件】 无监管证件要求

【税则号列】 7210. 4900

【商品名称】 热镀锌卷板

【规格型号】 钢号 DX51D、Z80 等｜宽度 1219 毫米～1250 毫米｜非合金钢热镀锌卷｜（加工方法）｜（成分含量）｜（涂层种类）｜涂层厚度 30 微米

【商品描述】 略。

【监管证件】 无监管证件要求

【税则号列】 7210. 6100

【商品名称】 镀铝锌钢卷

【规格型号】 0. 8 毫米×（1200～1220）毫米×长度｜非合金钢钢卷｜经镀层｜铁含量 99%的低碳钢｜涂层为铝 55%、锌 43. 4%、硅 1. 6%｜涂层厚度 0. 032 毫米｜钢号 ASTMA792

【商品描述】 略。

【监管证件】 无监管证件要求

【税则号列】 7210. 6900

【商品名称】 镀铝平板

【规格型号】 非合金钢｜宽度≥600 毫米｜镀铝的非合金钢平板轧材｜（成分含量）｜（涂层厚度）｜（钢号）

【商品描述】 略。

【监管证件】 无监管证件要求

【税则号列】 7210.7010

【商品名称】 彩涂钢卷

【规格型号】 （0.32~0.8）毫米×（914~1247）毫米×长度丨非合金钢卷板丨碳0.05%，硅0.02%，锰0.26%，磷0.014%，硫0.02%，铁99%以上丨热浸镀铝锌后经涂漆处理丨（涂层厚度）丨钢号AS1397 G550 AZ50-150

【商品描述】 略。

【监管证件】 无监管证件要求

【税则号列】 7210.7010

【商品名称】 彩涂卷板

【规格型号】 卷板丨非合金钢丨经涂层丨0.4毫米×1250毫米丨深褐棕丨碳≤0.1%，锰≤0.5%，磷≤0.02%，硫≤0.025%，铁≤98.5%丨涂聚酯漆丨涂层厚度23微米~27微米丨锌层重量70克/平方米丨热轧丨建筑用，非瓦楞形丨钢号TDX51D+AZ

【商品描述】 彩色涂层钢板是以冷轧钢板和镀锌钢板为基板，经过表面预处理（脱脂、清洗、化学转化处理），以连续的方法涂上涂料（辊涂法），经过烘烤和冷却制成的产品。

【监管证件】 无监管证件要求

【税则号列】 7210.7010

【商品名称】 彩涂板

【规格型号】 0.3毫米×1219毫米×长度丨（形状）丨碳0.03%，硅0.027%，锰0.17%，硫0.09%，磷0.01%，铁99.75%丨涂层厚0.3毫米丨加工工艺流程：冷轧硬卷经镀锌、烘干、光整、拉矫、钝化等工艺成为镀锌成材（镀锌卷板），镀锌卷板经开卷、前处理（碱洗、刷洗、吹干、化学处理、烘干、冷却）、涂漆、高温精涂烘烤固化（烤漆）、精涂冷却、吹干、出口活套、剪切、卷取等工艺加工而成，作建筑用材丨A级丨钢号CGCC

【商品描述】 略。

【监管证件】 无监管证件要求

【税则号列】 7210. 7090

【商品名称】 涂漆的非合金钢船板

【规格型号】 （12~25）毫米×（1500~4445）毫米×（5000~22040）毫米 | 经涂层非合金钢平板 | 碳 0. 21%，硅 0. 5%，锰 0. 5%~0. 95%，磷 0. 03%，硫 0. 03% | 油漆 | 涂层厚度 15 微米 | 钢号 A/AH32/AH36

【商品描述】 略。

【监管证件】 无监管证件要求

【税则号列】 7210. 7090

【商品名称】 彩钢板

【规格型号】 外层平板 | 铁制 | 涂漆 | 碳 0. 17% | 宽 950 毫米，厚 0. 376 毫米 | 涂层聚酯漆，厚 0. 002 毫米 | 钢号 Q195

【商品描述】 内层聚苯板，双面钢板，涂漆。内层聚苯板宽 950 毫米，厚 75 毫米。

【监管证件】 无监管证件要求

【税则号列】 7214. 2000

【商品名称】 螺纹钢

【规格型号】 不同直径，包括 14 毫米、16 毫米、20 毫米 | 带有热轧后的变形的直条非合金钢条杆 | 铁 99. 177%，碳 0. 15% | （截面形状） | （钢号）

【商品描述】 略。

【监管证件】 A

【税则号列】 7214. 9900

【商品名称】 热轧非合金钢棒材

【规格型号】 棒材 | 非合金钢 | 热轧 | 铁 96. 78%，碳 0. 54%，硅 0. 18%，镍 0. 07%，锰 0. 84%，铬 0. 17%，铜 0. 14% | 不带有轧制产生的变形 | 直径 50 毫米 | 圆形

【商品描述】 略。

【监管证件】 A

【税则号列】 7216. 2100

【商品名称】 货架用角钢

【规格型号】 截面高度 25 毫米、40 毫米、50 毫米 | （形状） | 非合金制热轧 | 未经进一步加工 | 铁 98%，碳 0. 17%，硅 0. 35%，锰 1. 4%，磷 0. 04%，硫 0. 04%

【商品描述】 略。

【监管证件】 A

【税则号列】 7216.3311

【商品名称】 热轧 H 型钢

【规格型号】 截面高度 900 毫米 | 非合金钢热轧 | 未经进一步加工 | H 型钢 | （成分含量）

【商品描述】 略。

【监管证件】 A

【税则号列】 7216.3390

【商品名称】 热轧 H 型钢

【规格型号】 截面高度 150 毫米~200 毫米 | 非合金钢热轧 | 未经进一步加工 | 碳 0.08%~0.13%，硫 0.013%~0.017%，其余为铁 | H 型钢

【商品描述】 略。

【监管证件】 A

【税则号列】 7217.1000

【商品名称】 光面钢丝

【规格型号】 直径 0.711 毫米~2.95 毫米 | 非合金钢光面钢丝 | 光面未涂层 | 卷状 | 碳 0.63%~0.67% | 铁 99.33%~99.37%

【商品描述】 略。

【监管证件】 无监管证件要求

【税则号列】 7217.2000

【商品名称】 镀锌低碳钢丝

【规格型号】 直径 1.6 毫米~4 毫米 | 非合金锌镀钢丝 | 盘卷 | 铁 99.41%，碳 0.06%，锰 0.26%

【商品描述】 略。

【监管证件】 无监管证件要求

【税则号列】 7219.1319

【商品名称】 热轧不锈钢卷板

【规格型号】 （3~4）毫米×（1241~1546）毫米×长度 | 不锈钢制 | 除热轧外未经进一步加工，未经酸洗 | 碳≤0.08%，锰≤2%，18%<铬≤20%，8%<镍≤10.5%，其余为铁 | 钢号 SUS304

【商品描述】 略。

【监管证件】 无监管证件要求

【税则号列】 7219. 1319

【商品名称】 不锈钢黑皮卷

【规格型号】 4. 5 毫米×1140 毫米×长度 | 未经酸洗 | 卷板 | 不锈钢 | 热轧 | 未涂层 | 铬 17%～20% | 钢号 NSSEM-3

【商品描述】 不锈钢半制成品，表面呈黑色有铁锈，其中的卷材俗称“黑皮卷”，边缘呈自然状态。

【监管证件】 无监管证件要求

【税则号列】 7219. 1329

【商品名称】 热轧不锈钢卷板

【规格型号】 卷板 | 不锈钢 | 热轧 | 除热轧外未经进一步加工，经酸洗 | 碳 0. 01%，锰 0. 28%，镍 30. 42%，铬 20. 05%，铁 48. 173% | 3. 5 毫米×（1001～1030）毫米×长度 | 钢号 NAS800L

【商品描述】 经酸洗热轧不锈钢卷板，除热轧外未经进一步加工，宽度>600 毫米。

【监管证件】 无监管证件要求

【税则号列】 7219. 1329

【商品名称】 经酸洗的热轧不锈钢卷板

【规格型号】 4 毫米×620 毫米×长度 | 热轧不锈钢卷板 | 除热轧外无进一步加工 | 碳 0. 045%，硅 0. 46%，锰 1. 02%，磷 0. 039%，硫 0. 004%，铬 18. 12%，镍 8. 02%，氮 0. 05%，铁 72. 242% | （钢号）

【商品描述】 略。

【监管证件】 无监管证件要求

【税则号列】 7219. 2100

【商品名称】 热轧不锈钢平板

【规格型号】 厚度 18 毫米，宽度 2100 毫米 | 平板 | 不锈钢 | 热轧 | 除热轧外无进一步加工 | 碳 0. 08%，镍 10. 1%，铬 16. 1%，钼 2. 07%，锰 0. 83%，硅 0. 41%，铁 70% | 钢号 316L，SA240

【商品描述】 略。

【监管证件】 无监管证件要求

【税则号列】 7219.2100

【商品名称】 热轧不锈钢平板

【规格型号】 厚度 16 毫米，宽度 2500 毫米｜热轧不锈钢平板｜表面无光泽无反射｜碳≤0.03%，铬 16%~18%｜（加工程度）｜（钢号）

【商品描述】 略。

【监管证件】 无监管证件要求

【税则号列】 7219.2200

【商品名称】 热轧不锈钢平板

【规格型号】 平板不锈钢｜热轧｜无涂层｜碳 0.016%，钼 2.53%，铬 17.28%，镍 13.22%｜（5~8）毫米×（2000~2470）毫米×（6000~10110）毫米｜钢号 725LN/724L，2RE69

【商品描述】 宽度>600 毫米的热轧不锈钢平板，非卷材，除热轧外未经进一步加工。

【监管证件】 无监管证件要求

【税则号列】 7219.2200

【商品名称】 钢材（热轧不锈钢平板）

【规格型号】 600 毫米×2000 毫米×5 毫米｜平板不锈钢｜热轧｜无涂布，无印花｜碳 0.02%，铬 22.6%，镍 6%，钼 3.4%，氮 0.18%｜除热轧外未经进一步加工｜钢号 45N+

【商品描述】 略。

【监管证件】 无监管证件要求

【税则号列】 7219.3310

【商品名称】 冷轧不锈钢卷板

【规格型号】 宽度 600 毫米~620 毫米，厚度 1.2 毫米~1.5 毫米｜一级｜冷轧不锈钢卷板｜未经进一步加工｜铁 72.471%，铬 13.5%，锰 11.48%，镍 1.01%，铜 0.95%，硅 0.45%，碳 0.1%，磷 0.034%，硫 0.005%｜钢号 201

【商品描述】 略。

【监管证件】 无监管证件要求

【税则号列】 7219. 3390
【商品名称】 不锈钢冷轧薄板
【规格型号】 不锈钢冷轧薄板 | 厚 1. 1 毫米×宽 1229 毫米 | 铁>81%，铬 17. 35%～17. 37%，碳 0. 004%，镍 0. 1% | 除冷轧外未经进一步加工 | 钢号 SUS436
【商品描述】 略。
【监管证件】 无监管证件要求

【税则号列】 7219. 3400
【商品名称】 二级冷轧不锈钢板
【规格型号】 （0. 5～1）毫米×600 毫米 | 二级 | 卷板 | 不锈钢 | 除冷轧外未经进一步加工 | 碳<1. 2%，铬>10. 5% | （钢号）
【商品描述】 略。
【监管证件】 无监管证件要求

【税则号列】 7219. 3400
【商品名称】 冷轧不锈钢卷板
【规格型号】 卷板 | 不锈钢 | 冷轧 | 除冷轧外无进一步加工 | 0. 8 毫米×620 毫米 | （成分含量） | 钢号 D-11 2BA |
【商品描述】 略。
【监管证件】 无监管证件要求

【税则号列】 7220. 1200
【商品名称】 不锈钢热轧钢带
【规格型号】 宽度 510 毫米，厚度 2. 5 毫米 | 不锈钢卷板 | 除热轧外未进一步加工 | （成分含量） | （钢号）
【商品描述】 略。
【监管证件】 无监管证件要求

【税则号列】 7220. 2030
【商品名称】 430MA 冷轧不锈钢带材
【规格型号】 0. 4 毫米×50. 8 毫米 | 冷轧卷板不锈钢 | 除冷轧外未经进一步加工 | 铁 75. 03%，碳 0. 025%，硅 1%，锰 1%，磷 0. 04%，硫 0. 005%，镍 0. 6%，铬 21%，铜 0. 6%，铌 0. 7% | BA 级，430MA | 正品卷 | （钢号）
【商品描述】 略。
【监管证件】 无监管证件要求

【税则号列】 7221.0000

【商品名称】 不锈钢盘条

【规格型号】 不锈钢热轧|不规则盘卷|碳 0.033%，硅 0.4%，锰 0.78%，磷 0.032%，硫 0.004%，铬 18.33%，镍 8.08%，钼 0.2%，氮 0.04%，铜 1.07%|（直径）|钢号 304B/304HCT

【商品描述】 略。

【监管证件】 无监管证件要求

【税则号列】 7225.1100

【商品名称】 取向性硅钢片（盘卷未加工）

【规格型号】 0.3 毫米×（950~1000）毫米|冷轧|硅 3%~3.4%，锰 0.04%~0.12%，硫 0.01%~0.03%，磷<0.03%，碳<0.08%，其余为铁|盘卷未加工|钢号 C130-30

【商品描述】 略。

【监管证件】 A7

【税则号列】 7225.1100

【商品名称】 取向性硅电钢

【规格型号】 0.23/0.27/0.3/0.35 毫米×（700~1000）毫米|（形状）|冷轧取向性硅电钢|铁≤95%，碳≤0.08%，硅 2.6%~4.5%，磷≤0.009%，硫≤0.009%|（钢号）

【商品描述】 用于各种类型的变压器、整流器等大电机行业。

【监管证件】 A7

【税则号列】 7225.1100

【商品名称】 冷轧晶粒取向电工钢带（片）

【规格型号】 卷材|硅钢片|冷轧|碳 0.01%，硅 3.5%，锰 0.1%，铝 0.02%，磷 0.02%，硫 0.02%，铜 0.2%，铬 0.1%，镍 0.05%|0.27 毫米×（960~1070）毫米

【商品描述】 宽度>600 毫米的冷轧取向硅电钢卷。

【监管证件】 A7

【税则号列】 7225. 1100
【商品名称】 冷轧取向硅钢片
【规格型号】 碳≤0. 01%，硅 2. 8%～3. 5%，锰≤0. 2%，磷≤0. 04%，硫≤0. 02%｜0. 27 毫米×1000 毫米×长度｜卷材｜取向性硅电钢｜冷轧｜钢号 27PH100
【商品描述】 做变压器用。
【监管证件】 A7

【税则号列】 7225. 1900
【商品名称】 无取向电工钢板
【规格型号】 宽≥600 毫米｜无取向电工钢板｜硅电钢｜材质成分符合第七十二章子目注释一（三）的规定｜（加工方法）｜（钢号）
【商品描述】 略。
【监管证件】 无监管证件要求

【税则号列】 7225. 3000
【商品名称】 结构用热连轧钢带
【规格型号】 1. 7/1. 88/2. 83/3. 85/5. 85/7. 85/9. 85/11. 85 毫米×1215 毫米×长度｜一级品｜合金钢卷板｜未酸洗、未压花、未涂层｜碳 0. 18%～0. 2%，硅 0. 01%～0. 03%，锰 0. 22%～0. 24%，磷 0. 013%～0. 0225%，硫 0. 002%～0. 009%，硼 0. 0012%～0. 0016%｜钢号 ASTM A36B
【商品描述】 略。
【监管证件】 无监管证件要求

【税则号列】 7225. 3000
【商品名称】 热轧合金卷板
【规格型号】 2. 5 毫米×1220 毫米×长度｜热轧合金钢卷材｜铬 0. 35%，碳 0. 16%，硅 0. 0576%，锰 0. 34%，磷 0. 013%，硫 0. 005%｜钢号 SG295-CR
【商品描述】 略。
【监管证件】 无监管证件要求

【税则号列】 7225. 9200
【商品名称】 热镀锌合金钢卷材
【规格型号】 厚度 0. 65 毫米～3. 5 毫米，宽度 820 毫米～1365 毫米｜（成分含量）｜使用熔融锌溶液镀在冷轧基合金钢板上｜卷材｜（钢号）
【商品描述】 用于制造乘用车外板。
【监管证件】 无监管证件要求

【税则号列】 7226. 9200

【商品名称】 冷轧合金弹簧钢带

【规格型号】 碳 0. 34%~1. 1%，硅 0. 232%~0. 35%，锰 0. 28%~0. 42%，磷 0. 0055%~0. 02%，硫 0. 0005%~0. 0024%，铬 2. 537%~3. 92%，钼 1. 01%~9. 53%，镍 0. 006%~0. 47%，钒 0. 302%~1. 14%，钨 1. 35%~1. 43%，钴 7. 75%~7. 97%｜0. 925 毫米×27. 5 毫米｜无涂层｜卷材｜合金钢｜冷轧｜除冷轧外未经进一步加工｜（钢号）

【商品描述】 略。

【监管证件】 无监管证件要求

【税则号列】 7226. 9200

【商品名称】 合金钢板材

【规格型号】 卷板｜合金钢｜冷轧｜碳 0. 03%，锰 0. 33%，镍 36. 1%，铁 63. 337%｜1. 9 毫米×（427~536）毫米×长度｜钢号 NAS36

【商品描述】 除冷轧外未经进一步加工，其他合金钢板材。

【监管证件】 无监管证件要求

【税则号列】 7226. 9200

【商品名称】 冷轧合金钢带（生产锯条用）

【规格型号】 卷材｜特种钢｜冷轧｜碳 0. 29%，铬 3. 89%，钼 1. 06%，磷 0. 007%等｜1. 12 毫米×33. 1 毫米｜未经涂层｜（钢号）

【商品描述】 此钢带为生产锯条用的特种合金钢，工艺为冷轧未涂层，外包装为天然木托，内包装为防潮纸、塑料布，一托里面为 8 卷~10 卷钢带，除冷轧外未经进一步加工。

【监管证件】 无监管证件要求

【税则号列】 7228. 2000

【商品名称】 60 硅 2 锰圆钢

【规格型号】 矿山用｜热轧圆柱形硅锰钢｜铁 96. 86%，碳 0. 6%，硅 1. 57%，锰 0. 79%，磷 0. 007%，硫 0. 002%，铬 0. 06%，镍 0. 05%，铜 0. 06%｜（钢号）

【商品描述】 略。

【监管证件】 A

【税则号列】 7228. 3010
【商品名称】 合金热轧螺纹钢
【规格型号】 直径 10 毫米×12000 毫米 | 热轧硼合金钢杆 | 碳 0. 19%，硅 0. 18%～0. 19%，锰 0. 41%～0. 45%，磷 0. 024%～0. 03%，硫 0. 019%，硼 0. 0014%～0. 0015%，铁 99. 1756%～99. 1195% | 带有二道纵肋和沿长度方向均匀分布的横肋，主要用作钢筋混凝土建筑构件的骨架 | （钢号）
【商品描述】 略。
【监管证件】 A

【税则号列】 7228. 3010
【商品名称】 热轧合金圆钢
【规格型号】 合金钢 | 杆状 | 除热轧外无其他加工 | 碳 0. 18%～0. 23%，硅 0. 15%～0. 35%，锰 0. 3%～0. 6%，磷<0. 03%，硫<0. 03%，铬 0. 2%，铜 0. 1%，镍 0. 2%，硼 0. 0012%～0. 0016% | （钢号） | （用途）
【商品描述】 直径 300 毫米。
【监管证件】 A

【税则号列】 7228. 3010
【商品名称】 热轧圆钢
【规格型号】 热轧合金钢杆 | 硼 0. 002%，碳 0. 45%，铬 0. 05%，硅 0. 26%，锰 0. 76%，磷 0. 018%，硫 0. 005%，镍 0. 02%，铜 0. 039% | 机械制造用 | （钢号）
【商品描述】 直径 60 毫米～190 毫米。
【监管证件】 A

【税则号列】 7228. 3090
【商品名称】 热轧合金钢圆钢
【规格型号】 热轧合金钢圆钢 | 碳 0. 78%～1. 01%，铬 0. 64%～0. 99% | 用于加工合金工具 | （钢号）
【商品描述】 直径 76. 2 毫米～101. 6 毫米，长度 6 米。
【监管证件】 无监管证件要求

【税则号列】 7228.3090

【商品名称】 合金钢条

【规格型号】 热轧圆柱体| 碳 0.9%~1.05%，硅 0.2%~0.4%，锰 0.6%~0.8%，磷≤0.025%，硫≤0.015%，铬 1.65%~1.95%|（用途）|（材质）|（钢号）

【商品描述】 略。

【监管证件】 无监管证件要求

【税则号列】 7228.4000

【商品名称】 合金钢杆

【规格型号】 碳 1%~1.5%，锰 0.4%~0.5%，磷≤0.03%，硫 0.02%~0.15%，铬 10%~10.4%，硅 0.2%~0.4%| 机械制模用| 生产流程：重熔→锻造→退火→检查入库| 合金钢杆|（钢号）

【商品描述】 略。

【监管证件】 无监管证件要求

【税则号列】 7228.7090

【商品名称】 热轧铬合金 H 型钢

【规格型号】 热轧建筑材料用铬合金钢型材| 铬≥0.3%，碳 0.15%~0.19%，硫 0.008%~0.017%|（钢号）

【商品描述】 略。

【监管证件】 A

【税则号列】 7229.9090

【商品名称】 合金钢丝

【规格型号】 丝| 合金钢| 镀层| 碳 0.09%~0.1%，硫 0.54%~0.58%，锰 1.53%~1.58%，铬 0.24%~0.28%，钼 0.22%~0.25%，镍 1.27%~1.32%| 用于混凝土泵车钢结构件的焊接|（钢号）

【商品描述】 直径 1.2 毫米。

【监管证件】 无监管证件要求

第七十三章　钢铁制品

注释：

一、本章所称“铸铁”适用于经铸造而得的产品，按重量计其铁元素含量超过其他元素单项含量并与第七十二章注释一（四）所述的钢的化学成分不同。

二、本章所称“丝”是指热或冷成形的任何截面形状的产品，但其截面尺寸均不超过16毫米。

【税则号列】 7301. 1000
【商品名称】 钢板桩
【规格型号】 400毫米×125毫米×13毫米 | 非合金钢热轧
【商品描述】 生产流程：钢坯→加热→水除磷→初轧→高压吹磷→精轧→锯切→预弯→空冷→矫直→理化检验→精整→检验判级→标识→包装→入库。
【监管证件】 无监管证件要求

【税则号列】 7302. 1000
【商品名称】 钢轨
【规格型号】 长9米~25米 | （形状） | （材质） | （加工方法）
【商品描述】 铁道用，非合金钢制。
【监管证件】 A

【税则号列】 7302. 1000
【商品名称】 钢轨
【规格型号】 长21米、24米、5米等 | （形状） | （材质） | （加工方法） | （规格）
【商品描述】 铁道用标准钢轨钢。
【监管证件】 A

【税则号列】 7303. 0010
【商品名称】 球墨铸管
【规格型号】 内径1400毫米 | 圆形截面铸铁管
【商品描述】 略。
【监管证件】 无监管证件要求

【税则号列】 7304. 1910
【商品名称】 无缝管线钢管
【规格型号】 219. 1毫米≤管外径≤406. 4毫米 | 热轧非合金钢无缝石油管线钢管 | 由非合金钢通过热轧工艺生产制成、外形为圆形横截面的管状产品，表面无接缝 | 该产品用作石油、天然气工业中氧、水、油的输送管道
【商品描述】 略。
【监管证件】 A

【税则号列】 7304.3190

【商品名称】 无缝钢管

【规格型号】 13.95 毫米×内径 11 毫米 | 用于加工汽车安全系统装置 | 圆形截面管状 | 铁制 | 冷拔

【商品描述】 铁>99%，碳约 0.08%，硅约 0.22%，锰约 0.48%，磷约 0.007%，硫 0.002%，铝约 0.027%。

【监管证件】 A

【税则号列】 7304.3190

【商品名称】 钢管

【规格型号】 HSL-3-G M10X3800 | 圆管 | 用于制造膨胀螺丝的膨胀套 | 非合金钢冷轧无缝管

【商品描述】 略。

【监管证件】 A

【税则号列】 7304.3910

【商品名称】 无缝锅炉管

【规格型号】 管外径 168.3 毫米~355.6 毫米 | 热轧非合金钢无缝锅炉管 | 由非合金钢通过热轧工艺生产制成、外形为圆形横截面的管状产品，表面无接缝 | 该产品主要用来加工制成锅炉过热器管、导气管、主蒸汽管等配件

【商品描述】 略。

【监管证件】 A

【税则号列】 7304.3990

【商品名称】 核岛超级管道

【规格型号】 圆管 | P280GH 碳钢制 | 热拔无缝管 | 管外径 812.8 毫米×壁厚 46 毫米，长度 2.8 米 | 供应系统用

【商品描述】 Erne Fittings 牌。核岛用碳钢热拔无缝管，核岛主蒸汽供应系统用，非锅炉管。

【监管证件】 A

【税则号列】 7304. 3990
【商品名称】 碳钢无缝管
【规格型号】 管外径 88. 9 毫米×壁厚 4 毫米| 核电站 1#、2#核岛用| 管状| 碳钢| 热轧无缝管
【商品描述】 核岛用碳钢热轧无缝管，非锅炉管。
【监管证件】 A

【税则号列】 7304. 3990
【商品名称】 无缝钢管
【规格型号】 管外径 219. 1 毫米，壁厚 20. 62 毫米| 用于煤制氢工艺管道，传输氢气或液氢| 热轧非合金钢无缝管
【商品描述】 略。
【监管证件】 A

【税则号列】 7304. 3990
【商品名称】 无缝钢管
【规格型号】 管外径 323. 9 毫米| 热轧非合金钢建筑用无缝管| 主要用于建筑工业，供支撑用
【商品描述】 由非合金钢通过热轧工艺生产制成、外形为圆形横截面的管状产品（323. 9 毫米≤管外径≤711 毫米），表面无接缝。
【监管证件】 A

【税则号列】 7304. 3990
【商品名称】 无缝钢管
【规格型号】 圆形截面，直径<40 厘米| 非合金钢制无缝管| 用于机械加工| （加工方法）
【商品描述】 碳≤0. 3% 、锰≤1. 6%、磷≤0. 03%、硫≤0. 03%、铬 0. 3%~0. 5%。生产流程：配料→电炉冶炼→炉外精练→钢坯→轧制→精整→检查入库，热加工成形。
【监管证件】 A

【税则号列】 7304. 4110
【商品名称】 冷轧不锈钢制无缝锅炉管
【规格型号】 外径（45~50. 8）毫米×管壁平均厚度（3. 5~10）毫米| 用于电厂锅炉| 管| 不锈钢| 冷成型| 无缝管
【商品描述】 抗拉强度<550 兆帕，屈服强度≤200 兆帕。
【监管证件】 A

【税则号列】 7304. 4190
【商品名称】 不锈钢无缝管
【规格型号】 管外径 219 毫米 | 不锈钢冷拔无缝管 | 流体用管道
【商品描述】 略。
【监管证件】 A

【税则号列】 7304. 4190
【商品名称】 冷轧不锈钢制无缝管
【规格型号】 管外径 25 毫米×壁厚 2. 5 毫米 | 压力容器用管 | 2RE69 不锈钢 | 冷轧 | 无缝管，非锅炉管 | （用途）
【商品描述】 略。
【监管证件】 A

【税则号列】 7304. 4990
【商品名称】 主管道锻件
【规格型号】 管外径 780 毫米×壁厚 76 毫米 | 核电站 1#核岛主管道用 | 管 | 不锈钢制 | 热锻造 | 无缝管
【商品描述】 核岛用不锈钢锻造无缝管，非锅炉管。
【监管证件】 A

【税则号列】 7304. 4990
【商品名称】 热轧不锈钢无缝管
【规格型号】 （273. 05~355. 6）毫米×（25. 44~31. 75）毫米 | XTST-3R60UG | 化工管道用管 | 不锈钢 | 热轧 | 无缝管 | 非锅炉管
【商品描述】 略。
【监管证件】 A

【税则号列】 7304. 4990
【商品名称】 不锈钢无缝管
【规格型号】 管外径 790 毫米×壁厚 97 毫米 | 核电站 1#核岛压力容器用 | 管 | 不锈钢制 | 热轧 | 无缝管
【商品描述】 核岛用不锈钢热轧无缝管，非锅炉管。
【监管证件】 A

【税则号列】 7304. 5910
【商品名称】 热轧合金钢无缝锅炉管
【规格型号】 内径 953 毫米×32 毫米｜锅炉用｜管｜合金钢｜热轧｜无缝管
【商品描述】 略。
【监管证件】 A

【税则号列】 7304. 9000
【商品名称】 壳体锻件（筒体，合金钢，空心异型材）
【规格型号】 SA-508 GRADE 3. CALSS1｜反应堆压力容器用｜合金钢制空心异型材｜锻造
【商品描述】 略。
【监管证件】 A

【税则号列】 7305. 1100
【商品名称】 3 磷 E 高温加强级防腐直缝埋弧焊钢管
【规格型号】 1016 毫米｜圆形非合金钢纵向埋弧焊管｜天然气管道用
【商品描述】 略。
【监管证件】 A

【税则号列】 7305. 1100
【商品名称】 直缝焊管
【规格型号】 外径 762 毫米，壁厚 12. 7 毫米，长 11. 35 米~12. 02 米｜石油或天然气管道用｜圆形非合金钢纵向埋弧焊接管
【商品描述】 略。
【监管证件】 A

【税则号列】 7305. 1100
【商品名称】 纵向埋弧焊石油天然气管道管
【规格型号】 外径 1016 毫米，壁厚 17. 5 毫米｜天然气管道用｜圆形合金钢制纵向埋弧焊接管
【商品描述】 略。
【监管证件】 A

【税则号列】 7305. 1900

【商品名称】 螺旋埋弧焊钢管

【规格型号】 外径 1219. 2 毫米，壁厚 15. 01 毫米 | 天然气管道用 | 圆形螺旋埋弧焊接合金碳钢管

【商品描述】 略。

【监管证件】 A

【税则号列】 7305. 1900

【商品名称】 3 磷 E 高温加强级外防腐内涂层螺旋埋弧焊钢管

【规格型号】 外径 1016 毫米，壁厚 14. 6 毫米 | 天然气管道用 | 圆形合金钢制螺旋埋弧焊接管

【商品描述】 略。

【监管证件】 A

【税则号列】 7306. 1900

【商品名称】 石油用保温防腐焊缝钢管

【规格型号】 外径 323. 9 毫米，壁厚 7. 1 毫米 | 石油管道用 | 圆形非合金钢纵向焊接管

【商品描述】 略。

【监管证件】 A

【税则号列】 7306. 3090

【商品名称】 镀锌管

【规格型号】 外径 10 厘米，壁厚 3 毫米 | 圆形截面普碳钢纵向焊接管 | 镀锌 | 建筑用

【商品描述】 略。

【监管证件】 无监管证件要求

【税则号列】 7306. 3090

【商品名称】 焊管

【规格型号】 3. 5 毫米<壁厚<48. 3 毫米 | 围栏用 | 非合金钢 | 焊接管 | 纵向焊 | 圆形截面

【商品描述】 焊接钢管也称焊管，是用钢板或带钢经过卷曲成型后焊接制成的钢管，一般强度低于无缝钢管。

【监管证件】 无监管证件要求

【税则号列】 7306. 3090
【商品名称】 镀锌钢管
【规格型号】 外径 20 毫米~40 毫米，壁厚 2. 75 毫米~3 毫米 | DN20-40 | 输送自来水用 | 非合金钢圆形埋弧焊接管
【商品描述】 略。
【监管证件】 无监管证件要求

【税则号列】 7306. 4000
【商品名称】 不锈钢制圆形截面细焊缝管
【规格型号】 外径 38. 1 毫米，壁厚 2 毫米，长 5683 毫米 | 汽车排气歧管总成用 | 不锈钢制 | 焊缝管 | 高频焊 | 切割表面处理，圆形
【商品描述】 略。
【监管证件】 无监管证件要求

【税则号列】 7306. 4000
【商品名称】 不锈钢焊缝圆管
【规格型号】 外径 1. 91 厘米×6 米，壁厚 1 毫米 | 建筑用 | 不锈钢制 | 不锈钢纵向焊管 | （种类） | （截面形状）
【商品描述】 略。
【监管证件】 无监管证件要求

【税则号列】 7306. 6100
【商品名称】 方矩管
【规格型号】 20 毫米×40 毫米×2. 75 毫米，40 毫米×80 毫米×2. 3 毫米 | 工程用 | 非合金钢 | 焊接管纵向焊，矩形截面
【商品描述】 带钢经过工艺处理卷制而成，一般是将带钢拆包、平整、卷曲、焊接形成圆管，再由圆管扎制成方形管后剪切成需要的长度。
【监管证件】 无监管证件要求

【税则号列】 7307. 1100
【商品名称】 管接头
【规格型号】 用于管子之间的连通 | 铸铁制 | 接头 | 铸造
【商品描述】 无可锻性铸铁制，用于管间连通接头。
【监管证件】 无监管证件要求

【税则号列】 7307. 1100
【商品名称】 铸铁弯头
【规格型号】 消防管道用铸铁弯头｜（种类）｜（材质）
【商品描述】 略。
【监管证件】 无监管证件要求

【税则号列】 7307. 1900
【商品名称】 玛钢管件
【规格型号】 用于管子之间的连通｜弯头｜铸造｜（材质）
【商品描述】 玛钢即可锻铸铁、马铁。管件是管道系统中起连接、控制、变向、分流、密封、支撑等作用的零部件的统称。玛钢管件又称为可锻铸铁管件，是以玛钢为材质的管件，管螺纹连接，承压能力不超过 1. 6 兆帕。热镀锌玛钢管件生产流程：原材料→熔炼→浇铸→清沙→毛坯检验→退火→整形→抛丸→检验→热镀锌→检验→攻丝→检验→包装。
【监管证件】 无监管证件要求

【税则号列】 7307. 2100
【商品名称】 不锈钢法兰
【规格型号】 不锈钢法兰｜锻造件｜用于管子连接｜锻制
【商品描述】 略。
【监管证件】 无监管证件要求

【税则号列】 7307. 2300
【商品名称】 不锈钢弯头
【规格型号】 不锈钢制｜对焊件｜锻造
【商品描述】 核电站核岛用不锈钢制对焊件，锻造管子弯头，核电站 1#、2#核岛用。管外径 10″，90°。
【监管证件】 无监管证件要求

【税则号列】 7307. 2300
【商品名称】 不锈钢大小接头
【规格型号】 不锈钢制｜对焊件｜锻造
【商品描述】 核电站核岛用不锈钢制对焊件，锻造管子附件，核电站 1#、2#核岛用。管外径 1″/1/2″。
【监管证件】 无监管证件要求

【税则号列】 7307. 2300
【商品名称】 不锈钢三通接头
【规格型号】 不锈钢制 | 对焊件 | 锻造
【商品描述】 核电站核岛用不锈钢制对焊件，锻造管子附件，核电站 1#、2#核岛用。管外径 8″/6″。
【监管证件】 无监管证件要求

【税则号列】 7307. 9100
【商品名称】 法兰
【规格型号】 用于管子连接 | 碳钢制 | 锻造 | （种类）
【商品描述】 管道连接用钢铁制法兰，主要用于连通两根管子、将管子与其他设备连接或将管口封闭，可通过螺纹接口拧紧或对缝焊接等方式连接。
【监管证件】 无监管证件要求

【税则号列】 7307. 9300
【商品名称】 核岛用接头
【规格型号】 碳钢制 | 对焊件 | 锻造
【商品描述】 核电站核岛排水管连接用，对焊件，管子附件。管外径 6″，90°等。
【监管证件】 无监管证件要求

【税则号列】 7307. 9300
【商品名称】 碳钢大小接头
【规格型号】 碳钢制 | 对焊件 | 锻造 | 核电站核岛用
【商品描述】 管子附件。管外径 508 毫米/管外径 457 毫米。
【监管证件】 无监管证件要求

【税则号列】 7307. 9300
【商品名称】 碳钢三通接头
【规格型号】 核电站核岛排水管用 | 管子附件 | 对焊件 | 锻造 | （材质）
【商品描述】 管外径 530 毫米/管外径 273 毫米。
【监管证件】 无监管证件要求

【税则号列】 7307. 9300
【商品名称】 合金钢弯头
【规格型号】 核电站核岛用｜合金钢制｜对焊件｜锻造管子附件
【商品描述】 管外径 10″，90°。
【监管证件】 无监管证件要求

【税则号列】 7307. 9900
【商品名称】 接头
【规格型号】 用于管子之间的连通｜合金钢制｜接头｜锻造｜非对焊件
【商品描述】 略。
【监管证件】 无监管证件要求

【税则号列】 7307. 9900
【商品名称】 碳钢管接头
【规格型号】 用于管子之间的连通｜碳钢｜锻造｜接头
【商品描述】 略。
【监管证件】 无监管证件要求

【税则号列】 7308. 2000
【商品名称】 输电铁塔基础桩
【规格型号】 固定、支撑用｜钢铁制｜（种类）
【商品描述】 输电铁塔底部塔楼用，起固定、支撑作用。
【监管证件】 无监管证件要求

【税则号列】 7308. 3000
【商品名称】 防撞门
【规格型号】 钢铁制｜防撞用
【商品描述】 核电站核岛厂房保护用门，钢铁制，防撞用。Baumert 牌，型号 2HLC2231DO，1800 毫米×2210 毫米×287 毫米。
【监管证件】 无监管证件要求

【税则号列】 7308. 3000
【商品名称】 密封门
【规格型号】 核电站核岛用｜钢铁制｜密封门
【商品描述】 型号 2HLC3137DO，600 毫米×1520 毫米×298 毫米。
【监管证件】 无监管证件要求

【税则号列】 7308. 3000
【商品名称】 生物屏蔽门
【规格型号】 核电站核岛屏蔽层内生物屏蔽用门｜钢铁制
【商品描述】 型号 1HNX0301DO，600 毫米×1520 毫米×150 毫米。
【监管证件】 无监管证件要求

【税则号列】 7308. 3000
【商品名称】 金属门
【规格型号】 防盗用｜钢铁制
【商品描述】 常用规格为 2000 毫米×（930~2100）毫米×990 毫米。
【监管证件】 无监管证件要求

【税则号列】 7308. 9000
【商品名称】 井架
【规格型号】 石油钻探用｜钢铁制｜立柱
【商品描述】 石油钻探用钢铁井架，属于钢铁结构体。
【监管证件】 无监管证件要求

【税则号列】 7308. 9000
【商品名称】 海上平台靠船用吸能器
【规格型号】 与海上平台导管架相连，船舶停靠时起缓冲泄力，保护平台的作用｜钢铁为主，橡胶为辅｜圆柱体
【商品描述】 略。
【监管证件】 无监管证件要求

【税则号列】 7309. 0000
【商品名称】 铁箱
【规格型号】 运输装载用｜钢铁制｜箱状｜容积 1. 46 立方米，非集装箱｜（是否装有机械或热力装置）
【商品描述】 略。
【监管证件】 无监管证件要求

【税则号列】 7312.1000
【商品名称】 非绝缘钢丝绞股线
【规格型号】 钢铁制 | 绞股线 | 非绝缘，无品牌
【商品描述】 0.2 毫米，19 根。
【监管证件】 A

【税则号列】 7312.1000
【商品名称】 钢丝绳
【规格型号】 钢铁 | 钢丝绳 | 非绝缘
【商品描述】 48 毫米，8 股，钢丝，一端有绳头，另一端烧尾，172 米/卷。
【监管证件】 A

【税则号列】 7312.1000
【商品名称】 钢铁绞股绳
【规格型号】 钢铁绞股绳 | 非绝缘
【商品描述】 生产子午线轮胎用原料。KAM 牌，1.12 毫米，2 股，无绳芯。
【监管证件】 A

【税则号列】 7312.1000
【商品名称】 钢帘线
【规格型号】 非合金钢 | 线 | 非绝缘
【商品描述】 贝卡尔特牌，3 股，规格型号 5×0.225HT。
【监管证件】 A

【税则号列】 7312.1000
【商品名称】 钢丝绳
【规格型号】 优质碳素结构钢 | 绳制品 | 非绝缘
【商品描述】 无品牌，12 毫米等，35 股，麻芯/钢芯，2000 米。
【监管证件】 A

【税则号列】 7312. 1000
【商品名称】 预应力钢绞线
【规格型号】 （材质）| （制品种类）| （注明“非绝缘”）
【商品描述】 预应力钢绞线是一种新型建筑材料，该产品主要应用于桥梁建筑、高速公路、水电工程、高层建筑、岩土锚固、煤矿支炉等大型工程项目建设。原理：在结构（构件）受拉区预先施加压力产生预压应力，从而使结构（构件）在使用阶段产生的拉应力首先抵消预压应力，推迟裂缝的产生和限制裂缝的开展，提高结构（构件）的抗裂度和刚度。15. 24 毫米，7 股。
【监管证件】 A

【税则号列】 7312. 9000
【商品名称】 吊索
【规格型号】 非合金钢 | 吊索 | 非绝缘
【商品描述】 无股数，钢丝，用于矿山的提吊作业。吊索，非绝缘，FATZER 牌，48 毫米。
【监管证件】 无监管证件要求

【税则号列】 7314. 3100
【商品名称】 镀锌细铁丝焊网
【规格型号】 铁 | 电焊铁丝网
【商品描述】 非工业用，电焊铁丝网，镀锌。丝径<3 毫米，网眼<100 平方厘米。
【监管证件】 无监管证件要求

【税则号列】 7314. 3900
【商品名称】 涂塑细铁丝焊网
【规格型号】 丝径<3 毫米，网眼<100 平方厘米 | 非工业用焊网 | 涂塑 | （材质）
【商品描述】 略。
【监管证件】 无监管证件要求

【税则号列】 7314. 4200
【商品名称】 涂塑编织网
【规格型号】 网眼 50 毫米×50 毫米，丝径 3. 9 毫米和 3 毫米，高度 2. 5 米和 1. 5 米，长 25 米 | 用于场地围界 | 铁网 | 涂塑
【商品描述】 略。
【监管证件】 无监管证件要求

【税则号列】 7315. 1900
【商品名称】 链条链片（内联片）
【规格型号】 汽车用|不锈钢制|滚子链零件
【商品描述】 略。
【监管证件】 无监管证件要求

【税则号列】 7315. 8100
【商品名称】 链条
【规格型号】 钢铁制|用于刮板运输机|日子环节链
【商品描述】 略。
【监管证件】 无监管证件要求

【税则号列】 7317. 0000
【商品名称】 铁钉
【规格型号】 钢铁制|（种类）
【商品描述】 由铁制成的细棍形物件，一端有扁平的头，另一端尖锐，主要起固定或连接作用，也可以用来悬挂物品。
【监管证件】 无监管证件要求

【税则号列】 7318. 1100
【商品名称】 螺钉（船用柴油发动机零附件）
【规格型号】 钢铁制|螺钉|方头|WARTSILA 牌|0995-009
【商品描述】 略。
【监管证件】 无监管证件要求

【税则号列】 7318. 1510
【商品名称】 缸盖螺栓
【规格型号】 杆径 9 毫米|抗拉强度≥800 兆帕|碳钢制螺栓|（品牌）|（规格型号）
【商品描述】 略。
【监管证件】 无监管证件要求

【税则号列】 7318. 1510
【商品名称】 螺栓（杆径>6 毫米）汽车用
【规格型号】 IS7G6065CA，W706284S437，W703383S430 等 | 螺栓 | 生产件 | 平头，杆径>6 毫米 | 抗拉强度 800 兆帕、900 兆帕、1000 兆帕 | 钢铁制
【商品描述】 略。
【监管证件】 无监管证件要求

【税则号列】 7318. 1510
【商品名称】 螺钉
【规格型号】 标致 | 钢铁制 | 螺钉，六角头 | 型号 9628107680
【商品描述】 钢铁制螺钉，六角头，非民用航用。杆径 8 毫米，抗拉强度>800 兆帕。
【监管证件】 无监管证件要求

【税则号列】 7318. 1510
【商品名称】 奥迪轿车用碳钢制螺栓
【规格型号】 8E0 407 643 A | 奥迪 | 钢制 | 螺栓
【商品描述】 抗拉强度≥800 兆帕，杆径>6 毫米。
【监管证件】 无监管证件要求

【税则号列】 7318. 1510
【商品名称】 汽车用钢铁制螺栓
【规格型号】 钢铁制 | 螺栓 | 抗拉强度>800 兆帕 | 日产 | 无型号
【商品描述】 六角，杆径>6 毫米。
【监管证件】 无监管证件要求

【税则号列】 7318. 1510
【商品名称】 大众轿车用碳钢制螺栓
【规格型号】 大众 | 碳钢 | 抗拉强度>800 兆帕 | 螺栓 | （规格型号）
【商品描述】 大众轿车用螺栓，材质为碳钢制，标准 DINENISO3506-1。杆径 8 毫米~18 毫米，长 25 毫米。
【监管证件】 无监管证件要求

【税则号列】 7318. 1510
【商品名称】 螺栓
【规格型号】 M6X18 | 碳钢制 | 抗拉强度 1250 兆帕 | （品牌） | 无型号
【商品描述】 广泛用于建筑、家具、机械等领域。
【监管证件】 无监管证件要求

【税则号列】 7318. 1590
【商品名称】 螺丝
【规格型号】 钢铁制 | 平头圆形螺钉 | 抗拉强度<800 兆帕 | 无品牌 | （规格型号）
【商品描述】 单重<1 克，杆径<6 毫米。
【监管证件】 无监管证件要求

【税则号列】 7318. 1590
【商品名称】 螺栓螺母
【规格型号】 钢铁制 | 螺栓螺母 | 抗拉强度均小于 800 兆帕 | 无品牌 | （规格型号）
【商品描述】 配套件。
【监管证件】 无监管证件要求

【税则号列】 7318. 1590
【商品名称】 钢铁制螺栓
【规格型号】 钢铁 | 螺栓 | 抗拉强度 392 兆帕 | （品牌） | （规格型号）
【商品描述】 杆径 6 毫米。
【监管证件】 无监管证件要求

【税则号列】 7318. 1600
【商品名称】 手制动组成螺母
【规格型号】 钢铁 | 螺母 | 无品牌 | 型号 M20. 4
【商品描述】 手制动用钢铁螺母，内径 20. 4 毫米。
【监管证件】 无监管证件要求

【税则号列】 7318. 1600
【商品名称】 螺母
【规格型号】 钢铁制 | 螺母 | 现代牌 | 型号 W/5295047000
【商品描述】 直径约 1. 5 厘米，正厂件。
【监管证件】 无监管证件要求

【税则号列】 7318. 1600
【商品名称】 钢制螺母
【规格型号】 材质为钢｜（品牌）｜（规格型号）
【商品描述】 用于飞机制造。
【监管证件】 无监管证件要求

【税则号列】 7318. 1900
【商品名称】 安卡锚栓
【规格型号】 钢铁制｜螺纹紧固件｜（种类）｜Hilti 牌｜型号 HKV M16×65
【商品描述】 略。
【监管证件】 无监管证件要求

【税则号列】 7318. 2400
【商品名称】 车钩开口销
【规格型号】 钢铁｜无品牌｜型号 5×40 TOCT 397-79
【商品描述】 用于螺纹连接防松，俗称弹簧销。
【监管证件】 无监管证件要求

【税则号列】 7318. 2400
【商品名称】 销
【规格型号】 钢铁制销｜无品牌｜（规格型号）
【商品描述】 长 6. 1 毫米，直径 2. 4 毫米。
【监管证件】 无监管证件要求

【税则号列】 7318. 2900
【商品名称】 膨胀套
【规格型号】 钢铁制无螺纹紧固件｜Hilti 牌｜型号 HSL-3 M8 packed
【商品描述】 属于膨胀螺栓的零件。
【监管证件】 无监管证件要求

【税则号列】 7320. 1020
【商品名称】 弹簧片
【规格型号】 钢铁制｜片簧｜汽车用
【商品描述】 略。
【监管证件】 无监管证件要求

【税则号列】 7320.2010
【商品名称】 铁道车辆用螺旋弹簧
【规格型号】 铁道养路车用|钢铁制|螺旋弹簧
【商品描述】 略。
【监管证件】 无监管证件要求

【税则号列】 7320.2090
【商品名称】 冷却阀弹簧
【规格型号】 钢铁制|螺旋弹簧|冷却阀用
【商品描述】 略。
【监管证件】 无监管证件要求

【税则号列】 7321.1100
【商品名称】 燃气烤箱炉
【规格型号】 钢铁制|燃气烤炉|（非电热）|Rania 牌|型号 RA24A
【商品描述】 略。
【监管证件】 6

【税则号列】 7321.1100
【商品名称】 石油气炉
【规格型号】 （材质）|气体燃料炉|（非电热）|Geepas 牌|型号 GK4412
【商品描述】 略。
【监管证件】 6

【税则号列】 7323.9300
【商品名称】 不锈钢煲
【规格型号】 厨房用|不锈钢制煲|未搪瓷|无品牌
【商品描述】 直径 16 厘米~24 厘米。
【监管证件】 A

【税则号列】 7323.9300
【商品名称】 不锈钢锅
【规格型号】 厨房用|不锈钢锅|未搪瓷|无品牌
【商品描述】 直径 18 厘米。
【监管证件】 A

【税则号列】 7323. 9300
【商品名称】 衣架
【规格型号】 挂衣用 | 不锈钢制 | 衣架 | 未搪瓷 | 无品牌
【商品描述】 略。
【监管证件】 A

【税则号列】 7324. 1000
【商品名称】 不锈钢脸盆
【规格型号】 卫生间用 | 不锈钢制 | 脸盆 | 未搪瓷 | （品牌）
【商品描述】 直径 35 厘米~50 厘米。
【监管证件】 无监管证件要求

【税则号列】 7325. 1090
【商品名称】 铸铁井盖
【规格型号】 非工业用 | 井盖板 | 无可锻性 | 铸铁制
【商品描述】 非工业用井盖板。
【监管证件】 无监管证件要求

【税则号列】 7326. 1100
【商品名称】 钢球
【规格型号】 球磨机用研磨介质 | 合金钢铁制 | 经冲压，未经进一步加工
【商品描述】 圆形，直径 100 毫米。
【监管证件】 无监管证件要求

【税则号列】 7326. 2090
【商品名称】 宠物笼子
【规格型号】 钢丝焊接 | 宠物用
【商品描述】 无品牌。
【监管证件】 无监管证件要求

【税则号列】 7326. 9090
【商品名称】 钢铁制篱笆桩
【规格型号】 焊接 | 非工业用
【商品描述】 略。
【监管证件】 无监管证件要求

【税则号列】 7326.9090
【商品名称】 索具
【规格型号】 非工业用|钢铁制索具|锻打成型后还需经冷却、抛丸、钻孔、电镀、组装
【商品描述】 非工业用，起紧固和连接作用。
【监管证件】 无监管证件要求

【税则号列】 7326.9090
【商品名称】 匙扣
【规格型号】 铁制|经冲压，表面经抛光处理|（非工业用）
【商品描述】 略。
【监管证件】 无监管证件要求

第七十四章　铜及其制品

注释：

本章所用有关名词解释如下：

一、精炼铜

按重量计含铜量至少为99.85%的金属；或

按重量计含铜量至少为97.5%，但其他各种元素的含量不超过下表中规定的限量的金属：

其他元素表

元素		所含重量百分比
Ag	银	0.25
As	砷	0.5
Cd	镉	1.3
Cr	铬	1.4
Mg	镁	0.8
Pb	铅	1.5
S	硫	0.7
Sn	锡	0.8
Te	碲	0.8
Zn	锌	1

Zr	锆	0.3
其他元素*	每种	0.3

＊其他元素，例如，铝、铍、钴、铁、锰、镍、硅。

二、铜合金

除未精炼铜以外的金属物质，按重量计含铜量大于其他元素单项含量，但：

（一）按重量计至少有一种其他元素的含量超过上表中规定的限量；或

（二）按重量计其他元素的总含量超过2.5%。

三、铜母合金

含有其他元素，但按重量计含铜量超过10%的合金，该合金无实用可锻性，通常用作生产其他合金的添加剂或用作冶炼有色金属的脱氧剂、脱硫剂及类似用途。但按重量计含磷量超过15%的磷化铜（磷铜）归入税目28.53。

四、条、杆

轧、挤、拔或锻制的实心产品，非成卷的，其全长截面均为圆形，椭圆形、矩形（包括正方形）、等边三角形或规则外凸多边形（包括相对两边为弧拱形，另外两边为等长平行直线的“扁圆形”及“变形矩形”）。对于矩形（包括正方形）、三角形或多边形截面的产品，其全长边角可经磨圆。矩形（包括“变形矩形”）截面的产品，其厚度应大于宽度的十分之一。所述条、杆也包括同样形状及尺寸的铸造或烧结产品。该产品在铸造或烧结后再经加工（简单剪修或去氧化皮的除外），但不具有其他税目所列制品或产品的特征。

线锭及坯段，已具锥形尾端或经其他简单加工以便送入机器制成盘条或管子等的，仍应作为未锻轧铜归入税目74.03。

五、型材及异型材

轧、挤、拔、锻制的产品或其他成型产品，不论是否成卷，其全长截面相同，但与条、杆、丝、板、片、带、箔、管的定义不相符合。同时也包括同样形状的铸造或烧结产品。该产品在铸造或烧结后再经加工（简单剪修或去氧化皮的除外），但不具有其他税目所列制品或产品的特征。

六、丝

盘卷的轧、挤或拔制实心产品，其全长截面均为圆形、椭圆形、矩形（包括正方形）、等边三角形或规则外凸多边形（包括相对两边为弧拱形，另外两边为等长平行直线的“扁圆形”及“变形矩形”）。对于矩形（包括正方形）、三角形或多边形截面的产品，其全长边角可经磨圆。矩形（包括“变形矩形”）截面的产品，其厚度应大于宽度的十分之一。

七、板、片、带、箔

成卷或非成卷的平面产品（税目74.03的未锻轧产品除外），截面均为厚度相同的实心矩形（不包括正方形），不论边角是否磨圆（包括相对两边为弧拱形，另外两边为等长平行直线的“变形矩形”），并且符合以下规格：

（一）矩形（包括正方形）的，厚度不超过宽度的十分之一；

（二）矩形或正方形以外形状的，任何尺寸，但不具有其他税目所列制品或产品的特征。

税目 74.09 及 74.10 还适用于具有花样（例如，凹槽、肋条形、格槽、珠粒及菱形）的板、片、带、箔，以及穿孔、抛光、涂层或制成瓦楞形的这类产品，但不具有其他税目所列制品或产品的特征。

八、管

全长截面及管壁厚度相同并只有一个闭合空间的空心产品，成卷或非成卷的，其截面为圆形、椭圆形、矩形（包括正方形）、等边三角形或规则外凸多边形。对于截面为矩形（包括正方形）、等边三角形或规则外凸多边形的产品，不论全长边角是否磨圆，只要其内外截面为同一圆心并为同样形状及同一轴向，也可视为管子。上述截面的管子可经抛光、涂层、弯曲、攻丝、钻孔、缩腰、胀口、成锥形或装法兰、颈圈或套环。

子目注释：

本章所用有关名词解释如下：

一、铜锌合金（黄铜）

铜与锌的合金，不论是否含有其他元素。含有其他元素时：

（一）按重量计含锌量应大于其他各种元素的单项含量；

（二）按重量计含镍量应低于 5%［参见铜镍锌合金（德银）］；以及

（三）按重量计含锡量应低于 3%［参见铜锡合金（青铜）］。

二、铜锡合金（青铜）

铜与锡的合金，不论是否含有其他元素。含有其他元素时，按重量计含锡量应大于其他各种元素的单项含量。当按重量计含锡量在 3%及以上时，锌的含量可大于锡的含量，但必须小于 10%。

三、铜镍锌合金（德银）

铜、镍、锌的合金，不论是否含有其他元素，按重量计含镍量在 5%及以上［参见铜锌合金（黄铜）］。

四、铜镍合金

铜与镍的合金，不论是否含有其他元素，但按重量计含锌量不得大于 1%。含有其他元素时，按重量计含镍量应大于其他各种元素的单项含量。

【税则号列】 7401.0000

【商品名称】 铜锍

【规格型号】 硫化铜矿经过熔融焙烧丨铜化合物 43.2%，硫 27.3%，碳 5%，铁 9.5%，金 3 克/吨，银 98 克/吨

【商品描述】 硫化铜矿经过熔融焙烧进行造锍熔炼而生成，加工铜阳极板用。

【监管证件】 无监管证件要求

【税则号列】 7401. 0000
【商品名称】 铜锍
【规格型号】 低品位铜原矿与黄铁矿冶炼而成 | 铜 14%，铁 33%，硅 7%，硫 13%，水 4%，镍 1. 5%，铅 8%，锌 9. 5%，锡 2. 5%，铋 2%，碲 2%，硒 3. 5%
【商品描述】 主要由铜和铁的硫化物构成，块状，粒度不等。
【监管证件】 无监管证件要求

【税则号列】 7402. 0000
【商品名称】 粗铜（非黄金价值部分）
【规格型号】 铜 98. 5%，银 150 克/吨，金 0. 5 克/吨 | 块状 | 未精炼铜 | 精炼用
【商品描述】 方块状，未精炼铜，用于提炼铜。
【监管证件】 无监管证件要求

【税则号列】 7402. 0000
【商品名称】 电解铜阳极板
【规格型号】 铜 99. 8%，金 0% | 块状 | 未精炼 | 电解铜用
【商品描述】 略。
【监管证件】 无监管证件要求

【税则号列】 7403. 1111
【商品名称】 精炼铜的阴极
【规格型号】 精炼铜阴极 | 型材 | 未锻轧 | 铜>99. 9935% | （定价日期） | （签约日期） | （定价方式）
【商品描述】 精炼铜按重量计铜>99. 9935%，是指通过电解精炼制得、带有两只耳环的铜板或铜片。
【监管证件】 无监管证件要求

【税则号列】 7403. 1111
【商品名称】 未锻轧精炼阴极铜
【规格型号】 铜>99. 9935% | 片状 | 材质精炼铜 | 未锻轧 | （定价日期） | （签约日期） | （定价方式）
【商品描述】 牌号 Zaldivar。
【监管证件】 无监管证件要求

【税则号列】 7403. 1111

【商品名称】 电解铜（精炼铜的阴极，片状，未锻轧）COPPER CATHODES

【规格型号】 片状｜未锻轧｜铜>99. 9935%｜精炼铜的阴极｜（定价日期）｜（签约日期）｜（定价方式）

【商品描述】 片状，未锻轧，铜>99. 9935%，品牌 ESOX。

【监管证件】 无监管证件要求

【税则号列】 7403. 1111

【商品名称】 精炼铜的阴极

【规格型号】 钢带包捆｜铜>99. 9935%｜电解精炼阴极铜｜未锻轧｜（定价日期）｜（签约日期）｜（定价日期）

【商品描述】 件重 2. 5 吨左右。

【监管证件】 无监管证件要求

【税则号列】 7403. 1111

【商品名称】 未锻轧精炼铜的阴极

【规格型号】 板状｜精炼铜｜未锻轧｜铜≥99. 9935%｜（定价日期）｜（签约日期）｜（定价日期）

【商品描述】 该商品铜≥99. 9935%，板状，通过电解精炼制得。

【监管证件】 无监管证件要求

【税则号列】 7403. 1111

【商品名称】 电解铜

【规格型号】 板状｜精炼铜｜未锻轧｜99. 9935%<铜<99. 9999%，高纯阴极铜｜（定价日期）｜（签约日期）｜（定价方式）

【商品描述】 将粗铜（含铜 99%）预先制成厚板作为阳极，纯铜制成薄片作为阴极，以硫酸和硫酸铜的混和液作为电解液。通电后，铜从阳极溶解成铜离子向阴极移动，到达阴极后获得电子而在阴极析出纯铜（亦称电解铜）。粗铜中比铜活泼的杂质如铁和锌等会随铜一起溶解为离子。由于这些离子与铜离子相比不易析出，电解时只要适当调节电位差即可避免这些离子在阳极上析出。不及铜活泼的杂质如金和银等沉积在电解槽的底部。这样生产出来的铜板称为“电解铜”，质量极高，可以用来制作电气产品。

【监管证件】 无监管证件要求

【税则号列】 7403. 1111
【商品名称】 A 级阴极铜
【规格型号】 片状|精炼铜|未锻轧|按重量计铜>99. 9935%|（定价日期）|（签约日期）|（定价方式）
【商品描述】 按重量计 99. 9935%<铜<99. 9999%，硫≤15ppm，铅≤5ppm。
【监管证件】 无监管证件要求

【税则号列】 7403. 1119
【商品名称】 阴极精炼铜
【规格型号】 片状|精炼铜|未锻轧|铜 99. 95%|（定价日期）|（签约日期）|（定价方式）
【商品描述】 精炼阴极铜，厚度<11 毫米。
【监管证件】 无监管证件要求

【税则号列】 7403. 1119
【商品名称】 电解铜
【规格型号】 99. 99036%<铜<99. 9935%|块状|未锻轧|精炼铜阴极|（定价日期）|（签约日期）|（定价方式）
【商品描述】 略。
【监管证件】 无监管证件要求

【税则号列】 7403. 1119
【商品名称】 OG1 级阴极铜
【规格型号】 片状|精炼铜|未锻轧|按重量计铜<99. 9935%|（定价日期）|（签约日期）|（定价方式）
【商品描述】 该品种大部分产自刚果（金）、赞比亚等非洲国家，由于工厂技术原因和矿石质量等原因，硫含量高于 A 级铜标准 15ppm，铅含量高于 A 级铜标准 5ppm。
【监管证件】 无监管证件要求

【税则号列】 7403. 1300

【商品名称】 铸铜坯段

【规格型号】 铜>98. 68%，铬 0. 7%~1. 1%，锆 0. 05%~0. 15%，铁<0. 03%，硅<0. 01%，磷< 0. 01%，铅 < 0. 01%，砷 < 0. 005%，硫 < 0. 002%，氧 < 0. 002%，铋 < 0. 001% | 坯段 | 精炼铜 | 热铸水冷成型 | （定价日期） | （签约日期） | 公式定价式

【商品描述】 略。

【监管证件】 无监管证件要求

【税则号列】 7403. 1900

【商品名称】 紫铜锭

【规格型号】 铜 99. 11%，锌 0. 53465%，铅 0. 00875%，锡 0. 00405%，铁 0. 14913%，镍 0. 01635%，镁 0. 00055% | 锭状 | 精炼铜 | 未锻轧 | （定价日期） | （签约日期） | 公式定价式

【商品描述】 略。

【监管证件】 无监管证件要求

【税则号列】 7403. 2100

【商品名称】 未锻轧的铜锌合金（黄铜）

【规格型号】 锡 1. 3558%，锌 18. 9769%，铅 2. 7577%，锑 0. 1601%，铁 1. 0563%，铝 1. 8589%，镍 0. 3869%，硅 0. 1101%，硫 0. 0137%，磷 0. 0381%，铜 73. 0675% | 条形块状 | 黄铜 | 未锻轧 | （定价日期） | （签约日期） | （定价方式）

【商品描述】 略。

【监管证件】 无监管证件要求

【税则号列】 7403. 2100

【商品名称】 未锻轧的铜锌合金（废铜熔铸黄铜锭）

【规格型号】 铜 69. 53%~70. 782%，锌 19. 206%~26. 1%，锡 0. 415%~2. 446%，铅 1. 3174%~3. 686%，铁 0. 297%~1. 66% | 锭状 | 黄铜 | 未锻轧

【商品描述】 略。

【监管证件】 无监管证件要求

【税则号列】 7404.0000

【商品名称】 废铜通讯混杂线

【规格型号】 废通讯带皮混杂线| 总 29%，铜 29%| 裸装| 带有少量插头，含量 1%已做破坏性处理| 用于回收铜的废电线

【商品描述】 略。

【监管证件】 9A

【税则号列】 7404.0000

【商品名称】 磷铜片边角料

【规格型号】 青铜| 废的五金产生| 铜 99.9%，锡 0.08%，磷 0.02%| 供回收铜用| 废碎

【商品描述】 略。

【监管证件】 AP

【税则号列】 7404.0000

【商品名称】 2 号废紫铜

【规格型号】 供回收铜用| 铜| 废碎料，废铜线，废铜管| 铜 94%～96%，绝缘漆等杂质 6%～4%| 裸装

【商品描述】 2 号废紫铜为铜 94%～96%的紫铜线或板、管，参照行业上较为通行的美国 ISRI 标准，直径或厚度应为 1/16 英寸以下。

【监管证件】 AP

【税则号列】 7404.0000

【商品名称】 1 号废紫铜

【规格型号】 供回收铜用| 铜| 废碎料，废铜线，废铜管| 铜>96%，其余为绝缘体等杂质| 散装

【商品描述】 1 号废紫铜为铜≥96%的紫铜线或板、管，参照行业上较为通行的美国 ISRI 标准，直径或厚度应为 1/16 英寸以上。

【监管证件】 AP

【税则号列】 7404.0000

【商品名称】 废黄杂铜

【规格型号】 总 96%，黄铜 96%| 供回收铜用| 黄铜| 废的、碎的| 废水龙头、废铜屑、废黄铜管和黄杂铜碎料等| （包装形式）

【商品描述】 略。

【监管证件】 AP

【税则号列】 7404. 0000

【商品名称】 废黄铜水箱

【规格型号】 废的黄铜水箱 | 总 96%，黄铜 96% | 供回收铜用 | 黄铜 | （包装形式）

【商品描述】 有些废黄铜水箱进口时带有铁边，申报为带铁边的废黄铜水箱，并注明铁含量。

【监管证件】 AP

【税则号列】 7404. 0000

【商品名称】 黄杂铜（废黄铜屑）

【规格型号】 总 85%，黄铜 85% | 供回收铜用 | 铜 | 废 | 加工铜制品过程中经车床车削所产生的铜屑 | 裸装

【商品描述】 略。

【监管证件】 AP

【税则号列】 7404. 0000

【商品名称】 黄杂铜（废黄铜屑）

【规格型号】 总 85%，黄铜 85% | 供回收铜用 | 铜 | 废 | 加工铜制品过程中经车床车削所产生的铜屑 | 裸装

【商品描述】 略。

【监管证件】 AP

【税则号列】 7405. 0000

【商品名称】 铜铍母合金 CUBE10

【规格型号】 用作炼铜的添加剂 | 铍 9. 5%~10. 5%，铜 89. 5%~90. 5%

【商品描述】 略。

【监管证件】 无监管证件要求

【税则号列】 7406. 1040

【商品名称】 铜粉

【规格型号】 用于制作密封件 | 非片状粉末 | 青铜 | 铜 96%，锡 3%，镍、磷、铁、钙共 1% | 325 目（粉末细度） | 型号 SPEC6702

【商品描述】 略。

【监管证件】 无监管证件要求

【税则号列】 7407. 2190

【商品名称】 黄铜制型材

【规格型号】 卷状｜黄铜｜铜 85%，锌 15%｜横切面 Y 形，横切面整体：高 3. 489 毫米×厚 4. 665 毫米，YKK 牌

【商品描述】 略。

【监管证件】 无监管证件要求

【税则号列】 7408. 1100

【商品名称】 精炼铜丝

【规格型号】 铜丝｜精炼铜｜锆 0. 15%，铜 99. 82%，其余杂质 0. 03%｜截面直径 12. 65 毫米｜牌号 C15000

【商品描述】 精炼铜制拉拔铜丝，成卷。

【监管证件】 无监管证件要求

【税则号列】 7408. 1900

【商品名称】 精炼铜线

【规格型号】 铜 99. 9%，锡<5ppm，铅<5ppm，铁<10ppm，镍<10ppm，硫<15ppm，铋<1ppm，锑<4ppm，砷<5ppm，硒<2ppm，碲<2ppm，银<25ppm｜直径 2. 9 毫米｜盘卷状冷拔精炼铜线｜无品牌

【商品描述】 无涂镀，生产汽车电线用。

【监管证件】 无监管证件要求

【税则号列】 7409. 2100

【商品名称】 电子产品用黄铜带

【规格型号】 带｜黄铜｜盘卷｜铜 65%，锌 35%｜C×310 毫米×0. 5 毫米，C 为不规则长度，范围在 600 米~700 米之间｜NGK 牌｜牌号 C2680R

【商品描述】 略。

【监管证件】 无监管证件要求

【税则号列】 7410. 1100

【商品名称】 铜箔 1OZ

【规格型号】 箔｜精炼铜｜无衬背｜铜 99. 9%｜厚 35 微米，宽 1290 毫米｜生产覆铜板用｜（品牌）｜（牌号）｜（种类）｜（覆铜极的铜箔层数）｜（基材材质）｜（生产厂商）

【商品描述】 生产覆铜板用精炼铜箔。

【监管证件】 无监管证件要求

【税则号列】 7410. 1100
【商品名称】 铜箔
【规格型号】 铜 99. 95%，锌 0. 05%｜0. 012 毫米×570 毫米×671 毫米｜精炼铜箔｜无衬背｜印刷电路板用｜无品牌｜（牌号）｜（种类）｜（覆铜板的铜箔层数）｜（基材材质）｜（生产厂商）
【商品描述】 铜厚 0. 012 毫米。
【监管证件】 无监管证件要求

【税则号列】 7410. 1100
【商品名称】 铜箔
【规格型号】 铜及含金元素 99. 9%｜CFTGFB-HTE-18U-1290×ROLL｜福田牌｜厚度<0. 15 毫米｜卷｜精炼铜｜无衬背｜覆铜板及印刷线路板用｜（牌号）｜（种类）｜（覆铜板的铜箔层数）｜（基材材质）｜（生产厂商）
【商品描述】 略。
【监管证件】 无监管证件要求

【税则号列】 7410. 2110
【商品名称】 压延 PI 无胶单面覆铜板
【规格型号】 带衬背厚 30 微米，铜箔厚 18 微米，250 毫米×100 米/卷｜卷｜精炼铜制｜有衬背｜铜 99. 9%，其余为杂质｜印刷电路用｜DOOSAN 牌｜（牌号）｜（种类）｜（覆铜板的铜箔层数）｜（基材材质）｜（生产厂商）
【商品描述】 略。
【监管证件】 无监管证件要求

【税则号列】 7410. 2110
【商品名称】 双面覆铜板
【规格型号】 0. 102 毫米×1042 毫米×1245 毫米｜印刷电路板用覆铜板｜（牌号）｜（种类）｜（覆铜板的铜箔层数）｜（基材材质）｜（生产厂商）
【商品描述】 略。
【监管证件】 无监管证件要求

【税则号列】 7411. 2190
【商品名称】 铜管
【规格型号】 铜 65%，锌 35%｜直径 18 毫米｜黄铜制带螺纹水管｜（用途）｜（品牌）｜(型号或牌号)
【商品描述】 非盘卷。
【监管证件】 无监管证件要求

【税则号列】 7412. 1000
【商品名称】 精炼铜制管子接头
【规格型号】 管子之间连通用｜精炼铜制｜管子接头｜铜 99. 9%，磷 0. 1%｜丹佛斯牌｜型号或牌号 032F5954
【商品描述】 略。
【监管证件】 无监管证件要求

【税则号列】 7413. 0000
【商品名称】 铜丝编带
【规格型号】 铜丝制｜编带｜非绝缘｜明兴双叶株式会社牌｜型号 TBCC 12
【商品描述】 略。
【监管证件】 无监管证件要求

【税则号列】 7415. 2100
【商品名称】 推力垫圈
【规格型号】 铜制｜垫圈｜大丰工业牌｜型号 35728-47010｜外径 25 毫米，内径 12. 2 毫米，厚 0. 925 毫米
【商品描述】 单层金属垫圈。
【监管证件】 无监管证件要求

【税则号列】 7418. 2000
【商品名称】 铜花洒头
【规格型号】 浴室用｜铜制｜花洒｜（品牌）｜（型号）
【商品描述】 不可调节。
【监管证件】 无监管证件要求

【税则号列】 7419.9920

【商品名称】 铜弹簧

【规格型号】 铜制镀锌｜螺旋弹簧｜（品牌）｜型号 9ABA460152P0134

【商品描述】 略。

【监管证件】 无监管证件要求

第七十五章　镍及其制品

注释：

本章所用有关名词解释如下：

一、条、杆

轧、挤、拔或锻制的实心产品，非成卷的，其全长截面均为圆形、椭圆形、矩形（包括正方形）、等边三角形或规则外凸多边形（包括相对两边为弧拱形，另外两边为等长平行直线的“扁圆形”及“变形矩形”）。对于矩形（包括正方形）、三角形或多边形截面的产品，其全长边角可经磨圆。矩形（包括“变形矩形”）截面的产品，其厚度应大于宽度的十分之一。所述条、杆也包括同样形状及尺寸的铸造或烧结产品。该产品在铸造或烧结后再经加工（简单剪修或去氧化皮的除外），但不具有其他税目所列制品或产品的特征。

二、型材及异型材

轧、挤、拔、锻制的产品或其他成型产品，不论是否成卷，其全长截面相同，但与条、杆、丝、板、片、带、箔、管的定义不相符合。同时也包括同样形状的铸造或烧结产品。该产品在铸造或烧结后再经加工（简单剪修或去氧化皮的除外），但不具有其他税目所列制品或产品的特征。

三、丝

盘卷的轧、挤或拔制实心产品，其全长截面均为圆形、椭圆形、矩形（包括正方形）、等边三角形或规则外凸多边形（包括相对两边为弧拱形，另外两边为等长平行直线的“扁圆形”及“变形矩形”）。对于矩形（包括正方形）、三角形或多边形截面的产品，其全长边角可经磨圆。矩形（包括“变形矩形”）截面的产品，其厚度应大于宽度的十分之一。

四、板、片、带、箔

成卷或非成卷的平面产品（税目 75.02 的未锻轧产品除外），截面均为厚度相同的实心矩形（不包括正方形），不论边角是否磨圆（包括相对两边为弧拱形，另外两边为等长平行直线的“变形矩形”），并且符合以下规格：

（一）矩形（包括正方形）的，厚度不超过宽度的十分之一；

（二）矩形或正方形以外形状的，任何尺寸，但不具有其他税目所列制品或产品的特征。

税目 75.06 还适用于具有花样（例如，凹槽、肋条形、格槽、珠粒及菱形）的板、片、带、箔以及穿孔、抛光、涂层或制成瓦楞形的这类产品，但不具有其他税目所列制品或产品的特征。

五、管

全长截面及管壁厚度相同并只有一个闭合空间的空心产品，成卷或非成卷的，其截面为圆形、椭圆形、矩形（包括正方形）、等边三角形或规则外凸多边形。对于截面为矩形（包括正方形）、等边三角形或规则外凸多边形的产品，不论全长边角是否磨圆，只要其内外截面为同一圆心并为同样形状及同一轴向，也可视为管子。上述截面的管子可经抛光、涂层、弯曲、攻丝、钻孔、缩腰、胀口、成锥形或装法兰、颈圈或套环。

子目注释：

一、本章所用有关名词解释如下：

（一）非合金镍

按重量计镍及钴的含量至少为99%的金属，但：

1. 按重量计含钴量不超过1.5%；以及

2. 按重量计其他各种元素的含量不超过下表中规定的限量：

其他元素表

元素		所含重量百分比
Fe	铁	0.5
O	氧	0.4
其他元素	每种	0.3

（二）镍合金

按重量计含镍量大于其他元素单项含量的金属物质，但：

1. 按重量计含钴量超过1.5%；

2. 按重量计至少有一种其他元素的含量超过上表中规定的限量；或

3. 除镍及钴以外，按重量计其他元素的总含量超过1%。

二、子目7508.10所称“丝”不受本章注释三的限制，仅适用于截面尺寸不超过6毫米的任何截面形状的产品，不论是否盘卷。

【税则号列】 7501.2010

【商品名称】 镍湿法冶炼中间品（Mixed hydroxide preciptate）

【规格型号】 镍46.435%，钴1.63%，水分46%~49%等 | 粗制氢氧化镍 | 红土镍矿经高压酸浸、除杂、富集、沉淀生成

【商品描述】 略。

【监管证件】 4xy

【税则号列】 7501.2010

【商品名称】 混合羟化沉淀物（镍湿法冶炼中间品）

【规格型号】 （材质）|湿法冶炼而得|镍47.023%，钴1.391%

【商品描述】 含镍的红土矿或其他矿石经过湿法酸浸后得到含镍深液，再加入深浅剂或浓缩结晶得到粗制硫化镍、粗制氢氧化镍、粗制碳酸镍，按重量计含镍量47.023%，物理外观形态为粉末状或粉末结晶体。上述中间品用于生产纯度更高的镍产品。

【监管证件】 4xy

【税则号列】 7501.2090

【商品名称】 烧结氧化镍

【规格型号】 火法|氧化镍矿石制得|镍76.6%~76.73%，钴1.29%~1.38%，铜0.11%~0.12%，铁0.37%~0.38%，硫<0.001%|烧结氧化镍

【商品描述】 火法，提炼金属镍用。

【监管证件】 4xy

【税则号列】 7501.2090

【商品名称】 氧化镍烧结物

【规格型号】 氧化镍91%~99%|氧化镍烧结物|红土镍矿经处理，烧结而成

【商品描述】 略。

【监管证件】 4xy

【税则号列】 7502.1090

【商品名称】 未锻轧非合金含硫镍饼

【规格型号】 镍≥99.9%，0.005%<钴<0.1%|饼状|非合金镍|未锻轧

【商品描述】 略。

【监管证件】 4xy

【税则号列】 7502.1090

【商品名称】 镍圆饼（不含硫）

【规格型号】 镍>99.9%|圆饼状|非合金镍|未锻轧

【商品描述】 日本产，无牌子，20千克/箱。

【监管证件】 4xy

【税则号列】 7502. 1090
【商品名称】 镍板
【规格型号】 镍 99%，钴 0. 039%~0. 058%｜板块｜非合金镍，银灰色｜未锻轧
【商品描述】 略。
【监管证件】 4xy

【税则号列】 7502. 1090
【商品名称】 未锻轧非合金镍片
【规格型号】 镍 99. 8%，钴 0. 15%｜片｜非合金镍｜未锻轧
【商品描述】 牌号 Severonickel Combine H-1，未锻轧非合金镍片。
【监管证件】 4xy

【税则号列】 7502. 1090
【商品名称】 未锻轧非合金镍
【规格型号】 镍 99. 9%，锌≤0. 0005%，钴≤0. 1%，碳≤0. 005%，铜≤0. 003%，铁≤0. 0007%，硫≤0. 0005%｜成板状｜通过电解制得
【商品描述】 略。
【监管证件】 4xy

【税则号列】 7502. 1090
【商品名称】 电解镍
【规格型号】 板状｜非合金｜未锻轧｜99. 95%<镍、钴<99. 99%，0. 005%<钴<0. 1%
【商品描述】 电解镍是使用电解方法制成的镍，通过将富集的硫化物矿焙烧成氧化物，用碳还原成粗镍，再经电解得纯金属镍。电解镍主要用于原子能工业，以及制作碱性蓄电池、电工合金、高温高强度合金、催化剂、粉末冶金添加剂、金刚石工具、非铁基合金，也可以做化学反应的加氢催化剂等。
【监管证件】 4xy

【税则号列】 7502. 1090
【商品名称】 镍珠
【规格型号】 球状｜未锻轧｜非合金镍｜碳 60ppm，铁 6. 85ppm，氧 50ppm，硫 1ppm，镍 99. 988215%
【商品描述】 略。
【监管证件】 4xy

【税则号列】 7502.1090

【商品名称】 金属镍

【规格型号】 锭状 | 非合金镍 | 未锻轧 | 镍含 99.92%，钴 0.026%，镍、钴总含量 99.946%，铁 0.0117%，其他元素含量≤0.03%

【商品描述】 略。

【监管证件】 4xy

【税则号列】 7503.0000

【商品名称】 镍合金棒的镍基合金废屑

【规格型号】 供回收镍用 | 废屑 | 镍合金的废碎料 | 镍 57%，铬 19%，铁 18%，钼 3%，钛 0.9%，其他 2.1%

【商品描述】 略。

【监管证件】 4Axy

【税则号列】 7504.0020

【商品名称】 镍合金粉末

【规格型号】 非片状粉末 | 镍合金 | 镍 70%，合金元素 30% | 粒度 20 微米~56 微米

【商品描述】 略。

【监管证件】 无监管证件要求

【税则号列】 7505.1200

【商品名称】 镍合金棒

【规格型号】 条杆 | 镍合金 | 镍 65.3%等 | （直径）

【商品描述】 主要合金元素有铬、钨、钼、钴、铝、钛、硼、锆等。其中铬、铝等主要起抗氧化作用，其他元素有固溶强化、沉淀强化与晶界强化等作用。在 650℃ ~ 1000℃高温下有较高的强度与一定的抗氧化腐蚀能力。由于足够高的高温强度与抗氧化腐蚀能力，常用于制造航空发动机上的高温零部件。

【监管证件】 无监管证件要求

【税则号列】 7505.1200

【商品名称】 镍合金棒

【规格型号】 轧制棒 | 镍合金 | 镍 65.3% | （直径）

【商品描述】 产品型号为 Monel K-500/nconel 718，钻探器械等使用。

【监管证件】 无监管证件要求

【税则号列】 7506. 1000

【商品名称】 非合金镍箔

【规格型号】 箔｜非合金镍｜镍 99. 4%，铁 0. 3%，氧 0. 2%，钴 0. 1%｜0. 75 米×0. 75 米×70 微米

【商品描述】 略。

【监管证件】 无监管证件要求

【税则号列】 7507. 1200

【商品名称】 镍合金管

【规格型号】 （管状）｜镍合金｜镍 46%，铬 23. 5%，碳 5%，锰 1%，钴 2. 1%

【商品描述】 制变压器用镍合金管，型号为 UNS NO8825，外径 25. 4 毫米×1. 65 毫米。

【监管证件】 无监管证件要求

【税则号列】 7507. 1200

【商品名称】 镍基 U 型传热管（镍基合金制无缝钢管）

【规格型号】 管状｜镍合金｜（成分含量）

【商品描述】 用于蒸汽发生器，外径 19. 05 毫米×1. 09 毫米。

【监管证件】 无监管证件要求

【税则号列】 7508. 9080

【商品名称】 镍合金制密封圈

【规格型号】 阀门用，工业用，非专用件｜镍合金制｜密封圈类｜EATON 牌｜型号 19A3680X042

【商品描述】 单层金属制。

【监管证件】 无监管证件要求

第七十六章 铝及其制品

注释：

本章所用有关名词解释如下：

一、条、杆

轧、挤、拔或锻制的实心产品，非成卷的，其全长截面均为圆形、椭圆形、矩形（包括正方形）、等边三角形或规则外凸多边形（包括相对两边为弧拱形，另外两边为等长平行直线的“扁圆形”及“变形矩形”）。对于矩形（包括正方形）、三角形或多边形截面的产品，其全长边角可经磨圆。矩形（包括“变形矩形”）截面的产品，其厚度应大于宽度的十分之

一。所述条、杆也包括同样形状及尺寸的铸造或烧结产品。该产品在铸造或烧结后再经加工（简单剪修或去氧化皮的除外），但不具有其他税目所列制品或产品的特征。

二、型材及异型材

轧、挤、拔、锻制的产品或其他成型产品，不论是否成卷，其全长截面相同，但与条、杆、丝、板、片、带、箔、管的定义不相符合。同时也包括同样形状的铸造或烧结产品。该产品在铸造或烧结后再经加工（简单剪修或去氧化皮的除外），但不具有其他税目所列制品或产品的特征。

三、丝

盘卷的轧、挤或拔制实心产品，其全长截面均为圆形、椭圆形、矩形（包括正方形）、等边三角形或规则外凸多边形（包括相对两边为弧拱形，另外两边为等长平行直线的“扁圆形”及“变形矩形”）。对于矩形（包括正方形）、三角形或多边形截面的产品，其全长边角可经磨圆。矩形（包括“变形矩形）截面的产品，其厚度应大于宽度的十分之一。

四、板、片、带、箔

成卷或非成卷的平面产品（税目 76.01 的未锻轧产品除外），截面均为厚度相同的实心矩形（不包括正方形），不论边角是否磨圆（包括相对两边为弧拱形，另外两边为等长平行直线的“变形矩形”），并且符合以下规格：

（一）矩形（包括正方形）的，厚度不超过宽度的十分之一；

（二）矩形或正方形以外形状的，任何尺寸，但不具有其他税目所列制品或产品的特征。

税目 76.06 和 76.07 还适用于具有花样（例如，凹槽、肋条形、格槽、珠粒及菱形）的板、片、带、箔以及穿孔、抛光、涂层或制成瓦楞形的这类产品，但不具有其他税目所列制品或产品的特征。

五、管

全长截面及管壁厚度相同并只有一个闭合空间的空心产品，成卷或非成卷的，其截面为圆形、椭圆形、矩形（包括正方形）、等边三角形或规则外凸多边形。对于截面为矩形（包括正方形）、等边三角形或规则外凸多边形的产品，不论全长边角是否磨圆，只要其内外截面为同一圆心并为同样形状及同一轴向，也可视为管子。上述截面的管子可经抛光、涂层、弯曲、攻丝、钻孔、缩腰、胀口、成锥形或装法兰、颈圈或套环。

子目注释：

一、本章所用有关名词解释如下：

（一）非合金铝

按重量计含铝量至少为 99% 的金属，但其他各种元素的含量不超过下表中规定的限量：

其他元素表

元素	所含重量百分比
Fe+Si（铁+硅）	1
其他元素(1)，每种	0.1(2)

（1）其他元素，例如，铬、铜、镁、锰、镍、锌。

（2）含铜成分可大于0.1%，但不得大于0.2%，且铬和锰的含量均不得超过0.05%。

（二）铝合金

按重量计含铝量大于其他元素单项含量的金属物质，但：

1. 按重量计至少有一种其他元素或铁加硅的含量大于上表中规定的限量；或

2. 按重量计其他元素的总含量超过1%。

二、子目7616.91所称“丝”，不受本章注释三的限制，仅适用于截面尺寸不超过6毫米的任何截面形状的产品，不论是否盘卷。

【税则号列】 7601.1090

【商品名称】 铝锭

【规格型号】 块状|非合金铝|未锻轧|铝≥99.7%，硅0.08%~0.2%，铁0.14%~0.2%，铜0.001%~0.003%，锗0.01%

【商品描述】 非合金铝锭，铝含量低于99.95%。

【监管证件】 无监管证件要求

【税则号列】 7601.2000

【商品名称】 未锻轧的铝合金

【规格型号】 块状|未锻轧|铝97.5%，铍2.5%

【商品描述】 熔炼铝合金用，纸箱包装。外观为白色条块固体。由铝和铍高温熔融而成，经浇铸、冷却、切割等工序制成小条块，多用作镁合金和铝合金熔炼时的添加剂。

【监管证件】 无监管证件要求

【税则号列】 7601.2000

【商品名称】 未锻轧自熔合金铝锭

【规格型号】 锭状|铝合金|未锻轧|铝88%，硅4.6%，铜1.2%，镁1.55%，锌0.78%，铁1.25%，锰1.19%，其他1.43%

【商品描述】 未锻轧自熔合金铝锭，回收自熔用。

【监管证件】 无监管证件要求

【税则号列】 7601.2000

【商品名称】 铝合金锭

【规格型号】 锭状｜铝合金｜未锻轧｜铝 96.5%，锰 0.9%，镁 0.97%，锌 0.76%

【商品描述】 略。

【监管证件】 无监管证件要求

【税则号列】 7601.2000

【商品名称】 未锻轧铝合金

【规格型号】 半圆形｜铝合金｜未锻轧｜铝 88%，铁 3.53%，铜 3.67%，锌 4.8%

【商品描述】 为半圆形铝合金，未经锻轧，主要合金元素一般为铜、硅、镁、锌、锰，次要合金元素一般为镍、铁、钛、铬、锂。

【监管证件】 无监管证件要求

【税则号列】 7601.2000

【商品名称】 未锻轧铝合金

【规格型号】 块状｜铝合金｜未锻轧｜铝 88%，铁 1.52%，铜 3.67%，锌 4.8%

【商品描述】 未经锻轧铝合金。

【监管证件】 无监管证件要求

【税则号列】 7602.0000

【商品名称】 废易拉罐（回收铝）

【规格型号】 供回收铝用｜废料｜废易拉罐｜（成分含量）

【商品描述】 略。

【监管证件】 AP

【税则号列】 7602.0000

【商品名称】 铝废碎料（废合金铝片）

【规格型号】 供回收铝用｜不规则状｜碎料｜总 96%，铝合金 96%｜（包装形式）

【商品描述】 回收铝用不规则状碎料，属于废铝门窗料、废合金铝片边角料等。

【监管证件】 AP

【税则号列】 7602. 0000

【商品名称】 以回收铝为主的废五金

【规格型号】 供回收铝用 | 杂废碎料及边角料等 | 废机器、电器及其他五金杂件拆解 | 总95%及以下，铝 50%，铁 43%，铜 2% | （包装形式）

【商品描述】 杂废碎料及边角料等，废机器、电器及其他五金杂件拆解、压缩或打捆。

【监管证件】 9A

【税则号列】 7602. 0000

【商品名称】 以回收铝为主的废五金

【规格型号】 供回收铝用 | 不规则状 | 废五金 | 总 96%，铜 10%，铝 45%，铁 41% | 木托等

【商品描述】 回收铝用废五金。

【监管证件】 AP

【税则号列】 7602. 0000

【商品名称】 带皮废铝线

【规格型号】 供回收铝用 | 线状 | 五金 | 总 96%，铜 2%，铝 45%，铁 49% | 扎装、散装、箱装

【商品描述】 回收铝用废电线电缆。

【监管证件】 9A

【税则号列】 7602. 0000

【商品名称】 废铝切片

【规格型号】 供回收铝用 | 废碎料 | 废汽车切片等 | 铝≥70% | 散装

【商品描述】 略。

【监管证件】 AP

【税则号列】 7602. 0000

【商品名称】 不带胶皮废铝线

【规格型号】 供回收铝用 | （成分含量） | 不带胶皮废铝电线 | 回收废铝电线而得

【商品描述】 略。

【监管证件】 9A

【税则号列】 7603. 2000

【商品名称】 片状铝粉末

【规格型号】 片状粉末 | 非合金铝 | 100%铝 | 粒径 D50 = 17 微米 | 用于生产金属漆，起金属效果着色料

【商品描述】 略。

【监管证件】 无监管证件要求

【税则号列】 7604. 2100

【商品名称】 铝合金制空心异型材

【规格型号】 （成分含量） | 截面（16. 34~99）毫米×（16. 34~60）毫米，壁厚 1. 2 毫米~3. 2 毫米，长 5. 8 米 | 抗拉力度 230 兆帕 | （牌号）

【商品描述】 铝合金异型材，空心，符合《中华人民共和国进出口税则》关于铝合金的定义。

【监管证件】 A

【税则号列】 7604. 2910

【商品名称】 矩形铝合金条

【规格型号】 铝含量>93% | 截面周长≥210 毫米 | （抗拉强度） | （牌号）

【商品描述】 铝合金制矩形条状，符合《中华人民共和国进出口税则》关于铝合金的定义。

【监管证件】 无监管证件要求

【税则号列】 7604. 2990

【商品名称】 飞机用铝合金型材

【规格型号】 （成分含量） | 非空心 | （截面周长） | （抗拉强度） | （牌号）

【商品描述】 符合《中华人民共和国进出口税则》关于铝合金的定义。非空心铝合金型材，就是铝合金棒通过热熔、挤压而得到的不同截面形状的铝合金材料。主要用于制造飞机结构及其他要求强度高、抗腐蚀性能强的高应力结构件。

【监管证件】 A

【税则号列】 7604. 2990

【商品名称】 铝合金型材

【规格型号】 铝 98. 5%，镁 0. 7%，硅 0. 4%，铁、铜、锰、铬、锌、钛共 0. 4% | 实心 | 截面 27. 3 毫米×（23. 5~93. 4）毫米×40 毫米，长 4 米~5. 8 米 | 160 兆帕 | （牌号）

【商品描述】 实心铝合金异型材。。

【监管证件】 A

【税则号列】 7605. 1900
【商品名称】 铝线
【规格型号】 丝状 | 铝 | 100%铝 | 400 微米
【商品描述】 略。
【监管证件】 无监管证件要求

【税则号列】 7606. 1129
【商品名称】 铝带
【规格型号】 矩形 | 非合金铝带 | 铝 99. 35% | 厚 0. 3 毫米 | （品牌） | （用途） | （牌号）
【商品描述】 略。
【监管证件】 无监管证件要求

【税则号列】 7606. 1199
【商品名称】 铝板
【规格型号】 矩形 | 非合金铝制 | 幕墙板用 | 板 | 3. 5 毫米×1270 毫米×447000 毫米 | 南铝牌 | （牌号）
【商品描述】 表面未经加工。
【监管证件】 无监管证件要求

【税则号列】 7606. 1220
【商品名称】 铝合金板
【规格型号】 矩形卷装 | 铝合金 | 板 | 硅 0. 2%，铁 0. 35%，铜 0. 15%，锰 0. 5%，镁 5%，锌 0. 25%，钛 0. 1%，铬 0. 1%，纯铝 93. 35% | 0. 27 毫米×1477. 82 毫米 | Hydro 牌 | 制易拉罐拉盖专用，有涂层 | 铝号 5182
【商品描述】 略。
【监管证件】 无监管证件要求

【税则号列】 7606. 1220
【商品名称】 铝材
【规格型号】 矩形 | 铝合金 | 带 | 铝 95. 82%，镁 3. 6%，锰 0. 28%，铁 0. 18%，硅 0. 09%，铜 0. 03% | 厚 0. 246 毫米，宽 260. 27 毫米 | ALCOA 牌 | 制盖用
【商品描述】 涂层为环氧树脂。
【监管证件】 无监管证件要求

【税则号列】 7606. 1220

【商品名称】 铝合金制罐身铝材

【规格型号】 矩形铝合金制卷板｜铁 0. 549%，铝 96. 772%，硅 0. 303%，铜 0. 165%，锰 0. 874%，镁 1. 211%，锌 0. 055%，钛 0. 018%，其他 0. 053%｜用于生产铝制易拉罐罐身，未涂层｜牌号 A3104-H19｜厚 0. 27 毫米，宽 1746. 2 毫米

【商品描述】 略。

【监管证件】 无监管证件要求

【税则号列】 7606. 1220

【商品名称】 铝带卷材

【规格型号】 带状成卷｜铝合金制｜铝带状｜铝 94. 5%，铁 0. 2%，镁 4. 6%，锰 0. 44%，铜 0. 04%，硅 0. 08%，锌 0. 024%，铬 0. 02%，铊 0. 09%｜厚 0. 22 毫米，宽 515. 54 毫米，长 6813 米~10503 米｜无品牌｜用于制易拉盖盖子｜牌号 5182-H48

【商品描述】 表面涂抗氧化剂透明涂层防护处理。

【监管证件】 无监管证件要求

【税则号列】 7606. 1220

【商品名称】 铝合金卷材

【规格型号】 矩形卷｜铝合金制｜卷状｜铝 94. 67%~94. 95%，硅 0. 06%~0. 08%，铁 0. 1%~0. 2%，铜 0. 02%，锰 0. 32%~0. 35%，镁 4. 5%~4. 7%｜厚 0. 22 毫米×宽 911 毫米，成卷｜ALCOA 牌｜用于制作易拉罐的上层和底层｜牌号 5182-H19

【商品描述】 铝合金卷材形状呈矩形，采用铝合金制成，出厂状态为卷装，未涂层，素材。

【监管证件】 无监管证件要求

【税则号列】 7606. 1220

【商品名称】 铝合金冷轧卷

【规格型号】 矩形卷材｜铝≥97. 05%，铁 0. 7%，硅 0. 6%｜厚 0. 275 毫米，宽 1223. 1 毫米，长 4885 米~6107 米｜（品牌）｜主要用于制作易拉罐的罐体部分｜牌号 3104

【商品描述】 略。

【监管证件】 无监管证件要求

【税则号列】 7606. 1230
【商品名称】 无衬背铝带
【规格型号】 矩形卷材 | 铝合金 | 带状 | 铝≥99. 37%，铁 0. 36%，硅 0. 06%，铜 0. 019%，锰 0. 19%，镁 0. 001% | 长 7000 米~7500 米，厚 0. 28 毫米，宽 1560 毫米 | 晟通牌 | 轧制空调箔 | 牌号 3102
【商品描述】 未经表面处理剂处理。
【监管证件】 无监管证件要求

【税则号列】 7606. 1259
【商品名称】 飞机用矩形铝合金板
【规格型号】 矩形 | 铝合金 | 板 | 含铝量>80% | 0. 35 毫米<厚度<4 毫米 | 无品牌 | 飞机用 | (牌号)
【商品描述】 略。
【监管证件】 无监管证件要求

【税则号列】 7606. 1259
【商品名称】 铝合金板材
【规格型号】 矩形 | （成分含量） | 0. 35 毫米<厚度≤4 毫米 | （品牌） | （用途） | (牌号)
【商品描述】 矩形铝合金板，符合《中华人民共和国进出口税则》关于铝合金的定义。
【监管证件】 无监管证件要求

【税则号列】 7606. 1290
【商品名称】 矩形铝合金板
【规格型号】 矩形 | 铝合金 | 板 | 含铝量>90% | 厚度>4 毫米 | 航空用 | （品牌） | （牌号）
【商品描述】 铝合金轧制，尺寸一般为英寸的整倍数，多切割后用于加工飞机桁条、梁等结构件，宽度大于厚度的 10 倍。
【监管证件】 无监管证件要求

【税则号列】 7606. 1290
【商品名称】 铝合金板
【规格型号】 矩形 | 铝 98. 8%，镁、锌、硅等共 1. 2% | 243. 5 毫米×187. 8 毫米×10 毫米 | 无品牌 | （用途） | （牌号）
【商品描述】 铝合金制的矩形板，未经表面处理。
【监管证件】 无监管证件要求

【税则号列】 7607.1190
【商品名称】 铝箔
【规格型号】 无衬背 | 0.0155 毫米×457 毫米 | 轧制 | 未进一步加工
【商品描述】 轧制后未进一步加工的无衬背铝箔，一般通过滚轧、锤锻或电解制成。极其脆弱，一般用纸夹着，制成小本形状。
【监管证件】 无监管证件要求

【税则号列】 7607.2000
【商品名称】 有衬背铝箔
【规格型号】 牛皮纸衬背 | 厚 7 微米 | （加工方法） | （加工程度）
【商品描述】 以牛皮纸作为衬背的铝箔。
【监管证件】 无监管证件要求

【税则号列】 7608.2010
【商品名称】 铝合金管
【规格型号】 （成分含量） | 外径 31 毫米~97 毫米，壁厚 3.5 毫米~10 毫米，长 100 毫米~1060 毫米
【商品描述】 略。
【监管证件】 A

【税则号列】 7609.0000
【商品名称】 法兰
【规格型号】 用于管子之间的连通 | 合金铝 | 法兰
【商品描述】 略。
【监管证件】 无监管证件要求

【税则号列】 7610.1000
【商品名称】 铝合金门框
【规格型号】 铝合金制 | 门框 | 经钻孔
【商品描述】 略。
【监管证件】 无监管证件要求

【税则号列】 7610. 9000
【商品名称】 铝制天花板
【规格型号】 弯曲压铸成型后喷粉
【商品描述】 铝制天花板，600 毫米×600 毫米×17 毫米。
【监管证件】 无监管证件要求

【税则号列】 7611. 0000
【商品名称】 发动机包装箱
【规格型号】 盛装发动机用 | 铝 | 箱子 | 864 升 | ITP 牌
【商品描述】 略。
【监管证件】 无监管证件要求

【税则号列】 7612. 9010
【商品名称】 铝制易拉罐
【规格型号】 盛装液体用 | 500 毫升 | Niislel 牌
【商品描述】 略。
【监管证件】 A

【税则号列】 7613. 0090
【商品名称】 铝合金制压缩气体筒（非零售包装用）
【规格型号】 盛装压缩气体用，非零售包装用 | 铝合金 | 筒 | 5 升 | FESTO 牌
【商品描述】 略。
【监管证件】 6

【税则号列】 7614. 1000
【商品名称】 钢芯铝绞线
【规格型号】 绞股线 | 非绝缘
【商品描述】 昆云电缆，LGJ-35/6、70/10、120/20。
【监管证件】 A

【税则号列】 7615. 1090
【商品名称】 铝制平底锅
【规格型号】 厨房用 | 铝制 | 平底锅
【商品描述】 W-757 型，Sankey 牌。
【监管证件】 A

【税则号列】 7615. 1090
【商品名称】 铝制压力锅
【规格型号】 厨房用|铝制|压力锅
【商品描述】 Sumaco 牌，规格为直径 24 厘米，容积 7 升。
【监管证件】 A

【税则号列】 7616. 9990
【商品名称】 铝梯
【规格型号】 家庭用|铝合金制|梯子
【商品描述】 略。
【监管证件】 无监管证件要求

【税则号列】 7616. 9990
【商品名称】 铝托盘
【规格型号】 超市货架用|铝合金制|托盘
【商品描述】 规格大小不一。
【监管证件】 无监管证件要求

【税则号列】 7616. 9990
【商品名称】 铝质散热器
【规格型号】 家庭用|铝制|采暖散热器
【商品描述】 采暖散热器是用来传导、释放热量的一系列装置的统称，通过热传导、辐射、对流把热量散热出来，让居室的温度得到提高。
【监管证件】 无监管证件要求

第七十八章　铅及其制品

注释：

本章所用有关名词解释如下：

一、条、杆

轧、挤、拔或锻制的实心产品，非成卷的，其全长截面均为圆形、椭圆形、矩形（包括正方形）、等边三角形或规则外凸多边形（包括相对两边为弧拱形，另外两边为等长平行直线的“扁圆形”及“变形矩形”）。对于矩形（包括正方形）、三角形或多边形截面的产品，其全长边角可经磨圆。矩形（包括“变形矩形”）截面的产品，其厚度应大于宽度的十分之一。所述条、杆也包括同样形状及尺寸的铸造或烧结产品。该产品在铸造或烧结后再经加工

（简单剪修或去氧化皮的除外），但不具有其他税目所列制品或产品的特征。

二、型材及异型材

轧、挤、拔、锻制的产品或其他成型产品，不论是否成卷，其全长截面相同，但与条、杆、丝、板、片、带、箔、管的定义不相符合。同时也包括同样形状的铸造或烧结产品。该产品在铸造或烧结后再经加工（简单剪修或去氧化皮的除外），但不具有其他税目所列制品或产品的特征。

三、丝

盘卷的轧、挤或拔制实心产品，其全长截面均为圆形、椭圆形、矩形（包括正方形）、等边三角形或规则外凸多边形（包括相对两边为弧拱形，另外两边为等长平行直线的“扁圆形”及“变形矩形”）。对于矩形（包括正方形）、三角形或多边形截面的产品，其全长边角可经磨圆。矩形（包括“变形矩形”）截面的产品，其厚度应大于宽度的十分之一。

四、板、片、带、箔

成卷或非成卷的平面产品（税目78.01的未锻轧产品除外），截面均为厚度相同的实心矩形（不包括正方形），不论边角是否磨圆（包括相对两边为弧拱形，另外两边为等长平行直线的“变形矩形”）。并且符合以下规格：

（一）矩形（包括正方形）的，厚度不超过宽度的十分之一；

（二）矩形或正方形以外形状的，任何尺寸，但不具有其他税目所列制品或产品的特征。

税目78.04还适用于具有花样（例如，凹槽、肋条形、格槽、珠粒及菱形）的板、片、带、箔以及穿孔、抛光、涂层或制成瓦楞形的这类产品，但不具有其他税目所列制品或产品的特征。

五、管

全长截面及管壁厚度相同并只有一个闭合空间的实心产品，成卷或非成卷的，其截面为圆形、椭圆形、矩形（包括正方形）、等边三角形或规则外凸多边形。对于截面为矩形（包括正方形）、等边三角形或规则外凸多边形的产品，不论全长边角是否磨圆，只要其内外截面为同一圆心并为同样形状及同一轴向，也可视为管子。上述截面的管子可经抛光、涂层、弯曲、攻丝、钻孔、缩腰、胀口、成锥形或装法兰、颈圈或套环。

子目注释：

本章所称“精炼铅”是指：

按重量计含铅量至少为99.9%的金属，但其他各种元素的含量不超过下表中规定的限量：

其他元素表

元素		所含重量百分比
Ag	银	0.02
As	砷	0.005
Bi	铋	0.05
Ca	钙	0.002
Cd	镉	0.002
Cu	铜	0.08
Fe	铁	0.002
S	硫	0.002
Sb	锑	0.005
Sn	锡	0.005
Zn	锌	0.002
其他（例如，碲）	每种	0.001

【税则号列】 7801.9900
【商品名称】 未锻轧铅锭（粗铅锭）
【规格型号】 锭状｜铅合金｜未锻轧｜铅98%，锑0.198%，锌0.097%，铁0.120%，镍0.087%
【商品描述】 略。
【监管证件】 无监管证件要求

【税则号列】 7804.1900
【商品名称】 铅板
【规格型号】 910毫米×790毫米×6毫米，厚度6毫米
【商品描述】 板状铅。
【监管证件】 无监管证件要求

【税则号列】 7806.0090

【商品名称】 铅制空容器

【规格型号】 用于装放射性元素，非工业用 | 铅制 | 容器

【商品描述】 略。

【监管证件】 无监管证件要求

第七十九章　锌及其制品

注释：

本章所用名词解释如下：

一、条、杆

轧、挤、拔或锻制的实心产品，非成卷的，其全长截面均为圆形、椭圆形、矩形（包括正方形）、等边三角形或规则外凸多边形（包括相对两边弧拱形，另外两边为等长平行直线的“扁圆形”及“变形矩形”）。对于矩形（包括正方形）、三角形或多边形截面的产品，其全长边角可经磨圆。矩形（包括“变形矩形”）截面的产品，其厚度应大于宽度的十分之一。所述条、杆也包括同样形状及尺寸的铸造或烧结产品。该产品在铸造或烧结后再经加工（简单剪修或去氧化皮的除外），但不具有其他税目所列制品或产品的特征。

二、型材及异型材

轧、挤、拔、锻制的产品或其他成型产品，不论是否成卷，其全长截面相同，但与条、杆、丝、板、片、带、箔、管的定义不相符合。同时也包括同样形状的铸造或烧结产品。该产品在铸造或烧结后再经加工（简单剪修或去氧化皮的除外），但不具有其他税目所列制品或产品的特征。

三、丝

盘卷的轧、挤或拔制实心产品，其全长截面均为圆形、椭圆形、矩形（包括正方形）、等边三角形或规则外凸多边形（包括相对两边为弧拱形，另外两边为等长平行直线的“扁圆形”及“变形矩形”）。对于矩形（包括正方形）、三角形或多边形截面的产品，其全长边角可经磨圆。矩形（包括“变形矩形”）截面的产品，其厚度应大于宽度的十分之一。

四、板、片、带、箔

成卷或非成卷的平面产品（税目79.01的未锻轧产品除外），截面均为厚度相同的实心矩形（不包括正方形），不论边角是否磨圆（包括相对两边为弧拱形，另外两边为等长平行直线的“变形矩形”）。并且符合以下规格：

（一）矩形（包括正方形）的，厚度不超过宽度的十分之一；

（二）矩形或正方形以外形状的，任何尺寸，但不具有其他税目所列制品或产品的特征。

税目79.05还适用于具有花样（例如，凹槽、肋条形、格槽、珠粒及菱形）的板、片、带、箔以及穿孔、抛光、涂层或制成瓦楞形的这类产品，但不具有其他税目所列制品或产品

的特征。

五、管

全长截面及管壁厚度相同并只有一个闭合空间的空心产品，成卷或非成卷的，其截面为圆形、椭圆形、矩形（包括正方形）、等边三角形或规则外凸多边形。对于截面为矩形（包括正方形）、等边三角形或规则外凸多边形的产品，不论全长边角是否磨圆，只要其内外截面为同一圆心并为同样形状及同一轴向，也可视为管子。上述截面的管子可经抛光、涂层、弯曲、攻丝、钻孔、缩腰、胀口、成锥形或装法兰、颈圈或套环。

子目注释：

本章所用有关名词解释如下：

一、非合金锌

按重量计含锌量至少为97.5%的金属。

二、锌合金

按重量计含锌量大于其他元素单项含量的金属物质，但按重量计其他元素的总含量超过2.5%。

三、锌末

冷凝锌雾所得的锌末。该产品由球形微粒组成，比锌粉更为精细，按重量计至少80%的微粒可以通过孔径为63微米的筛子，而且必须含有按重量计至少为85%的金属锌。

【税则号列】 7901.1110
【商品名称】 锌锭
【规格型号】 锭|非合金锌|未锻轧|含锌99.995%以上
【商品描述】 生产电池用锌锭，AZ牌。
【监管证件】 无监管证件要求

【税则号列】 7901.1110
【商品名称】 锌球
【规格型号】 球状|非合金锌|未锻轧|含锌99.995%以上
【商品描述】 球状未锻轧非合金锌，用于生产塑料介质电容器。直径12毫米，无品牌。
【监管证件】 无监管证件要求

【税则号列】 7901.1190
【商品名称】 未锻轧非合金锌锭
【规格型号】 锭|非合金锌|未锻轧|含锌99.99%
【商品描述】 牌号YK CUK。
【监管证件】 无监管证件要求

【税则号列】 7901.1200
【商品名称】 锌锭
【规格型号】 锭 | 非合金锌 | 未锻轧 | 含锌 99.978%
【商品描述】 略。
【监管证件】 无监管证件要求

【税则号列】 7901.2000
【商品名称】 锌合金锭
【规格型号】 锭状 | 锌合金 | 未锻轧 | 锌 92.44%，铝 4.2%，镉 0.001%，铜 3.3%，铁 0.005%，镁 0.05%，铅 0.003%，锡 0.001%
【商品描述】 略。
【监管证件】 无监管证件要求

【税则号列】 7902.0000
【商品名称】 废锌
【规格型号】 供回收锌用 | 废碎 | 分选过程中产生的锌废碎料 | 含锌 100% | 散装
【商品描述】 略。
【监管证件】 A

【税则号列】 7903.9000
【商品名称】 锌铝合金粉
【规格型号】 生产刹车片原料 | 非片状粉末 | 锌 | 含锌 92%以上，铝不超过 8% | 直径 42 微米~43 微米
【商品描述】 略。
【监管证件】 AB

【税则号列】 7907.0090
【商品名称】 锌制平衡块
【规格型号】 用在汽车轮胎上起平衡作用 | 锌制 | 锌块
【商品描述】 略。
【监管证件】 无监管证件要求

第八十章　锡及其制品

注释：

本章所用有关名词解释如下：

一、条、杆

轧、挤、拔或锻制的实心产品，非成卷的，其全长截面均为圆形、椭圆形、矩形（包括正方形)、等边三角形或规则外凸多边形（包括相对两边为弧拱形，另外两边为等长平行直线的“扁圆形”及“变形矩形”）。对于矩形（包括正方形)、三角形或多边形截面的产品，其全长边角可经磨圆。矩形（包括“变形矩形”）截面的产品，其厚度应大于宽度的十分之一。所述条、杆也包括同样形状及尺寸的铸造或烧结产品。该产品在铸造或烧结后再经加工(简单剪修或去氧化皮的除外)，但不具有其他税目所列制品或产品的特征。

二、型材及异型材

轧、挤、拔、锻制的产品或其他成型产品，不论是否成卷，其全长截面相同，但与条、杆、丝、板、片、带、箔、管的定义不相符合。同时也包括同样形状的铸造或烧结产品。该产品在铸造或烧结后再经加工（简单剪修或去氧化皮的除外)，但不具有其他税目所列制品或产品的特征。

三、丝

盘卷的轧、挤或拔制实心产品，其全长截面均为圆形、椭圆形、矩形（包括正方形)、等边三角形或规则外凸多边形（包括相对两边为弧拱形，另外两边为等长平行直线的“扁圆形”及“变形矩形”）。对于矩形（包括正方形)、三角形或多边形截面的产品，其全长边角可经磨圆。矩形（包括“变形矩形”）截面的产品，其厚度应大于宽度的十分之一。

四、板、片、带、箔

成卷或非成卷的平面产品（税目 80.01 的未锻轧产品除外)，截面均为厚度相同的实心矩形（不包括正方形)，不论边角是否磨圆（包括相对两边为弧拱形，另外两边为等长平行直线的“变形矩形”)，并且符合以下规格：

(一）矩形（包括正方形）的，厚度不超过宽度的十分之一；

(二）矩形或正方形以外形状的，任何尺寸，但不具有其他税目所列制品或产品的特征。

五、管

全长截面及管壁厚度相同并只有一个闭合空间的空心产品，成卷或非成卷的，其截面为圆形、椭圆形、矩形（包括正方形)、等边三角形或规则外凸多边形。对于截面为矩形（包括正方形)、等边三角形或规则外凸多边形的产品，不论全长边角是否磨圆，只要其内外截面为同一圆心并为同样形状及同一轴向，也可视为管子。上述截面的管子可经抛光、涂层、弯曲、攻丝、钻孔、缩腰、胀口、成锥形或装法兰、颈圈或套环。

子目注释：

本章所用有关名词解释如下：

一、非合金锡

按重量计含锡量至少为99%的金属，但含铋量或含铜量不超过下表中规定的限量：

其他元素表

元素	所含重量百分比
Bi 铋	0.1
Cu 铜	0.4

二、锡合金

按重量计含锡量大于其他元素单项含量的金属物质，但：

（一）按重量计其他元素的总含量超过1%；或

（二）按重量计含铋量或含铜量应等于或大于上表中规定的限量。

【税则号列】 8001.1000
【商品名称】 锡锭
【规格型号】 锭状 | 非合金锡 | 未锻轧 | 含锡99.881%，铅0.033%，砷0.014%，铁0.003%，铜0.031%，硅0.018%，锑0.018%，锂0.001%，钴0.001%
【商品描述】 捆装。
【监管证件】 4xy

【税则号列】 8001.1000
【商品名称】 未锻轧的非合金锡
【规格型号】 锡锭 | 非合金锡 | 未锻轧 | 含锡≥99.9%
【商品描述】 略。
【监管证件】 4xy

【税则号列】 8007.0030
【商品名称】 锡箔纸
【规格型号】 锡箔纸 | 锡 | 纸衬背 | 长220毫米×宽180毫米×厚0.0125毫米
【商品描述】 略。
【监管证件】 无监管证件要求

第八十一章　其他贱金属、金属陶瓷及其制品

子目注释：

第七十四章注释中有关“条、杆”“型材及异型材”“丝”及“板、片、带、箔”的规定也适用于本章。

【税则号列】　8101. 1000
【商品名称】　钨粉
【规格型号】　钨含量≥99. 9%｜粒度 5. 25 毫米｜细度 5. 25 毫米
【商品描述】　粉末状。
【监管证件】　4xy

【税则号列】　8101. 9400
【商品名称】　钨条
【规格型号】　条形｜含钨 68%，铜 32%｜未锻轧，简单烧结｜规格 12 毫米×12 毫米
【商品描述】　略。
【监管证件】　4xy

【税则号列】　8102. 1000
【商品名称】　钼粉
【规格型号】　粉末｜（细度）
【商品描述】　产品呈灰色粉末状，主要用于制作可控硅圆片、钼顶头等原料。钼含量≥99. 5%。
【监管证件】　4xy

【税则号列】　8102. 1000
【商品名称】　钼粉
【规格型号】　粉末｜细度 1 微米~5 微米
【商品描述】　产品呈灰色粉末状，主要用于制作大型板坯、硅化钼电热元件原料。钼含量≥99. 95%。牌号 FMo-1。
【监管证件】　4xy

【税则号列】 8102.9600

【商品名称】 钼丝

【规格型号】 丝状

【商品描述】 钼含量≥99.6%。钼丝是纯钼烧结坯料或熔炼锭经锻造、拉丝制成的丝材。这种加工时带有高压电场，连续移动以切割工件的耗材，即线切割机床加工工件时连续移动的细金属丝（叫作电极丝，也叫电极），可以对工件进行脉冲火花放电蚀除、切割金属成型。

【监管证件】 无监管证件要求

【税则号列】 8102.9900

【商品名称】 钼缸

【规格型号】 （种类）

【商品描述】 钼含量≥99.8%。表面呈银灰色或灰色金属光泽。主要用作高温炉体部件、陶瓷行业加热辅助器皿、玻璃熔炼温区的特殊部件、航空航天反应釜等。

【监管证件】 4xy

【税则号列】 8103.2011

【商品名称】 钽粉

【规格型号】 未锻轧 | 钽含量 99.5%，其他为杂质 | 松装密度<2.2 克/立方厘米

【商品描述】 原材料经分解、萃取、结晶、还原、水洗、酸洗、烘干、筛分后包装出口。

【监管证件】 4xy

【税则号列】 8103.9011

【商品名称】 钽丝

【规格型号】 锻轧 | 钽含量≥99.95% | 直径 0.4 毫米

【商品描述】 钽丝是以钽粉为原料，经轧制、拉拔等塑性加工方法制成的一种丝状钽材。钽丝在电子工业上用量最大，主要用于钽电解电容器的阳极引线。钠还原是钽粉生产主要有以下工序：钠还原→破碎→水洗→酸洗→烘干→热处理→合批。钠还原是指以金属钠为还原剂，在反应釜内将氟钽酸钾还原得到钽粉的过程，K2TaF7+5Na=Ta+2KF+5NaF。破碎是指采用破碎机、湿磨机等设备将钠还原生产的钽块粉末化以得到钽粉颗粒的过程。水洗是指采用去离子水将破碎后钽粉中易溶于水的反应副产物和杂质浸出分离出去。酸洗是指在酸洗槽中采用盐酸除去钽粉中的铁、镍、铬。

【监管证件】 4xy

【税则号列】 8103.9090

【商品名称】 锻轧钽棒

【规格型号】 已锻轧 | 条状 | 钽 99.95%，其余为杂质 | 直径 26.924 毫米×L（914.4 毫米<L<1219.2 毫米）

【商品描述】 金属牌号 RO5200。锻轧钨条具有高强度、高熔点、高硬度特性。其主要成分钨含量一般在 99.9%以上，其外观为灰白色或暗灰色条状，广泛地用于制作钨触点、电光源发热体及合金添加剂等。

【监管证件】 4xy

【税则号列】 8104.3000

【商品名称】 镁屑

【规格型号】 车屑 | 镁含量 99.9% | 粒度 1.5 毫米

【商品描述】 以镁锭为原料经车屑而得。

【监管证件】 无监管证件要求

【税则号列】 8105.2010

【商品名称】 钴湿法冶炼中间品

【规格型号】 粉末 | 氢氧化钴 | 按重量计钴平均含量 26.45% | 粒度 2~5 微米

【商品描述】 钴湿法冶炼中间体，原矿经水洗、球磨、化学除杂、沉淀等步骤制得，产品来源符合子目注释规定。

【监管证件】 4xy

【税则号列】 8106.0010

【商品名称】 未锻轧铋

【规格型号】 块状 | 未锻造 | 铋含量≥99.95%

【商品描述】 通过铋精矿或铋渣提炼而成，用于制取铋的化合物、铋制品。

【监管证件】 4xy

【税则号列】 8107.2000

【商品名称】 镉棒

【规格型号】 圆柱体 | 镉含量≥99.977% | 未锻轧 | 非废碎料 | 镉镍电池的原料

【商品描述】 略。

【监管证件】 无监管证件要求

【税则号列】 8108. 2029
【商品名称】 纯钛锭
【规格型号】 圆柱形 | 未锻轧 | 100%钛
【商品描述】 直径500毫米~1060毫米的圆锭。海绵钛经熔炼成钛锭，熔炼后经扒皮或锯切冒口后成为成品锭，属于未经过锻轧的初级产品。纯钛是新型结构材料，主要用于航天工业和航海工业。
【监管证件】 4xy

【税则号列】 8108. 9010
【商品名称】 钛棒
【规格型号】 棒状 | 已锻轧 | 合金钛
【商品描述】 直径60. 3毫米，长3048毫米~3962毫米。
【监管证件】 无监管证件要求

【税则号列】 8108. 9032
【商品名称】 钛板
【规格型号】 锻轧 | 纯钛板 | 厚16毫米
【商品描述】 略。
【监管证件】 无监管证件要求

【税则号列】 8108. 9040
【商品名称】 钛管
【规格型号】 管 | 纯钛制 | 焊接管 | 锻轧
【商品描述】 纯钛制焊接管。25. 4毫米×0. 5/0. 7毫米×18112毫米。
【监管证件】 无监管证件要求

【税则号列】 8108. 9090
【商品名称】 航空工业用钛制紧固件
【规格型号】 （形状） | （种类） | 锻轧
【商品描述】 航空工业用，钛制紧固件，主要为螺栓、铆钉等飞机制造用的标准件，材质为钛合金。
【监管证件】 无监管证件要求

【税则号列】 8108. 9090
【商品名称】 钛制螺母
【规格型号】 环形 | 钛制 | 螺母 | （加工方法）
【商品描述】 2. 4 厘米×1. 2 厘米×0. 92 厘米。
【监管证件】 无监管证件要求

【税则号列】 8108. 9090
【商品名称】 飞机用钛制铆钉
【规格型号】 （形状） | 钛合金 | 飞机用铆钉 | （加工方法）
【商品描述】 无牌名。飞机制造用的紧固件，材质为钛合金。
【监管证件】 无监管证件要求

【税则号列】 8108. 9090
【商品名称】 钛制螺母
【规格型号】 环形 | 钛制 | 未锻轧螺母
【商品描述】 直径 2. 4 厘米，内径 1. 2 厘米，长 0. 92 厘米。
【监管证件】 无监管证件要求

【税则号列】 8109. 9000
【商品名称】 锆箔
【规格型号】 箔 | 锆 | 锻轧 | 板状 | 锆 99. 8%，其他 0. 2% | 非粉末，无颗粒度指标
【商品描述】 略。
【监管证件】 3

【税则号列】 8110. 1010
【商品名称】 未锻轧锑
【规格型号】 块状 | 未锻轧锑 | 锑不少于 99. 65%，砷不超过 0. 1%，铅不超过 0. 2%，硒不超过 0. 005%
【商品描述】 略。
【监管证件】 4xy

【税则号列】 8111. 0010

【商品名称】 电解金属锰

【规格型号】 不规则片状 | 未锻轧锰 | 锰不少于 99. 7%，碳不超过 0. 04%，硫不超过 0. 05%，磷不超过 0. 005%，铁、硅、硒共计不超过 0. 205%

【商品描述】 电解金属锰是用锰矿石经酸浸出获得锰盐，再送电解槽电解析出的单质金属。外观似铁，呈不规则片状，质坚而脆，一面光亮，另一面粗糙，为银白色到褐色，加工为粉末后呈银灰色。在空气中易氧化，遇稀酸时溶解并置换出氢，其温度略高于室温时，可分解水而放出氢气。电解金属锰是钢铁工业、铝合金工业等的重要原材料。

【监管证件】 4Axy

【税则号列】 8111. 0090

【商品名称】 锰枕

【规格型号】 块状 | 锻轧 | 锰不少于 97%

【商品描述】 以电解锰片为主要原料的金属锰制品，被广泛应用于炼钢，冶炼特殊钢、有色合金等方面。

【监管证件】 4xy

【税则号列】 8112. 9230

【商品名称】 铟锭

【规格型号】 块状 | 未锻造 | 铟含量大于 99. 99%

【商品描述】 略。

【监管证件】 4xy

【税则号列】 8112. 9240

【商品名称】 铌锭

【规格型号】 圆柱体 | 未锻轧 | 铌 99%

【商品描述】 直径（320~330）毫米×1700 毫米。超导合金用原料，圆柱体、未锻轧、长约 4 米，是铌锭中临界温度最高的一种。用铌制造的合金，临界温度高达绝对温度 18. 5 度~21 度，是目前最重要的超导材料。

【监管证件】 4xy

【税则号列】 8112. 9240
【商品名称】 铌锭
【规格型号】 圆柱体 | 未锻轧 | 铌 99%
【商品描述】 超导合金用原料，圆柱体铌锭。直径（320~330）毫米×（1700~2000）毫米。
【监管证件】 4xy

【税则号列】 8113. 0010
【商品名称】 热喷涂粉末
【规格型号】 碳化铬 75%，镍铬 25% | 粉末状 | 用于表面喷涂形成耐高温及耐磨损涂层
【商品描述】 略。
【监管证件】 无监管证件要求

【税则号列】 8113. 0090
【商品名称】 圆片
【规格型号】 金属陶瓷制（将微晶陶瓷粉，PCD 碳化钨以及黏合剂高温烧结成圆片） | 圆片 | 直径 74 毫米，厚度 1. 6 毫米 | 切割成不同尺寸安装在刀具上作为刀具的刃磨部分
【商品描述】 略。
【监管证件】 无监管证件要求

第八十二章　贱金属工具、器具、利口器、餐匙、餐叉及其零件

注释：

一、除喷灯、轻便锻炉、带支架的砂轮、修指甲和修脚用器具及税目 82. 09 的货品外，本章仅包括带有用下列材料制成的刀片、工作刃、工作面或其他工作部件的物品：

（一）贱金属；

（二）硬质合金或金属陶瓷；

（三）装于贱金属、硬质合金或金属陶瓷底座上的宝石或半宝石（天然、合成或再造）；或

（四）附于贱金属底座上的磨料，当附上磨料后，所具有的切齿、沟、槽或类似结构仍保持其特性及功能。

二、本章所列物品的贱金属零件，应与该制品归入同一税目，但具体列名的零件及手工工具的工具夹具（税目 84. 66）除外。第十五类注释二所述的通用零件，均不归入本章。

电动剃须刀及电动毛发推剪的刀头、刀片应归入税目 85. 10。

三、由税目 82. 11 的一把或多把刀具与税目 82. 15 至少数量相同的物品构成的成套货品应归入税目 82. 15。

【税则号列】 8202. 9910
【商品名称】 锯条
【规格型号】 切割石材用 | 合金钢制 | 无齿锯片 | 富棱牌
【商品描述】 略。
【监管证件】 无监管证件要求

【税则号列】 8207. 1910
【商品名称】 钻头
【规格型号】 钻探 | 合金钢制 | 钻头 | 带合成金刚石工作部件 | Smith 牌
【商品描述】 略。
【监管证件】 无监管证件要求

【税则号列】 8207. 1990
【商品名称】 牙轮钻头
【规格型号】 钻探 | 合金钢 | JZ 牌
【商品描述】 牙轮钻头是一种用于石油钻井的井底器具，配合石油钻机在井底工作，主要用于对岩层进行切削破碎，实现钻进。合金钢 97%，碳化钨 3%。
【监管证件】 无监管证件要求

【税则号列】 8207. 3000
【商品名称】 通道模具
【规格型号】 冲压 | 锻模 | 合金钢制 | Stolle 牌
【商品描述】 在冲头带动下，将注胶盖打铆钉、刻线、等待拉环并将之铆合到注胶盖上，成为易拉盖成品（厚度 0. 3 毫米以下）。
【监管证件】 无监管证件要求

【税则号列】 8207. 3000
【商品名称】 冲压工具
【规格型号】 钢铁制 | 冲压模具 | GM241/FCD550
【商品描述】 钢铁制冲压模具，为轿车左侧围外板的拉延模具，不带金刚石，不带工作部件。
【监管证件】 无监管证件要求

【税则号列】 8207.3000

【商品名称】 神龙 T88 车门内板模具

【规格型号】 钢铁制 | 冲压模 | 模具用于冲压生产 T88 项目左右前后门内板零件 | 落料模 1 套，拉延模 1 套，修边模 1 套，整形模 1 套，斜楔整形 1 套 | Ogihara 牌

【商品描述】 略。

【监管证件】 无监管证件要求

【税则号列】 8207.3000

【商品名称】 侧围外板模具

【规格型号】 冲压车身工件用 | 钢铁制 | 冲压模，上模、下模（不带金刚石），不带工作部件 | 三菱牌

【商品描述】 侧围外板模具是生产劲炫车侧围外板冲压件的工艺装备。材质为钢铁。拉延模由上模、下模和压边圈构成，切边、冲孔和整形模具由上模、下模和压料板构成。工作原理为把模具安装在机械式压力机上，在模具中放入板料，由机床驱动模具完成冲压动作，板料在模具中成形。

【监管证件】 无监管证件要求

【税则号列】 8207.3000

【商品名称】 模具

【规格型号】 钢制 | 冲压模具 | （品牌）

【商品描述】 用于铝制瓶盖的第一次冲压，钢制，不带金刚石，不带工作部件。

【监管证件】 无监管证件要求

【税则号列】 8207.3000

【商品名称】 高速冲模

【规格型号】 冲压工具 | 钢铁制 | 三列，含配件 | 用于生产家用空调高频压缩机定、转子 | MHT 牌

【商品描述】 略。

【监管证件】 无监管证件要求

【税则号列】 8207.3000

【商品名称】 Jetta NF 门外板冲压模具

【规格型号】 汽车门外板冲压模具 | 冲压设备用 | 钢铁制 | 不带金刚石，不带工作部件 | （品牌）

【商品描述】 略。

【监管证件】 无监管证件要求

【税则号列】 8207. 3000

【商品名称】 拉环模具

【规格型号】 冲压 | 铁制 | Stolle 牌

【商品描述】 用途为在冲头带动下，将拉环铝料经 13 个工序制作成拉环，等待铆合到注胶盖上，以成为易拉盖成品（厚度 0. 3 毫米以下）。工艺流程：拉环铝料→拉环模具→冲定位孔→分离孔→手指孔→铆孔→切缝→预卷边→向下 90 度卷边→终卷边→铆钉孔成形。

【监管证件】 无监管证件要求

【税则号列】 8207. 7010

【商品名称】 带金刚石铣刀

【规格型号】 合金制 | 带金刚石铣刀 | W-DJ37（A） | （品牌）

【商品描述】 略。

【监管证件】 无监管证件要求

【税则号列】 8207. 7090

【商品名称】 铣刀

【规格型号】 铣削用 | 钨钢制，不带金刚石 | 无品牌

【商品描述】 略。

【监管证件】 无监管证件要求

【税则号列】 8208. 1011

【商品名称】 硬质合金涂层刀片

【规格型号】 金属加工用 | 碳钨钴合金 | 氮化钛涂层、氧化铝涂层等 | 机器用刀片 | （品牌）

【商品描述】 该产品为直接参与金属切削部分，需要装配在车削刀具、铣削刀具和钻削刀具（刀杆/刀盘）上使用，其表面有涂层以提高产品加工性能。用于碳 AK63 等数控车床及 BW60HS 等数控加工中心。

【监管证件】 无监管证件要求

【税则号列】 8208. 1019

【商品名称】 刀片

【规格型号】 机床车削金属用 | 硬质合金制 | 未经镀或涂层 | 三菱牌

【商品描述】 略。

【监管证件】 无监管证件要求

【税则号列】 8208.1090
【商品名称】 金属切割用刀片
【规格型号】 金属加工用 | 合金钢制 | 机器用刀片 | Sankvik 牌
【商品描述】 金属加工机床用合金钢制刀片。
【监管证件】 无监管证件要求

【税则号列】 8209.0090
【商品名称】 硬质合金锯齿
【规格型号】 锯片用 | 碳化钨约 90%，钴约 10% | 锯齿 | 未装配 | 无品牌
【商品描述】 11963-8.0×4.0×2.5 TS90 KCR05。
【监管证件】 无监管证件要求

【税则号列】 8211.9200
【商品名称】 水果刀
【规格型号】 有刃口 | 刃面固定 | 不锈钢制 | 水果刀 | 非成套 | 无品牌
【商品描述】 略。
【监管证件】 无监管证件要求

【税则号列】 8215.9900
【商品名称】 不锈钢餐匙
【规格型号】 餐桌用 | 没镀贵金属的餐匙 | 非成套 | 无品牌
【商品描述】 略。
【监管证件】 A

第八十三章 贱金属杂项制品

注释：

一、在本章，贱金属零件应与制品一同归类。但税目 73.12、73.15、73.17、73.18 及 73.20 的钢铁制品或其他贱金属（第七十四章至第七十六章及第七十八章至第八十一章）制的类似物品不应视为本章制品的零件。

二、税目 83.02 所称“脚轮”是指直径（对于有胎的，连胎计算在内，下同）不超过 75 毫米的或直径虽超过 75 毫米，但所装轮或胎的宽度必须小于 30 毫米的脚轮。

【税则号列】 8301.1000
【商品名称】 挂锁
【规格型号】 家用|铜制|钥匙锁|（品牌）
【商品描述】 略。
【监管证件】 无监管证件要求

【税则号列】 8301.2010
【商品名称】 机动车用中央控制门锁
【规格型号】 塑料与钢铁制|汽车用|电动锁|（品牌）
【商品描述】 略。
【监管证件】 无监管证件要求

【税则号列】 8301.2010
【商品名称】 奥迪轿车用中央控制门锁
【规格型号】 轿车用中央控制门锁|电动锁|（材质）|（品牌）
【商品描述】 略。
【监管证件】 无监管证件要求

【税则号列】 8301.4000
【商品名称】 门锁
【规格型号】 家用|不锈钢制钥匙锁|非挂锁|无品牌
【商品描述】 略。
【监管证件】 无监管证件要求

【税则号列】 8301.4000
【商品名称】 铁装门外锁
【规格型号】 家用|不锈钢制钥匙锁|非挂锁|Dexter 牌
【商品描述】 略。
【监管证件】 无监管证件要求

【税则号列】 8301.6000
【商品名称】 棘爪（锁零件）
【规格型号】 汽车用|电动锁零件|钢铁制|（品牌）
【商品描述】 略。
【监管证件】 无监管证件要求

【税则号列】 8301. 6000
【商品名称】 铜制锁芯
【规格型号】 铜制 | 锁芯 | Vachette 牌
【商品描述】 略。
【监管证件】 无监管证件要求

【税则号列】 8302. 1000
【商品名称】 合页
【规格型号】 (用途) | 铜制 | 合页 | Baldwin 牌
【商品描述】 略。
【监管证件】 无监管证件要求

【税则号列】 8302. 1000
【商品名称】 铰链
【规格型号】 建筑门窗用 | 铝合金制 | 铰链 | 无品牌
【商品描述】 略。
【监管证件】 无监管证件要求

【税则号列】 8302. 1000
【商品名称】 门铰链
【规格型号】 家具用 | 不锈钢制 | 铰链 | Hager 牌
【商品描述】 略。
【监管证件】 无监管证件要求

【税则号列】 8302. 1000
【商品名称】 铁制铰链
【规格型号】 家具用 | 铁制铰链 | 无品牌
【商品描述】 略。
【监管证件】 无监管证件要求

【税则号列】 8302. 1000
【商品名称】 铜制门铰链
【规格型号】 门窗用 | 铜制 | 铰链 | 无品牌
【商品描述】 略。
【监管证件】 无监管证件要求

【税则号列】 8302. 4100
【商品名称】 建筑用把手
【规格型号】 建筑用| 钢铁制| 把手| 无品牌
【商品描述】 略。
【监管证件】 无监管证件要求

【税则号列】 8302. 4100
【商品名称】 门拉手
【规格型号】 不锈钢制| 门拉手| 无品牌
【商品描述】 略。
【监管证件】 无监管证件要求

【税则号列】 8302. 4200
【商品名称】 家具用把手
【规格型号】 家具用| 钢铁制| 把手| 无牌
【商品描述】 略。
【监管证件】 无监管证件要求

【税则号列】 8302. 4200
【商品名称】 导轨
【规格型号】 家具用| 铁制| 导轨| （品牌）
【商品描述】 略。
【监管证件】 无监管证件要求

【税则号列】 8306. 2990
【商品名称】 铁制装饰品
【规格型号】 铁制| 未镀贵金属| 装饰品，非铃、钟、锣| 无品牌
【商品描述】 略。
【监管证件】 无监管证件要求

【税则号列】 8309. 9000
【商品名称】 易拉盖
【规格型号】 圆形| 铝合金制| 盖子| 无品牌
【商品描述】 略。
【监管证件】 无监管证件要求

【税则号列】 8309.9000
【商品名称】 300D 易拉铝盖
【规格型号】 圆形 | 铝制 | 盖子 | 用作芳香剂盖子 | 大华牌
【商品描述】 略。
【监管证件】 无监管证件要求

第十六类
机器、机械器具、电气设备及其零件；录音机及放声机、电视图像、声音的录制和重放设备及其零件、附件

注释：

一、本类不包括：

（一）第三十九章的塑料或税目40.10的硫化橡胶制的传动带、输送带；除硬质橡胶以外的硫化橡胶制的机器、机械器具、电气器具或其他专门技术用途的物品（税目40.16）；

（二）机器、机械器具或其他专门技术用途的皮革、再生皮革（税目42.05）或毛皮（税目43.03）的制品；

（三）各种材料（例如，第三十九章、第四十章、第四十四章、第四十八章及第十五类的材料）制的筒管、卷轴、纡子、锥形筒管、芯子、线轴及类似品；

（四）提花机及类似机器用的穿孔卡片（例如，归入第三十九章、第四十八章或第十五类的）；

（五）纺织材料制的传动带、输送带及其带料（税目59.10）或专门技术用途的其他纺织材料制品（税目59.11）；

（六）税目71.02至71.04的宝石或半宝石（天然、合成或再造）或税目71.16的完全以宝石或半宝石制成的物品，但已加工未装配的唱针用蓝宝石和钻石除外（税目85.22）；

（七）第十五类注释二所规定的贱金属制通用零件（第十五类）及塑料制的类似品（第三十九章）；

（八）钻管（税目73.04）；

（九）金属丝、带制的环形带（第十五类）；

（十）第八十二章或第八十三章的物品；

（十一）第十七类的物品；

（十二）第九十章的物品；

（十三）第九十一章的钟、表及其他物品；

（十四）税目82.07的可互换工具及作为机器零件的刷子（税目96.03）；类似的可互换

工具应按其构成工作部件的材料归类（例如，归入第四十章、第四十二章、第四十三章、第四十五章、第五十九章或税目68.04、69.09）；

（十五）第九十五章的物品；或

（十六）打字机色带或类似色带，不论是否带轴或装盒（应按其材料属性归类；如已上油或经其他方法处理能着色的，应归入税目96.12），或税目96.20的独脚架、双脚架、三脚架及类似品。

二、除本类注释一、第八十四章注释一及第八十五章注释一另有规定的以外，机器零件（不属于税目84.84、85.44、85.45、85.46或85.47所列物品的零件）应按下列规定归类：

（一）凡在第八十四章、第八十五章的税目（税目84.09、84.31、84.48、84.66、84.73、84.87、85.03、85.22、85.29、85.38及85.48除外）列名的货品，均应归入该两章的相应税目；

（二）专用于或主要用于某一种机器或同一税目的多种机器（包括税目84.79或85.43的机器）的其他零件，应与该种机器一并归类，或酌情归入税目84.09、84.31、84.48、84.66、84.73、85.03、85.22、85.29或85.38。但能同时主要用于税目85.17和85.25至85.28所列机器的零件，应归入税目85.17；

（三）所有其他零件应酌情归入税目84.09、84.31、84.48、84.66、84.73、85.03、85.22、85.29或85.38，如不能归入上述税目，则应归入税目84.87或85.48。

三、由两部及两部以上机器装配在一起形成的组合式机器，或具有两种及两种以上互补或交替功能的机器，除条文另有规定的以外，应按具有主要功能的机器归类。

四、由不同独立部件（不论是否分开或由管道、传动装置、电缆或其他装置连接）组成的机器（包括机组），如果组合后明显具有一种第八十四章或第八十五章某个税目所列功能，则全部机器应按其功能归入有关税目。

五、上述各注释所称“机器”，是指第八十四章或第八十五章各税目所列的各种机器、设备、装置及器具。

第八十四章　核反应堆、锅炉、机器、机械器具及其零件

注释：

一、本章不包括：

（一）第六十八章的石磨、石碾及其他物品；

（二）陶瓷材料制的机器或器具（例如，泵）及供任何材料制的机器或器具用的陶瓷零件（第六十九章）；

（三）实验室用玻璃器（税目70.17）；玻璃制的机器、器具或其他专门技术用途的物品及其零件（税目70.19或70.20）；

（四）税目73.21或73.22的物品或其他贱金属制的类似物品（第七十四章至第七十六章

或第七十八章至第八十一章);

(五) 税目 85.08 的真空吸尘器;

(六) 税目 85.09 的家用电动器具;税目 85.25 的数字照相机;

(七) 第十七类物品用的散热器;或

(八) 非机动的手工操作地板清扫器 (税目 96.03)。

二、除第十六类注释三及本章注释九另有规定以外,如果某种机器或器具既符合税目 84.01 至 84.24 中一个或几个税目的规定,或符合税目 84.86 的规定,又符合税目 84.25 至 84.80 中一个或几个税目的规定,则应酌情归入税目 84.01 至 84.24 中的相应税目或税目 84.86,而不归入税目 84.25 至 84.80 中的有关税目。

但税目 84.19 不包括:

(一) 催芽装置、孵卵器或育雏器 (税目 84.36);

(二) 谷物调湿机 (税目 84.37);

(三) 萃取糖汁的浸提装置 (税目 84.38);

(四) 纱线、织物及纺织制品的热处理机器 (税目 84.51);或

(五) 温度变化 (即使必不可少) 仅作为辅助功能的机器、设备或实验室设备。

税目 84.22 不包括:

(一) 缝合袋子或类似品用的缝纫机 (税目 84.52);或

(二) 税目 84.72 的办公室用机器。

税目 84.24 不包括:

(一) 喷墨印刷 (打印) 机器 (税目 84.43);或

(二) 水射流切割机 (税目 84.56)。

三、如果用于加工各种材料的某种机床既符合税目 84.56 的规定,又符合税目 84.57、84.58、84.59、84.60、84.61、84.64 或 84.65 的规定,则应归入税目 84.56。

四、税目 84.57 仅适用于可以完成下列不同形式机械操作的金属加工机床,但车床 (包括车削中心) 除外:

(一) 按照机械加工程序从刀具库或类似装置中自动更换刀具 (加工中心);

(二) 同时或顺序地自动使用不同的动力头对固定不动的工件进行加工 (单工位组合机床);或

(三) 自动将工件送向不同的动力头 (多工位组合机床)。

五、

(一) 税目 84.71 所称“自动数据处理设备”,是指具有以下功能的机器:

1. 存储处理程序及执行程序直接需要的起码的数据;

2. 按照用户的要求随意编辑程序;

3. 按照用户指令进行算术计算;以及

4. 在运行过程中,可不需人为干预而通过逻辑判断,执行一个处理程序,这个处理程序

可改变计算机指令的执行。

（二）自动数据处理设备可以是一套由若干单独部件所组成的系统。

（三）除本条注释（四）及（五）另有规定的以外，一个部件如果符合下列所有规定，即可视为自动数据处理系统的一部分：

1. 专用于或主要用于自动数据处理系统；

2. 可以直接或通过一个或几个其他部件同中央处理器相连接；以及

3. 能够以本系统所使用的方式（代码或信号）接收或传送数据。

自动数据处理设备的部件如果单独报验，应归入税目 84.71。

但是，键盘、X-Y 坐标输入装置及盘（片）式存储部件，只要符合上述注释（三）2 及（三）3 所列的规定，应一律作为税目 84.71 的部件归类。

（四）税目 84.71 不包括单独报验的下述设备，即使它们符合上述注释五（三）的所有规定：

1. 打印机、复印机、传真机，不论是否组合式；

2. 发送或接收声音、图像或其他数据的设备，包括有线或无线网络（例如，局域网或广域网）通信设备；

3. 扬声器及传声器（麦克风）；

4. 电视摄像机、数字照相机及视频摄录一体机；

5. 监视器及投影机，未装有电视接收装置。

（五）装有自动数据处理设备或与自动数据处理设备连接使用，但却从事数据处理以外的某项专门功能的机器，应按其功能归入相应的税目，对于无法按功能归类的，应归入未列名税目。

六、税目 84.82 还包括最大直径及最小直径与标称直径相差均不超过 1%或 0.05 毫米（以相差数值较小的为准）的抛光钢珠，其他钢珠归入税目 73.26。

七、具有一种以上用途的机器在归类时，其主要用途可作为唯一的用途对待。

除本章注释二、第十六类注释三另有规定的以外，凡任何税目都未列明其主要用途的机器，以及没有哪一种用途是主要用途的机器，均应归入税目 84.79。税目 84.79 还包括将金属丝、纺织纱线或其他各种材料以及它们的混合材料制成绳、缆的机器（例如，捻股机、绞扭机、制缆机）。

八、税目 84.70 所称“袖珍式”，仅适用于外形尺寸不超过 170 毫米×100 毫米×45 毫米的机器。

九、

（一）第八十五章注释九（一）及（二）也同样适用于本条注释及税目 84.86 中所称的“半导体器件”及“集成电路”。但本条注释及税目 84.86 所称“半导体器件”，也包括光敏半导体器件及发光二极管（LED）。

（二）本条注释及税目 84.86 所称“平板显示器的制造”，包括将各层基片制造成一层平

板，但不包括玻璃的制造或将印刷电路板或其他电子元件装配在平板上。所称“平板显示”不包括阴极射线管技术。

（三）税目84.86也包括专用于或主要用于下列用途的机器及装置：

1. 制造或修补掩膜版及投影掩膜版；

2. 组装半导体器件或集成电路；

3. 升降、搬运、装卸单晶柱、晶圆、半导体器件、集成电路及平板显示器。

（四）除第十六类注释一及第八十四章注释一另有规定的以外，符合税目84.86规定的设备及装置，应归入该税目而不归入本协调制度的其他税目。

子目注释：

一、子目8465.20所称“加工中心”，仅适用于加工木材、软木、骨、硬质橡胶、硬质塑料或类似硬质材料的加工机床。这些设备可根据机械加工程序，从刀具库或类似装置中自动更换刀具，以完成不同形式的机械加工。

二、子目8471.49所称“系统”，是指各部件符合第八十四章注释五（三）所列条件，并且至少由一个中央处理部件、一个输入部件（例如，键盘或扫描器）及一个输出部件（例如，视频显示器或打印机）组成的自动数据处理设备。

三、子目8481.20所称“油压或气压传动阀”，是指在液压或气压系统中专用于传递“流体动力”的阀门，系统以加压流体（液体或气体）的形式提供能源。这些阀门可以是各种形式的（例如，减压阀、止回阀）。子目8481.20优先于税目84.81的所有其他子目。

四、子目8482.40仅包括滚柱直径相同，最大不超过5毫米，且长度至少是直径三倍的圆滚柱轴承，滚柱的两端可以磨圆。

【税则号列】 8401.4020

【商品名称】 堆内构件

【规格型号】 核反应堆堆内构件 | 用于反应堆堆芯，起支撑燃料组件，引导控制棒的作用 | Doosan M101

【商品描述】 略。

【监管证件】 3

【税则号列】 8402.1200

【商品名称】 节能型全封闭加热系统（高压蒸汽锅炉）

【规格型号】 立式自然循环水管锅炉，燃气燃油两用型 | 蒸发量3557千克/小时 | 产生蒸汽来加热植物油 | Geka Konus | （型号）

【商品描述】 略。

【监管证件】 6A

【税则号列】 8402. 1900

【商品名称】 非水管蒸汽再生锅炉

【规格型号】 加热杀菌作用 | 非水管式 | 蒸发量为每小时 500 千克 | （品牌） | （型号）

【商品描述】 再生锅炉是通过工业蒸汽加热盘管，将容器内的去离子水加热成洁净蒸汽，喷射到产品管线中，达到在线杀菌作用。

【监管证件】 6A

【税则号列】 8402. 1900

【商品名称】 辅助锅炉

【规格型号】 高压电极锅炉 | 非火管或水管锅炉，为 XCA 辅助蒸汽系统提供蒸汽 | 蒸发量为 39 吨/时 | Zeta 牌 | ZDKI3200

【商品描述】 主要由锅炉外筒、内筒、保护箱、电极、人孔、阀门等组成，用于为 XCA 辅助蒸汽系统提供蒸汽。

【监管证件】 6A

【税则号列】 8402. 9000

【商品名称】 水冷壁支撑

【规格型号】 用于支撑锅炉水冷壁的设备，适用于 HG-2100/25. 4-YM16 型蒸汽锅炉水冷壁 | （品牌） | （型号）

【商品描述】 略。

【监管证件】 无监管证件要求

【税则号列】 8403. 1010

【商品名称】 燃气采暖热水炉（家用型）

【规格型号】 采暖和卫生热水用 | 有循环装置 | 功率 23 千瓦 | 采暖温度 30℃ ~ 80℃，热水 30℃ ~ 60℃ | Gazeco 牌 | 24-C-2 型

【商品描述】 略。

【监管证件】 6A

【税则号列】 8406. 8200

【商品名称】 汽轮机

【规格型号】 为空气压缩机提供动力 | 输出功率为 30. 218 兆瓦 | 西门子 | SST 600 HNK 40/56

【商品描述】 略。

【监管证件】 无监管证件要求

【税则号列】 8406. 8200

【商品名称】 透平蒸汽轮机

【规格型号】 不用于船舶 | 输出功率不超过 40 兆瓦 | （品牌） | BUR R-TYPE

【商品描述】 蒸汽作为工作介质，将蒸汽能转换为机械能。

【监管证件】 无监管证件要求

【税则号列】 8406. 9000

【商品名称】 高中压转子

【规格型号】 1080 兆瓦核电汽轮机用 | Alstom | HIP Rotor，ND4

【商品描述】 略。

【监管证件】 无监管证件要求

【税则号列】 8406. 9000

【商品名称】 LP2 低压转子

【规格型号】 1750 兆瓦核电汽轮机用 | Alstom | Rotor LP2 FJS2

【商品描述】 略。

【监管证件】 无监管证件要求

【税则号列】 8406. 9000

【商品名称】 汽轮机隔板

【规格型号】 汽轮机用零件，适用机型 CLN-660-24. 2/566/567 | 无品牌 | 无型号

【商品描述】 钢铁制焊接隔板，具有较高的强度和刚度、较好的严密性。

【监管证件】 无监管证件要求

【税则号列】 8406. 9000

【商品名称】 汽轮机转子

【规格型号】 用于功率 300 兆瓦汽轮机 | （品牌） | 73B. 273. 001-28-F

【商品描述】 转子由主轴、叶轮或转鼓、动叶片和联轴器等汽轮机旋转部件组成。

【监管证件】 无监管证件要求

【税则号列】 8407. 3200

【商品名称】 发动机

【规格型号】 110 毫升摩托车用的发动机 | Racal 牌 | 汽油型

【商品描述】 单缸、四冲程、风冷。由气缸盖、气缸体、活塞曲柄连杆总成、箱体、主副轴总成、离合器总成等部件组成。链传动，外形尺寸 420 毫米×320 毫米×280 毫米，C. D. I 电子点火，净质量 21 千克。发动机转速在 7500 转/分时，最大净功率为 5. 0 千瓦，转速在 6000 转/分时，最大扭矩为 7. 3 牛米。

【监管证件】 y4xA6

【税则号列】 8407. 3200

【商品名称】 发动机散件

【规格型号】 摩托车用 | 往复式活塞内燃发动机成套散件 | 排气量在 50 毫升~250 毫升 | 汽油 | Unique 牌 | （编号）

【商品描述】 略。

【监管证件】 y4xA6

【税则号列】 8407. 3200

【商品名称】 摩托车发动机

【规格型号】 摩托车用 | 四冲程汽油发动机 | 排气量 125 毫升 | （品牌） | 156FMI-2D

【商品描述】 略。

【监管证件】 y4xA6

【税则号列】 8407. 3200

【商品名称】 摩托车发动机散件

【规格型号】 摩托车用 | 排气量 90 毫升 | （品牌） | （编号）

【商品描述】 单缸四冲程风冷卧式发动机。电、脚启动，离合型式为湿式多片式，四挡变速器。

【监管证件】 y4xA6

【税则号列】 8407. 3410

【商品名称】 缸内直接喷射发动机总成

【规格型号】 轿车用汽油发动机 | 排气量 2000 毫升 | 奥迪牌 | W/06H 100 033M

【商品描述】 通过压缩燃烧室内空气与汽油，通过火花塞点燃，把热能转换为动能，为整车提供驱动力。

【监管证件】 A6

【税则号列】 8407. 3410

【商品名称】 车用发动机

【规格型号】 森雅客车用|汽油发动机|排气量 1500 毫升|大发牌|（型号）

【商品描述】 通过压缩燃烧室内空气与汽油，通过火花塞点燃，把热能转换为动能，为整车提供驱动力。

【监管证件】 A6

【税则号列】 8407. 3410

【商品名称】 发动机本体

【规格型号】 越野车用|汽油发动机成套散件|排气量 2972 毫升|三菱牌|6G728N2ZYK

【商品描述】 通过压缩燃烧室内空气与汽油，通过火花塞点燃，把热能转换为动能，为整车提供驱动力。

【监管证件】 A6

【税则号列】 8407. 9090

【商品名称】 汽油发动机

【规格型号】 用于建筑机械等搭载|四冲程汽油机发动机|排气量 163 毫升|（品牌）|GX160H1 VXHD|（转速）

【商品描述】 通过汽油燃烧将热能转换为机械动能。

【监管证件】 无监管证件要求

【税则号列】 8407. 9090

【商品名称】 水平轴汽油发动机

【规格型号】 发电机组用|汽油发动机|（品牌）|PA-CH395-0011|（转速）

【商品描述】 略。

【监管证件】 无监管证件要求

【税则号列】 8408. 1000

【商品名称】 船用柴油发动机

【规格型号】 游艇用|MTU 牌|8V2000M84L|功率 895 千瓦

【商品描述】 压燃式活塞内燃发动机，每台功率 895 千瓦（1200HP），转数 2450 转，不含齿轮箱、齿轮箱支撑、弹性联轴器。

【监管证件】 无监管证件要求

【税则号列】 8408. 1000
【商品名称】 船舶用柴油发动机
【规格型号】 拖轮用| Niigata| 8L28HX| （输出功率）
【商品描述】 柴油发动机的成套散件。
【监管证件】 无监管证件要求

【税则号列】 8408. 2010
【商品名称】 柴油发动机
【规格型号】 全路面起重机（属于特种车辆）用| 奔驰牌| OM502LA. III/1| 输出功率 350 千瓦
【商品描述】 略。
【监管证件】 6

【税则号列】 8408. 2010
【商品名称】 柴油机
【规格型号】 载货车用| 华盛牌| HS4105ZD| 功率 160 千瓦
【商品描述】 略。
【监管证件】 6

【税则号列】 8408. 9091
【商品名称】 单缸柴油机
【规格型号】 发电用| 无品牌| 输出功率 4. 41 千瓦| 转速 2600 转/分
【商品描述】 略。
【监管证件】 无监管证件要求

【税则号列】 8408. 9091
【商品名称】 压燃式活塞内燃发动机
【规格型号】 农用单缸柴油发动机| （品牌）| KN95 型| 功率 7 千瓦/台| 转速 2400 转/分
【商品描述】 成套散件。
【监管证件】 无监管证件要求

【税则号列】 8408. 9092
【商品名称】 柴油发动机
【规格型号】 用于雷沃 6T 挖掘机 | 洋马牌 | 4TNV94L-SFN2 | 输出功率 35. 5 千瓦 | 转速 2200 转/分
【商品描述】 略。
【监管证件】 无监管证件要求

【税则号列】 8408. 9093
【商品名称】 柴油机
【规格型号】 挖掘机用 | 康明斯牌 | （型号） | 输出功率 186 千瓦 | 转速 2200 转/分
【商品描述】 通过燃烧燃料和空气的混合气体，将其中的化学能转化为热能，在经过气体膨胀过程把热能转化为机械能。
【监管证件】 无监管证件要求

【税则号列】 8409. 9199
【商品名称】 混合器
【规格型号】 点燃式活塞内燃发动机用 | 非船舶用 | Econtrols | G2C00-1113060
【商品描述】 铝制，将天然气和空气充分混合。
【监管证件】 无监管证件要求

【税则号列】 8409. 9199
【商品名称】 气门
【规格型号】 汽车点燃式发动机用 | （品牌） | 1G896-11772
【商品描述】 略。
【监管证件】 无监管证件要求

【税则号列】 8409. 9199
【商品名称】 排气歧管
【规格型号】 汽车点燃式发动机用 | （品牌） | 12616287
【商品描述】 用于汽车点燃式发动机上散热，铸铁制。
【监管证件】 无监管证件要求

【税则号列】 8409.9199

【商品名称】 摇臂

【规格型号】 非船舶用｜（发动机类型）｜FORD 牌｜RK03610

【商品描述】 配合凸轮轴适时地打开门，完成发动机的进气和排气。铝合金制。

【监管证件】 无监管证件要求

【税则号列】 8409.9199

【商品名称】 引擎用缸体

【规格型号】 （适用何种用途发动机）｜（适用发动机类型）｜（品牌）｜（零件号）

【商品描述】 缸体是汽油发动机中最大的单独式部件。为了达到润滑和冷却的目的，该部件被制造成既有汽缸又有油道和水道网的缸体。另外，缸体的侧面装有机油滤清器，水泵及其他类似的辅助部件。

【监管证件】 无监管证件要求

【税则号列】 8409.9199

【商品名称】 汽缸盖喷嘴

【规格型号】 点燃式活塞发动机用｜非船舶用｜（品牌）｜（零件号）

【商品描述】 略。

【监管证件】 无监管证件要求

【税则号列】 8409.9199

【商品名称】 托架连杆

【规格型号】 点燃式活塞发动机用｜非船舶用｜（品牌）｜（零件号）

【商品描述】 略。

【监管证件】 无监管证件要求

【税则号列】 8409.9199

【商品名称】 气缸盖

【规格型号】 车辆用｜点燃往复式活塞汽油发动机用零件｜非船舶用｜大众牌｜03H103351B

【商品描述】 略。

【监管证件】 无监管证件要求

【税则号列】 8409.9199
【商品名称】 凸轮轴托架分总成
【规格型号】 丰田汽油发动机用零件|（品牌）|111043104200
【商品描述】 固定和支持凸轮轴。
【监管证件】 无监管证件要求

【税则号列】 8409.9199
【商品名称】 气缸体
【规格型号】 三菱车用|点燃式活塞内燃发动机用气缸体|（品牌）|1050B047Q
【商品描述】 略。
【监管证件】 无监管证件要求

【税则号列】 8409.9199
【商品名称】 油底壳
【规格型号】 用于康明斯车用发动机|（类型）|（品牌）|（零件号）
【商品描述】 塑料制。
【监管证件】 无监管证件要求

【税则号列】 8409.9199
【商品名称】 汽缸曲轴箱体
【规格型号】 点燃式活塞内燃发动机用曲轴缸体（奔驰E260轿车用）|奔驰|S/A2720103805
【商品描述】 略。
【监管证件】 无监管证件要求

【税则号列】 8409.9199
【商品名称】 发动机用气门挺杆盖
【规格型号】 车用点燃式活塞内燃发动机的专用零件|（品牌）|（零件号）
【商品描述】 略。
【监管证件】 无监管证件要求

【税则号列】 8409.9199
【商品名称】 进气歧管分总成
【规格型号】 汽车用｜（适用发动机类型）｜（品牌）｜13110-86G00-000
【商品描述】 由进气歧管本体、管垫、节气门体垫等零件组成，安装在节气门与汽车发动机进气门之间。发动机工作进气时，空气进入节气门后经进气歧管将空气分歧，对应发动机气缸数量分流为多道，将空气分别导入各气缸中，以便充分燃烧。
【监管证件】 无监管证件要求

【税则号列】 8409.9991
【商品名称】 柴油机零件（油嘴偶件）
【规格型号】 卡车用｜压燃式｜（品牌）｜HBX6987823
【商品描述】 为喷油器总成内的油嘴偶件，由针阀和针阀体两个零件组成一副不可互换的偶件，是压燃式柴油机燃油供给系统向发动机燃烧室喷射柴油的最终零部件。该商品为 P 系列多孔式油嘴，应用于 D12 卡车发动机，输出功率为 280 马力。
【监管证件】 无监管证件要求

【税则号列】 8409.9999
【商品名称】 喷油器
【规格型号】 车用｜压燃式｜Delphi 牌｜EJBR05301D
【商品描述】 钢铁制，压燃式活塞内燃发动机用，输出功率 55 千瓦~85 千瓦。
【监管证件】 无监管证件要求

【税则号列】 8411.1210
【商品名称】 A320 发动机
【规格型号】 涡轮风扇发动机，用于推动飞机运动｜推力超过 25 千牛顿｜IAE 牌｜V2527-A5
【商品描述】 略。
【监管证件】 3

【税则号列】 8411.1210
【商品名称】 涡轮风扇飞机发动机
【规格型号】 推力 175 千牛顿｜通过涡轮增压带动风扇旋转产生动力｜GE 牌｜CFM56
【商品描述】 略。
【监管证件】 3

【税则号列】 8411. 2210

【商品名称】 飞机用涡轮螺桨发动机

【规格型号】 飞机制造用｜以螺旋桨旋转时产生的力量作为前进的推动力｜功率 2021 千瓦｜P&W 牌｜（型号）

【商品描述】 略。

【监管证件】 无监管证件要求

【税则号列】 8411. 8200

【商品名称】 SGT–400 燃气轮机组

【规格型号】 以连续流动的气体为工质带动叶轮高速旋转，将燃料的能量转变为有用功｜功率超过 5000 千瓦｜西门子牌｜SGT–400

【商品描述】 该内燃式动力机械是一种旋转叶轮式热力发动机。它将气体压缩、加热后送入透平（涡轮）中膨胀做功，把一部分热能变为机械能。

【监管证件】 无监管证件要求

【税则号列】 8411. 9100

【商品名称】 叶片

【规格型号】 （适用机型）｜XRA 牌｜BRR21350

【商品描述】 在燃气涡轮发动机中通过对气体的压缩和膨胀，以最高效率产生强大的动力来推动飞机前进。

【监管证件】 无监管证件要求

【税则号列】 8411. 9100

【商品名称】 外环

【规格型号】 主要安装于空客 A320，型号为 APS3200 的涡轮喷气式航空发动机辅助动力系统中｜（品牌）｜4501106–16–900

【商品描述】 镍基合金高温加工制成，经激光打孔、热处理等 300 多个工序。

【监管证件】 无监管证件要求

【税则号列】 8411. 9100

【商品名称】 叶片

【规格型号】 涡轮喷气发动机用叶片｜GE｜2100M96P04

【商品描述】 略。

【监管证件】 无监管证件要求

【税则号列】 8411.9100
【商品名称】 飞机发动机叶片
【规格型号】 PW4000 发动机专用|（品牌）|（型号）
【商品描述】 涡轮风扇发动机专用。
【监管证件】 无监管证件要求

【税则号列】 8411.9100
【商品名称】 喷嘴
【规格型号】 涡轮喷气发动机用喷嘴|GE|CFM56-3
【商品描述】 略。
【监管证件】 无监管证件要求

【税则号列】 8411.9990
【商品名称】 静叶持环
【规格型号】 用于 312 兆瓦燃气轮机|MHI|G3-60024-17
【商品描述】 钢铁制，已成型。
【监管证件】 无监管证件要求

【税则号列】 8411.9990
【商品名称】 静叶隔板
【规格型号】 312 兆瓦燃气轮机用|MHI|（型号）
【商品描述】 钢铁制，已成型。
【监管证件】 无监管证件要求

【税则号列】 8411.9990
【商品名称】 燃机叶片
【规格型号】 900 兆瓦燃气轮机用叶片|MH|G0-17360
【商品描述】 略。
【监管证件】 无监管证件要求

【税则号列】 8411.9990
【商品名称】 叶片
【规格型号】 燃气轮机用叶片|（品牌）|101T3373P001
【商品描述】 略。
【监管证件】 无监管证件要求

【税则号列】 8411.9990
【商品名称】 一级动叶
【规格型号】 燃气轮机用一级动叶 | （品牌） | （型号）
【商品描述】 略。
【监管证件】 无监管证件要求

【税则号列】 8412.2100
【商品名称】 轧辊压下液压缸
【规格型号】 将油液压力转换成机械能，直线作用 | 用于轧机压下系统 | Mitsuishihitachi | （型号）
【商品描述】 略。
【监管证件】 无监管证件要求

【税则号列】 8412.2100
【商品名称】 液压缸
【规格型号】 将液压能转变为机械能，为刷辊窜辊装置提供机械能 | 做直线往复运动的液压执行元件 | SMS | 160/110×850
【商品描述】 由缸筒和缸盖、活塞和活塞杆、密封装置、缓冲装置与排气装置组成。
【监管证件】 无监管证件要求

【税则号列】 8412.2100
【商品名称】 液压油缸
【规格型号】 推土机用液压系统中的执行机构 | 靠液体的压力传递直线动力 | 山推牌 | 171-63-01000
【商品描述】 略。
【监管证件】 无监管证件要求

【税则号列】 8412.2910
【商品名称】 液压马达
【规格型号】 通过旋转运动，把液压泵通过油管传递过来的液压能转化为机械能 | 用于挖掘机 | 川崎牌 | M5×180CHB-10A-2EA/250-169-RG20D25D1-140
【商品描述】 略。
【监管证件】 无监管证件要求

【税则号列】 8412. 3100

【商品名称】 气缸

【规格型号】 通过往复运动将压缩空气的压力能转化成直线作用的机械能 | 用于控制喷油 | SMC | 40296

【商品描述】 略。

【监管证件】 无监管证件要求

【税则号列】 8412. 3100

【商品名称】 气压缸

【规格型号】 直线作用的气压动力装置 | 起支撑及缓冲作用 | （品牌） | YQL250×90×15×6×60N

【商品描述】 略。

【监管证件】 无监管证件要求

【税则号列】 8412. 9090

【商品名称】 风力发电机叶片

【规格型号】 用于风力发电机前端的风力发动机上 | LM | 48. 8P3/BA64

【商品描述】 略。

【监管证件】 无监管证件要求

【税则号列】 8413. 3029

【商品名称】 轿车活塞式内燃发动机用燃油泵

【规格型号】 用于活塞式内燃发动机 | 发动机输出功率为 85 千瓦 | 大众 | 03C 127 026 M

【商品描述】 略。

【监管证件】 无监管证件要求

【税则号列】 8413. 3030

【商品名称】 机油泵总成

【规格型号】 EA888 汽油型发动机用 | 发动机功率 118 千瓦 | 奥迪 | 06H115105AQ

【商品描述】 略。

【监管证件】 无监管证件要求

【税则号列】 8413. 3090
【商品名称】 轿车用冷却剂泵
【规格型号】 用于活塞式内燃发动机 | 功率 125 千瓦 | 奥迪 | 059 121 012 A
【商品描述】 略。
【监管证件】 无监管证件要求

【税则号列】 8413. 5031
【商品名称】 油泵
【规格型号】 液压式 | 往复式 | 挖掘机用 | HYEST | PVC8080R1NS016-YP9. 5L
【商品描述】 液压式柱塞泵，用于 YC135 挖掘机。通过液压油驱动柱塞，将吸收的发动机能量转变为液压油的压力能量从而驱动机器。
【监管证件】 无监管证件要求

【税则号列】 8413. 5031
【商品名称】 液压泵
【规格型号】 液压式 | 往复式 | 用于工程机械泵送系统 | 力士乐牌 | （型号）
【商品描述】 往复式排液泵，柱塞在柱塞腔内做直线往复运动，柱塞伸出，腔容积增大，腔内吸入油液，为吸油过程；柱塞缩回，腔容积减小，油液通过排油口排出，为排油过程。各柱塞不断往复运动，实现连续吸油和排油。该液压泵将机械能转换为液压能，在混凝土输送泵、履带吊等工程机械泵送系统上应用非常广泛，可采用电机或发动机驱动。
【监管证件】 无监管证件要求

【税则号列】 8413. 6021
【商品名称】 齿轮泵
【规格型号】 电动式齿轮泵 | 用于 SAN 反应器和脱挥器之间，排放熔融态树脂物料 | Witte | POLY 18000-320/320，POLY 7900-10/2
【商品描述】 略。
【监管证件】 3/无监管证件要求

【税则号列】 8413. 6031
【商品名称】 排水泵
【规格型号】 电驱动 | 叶片式 | 洗衣机用 | HANYU，B30-3AYC
【商品描述】 略。
【监管证件】 3/无监管证件要求

【税则号列】 8413. 6032

【商品名称】 液压式叶片泵

【规格型号】 液压式 | 离心式 | （用途） | 榆次液压 | 25VQ17A-11C20R

【商品描述】 通过叶轮的旋转，将动力机的机械能转换为势能。叶片泵转子旋转时，叶片在离心力和压力油的作用下，尖部紧贴在定子内表面上。这样两个叶片与转子和定子内表面所构成的工作容积，先由小到大吸油后再由大到小排油，叶片旋转一周时，完成两次吸油与排油。

【监管证件】 3/无监管证件要求

【税则号列】 8413. 6060

【商品名称】 液压泵（轴向柱塞泵）

【规格型号】 液压式 | （原理） | （用途） | 川崎牌 | K3V140DT-1C7R-9N34-3AV

【商品描述】 闭式高压柱塞泵，发动机工作时带动泵输入轴旋转，通过其上的补油油泵吸油口，从液压油箱吸入液压油，进入泵体后，从泵体上高压油口流出进入工作元件（马达等），带动工作元件工作。

【监管证件】 无监管证件要求

【税则号列】 8413. 6060

【商品名称】 非农业用轴向柱塞泵

【规格型号】 液压式 | 往复式 | 液压系统用 | （品牌） | R902155872

【商品描述】 通过与传动轴平行的柱塞做往复运动产生的容积变化进行，液压系统用。

【监管证件】 无监管证件要求

【税则号列】 8413. 7091

【商品名称】 三相潜水泵

【规格型号】 电动 | 用于鱼池 | 通过电磁推动叶轮转动带动水流 | 10000 转/分以下 | Jebo 牌 | AP5300，9-360W

【商品描述】 略。

【监管证件】 无监管证件要求

【税则号列】 8413. 7091

【商品名称】 潜水泵

【规格型号】 电动式潜水泵 | 用于花园灌溉 | 离心式 | 2850 转/分 | （品牌） | （型号）

【商品描述】 略。

【监管证件】 无监管证件要求

【税则号列】 8413. 7091

【商品名称】 潜水泵

【规格型号】 电磁 | 水族箱用 | 离心式 | 3000 转/分 | Little Giant 牌 | F10-1200

【商品描述】 略。

【监管证件】 无监管证件要求

【税则号列】 8413. 7099

【商品名称】 离心泵

【规格型号】 电机驱动 | 离心式泵 | 转速 4899 转/分 | 为主给水泵 | Sulzer | HPT470d

【商品描述】 略。

【监管证件】 3/无监管证件要求

【税则号列】 8413. 7099

【商品名称】 上充泵（核安全二级）

【规格型号】 非潜水式电机驱动 | 离心式泵 | 转速 4657 转/分 | （非农业用） | KSB | RHM/205. 12

【商品描述】 通过高速的旋转产生上充水流，给反应堆冷却系统提供冷却水及维持稳压器中正常液位。该货物为非农业用离心泵。

【监管证件】 3/无监管证件要求

【税则号列】 8413. 7099

【商品名称】 非农用离心泵

【规格型号】 电力驱动 | 非潜水式，离心式 | 转速 3450 转/分 | BAR 牌 | CPM130（BAR35）

【商品描述】 轴向吸入的液体由旋转的转子叶片（叶轮）带动旋转，由此而产生离心力，使液体向外流到环形外壳的边缘，外壳有一个沿切向配置的出口。有时外壳装有喉管片（扩散器叶片），用以把流体的动能转换成高压。

【监管证件】 3/无监管证件要求

【税则号列】 8413. 7099
【商品名称】 非农用离心泵
【规格型号】 电力驱动 | 非潜水式，叶片式 | 电能转化为动能再到势能，无计量装置 | 转速 2850 转/分 | EG 牌 | SCM150
【商品描述】 轴向吸入的液体由旋转的转子叶片（叶轮）带动旋转，由此而产生离心力，使液体向外流到环形外壳的边缘，外壳有一个沿切向配置的出口。有时外壳装有喉管片（扩散器叶片），用以把流体的动能转换成高压。
【监管证件】 3/无监管证件要求

【税则号列】 8413. 7099
【商品名称】 冷水泵
【规格型号】 电动 | 非潜水式，离心式 | 转速 1450 转/分 | （用途） | 荏原 | 250×200FS4LA 5110H
【商品描述】 略。
【监管证件】 3/无监管证件要求

【税则号列】 8413. 7099
【商品名称】 水泵
【规格型号】 电机驱动 | 非潜水式，离心式 | 转速 2850 转/分 | 家用抽水 | Pamir | （型号）
【商品描述】 略。
【监管证件】 3/无监管证件要求

【税则号列】 8413. 9100
【商品名称】 泵壳
【规格型号】 （适用机型） | JSPM | M3401
【商品描述】 不锈钢制，泵零件。
【监管证件】 无监管证件要求

【税则号列】 8413. 9100
【商品名称】 泵头
【规格型号】 制化工泵（磁力驱动泵、计量泵）用零件 | （品牌） | L1212
【商品描述】 不锈钢制。
【监管证件】 无监管证件要求

【税则号列】 8414. 1000
【商品名称】 真空泵
【规格型号】 对加速器、蒸发装置、离子注入装置等装置的内部排气，使其内部环境真空 | 速度 190 升/秒 | （品牌） | TMP-V2304LM
【商品描述】 略。
【监管证件】 3/无监管证件要求

【税则号列】 8414. 3011
【商品名称】 压缩机
【规格型号】 小型电驱动 | 冷藏或冷冻箱用压缩机 | 额定功率≤0. 4 千瓦 | （品牌） | LU43CY
【商品描述】 略。
【监管证件】 A

【税则号列】 8414. 3013
【商品名称】 空调压缩机（变频式）
【规格型号】 用于分体壁挂式空调，1. 5 匹以下机型用 | 电动机驱动 | 额定功率为 550 瓦 | 三菱牌 | RM-B5077MDE2
【商品描述】 无级变速。
【监管证件】 A

【税则号列】 8414. 3013
【商品名称】 压缩机
【规格型号】 空调用 | 电动机驱动 | 额定功率 3. 3 千瓦 | 三洋牌 | C-SB353H6B
【商品描述】 略。
【监管证件】 A

【税则号列】 8414. 3013
【商品名称】 空调压缩机
【规格型号】 空气调节器用定速压缩机 | 电动驱动 | 额定功率 690 瓦 | GMCC 牌 | DA108X1C-20FZ3
【商品描述】 略。
【监管证件】 A

【税则号列】 8414. 3014
【商品名称】 压缩机
【规格型号】 轨道车辆空调用 | 电动机驱动 | 额定功率为 6. 6 千瓦 | 三菱 | EY458590
【商品描述】 略。
【监管证件】 无监管证件要求

【税则号列】 8414. 3090
【商品名称】 轿车用空调压缩机
【规格型号】 发动机驱动 | 功率 5. 2 千瓦 | 奥迪 | 8KD 260 805
【商品描述】 略。
【监管证件】 无监管证件要求

【税则号列】 8414. 5110
【商品名称】 吊扇
【规格型号】 家用吊顶式 | 输出功率 50 瓦 | Anslut | 412022
【商品描述】 略。
【监管证件】 A

【税则号列】 8414. 5110
【商品名称】 装饰吊扇
【规格型号】 家用吊扇 | 电压 230 伏，输出功率 50 瓦 | FM | VT-90
【商品描述】 略。
【监管证件】 A

【税则号列】 8414. 5191
【商品名称】 16″台扇
【规格型号】 家用 | 输出功率 55 瓦 | Usha 牌 | （型号）
【商品描述】 略。
【监管证件】 A

【税则号列】 8414. 5191
【商品名称】 携带式交直流应急风扇
【规格型号】 家用台扇 | 输出功率 30 瓦 | Kunft | FT-23E
【商品描述】 略。
【监管证件】 A

【税则号列】 8414.5192
【商品名称】 落地扇
【规格型号】 家用 | 落地式 | 输出功率 50 瓦，电压 230 伏 | Kundhan 牌 | KSF-0112
【商品描述】 略。
【监管证件】 A

【税则号列】 8414.5990
【商品名称】 轿车用风扇
【规格型号】 轿车用 | 螺栓紧固 | 输出功率 600 瓦 | 奥迪 | 8K0121003P
【商品描述】 略。
【监管证件】 无监管证件要求

【税则号列】 8414.5990
【商品名称】 矿用轴流主扇风机
【规格型号】 卧式安装 | 输出功率 1400 千瓦 | （品牌） | BDK-10-№38/2X1400-6
【商品描述】 略。
【监管证件】 无监管证件要求

【税则号列】 8414.5990
【商品名称】 罗茨鼓风机
【规格型号】 用于输送空气 | 输出功率 220 千瓦 | 长风牌 | YSP335L1-8
【商品描述】 略。
【监管证件】 A

【税则号列】 8414.5990
【商品名称】 风扇
【规格型号】 工业用 | 落地式 | 输出功率 220 瓦 | Jinling | FS2-65
【商品描述】 略。
【监管证件】 无监管证件要求

【税则号列】 8414.6010
【商品名称】 抽油烟机
【规格型号】 罩长 90 厘米，宽 60 厘米 | Cadence 牌 | （型号）
【商品描述】 略。
【监管证件】 无监管证件要求

【税则号列】 8414. 6010

【商品名称】 抽油烟机

【规格型号】 罩的最大边长 70 厘米~90 厘米 | （品牌） | S96BHWZMR

【商品描述】 装有风扇。

【监管证件】 无监管证件要求

【税则号列】 8414. 8030

【商品名称】 废气涡轮增压器

【规格型号】 用于奔驰 E260 轿车，增加发动机进气量 | 压缩比 10：1 | 奔驰 | S/A2710903680

【商品描述】 略。

【监管证件】 无监管证件要求

【税则号列】 8414. 8030

【商品名称】 增压器

【规格型号】 用于船用柴油发动机进口空气增压 | 压缩比 13：1 | Caterpillar | 284-8277

【商品描述】 略。

【监管证件】 无监管证件要求

【税则号列】 8414. 8040

【商品名称】 空气压缩机

【规格型号】 为空气分离装置，提供压缩的空气 | Atlas 牌 | GT109L3K1

【商品描述】 略。

【监管证件】 3/无监管证件要求

【税则号列】 8414. 8040

【商品名称】 氢气压缩机

【规格型号】 用于压缩氢气 | 品牌 PPI | 9H-338-235

【商品描述】 压缩进入氢气压缩机内的氢气，以保证最终进入加氢反应器内氢气流量的稳定。

【监管证件】 3/无监管证件要求

【税则号列】 8414.8040
【商品名称】 离心式循环气体压缩机
【规格型号】 压缩一氧化碳等混合气体｜Siemens 牌｜STC-SO（SFO4.5）
【商品描述】 把甲醇工艺环节中的以一氧化碳为主的混合气体从反应器出口处抽出，经过压缩机升压后再送到反应器的入口处，以推动反应器加速反应。
【监管证件】 3/无监管证件要求

【税则号列】 8414.8040
【商品名称】 空气压缩机
【规格型号】 为各种气动工具提供气源｜跨越牌｜Z-0.036
【商品描述】 略。
【监管证件】 3/无监管证件要求

【税则号列】 8414.9090
【商品名称】 汽车涡轮增压器用卡箍
【规格型号】 钢铁制｜汽车涡轮增压器专用卡箍｜IHI｜NH435152
【商品描述】 略。
【监管证件】 无监管证件要求

【税则号列】 8414.9090
【商品名称】 汽车涡轮增压器用涡轮轴
【规格型号】 汽车涡轮增压器专用涡轮轴｜钢铁制｜IHI｜NH431263
【商品描述】 不用于制冷。
【监管证件】 无监管证件要求

【税则号列】 8414.9090
【商品名称】 增压器涡壳
【规格型号】 不锈钢制｜增压器涡壳｜（品牌）｜（型号）
【商品描述】 不用于制冷。
【监管证件】 无监管证件要求

【税则号列】 8415.1010
【商品名称】 2 匹窗式空调机
【规格型号】 独立式｜（品牌）｜（型号）
【商品描述】 装有电扇及调温、调湿装置。
【监管证件】 A

【税则号列】 8415. 1021
【商品名称】 空调器
【规格型号】 壁式 | 分体式 | 制冷量为 3024 大卡/时 | （品牌） | （型号）
【商品描述】 略。
【监管证件】 A

【税则号列】 8415. 1022
【商品名称】 3 匹分体空调机
【规格型号】 壁式 | 分体式 | 制冷量>4000 大卡/时 | Tadiran | 35i
【商品描述】 略。
【监管证件】 A

【税则号列】 8415. 1022
【商品名称】 2 匹分体空调机
【规格型号】 壁式 | 分体式 | 4000 大卡/时<制冷量≤12046 大卡/时 | 格力牌 | （型号）
【商品描述】 略。
【监管证件】 A

【税则号列】 8415. 2000
【商品名称】 轿车用空调
【规格型号】 轿车用空调总成 | 用于调节车内空气 | 奥迪 | 8T1 820 005
【商品描述】 略。
【监管证件】 无监管证件要求

【税则号列】 8415. 8120
【商品名称】 7 匹空调机组（冷暖）
【规格型号】 非窗式或壁式 | 装有制冷装置 | 装有冷热换向阀 | 制冷量>4000 大卡/时 | 格力牌 | GUHN60TF1A3O
【商品描述】 略。
【监管证件】 A

【税则号列】 8415. 8210
【商品名称】 移动空调
【规格型号】 装有制冷装置| 未装冷热换向阀| 制冷量为2494大卡/时| Viali牌| VPA10BTU
【商品描述】 非窗式或壁式，独立式。
【监管证件】 A

【税则号列】 8415. 8300
【商品名称】 空调机组
【规格型号】 Sinko| （结构）| SGT795
【商品描述】 未装有制冷装置的空调机组。
【监管证件】 无监管证件要求

【税则号列】 8415. 9090
【商品名称】 冷凝器箱
【规格型号】 （适用机型）|（制冷量）| 三菱牌| S/MR404879
【商品描述】 空调系统的重要组成机件，安装于水箱前方，是放出热量的设备。该设备可将蒸发器中吸收的热量连同压缩机做功所产生的热量一起传递给冷却介质带走。
【监管证件】 无监管证件要求

【税则号列】 8415. 9090
【商品名称】 汽车空调蒸发器机芯
【规格型号】 （适用机型）|（制冷量）|（品牌）| F667847Q
【商品描述】 铝制材质，为汽车空调的组成部分，其中蒸发器由三大部分组成，分别为机芯、膨胀阀及管路。其工作原理为当冷媒在蒸发器中蒸发时，蒸发器自身被冷却，通过蒸发器的气流变成冷风后被送入车内进行降温。
【监管证件】 无监管证件要求

【税则号列】 8416. 2011
【商品名称】 燃烧器
【规格型号】 其他炉用| 使用天然气| Bricmont-bloom牌| 198-18542
【商品描述】 燃烧器是将天然气与空气合理混合，使燃料稳定着火和完全燃烧的设备，为熔炉提供持续高温，将固体铝块熔化成铝水（温度720℃）。
【监管证件】 6

【税则号列】 8417. 8040
【商品名称】 燃烧转炉煤气石灰窑
【规格型号】 用于分解石灰石 | 煤气加热 | 麦尔兹牌 | R4S
【商品描述】 通过燃烧煤气加热，分解石灰石。
【监管证件】 A

【税则号列】 8417. 8090
【商品名称】 坑式加热炉主体
【规格型号】 用于加热铝或铝合金铸锭 | 天然气 | Gautschi 牌 | （型号）
【商品描述】 天然气直接燃烧加热。
【监管证件】 6A

【税则号列】 8417. 9090
【商品名称】 铜冷却板
【规格型号】 高炉专用零件 | Danieli Corus 牌 | （型号）
【商品描述】 用于高炉上，已制成型。
【监管证件】 无监管证件要求

【税则号列】 8418. 1010
【商品名称】 家用冷藏冷冻柜式电冰箱
【规格型号】 双开门冷冻冷藏冰箱 | 容积 645 升 | 三星牌 | RSG5SFPN1/XSC
【商品描述】 冷藏温度 1℃～7℃，冷冻温度-14℃～-25℃。
【监管证件】 A

【税则号列】 8418. 3029
【商品名称】 冷冻箱
【规格型号】 柜式 | 容积 218 升 | 最低制冷温度-18℃ | 新飞牌 | BC/BD-218HA
【商品描述】 用于存储各种需要冷冻的食物的专业储藏工具，使食物或其他物品保持冷冻状态的小柜。
【监管证件】 A

【税则号列】 8418.6920

【商品名称】 制冷机组

【规格型号】 压缩式|（品牌）|KM3000

【商品描述】 设备由螺杆式压缩机、冷凝器、蒸发器、油分离器、油冷却器、油过滤器、油泵、机架及微处理器控制面板构成，依靠压缩机的作用提高制冷剂的压力以实现制冷循环。

【监管证件】 3/无监管证件要求

【税则号列】 8418.6920

【商品名称】 远大吸收式制冷机组

【规格型号】 非压缩式|远大牌|BDH242X-80/120-7/12-B3-300

【商品描述】 用溴化锂溶液和水作为制冷剂，以工业废热水作为空调的能源，利用溴化锂浓稀溶液的物理特性，循环反复起到制冷制热的非电空调。

【监管证件】 无监管证件要求

【税则号列】 8418.6990

【商品名称】 膨胀机

【规格型号】 压缩式|（品牌）|（型号）

【商品描述】 空气透平增压膨胀机的结构主要由膨胀机壳体、转子轴、叶轮、轴承、键、背冒螺栓、隔热盘、背压密封、密封胶圈、温度探头及振动探头等组成，其辅助系统有增压机、密封气系统、冷吹系统、蓄压器、平衡阀等。以空气为介质，采用动力式压缩机及水冷的制冷方式工作。其原理是利用一定压力的气体在膨胀机内进行绝热膨胀对外做功而消耗气体本身的内能，从而达到使气体自身强烈冷却的目的。

【监管证件】 无监管证件要求

【税则号列】 8418.6990

【商品名称】 制冷设备

【规格型号】 压缩式|Snowkey 牌|SNGXNF-750

【商品描述】 在主机内或在成组的装置内，通过有源冷却元件连续循环，吸收液化气体（例如，氨、卤化氢等）、挥发性液体（某种船用冷藏设备中）或水在蒸发时所释放的潜热并产生低温（在 0℃左右或以下）的设备。制冷速度为每小时 750 千克。

【监管证件】 无监管证件要求

【税则号列】 8419. 1100
【商品名称】 燃气热水器
【规格型号】 非电热| 家用| Lorenzetti 牌| 2500D
【商品描述】 容量为 20 升，可以快速加热。
【监管证件】 A

【税则号列】 8419. 3200
【商品名称】 钢制杨克烘缸
【规格型号】 利用高压蒸汽烘干纸| Toscotec 牌| （型号）
【商品描述】 略。
【监管证件】 A

【税则号列】 8419. 3200
【商品名称】 烘干机
【规格型号】 木材烘干用| （品牌）|（型号）
【商品描述】 略。
【监管证件】 A

【税则号列】 8419. 3990
【商品名称】 燃气烘干炉
【规格型号】 用于涂料| 烘干| 固体| Sourdonic 牌| Soucure U27G/U
【商品描述】 用于将内外补涂的圆筒上的涂料进行烘干固化，形成空罐坚固的保护层。
【监管证件】 A

【税则号列】 8419. 3990
【商品名称】 多能超临界干燥设备
【规格型号】 用于气凝胶胶材料的超临界干燥| Separex 牌| SFD5
【商品描述】 主要用于气凝胶材料（一种新型、轻质高效隔热材料）的超临界干燥。
【监管证件】 A

【税则号列】 8419. 3990
【商品名称】 烟丝烘干机
【规格型号】 用于烘制烟丝| Garbuio 牌| RD5000
【商品描述】 超轻型不锈钢滚筒烘丝机，对烟丝进行烘制。
【监管证件】 AO

【税则号列】 8419. 5000
【商品名称】 换热器
【规格型号】 纺丝过程中热交换|（品牌）|（型号）
【商品描述】 用途为将纺丝过程排出的热空气，经凝结，使热空气得到净化，再重新供应到纺丝过程中。属于同心管道系统，以热交换为主，附带过滤器，尺寸为 2.87 米（W）×0.72 米（H）×2.74 米（L）。
【监管证件】 A

【税则号列】 8419. 6019
【商品名称】 制氧机
【规格型号】 生产气态氧和液态氧|制氧量 11500 立方米/小时|苏氧牌|KDO-11500 型
【商品描述】 略。
【监管证件】 A

【税则号列】 8419. 8990
【商品名称】 带钢温度处理装置
【规格型号】 通过温度变化改善带钢机械性能|NSEC 牌|（型号）
【商品描述】 略。
【监管证件】 A

【税则号列】 8419. 9090
【商品名称】 萃取塔用塔盘
【规格型号】 Koch-Glitsch 牌|Column internals for C-402
【商品描述】 萃取塔的工作原理为在一定压力下，利用互溶液体混合物各组分的沸点或饱和蒸汽压不同，使轻组分汽化，经多次部分液相汽化和部分气相冷凝，使气相中的轻组分和液相中的重组分浓度逐渐升高，从而实现分离。塔盘是其零件。
【监管证件】 无监管证件要求

【税则号列】 8420. 1000
【商品名称】 光学膜涂布机成套设备
【规格型号】 辊压涂布机|星光牌|SK-CO-1500
【商品描述】 光学膜及其他多种功能膜辊压涂布机。
【监管证件】 无监管证件要求

【税则号列】 8421.1920
【商品名称】 固液分离机
【规格型号】 煤焦油分离 | 福乐伟牌 | Z6E-3/441SP4.12
【商品描述】 利用离心机转子高速旋转产生强大的离心力，加快液体中不同沉降系数和浮力密度的物质的分离，从而达到将煤焦油中的焦油、氨水及煤尘炭粒进行分离。
【监管证件】 无监管证件要求

【税则号列】 8421.2199
【商品名称】 滗水器
【规格型号】 污水处理排污装置 | 虹吸方式 | 单位时间水处理量 600 立方米/小时 | RWT 牌 | FD-300
【商品描述】 滗水器为污水处理设备气浮池内的一个排污装置，捆绑于化池墙上，浮于水面。其将处理过的水通过滗水器以虹吸方式将悬浮固体留在池中，同时将过滤后的水排出生化池。
【监管证件】 无监管证件要求

【税则号列】 8421.2199
【商品名称】 净化水设备
【规格型号】 通过絮凝沉淀过滤 | 单位时间水处理量 300 立方米/小时 | 矿山净化过滤水用 | 华天牌 | HTJS-150×2
【商品描述】 略。
【监管证件】 无监管证件要求

【税则号列】 8421.2300
【商品名称】 燃油滤清器
【规格型号】 内燃发动机的滤油器 | （品牌） | W/23300-75150
【商品描述】 安装在燃油管至发动机供油管道上，对供给发动机的燃油（汽油）进行过滤，以避免喷油嘴等部件堵塞。
【监管证件】 无监管证件要求

【税则号列】 8421.2910
【商品名称】 压滤机
【规格型号】 矿山用 | 加压渗析 | （品牌） | XAGZF100/1250 0-120M2
【商品描述】 利用一种特殊的过滤介质，对对象施加一定的压力，使液体渗析出来，将混合液中的固体提取出来，实现固液分离的作用。
【监管证件】 无监管证件要求

【税则号列】 8421. 2910

【商品名称】 压力过滤机

【规格型号】 用于乳清过滤 | 加压过滤 | BHS 牌 | X20

【商品描述】 该设备内的转毂中共分四个单元区，分别为进料区、干燥区、水洗区、下料区。各单元内均安装滤布，各区的内外压差均不一样，物料在压力的作用下，固体留在滤布表面，液体穿过滤布从内管过，最终实现固液分离。

【监管证件】 无监管证件要求

【税则号列】 8421. 2990

【商品名称】 空心纤维透析器

【规格型号】 用于滤血 | 通过聚砜膜过滤血液，去除有害物质 | 海迪妮娜牌 | PS130

【商品描述】 略。

【监管证件】 3/无监管证件要求

【税则号列】 8421. 2990

【商品名称】 纳滤系统

【规格型号】 用于乳清过滤 | 通过滤膜过滤乳清中的钠、氯离子 | （品牌） | （型号）

【商品描述】 略。

【监管证件】 无监管证件要求

【税则号列】 8421. 3921

【商品名称】 电除尘器

【规格型号】 冶炼用静电式除尘器 | 功率 120 千瓦 | 蓝电牌 | LD20-3-6

【商品描述】 略。

【监管证件】 无监管证件要求

【税则号列】 8421. 3922

【商品名称】 工业用袋式除尘器

【规格型号】 工业用气体净化设备 | 滤袋过滤 | Scheuch 牌 | 型号

【商品描述】 为气体净化设备，含尘气体通过滤袋时经筛分、惯性、黏附、扩散和静电等过滤作用，使气流中的尘粒被捕集下来，从而实现气体净化的过程。过滤面积为 17000 平方米。

【监管证件】 无监管证件要求

【税则号列】 8421. 3930
【商品名称】 轿车用发动机排气过滤器
【规格型号】 轿车用三元催化转换器 | 将尾气中的有害气体转换成无害气体 | 奥迪牌 | 4G0 254 200 F
【商品描述】 略。
【监管证件】 无监管证件要求

【税则号列】 8421. 3930
【商品名称】 三元催化器
【规格型号】 车用 | 氧化还原 | 三菱牌 | S/1584A376
【商品描述】 包括陶瓷载体、外壳和接口部分，这三个部分通过焊接形成整体。当尾气通过三元催化器时，催化器里的铂、铑、钯等贵金属促进尾气进行氧化还原，使得有害气体变为水、二氧化碳等无害气体，净化后排出车外，起到环保作用。
【监管证件】 无监管证件要求

【税则号列】 8421. 3990
【商品名称】 废气过滤系统
【规格型号】 用于废气过滤 | 利用药水中和原理对有害气体进行中和进化处理 | （品牌） | （型号）
【商品描述】 略。
【监管证件】 无监管证件要求

【税则号列】 8421. 9990
【商品名称】 反渗透膜元件（工业用滤芯）
【规格型号】 工业用 | DOW 牌 | BW30-400IG
【商品描述】 材质为芳香聚酰胺，外观长筒状，已成卷，规格 8 英寸，由超薄分离层、聚砜支撑层、无纺布（由高分子材料制成）组成。其原理是通过微量的添加剂，控制分离层聚合体的解离程度，调节聚合物分离层能力。
【监管证件】 无监管证件要求

【税则号列】 8421. 9990
【商品名称】 奥迪车汽油发动机用机油滤芯
【规格型号】 汽车用 | 德国曼牌 | 06E 115 562 A
【商品描述】 滤清器零件，过滤机油杂质。
【监管证件】 无监管证件要求

【税则号列】 8422. 3010
【商品名称】 克朗斯灌装旋盖机
【规格型号】 用于灌装矿泉水 | Modulfill | VFJ（VODM-PET）1. 440-44-103
【商品描述】 略。
【监管证件】 A

【税则号列】 8422. 3010
【商品名称】 无菌液体食品灌装机
【规格型号】 灌装食品用 | 利乐 | TPA
【商品描述】 包装材料在设备上通过应用蒸汽、热空气及双氧水消毒杀菌后，并保持设备在无菌的条件下进行产品灌装。
【监管证件】 A

【税则号列】 8422. 3090
【商品名称】 封碗盖机
【规格型号】 封碗盖用（品牌） | CMS500-K
【商品描述】 主要由机架、传动电机、变速箱、凸轮连杆及其他动作机构、电气控制部分组成。机械机构把整摞容器碗一个个分开，通过旋转机构把上游整排输送过来的面饼自动翻转装入碗内，并将重量误差不合格的产品自动排出，然后利用吸盘将碗盖置于碗口，由于碗盖表面有膜，经过热压后即封合在一起。
【监管证件】 A

【税则号列】 8422. 4000
【商品名称】 多包收缩膜机
【规格型号】 Tetra Pak 牌 | MS30
【商品描述】 用聚乙烯薄膜将若干个利乐包装卷裹并收缩成联包的形式。
【监管证件】 无监管证件要求

【税则号列】 8423. 1000
【商品名称】 电子秤
【规格型号】 厨房用 | Salter 牌 | （型号）
【商品描述】 略。
【监管证件】 无监管证件要求

【税则号列】 8424. 2000
【商品名称】 喷枪
【规格型号】 喷涂油漆用| （品牌） | （型号）
【商品描述】 略。
【监管证件】 无监管证件要求

【税则号列】 8424. 3000
【商品名称】 连续式多工位双磨料型湿喷砂机
【规格型号】 喷砂| 处理刀片| （品牌） | （型号）
【商品描述】 用不同的氧化铝粒配的溶液，通过6000克的压缩空气，不同角度、不同方向的喷枪对刀片进行喷砂，使刀片表面光亮、抛光、清洁，刃口钝化。
【监管证件】 无监管证件要求

【税则号列】 8424. 8910
【商品名称】 喷头
【规格型号】 家用型喷雾器用| （型号）
【商品描述】 略。
【监管证件】 无监管证件要求

【税则号列】 8424. 8999
【商品名称】 喷涂机
【规格型号】 用于往模具上喷涂液体脱模剂| Wollin 牌| PSR4K2B
【商品描述】 略。
【监管证件】 无监管证件要求

【税则号列】 8424. 8999
【商品名称】 喷涂机器人
【规格型号】 用于汽车车身喷涂油漆| ABB 牌| IRB5400-22
【商品描述】 对汽车车身进行油漆喷涂工作，由机器人本体及相关控制柜组成，通过编制预定程序对汽车车身内外面进行喷涂工作。由于机器人操作臂可多个方向弯曲与转动，其动作类似人的手腕，可以方便地通过较小的孔伸入工件内部喷涂其内外表面。
【监管证件】 无监管证件要求

【税则号列】 8425. 3190

【商品名称】 电梯用曳引机

【规格型号】 用于提升电梯 | 无齿轮驱动 | 提升重量≤1800 千克 | （提升高度） | Thyssen-krupp 牌 | SF600

【商品描述】 带机架及安装组件。

【监管证件】 无监管证件要求

【税则号列】 8425. 4910

【商品名称】 举升千斤顶

【规格型号】 提升气垫船用 | 齿条式驱动千斤顶 | 最大提升 60 英寸 | 最大提升 3000 千克 | T-MAX 牌 | （型号）

【商品描述】 略。

【监管证件】 无监管证件要求

【税则号列】 8426. 1120

【商品名称】 桥式起重机

【规格型号】 通用型 | 起重货物用 | （品牌） | QZ5t-19. 5m A6

【商品描述】 略。

【监管证件】 无监管证件要求

【税则号列】 8426. 1190

【商品名称】 固定支架的高架移动式起重机

【规格型号】 核岛燃料厂房辅助吊车设备用，非通用 | 固定支架 | Mammoet | （型号）

【商品描述】 最大起重量 20~90 吨。

【监管证件】 无监管证件要求

【税则号列】 8426. 1190

【商品名称】 专用吊车及吊具

【规格型号】 用于吊装铜电解车间的阳极 | 双梁桥架结构 | 昆兹牌 | 4×8. 5 吨/3 吨

【商品描述】 略。

【监管证件】 无监管证件要求

【税则号列】 8426. 1942
【商品名称】 岸边集装箱起重机
【规格型号】 集装箱船舶装卸用｜桥式｜ZPMC 牌｜（型号）
【商品描述】 双吊具下 80 吨，前伸距 65 米。
【监管证件】 无监管证件要求

【税则号列】 8426. 2000
【商品名称】 塔机
【规格型号】 建筑施工用｜钢架塔结构｜东建牌｜QTZ125B 型
【商品描述】 全称“塔式起重机”，又称“塔吊”，用于建筑施工中的一种起重设备，钢架结构。
【监管证件】 O

【税则号列】 8426. 2000
【商品名称】 塔式起重机
【规格型号】 建筑业用｜塔式结构｜Yongmao 牌｜KH100
【商品描述】 包含电机部分，整机组成包括驾驶室、回转、标准节、平衡臂、臂架、地脚等部件。
【监管证件】 O

【税则号列】 8426. 4910
【商品名称】 吊管机
【规格型号】 工程用吊管机｜履带自走式｜山推牌｜SP25Y 型
【商品描述】 略。
【监管证件】 O

【税则号列】 8426. 9900
【商品名称】 墙装旋臂吊车
【规格型号】 核岛 HK 厂房用｜采用固定支架｜Comete 牌｜1DML1012LC
【商品描述】 略。
【监管证件】 无监管证件要求

【税则号列】 8427. 1090

【商品名称】 核废料运输装置

【规格型号】 带搬运装置的核废料搬运车 | 电驱动 | （品牌） | （型号） | （最大提升高度） | 最大提升重量 120 吨

【商品描述】 用于核岛乏燃料运输系统。

【监管证件】 A

【税则号列】 8427. 2090

【商品名称】 工业用铲板式搬运车

【规格型号】 用于矿用井下搬运 | 液压推进 | 最大提升重量 40000 千克 | 最大提升高度 60 厘米 | Bucyrus 牌 | MH-40

【商品描述】 略。

【监管证件】 A

【税则号列】 8427. 9000

【商品名称】 手动搬运车

【规格型号】 仓库搬运货物用 | 液压手动式 | 最大提升高度 110 毫米 | 最大提升重量 2. 5 吨

【商品描述】 略。

【监管证件】 A

【税则号列】 8428. 1010

【商品名称】 日立电梯

【规格型号】 用于载客 | 速度 3 米/秒，29 站/31 层 | 重量 1350 千克 | 日立牌 | HGH-1350-CO180（D）

【商品描述】 略。

【监管证件】 A

【税则号列】 8428. 1010

【商品名称】 载客电梯

【规格型号】 MMR | 速度 60 米/分钟 | 16 层 16 站 | 重量 1000 千克 | Sigma 牌

【商品描述】 载荷 13 人。

【监管证件】 A

【税则号列】 8428. 3300

【商品名称】 带式运输机

【规格型号】 输煤系统散料输送 | 带式 | NHI 牌 | （型号）

【商品描述】 非地下用。

【监管证件】 无监管证件要求

【税则号列】 8428. 3300

【商品名称】 皮带输送机

【规格型号】 非地下用 | （用途） | 带式 | 中博牌 | B800-630

【商品描述】 运用输送带的连续或间歇运动来输送各种轻重不同的物品，既可输送各种散料，也可输送各种纸箱、包装袋等单件重量不大的件货。

【监管证件】 无监管证件要求

【税则号列】 8428. 3910

【商品名称】 料道

【规格型号】 装配线驱动托盘运行的装置 | 链式性质运送 | Kiener 牌 | （型号）

【商品描述】 使托盘在装配线上循环运行，电机驱动。

【监管证件】 无监管证件要求

【税则号列】 8428. 3920

【商品名称】 组件测试传动线

【规格型号】 流水线生产用 | 辊式传送 | （品牌） | （型号）

【商品描述】 实现自动流水线不间断生产。

【监管证件】 无监管证件要求

【税则号列】 8428. 3990

【商品名称】 刮板运输机

【规格型号】 用于地下运送原煤 | （运送方式） | （工作构件类型） | Bucyrus 牌 | PF/1142/1342

【商品描述】 用于地下运送原煤的刮板运输机，单电机功率 1050 千瓦。

【监管证件】 无监管证件要求

【税则号列】 8428.4000

【商品名称】 电动扶梯

【规格型号】 Otis 牌 | 515NPE-L

【商品描述】 电动自动扶梯。

【监管证件】 A

【税则号列】 8428.9031

【商品名称】 垛码机

【规格型号】 对 1000 毫米×1200 毫米规格托盘进行码放 | Elematic 牌 | 3000XL

【商品描述】 垛码系统中配备六个托盘的托盘堆积仓，通过此装置，托盘自动定位在垛码位置。码好一层后，经过机械式方正度整形，最终精确且十分流畅地整层码放在托盘上。

【监管证件】 无监管证件要求

【税则号列】 8428.9090

【商品名称】 供料器

【规格型号】 贴片机输送电子元件用 | ASM 牌 | （型号）

【商品描述】 略。

【监管证件】 无监管证件要求

【税则号列】 8428.9090

【商品名称】 核反应堆燃料装卸机

【规格型号】 用于核反应堆中插入或取出燃料的操作设备 | REE 牌 | 1PMC1000LD

【商品描述】 略。

【监管证件】 3

【税则号列】 8428.9090

【商品名称】 高速冲压自动化线

【规格型号】 用于汽车冲压板件的搬运 | Gudel 牌 | （型号）

【商品描述】 不具有冲压功能，其主要设备包括磁性皮带机、电机、控制柜、输送作用的机械手。拆垛机械手从料件上抓取工件，通过皮带机的输送，到了压力机旁，再由上料机械手将工件送入压力机进行冲压，完成后由压力机间输送机械手将工件接住。

【监管证件】 无监管证件要求

【税则号列】 8428. 9090
【商品名称】 机械手
【规格型号】 用于自动转运、传输车轮 | Guedel 牌 | （型号）
【商品描述】 能模仿人手和臂的某些动作功能，用以按固定程序抓取、搬运物件或操作工具的自动操作装置。
【监管证件】 无监管证件要求

【税则号列】 8428. 9090
【商品名称】 桁架机械手
【规格型号】 用于自动化装载和卸载 | （品牌） | OP0100. GN02
【商品描述】 由横梁、支撑柱、夹持臂、控制柜、滴油盘、SPC 站等部件组成，通过电控信号进行零件的夹持和释放动作，以实现零件在自动滚道和加工设备之间的自动化装载和卸载。
【监管证件】 无监管证件要求

【税则号列】 8429. 1110
【商品名称】 推土机
【规格型号】 履带式 | 自推进式 | 发动机功率 257 千瓦 | 机械重量 39350 千克 | 山推牌 | SD32D 型
【商品描述】 履带式自推进型前面装推土铲装载的筑路机械，用于推土、平整建筑场地等。
【监管证件】 A

【税则号列】 8429. 1190
【商品名称】 山推牌推土机
【规格型号】 履带式 | 发动机功率 120 千瓦 | 机重 18160 千克 | 山推牌 | SD16 | 自推进式
【商品描述】 略。
【监管证件】 A

【税则号列】 8429. 2090
【商品名称】 平路机
【规格型号】 自推进平路机 | 发动机功率 209 千瓦 | （品牌） | GD825A-2E0
【商品描述】 略。
【监管证件】 A

【税则号列】 8429. 2090

【商品名称】 三一平地机

【规格型号】 自推进 | 发动机功率 148 千瓦 | Sany 牌 | SHG190C

【商品描述】 略。

【监管证件】 A

【税则号列】 8429. 2090

【商品名称】 平地机

【规格型号】 自推进型 | 发动机功率 160 千瓦 | 徐工牌 | GR215A

【商品描述】 利用刮刀平整地面的土方机械。

【监管证件】 A

【税则号列】 8429. 5100

【商品名称】 矿用前铲装载机

【规格型号】 轮胎式电动机驱动机器 | 自推进式 | LeTourneau 牌 | L-1150

【商品描述】 略。

【监管证件】 A

【税则号列】 8429. 5100

【商品名称】 轮式装载机

【规格型号】 自推进 | 轮胎式 | 前铲 | 柳工牌 | ZL30E

【商品描述】 轮式装载机是一种广泛应用于公路、铁路、港口、码头、煤炭、矿山、水利、国防等工程和城市等建设场所的铲土运输机械。

【监管证件】 A

【税则号列】 8429. 5100

【商品名称】 前铲装载机

【规格型号】 轮胎式 | 自推进 | SDLG 牌 | LG918

【商品描述】 前端装有铲斗，可通过开动机器挖起物料，并将物料运走卸下。有些前铲装载机的挖斗平置时可降至轮子或履带地面以下，从而掘进泥土。

【监管证件】 A

【税则号列】 8429. 5212
【商品名称】 履带式挖掘机
【规格型号】 自推进 | 可旋转 360 度 | 斗容 0. 8 立方米 | 功率 103 千瓦 | 自重 19800 千克 | 日立牌 | ZX200
【商品描述】 略。
【监管证件】 OA

【税则号列】 8429. 5212
【商品名称】 履带式液压挖掘机
【规格型号】 自推进型 | 履带式 | 上部结构可旋转 360 度 | 斗容量 0. 85 立方米 | 功率 112 千瓦 | 机重 20300 千克 | 中联牌 | ZE205E 型
【商品描述】 略。
【监管证件】 OA

【税则号列】 8430. 1000
【商品名称】 打桩机
【规格型号】 路通牌 | YD230
【商品描述】 利用冲击力将桩贯入地层的桩工机械。
【监管证件】 无监管证件要求

【税则号列】 8430. 3110
【商品名称】 电牵引采煤机
【规格型号】 自推进式 | Joy 牌 | 7LS6C
【商品描述】 略。
【监管证件】 O

【税则号列】 8430. 3130
【商品名称】 掘进机
【规格型号】 自推进式 | 天地牌 | EBH315
【商品描述】 EBH315 型特重型岩巷掘进机，适用于各种类型底板、半煤岩及岩巷的掘进，也可用于铁路、公路、水利工程等隧道的施工，由行走机构、工作机构、装运机构和转载机构组成。随着行走机构向前推进，工作机构中的切割头不断破碎岩石，并将碎岩运走。
【监管证件】 O

【税则号列】 8430.3900

【商品名称】 采煤机

【规格型号】 非自推进式 | 艾柯夫牌 | SL500

【商品描述】 由左右截割部分、左右牵引部分、电器控制系统、底托架及其他辅助装置构成。该采煤机需与刮板运输机配合使用。矿井巷道中铺设刮板运输机后，将采煤机安装在刮板运输机上，在行走电机的牵引下，实现在轨道上的正反方向移动。

【监管证件】 无监管证件要求

【税则号列】 8430.4119

【商品名称】 顶部驱动钻井机

【规格型号】 自推进型石油钻探用 | 钻探深度 5000 米 | 景宏牌 | DQ50BQ-JH

【商品描述】 略。

【监管证件】 无监管证件要求

【税则号列】 8430.4129

【商品名称】 岩芯钻机

【规格型号】 地质勘探用 | 自推进式 | 钻探深度 1000 米 | 天和众邦牌 | CSD1800

【商品描述】 非履带式，具有模块化设计、易拆卸组装、钻探效率高、便于运输、成本低、环保等特点，可广泛用于地面条件极为复杂的岩心钻探工作。

【监管证件】 无监管证件要求

【税则号列】 8430.4900

【商品名称】 石油钻探机

【规格型号】 石油钻探用 | 非自推进式 | 钻探深度 4000 米 | 四机牌 | ZJ40DB

【商品描述】 略。

【监管证件】 无监管证件要求

【税则号列】 8430.5020

【商品名称】 矿用电铲

【规格型号】 用于露天煤炭开采 | 自推进式 | 无牙轮直径 | 标准斗容 60.6 立方米 | （品牌） | 4100XPC-60+

【商品描述】 略。

【监管证件】 无监管证件要求

【税则号列】 8430. 5090

【商品名称】 水平定向钻机

【规格型号】 铺设管路用｜自推进式｜（牙轮直径）｜徐工牌｜XZ180 型

【商品描述】 在不开挖地表面的条件下，铺设多种地下公用设施（管道、电缆等）的一种施工机械。

【监管证件】 无监管证件要求

【税则号列】 8430. 6990

【商品名称】 抽油机（带电机）

【规格型号】 用于油田抽油（地面机械设备）｜非自推进式｜光杆直径 1. 5 英寸（38. 1 厘米）｜Weatherford 牌｜912-427-168

【商品描述】 略。

【监管证件】 无监管证件要求

【税则号列】 8431. 3900

【商品名称】 吊厢成套散件

【规格型号】 索道用吊箱，适用于品牌 Poma 型号 GD8 的单线循环式客运架空索道｜Sigma 牌｜C8S-190-PE

【商品描述】 略。

【监管证件】 无监管证件要求

【税则号列】 8431. 3900

【商品名称】 溜槽

【规格型号】 刮板运输机的基本组成部件，用于支撑采煤机和运送煤炭｜久益牌｜100571711

【商品描述】 略。

【监管证件】 无监管证件要求

【税则号列】 8431. 4310

【商品名称】 普通钻铤

【规格型号】 适用于 GPS-10 石油钻机｜华德莱斯牌｜203×80×65/8FH×9. 45M

【商品描述】 钻铤处在钻柱的最下部，是下部钻具组合的主要组成部分。

【监管证件】 无监管证件要求

【税则号列】 8431.4999
【商品名称】 履带（沙漠加宽）
【规格型号】 挖掘机用｜Kato 牌｜SL-B220
【商品描述】 履带是由主动轮驱动，围绕着主动轮、负重轮、诱导轮和托带轮的柔性链环，由履带板和履带销等组成。
【监管证件】 无监管证件要求

【税则号列】 8431.4999
【商品名称】 挖掘机用回转机构
【规格型号】 （品牌）｜SK130
【商品描述】 挖掘机专用的回转机构，由液压马达、减速机、回转控制相关机构组成。
【监管证件】 无监管证件要求

【税则号列】 8431.4999
【商品名称】 行走减速器
【规格型号】 挖掘机用｜Nabtesco 牌｜GM21VA-A-45/76-1
【商品描述】 液压马达和减速机的组合件，铸铁制。
【监管证件】 无监管证件要求

【税则号列】 8431.4999
【商品名称】 支重轮
【规格型号】 用于井下采煤｜自推进式｜（品牌）｜12CM15-10B
【商品描述】 装在履带内，用于承重。
【监管证件】 无监管证件要求

【税则号列】 8431.4999
【商品名称】 后机架
【规格型号】 挖掘机配件｜（品牌）｜（型号）
【商品描述】 略。
【监管证件】 无监管证件要求

【税则号列】 8431.4999
【商品名称】 采油井口
【规格型号】 抽油机用｜铁人牌｜KYF-24.5-65-78
【商品描述】 油井用设备，抽油机用。
【监管证件】 无监管证件要求

【税则号列】 8432. 1000
【商品名称】 微耕机
【规格型号】 农业、园艺用犁 | Idea 牌 | ID-750SR
【商品描述】 略。
【监管证件】 无监管证件要求

【税则号列】 8433. 5100
【商品名称】 克拉斯联合收割机主机（含随机配件）
【规格型号】 收割农作物用 | （功率） | （品牌） | TUCANO470 型
【商品描述】 联合收割机是收割农作物的联合机，能一次完成谷类作物的收割、脱粒、分离茎杆、清除杂余物等工序，从田间直接获取谷粒。
【监管证件】 无监管证件要求

【税则号列】 8433. 5910
【商品名称】 甘蔗收割机
【规格型号】 收割甘蔗用 | Case 牌 | A8000 型 | （功率）
【商品描述】 略。
【监管证件】 无监管证件要求

【税则号列】 8433. 5920
【商品名称】 六行自走式采棉机主机
【规格型号】 用于采摘棉花 | （品牌） | （型号） | （功率）
【商品描述】 略。
【监管证件】 A

【税则号列】 8433. 6090
【商品名称】 王冠分选机
【规格型号】 用于智能分选水果 | Mafroda 牌 | Pomone-IV
【商品描述】 分选精确度误差不超过 1%，速度 750 个果/分/通道。从传送带输入水果后，根据水果的大小，V 型皮带以不同速度自动对水果进行预排列；拥有精确的称重器，每通道 45 个称重果杯，上果率高于 75%，且有回果系统；带有照相探测系统，每通道双镜头探测，可分辨多种颜色差；同时还带有紫外线探照系统，每道生产线都具有双重摄像功能，可选出腐烂和表面可见瑕疵的水果，分选出的好果输出至下一环节。
【监管证件】 无监管证件要求

【税则号列】 8436. 1000

【商品名称】 造粒机

【规格型号】 用于配置动物饲料 | 咏创牌 | PM-53SC 型

【商品描述】 略。

【监管证件】 无监管证件要求

【税则号列】 8436. 2900

【商品名称】 家禽饲养用机器（鸡舍）

【规格型号】 FIT 牌 | （型号）

【商品描述】 由料塔及输料系统、乳头饮水系统、肉鸡喂料系统（绞龙送料系统）、联合通风系统、环境/生产控制系统等组成。

【监管证件】 无监管证件要求

【税则号列】 8437. 1010

【商品名称】 色选机

【规格型号】 对大米类、杂粮类（各种豆类）、茶叶类进行色选分级 | Buhler 牌 | Z+3RBL

【商品描述】 根据物料光学特性的差异，利用光电技术将颗粒物料中的异色颗粒自动分拣出来的设备。

【监管证件】 无监管证件要求

【税则号列】 8438. 5000

【商品名称】 鸡屠宰加工设备

【规格型号】 用于鸡肉制品加工 | Linco 牌 | （型号）

【商品描述】 生产能力为 12000 只/小时。

【监管证件】 A

【税则号列】 8439. 1000

【商品名称】 主线磨浆系统

【规格型号】 用于制纸浆的磨浆机 | Andritz 牌 | （型号）

【商品描述】 每天磨浆 288 吨。

【监管证件】 无监管证件要求

【税则号列】 8439. 2000
【商品名称】 卫生纸机
【规格型号】 用于面巾纸、卫生卷纸、厨房用纸的制造 | Toscotec 牌 | Ahead1. 5
【商品描述】 机纸宽度为 3450 毫米（卷纸部）。
【监管证件】 无监管证件要求

【税则号列】 8439. 2000
【商品名称】 再生纸生产设备
【规格型号】 生产再生纸用的抄造机器 | 方辉牌 | ZD-100 型
【商品描述】 略。
【监管证件】 无监管证件要求

【税则号列】 8441. 4000
【商品名称】 纸浆制品模制成型机器
【规格型号】 用于生产环保纸浆模塑制品 | （品牌） | HEFSA07U
【商品描述】 略。
【监管证件】 无监管证件要求

【税则号列】 8441. 8090
【商品名称】 面巾纸折叠机
【规格型号】 用于对面巾纸进行折叠 | 全利牌 | SOFIA-2780
【商品描述】 略。
【监管证件】 无监管证件要求

【税则号列】 8443. 1100
【商品名称】 八色卷筒纸商业胶印机
【规格型号】 八色双面印刷机 | 卷筒纸不间断连续输送进纸 | 最大印刷面积 5785 米×960 毫米 | 高斯牌 | M-600C+
【商品描述】 最大单纸路印刷速度 61000 份/小时。
【监管证件】 无监管证件要求

【税则号列】 8443. 1100
【商品名称】 高速单幅双倍径滚筒彩色报纸轮转胶印机
【规格型号】 印刷新闻报纸的印刷机 | 卷筒供纸 | 印刷尺寸为（660~860）毫米×546 毫米 | TKS | CT-4200UD
【商品描述】 最快速度 80000 对开张/小时，最大纸张幅宽 860 毫米。
【监管证件】 无监管证件要求

【税则号列】 8443. 1313
【商品名称】 小森胶印机
【规格型号】 用于高档彩色广告的制作印刷及精美画册、装潢、商标、包装制品等的印刷 | 平张式进料胶印机 | 小森 | GL-440
【商品描述】 四色，对开，单面印刷，16500 对开张/小时。
【监管证件】 无监管证件要求

【税则号列】 8443. 1319
【商品名称】 海德堡速霸对开五色平张纸胶印机
【规格型号】 将印版上的图像文字信息通过油墨转移到纸张上 | 由进纸装置引导平张进料 | 通过五个色组完成彩色印刷，并由收纸装置收集印品 | 720 毫米×1020 毫米 | 海德堡 | CD102-5 Preset Plus
【商品描述】 最大印刷速度 16200 张/小时，5 色，对开单张，单面印刷。
【监管证件】 无监管证件要求

【税则号列】 8443. 1700
【商品名称】 凹版印刷机
【规格型号】 用于印钞的凹版印刷机 | 片尺寸 780 毫米 | （进料方式） | Komori | I-311-P
【商品描述】 印刷速度小于 350 米/分。
【监管证件】 无监管证件要求

【税则号列】 8443. 1922
【商品名称】 平网印刷机
【规格型号】 用于触摸屏的生产 | 印刷面积 550 毫米×1000 毫米 | （品牌） | AS-6580-MIP
【商品描述】 略。
【监管证件】 无监管证件要求

【税则号列】 8443. 1922
【商品名称】 东伸自动平网印花机
【规格型号】 用于布料印花 | 片尺寸最宽 1850 毫米 | Ichinose | S-7000
【商品描述】 印花速度≥22 米/分。
【监管证件】 无监管证件要求

【税则号列】 8443. 3110
【商品名称】 惠普静电感光式多功能激光打印一体机
【规格型号】 具有打印、复印、扫描功能，无传真功能 | 惠普 | CB376A
【商品描述】 每分钟可打印 15 页 A4 纸（15PPM/A4）。
【监管证件】 M/无监管证件要求

【税则号列】 8443. 3110
【商品名称】 多功能复印一体机
【规格型号】 彩色复印、传真、扫描机 | 静电感光式 | 柯尼卡 | （型号）
【商品描述】 略。
【监管证件】 M/无监管证件要求

【税则号列】 8443. 3211
【商品名称】 针式打印机
【规格型号】 用于连接电脑上打印的针式打印机，360DPI，24 针 | （打印幅宽） | （打印速度） | Epson | LQ-1600K3H
【商品描述】 略。
【监管证件】 A

【税则号列】 8443. 3212
【商品名称】 激光打印机
【规格型号】 自动数据处理设备专用的激光黑白打印机 | 打印幅宽 A4 | 打印速度 20 张/分 | Samsung | ML-2165
【商品描述】 略。
【监管证件】 A

【税则号列】　8443. 3221
【商品名称】　大幅面彩色喷墨印刷机
【规格型号】　用于打印大幅面的纸张｜数字式印刷｜武藤｜VJ-1638W
【商品描述】　通过将墨滴喷射到打印介质上来，形成文字或图像。可与自动数据处理设备或网络连接，幅宽 1. 6 米。
【监管证件】　无监管证件要求

【税则号列】　8443. 3222
【商品名称】　数码印刷机
【规格型号】　利用 INDIGO 激光成像技术数字成像印刷｜惠普｜HP7500
【商品描述】　幅宽 330 毫米×482 毫米。
【监管证件】　无监管证件要求

【税则号列】　8443. 9990
【商品名称】　打印头
【规格型号】　为 PR2E 针式打印机上的主要零件｜（品牌）｜B8074000
【商品描述】　该针式打印头是 24 针、菱形排列、悬挂式的针式打印头。其悬挂在字车架上，通过字车皮带运动来带动针式打印头做平行运动从而完成打印动作。
【监管证件】　无监管证件要求

【税则号列】　8443. 9990
【商品名称】　墨盒
【规格型号】　打印机用｜Inkwell｜（型号）
【商品描述】　带芯片，含墨水。
【监管证件】　无监管证件要求

【税则号列】　8443. 9990
【商品名称】　硒鼓
【规格型号】　打印机用｜Printech 牌｜（型号）
【商品描述】　含感光鼓，含碳粉。
【监管证件】　无监管证件要求

【税则号列】 8443. 9990
【商品名称】 充电辊
【规格型号】 打印机硒鼓用零件 | 惠普 | HP1200
【商品描述】 橡胶和金属材料制。
【监管证件】 无监管证件要求

【税则号列】 8443. 9990
【商品名称】 惠普打印机硒鼓
【规格型号】 适用 LJ 等打印机，激光打印机用 | 惠普 | CE505A
【商品描述】 幅宽<A3。
【监管证件】 无监管证件要求

【税则号列】 8443. 9990
【商品名称】 感光鼓
【规格型号】 打印机用感光鼓 | 惠普 | P1505-1
【商品描述】 不含碳粉，适用于惠普打印机。
【监管证件】 无监管证件要求

【税则号列】 8444. 0040
【商品名称】 高速加弹机
【规格型号】 （用途） | （品牌） | TMT ATF-1500 FOUR
【商品描述】 可以将受热状态下的涤纶、锦纶、丙纶的 POY（预取向丝）在加弹机内通过假捻的方式，使纤维形成一定的蓬松结构，消除纤维的内应力，尺寸的稳定性得到提高，并在纤维上涂上一定的纺丝油剂，成为低收缩高蓬松的弹力丝（DTY）。
【监管证件】 无监管证件要求

【税则号列】 8445. 1321
【商品名称】 粗纱机
【规格型号】 粗纱加工用 | Toyota 牌 | FL200 型
【商品描述】 该设备将并条机产出的棉条经加工后制成一定重量、形状的粗纱，以供细纱工序使用。
【监管证件】 无监管证件要求

【税则号列】 8445. 2031

【商品名称】 全自动转杯纺纱机

【规格型号】 纺纱机 | 利用高速气流使纤维形成纱线 | 立达牌 | R60

【商品描述】 该设备主要由车头、车尾、车身（含纺纱锭位）三部分组成。利用高速气流使纤维在一定的空间内相互间产生抱合力，凝聚成束装，形成纱线。

【监管证件】 无监管证件要求

【税则号列】 8445. 2041

【商品名称】 细纱机

【规格型号】 纺棉细纱 | （原理） | Zinser | 351

【商品描述】 该设备由传动、粗纱架、牵伸系统、吸风系统、钢领板、导纱件、锭子、紧密纺装置、赛罗纺装置、自动落纱装置等部件构成。把棉粗纱通过牵伸系统形成棉细纱须条，由细纱加捻装置将须条进行加捻成纱，最后由卷绕系统将纱线卷绕成型。

【监管证件】 无监管证件要求

【税则号列】 8445. 2049

【商品名称】 环锭细纱机

【规格型号】 纺纱用 | （原理） | 青泽 | 351

【商品描述】 气动式集聚系统利用负压系统使纤维收缩、聚合，使须条边缘快速向须条中心集聚，广泛适用于低支和高支纱的加工，纺纱的原料多为棉、粘胶、人造纤维及其混纺。

【监管证件】 无监管证件要求

【税则号列】 8445. 4010

【商品名称】 自动络筒机

【规格型号】 络纱用 | （原理） | 萨维奥牌 | Polar M

【商品描述】 自动络筒机，又称自动络纱机，是采用机械打结器、机械清纱器或电子清纱器等自动装置，实现络纱过程中发送信号、自动寻头、自动换管、自动接头、故障自停和满筒自停等功能。将细纱工序送来的管纱一个接一个地卷绕成一定长度的无结筒子纱，并在卷绕过程中清除有害纱疵，供后道工序使用。同时还可实现纱线质量自动检测、络纱张力自动控制、防叠措施自动实施、络纱产量自动记载。

【监管证件】 O

【税则号列】 8446. 3050
【商品名称】 喷气织机
【规格型号】 纺织｜（原理）｜织物宽度超过 30 厘米｜Picanol｜TERRYPLUS800-6-R 230
【商品描述】 喷气织机是用压缩气流引导纬纱穿过梭口的织机，属于无梭织机的一种。其引纬系统主要由空气压缩机、喷嘴、定长储纬结构、夹纬装置和割纬刀等组成，射流由空气压缩机经喷嘴后形成。纬纱的长度根据织物幅宽的需要由定长装置控制，定长后的纬纱由储纬装置储存。纬纱引进梭口后，在布边处由夹纬装置夹住，并被割纬刀割断。
【监管证件】 O

【税则号列】 8447. 1100
【商品名称】 意大利 Lonati 单针筒丝袜机
【规格型号】 圆筒直径为 101. 6 毫米｜Lonati｜LA 系列
【商品描述】 圆形针织机。
【监管证件】 无监管证件要求

【税则号列】 8447. 2011
【商品名称】 特里科经编机
【规格型号】 （原理）｜（幅度）｜（品牌）｜HKS 2-3 180″E32
【商品描述】 该设备以织物牵拉方向与针杆平面呈 115°左右夹角为结构特点，常用来编织料、蚊帐、头巾、床单、小花纹家用织品等组织结构较简单的经编针织物。
【监管证件】 无监管证件要求

【税则号列】 8447. 2012
【商品名称】 拉舍尔经编机
【规格型号】 （原理）｜（幅度）｜（品牌）｜RSE 4-1，190″E32
【商品描述】 该设备以织物牵拉方向与针杆平面呈 140°以上夹角为结构特点，常用来编织窗帘、台布、床罩、毛毯、花边饰带、妇女内外衣、渔网、包装袋等组织结构比较复杂的经编针织物。
【监管证件】 无监管证件要求

【税则号列】 8447. 2020
【商品名称】 岛精电脑横编机
【规格型号】 根据设计系统绘图指令工作｜（幅度）｜岛精牌｜SCG122SN 4G
【商品描述】 略。
【监管证件】 无监管证件要求

【税则号列】 8447.2030

【商品名称】 缝编机

【规格型号】 使用链缝法缝织经线与纬线｜Maliwatt 牌｜14012

【商品描述】 工作速度≥20 吨/小时。

【监管证件】 无监管证件要求

【税则号列】 8447.9020

【商品名称】 电脑绣花机

【规格型号】 电脑控制机器绣花｜（品牌）｜A920

【商品描述】 略。

【监管证件】 无监管证件要求

【税则号列】 8448.1100

【商品名称】 多臂机

【规格型号】 织机用｜（品牌）｜2700

【商品描述】 由拉刀、转子杆、回综弹簧、轴承、驱动连杆、罩壳等零件构成。技术参数为16 拉，间距 12 毫米，纬循环长度 10000 纬，转速 700 转/分。用于生产各类织物，尤其适合在喷水和喷气织机上用长丝及短纤进行的织造。

【监管证件】 无监管证件要求

【税则号列】 8450.1120

【商品名称】 滚筒洗衣机

【规格型号】 摔打式洗涤｜全自动洗衣机｜干衣量 7 千克｜Westroint｜WMW-71011.ER

【商品描述】 略。

【监管证件】 A

【税则号列】 8452.2110

【商品名称】 平缝机

【规格型号】 非家用｜自动式｜兄弟牌｜BS6200A4050D3364D2

【商品描述】 略。

【监管证件】 无监管证件要求

【税则号列】 8452. 2900
【商品名称】 工业缝纫机
【规格型号】 工业缝制布料用 | 非自动式 | （品牌） | （型号）
【商品描述】 略。
【监管证件】 无监管证件要求

【税则号列】 8454. 3010
【商品名称】 卧式冷室压铸机
【规格型号】 用于生产发动机缸体精密铸件 | （品牌） | GDK2800S
【商品描述】 主要由控制系统、型腔模具、压射单元、锁模单元、液压系统、顶出单元、喷涂机器人和取件机器人等部件组成。卧式冷室压铸机压室与压射组织处于水平方位，工作过程中，将高温液态金属铝注入压室（或者型腔模具）内，压射单元向前运动，推进金属液使之经浇道填充模具型腔，金属液在高压力下冷却凝结，然后开模，顶出压铸件，然后对压铸件进行喷涂，由取件机器人取出压铸件，即完结一个压铸循环。
【监管证件】 O

【税则号列】 8454. 3090
【商品名称】 铝合金扁锭/圆锭铸造机主体
【规格型号】 铸造高性能铝合金扁锭或圆锭 | Wagstaff 牌 | （型号）
【商品描述】 略。
【监管证件】 无监管证件要求

【税则号列】 8455. 1020
【商品名称】 冷轧管机
【规格型号】 轧制钢管 | 冷轧 | Nakata 牌 | （型号）
【商品描述】 利用粗轧辊通过调整控制程序，先将钢带卷由平板形状粗轧制成圆形管状，然后利用精轧辊将粗成型的圆管精整为需要尺寸的圆形钢管，并将钢管矫直保证钢管的直线度。
【监管证件】 O

【税则号列】 8455. 2110
【商品名称】 1+1 铝合金中厚板热轧机组主体
【规格型号】 用于铝合金中厚板的热连轧机 | （品牌） | （型号）
【商品描述】 略。
【监管证件】 无监管证件要求

【税则号列】 8455. 2210
【商品名称】 高精度六辊可逆精轧机
【规格型号】 用于轧制金属板带材 | 冷轧 | Danieli frohling | 6HI510×210×145×530
【商品描述】 略。
【监管证件】 O

【税则号列】 8455. 2210
【商品名称】 四辊冷轧机
【规格型号】 用于轧制冷轧板 | 冷轧 | 新华牌 | XH/4L500
【商品描述】 略。
【监管证件】 O

【税则号列】 8455. 3000
【商品名称】 金属轧机用轧辊
【规格型号】 用于锻轧中厚板材 | （品牌） | （型号） | （规格）
【商品描述】 由铸铁锻造而成，其表面经专门的淬火处理，并经精密加工，开有槽口，辊颈外端切成梅花头状，用于锻轧中厚板材。
【监管证件】 无监管证件要求

【税则号列】 8455. 3000
【商品名称】 轧辊
【规格型号】 轧钢机用 | （品牌） | （型号） | （规格）
【商品描述】 轧辊是使金属（轧材）产生塑性变形的工具，是决定轧机效率和轧材质量的重要消耗部件。轧辊是轧钢厂轧钢机上的重要零件，利用一对或一组轧辊滚动时产生的压力来轧碾钢材。
【监管证件】 无监管证件要求

【税则号列】 8455. 9000
【商品名称】 轧机机芯
【规格型号】 用于轧机上 | Danieli | 6548
【商品描述】 用于轧机上，系金属轧机专用零件，机芯通过螺栓（液压螺母）连接到轧机底座上，形成轧机本体。
【监管证件】 无监管证件要求

【税则号列】 8456. 1100
【商品名称】 镭射钻孔机
【规格型号】 钻孔 | 激光 | Mitsubishi（三菱） | ML605GTWIII-H
【商品描述】 利用镭射光定向性好、强度高等的优良特性，对 PCB 板产生烧蚀作用，从而得到所需孔形。
【监管证件】 A

【税则号列】 8456. 1100
【商品名称】 激光切割机
【规格型号】 切割用 | 激光 | YAG | TQL-LCY620-3015
【商品描述】 激光氧气切割主要用于碳钢、钛钢及热处理钢等易氧化的金属材料，切割原理类似于氧乙炔切割，是用激光作为预热热源，用氧气等活性气体作为切割气体。喷吹出的气体一方面与切割金属作用，发生氧化反应，放出大量的氧化热；另一方面把熔融的氧化物和熔化物从反应区吹出，在金属中形成切口。
【监管证件】 A

【税则号列】 8456. 1100
【商品名称】 激光打标机
【规格型号】 打标 | 激光 | Foxconn | HZL-AT-F30
【商品描述】 用高能激光束使产品表层气化。
【监管证件】 A

【税则号列】 8456. 1100
【商品名称】 激光雕刻机
【规格型号】 雕刻 | 激光 | Foba 牌 | DP2UV
【商品描述】 利用激光雕刻各种金属材料。
【监管证件】 A

【税则号列】 8457. 1010
【商品名称】 立式综合加工机
【规格型号】 金属工件镗铣加工用 | 带刀库（21 把） | 可自动换刀 | （品牌） | （型号）
【商品描述】 略。
【监管证件】 AO

【税则号列】 8457. 1010
【商品名称】 数控立式镗铣加工中心机
【规格型号】 加工金属工件的数控镗铣加工中心 | 带刀库（21 件） | 可自动换刀 | Fanuc 牌 | α-T21iFb
【商品描述】 略。
【监管证件】 AO

【税则号列】 8457. 1020
【商品名称】 卧式数控镗铣加工中心
【规格型号】 卧式数控镗铣加工中心 | 用于加工发动机缸体 | 可自动对刀换刀 | 带刀库，最多存 40 把刀具 | Enshu 牌 | JE60S
【商品描述】 略。
【监管证件】 AO

【税则号列】 8457. 1020
【商品名称】 双卧加工中心机
【规格型号】 加工金属件的钻孔铣削加工中心 | 带刀库（36 孔） | 自动换刀 | Foxconn | L1-V2. 0
【商品描述】 略。
【监管证件】 AO

【税则号列】 8457. 1030
【商品名称】 龙门式动梁加工中心
【规格型号】 金属钻、铣 | 带刀库（刀库容量≥60 把） | 自动换刀 | DC-5ASM
【商品描述】 龙门式加工中心，用于轿车大型覆盖件模具三维复杂曲面的高速半精加工及精加工，以及二维结构面的半精加工，具有四轴联动功能。
【监管证件】 AO

【税则号列】 8457. 3000
【商品名称】 多工位组合机床
【规格型号】 轿车生产用 | 变速箱装配 | 55 个工位 | （动力头个数） | （品牌） | （型号）
【商品描述】 多种机械加工，不能自动换刀。
【监管证件】 AO

【税则号列】 8458.1100

【商品名称】 数控重型卧式车床部件（主机）

【规格型号】 NC 数控 | 车削轴内及盘内零件 | 主轴旋转轴呈水平状态 | Waldrich siegen | 2500/150-20×15000-1

【商品描述】 略。

【监管证件】 3O/无监管证件要求

【税则号列】 8458.9110

【商品名称】 数控倒立车削中心

【规格型号】 用于切削金属 | 数控 | 倒立 | （品牌） | VSC 450

【商品描述】 数控倒立车削中心的刀塔在加工时为保证刚性固定不动，靠对称框架结构的主轴托架带动主轴移动接近工件，滚动导轨的宽度和跨距保证了机床具有良好的稳定性。

【监管证件】 3O/无监管证件要求

【税则号列】 8459.4900

【商品名称】 切削金属的非数控镗床

【规格型号】 用于镗削工件上各种孔和孔系，加工平面、沟槽等 | 非数控 | （品牌） | 2A635

【商品描述】 略。

【监管证件】 A

【税则号列】 8459.6110

【商品名称】 6000 毫米铝合金板材铣面机床

【规格型号】 数控 | 龙门式铣面机床 | 用于铣削铝及铝合金板材 | Sermas | （型号）

【商品描述】 将锯切后板材铣削成高精度镜面铝板。

【监管证件】 OA

【税则号列】 8459.6110

【商品名称】 数控雕刻机

【规格型号】 数控 | 龙门式雕铣机床 | 加工金属件 | （品牌） | Carver600V-AU

【商品描述】 略。

【监管证件】 OA

【税则号列】 8459. 6190
【商品名称】 曲轴数控内铣机床
【规格型号】 数控 | 非龙门式铣床 | 用于加工曲轴主轴颈和连杆颈的外圆、内圆等的铣削 | Heller | RFK300-2-1250
【商品描述】 略。
【监管证件】 OA

【税则号列】 8460. 3100
【商品名称】 数控刃磨机床
【规格型号】 用于横向式或切削式圆棒毛坯刀具 | ANCA | MX7
【商品描述】 配备了最新的 WINXP 操作系统及 ANCA SERCOS 软件包，利用各加工轴完成产品的全自动加工，可加工直径为 1~220 毫米。
【监管证件】 A

【税则号列】 8460. 4010
【商品名称】 金属珩磨机床
【规格型号】 刀片珩磨用 | （品牌） | IBX-12/RBC
【商品描述】 通过伺服电机和机械传动机构使刀片发生自传和绕设备转台中心公转，同时使含一定量的碳化硅磨料的工业毛刷做高速旋转，采用程序控制的方式使刀片和毛刷做相对运动，从而实现刀片刃口钝化。
【监管证件】 A

【税则号列】 8460. 4020
【商品名称】 金属研磨机床
【规格型号】 （用途） | TCT | CNC2WG
【商品描述】 通过第一站上下料，第二站粗磨，第三站精磨，三站同时作业，对钻头半成品外径进行研磨。
【监管证件】 A

【税则号列】 8460. 9020
【商品名称】 金属抛光机
【规格型号】 用于产品表面金属抛光的机器 | FHS EQUIPMENT 牌 | A12115
【商品描述】 略。
【监管证件】 A

【税则号列】 8460. 9020
【商品名称】 自动圆盘湿式六立柱抛光机
【规格型号】 用于手机外壳表面抛光加工｜顺力发｜SLF-WMP-ROBAT-NC18-6PC-N41
【商品描述】 用于对手机金属外壳表面进行抛光加工，达到金属工件表面光洁度。
【监管证件】 A

【税则号列】 8461. 4090
【商品名称】 铣齿机
【规格型号】 用于粗铣弧齿锥齿轮和准双曲面齿轮｜非数控机床｜GLEASON｜606
【商品描述】 略。
【监管证件】 A

【税则号列】 8461. 5000
【商品名称】 铝合金板材加工 CNC 机床
【规格型号】 用于铝合金板材的切割｜Schelling 牌｜FTM430
【商品描述】 将大尺寸的板材切割成所需要的尺寸。锯床具有自动锯切功能，上料完成、操作者输入切割信息后，锯床的切割机装置、铝屑吸收装置、润滑系统启动工作，自动对板材进行切割。
【监管证件】 无监管证件要求

【税则号列】 8462. 1010
【商品名称】 60/70MN 快锻机组主机
【规格型号】 数控｜高速自由锻机｜用于锻造钢锭、方坯、板坯、环件和毛坯等｜SMS Meer｜(型号)
【商品描述】 略。
【监管证件】 无监管证件要求

【税则号列】 8462. 1010
【商品名称】 冲压机
【规格型号】 钢材冲压｜数控｜Simpac｜DE2P-400
【商品描述】 通过 CPU 预定程序对机器内部液压系统进行控制，以程序编制的速度和功率将钢铁板材冲压成各种半成品部件，以供车体组装线使用。
【监管证件】 无监管证件要求

【税则号列】 8462. 1010
【商品名称】 8000 吨热模锻压力机
【规格型号】 金属锻压 | 数控 | 伏龙涅什 | KA8549
【商品描述】 采用数字 PLC 控制，将金属材料经过高温加热，依靠热模锻压力机和金属制造的模具工装压制成需要的形状，再经过热处理、机械加工即可得到需要的零件。
【监管证件】 无监管证件要求

【税则号列】 8462. 1090
【商品名称】 热模锻压力机
【规格型号】 加工金属用 | 热模锻造 | 非数控 | Hosung 牌 | HFP3100
【商品描述】 公称压力 3100 吨。
【监管证件】 无监管证件要求

【税则号列】 8462. 2110
【商品名称】 数控矫直机
【规格型号】 传动器生产线用 | 输入输出轴矫直 | （品牌） | M-AH 20
【商品描述】 略。
【监管证件】 无监管证件要求

【税则号列】 8462. 3110
【商品名称】 数控板带纵剪机床
【规格型号】 纵剪钢板用 | 数控 | 威泰 | SL-1500-015
【商品描述】 纵切钢板至设定宽度，将钢卷依加工需求通过分条机（纵剪机）的上、下圆盘刀片转动，将钢卷进行切割分成若干窄条钢带。
【监管证件】 无监管证件要求

【税则号列】 8462. 3120
【商品名称】 数控板带横剪机
【规格型号】 加工金属卷板 | 数控 | Novastilmec | CTL3-16×2200
【商品描述】 用于将金属卷板经过开卷、校平、定尺、剪切成所需长度的平整板料并堆垛。适用于加工冷轧和热轧碳钢、硅钢、马口铁、不锈钢及表面涂镀后的各类金属材料。
【监管证件】 无监管证件要求

【税则号列】 8462. 9990
【商品名称】 差速器总成压铆设备
【规格型号】 压铆机 | 用于装配差速器 | （品牌） | （型号）
【商品描述】 略。
【监管证件】 无监管证件要求

【税则号列】 8463. 1020
【商品名称】 拉丝机
【规格型号】 拉拔铜式 | MMH | （型号）
【商品描述】 完整的拉丝机配置放线架、拉丝机、退火机、张力控制器、收线机等装置，用于将大规格的铜线拉拔成小规格的铜线。
【监管证件】 无监管证件要求

【税则号列】 8463. 9000
【商品名称】 花键滚轧机
【规格型号】 用于加工轴类零件上的花键 | Profiroll 牌 | （型号）
【商品描述】 采用冷搓工艺（冷挤压成型，属冷轧制法）对置于搓板间的工件进行加工，随搓板相对运动对零件产生外力作用。
【监管证件】 3/无监管证件要求

【税则号列】 8464. 2010
【商品名称】 玻璃冷加工研磨或抛光机床
【规格型号】 Satisloh | GI-3P
【商品描述】 对玻璃等硬脆光学工件材料进行铣磨等加工。
【监管证件】 无监管证件要求

【税则号列】 8464. 2090
【商品名称】 精密单面研磨机
【规格型号】 蓝宝石片研磨加工 | AM | ASL-910F
【商品描述】 是对蓝宝石片进行研磨加工，将其研磨至产品设计所需要的厚度。
【监管证件】 无监管证件要求

【税则号列】 8464.9090
【商品名称】 多线切割机
【规格型号】 蓝宝石切割用 | Takatori | MWS-612DD
【商品描述】 将金属线绕于多沟的槽轮内，将蓝宝石晶棒安装于工作台上，最高以700米/秒的线速度控制往返运转，按照所约定的间距来切割成若干枚相同厚度的片。
【监管证件】 无监管证件要求

【税则号列】 8465.9100
【商品名称】 锯木机
【规格型号】 将大毛方或毛方材锯成板材、方材 | （品牌） | （型号） | ED-04-17
【商品描述】 略。
【监管证件】 无监管证件要求

【税则号列】 8465.9200
【商品名称】 四面削方机
【规格型号】 利用四方刀将原木削成四方形的方材 | Optimil | MARK II
【商品描述】 略。
【监管证件】 无监管证件要求

【税则号列】 8465.9200
【商品名称】 刀环式刨片机
【规格型号】 用于生产高质量木质刨花 | 对小木片和废单板进行刨削 | 迈耶（Maier） | MRZ 1400MR60 HS
【商品描述】 略。
【监管证件】 无监管证件要求

【税则号列】 8466.1000
【商品名称】 铣刀盘
【规格型号】 用于铣床，将刀具固定其上 | Walter | 572895-727
【商品描述】 略。
【监管证件】 无监管证件要求

【税则号列】 8466. 2000
【商品名称】 数控镗铣加工中心机用治具
【规格型号】 数控镗铣加工中心机夹持工件用 | （品牌） | （型号）
【商品描述】 略。
【监管证件】 无监管证件要求

【税则号列】 8466. 2000
【商品名称】 数控镗铣加工中心机用治具
【规格型号】 CNC 加工机夹持固定产品用 | （品牌） | 57HO-MMC70-3300-A1
【商品描述】 钢铁制。
【监管证件】 无监管证件要求

【税则号列】 8466. 9390
【商品名称】 车床体
【规格型号】 切削金属车床用 | 床体部分 | （品牌） | （型号）
【商品描述】 铸铁制。
【监管证件】 无监管证件要求

【税则号列】 8466. 9400
【商品名称】 钢配件（直推杆）
【规格型号】 精密冲压 | 机床零件 | （品牌） | （型号）
【商品描述】 直推杆。
【监管证件】 无监管证件要求

【税则号列】 8467. 2100
【商品名称】 冲击钻
【规格型号】 电动 | 手提式 | Интерскол 牌 | DU-13/580ER
【商品描述】 略。
【监管证件】 A

【税则号列】 8467. 2910
【商品名称】 角向磨光机
【规格型号】 电动 | 手提式 | Interskol 牌 | USHM-125/1100E 型
【商品描述】 略。
【监管证件】 A

【税则号列】 8471.4140

【商品名称】 个人电脑（台式一体机）

【规格型号】 海尔 | 乐趣 Q20-D010（HDP-9181），18.5 英寸 | LINUX 系统 | 同一机壳内同时装有处理器、显示屏和触摸屏

【商品描述】 略。

【监管证件】 A

【税则号列】 8471.4940

【商品名称】 桌上型个人电脑

【规格型号】 微型机 | 21.5 英寸 LED 液晶屏 | CPU2.5GHZ，500G 硬盘，4GB 内存，带光驱、鼠标、键盘输入和输出装置 | 操作系统 Mac OS X Snow Leopar | Apple 牌 | A1311（MC309CH/A）

【商品描述】 略。

【监管证件】 无监管证件要求

【税则号列】 8471.5020

【商品名称】 小型机主机

【规格型号】 16 个 CPU，主频 3.0GHz，64GB 内存，2 个 600GB 硬盘 |（操作系统）| IBM 牌 | P750

【商品描述】 略。

【监管证件】 无监管证件要求

【税则号列】 8471.5040

【商品名称】 微型机用主机

【规格型号】 含主板 H61H2-AM | 500GB 硬盘 | 2GB 内存，不带输出和输入装置 | Acer 牌 | AM1000-10

【商品描述】 略。

【监管证件】 无监管证件要求

【税则号列】 8471.6071

【商品名称】 键盘

【规格型号】 计算机用 | CD-R King 牌 | KB-007U-H |（有线、无线）

【商品描述】 计算机用键盘。

【监管证件】 无监管证件要求

【税则号列】 8471.6072
【商品名称】 鼠标
【规格型号】 计算机用 | Beetel 牌 | Click 111 | （有线、无线）
【商品描述】 计算机用鼠标。
【监管证件】 无监管证件要求

【税则号列】 8471.7010
【商品名称】 硬盘（硬盘驱动器）
【规格型号】 （缓存） | 容量 500GB | 转速 5900 转/分 | Seagate 牌 | （型号）
【商品描述】 略。
【监管证件】 无监管证件要求

【税则号列】 8471.7010
【商品名称】 3.5″硬盘驱动器
【规格型号】 （缓存） | 容量 250GB | 转速 7200 转/分 | Western digital 牌
【商品描述】 略。
【监管证件】 无监管证件要求

【税则号列】 8471.7010
【商品名称】 移动硬盘
【规格型号】 容量 1TB，缓存 8M | 转速 5400 转/分 | Adata 牌 | AHD710-1TU3-CYL
【商品描述】 USB3.0 接口，用于微机。
【监管证件】 无监管证件要求

【税则号列】 8471.7030
【商品名称】 可读写光驱
【规格型号】 笔记本电脑用可读写光驱 | 松下 | UJ8COADTJ6-B
【商品描述】 略。
【监管证件】 无监管证件要求

【税则号列】 8471.7090
【商品名称】 磁盘阵列
【规格型号】 NETAPP | FAS3210-R5
【商品描述】 用于大容量存储。
【监管证件】 无监管证件要求

【税则号列】 8471.8000
【商品名称】 显卡
【规格型号】 AMD 牌 | 102-C44501-00 型
【商品描述】 计算机上科研测试用显卡。
【监管证件】 无监管证件要求

【税则号列】 8471.8000
【商品名称】 视频卡
【规格型号】 (品牌) | 666290-ZH1
【商品描述】 计算机用视频卡。
【监管证件】 无监管证件要求

【税则号列】 8471.9000
【商品名称】 条码扫描器
【规格型号】 Datalogic 牌 | GD4430-BK-HD
【商品描述】 又称条码阅读器，用于读取条码所包含信息的阅读设备，利用光学原理，把条形码的内容解码后通过数据线或无线的方式传输到电脑或其他设备。
【监管证件】 无监管证件要求

【税则号列】 8472.9010
【商品名称】 ATM 自动柜员机
【规格型号】 仅用于自助取款 | 配置有主控部、显示器、密码键盘、出钞器、读卡器、凭条打印机、电源、保险柜、摄像机等部件 | Nautilus | Monimax 5600T | (安装方式)
【商品描述】 略。
【监管证件】 无监管证件要求

【税则号列】 8472.9010
【商品名称】 存取款一体机
【规格型号】 用于自助存取款 | 配置有 1 个存钞箱，1 个废钞箱，2 个循环钞箱，1 个保险柜 | LG 牌 | 6635 | (安装方式)
【商品描述】 略。
【监管证件】 无监管证件要求

【税则号列】 8473. 3090
【商品名称】 装饰片
【规格型号】 笔记本电脑用 | Apple 牌 | K93
【商品描述】 塑胶制，已成型。
【监管证件】 无监管证件要求

【税则号列】 8473. 3090
【商品名称】 散热器（电脑用）
【规格型号】 微机 CPU 专用的风冷式散热器 | （品牌） | DP6-8HDSA-X1-GPS2
【商品描述】 工作时通过导热膏把 CPU 运行过程中产生的热量导出并迅速传导到散热鳍片上，再通过轴流风扇把热量排走，以达到对 CPU 快速散热的目的。其结构分为上下两层，上层为带卡扣电源线的轴流风扇（含导风罩），下层为圆形放射状铝合金散热鳍片，十字对称的四个顶角处装有固定弹簧螺杆，底部与 CPU 结合处涂有导热膏，外罩透明吸塑盘。
【监管证件】 无监管证件要求

【税则号列】 8473. 3090
【商品名称】 内存
【规格型号】 笔记本电脑专用 | （品牌） | ATR32AAM5K6
【商品描述】 用于记忆数据。
【监管证件】 无监管证件要求

【税则号列】 8473. 3090
【商品名称】 保护盖
【规格型号】 笔记本电脑用 | （品牌） | BM111 TOP-CASE-FP
【商品描述】 略。
【监管证件】 无监管证件要求

【税则号列】 8473. 3090
【商品名称】 盖子组件
【规格型号】 平板电脑后壳组件 | （品牌） | AZ0114002
【商品描述】 略。
【监管证件】 无监管证件要求

【税则号列】 8473. 3090
【商品名称】 金属部件（键盘盖）
【规格型号】 笔记本电脑用|（品牌）|（型号）
【商品描述】 铝合金制。
【监管证件】 无监管证件要求

【税则号列】 8473. 3090
【商品名称】 固定支架
【规格型号】 笔记本电脑用|（品牌）|（型号）
【商品描述】 不锈钢制。
【监管证件】 无监管证件要求

【税则号列】 8473. 3090
【商品名称】 防磁屏蔽罩（钢铁制）
【规格型号】 掌上电脑用|（品牌）|（型号）
【商品描述】 略。
【监管证件】 无监管证件要求

【税则号列】 8473. 3090
【商品名称】 主机板
【规格型号】 微型服务器用|（品牌）|（型号）
【商品描述】 不带 CPU 及内存条。
【监管证件】 无监管证件要求

【税则号列】 8473. 3090
【商品名称】 掌上电脑显示屏组件
【规格型号】 掌上电脑用，适用机型 GT-P7500|三星|GH96-05046D
【商品描述】 液晶模组。
【监管证件】 无监管证件要求

【税则号列】 8473. 3090
【商品名称】 支架组件
【规格型号】 电脑支架组件|（品牌）|（型号）
【商品描述】 略。
【监管证件】 无监管证件要求

【税则号列】 8473. 3090
【商品名称】 笔记本电脑机壳构件
【规格型号】 Asus 牌 | 13GNF51AP068
【商品描述】 略。
【监管证件】 无监管证件要求

【税则号列】 8473. 3090
【商品名称】 电脑机箱
【规格型号】 组装台式机电脑用机箱，适用于微型机 | Dell 牌 | OPTIPLEX 3010
【商品描述】 箱内含主板、散热风扇，不含 CPU，内存、硬盘、小卡。
【监管证件】 无监管证件要求

【税则号列】 8473. 3090
【商品名称】 固定支架（铜合金制）
【规格型号】 掌上电脑用 | （品牌） | （型号）
【商品描述】 略。
【监管证件】 无监管证件要求

【税则号列】 8473. 3090
【商品名称】 笔记本电脑上盖
【规格型号】 笔记本电脑零配件 | （品牌） | FM112LCDFront
【商品描述】 略。
【监管证件】 无监管证件要求

【税则号列】 8473. 4010
【商品名称】 出钞机（用于银行柜员机）
【规格型号】 安装于银行柜员机 | （品牌） | （型号）
【商品描述】 略。
【监管证件】 无监管证件要求

【税则号列】 8474. 1000
【商品名称】 振动筛
【规格型号】 用于筛选分离钻井泥浆 | Derrick | DP-626
【商品描述】 略。
【监管证件】 无监管证件要求

【税则号列】 8474. 1000
【商品名称】 振动斜板浓密机
【规格型号】 振动分离筛选分级矿石用设备 | （品牌） | ZXN-800 型
【商品描述】 根据斜板设备存在的斜板通道堵塞、斜板组散落等问题而开发的新一代斜板沉降设备，以物理法为基础。
【监管证件】 无监管证件要求

【税则号列】 8474. 1000
【商品名称】 浮选机
【规格型号】 适用于矿石分选选别的设备 | （品牌） | KYF-16
【商品描述】 略。
【监管证件】 无监管证件要求

【税则号列】 8474. 2010
【商品名称】 双齿辊破碎机（带转载装置）
【规格型号】 采用两根水平式安装的轴相向运动破碎岩矿物料 | （品牌） | MMD1150
【商品描述】 略。
【监管证件】 无监管证件要求

【税则号列】 8474. 2020
【商品名称】 水泥球磨机
【规格型号】 Pengfei 牌 | MGX2290
【商品描述】 主要用于水泥厂成品及原料的粉磨，也适用于冶金、化工、电力等工矿企业中各种矿石的粉磨，以及其他可磨性物料的粉磨。
【监管证件】 无监管证件要求

【税则号列】 8474. 2020
【商品名称】 湿式溢流型球磨机
【规格型号】 矿山用球磨式磨碎或磨粉设备 | 滚动撞击破碎 | （品牌） | MQY2736
【商品描述】 略。
【监管证件】 无监管证件要求

【税则号列】 8474. 2020
【商品名称】 直筒球磨机
【规格型号】 选矿用设备 | 矿石在直筒中由钢铁研磨球挤压破碎 | 青松牌 | MQY Φ2376
【商品描述】 略。
【监管证件】 无监管证件要求

【税则号列】 8474. 2090
【商品名称】 克林曼反击式破碎机
【规格型号】 石料破碎 | Kleemann | MR110ZEVO（K0170054/K0170060）
【商品描述】 石料由机器上部直接落入板锤作用区，转子高速旋转，石料与转子上的板锤撞击破碎，然后被抛向反击装置上再次破碎，最后从反击衬板上弹回到板锤作用区重新破碎，直至达到所需粒度。
【监管证件】 无监管证件要求

【税则号列】 8474. 2090
【商品名称】 圆锥破碎机
【规格型号】 矿石破碎 | （品牌） | （型号）
【商品描述】 圆锥破碎机工作时，电动机的旋转通过皮带轮或联轴器、传动轴和圆锥部在偏心套的迫动下做旋摆运动，从而使圆锥破碎机的破碎壁时而靠近又时而离开固装在调整套上的轧臼壁表面，使矿石在破碎腔内不断受到冲击、挤压和弯曲作用而实现矿石的破碎。
【监管证件】 无监管证件要求

【税则号列】 8474. 2090
【商品名称】 打砂机
【规格型号】 人工制砂用 | 以皮带和中心轮带动打块 | （品牌） | （型号）
【商品描述】 以皮带和中心轮带动打块，将矿石粉碎、淘金，属于矿业领域的磨矿前段细碎工艺，主要用于河卵石、山石（石灰石、花岗岩、玄武岩、辉绿岩、安山岩等）、矿石尾矿、石屑的人工制砂。破碎效率高，具有细碎、粗磨功能。
【监管证件】 无监管证件要求

【税则号列】 8474. 2090
【商品名称】 鄂式破碎机
【规格型号】 通过动鄂的周期性运动破碎矿石 | （品牌） | PE150×750
【商品描述】 略。
【监管证件】 无监管证件要求

【税则号列】 8474. 2090

【商品名称】 矿渣磨机

【规格型号】 矿渣粉磨|磨辊磨盘|Polysius|RMS 51/26

【商品描述】 矿渣进入磨机后在一定负荷下被磨辊在磨盘上粉碎后，被热风送入造粉机，细粉输送到粉库中，粗粉再次磨粉，循环粉磨。

【监管证件】 无监管证件要求

【税则号列】 8474. 3100

【商品名称】 混凝土搅拌站

【规格型号】 用于拌制各类高质量水泥混凝土|中联牌|HZS120

【商品描述】 主要由搅拌主机、物料称量系统、物料输送系统、物料贮存系统和控制系统等五大系统和其他附属设施组成。

【监管证件】 无监管证件要求

【税则号列】 8474. 8020

【商品名称】 全自动砌块成型机

【规格型号】 模压成型制砖用|菱通牌|QT6–15

【商品描述】 略。

【监管证件】 无监管证件要求

【税则号列】 8474. 8090

【商品名称】 蜂窝陶瓷挤出设备

【规格型号】 高崎牌|FM–P200

【商品描述】 由原料混练机、真空混练挤出成形机和自动切断机组成，程序自动控制，通过混练机缸内螺杆对陶瓷粉体等进行压缩混练后自动掉入成形机，再由成形机内螺杆连续挤出成形，之后再由紧密相邻的切断机对挤出速度及方向发出感应，由切割钢线同步切割蜂窝体。

【监管证件】 无监管证件要求

【税则号列】 8474. 8090

【商品名称】 缸体制芯中心（制造缸体铸件的砂芯）

【规格型号】 主要用于生产缸体主体芯、端芯|洛拉门迪牌|SLC2–150L

【商品描述】 由制芯机芯砂自动混砂及供砂单元、制芯机单元、砂芯搬运单元三部分组成。

【监管证件】 无监管证件要求

【税则号列】 8474. 9000
【商品名称】 破碎颚
【规格型号】 破碎机用| 威力牌| PET600×900
【商品描述】 分为定颚和动颚，都由鄂床和鄂板组成，鄂板用螺栓固定在鄂床上。
【监管证件】 无监管证件要求

【税则号列】 8474. 9000
【商品名称】 衬板
【规格型号】 混凝土搅拌站用零部件| 仕高玛牌| （型号）
【商品描述】 略。
【监管证件】 无监管证件要求

【税则号列】 8476. 2100
【商品名称】 饮料自动销售机
【规格型号】 有加热装置| Sapoe 牌| SC-8703
【商品描述】 略。
【监管证件】 A

【税则号列】 8477. 1010
【商品名称】 射出成型机
【规格型号】 塑料成型用| （品牌）| 650-4300 CX| （合模力）
【商品描述】 塑料原料在熔解的状态下高压射入模具内，待塑料冷却凝固后再打开模具，将成型品顶出的机器。电热容量 36 千瓦，螺杆直径 90 毫米，射出量（PS）1650 克。
【监管证件】 无监管证件要求

【税则号列】 8477. 1010
【商品名称】 全电动注塑机
【规格型号】 生产塑料制 SMD 支架| Niigata 牌| （型号）| （合模力）
【商品描述】 螺杆直径 28 毫米，射胶速度 500 毫升/秒，落模尺寸 410 毫米×410 毫米。
【监管证件】 无监管证件要求

【税则号列】 8477.1010

【商品名称】 注塑机

【规格型号】 生产塑料制品|Sumitomo 牌|SE-50DU|（合模力）

【商品描述】 由注射系统、合模系统、液压传动系统、电气控制系统、加热及冷却系统、安全监测系统组成，能生产一次成型外形复杂、尺寸精确的塑料制品。

【监管证件】 无监管证件要求

【税则号列】 8477.2010

【商品名称】 造粒机

【规格型号】 用于加工生产石头纸用的母粒|湾龙盟牌|LM-200-1500B

【商品描述】 将碳酸钙、聚乙烯、助剂等材料混合后制成颗粒。

【监管证件】 无监管证件要求

【税则号列】 8477.2090

【商品名称】 挤出机

【规格型号】 螺杆式|将聚丙烯熔融成液态后挤出|Reicofil 牌|（型号）

【商品描述】 略。

【监管证件】 无监管证件要求

【税则号列】 8477.3010

【商品名称】 六层共挤吹塑机

【规格型号】 用于生产多层塑料油箱|Kautex 牌|KBS61

【商品描述】 吸入原料塑化，熔融后挤出箱坯置于模具中，通入压缩空气将其吹涨，使之紧贴于模腔壁上，再经冷却脱模，得到中空制品。

【监管证件】 无监管证件要求

【税则号列】 8477.5100

【商品名称】 轮胎成型机

【规格型号】 （品牌）|TSS103

【商品描述】 各种半成品材料通过成型机上材料输送架的各种传送带分层、分批地输送到成型主机上，在成型主机上通过马达旋转的成型鼓和带束层鼓，把各个材料旋转黏合成初级形状生轮胎半成品，转入下道工序硫化再定型后就可以成为汽车上使用的轮胎。

【监管证件】 无监管证件要求

【税则号列】 8477.5100
【商品名称】 轮胎硫化机
【规格型号】 (品牌) | (型号)
【商品描述】 操作者把生胎放置在受台上，装胎器控制抓胎后放置安装在本体相应模具中，然后本体经上下压合，生胎内部通入高温高压气体，生胎在模具内通过一定时间橡胶中各分子链接成网状，形成高弹性、高耐磨的轮胎，并产生花纹，形状固定、成品形成后，本体在油压控制下开模，卸胎器控制轮胎并将其放置在旁边的支架上。
【监管证件】 无监管证件要求

【税则号列】 8477.8000
【商品名称】 切粒机及干燥系统
【规格型号】 SAN 聚合物加工 | Hanjin | HJCV 12
【商品描述】 将 SAN 聚合物挤出切粒、干燥、筛分，进入到风送系统，送进料仓。
【监管证件】 无监管证件要求

【税则号列】 8477.8000
【商品名称】 5.5 型内档自动挤出模头
【规格型号】 膜加工 | EBR | 1550MM EBR TM IV-A AUTOGAUGE TM 5.5 DIE
【商品描述】 挤出塑料树脂涂在薄膜上，带有模唇加热器。
【监管证件】 无监管证件要求

【税则号列】 8477.8000
【商品名称】 泡棉塑料板切割机
【规格型号】 Baumer | BSV-EC
【商品描述】 将聚氨酯泡棉放在传送带上，机器会自动将泡棉送到切割刀头，在公差范围内把聚氨酯泡棉切割为不同的厚度。
【监管证件】 无监管证件要求

【税则号列】 8477.8000
【商品名称】 天然橡胶初加工设备
【规格型号】 湿胶粒烘干、压包 | Sinyoung 牌 | SY-DR-26-RB
【商品描述】 利用烧柴油产生的混合热风烘干湿胶粒，并将其压成标准规格的胶包，便于生胶储存。
【监管证件】 无监管证件要求

【税则号列】 8478.1000
【商品名称】 ZJ17 型卷接机组
【规格型号】 卷烟加工 | （品牌） | ZJ17
【商品描述】 可将烟草卷成卷烟，切割成固定尺寸的烟支，后接上滤咀棒的卷烟生产设备。
【监管证件】 O

【税则号列】 8479.1021
【商品名称】 福格勒摊铺机主机 SKD 散件
【规格型号】 用于沥青路面的沥青摊铺 | 将沥青铺平 | Vogele 牌 | S2100-2
【商品描述】 略。
【监管证件】 O

【税则号列】 8479.1090
【商品名称】 混凝土喷射机械手
【规格型号】 隧道施工设备 | CIFA 牌 | CSS3 PAS 307 D/E6
【商品描述】 具有泵送、喷射功能于一体的混凝土喷射施工设备，采用高度集成的行走机构使得工作效率显著提高。该设备广泛应用于隧道施工等领域。
【监管证件】 无监管证件要求

【税则号列】 8479.1090
【商品名称】 维特根路面冷铣刨机
【规格型号】 （用途） | 通过高速旋转的铣刀铣削损坏的旧路面铺层 | Wirtgen 牌 | W100F
【商品描述】 略。
【监管证件】 无监管证件要求

【税则号列】 8479.3000
【商品名称】 压机系统（主机部分）
【规格型号】 密度板加工 | Dieffenbacher | （型号）
【商品描述】 当木纤维板坯进入压机后，上下表面的钢带将热量传递给板坯，同时对板坯进行均匀连续的挤压，使板坯内的胶黏剂完全固化，板坯黏合压实成具有一定性能的成品密度板。
【监管证件】 无监管证件要求

【税则号列】 8479. 3000
【商品名称】 铺装系统（主机部分）
【规格型号】 连续均匀铺装纤维板 | Dieffenbacher | （型号）
【商品描述】 为铺装系统主机部分，将纤维铺装预压成板坯后送入连续压机。
【监管证件】 无监管证件要求

【税则号列】 8479. 5010
【商品名称】 多功能工业机器人（无工作头）
【规格型号】 工业用机器人 | 可应用于装配、搬运、涂胶、电弧焊等工作 | Nachi 牌 | LP130-01-FD11-0000，B128I593-B128I617
【商品描述】 略。
【监管证件】 无监管证件要求

【税则号列】 8479. 5010
【商品名称】 多功能工业机器人
【规格型号】 自动焊接或金属加工，代替人手完成焊接、搬运、切割等工作的设备 | Foxbot 牌 | A720 型
【商品描述】 略。
【监管证件】 无监管证件要求

【税则号列】 8479. 8110
【商品名称】 绕线机
【规格型号】 卷绕电机线圈专用漆包线 | Yahotec 牌 | BSW-303
【商品描述】 略。
【监管证件】 无监管证件要求

【税则号列】 8479. 8190
【商品名称】 分卷机
【规格型号】 生产带有管芯的箔卷 | Jkampf | Sepamat 17/10
【商品描述】 用于将双张铝箔分成单张铝箔，分别卷取到两个卷轴上，以生产出带有管芯的产品箔卷。
【监管证件】 无监管证件要求

【税则号列】 8479. 8190
【商品名称】 轧机酸洗系统
【规格型号】 用于带钢表面的酸洗| （品牌）| （型号）
【商品描述】 酸洗系统采用三段浅槽紊流酸洗槽，通过温度、浓度不同的盐酸将带钢表面的氧化铁皮溶解掉之后进入漂洗，利用脱盐水将带钢表面的盐酸冲洗，然后热风吹干。由酸槽、酸循环和水冲洗等部件组成。
【监管证件】 无监管证件要求

【税则号列】 8479. 8200
【商品名称】 搅拌机
【规格型号】 （用途）| Ekato rmt| 2A-202-1/2
【商品描述】 通过电机带动齿轮箱减速，带动搅拌桨叶，让对二甲苯、氢溴酸、空气、醋酸进行充分混合反应。
【监管证件】 3/无监管证件要求

【税则号列】 8479. 8200
【商品名称】 固液混合搅拌器
【规格型号】 Ekato rmt| HWL 2360N-S item A-201-1/2/3
【商品描述】 通过电机驱动长轴搅拌器转动，使固液（对二甲苯和醋酸）混合搅拌。
【监管证件】 3/无监管证件要求

【税则号列】 8479. 8200
【商品名称】 筛选施胶系统
【规格型号】 将合格刨花与胶液均匀搅拌| IMAL| （型号）
【商品描述】 略。
【监管证件】 无监管证件要求

【税则号列】 8479. 8200
【商品名称】 搅拌罐（生产药品搅拌用）
【规格型号】 通过搅拌桨对要生产的药品原料进行搅拌| Watertown| MT200V2
【商品描述】 略。
【监管证件】 3/无监管证件要求

【税则号列】 8479. 8962
【商品名称】 贴片机
【规格型号】 用于在印刷电路板上装配元器件的机器| Fuji| NXTII
【商品描述】 将晶圆和外壳等电子元器件自动贴装到线路板上。
【监管证件】 A

【税则号列】 8479. 8999
【商品名称】 高真空多层镀膜机
【规格型号】 Hanil vacuum| HVC-2050DA HOMS
【商品描述】 利用设备到达高真空，在高真空的条件下有利于设备蒸发源对所需蒸发的材料进行轰击加热，使材料形成分子。在一定距离内放置镜片就可以将材料分子沉积在镜片表面，形成薄膜，达到颜色上或透光率等方面的要求。
【监管证件】 A

【税则号列】 8479. 8999
【商品名称】 焊装定位夹紧设备
【规格型号】 用于焊接生产中对冲压件进行夹紧并定位|（品牌）|（型号）
【商品描述】 略。
【监管证件】 A

【税则号列】 8479. 8999
【商品名称】 排气台
【规格型号】 利用真空系统对已封口的管产品进行排气| 光电倍增管生产线设备| Photonis|（型号）
【商品描述】 略。
【监管证件】 A

【税则号列】 8479. 8999
【商品名称】 高真空镀膜机
【规格型号】 用于在平板玻璃上以真空磁控溅射工艺制作低辐射节能玻璃| 通过镀膜工艺在优质浮法玻璃表面均匀地镀上特殊的膜系| 莱宝牌|（型号）
【商品描述】 略。
【监管证件】 A

【税则号列】 8479.8999
【商品名称】 液压阻尼器
【规格型号】 用于核岛和非核岛管道或所支持联结的设备｜减震，消除意外位移｜（品牌）｜DA3
【商品描述】 略。
【监管证件】 A

【税则号列】 8479.8999
【商品名称】 自动点胶机
【规格型号】 自动化精确点胶到指定位置｜Speedline 牌｜8000-2
【商品描述】 略。
【监管证件】 A

【税则号列】 8479.8999
【商品名称】 COG 全自动压着机设备
【规格型号】 用于 LCD 液晶显示面板的模组段工序｜（品牌）｜FPX005CG
【商品描述】 设备首先通过上料装置将液晶玻璃载入设备内部，再经过清洗装置将玻璃完全清洗，之后会通过 ACF 贴合装置及 IC（驱动集成电路）供料装置将 IC 通过 ACF（异方性导电膜）压合在液晶玻璃上，使 IC 上电极与液晶玻璃上对应电极相互导通；再通过预压及本压装置对其进行加固贴合；最后自动卸载已压好 IC 的液晶玻璃。
【监管证件】 A

【税则号列】 8479.8999
【商品名称】 轮胎拆装机
【规格型号】 将轮胎拆下或安装到轮辋上的拆装轮胎用设备｜（品牌）｜（型号）｜1850/1885IT
【商品描述】 略。
【监管证件】 A

【税则号列】 8479.8999
【商品名称】 夹紧定位机
【规格型号】 用于汽车车身冲压件组装时的固定、定位｜日信牌｜71510/20-2W000
【商品描述】 略。
【监管证件】 A

【税则号列】 8479.9090

【商品名称】 熨平板

【规格型号】 摊铺机用零件，套在摊铺机主机上 | Vogele 牌 | SB250TP1 12M（02SB1368）

【商品描述】 略。

【监管证件】 无监管证件要求

【税则号列】 8480.7190

【商品名称】 模具

【规格型号】 生产塑料日用品 | （品牌） | （型号）

【商品描述】 略。

【监管证件】 无监管证件要求

【税则号列】 8480.7190

【商品名称】 注塑模具

【规格型号】 生产塑胶制品 | （品牌） | （型号）

【商品描述】 注塑模具是一种生产塑胶制品的工具，也是赋予塑胶制品完整结构和精确尺寸的工具。注塑成型是批量生产某些形状复杂部件时用到的一种加工方法。具体指将受热融化的材料由高压射入模腔，经冷却固化后，得到成形品。

【监管证件】 无监管证件要求

【税则号列】 8480.7190

【商品名称】 塑胶注模具

【规格型号】 生产 MP3 塑胶零配件用 | 压注模 | Samsung | YP-GP1 型 | 180 毫米×250 毫米×200 毫米

【商品描述】 略。

【监管证件】 无监管证件要求

【税则号列】 8480.7190

【商品名称】 注塑模具

【规格型号】 制造塑料零件用 | MC1-4921 | （品牌）

【商品描述】 略。

【监管证件】 无监管证件要求

【税则号列】 8481. 1000
【商品名称】 汽车涡轮增压器用减压阀
【规格型号】 IHI | E1900F50A01863
【商品描述】 略。
【监管证件】 无监管证件要求

【税则号列】 8481. 1000
【商品名称】 减压阀
【规格型号】 Global 牌 | 601-A-041
【商品描述】 略。
【监管证件】 无监管证件要求

【税则号列】 8481. 1000
【商品名称】 减压阀
【规格型号】 (用途) | Valley | 01110031V
【商品描述】 减压阀是通过调节，将进口压力减至某一需要的出口压力。
【监管证件】 无监管证件要求

【税则号列】 8481. 2010
【商品名称】 油压传动阀
【规格型号】 汽车转向装置用 | Itochu | JG331-000060-E
【商品描述】 略。
【监管证件】 无监管证件要求

【税则号列】 8481. 2010
【商品名称】 油压传动阀
【规格型号】 属于挖掘机液压系统中的方向控制阀 | 川崎牌 | KMX15RA/B45062E
【商品描述】 主要功能是通过阀芯的移动，来控制液流方向及液压系统的流量。
【监管证件】 无监管证件要求

【税则号列】 8481. 2020
【商品名称】 气动阀
【规格型号】 用于钻杆探伤设备的气压传动阀 | OEM 牌 | 506. 2. 1
【商品描述】 略。
【监管证件】 无监管证件要求

【税则号列】 8481. 3000
【商品名称】 止回阀
【规格型号】 数字式印刷机用｜Videojet 牌｜（型号）
【商品描述】 压力 1 帕，直径 0. 5 毫米。
【监管证件】 无监管证件要求

【税则号列】 8481. 3000
【商品名称】 背压阀（止回阀）
【规格型号】 制化工泵（磁力驱动泵、计量泵）用零件｜Iwaki 牌｜（型号）
【商品描述】 略。
【监管证件】 无监管证件要求

【税则号列】 8481. 3000
【商品名称】 止回阀
【规格型号】 核电站核岛用｜Velan 牌｜（型号）
【商品描述】 略。
【监管证件】 无监管证件要求

【税则号列】 8481. 4000
【商品名称】 安全阀
【规格型号】 钻机用｜VLI 牌｜VLD-7-51-000
【商品描述】 略。
【监管证件】 无监管证件要求

【税则号列】 8481. 4000
【商品名称】 主蒸汽安全阀
【规格型号】 用于主蒸汽系统｜Bopp&Reuther 牌｜LAUQSB0200-G
【商品描述】 略。
【监管证件】 无监管证件要求

【税则号列】 8481.4000
【商品名称】 先导式安全阀
【规格型号】 用于核反应堆化学和容积控制系统或用于核反应余热排出系统 | Sebim 牌 | ENSIBB0050SX
【商品描述】 略。
【监管证件】 无监管证件要求

【税则号列】 8481.4000
【商品名称】 安全溢流阀
【规格型号】 起安全作用，防止溢流 | Tetra Pek | （型号）
【商品描述】 略。
【监管证件】 无监管证件要求

【税则号列】 8481.8040
【商品名称】 截止阀
【规格型号】 用于截止热媒流通 | Phoenix | VA-6106
【商品描述】 手动。
【监管证件】 3/无监管证件要求

【税则号列】 8481.8040
【商品名称】 大口径柱塞阀
【规格型号】 控制压缩空气进入阀门执行器 | Masoneilan | （型号）
【商品描述】 推动阀杆使阀门打开或关闭，实现对管道流体（PTA 物料粉末）的流通或关断的控制。
【监管证件】 3/无监管证件要求

【税则号列】 8481.8040
【商品名称】 罐底冲洗阀
【规格型号】 罐底冲洗阀可将压力容器内的物料排放到下一级压力容器内 | Guichon | DN 18″×16″
【商品描述】 当需要开关阀门时，只需在控制室 DCS 中给出开关信号，现场的阀门就可自动开关，当装置停车时将阀门关闭即可起到隔离作用。
【监管证件】 3/无监管证件要求

【税则号列】 8481. 8040
【商品名称】 电动楔式闸阀
【规格型号】 用于切断管道的流体 | Velan 牌 | CJUSSJ0080RA
【商品描述】 略。
【监管证件】 3/无监管证件要求

【税则号列】 8481. 8040
【商品名称】 水下采油树
【规格型号】 油井用 | （品牌） | （型号）
【商品描述】 由一组阀门组成，4 位 2 通，具有多种功能，包括油井卸压、调节油气流量、向井内注射化学药剂、监控录取油井压力温度等，不带自动控制装置。
【监管证件】 3/无监管证件要求

【税则号列】 8481. 8040
【商品名称】 输气管道用球阀
【规格型号】 （品牌） | （型号）
【商品描述】 输气管道用球阀，主要用于截断或接通管路中的介质，亦可用于流体的调节与控制，启闭件（球体）由阀杆带动，并绕阀杆的轴线做旋转运动。其中硬密封 V 型球阀，其 V 型球芯与堆焊硬质合金的金属阀座之间具有很强的剪切力，特别适用于含纤维、微小固体颗料等介质；而多通球阀在管道上不仅可灵活控制介质的合流、分流及流向的切换，同时也可关闭任一通道而使另外两个通道相连。
【监管证件】 3/无监管证件要求

【税则号列】 8481. 8090
【商品名称】 水龙头
【规格型号】 用于调节管路中介质的压力和流量 | Zegor | Z43-PED-A270
【商品描述】 具有出水口。
【监管证件】 无监管证件要求

【税则号列】 8481. 8090
【商品名称】 水嘴
【规格型号】 一般用于管道口安装 | （品牌） | （型号）
【商品描述】 控制水流。
【监管证件】 无监管证件要求

【税则号列】 8481. 9010
【商品名称】 机油泵调节阀座
【规格型号】 阀门用|（品牌）|（型号）
【商品描述】 略。
【监管证件】 无监管证件要求

【税则号列】 8481. 9010
【商品名称】 阀体
【规格型号】 阀门配件|（品牌）|（型号）
【商品描述】 略。
【监管证件】 无监管证件要求

【税则号列】 8481. 9010
【商品名称】 电磁阀阀芯
【规格型号】 轿车液压调节器用| Mando 牌| BH68001007
【商品描述】 未构成整机基本特征。
【监管证件】 无监管证件要求

【税则号列】 8482. 1010
【商品名称】 滚珠轴承
【规格型号】 调心球轴承|（用途）| Garden-Denver| BB128
【商品描述】 略。
【监管证件】 无监管证件要求

【税则号列】 8482. 1020
【商品名称】 深沟球轴承
【规格型号】 用于汽车内燃发动机| NSK 牌| FOOM990405
【商品描述】 略。
【监管证件】 无监管证件要求

【税则号列】 8482. 3000
【商品名称】 鼓形滚子轴承
【规格型号】 曳引机用| SKF|（型号）
【商品描述】 略。
【监管证件】 无监管证件要求

【税则号列】 8482. 4000

【商品名称】 轴承

【规格型号】 摩托车用滚针轴承｜未装有轴承座｜（品牌）｜（型号）

【商品描述】 略。

【监管证件】 无监管证件要求

【税则号列】 8482. 5000

【商品名称】 主轴轴承

【规格型号】 圆柱形滚子轴承｜用于风力发电机｜IMO｜30-50 1636/0-09141

【商品描述】 主轴轴承是风力发电机组整机的一级部件，用于风机叶轮和发电机转子运转。

【监管证件】 无监管证件要求

【税则号列】 8482. 9100

【商品名称】 滚柱

【规格型号】 滚动轴承用｜（直径）｜SKF｜RS-239/710 23284

【商品描述】 略。

【监管证件】 无监管证件要求

【税则号列】 8482. 9900

【商品名称】 保持架

【规格型号】 轴承部件，用于制造圆柱、圆锥｜（品牌）｜SY-/R/NU332E-TM00-01

【商品描述】 自动调心滚子轴承和球轴承。

【监管证件】 无监管证件要求

【税则号列】 8483. 1011

【商品名称】 曲轴（船用柴油发动机零附件）

【规格型号】 船用柴油发动机用｜Bergen｜L499/63-10

【商品描述】 用于传递动力。

【监管证件】 无监管证件要求

【税则号列】 8483. 1090

【商品名称】 法兰轴

【规格型号】 非船用柴油发动机用|（品牌）|1011366

【商品描述】 法兰轴为一种短的传动轴，钢铁制品，在非船用柴油发动机里，起传动用。因为外观看有一处象法兰盘，故取名法兰轴。

【监管证件】 无监管证件要求

【税则号列】 8483. 1090

【商品名称】 车用曲轴

【规格型号】 汽车发动机用|鼎盛牌|4-LS1-RS

【商品描述】 曲轴是发动机的主要旋转机构，担负着将活塞的上下往复运动转变为自身的圆周运动。曲轴材料是由碳素结构钢或球墨铸铁制成的，主要有主轴颈、连杆颈这两个重要部位。

【监管证件】 无监管证件要求

【税则号列】 8483. 1090

【商品名称】 凸轮轴

【规格型号】 中压开关柜用|施耐德牌|3727356

【商品描述】 略。

【监管证件】 无监管证件要求

【税则号列】 8483. 1090

【商品名称】 发动机用曲轴及凸轮轴

【规格型号】 奔驰 E 级轿车通用件，点燃式活塞内燃发动机用|奔驰|S/A2720500120/TY

【商品描述】 略。

【监管证件】 无监管证件要求

【税则号列】 8483. 1090

【商品名称】 传动轴总成

【规格型号】 用于发电机、烟草加工机、铁道养路车、包装机、铣床等机械及车辆|（品牌）|（型号）

【商品描述】 传递力矩的同时承重。

【监管证件】 无监管证件要求

【税则号列】 8483. 2000
【商品名称】 轴承座
【规格型号】 机床用|装有滚动轴承|FYH|B-1b
【商品描述】 略。
【监管证件】 无监管证件要求

【税则号列】 8483. 3000
【商品名称】 汽车涡轮增压器用滑动轴承
【规格型号】 汽车涡轮增压器专用|滑动轴承|IHI|NH432907
【商品描述】 略。
【监管证件】 无监管证件要求

【税则号列】 8483. 3000
【商品名称】 滑动轴承
【规格型号】 （用途）|（品牌）|230100DUB-S
【商品描述】 滑动轴承是指在滑动摩擦下工作的轴承，具有工作平稳、可靠、无噪声的特点。滑动轴承一般在低速重载工况条件下应用，或者是维护保养及加注润滑油困难的运转部位。
【监管证件】 3/无监管证件要求

【税则号列】 8483. 3000
【商品名称】 连杆轴承（滑动轴承）
【规格型号】 起支撑传动力矩作用|Burckhardt|M40300
【商品描述】 略。
【监管证件】 无监管证件要求

【税则号列】 8483. 3000
【商品名称】 轴承座
【规格型号】 用在空调压缩机内，支撑轴承|未装有滚珠或滚子轴承的轴承座|（品牌）|5880UBH106C QP-B
【商品描述】 略。
【监管证件】 无监管证件要求

【税则号列】 8483. 4020

【商品名称】 冷却水泵减速箱

【规格型号】 主动力通过星形齿轮组将速度降低以达到冷却水泵所需速度 | Lufkin 牌 | EVL1900-1-0003-00

【商品描述】 略。

【监管证件】 无监管证件要求

【税则号列】 8483. 4020

【商品名称】 行星齿轮减速器

【规格型号】 改变速度与输出力矩，提供大力矩 | 装于皮革输送机上 | Brevini 牌 | ET3045

【商品描述】 略。

【监管证件】 无监管证件要求

【税则号列】 8483. 4090

【商品名称】 变速液力耦合器

【规格型号】 利用流体动力变换扭矩传递能量 | 用于主给水泵与电机的连接 | Voith | RK 17K 450M

【商品描述】 不带动力装置。

【监管证件】 无监管证件要求

【税则号列】 8483. 4090

【商品名称】 回转窑半齿圈

【规格型号】 在主电机和主减速机带动下，主要通过小齿轮与大齿轮齿合使回转窑体转动 | 鹏飞牌 | （型号）

【商品描述】 由带外齿的凸缘半联轴器和齿数相同的内齿圈等零件组成。

【监管证件】 无监管证件要求

【税则号列】 8483. 4090

【商品名称】 给水泵液力耦合器

【规格型号】 变速作用 | 电机驱动油液传动 | Sulzer 牌 | 2APA1410CP

【商品描述】 电机驱动下旋转带动工作油液做向心力运动，高速流动的油液在科里奥利力的作用下冲击涡轮叶片，将动能传给涡轮，使涡轮与泵轮同方向旋转，带动转轴转动，达到变速效果。

【监管证件】 无监管证件要求

【税则号列】 8483. 4090
【商品名称】 自动变速箱（非公路用）
【规格型号】 应用于石油钻采设备|（品牌）|S9820M A/N：29547475
【商品描述】 略。
【监管证件】 无监管证件要求

【税则号列】 8483. 4090
【商品名称】 齿轮
【规格型号】 传动作用|HAUNI|3050844-107-04 SF0111
【商品描述】 两个为一组，安装到轴上（轴由工厂自行生产），两个齿轮相互咬合，起传动作用。
【监管证件】 无监管证件要求

【税则号列】 8483. 4090
【商品名称】 立辊主传动设备（"1+1"铝合金中厚板热轧机组部件）
【规格型号】 齿轮相互啮合传动|用于热轧机组的立辊轧机|（品牌）|（型号）
【商品描述】 略。
【监管证件】 无监管证件要求

【税则号列】 8483. 4090
【商品名称】 减速箱
【规格型号】 用于刮板运输机|（品牌）|（型号）
【商品描述】 改变电机的输出转速，并输出扭矩，从而驱动链轮转动，链轮带动链条和刮板运动，实现运煤的目的。
【监管证件】 无监管证件要求

【税则号列】 8483. 6000
【商品名称】 联轴节
【规格型号】 用于连接两根轴使之共同旋转以传递扭矩|National|7018B475
【商品描述】 轴与轴之间的连接，传递动力。
【监管证件】 无监管证件要求

【税则号列】 8483. 9000
【商品名称】 齿轮盖
【规格型号】 汽车雨刮电机用 | Eckerle 牌 | 1395501010
【商品描述】 略。
【监管证件】 无监管证件要求

【税则号列】 8483. 9000
【商品名称】 链轮
【规格型号】 选煤系统磁选机用 | （品牌） | 3N-9968288 446254 446255
【商品描述】 略。
【监管证件】 无监管证件要求

【税则号列】 8483. 9000
【商品名称】 齿轮
【规格型号】 啮合作用产生动力 | WP | 2211
【商品描述】 单个报验的齿轮，起到啮合作用，产生动力。
【监管证件】 无监管证件要求

【税则号列】 8483. 9000
【商品名称】 齿圈
【规格型号】 大型电铲传动装置用零件 | （品牌） | 3r15. 17. 15
【商品描述】 略。
【监管证件】 无监管证件要求

【税则号列】 8484. 1000
【商品名称】 密封衬垫
【规格型号】 多层金属片制成 | Alpha | 61101-25-1208
【商品描述】 层压，用于密封用。
【监管证件】 无监管证件要求

【税则号列】 8484. 2000
【商品名称】 机械密封
【规格型号】 由动静环面、橡胶和不锈钢件组成 | Mission | MG1 S6/24-G4-E1
【商品描述】 略。
【监管证件】 3/无监管证件要求

【税则号列】 8486. 1010

【商品名称】 单晶体生长炉

【规格型号】 利用温度变化生长单晶硅| Waltcher 牌| waltcher-30

【商品描述】 略。

【监管证件】 无监管证件要求

【税则号列】 8486. 1030

【商品名称】 多线切片机

【规格型号】 把硅棒放在裁好的钢线上面，让钢线来回运动将单晶棒切割成片| Komatsu NTC| PV1000H

【商品描述】 略。

【监管证件】 无监管证件要求

【税则号列】 8486. 2021

【商品名称】 化学气相沉积装置

【规格型号】 主要用于太阳能电池组件导电层的镀膜| Oerlikon Solar| KAI MT

【商品描述】 其内部的传输机械手将玻璃基板传送到薄膜沉积模块中，在一定的温度、压强下，等离子体发生器在反应室内产生射频电压，将工艺气体电离成原子、分子、原子团形式的带电荷粒子混合状态，经过离子碰撞后使之发生化学反应，沉积成一层非晶硅或者微晶硅薄膜在玻璃基板表面。

【监管证件】 无监管证件要求

【税则号列】 8486. 2022

【商品名称】 PVD 磁控溅射镀膜线

【规格型号】 通过物理气相沉积方法在半导体上形成导电膜|（品牌）|（型号）

【商品描述】 略。

【监管证件】 无监管证件要求

【税则号列】 8486. 2029

【商品名称】 分子束外延

【规格型号】 通过调节控制实验温度、速度及分子束流原材料的组分等，在半导体晶片上生长出不同的薄膜层| RIBER SA| Compact21T3-5

【商品描述】 略。

【监管证件】 无监管证件要求

【税则号列】 8486. 2031

【商品名称】 旧曝光机（步进光刻机）

【规格型号】 用于光刻 LED 电极 | 将图像信息转移到涂有感光物质的 LED 上 | Hitachi 牌 | LD–5011iA 型

【商品描述】 略。

【监管证件】 无监管证件要求

【税则号列】 8486. 2049

【商品名称】 晶圆湿法刻蚀机

【规格型号】 通过将氢氟与 TMAH 显影液混合溶液喷到晶圆正/背面，去除上道制程残留物质及晶圆表面多余薄膜层，形成电路 | LAM | DV 34

【商品描述】 主要由四个独立的反应处理腔室、晶圆传送系统、化学品输送系统和控制系统组成。

【监管证件】 无监管证件要求

【税则号列】 8486. 2090

【商品名称】 单片型晶圆旋转清洗机

【规格型号】 LAM | SP323

【商品描述】 主要由反应处理腔、晶圆传送系统、化学品输送系统和控制系统组成。可使用三种液体化学品，经过精确控制浓度和剂量后被传送至反应处理腔，通过反应腔室的旋转，液体化学品与晶圆表面进行均匀充分的化学反应，以去除晶圆表面上道制程的残留物质和多余氧化层，并可用高纯度水冲洗和氮气进行干燥。

【监管证件】 无监管证件要求

【税则号列】 8486. 2090

【商品名称】 全自动晶圆精准定位贴合机

【规格型号】 EVG 牌 | GEMINIFB–300

【商品描述】 主要由晶盒传送装置、晶盒暂存架、晶圆传送装置、晶圆清洗模块、光学定位装置、等离子体触发贴合装置等六个部分组成。该设备首先对需要贴合的两片晶圆进行清洗和烘干，确保表面平整和洁净，然后通过光学装置进行晶圆间定位，最后使用等离子体触发的方式完成晶圆贴合。

【监管证件】 无监管证件要求

【税则号列】 8486. 3022

【商品名称】 镀膜机

【规格型号】 专用于制造平板显示器 | Applied Materials 牌 | NAR 1400L（4Mo+5 Al）

【商品描述】 将工作腔抽成真空后灌入氩气，高温、高压条件下氩气形成离子层，氩离子在电场作用下，高速冲击靶材（氧化铟锡），使靶材分离出的金属离子附在玻璃基板表面形成薄膜。

【监管证件】 无监管证件要求

【税则号列】 8486. 3039

【商品名称】 曝光机

【规格型号】 对平板显示器玻璃基板表面涂布的光阻进行曝光 | 可曝光触控面板电路及液晶屏电路 | Topcon 牌 | TME-950PWI-15

【商品描述】 略。

【监管证件】 无监管证件要求

【税则号列】 8486. 4022

【商品名称】 焊线机

【规格型号】 生产 LED 灯用 | 为 LED 芯片键合金线 | ASM 牌 | IHAWK XTREME

【商品描述】 略。

【监管证件】 无监管证件要求

【税则号列】 8486. 4029

【商品名称】 全自动固晶机

【规格型号】 利用直控式旋转马达把晶片从晶圆台拾起，并固放于基板上 | Panther III |（型号）

【商品描述】 在进行固放工艺前，点胶系统已在基板上点胶，整体生产过程全自动。

【监管证件】 无监管证件要求

【税则号列】 8487. 9000

【商品名称】 油封环

【规格型号】 轿车液压转向系统密封用 | Mando 牌 | GP93000900

【商品描述】 硫化橡胶与铁合制。

【监管证件】 无监管证件要求

第八十五章　电机、电气设备及其零件；录音机及放声机、电视图像、声音的录制和重放设备及其零件、附件

注释：

一、本章不包括：

（一）电暖的毯子、褥子、足套及类似品，电暖的衣服、靴、鞋、耳套或其他供人穿戴的电暖物品；

（二）税目 70.11 的玻璃制品；

（三）税目 84.86 的机器及装置；

（四）用于医疗、外科、牙科或兽医的真空设备（税目 90.18）；或

（五）第九十四章的电热家具。

二、税目 85.01 至 85.04 不适用于税目 85.11、85.12、85.40、85.41 或 85.42 的货品。

但金属槽汞弧整流器仍归入税目 85.04。

三、税目 85.07 所称“蓄电池”，包括与其一同报验的辅助元件，这些辅助元件具有储电及供电功能，或者保护蓄电池免遭损坏，例如，电路连接器、温控装置（例如，热敏电阻）及电路保护装置，也可包括蓄电池的部分保护外壳。

四、税目 85.09 仅包括通常供家用的下列电动器具：

（一）任何重量的地板打蜡机、食品研磨机及食品搅拌器，水果或蔬菜的榨汁机；

（二）重量不超过 20 千克的其他机器。

但该税目不适用于风机、风扇或装有风扇的通风罩及循环气罩（不论是否装有过滤器）（税目 84.14）、离心干衣机（税目 84.21）、洗碟机（税目 84.22）、家用洗衣机（税目 84.50）、滚筒式或其他形式的熨烫机器（税目 84.20 或 84.51）、缝纫机（税目 84.52）、电剪子（税目 84.67）或电热器具（税目 85.16）。

五、税目 85.23 所称：

（一）“固态、非易失性存储器件”（例如，“闪存卡”或“电子闪存卡”）是指带有接口的存储器件，其在同一壳体内包含一个或多个闪存（FLASH E2PROM），以集成电路的形式装配在一块印刷电路板上。它们可以包括一个集成电路形式的控制器及多个分立无源元件，例如，电容器及电阻器；

（二）所称“智能卡”，是指装有一个或多个集成电路［微处理器、随机存取存储器（RAM）或只读存储器（ROM）］芯片的卡。这些卡可带有触点、磁条或嵌入式天线，但不包含任何其他有源或无源电路元件。

六、税目 85.34 所称“印刷电路”，是指采用各种印制方法（例如，压印、覆镀、腐蚀）或采用“膜电路”工艺，将导线、接点或其他印制元件（例如，电感器、电阻器、电容器）按预定的图形单独或互相连接地印制在绝缘基片上的电路，但能够产生、整流、调制或放大电信号的元件（例如，半导体元件）除外。

所称“印刷电路”，不包括装有非印制元件的电路，也不包括单个的分立式电阻器、电容器及电感器。但印刷电路可配有非经印刷的连接元件。

用同样工艺制得的无源元件及有源元件组成的薄膜电路或厚膜电路应归入税目85.42。

七、税目85.36所称“光导纤维、光导纤维束或光缆用连接器”，是指在有线数字通讯设备中，简单机械地把光纤端部相连成一线的连接器。它们不具备诸如对信号进行放大、再生或修正等其他功能。

八、税目85.37不包括电视接收机或其他电气设备用的无绳红外遥控器（税目85.43）。

九、税目85.41及85.42所称：

（一）“二极管、晶体管及类似的半导体器件”，是指那些依靠外加电场引起电阻率的变化而进行工作的半导体器件。

（二）“集成电路”，是指：

1. 单片集成电路，即电路元件（二极管、晶体管、电阻器、电容器、电感器等）主要整体制作在一片半导体材料或化合物半导体材料（例如，掺杂硅、砷化镓、硅锗或磷化铟）基片的表面，并不可分割地连接在一起的电路。

2. 混合集成电路，即通过薄膜或厚膜工艺制得的无源元件（电阻器、电容器、电感器等）和通过半导体工艺制得的有源元件（二极管、晶体管、单片集成电路等）用互连或连接线实际上不可分割地组合在同一绝缘基片（玻璃、陶瓷等）上的电路。这种电路也可包括分立元件。

3. 多芯片集成电路是由两个或多个单片集成电路实际上不可分割地组合在一片或多片绝缘基片上构成的电路，不论是否带有引线框架，但不带有其他有源或无源的电路元件。

4. 多元件集成电路（MCOs）：由一个或多个单片、混合或多芯片集成电路以及下列至少一个元件组成：硅基传感器、执行器、振荡器、谐振器或其组件所构成的组合体，或者具有税目85.32、85.33、85.41所列商品功能的元件，或税目85.04的电感器。其像集成电路一样实际上不可分割地组合成一体，作为一种元件，通过引脚、引线、焊球、底面触点、凸点或导电压点进行连接，组装到印刷电路板（PCB）或其他载体上。

在本定义中：

（1）元件可以是分立的，独立制造后组装到多元件（MCO）的其余部分上，或者集成到其他元件内。

（2）“硅基”是指在硅基片上制造，或由硅材料制造而成，或者制造在集成电路裸片上。

（3）①硅基传感器是由在半导体材料内部或表面制作的微电子或机械结构组成，具有探测物理量和化学量并将其转换成电信号（因电特性变化或机械结构位移而产生）的功能。“物理量或化学量”与现实世界的现象相关，例如，压力、声波、加速度、振动、运动、方向、张力、磁场强度、电场强度、光、放射性、湿度、流量和化学浓度等。

②硅基执行器是由在半导体材料内部或表面制作的微电子或机械结构组成，具有将电信号转换成物理运动的功能。

③硅基谐振器是由在半导体材料内部或表面制作的微电子或机械结构组成，具有按预先

设定的频率产生机械或电振荡的功能，频率取决于响应外部输入的结构的物理参数。

④硅基振荡器是有源器件，由在半导体材料内部或表面制作的微电子或机械结构组成，具有按预先设定的频率产生机械或电振荡的功能，频率取决于这些结构的物理参数。

本注释所述物品在归类时，即使本协调制度其他税目涉及上述物品，尤其是物品的功能，仍应优先考虑归入税目 85. 41 及 85. 42，但涉及税目 85. 23 的情况除外。

十、税目 85. 48 所称“废原电池、废原电池组及废蓄电池”，是指因破损、拆解、耗尽或其他原因而不能再使用，也不能再充电的电池。

子目注释：

子目 8527. 12 仅包括有内置放大器但无内置扬声器的盒式磁带放声机，它不需外接电源即能工作，且外形尺寸不超过 170 毫米×100 毫米×45 毫米。

【税则号列】 8501. 1091

【商品名称】 微电机

【规格型号】 汽车车窗玻璃升降器用｜功率 20 瓦｜基座尺寸直径为 33 毫米｜Mabuchi 牌｜CM011750/60B

【商品描述】 略。

【监管证件】 无监管证件要求

【税则号列】 8501. 1099

【商品名称】 电机

【规格型号】 用于控制主锯升降和摆角｜功率 30 瓦｜机座尺寸为 6. 3 厘米×6. 3 厘米×5. 4 厘米｜Altendort｜K6120. 0165

【商品描述】 略。

【监管证件】 无监管证件要求

【税则号列】 8501. 1099

【商品名称】 马达

【规格型号】 摄像模组用马达｜功率 0. 25 瓦｜机座尺寸 8. 5 毫米×8. 5 毫米｜TDK 牌｜TVF-603ACK

【商品描述】 略。

【监管证件】 无监管证件要求

【税则号列】 8501. 1099

【商品名称】 奥迪车灯用微电机

【规格型号】 功率≤3. 2 瓦｜尺寸机座 36 毫米×46 毫米×40 毫米｜Hella｜008. 830-31

【商品描述】 略。

【监管证件】 无监管证件要求

【税则号列】 8501. 1099
【商品名称】 天窗马达
【规格型号】 汽车天窗用马达 | 功率 21 瓦 | 机座规格为 180 毫米×100 毫米 | Bosch 牌 | 390203453
【商品描述】 略。
【监管证件】 无监管证件要求

【税则号列】 8501. 3100
【商品名称】 奥迪轿车用直流电动机
【规格型号】 直流电动机 | 功率 250 瓦 | （品牌） | 8R0 827 851 B
【商品描述】 略。
【监管证件】 无监管证件要求

【税则号列】 8501. 3100
【商品名称】 ABS 电机
【规格型号】 直流电动机 | 功率 85 瓦 | BOSCH 牌 | 0130 108 304 2CG
【商品描述】 略。
【监管证件】 无监管证件要求

【税则号列】 8501. 3400
【商品名称】 牵引电动机
【规格型号】 直流牵引电动机 | 输出功率为 520 千瓦 | （品牌） | YZ95KZ
【商品描述】 略。
【监管证件】 无监管证件要求

【税则号列】 8501. 4000
【商品名称】 单相交流电动机
【规格型号】 输出功率为 0. 75 千瓦~1. 8 千瓦 | （品牌） | （型号）
【商品描述】 一种把交流电能转化成机械能的单相交流电动机。
【监管证件】 无监管证件要求

【税则号列】 8501. 4000
【商品名称】 水泵电机
【规格型号】 单相交流电动机 | 输出功率 600 瓦 | Wilo 牌 | PMR-602B5
【商品描述】 略。
【监管证件】 无监管证件要求

【税则号列】 8501.5100
【商品名称】 水泵电机
【规格型号】 多相交流电机| 输出功率 750 瓦| Wilo| W080070-2-F154-WPK
【商品描述】 略。
【监管证件】 无监管证件要求

【税则号列】 8501.5200
【商品名称】 马达（电潜泵零附件）
【规格型号】 离心泵耐腐用多相交流电机| 输出功率 52 千瓦| Baker| 450MSP1X
【商品描述】 略。
【监管证件】 无监管证件要求

【税则号列】 8501.5200
【商品名称】 水泵电机
【规格型号】 多相交流电机| 输出功率 2.2 千瓦| （品牌）| W090110-2-F188
【商品描述】 略。
【监管证件】 无监管证件要求

【税则号列】 8501.5300
【商品名称】 中压交流大功率变频调速驱动系统
【规格型号】 多相电动机| 输出功率 1800 千瓦| Converteam| MV7821 6
【商品描述】 专为天然气管道中的压缩机提供动力的三相交流电动机。
【监管证件】 无监管证件要求

【税则号列】 8501.5300
【商品名称】 无刷励磁高压同步电机
【规格型号】 三相交流电机| 输出功率 20000 千瓦| Siemens AG| H-modyn
【商品描述】 略。
【监管证件】 无监管证件要求

【税则号列】 8501.5300
【商品名称】 变频调速电动机
【规格型号】 多相交流电动机| 功率大于 75 千瓦| （品牌）| （型号）
【商品描述】 具有变频调速功能。
【监管证件】 无监管证件要求

【税则号列】 8501. 6410
【商品名称】 威尔信交流发电机
【规格型号】 柴油发电机 | 交流 | 输出功率 2001 千瓦 | 威尔信牌 | LL9224P
【商品描述】 该电机是一种利用磁场作为媒介，将柴油机输入的机械能转换为电能的机器，由定子、转子、励磁定子、励磁转子、电压调压板五大部分组成。
【监管证件】 0

【税则号列】 8502. 1310
【商品名称】 柴油发电机组
【规格型号】 输出功率 1714 千伏安 | 卡特彼勒牌 | CAT3512B
【商品描述】 该设备主要由柴油发动机、发电机、控制器三部分组成，以柴油发动机为原动力带动发电机发电，是把动能转换成电能和热能的机械设备。
【监管证件】 0

【税则号列】 8502. 1310
【商品名称】 卡特彼勒陆地油田用柴油发电机组
【规格型号】 375 千伏安<输出功率≤2 兆伏安 | （品牌） | 3512B
【商品描述】 由柴油机和发动机组成，输出功率超过 375 千伏安，但不超过 2 兆伏安，用于为钻机提供动力。
【监管证件】 0

【税则号列】 8502. 1320
【商品名称】 压燃式内燃机发电机组
【规格型号】 柴油机为原动机 | 输出功率>2 兆伏安 | Caterpiliar4 | 3516B
【商品描述】 该设备是一种独立的发电设备，以柴油等为燃料，用柴油机作为原动机带动发电机发电，通过驱动发电机运转，将柴油的能量转化为电能，由发动机、发电机、机座及减震装置构成。
【监管证件】 0

【税则号列】 8502. 2000
【商品名称】 汽油发电机组
【规格型号】 （输出功率） | （品牌） | （型号）
【商品描述】 点燃式活塞内燃发动机的发电机组。
【监管证件】 无监管证件要求

【税则号列】 8502. 2000
【商品名称】 汽油发电机组
【规格型号】 输出功率 1 千瓦 | （品牌） | TG950
【商品描述】 该设备主要由动力部分、电机、支架、油箱组成，通过汽油机动力驱动发电机运转，将汽油的能量转化为电能，用于家庭小型发电。
【监管证件】 无监管证件要求

【税则号列】 8502. 3100
【商品名称】 风力发电机组
【规格型号】 输出功率 1500 千瓦 | 华锐牌 | SL1500/89/HH80
【商品描述】 风力驱动的发电机组。
【监管证件】 无监管证件要求

【税则号列】 8503. 0010
【商品名称】 换向器片
【规格型号】 主要适用于机座尺寸为 24. 4 毫米的直流微电机 | （品牌） | 15G44×A
【商品描述】 其功率小于 37. 5 瓦，材质为铜合金，在微型马达里是换向器的组成部分。
【监管证件】 无监管证件要求

【税则号列】 8503. 0020
【商品名称】 护环
【规格型号】 750 兆伏安交流发电机用零件 | （品牌） | 03B7819
【商品描述】 略。
【监管证件】 无监管证件要求

【税则号列】 8503. 0020
【商品名称】 转子锻件
【规格型号】 1200 兆瓦交流发电机用零件 | （品牌） | （型号）
【商品描述】 略。
【监管证件】 无监管证件要求

【税则号列】 8503.0030
【商品名称】 风力发电机机舱
【规格型号】 适用于1.5MTS风力发电机|GE牌|1.6 XLE ESS
【商品描述】 该设备是风力发电机外壳，使用复合材料，采用多种工艺，包括滚涂、轻质RTM、真空灌注等制作而成。
【监管证件】 无监管证件要求

【税则号列】 8503.0090
【商品名称】 定子壳
【规格型号】 钢铁制汽车举窗电机专用零件|Igarashi|0399200328
【商品描述】 所用电机功率12瓦，电机机座尺寸100毫米×80毫米。
【监管证件】 无监管证件要求

【税则号列】 8504.2200
【商品名称】 变压器
【规格型号】 额定容量1000千伏安|液体介质变压器|山东泰开牌|SZ9-1000-35
【商品描述】 略。
【监管证件】 无监管证件要求

【税则号列】 8504.2311
【商品名称】 变压器
【规格型号】 额定容量4万千伏安|液体介质变压器|特变电工牌|SFSZ-40000/110
【商品描述】 为利用电磁感应原理改变交流电压的装置。
【监管证件】 无监管证件要求

【税则号列】 8504.3190
【商品名称】 铁芯变压器
【规格型号】 额定容量≤1000伏安|非液体介质变压器|（品牌）|-LS54A
【商品描述】 用于任天堂游戏机上。
【监管证件】 无监管证件要求

【税则号列】 8504.3190
【商品名称】 变压器
【规格型号】 额定容量<1000伏安|为非液体介质变压器|（品牌）|46047-1101
【商品描述】 略。
【监管证件】 无监管证件要求

【税则号列】 8504.3490
【商品名称】 核岛低压干式变压器
【规格型号】 额定容量为 630 千伏安 | 非液体介质变压器 | Resibloc | 14220111063-01
【商品描述】 将核岛内的中压变成低压。
【监管证件】 无监管证件要求

【税则号列】 8504.3490
【商品名称】 干式变压器
【规格型号】 额定容量为 3080 千伏安 | 非液体介质变压器 | JST 牌 | SCLB107
【商品描述】 略。
【监管证件】 无监管证件要求

【税则号列】 8504.4013
【商品名称】 电源供应器
【规格型号】 电脑用稳压电源 | 将交流电转化为直流电 | 功率 230 瓦 | 精度为输入正负 10% 输出正负 5% | Delta 牌 | DPS-230LB A
【商品描述】 略。
【监管证件】 A

【税则号列】 8504.4013
【商品名称】 电源供应器
【规格型号】 电脑用稳压电源 | 功率 400 瓦 | 交流稳压电源 | （精度） | Enhance | ENP-7140B
【商品描述】 略。
【监管证件】 A

【税则号列】 8504.4013
【商品名称】 稳压电源
【规格型号】 为直流稳压电源 | 电脑用 | 精度正负 5% | （品牌） | HK380-12/16GP（280 瓦）
【商品描述】 略。
【监管证件】 A

【税则号列】 8504. 4014
【商品名称】 电源供应器
【规格型号】 游戏机用 | 直流稳压电源 | 功率 120 瓦 | 精度<1‰ | Microsoft 牌 | PE-2121-03MX
【商品描述】 略。
【监管证件】 无监管证件要求

【税则号列】 8504. 4015
【商品名称】 交流稳压电源
【规格型号】 家用 | 实际功率 300/600 瓦 | 精度 1% | Luxeon 牌 | AVR-500D
【商品描述】 略。
【监管证件】 无监管证件要求

【税则号列】 8504. 4020
【商品名称】 奥迪轿车用不间断供电电源
【规格型号】 (功率) | (品牌) | 8K0 959 663 D
【商品描述】 娱乐系统断电时为其供电的不间断电源。
【监管证件】 无监管证件要求

【税则号列】 8504. 4030
【商品名称】 逆变器
【规格型号】 (功率) | Telemecanique 牌 | ALTIVAR11
【商品描述】 氩弧焊机用，使直流电变交流电，控制电机运行速度。
【监管证件】 3/无监管证件要求

【税则号列】 8504. 4030
【商品名称】 牵引逆变器
【规格型号】 105 千瓦 | (品牌) | VFI HR3615C
【商品描述】 牵引逆变器是牵引系统的重要组成部件，与牵引电机相连接，为车辆行驶时动力系统提供电源。其原理是将直流电变换为交流电，以控制电机。牵引逆变器是以整套进口。
【监管证件】 3/无监管证件要求

【税则号列】 8504. 4091
【商品名称】 IGBT 模块基板（子单元）
【规格型号】 用于组装大功率变流逆变器 | （是否封装） | （品牌） | 1500E330305
【商品描述】 IGBT 子单元，全称是绝缘栅双型晶体管，其基本结构为被隔绝的门场效应晶体管（FET，控制输入）和双极功率晶体管（作为开关），适合于高功率运转的硅铝碳化物，采用高功率工业标准组装。该产品与其他部件组装成大功率变流逆变器，用于 UPS、感应加热电源、焊机电源和电机变频调速等电源领域。
【监管证件】 无监管证件要求

【税则号列】 8504. 4091
【商品名称】 IGBT 模块
【规格型号】 用于组装大功率变流逆变器 | （是否封装） | Dynex | DIM1200ESM33-F011
【商品描述】 IGBT 模块，全称是绝缘栅双极晶体管模块，是一种双极型电压驱动的全控型电力电子器件，由 IGBT 芯片、二极管芯片、电气端子、信号端子、母排件、PCB 板、内注硅胶、散热底座、外壳封装而成。IGBT 模块具有通流能力强、开关速度快、驱动功率小而且驱动电路简单等特点，是目前发展迅速、应用比较广泛的一种电力电子器件。
【监管证件】 无监管证件要求

【税则号列】 8504. 4091
【商品名称】 IGBT 半导体模块
【规格型号】 已封装 | 具有变流功能的半导体模块 | Toshiba | MG900GXH1US53
【商品描述】 略。
【监管证件】 无监管证件要求

【税则号列】 8504. 4099
【商品名称】 变频器
【规格型号】 用于驱动交流电机 | 功率为 0. 55 千瓦~2800 千瓦 | ABB | ACS355-01E
【商品描述】 频率小于 600 赫兹，用于节能调速。
【监管证件】 无监管证件要求

【税则号列】 8504. 4099
【商品名称】 低压变流器
【规格型号】 风力发电机用静止式变流器 | 功率 1. 5 兆瓦 | 维斯塔斯牌 | 809488
【商品描述】 略。
【监管证件】 无监管证件要求

【税则号列】 8504. 4099
【商品名称】 牵引变流器成套散件
【规格型号】 安装于动车组高速电力机车上|（功率）|（品牌）|TGA10
【商品描述】 其功能是根据列车信息装置传输的指令将车辆主变压器的电压频率转换成适合牵引电机的电压频率，从而使牵引电机按照指令达到一定的转数。
【监管证件】 无监管证件要求

【税则号列】 8504. 4099
【商品名称】 充电器
【规格型号】 电须刨用充电器，不带稳压回路|输出功率 1. 4 瓦|Philips|（型号）
【商品描述】 略。
【监管证件】 无监管证件要求

【税则号列】 8504. 4099
【商品名称】 变频器
【规格型号】 （用途）|（功率）|Movitrac|MC07B
【商品描述】 调节一体机的转速，将 380 伏、50 赫兹工频电变成直流电后，再转换成电机转速所需的频率。
【监管证件】 无监管证件要求

【税则号列】 8504. 5000
【商品名称】 电感器
【规格型号】 手机主板用|Cyntec|PSQ20161T-2R2MSR
【商品描述】 贴片式电感器。
【监管证件】 无监管证件要求

【税则号列】 8504. 5000
【商品名称】 电感
【规格型号】 装配电子产品用|Maruwa|CXLD120-4R7Z
【商品描述】 略。
【监管证件】 无监管证件要求

【税则号列】 8504. 5000
【商品名称】 电感器
【规格型号】 轧机用 | ABB | PFVI401
【商品描述】 略。
【监管证件】 无监管证件要求

【税则号列】 8504. 5000
【商品名称】 换流阀用电感器
【规格型号】 Siemens | （型号）
【商品描述】 对流过换流阀的电流起到抑制作用，阻止电流的快速变化。
【监管证件】 无监管证件要求

【税则号列】 8504. 5000
【商品名称】 磁控电抗器
【规格型号】 用于 50 赫兹高压电力网 | 欣泰牌 | BKST-20000/10
【商品描述】 为油浸磁控并联电抗器，无功补偿设备。
【监管证件】 无监管证件要求

【税则号列】 8504. 5000
【商品名称】 电感
【规格型号】 （用途） | （品牌） | 0402CS
【商品描述】 将漆包线缠绕在片式骨架上形成线圈，在其顶面点上环氧树脂起固定及保护漆包线作用。
【监管证件】 无监管证件要求

【税则号列】 8504. 9090
【商品名称】 IGBT 驱动电路板
【规格型号】 为 IGBT 功率器件提供驱动和保护电路 | Actia | DTR0000170657
【商品描述】 与配置板组成一套。
【监管证件】 无监管证件要求

【税则号列】 8505. 1110
【商品名称】 磁石（稀土永磁体）
【规格型号】 空调压缩机用 | 铁 66%、钕 18%、镝 7. 4%、镨 6. 1%，其余为硼等 | 铁稀土元素总量为 31. 5% | 日立牌 | 4PD05276-1
【商品描述】 长方体，未充磁。
【监管证件】 无监管证件要求

【税则号列】 8505. 1110
【商品名称】 稀土永磁体
【规格型号】 装配于工业电机上，起励磁作用 | 镨、钕共 23%，65%铁，硼 1%，镝 11% |（品牌）|（型号）|（稀土元素的重量百分比）
【商品描述】 略。
【监管证件】 无监管证件要求

【税则号列】 8505. 1110
【商品名称】 稀土永磁体
【规格型号】 转向助力马达用 | 钕、铁、硼共 92%，其他 8% |（稀土元素的重量百分比）|（品牌）| 333V83
【商品描述】 略。
【监管证件】 无监管证件要求

【税则号列】 8505. 1190
【商品名称】 磁钢片
【规格型号】 铁合金永磁体 | 主要用于磁源 |（品牌）| N35
【商品描述】 略。
【监管证件】 无监管证件要求

【税则号列】 8506. 1012
【商品名称】 碱性电池
【规格型号】 主要合成材料有钢壳、二氧化锰、锌粉等 | 圆柱形金属外壳 | 容量 2500 毫安时 | 无汞 | 玩具等用 | V 牌 | LR6
【商品描述】 碱性锌锰干电池。
【监管证件】 A

【税则号列】 8506. 1012
【商品名称】 碱性锌锰无汞电池
【规格型号】 小家电用 | 圆柱形 | 碱性锌锰电池 | 容量 2300 毫安时 | 不含汞 | Golden power 牌 | GLR6A/LR6（AA）
【商品描述】 略。
【监管证件】 A

【税则号列】 8506. 1090
【商品名称】 干电池
【规格型号】 碳性锌锰制 | 圆柱形 | 1. 5 伏 | 不含汞 | （用途）| SARA | R20
【商品描述】 不可充电。
【监管证件】 A

【税则号列】 8506. 9090
【商品名称】 燃料电池用电解质陶瓷隔膜
【规格型号】 （品牌）|（型号）
【商品描述】 电解质陶瓷隔膜是高温固体氧化物燃料电池的关键核心部件，其主要作用是传导氧离子和隔绝空气与燃料。产品体积密度≥5. 84 克/立方厘米，结构致密；1000℃导电率≥0. 25 秒/厘米，交流阻抗特性良好；表面粗糙度 Ra0. 4 微米~3 微米；抗弯强度≥300 兆帕；平整度≤0. 10 毫米/25. 4 毫米。
【监管证件】 无监管证件要求

【税则号列】 8507. 1000
【商品名称】 奥迪轿车用铅酸蓄电池
【规格型号】 用于启动活塞式发动机 | 成分铅 | 容量 105 安时 | 不含汞 | 电压 12 伏 |（品牌）| 4L0 915 105
【商品描述】 略。
【监管证件】 A

【税则号列】 8507. 1000
【商品名称】 铅酸蓄电池
【规格型号】 为车辆用铅酸蓄电池 | 塑料铅合金制 | 容量 3 安时~24 安时 | 不含汞 | 12 伏 | Biltema | MS12-19
【商品描述】 略。
【监管证件】 A

【税则号列】 8507.2000
【商品名称】 密闭式固定型电池
【规格型号】 用于大型后备电源等｜铅酸材质｜不含汞｜12 伏｜（容量）｜Fiamm 牌｜BTX14
【商品描述】 塑料外壳。
【监管证件】 A

【税则号列】 8507.2000
【商品名称】 铅酸蓄电池
【规格型号】 不用于启动活塞式发动机｜铜酸材质｜（是否含汞）｜（容量）｜BB 牌｜BPS200-12FR
【商品描述】 由极板、电槽、中盖、隔离板、电解液、安全阀等组成。
【监管证件】 A

【税则号列】 8507.2000
【商品名称】 阀控密封式铅酸蓄电池
【规格型号】 电信用｜铜酸材质｜容量 65 安时｜不含汞｜（额定电压）｜光宇牌｜6-GFM-65/80C
【商品描述】 电信用蓄电池，也叫 VRLA 电池，全密封不漏酸，在充放电时不会像老式铅酸蓄电池那样放出酸雾腐蚀设备，不会污染环境。
【监管证件】 A

【税则号列】 8507.3000
【商品名称】 镍镉蓄电池
【规格型号】 家庭电器用｜由镍镉粉、不锈钢壳、PVC 膜组成｜容量 1700 毫安时｜（不含汞）｜（额定电压）｜Kwasia｜K-4×SC1500HT MAH
【商品描述】 略。
【监管证件】 A

【税则号列】 8507.5000
【商品名称】 PRIUS 轿车用镍氢蓄电池
【规格型号】 PRIUS 混合动力轿车用镍氢蓄电池｜额定电压 12 伏｜（材质）｜不含汞｜（容量）｜（品牌）｜G928076020
【商品描述】 略。
【监管证件】 A

【税则号列】 8507.5000

【商品名称】 镍氢蓄电池

【规格型号】 家电用|镍氢氧化物制蓄电池|容量1800毫安时|不含汞碱性电池|额定电压1.2伏|Powerbase牌|AA

【商品描述】 圆柱形，可充电。

【监管证件】 A

【税则号列】 8507.6000

【商品名称】 锂电池（可充电）

【规格型号】 笔记本电脑用|锂离子蓄电池|额定电压14.8伏|容量2600毫安时|（品牌）|（型号）

【商品描述】 略。

【监管证件】 A

【税则号列】 8507.6000

【商品名称】 锂电电池芯

【规格型号】 电池组专用，单颗锂离子电池|不含汞|锂离子制|（容量）|（额定电压）|（品牌）|（型号）

【商品描述】 略。

【监管证件】 A

【税则号列】 8507.6000

【商品名称】 锂离子蓄电池芯

【规格型号】 手机锂离子电池用芯体|（材质）|（容量）|不含汞|（额定电压）|Samsung SDI|ICP575673A

【商品描述】 略。

【监管证件】 A

【税则号列】 8507.6000

【商品名称】 锂离子蓄电池

【规格型号】 手机供电用|锂离子蓄电池|容量1440毫安时|额定电压3.8伏|（品牌）|不含汞|GB-S10-363292-0100

【商品描述】 略。

【监管证件】 A

【税则号列】 8507.6000

【商品名称】 锂电池

【规格型号】 灯用锂离子蓄电池 | 容量 600 毫安时或 150 毫安时 | 不含汞 | 电压 3.7 伏或 3.0 伏 | Minmax 牌 | 043048 或 CR153030

【商品描述】 略。

【监管证件】 A

【税则号列】 8509.8090

【商品名称】 抽湿器

【规格型号】 家庭用电动抽湿器 | （机重） | （功率） | 电压 100 伏~240 伏

【商品描述】 略。

【监管证件】 A

【税则号列】 8510.9000

【商品名称】 刀头组件

【规格型号】 电动剃须刀零件 | Philips 牌 | （型号）

【商品描述】 略。

【监管证件】 无监管证件要求

【税则号列】 8511.1000

【商品名称】 火花塞

【规格型号】 奥迪 A6 点燃式发动机点火用火花塞 | 用于点燃发动机燃烧缸内混合气体 | （品牌） | S/06H905611 | （编号）

【商品描述】 略。

【监管证件】 无监管证件要求

【税则号列】 8511.3090

【商品名称】 点火线圈

【规格型号】 汽车用点火线圈 | 现代牌 | W/0001587503

【商品描述】 略。

【监管证件】 无监管证件要求

【税则号列】 8511. 5090

【商品名称】 发电机

【规格型号】 汽车内燃发动机用｜汽车发动机电源｜Bosch 牌｜0125711051

【商品描述】 略。

【监管证件】 无监管证件要求

【税则号列】 8511. 5090

【商品名称】 发电机总成

【规格型号】 汽车部件｜用于发电、供电｜现代牌｜（型号）

【商品描述】 位于发动机舱内，其主要作用是将发动的动能转化为电能，在发动机运作时替代电瓶为车辆系统供电，通常输出电压 12 伏~14 伏，是汽车的重要组成部件。

【监管证件】 无监管证件要求

【税则号列】 8511. 9090

【商品名称】 爪极

【规格型号】 汽车内燃发动机上发电机专用｜Bosch 牌｜FOOM582623

【商品描述】 略。

【监管证件】 无监管证件要求

【税则号列】 8512. 2010

【商品名称】 大灯

【规格型号】 保证机动车辆照明安全装置的成套散件｜大众牌｜1C0941029M｜（零部件编号）

【商品描述】 略。

【监管证件】 无监管证件要求

【税则号列】 8512. 2010

【商品名称】 前照灯

【规格型号】 机动车辆用照明装置｜LJH 牌｜H3220-AD｜（零部件编号）

【商品描述】 略。

【监管证件】 无监管证件要求

【税则号列】 8512. 2010
【商品名称】 奥迪轿车用照明装置
【规格型号】 轿车用前大灯总成｜（品牌）｜8K0 941 004 P｜（零部件编号）
【商品描述】 略。
【监管证件】 无监管证件要求

【税则号列】 8512. 2010
【商品名称】 信号系统
【规格型号】 前大灯安装在车辆前端左右两侧，为两灯制｜（品牌）｜8980539470｜（零部件编号）
【商品描述】 该信号系统主要由灯泡、反射镜、配光镜、灯罩等组成，可进行远、近光调节及灯光信号的发出、传递，保证夜间照明及行驶安全，使用电压 12 伏。
【监管证件】 无监管证件要求

【税则号列】 8512. 2090
【商品名称】 奥迪轿车用视觉信号装置
【规格型号】 轿车用视觉信号装置，起视觉提示作用｜奥迪｜（型号）
【商品描述】 略。
【监管证件】 无监管证件要求

【税则号列】 8512. 3011
【商品名称】 汽车喇叭
【规格型号】 汽车喇叭｜（品牌）｜CA-12
【商品描述】 略。
【监管证件】 无监管证件要求

【税则号列】 8512. 3012
【商品名称】 汽车防盗器
【规格型号】 Raiton 牌｜（型号）
【商品描述】 机动车辆防盗装置。
【监管证件】 无监管证件要求

【税则号列】 8512. 4000
【商品名称】 雨刮器成套散件
【规格型号】 现代牌 | 98100-38501
【商品描述】 汽车用雨刮器成套散件。
【监管证件】 无监管证件要求

【税则号列】 8512. 4000
【商品名称】 奥迪轿车用风挡刮水器
【规格型号】 轿车前风挡刮水器总成 | （品牌） | 8K1 955 023 C
【商品描述】 略。
【监管证件】 无监管证件要求

【税则号列】 8512. 9000
【商品名称】 雨刮片
【规格型号】 汽车雨刮器专用雨刮片 | 丰田 | W/85222-60120
【商品描述】 略。
【监管证件】 无监管证件要求

【税则号列】 8512. 9000
【商品名称】 大众轿车用雷达传感器
【规格型号】 轿车用超声波雷达传感器 | （品牌） | 3AA 907 567
【商品描述】 略。
【监管证件】 无监管证件要求

【税则号列】 8512. 9000
【商品名称】 室内阅读灯灯罩
【规格型号】 车内阅读灯灯罩 | 丰田 | （型号）
【商品描述】 略。
【监管证件】 无监管证件要求

【税则号列】 8513. 1010
【商品名称】 手电筒
【规格型号】 手提式自供能源照明 | （品牌） | （型号）
【商品描述】 略。
【监管证件】 无监管证件要求

【税则号列】 8513. 1010
【商品名称】 手电筒
【规格型号】 家庭用 | 手提式 | Longlite 牌 | LN7231
【商品描述】 每套手电筒包含手电筒、可充电电池和充电器。
【监管证件】 无监管证件要求

【税则号列】 8513. 1010
【商品名称】 手电筒
【规格型号】 手持式的 LED 手电筒 | Hana 牌 | FTP2AAE2P
【商品描述】 略。
【监管证件】 无监管证件要求

【税则号列】 8513. 1090
【商品名称】 应急灯
【规格型号】 手提式应急照明用灯 | Frendz Forever 牌 | FZ-597L
【商品描述】 功率 2. 4 瓦~4. 0 瓦。
【监管证件】 无监管证件要求

【税则号列】 8514. 1010
【商品名称】 可控气氛连续式热处理炉
【规格型号】 (用途) | 电阻加热 | WSP | DAP
【商品描述】 热处理炉是指可以采用各种加热炉的炉型，但要求较严格地控制炉温和炉内气氛等。热处理炉大多使用气体燃料加热，为了准确控制炉温，有的热处理炉用电加热。
【监管证件】 无监管证件要求

【税则号列】 8514. 1010
【商品名称】 可控气氛热处理炉
【规格型号】 (用途) | 电加热 | NSEC | (型号)
【商品描述】 加热保护气体，使带钢退火，通过烧嘴及电加热带加热。
【监管证件】 无监管证件要求

【税则号列】 8514. 1090
【商品名称】 多晶铸锭凝固炉
【规格型号】 用于制作多晶硅锭 | 电阻加热 | （品牌） | DSS450HP
【商品描述】 该设备由坩埚、加热器、坩埚旋转台组成，通过电阻加热的原理，将多晶硅料放置在内涂氮化硅的坩埚中，四周利用石墨加热至液体全部融化，通过四周和底层加热分离和冷却，用于制作多晶硅锭。
【监管证件】 无监管证件要求

【税则号列】 8514. 1090
【商品名称】 多晶浇注炉
【规格型号】 生产多晶硅锭 | 电阻加热 | GT 牌 | GT-DSS450HPTM
【商品描述】 该设备由上下炉体、炉架、水系统、升降系统、控制柜、电源柜、变压器、真空泵、整套隔热板、隔热笼组成。其通过电阻加热，将多晶硅料高温熔化后，重新结晶凝结成多晶硅锭。
【监管证件】 无监管证件要求

【税则号列】 8514. 3000
【商品名称】 电子束熔化炉
【规格型号】 用于工业纯钛熔炼 | 电子束加热 | （品牌） | KV-Titan BMO-05-01
【商品描述】 通过电子束枪的扫描，将材料由固体加热熔化转变为液态。
【监管证件】 3/无监管证件要求

【税则号列】 8514. 3000
【商品名称】 实验室用烘箱
【规格型号】 电热管加热 | Binder | FED240
【商品描述】 提供所需的湿度环境，用于样品的培养实验。
【监管证件】 无监管证件要求

【税则号列】 8514. 4000
【商品名称】 电磁感应加热器
【规格型号】 用于钢带加热 | Inductotherm 牌 | （型号）
【商品描述】 通过电磁感应原理，在螺线管中通入交变的电流从而产生交变磁场，再通过工件切割磁场产生涡流，利用工件自身的电阻发热来达到加热的效果。
【监管证件】 无监管证件要求

【税则号列】 8515. 9000
【商品名称】 电弧焊接机专用夹具
【规格型号】 （品牌）｜（型号）
【商品描述】 钢铁制。
【监管证件】 无监管证件要求

【税则号列】 8516. 1010
【商品名称】 储水式电热水器
【规格型号】 家用｜电发热管加热｜容量 30 升｜Electrolux 牌｜EWH-30 Centurio Digital H
【商品描述】 电能转化为热能，电压 220 伏。
【监管证件】 A

【税则号列】 8516. 1010
【商品名称】 贮水式电热水器
【规格型号】 家用｜容量 15 升｜Dianbolil 牌｜SN15SVE1. 5U
【商品描述】 略。
【监管证件】 A

【税则号列】 8516. 2931
【商品名称】 暖风机（PTC）套件
【规格型号】 家用风扇式对流空间加热器｜（品牌）｜CE3303
【商品描述】 功率 2000 瓦。
【监管证件】 无监管证件要求

【税则号列】 8516. 4000
【商品名称】 电熨斗
【规格型号】 熨烫衣服用｜电热管传热｜（品牌）｜（型号）
【商品描述】 略。
【监管证件】 A

【税则号列】 8516. 5000
【商品名称】 微波炉
【规格型号】 家用｜（品牌）｜（型号）
【商品描述】 略。
【监管证件】 A

【税则号列】 8516. 6010
【商品名称】 单头不锈钢电磁炉
【规格型号】 家用 | 电热式 | Princess House 牌 | 6972
【商品描述】 功率 1800 瓦。
【监管证件】 A

【税则号列】 8516. 6030
【商品名称】 电饭煲
【规格型号】 家用 | 电阻加热 | Caribbean | CBRC-6000
【商品描述】 功率 1900 瓦。
【监管证件】 A

【税则号列】 8516. 6030
【商品名称】 电饭锅
【规格型号】 家用 | Black & Decker 牌 | RC1810
【商品描述】 通电后发热盘发热，将热量传递至内芯。
【监管证件】 A

【税则号列】 8516. 6050
【商品名称】 电烤箱
【规格型号】 家用 | 电阻加热 | Sunbeam | BT5350
【商品描述】 电压 230 伏~240 伏，功率 1500 瓦~1600 瓦。
【监管证件】 A

【税则号列】 8516. 6090
【商品名称】 电炸锅
【规格型号】 家用 | 发热管加热 | Fakir 牌 | GALA
【商品描述】 电压 220 伏~240 伏，频率 50 赫兹，功率 1500 瓦。
【监管证件】 A

【税则号列】 8516. 6090
【商品名称】 慢炖锅
【规格型号】 家庭炖汤用 | 通电发热 | Calphalon 牌 | SC-40D-0
【商品描述】 电压 120 伏，频率 60 赫兹，功率 250 瓦。
【监管证件】 A

【税则号列】 8516. 7220
【商品名称】 多士炉
【规格型号】 家用 | 通电发热丝加热炉 | Abode 牌 | KT-3023A
【商品描述】 功率 680 瓦~800 瓦。
【监管证件】 A

【税则号列】 8516. 7910
【商品名称】 饮水机
【规格型号】 供家庭饮水用 | 电热丝加热
【商品描述】 略。
【监管证件】 A

【税则号列】 8516. 7990
【商品名称】 奶泡壶
【规格型号】 通过发热板通电发热加热 | 家用，将牛奶打成泡 | Homewin 牌 | F280 型
【商品描述】 电压 220 伏，频率 60 赫兹，功率 550 瓦。
【监管证件】 A

【税则号列】 8516. 7990
【商品名称】 电热水壶
【规格型号】 家用 | 通电发热丝加热水壶 | Russell Hobbs 牌 | RHDK10
【商品描述】 容量 1. 8 升，电压 220 伏~240 伏，频率 50 赫兹，功率 1800 瓦。
【监管证件】 A

【税则号列】 8516. 9090
【商品名称】 电烤箱不锈钢拉手
【规格型号】 电烤箱不锈钢制零件 | （品牌） | （型号）
【商品描述】 略。
【监管证件】 无监管证件要求

【税则号列】 8517. 1210
【商品名称】 CDMA 移动电话
【规格型号】 蜂窝网络 CDMA 手机 | Sharp 牌 | SH603T | （是否加密）
【商品描述】 略。
【监管证件】 A

【税则号列】 8517.1210
【商品名称】 CDMA 手机
【规格型号】 成套零售包装的蜂窝网络手机| Huawei 牌| M920| （是否加密）
【商品描述】 带蓝牙、摄像头，具有 MP3、MP4 播放功能，包括主机、充电器、电池各 1 个/套。
【监管证件】 A

【税则号列】 8517.1210
【商品名称】 GSM/GPRS 数字移动电话机
【规格型号】 蜂窝网络 GSM 手机| Vertu 牌| VERTU SIGNATURE| （是否加密）
【商品描述】 略。
【监管证件】 A

【税则号列】 8517.1210
【商品名称】 移动电话（1 充电器 1 耳机）
【规格型号】 移动通信用| 适用于蜂窝网络| 诺基亚牌| RM-819| （是否加密）
【商品描述】 略。
【监管证件】 A

【税则号列】 8517.1210
【商品名称】 4G 移动电话
【规格型号】 移动通信用| （适用网络种类）| Motorola 牌| 86401LZESA| （是否加密）
【商品描述】 含电池充电器。
【监管证件】 A

【税则号列】 8517.1210
【商品名称】 3G 移动电话
【规格型号】 蜂窝网络 3G 手机| Motorola 牌| MB855 CHWG3193AA| （是否加密）
【商品描述】 略。
【监管证件】 A

【税则号列】 8517. 1210
【商品名称】 WCDMA 数字移动电话机
【规格型号】 蜂窝网络 WCDMA 手机 | Apple 牌 | MD128CH/A/A1332/8GB | （是否加密）
【商品描述】 略。
【监管证件】 A

【税则号列】 8517. 1210
【商品名称】 GSM 防爆手机
【规格型号】 用于石油化工行业等防爆环境要求下的移动通信 | 适用于 GSM 数字网络 | Eeom | X. com212-EX | （是否加密）
【商品描述】 略。
【监管证件】 A

【税则号列】 8517. 1210
【商品名称】 GSM 数字式手持无线电话成套散件
【规格型号】 组装 GSM 手机用成套散件 | HTC 牌 | X920e | 蜂窝网络 | （是否加密）
【商品描述】 略。
【监管证件】 A

【税则号列】 8517. 1220
【商品名称】 对讲机
【规格型号】 通话用 | 不需网络 | （品牌） | （型号） | （是否加密）
【商品描述】 一种双向移动通信工具，在不需要任何网络支持的情况下，就可以通话，不产生话费，适用于相对固定且频繁通话的场合。
【监管证件】 无监管证件要求

【税则号列】 8517. 6110
【商品名称】 GSM 移动通信基地站
【规格型号】 用于组建 GSM 制式的电讯网络系统 | ZTE 牌 | ZXSDR R8962 | （是否加密）
【商品描述】 略。
【监管证件】 O

【税则号列】 8517. 6110
【商品名称】 WCDMA 移动基地站
【规格型号】 移动通信网络用基地站｜华为牌｜DBS3900
【商品描述】 略。
【监管证件】 O

【税则号列】 8517. 6221
【商品名称】 光端机
【规格型号】 光传输网络通信系统终端及中继使用｜Citrans｜550B｜（是否加密）
【商品描述】 光通信系统中的传输设备，进行光电转换及传输功用，其结构为箱状内外式，由机架、机盘、插槽等部件构成。
【监管证件】 O

【税则号列】 8517. 6222
【商品名称】 波分复用模组
【规格型号】 光通信波分复用的光传输设备｜Enablence 牌｜MXD88｜（是否加密）
【商品描述】 88 通道。
【监管证件】 O

【税则号列】 8517. 6222
【商品名称】 波分复用设备
【规格型号】 波分复用的光传输设备｜（品牌）｜V50017-Q2204-K800
【商品描述】 光波分复用技术（WDM）系统中除光端机和脉冲编码调制设备及光纤外，还有光放大器、光耦合器、波分复用器、光隔离器和光环形器等设备。
【监管证件】 O

【税则号列】 8517. 6229
【商品名称】 光纤通道交换机
【规格型号】 用于有线光纤网数据交换与传输｜Brocade｜HD-360-0008 BROCADE300
【商品描述】 略。
【监管证件】 A

【税则号列】 8517.6232
【商品名称】 交换机
【规格型号】 帧通讯以太网交换机| 西门子| WS-C4948
【商品描述】 略。
【监管证件】 M/无监管证件要求

【税则号列】 8517.6232
【商品名称】 网络交换机
【规格型号】 在以太网络通信系统中完成信息交换功能| Mellanox 牌| VLT-30111
【商品描述】 包括物理编址网络拓扑结构和错误校验及流控。
【监管证件】 M/无监管证件要求

【税则号列】 8517.6232
【商品名称】 以太网络交换机
【规格型号】 为不加密非光通信设备| CISCO| WS-C2960S-24TD-L
【商品描述】 具有扩展能力，在通信系统中完成信息交换功能，它可以为接入交换机的任意两个网络节点提供独享的电信号通路，主要用于满足各种规模的网络需求，比如网络通信、网络管理等。
【监管证件】 无监管证件要求

【税则号列】 8517.6236
【商品名称】 路由器
【规格型号】 有线路由器| Solar Max| MAXWEBXP
【商品描述】 略。
【监管证件】 M/无监管证件要求

【税则号列】 8517.6239
【商品名称】 防火墙
【规格型号】 有线网络用| 思科牌| ASA5505-SEC-BUN-K9
【商品描述】 一种协助确保信息安全的设备，会依照特定的规则，允许或是限制传输的数据通过。
【监管证件】 无监管证件要求

【税则号列】 8517. 6239

【商品名称】 安全网关

【规格型号】 网络建设用以太网 | OPZOON | PA-5500-F5

【商品描述】 它可以通过监测、限制、更改跨越安全网关的数据流的手段，尽可能地对外部屏蔽网络内部的信息、结构和运行状况，并通过检测阻断威胁，以及网络数据加密等手段来实现网络和信息的安全。

【监管证件】 无监管证件要求

【税则号列】 8517. 6292

【商品名称】 无线网卡

【规格型号】 无线网络接口卡 | （品牌） | （型号）

【商品描述】 略。

【监管证件】 无监管证件要求

【税则号列】 8517. 6299

【商品名称】 收发信机

【规格型号】 数字微波通信设备用 | 接收和发射微波信号 | NEC 牌 | TRP-7G-3B

【商品描述】 略。

【监管证件】 无监管证件要求

【税则号列】 8517. 6299

【商品名称】 无线通信模组

【规格型号】 接收和发送无线、蓝牙信号 | Murata | LBEE5ZHTWC-501

【商品描述】 略。

【监管证件】 无监管证件要求

【税则号列】 8517. 7020

【商品名称】 光端机零件（单元板卡）

【规格型号】 包括连接单元、传输单元、接口单元 | 爱立信品牌光传输产品 Marconi OMS1600 里所使用的单元板卡 | 爱立信牌 | SK68CA

【商品描述】 其作用是通过硅板集成电路预先设计好电路，满足客户的需求。

【监管证件】 无监管证件要求

【税则号列】 8517.7020
【商品名称】 PCM 复接单元
【规格型号】 与收发信机组成一套数字微波通信设备 | 用于微波传输 | NEC 牌 | MDP-150MB-1AA STM-1 1+0 ELE
【商品描述】 脉冲编码调制设备零件。
【监管证件】 无监管证件要求

【税则号列】 8517.7030
【商品名称】 手机主板
【规格型号】 手机用零件 | Apple | ZenvoA
【商品描述】 容量 16G。
【监管证件】 无监管证件要求

【税则号列】 8517.7030
【商品名称】 手机外壳
【规格型号】 适用于 iPhone 机型 | 无品牌 | 无型号
【商品描述】 略。
【监管证件】 无监管证件要求

【税则号列】 8517.7030
【商品名称】 摄像头固定环
【规格型号】 用于 Apple 手机后盖摄像头部位 | 无品牌 | 无型号
【商品描述】 略。
【监管证件】 无监管证件要求

【税则号列】 8517.7030
【商品名称】 按键
【规格型号】 适用于 iPhone 机型 | 安装在手机上，起功能控制作用 | 无品牌 | 无型号
【商品描述】 略。
【监管证件】 无监管证件要求

【税则号列】 8517.7030
【商品名称】 手机用后盖外框组件
【规格型号】 适用于 iPhone 机型 | 用于固定保护手机内部电子元件 | 无品牌 | 无型号
【商品描述】 略。
【监管证件】 无监管证件要求

【税则号列】 8517.7030
【商品名称】 手机用数据线接口环
【规格型号】 适用于 iPhone 机型 | 用于固定保护 Apple 手机数据线孔 | 无品牌 | 无型号
【商品描述】 略。
【监管证件】 无监管证件要求

【税则号列】 8517.7030
【商品名称】 中隔板组件
【规格型号】 适用于 iPhone 机型 | 用于支撑 Apple 手机主板 | 无品牌 | 无型号
【商品描述】 略。
【监管证件】 无监管证件要求

【税则号列】 8517.7030
【商品名称】 手机用玻璃镜片
【规格型号】 适用于 Motorola 手机 | Motorola 牌 | 200C3-0351C-V3
【商品描述】 手机用玻璃镜片为手机用表面触摸屏的零部件（手机最表面接触到的镜片）。
【监管证件】 无监管证件要求

【税则号列】 8517.7030
【商品名称】 手机触摸按键组件
【规格型号】 适用于三星手机 | Samsung 牌 | GT-I9300 TOUCH KEY REV3.0
【商品描述】 用在三星手机（GT-I9300）上的按键组件。
【监管证件】 无监管证件要求

【税则号列】 8517.7030
【商品名称】 触控模组（手机用）
【规格型号】 适用于 Nokia 手机 | Nokia 牌 | （型号） | 主要由触控面板、液晶显示屏、保护玻璃、固定结构框等部件构成
【商品描述】 触控模组，显示和触摸控制功能集成于一体。
【监管证件】 无监管证件要求

【税则号列】 8517. 7030
【商品名称】 防磁屏蔽罩
【规格型号】 适用于 iPhone 机型 | 对手机起屏蔽作用，防止电磁波干扰 | 无品牌 | 无型号
【商品描述】 略。
【监管证件】 无监管证件要求

【税则号列】 8517. 7030
【商品名称】 软质线路连接器组件
【规格型号】 适用于 iPhone 机型 | 用于手机信号传输 | 含 USB 接口、麦克风 | （品牌） | 632-1179-B
【商品描述】 略。
【监管证件】 无监管证件要求

【税则号列】 8517. 7030
【商品名称】 固定隔板
【规格型号】 适用于 iPhone 机型 | 用于固定 Apple 手机内部零件 | 无品牌 | 无型号
【商品描述】 钢铁制。
【监管证件】 无监管证件要求

【税则号列】 8517. 7030
【商品名称】 手机用保护屏
【规格型号】 适用于三星手机 | 三星牌 | AMS367PR10/LJ64-03779A
【商品描述】 略。
【监管证件】 无监管证件要求

【税则号列】 8517. 7030
【商品名称】 手机后盖用玻璃镜面
【规格型号】 适用于 iPhone 机型 | 用于 Apple 手机后盖 | 无品牌 | 无型号
【商品描述】 略。
【监管证件】 无监管证件要求

【税则号列】 8517. 7030
【商品名称】 后盖组件
【规格型号】 适用于 iPhone 机型 | 保护手机内部零件，以及起修饰作用 | 无品牌 | 无型号
【商品描述】 略。
【监管证件】 无监管证件要求

【税则号列】 8517. 7030
【商品名称】 手机触摸屏组件
【规格型号】 Nokia 系列手机零件 | ALPS 牌 | 4870102
【商品描述】 包括液晶显示模组和触摸屏。
【监管证件】 无监管证件要求

【税则号列】 8517. 7030
【商品名称】 手机用 AM-OLED 显示组件
【规格型号】 手机用 OLED4. 8 寸显示组件 | 适用于三星手机 | 三星牌 | GH96-05712A
【商品描述】 略。
【监管证件】 无监管证件要求

【税则号列】 8517. 7030
【商品名称】 手机用转轴
【规格型号】 手机用零件 | （适用机型） | Hinge | R J5
【商品描述】 略。
【监管证件】 无监管证件要求

【税则号列】 8517. 7030
【商品名称】 移动电话机壳构件
【规格型号】 （适用机型） | （品牌） | （型号）
【商品描述】 略。
【监管证件】 无监管证件要求

【税则号列】 8517. 7030
【商品名称】 移动电话转接板
【规格型号】 （适用机型） | （品牌） | （型号）
【商品描述】 略。
【监管证件】 无监管证件要求

【税则号列】 8517. 7030
【商品名称】 手机前盖
【规格型号】 适用于 Nokia、Destiny 机型 | Nokia 牌 | （型号）
【商品描述】 略。
【监管证件】 无监管证件要求

【税则号列】 8517.7030
【商品名称】 手机中盖
【规格型号】 适用于 Nokia、Justin 机型 | （品牌） | （型号）
【商品描述】 略。
【监管证件】 无监管证件要求

【税则号列】 8517.7030
【商品名称】 手机按键用触片板组件
【规格型号】 （适用机型） | （品牌） | （型号）
【商品描述】 手机零部件。
【监管证件】 无监管证件要求

【税则号列】 8517.7030
【商品名称】 手机侧面用主板组件
【规格型号】 （适用机型） | （品牌） | （型号）
【商品描述】 手持式无线电话用零件。
【监管证件】 无监管证件要求

【税则号列】 8517.7030
【商品名称】 不锈钢制手机用固定支架
【规格型号】 适用于 iPhone 机型 | （品牌） | （型号）
【商品描述】 略。
【监管证件】 无监管证件要求

【税则号列】 8517.7030
【商品名称】 手机液晶显示板
【规格型号】 （适用机型） | Chimei-Innolux 牌 | 1256-0701.1
【商品描述】 略。
【监管证件】 无监管证件要求

【税则号列】 8517.7060

【商品名称】 激光模块

【规格型号】 （适用机型）| RIO 牌 | （型号）| 由泵浦二极管、模拟光电二极管隔离器和掺铒光纤构成

【商品描述】 具备收和发两种功能。

【监管证件】 无监管证件要求

【税则号列】 8517.7060

【商品名称】 激光收发模块

【规格型号】 波分复用光传输设备用的激光收发模块 | Acacia 牌 | PQPSK-100-00E

【商品描述】 略。

【监管证件】 无监管证件要求

【税则号列】 8517.7070

【商品名称】 天线

【规格型号】 直升机机舱内通信设备零件 | Eurocopter 牌 | 704A45341030

【商品描述】 略。

【监管证件】 无监管证件要求

【税则号列】 8517.7070

【商品名称】 手机用天线

【规格型号】 用于手机通信信号的发射及接收 | TE 牌 | 2108616-1/2108617-1

【商品描述】 略。

【监管证件】 无监管证件要求

【税则号列】 8517.7090

【商品名称】 模块板

【规格型号】 移动基地站用 | 主控传输功能 | 结构是印制板上插装器件压接或焊接成的 PCBA 合体 | 华为牌 | WD22LMPT1

【商品描述】 略。

【监管证件】 无监管证件要求

【税则号列】 8517.7090
【商品名称】 光调制器件
【规格型号】 波分复用光传输设备用| Fujitsu 牌| FTM7920FBA/301
【商品描述】 略。
【监管证件】 无监管证件要求

【税则号列】 8517.7090
【商品名称】 网络交换机主板
【规格型号】 以太网络交换机用| 由树脂板、电子元件构成| F5 牌| （型号）
【商品描述】 略。
【监管证件】 无监管证件要求

【税则号列】 8517.7090
【商品名称】 路由器用模块
【规格型号】 用于以太网数据接口的处理| （组成部件）| CISCO| X2-10GB-SR=
【商品描述】 略。
【监管证件】 无监管证件要求

【税则号列】 8517.7090
【商品名称】 交换机模块
【规格型号】 用于组成模块化交换系统的工作部件| （组成部件）| 赫斯曼| MB-2T
【商品描述】 略。
【监管证件】 无监管证件要求

【税则号列】 8517.7090
【商品名称】 插板
【规格型号】 移动通信交换机用插板| （组成部件）| NSN| C112671
【商品描述】 略。
【监管证件】 无监管证件要求

【税则号列】 8517.7090
【商品名称】 板卡
【规格型号】 用于交换机数据传输交换| （组成部件）| Extreme| 16420
【商品描述】 略。
【监管证件】 无监管证件要求

【税则号列】 8517. 7090
【商品名称】 以太网数据传输模块
【规格型号】 用于数字程控用户交换机 | 数据传输用 | （组成部件） | CISCO 牌 | X2-10GB-SR=
【商品描述】 略。
【监管证件】 无监管证件要求

【税则号列】 8518. 1000
【商品名称】 有线麦克风
【规格型号】 D&D 牌 | MC-1200N
【商品描述】 有线麦克风。
【监管证件】 无监管证件要求

【税则号列】 8518. 2100
【商品名称】 单喇叭音箱
【规格型号】 家用 | Pure Acoustics 牌 | F SUB8 | （额定功率）
【商品描述】 略。
【监管证件】 无监管证件要求

【税则号列】 8518. 2200
【商品名称】 无源音箱
【规格型号】 双喇叭主放音音箱 | Tannoy | SFX 5. 1 | （额定功率） | （用途）
【商品描述】 无音乐处理器、配件、软件及专业插头，灵敏度 85db。
【监管证件】 无监管证件要求

【税则号列】 8518. 2900
【商品名称】 扬声器
【规格型号】 锥形纸盆 | 功率 25 瓦 | WDT 牌 | 14366-1 | （用途）
【商品描述】 略。
【监管证件】 无监管证件要求

【税则号列】 8518. 2900
【商品名称】 扬声器
【规格型号】 笔记本电脑用扬声器｜（额定功率）｜（品牌）｜B0-0094-J-13J-GP
【商品描述】 略。
【监管证件】 无监管证件要求

【税则号列】 8518. 3000
【商品名称】 耳机
【规格型号】 （品牌）｜（型号）
【商品描述】 将电信号转化为音频信号，起声音传输的作用。
【监管证件】 无监管证件要求

【税则号列】 8518. 3000
【商品名称】 耳塞
【规格型号】 UNINEX｜HE08
【商品描述】 有线耳塞。
【监管证件】 无监管证件要求

【税则号列】 8518. 4000
【商品名称】 大众轿车用音频扩大器
【规格型号】 大众｜3AD 035 456
【商品描述】 将音源输出的音频信号通过供放内置的音频扩大器转为定压输出的大功率信号，并通过内置分区解码板分配到各个区域。
【监管证件】 无监管证件要求

【税则号列】 8519. 8121
【商品名称】 奥迪轿车用激光唱机
【规格型号】 使用光学媒体的激光唱机总成｜（品牌）｜8X0 035 110 C
【商品描述】 没有录音功能。
【监管证件】 A

【税则号列】 8521. 9012
【商品名称】 数字化视频光盘（DVD）播放机
【规格型号】 万宝牌｜DVD-983
【商品描述】 DVD 播放机，不具备录制功能，用于视频播放。
【监管证件】 A

【税则号列】 8523. 2990
【商品名称】 影片（碟中谍 4）
【规格型号】 已录制视频的移动硬盘 1 套 | 索尼牌
【商品描述】 略。
【监管证件】 b

【税则号列】 8523. 4100
【商品名称】 空白光盘
【规格型号】 未刻录的光学媒介 | Banana 牌 | （存储容量） | （读取速度）
【商品描述】 略。
【监管证件】 无监管证件要求

【税则号列】 8523. 4920
【商品名称】 IBM 软件升级与支持产品
【规格型号】 软件光盘 | 存储容量 4. 7G | 读取速度 150KB/S | IBM | ELA
【商品描述】 略。
【监管证件】 无监管证件要求

【税则号列】 8523. 4920
【商品名称】 软件
【规格型号】 光盘 | 安装软件 | 用于虚拟仿真 | 容量 4. 5G | 光盘读取速度为 21M/S | LMS | LMS Virtual. Lab V10
【商品描述】 略。
【监管证件】 无监管证件要求

【税则号列】 8523. 4920
【商品名称】 光盘
【规格型号】 已录制的财务人事管理软件光盘 | （存储容量） | （读取速度）
【商品描述】 略。
【监管证件】 无监管证件要求

【税则号列】 8523. 5110
【商品名称】 记忆棒
【规格型号】 未录制的 Flash 存储器 | 容量 64GB | Avaya | 700501036
【商品描述】 略。
【监管证件】 无监管证件要求

【税则号列】 8523. 5210
【商品名称】 智能卡
【规格型号】 未录制的智能卡 | 未加密 | Durr 牌 | 4405
【商品描述】 略。
【监管证件】 无监管证件要求

【税则号列】 8523. 5210
【商品名称】 智能卡
【规格型号】 用于对广电网络下传到机顶盒的数字加密节目进行数字解密 | 未录制 | NDS | S744003B | 未加密
【商品描述】 略。
【监管证件】 无监管证件要求

【税则号列】 8523. 5290
【商品名称】 128K SIM 智能卡
【规格型号】 ABS 制智能卡 | 已录制 | （品牌） | （型号） | （是否加密）
【商品描述】 略。
【监管证件】 无监管证件要求

【税则号列】 8523. 5290
【商品名称】 智能 IC 卡
【规格型号】 对手机功能的检测，并可用于手机网络客户身份的鉴定 | 已录制 | （品牌） | （型号） | （是否加密）
【商品描述】 略。
【监管证件】 无监管证件要求

【税则号列】 8525. 5000
【商品名称】 100KW 短波广播发射机
【规格型号】 长峰牌 | SW-100G
【商品描述】 为广播电台产生一个合乎要求的大功率射频信号，受音频信号调制后经馈线由天线向空间辐射出去，完成无线电广播信号的无线传输，用于短波广播发射。
【监管证件】 O

【税则号列】 8525. 8013
【商品名称】 多功能摄像头
【规格型号】 用于车辆，观察道路情况 | （品牌） | S/A2128203642
【商品描述】 略。
【监管证件】 无监管证件要求

【税则号列】 8525. 8013
【商品名称】 监控探头
【规格型号】 监控摄像用，非特种用途 | （品牌） | DS-2CD892P-IR3
【商品描述】 略。
【监管证件】 无监管证件要求

【税则号列】 8525. 8013
【商品名称】 摄像头
【规格型号】 摄像、视讯传输及 iPod touch 等用，非特种用途 | （品牌） | （型号）
【商品描述】 略。
【监管证件】 无监管证件要求

【税则号列】 8525. 8013
【商品名称】 手机摄像组件
【规格型号】 手机摄像头 | Chi Mei 牌 | SOCBA811000
【商品描述】 略。
【监管证件】 无监管证件要求

【税则号列】 8525. 8022
【商品名称】 单反数码照相机（含镜头）
【规格型号】 非特种用途 | 佳能牌 | EOS 550D
【商品描述】 非特种用途数码单反相机，1800 万像素，用于拍照。
【监管证件】 无监管证件要求

【税则号列】 8525. 8029
【商品名称】 数码照相机（非单镜头反光型）
【规格型号】 非特种用途 | 佳能牌 | SX500 IS
【商品描述】 非特种用途、非单镜头反光型数码照相机，不可换镜头，1600 万像素，30 倍光学变焦。
【监管证件】 无监管证件要求

【税则号列】 8525. 8032
【商品名称】 广播级数字摄录一体机
【规格型号】 非特种用途广播级摄录一体机 | 松下牌 | AG-AC130AMC
【商品描述】 略。
【监管证件】 A

【税则号列】 8525. 8033
【商品名称】 家用数码摄录一体机
【规格型号】 佳能牌 | HF R38（CN）
【商品描述】 32G 内存，32 倍光学变焦，328 万像素。
【监管证件】 A

【税则号列】 8526. 9110
【商品名称】 GPS 车载导航仪
【规格型号】 用于机动车辆导航 | CNSD 牌 | SV-L110C
【商品描述】 有显示屏，有视频、音频播放功能。
【监管证件】 无监管证件要求

【税则号列】 8526. 9190
【商品名称】 GPS 接收机
【规格型号】 主要用于船舶、大型工程找点定位 | Trimble 牌 | SPS852
【商品描述】 接收机通过卫星不间断发送自身的星历参数和时间信息，然后通过计算求出物体的三维位置。
【监管证件】 无监管证件要求

【税则号列】 8526. 9200

【商品名称】 CR-V 无线电遥控设备

【规格型号】 车用 | （品牌） | 38011-T0A-H000M1

【商品描述】 该设备为智能钥匙电控系统的主体单元，主要作用是发出指令，控制车门的开启和关闭，以及后备箱的开启。

【监管证件】 O

【税则号列】 8527. 1900

【商品名称】 无线电收音机

【规格型号】 非盒式磁带 | 无须外接电源 | Tecsun 牌 | （型号） | （外形尺寸）

【商品描述】 略。

【监管证件】 无监管证件要求

【税则号列】 8527. 2100

【商品名称】 奥迪轿车用收录（放）音组合机

【规格型号】 轿车用 | 收录放音组合机总成 | 外接电源 | （品牌） | 4G0 035 056 D

【商品描述】 略。

【监管证件】 无监管证件要求

【税则号列】 8528. 5211

【商品名称】 液晶显示器

【规格型号】 19″液晶显示器 | 带 VGA 接口，无 HDMI 接口 | （用途） | （构成） | Samsung | S19B300NW

【商品描述】 略。

【监管证件】 无监管证件要求

【税则号列】 8528. 6910

【商品名称】 投影机

【规格型号】 用于虚拟现实系统 | 彩色，单片 DLP 显示 | DV 接口 | 亮度 1200LM | Christie 牌 | MIRAGE HD12

【商品描述】 投影面积 4 米×3 米。

【监管证件】 6

【税则号列】 8528. 7110
【商品名称】 数字卫星电视接收机
【规格型号】 将接收卫星发射的信号转化为电视节目 | 未带显示屏 | （品牌） | （型号）
【商品描述】 利用地球同步卫星将数字编码压缩的彩色电视信号，传输到用户端的一种广播电视形式。
【监管证件】 O

【税则号列】 8528. 7180
【商品名称】 奥迪轿车用彩色电视接收装置
【规格型号】 轿车用彩色电视接收装置 | 无显示器 | （品牌） | 4GD 919 129 A
【商品描述】 略。
【监管证件】 无监管证件要求

【税则号列】 8529. 9042
【商品名称】 取像模块
【规格型号】 非特种用途取像模块 | 不带数字处理信号电路，用于把影像数码化 | CYVIZ 牌 | 1001000
【商品描述】 包括镜头和模数转换电路。
【监管证件】 无监管证件要求

【税则号列】 8529. 9060
【商品名称】 汽车音响用 CD 机芯
【规格型号】 汽车收录放音组合音响用机芯 | （品牌） | YEFX0900025B
【商品描述】 略。
【监管证件】 无监管证件要求

【税则号列】 8529. 9081
【商品名称】 数字电视主板
【规格型号】 数字电视用的主板，用作驱动电视 | （品牌） | （型号）
【商品描述】 略。
【监管证件】 无监管证件要求

【税则号列】 8529.9081

【商品名称】 液晶电视外壳套件

【规格型号】 液晶电视外壳的成套散件，用于生产液晶电视|（品牌）|ELK18588D-R0-CKD

【商品描述】 略。

【监管证件】 无监管证件要求

【税则号列】 8529.9082

【商品名称】 带状芯片封装

【规格型号】 连接驱动电路与PDP显示屏，用于PDP列显示驱动|（品牌）|JUQ6.604.00029767（S6P1126X01-01XB）

【商品描述】 采用带状PI膜封装IC的方法进行加工，并用键合线进行热压合组装。

【监管证件】 无监管证件要求

【税则号列】 8529.9082

【商品名称】 等离子显示屏

【规格型号】 做显示墙用|MTG牌|MTG 42″MPDP

【商品描述】 42寸，无驱动装置，无外壳，无解码器，玻璃及铝合金等材质制成。

【监管证件】 无监管证件要求

【税则号列】 8529.9090

【商品名称】 电子调谐器

【规格型号】 （用途）|（品牌）|（型号）

【商品描述】 高频电子调谐器。

【监管证件】 O/无监管证件要求

【税则号列】 8531.1000

【商品名称】 火灾探测器

【规格型号】 （品牌）|2151BAUS|（工作原理）

【商品描述】 火灾探测器是系统的“感觉器官”，它的作用是监视环境中有没有火灾的发生，一旦有了火情，就将火灾的特征物理量，如温度、烟雾、气体和辐射光强等转换成电信号，并立即向火灾报警控制器发送报警信号。

【监管证件】 A

【税则号列】　8532. 2110
【商品名称】　片式钽电容器
【规格型号】　（品牌）｜CAP CHIP 15U 25V
【商品描述】　片式钽电容。
【监管证件】　无监管证件要求

【税则号列】　8532. 2290
【商品名称】　铝电解电容
【规格型号】　非片式｜Nichicon 牌｜LGG2W681MEUANH
【商品描述】　空调用，非片式铝电解电容。
【监管证件】　无监管证件要求

【税则号列】　8532. 2410
【商品名称】　片式多层瓷介电容
【规格型号】　TDK 牌｜A2140723Y0100
【商品描述】　片式多层瓷介质电容，用于级间耦合、滤波、去耦、旁路及信号调谐。
【监管证件】　无监管证件要求

【税则号列】　8532. 2590
【商品名称】　电容
【规格型号】　多层结构，非片式｜塑料介质电容｜Panasonic 牌｜ECQE2105B603
【商品描述】　略。
【监管证件】　无监管证件要求

【税则号列】　8533. 2110
【商品名称】　片式固定电阻器
【规格型号】　额定功率≤20 瓦｜（品牌）｜（型号）
【商品描述】　略。
【监管证件】　无监管证件要求

【税则号列】　8533. 4000
【商品名称】　热敏电阻
【规格型号】　Mitsubishi 牌｜DTN-V503H3W-GAZ101V
【商品描述】　用于感受蒸发器温度。
【监管证件】　无监管证件要求

【税则号列】 8533.9000
【商品名称】 电阻陶瓷基板
【规格型号】 主要用于制作片式电阻器 | CCTC | RC0402D
【商品描述】 该产品具有优良的厚膜特性，平整度好，精度高。
【监管证件】 无监管证件要求

【税则号列】 8534.0010
【商品名称】 印刷电路板（四层以上）
【规格型号】 四层以上 | 三星牌 | GH41-03587A
【商品描述】 不带元器件。
【监管证件】 无监管证件要求

【税则号列】 8534.0090
【商品名称】 印刷电路板（四层以下）
【规格型号】 四层以下 | 京瓷牌 | PA41-00036Q
【商品描述】 不带元器件，手机摄像头用零部件。
【监管证件】 无监管证件要求

【税则号列】 8535.2100
【商品名称】 发电机出口自动断路器
【规格型号】 用于核电站常规岛发电机开断系统或发电机侧短路电流，并将发电机与系统同步并网 | 用于电压为 24 千伏的电路 | ABB 牌 | HEC 7C
【商品描述】 略。
【监管证件】 A

【税则号列】 8535.2990
【商品名称】 六氟化硫断路器
【规格型号】 全封闭组合电气用自动断路器 | 用于电压为 1100 千伏的电路 | （品牌） | （型号）
【商品描述】 略。
【监管证件】 无监管证件要求

【税则号列】 8535. 9000
【商品名称】 接触器
【规格型号】 用于控制机车牵引变流器整个牵引线路（电压 1500 伏）的通断，包括开关、灭弧罩、触头，起开关控制作用｜（品牌）｜LTHS800/2P\\2NO+2NC
【商品描述】 略。
【监管证件】 无监管证件要求

【税则号列】 8536. 4110
【商品名称】 继电器
【规格型号】 熨烫机用｜所用线路电压为 24 伏｜Indupress 牌｜585945
【商品描述】 略。
【监管证件】 无监管证件要求

【税则号列】 8536. 4110
【商品名称】 奥迪轿车用继电器
【规格型号】 轿车用继电器，闭合电路｜所用线路电压为 12 伏｜（品牌）｜4H0 951 253 A
【商品描述】 略。
【监管证件】 无监管证件要求

【税则号列】 8536. 5000
【商品名称】 点火开关
【规格型号】 控制汽车引擎锁电源的接通与断开｜电压 12 伏｜（品牌）｜（型号）
【商品描述】 略。
【监管证件】 A

【税则号列】 8536. 5000
【商品名称】 开关
【规格型号】 柔性线路板用开关｜所用线路电压<36 伏｜ALPS 牌｜PV00AA
【商品描述】 略。
【监管证件】 A

【税则号列】 8536. 6900
【商品名称】 接线插座
【规格型号】 电冰箱压缩机用零部件，连接电源线用｜（电压）｜Fusite 牌｜393-38B
【商品描述】 略。
【监管证件】 无监管证件要求

【税则号列】 8536. 6900
【商品名称】 插头
【规格型号】 电器设备连接用插头 | 额定电压<1000 伏 | 3M Electronic Specialty 牌 | 2520~5002UB
【商品描述】 略。
【监管证件】 无监管证件要求

【税则号列】 8536. 6900
【商品名称】 插座
【规格型号】 家用电源连接用 | 额定电压 230 伏 | （品牌） | （型号）
【商品描述】 略。
【监管证件】 无监管证件要求

【税则号列】 8537. 1011
【商品名称】 PLC 可编程控制器
【规格型号】 完成对自动化设备的控制 | （电压） | 西门子 | 6ES7312
【商品描述】 略。
【监管证件】 无监管证件要求

【税则号列】 8537. 1011
【商品名称】 可编程控制器
【规格型号】 通过信号实现对自动门的控制 | （电压） | 三菱 | FX1S-14MR-ES（345）
【商品描述】 略。
【监管证件】 无监管证件要求

【税则号列】 8537. 1090
【商品名称】 电梯用控制柜（电气柜）
【规格型号】 电压为 380 伏 | Thyssenkrupp | （型号）
【商品描述】 三柜体（一个控制柜带两个变频装置柜），非数控，接收指令后自动控制电梯运作，所用电路电压为 380 伏。
【监管证件】 无监管证件要求

【税则号列】 8537. 1090
【商品名称】 奥迪轿车用电力控制装置
【规格型号】 轿车用组合开关，控制电路的闭合 | （电压） | （品牌） | 8K1 959 674
【商品描述】 略。
【监管证件】 A

【税则号列】 8537. 1090
【商品名称】 多功能开关
【规格型号】 控制灯光、雨刷等设备的启闭 | 电压 | （品牌） | AM5T-14K147-DB
【商品描述】 略。
【监管证件】 A

【税则号列】 8537. 1090
【商品名称】 低压配电柜
【规格型号】 用于厂房配电停送电，起到计量和判断停送电的作用，所用电路电压小于 1000 伏 | XL | （型号）
【商品描述】 按电气接线要求将开关设备、测量仪表、保护电器和辅助设备组装在封闭或半封闭金属柜中。正常运行时可借助手动或自动开关接通或分断电路。
【监管证件】 A

【税则号列】 8537. 2090
【商品名称】 控制柜
【规格型号】 用于电力转换分配电能 | 利用自动转换开关自动切换为发电状态的另一路电源 | 所用电路电压为 1800 伏 ~2400 伏 | 瑞灵牌 | （型号）
【商品描述】 略。
【监管证件】 无监管证件要求

【税则号列】 8537. 2090
【商品名称】 高压柜
【规格型号】 用于高压配电 | 所用电路电压为 10 千伏 | 川开牌 | KYN28A-12
【商品描述】 略。
【监管证件】 无监管证件要求

【税则号列】 8537. 2090
【商品名称】 开关柜
【规格型号】 电力用设备 | 所用电路电压为 10 千伏 | 长胜牌 | KYN28-12
【商品描述】 开关柜是一种电力用设备，外线先进入柜内主控开关，然后进入分控开关，各分路按其需要设置。所用电路电压为 10 千伏。
【监管证件】 无监管证件要求

【税则号列】 8538. 9000
【商品名称】 低压断路器用零件（支架）
【规格型号】 低压断路器用支架 | 施耐德牌 | 00994887A
【商品描述】 略。
【监管证件】 无监管证件要求

【税则号列】 8538. 9000
【商品名称】 接插件外壳
【规格型号】 汽车电缆接插件用 | （品牌） | HF213030C
【商品描述】 绝缘塑料制。
【监管证件】 无监管证件要求

【税则号列】 8538. 9000
【商品名称】 脱扣单元
【规格型号】 断路器用的脱扣单元 | ABB | 1SDA067465R1
【商品描述】 略。
【监管证件】 无监管证件要求

【税则号列】 8538. 9000
【商品名称】 塑料端子盒
【规格型号】 为端子用 | （品牌） | （型号）
【商品描述】 PP 塑料制，有预留接线柱的安装位置。
【监管证件】 无监管证件要求

【税则号列】 8538. 9000
【商品名称】 塑壳（接插件零件）
【规格型号】 接插件外壳，起保护作用 | TE | 180984
【商品描述】 略。
【监管证件】 无监管证件要求

【税则号列】 8538. 9000
【商品名称】 插头胶壳
【规格型号】 汽车线束插头的塑料制零件，用于与金属端子嵌在一起形成连接插头丨（品牌）丨HE02 7F-G
【商品描述】 略。
【监管证件】 无监管证件要求

【税则号列】 8539. 1000
【商品名称】 聚光灯
【规格型号】 封闭式丨（用途）丨（品牌）丨L150A
【商品描述】 略。
【监管证件】 无监管证件要求

【税则号列】 8539. 3191
【商品名称】 全螺旋型节能灯
【规格型号】 是将荧光灯与镇流器（安定器）组合成一个整体的家用紧凑型热阴极荧光灯丨（品牌）丨（型号）
【商品描述】 略。
【监管证件】 无监管证件要求

【税则号列】 8540. 1100
【商品名称】 彩色显像管
【规格型号】 阴极射线管丨彩虹牌丨（型号）
【商品描述】 纯平，有 14、21 吋等尺寸（指对角线长度）。玻璃外壳，正面内壁涂有能发出红、绿、蓝三色的荧光粉，尾部有电子枪和偏转线圈，电子发射的电子束通过偏转线圈按规律偏转后打在正面的屏幕上，通过红、绿、蓝三种颜色的强弱组合生成不同颜色的图像。
【监管证件】 6

【税则号列】 8541. 1000
【商品名称】 二极管
【规格型号】 增你强牌丨D-SDM20U30-700
【商品描述】 非光敏、非发光二极管。
【监管证件】 无监管证件要求

【税则号列】 8541.2100
【商品名称】 晶体管
【规格型号】 Toshiba 牌|（型号）|耗散功率<1 瓦
【商品描述】 非片式、非光敏晶体管。
【监管证件】 无监管证件要求

【税则号列】 8541.2900
【商品名称】 晶体管
【规格型号】 耗散功率≥1 瓦|Renesas 牌|RJP6065DPM-00#T1
【商品描述】 非光敏晶体管。
【监管证件】 无监管证件要求

【税则号列】 8541.2900
【商品名称】 三极管
【规格型号】 耗散功率 50 瓦|ON 牌|MJE15032G
【商品描述】 为通信产品用，由单一半导体元件构成。
【监管证件】 无监管证件要求

【税则号列】 8541.4010
【商品名称】 发光二极管
【规格型号】 BEA 牌|41.5487
【商品描述】 自动门传感器用发光二极管。
【监管证件】 无监管证件要求

【税则号列】 8541.4020
【商品名称】 太阳能电池
【规格型号】 （额定功率）|（品牌）|TT40P|（转换效率）
【商品描述】 太阳能供电用单晶硅太阳能板。
【监管证件】 无监管证件要求

【税则号列】 8541.4090
【商品名称】 光电耦合器
【规格型号】 Avago 牌|HCPL-817-06BE
【商品描述】 光敏半导体，空调用。
【监管证件】 无监管证件要求

【税则号列】 8541. 6000
【商品名称】 声表面波器件
【规格型号】 已装配的压电晶体｜Triquint 牌｜（型号）
【商品描述】 略。
【监管证件】 无监管证件要求

【税则号列】 8541. 6000
【商品名称】 晶振
【规格型号】 已装配的压电晶体｜Epson 牌｜TSX-3225
【商品描述】 通信设备用，产生频率信号，频率范围 26 兆赫。
【监管证件】 无监管证件要求

【税则号列】 8542. 3190
【商品名称】 单片数字式集成电路
【规格型号】 用作处理器及控制器的集成电路｜控制数据的传输、存储｜Watchdata 牌｜08040201-M0020
【商品描述】 略。
【监管证件】 无监管证件要求

【税则号列】 8542. 3290
【商品名称】 数字单片集成电路
【规格型号】 用于以太网交换机｜存储电路｜（品牌）｜K7K3218T2C-EC40000
【商品描述】 略。
【监管证件】 无监管证件要求

【税则号列】 8542. 3390
【商品名称】 单片集成电路原片
【规格型号】 用于作为红外接受器的放大器｜Tyntek｜D64
【商品描述】 不需要外接元器件的集成电路。
【监管证件】 无监管证件要求

【税则号列】 8543. 3000
【商品名称】 水平电镀生产线
【规格型号】 （用途） | Atotech 牌| UNIPLATE CU18
【商品描述】 主要配置包括水洗段、溶铜段、电镀段等。
【监管证件】 无监管证件要求

【税则号列】 8543. 3000
【商品名称】 自然循环离子交换膜电解装置
【规格型号】 用于生产烧碱、氯气、氢气等| 旭化成| （型号）
【商品描述】 略。
【监管证件】 3/无监管证件要求

【税则号列】 8543. 3000
【商品名称】 离子膜法烧碱生成装置
【规格型号】 （品牌） | （型号）
【商品描述】 该装置由槽体、阳极和阴极等组成，用离子交换膜将阳极室和阴极室隔开。当直流电通过电解槽时，在阳极与溶液界面处发生氧化反应，生成氯气；在阴极与溶液界面处发生还原反应，生成烧碱和氢气。
【监管证件】 3/无监管证件要求

【税则号列】 8543. 3000
【商品名称】 电镀机
【规格型号】 （用途） | 电镀氧化铝薄层| 华鸿牌| （型号）
【商品描述】 采用电解的方法，使产品表面形成氧化铝薄层。
【监管证件】 无监管证件要求

【税则号列】 8543. 3000
【商品名称】 电解式臭氧气机
【规格型号】 用于生产高浓度臭氧气| Biotek| CDU
【商品描述】 经混合装置后，用于各种水处理消毒应用。
【监管证件】 无监管证件要求

【税则号列】 8543.7099
【商品名称】 电蚊拍
【规格型号】 灭蚊用|（品牌）|（型号）
【商品描述】 可充式电蚊拍。
【监管证件】 无监管证件要求

【税则号列】 8543.7099
【商品名称】 3D 眼镜
【规格型号】 Samsung|3DTV
【商品描述】 内部装有蓝牙芯片、集成电路、电源升压器等集成元器件。该眼镜通过蓝牙芯片可接收来自电视的同步控制信号，对左右镜片进行特定的逻辑控制，分左右两个画面放映。放映左画面，左眼镜片打开，右镜片关闭；放映右画面，右镜片打开，左镜片关闭，两眼看到不同的画面，在大脑中形成 3D 影像。
【监管证件】 无监管证件要求

【税则号列】 8543.7099
【商品名称】 调音台
【规格型号】 通过音推调节音频，具有独立功能|SSL 牌|C100HDS
【商品描述】 略。
【监管证件】 无监管证件要求

【税则号列】 8543.7099
【商品名称】 皮肤美容仪
【规格型号】 用于皮肤美容，除皱，祛除色斑|Y&G 牌|RFP-A
【商品描述】 促进肌肤代谢，加速新细胞复制分裂。
【监管证件】 无监管证件要求

【税则号列】 8543.7099
【商品名称】 紫外固化装置
【规格型号】 用于拉丝塔上|I600|（品牌）
【商品描述】 一种利用紫外光对光纤表面的涂覆材料进行干燥、固化的设备。
【监管证件】 无监管证件要求

【税则号列】 8543. 7099
【商品名称】 遥控器
【规格型号】 空调用红外遥控器 | Panasonic | A75C4267
【商品描述】 略。
【监管证件】 无监管证件要求

【税则号列】 8543. 9090
【商品名称】 SPU 不锈钢阴极电极
【规格型号】 用于铜电解精炼设备 | （品牌） | （型号）
【商品描述】 装入铜电解槽中，将电解液中的铜离子还原生成阴极铜。
【监管证件】 无监管证件要求

【税则号列】 8544. 2000
【商品名称】 同轴电缆
【规格型号】 用于传输有线电视信号 | 没有接头 | （品牌） | （型号）
【商品描述】 略。
【监管证件】 无监管证件要求

【税则号列】 8544. 3020
【商品名称】 奥迪轿车用线束
【规格型号】 轿车用 | 有接头布线组 | （品牌） | 4F0 051 510 P
【商品描述】 略。
【监管证件】 无监管证件要求

【税则号列】 8544. 4211
【商品名称】 手机用信号传输线
【规格型号】 用于连接 Apple 手机的 USB 端口与电源转接器，起信号传输作用 | 有接头电缆 | 额定电压≤80 伏 | （品牌） | （型号）
【商品描述】 略。
【监管证件】 无监管证件要求

【税则号列】 8544. 4219
【商品名称】 电脑连接线
【规格型号】 有接头电导体 | 额定电压为 12 伏 | （品牌） | （型号） | （有接头）
【商品描述】 非电缆。
【监管证件】 无监管证件要求

【税则号列】 8544. 4221
【商品名称】 电源线
【规格型号】 连接家用电器用 | 接头电源线 | 额定电压为 125 伏 | （品牌） | （型号）
【商品描述】 略。
【监管证件】 A

【税则号列】 8544. 4229
【商品名称】 电脑连接线
【规格型号】 有接头电导体 | 额定电压为 80 伏~1000 伏 | （品牌） | （型号）
【商品描述】 非电缆。
【监管证件】 A

【税则号列】 8544. 4229
【商品名称】 母线槽
【规格型号】 起导电作用 | 有接头 | 80 伏<额定电压≤1000 伏 | Schneider Electric 牌 | （型号）
【商品描述】 略。
【监管证件】 A

【税则号列】 8544. 4921
【商品名称】 信号电缆
【规格型号】 用于铁路信号传输 | 无接头 | 80 伏<额定电压≤1000 伏 | （品牌） | PTYA23 型
【商品描述】 传递数字信号、音频信号或自动信号。信号电缆外面有一层包裹导体的屏蔽层，避免干扰信号进入内层导体，同时降低传输信号的损耗。
【监管证件】 A

【税则号列】 8544. 4921
【商品名称】 电缆
【规格型号】 核电站核岛仪控用电缆 | 额定电压为 1000 伏 | 不带接头 | Nexans 牌 | （型号）
【商品描述】 非同轴电缆。
【监管证件】 A

【税则号列】 8544. 6012
【商品名称】 电力电缆
【规格型号】 用于传输和分配电能的无接头电缆 | 额定电压为 8. 7 千伏或 15 千伏 | 冀东牌 | YJLV22-8. 7 或 15KV3×240
【商品描述】 常用于城市地下电网、发电站的引出线路，工矿企业的内部供电及过江、过海的水下输电线。
【监管证件】 A

【税则号列】 8544. 6090
【商品名称】 气体绝缘输电母线
【规格型号】 用于核电站 500 千伏主开关站和超高压输电系统 | 额定电压为 500 千伏 | AZZ/CGIT 牌 | （型号） | 无接头
【商品描述】 略。
【监管证件】 无监管证件要求

【税则号列】 8544. 7000
【商品名称】 光缆
【规格型号】 24 芯，100000 米 | 每根光纤被覆 | 亨通牌 | G652D-GYTS-24B1. 3
【商品描述】 一定数量的光纤按照一定方式组成缆心，外包有护套，有的还包覆外护层，用以实现光信号传输的一种通信线路。
【监管证件】 无监管证件要求

【税则号列】 8545. 1100
【商品名称】 碳电极
【规格型号】 工业硅炉及铁合金电炉用的电极 | （品牌） | （型号）
【商品描述】 略。
【监管证件】 3

【税则号列】 8545. 1100
【商品名称】 石墨电极
【规格型号】 冶炼电炉用碳石墨电极 | 松炭牌 | DIA500MM L1800MM HP 4TPIL
【商品描述】 电弧炉以电弧形式释放电能，对炉料进行加热熔化的导体材料。
【监管证件】 3

【税则号列】 8545. 1900
【商品名称】 阳极碳块
【规格型号】 电解铝的电解池用｜前昊牌｜1445×700×600 型
【商品描述】 黑色长方体，在其导电方向上表面有 2~4 个直径为 160 毫米~180 毫米、深为 80 毫米~110 毫米的圆槽电解铝的电解池。
【监管证件】 3

【税则号列】 8545. 9000
【商品名称】 灯碳棒
【规格型号】 通过放射出电弧来切割金属｜巨源牌｜500×1800+/-100MM
【商品描述】 略。
【监管证件】 3

【税则号列】 8546. 1000
【商品名称】 玻璃绝缘子
【规格型号】 利用钢化玻璃的绝缘特性使输电缆与铁塔绝缘，同时连接并支撑电缆｜（品牌）｜（型号）
【商品描述】 略。
【监管证件】 无监管证件要求

【税则号列】 8546. 2090
【商品名称】 拼钵绝缘子
【规格型号】 用于输变电设备及线路｜瓷制钵状｜（品牌）｜（型号）
【商品描述】 略。
【监管证件】 无监管证件要求

【税则号列】 8547. 1000
【商品名称】 陶瓷制绝缘体
【规格型号】 用于输变电电气绝缘｜Keidy 牌｜（型号）
【商品描述】 陶瓷制，内含金属件。
【监管证件】 无监管证件要求

【税则号列】 8547. 2000

【商品名称】 塑料绝缘接头

【规格型号】 线束组装用| 塑料制绝缘零件| TYCO-AMP| G0002150-0216

【商品描述】 略。

【监管证件】 无监管证件要求

【税则号列】 8548. 9000

【商品名称】 电磁干扰滤波器

【规格型号】 手机主板吸收超高频信号用| （材质）| TDK| MMZ0402S121CT000

【商品描述】 略。

【监管证件】 无监管证件要求

第十七类
车辆、航空器、船舶及有关运输设备

注释：

一、本类不包括税目 95. 03 或 95. 08 的物品以及税目 95. 06 的长雪橇、平底雪橇及类似品。

二、本类所称“零件”及“零件、附件”，不适用于下列货品，不论其是否确定为供本类货品使用：

（一）各种材料制的接头、垫圈或类似品（按其构成材料归类或归入税目 84. 84）或硫化橡胶（硬质橡胶除外）的其他制品（税目 40. 16）；

（二）第十五类注释二所规定的贱金属制通用零件（第十五类）或塑料制的类似品（第三十九章）；

（三）第八十二章的物品（工具）；

（四）税目 83. 06 的物品；

（五）税目 84. 01 至 84. 79 的机器或装置及其零件，但供本类所列货品使用的散热器除外；税目 84. 81 或 84. 82 的物品及税目 84. 83 的物品（这些物品是构成发动机或其他动力装置所必需的）；

（六）电机或电气设备（第八十五章）；

（七）第九十章的物品；

（八）第九十一章的物品；

（九）武器（第九十三章）；

（十）税目94.05的灯具或照明装置；或

（十一）作为车辆零件的刷子（税目96.03）。

三、第八十六章至第八十八章所称“零件”或“附件”，不适用于那些非专用于或非主要用于这几章所列物品的零件、附件。同时符合这几章内两个或两个以上税目规定的零件、附件，应按其主要用途归入相应的税目。

四、在本类中：

（一）既可在道路上，又可在轨道上行驶的特殊构造的车辆，应归入第八十七章的相应税目；

（二）水陆两用的机动车辆，应归入第八十七章的相应税目；

（三）可兼作地面车辆使用的特殊构造的航空器，应归入第八十八章的相应税目。

五、气垫运输工具应按本类最相似的运输工具归类，其规定如下：

（一）在导轨上运行的（气垫火车），归入第八十六章；

（二）在陆地行驶或水陆两用的，归入第八十七章；

（三）在水上航行的，不论能否在海滩或浮码头登陆及能否在冰上行驶，一律归入第八十九章。

气垫运输工具的零件、附件，应按照上述规定，与最相类似的运输工具的零件、附件一并归类。

气垫火车的导轨固定装置及附件应与铁道轨道固定装置及附件一并归类。气垫火车运行系统的信号、安全或交通管理设备应与铁路的信号、安全或交通管理设备一并归类。

第八十六章　铁道及电车道机车、车辆及其零件；铁道及电车道轨道固定装置及其零件、附件；各种机械（包括电动机械）交通信号设备

注释：

一、本章不包括：

（一）木制或混凝土制的铁道或电车道轨枕及气垫火车用的混凝土导轨（税目44.06或68.10）；

（二）税目73.02的铁道及电车道铺轨用钢铁材料；或

（三）税目85.30的电气信号、安全或交通管理设备。

二、税目86.07主要适用于：

（一）轴、轮、行走机构、金属轮箍、轮圈、毂及轮子的其他零件；

（二）车架、底架、转向架；

（三）轴箱；制动装置；

（四）车辆缓冲器；钩或其他联结器及车厢走廊联结装置；

（五）车身。

三、除上述注释一另有规定的以外，税目 86.08 包括：

（一）已装配的轨道、转车台、站台缓冲器、量载规；

（二）铁道及电车道、道路、内河航道、停车场、港口或机场用的臂板信号机、机械信号盘、平交道口控制器、信号及道岔控制器及其他机械（包括电动机械）信号、安全或交通管理设备，不论是否装有电力照明装置。

【税则号列】 8602. 1010
【商品名称】 干线机车
【规格型号】 柴油机驱动电力铁道机车 | 由微机控制 | 用于牵引货车 | DL020 牌 | CKD4B
【商品描述】 略。
【监管证件】 无监管证件要求

【税则号列】 8603. 1000
【商品名称】 动车组
【规格型号】 客运用动车组 | 交流电动机驱动 | （品牌） | （型号）
【商品描述】 六节编组。
【监管证件】 无监管证件要求

【税则号列】 8605. 0010
【商品名称】 铁路客车
【规格型号】 载客用 | 普通铁路非机动客车 | （品牌） | YW2
【商品描述】 略。
【监管证件】 无监管证件要求

【税则号列】 8606. 3000
【商品名称】 石渣漏斗车
【规格型号】 铁道用 | 非驱动自卸车 | 南车 | KZ75-1520
【商品描述】 略。
【监管证件】 无监管证件要求

【税则号列】 8606. 9100
【商品名称】 铁道用篷车
【规格型号】 铁道运输用 | 非机动、带蓬 | （品牌） | P62
【商品描述】 略。
【监管证件】 无监管证件要求

【税则号列】 8606. 9200
【商品名称】 货运敞车
【规格型号】 铁路货运 | 敞车 | QRRS 牌 | EC70A
【商品描述】 为具有端壁、侧壁、地板而无车顶，向上敞开的货车，主要供运送煤炭、矿石、木材等大宗货物用。152 厘米轨距底开门敞车，厢高 237. 5 厘米。
【监管证件】 无监管证件要求

【税则号列】 8607. 1990
【商品名称】 粗制车轮
【规格型号】 火车用 | （品牌） | D1250MM
【商品描述】 略。
【监管证件】 无监管证件要求

【税则号列】 8607. 1990
【商品名称】 旧轮饼
【规格型号】 用于大车厢 | （品牌） | （型号）
【商品描述】 俄罗斯生产的火车厢上的轮饼，是单独的饼，不带轴，因磨损程度不同，其重量也不同。
【监管证件】 无监管证件要求

【税则号列】 8607. 1990
【商品名称】 旧轮对
【规格型号】 用于火车厢 | | （品牌） | （型号）
【商品描述】 俄罗斯生产的火车厢上的轮对（轮轴和轮饼组合在一起的），一根轴上带两个轮子，因磨损程度不同，其重量也不同。
【监管证件】 无监管证件要求

【税则号列】 8607. 1990
【商品名称】 转向架用轮对
【规格型号】 动车组拖车转向架用轮对 | 住友 | 2T114831-6180
【商品描述】 由拖车车轴、车轮、轮装制动盘、轴装制动盘组成。
【监管证件】 无监管证件要求

【税则号列】 8607. 1990
【商品名称】 摇枕
【规格型号】 18–100 型铁路货车转向架用｜（品牌）｜（型号）
【商品描述】 略。
【监管证件】 无监管证件要求

【税则号列】 8607. 2100
【商品名称】 动车组制动装置
【规格型号】 用于新一代 350 千米动车组上｜Nabtesco 牌｜NTS–10–001
【商品描述】 略。
【监管证件】 无监管证件要求

【税则号列】 8607. 9900
【商品名称】 枕梁组成
【规格型号】 动车组用｜AMG｜CNR0000007203
【商品描述】 略。
【监管证件】 无监管证件要求

【税则号列】 8607. 9900
【商品名称】 中枕梁组成
【规格型号】 适用于铁路货车平车｜（品牌）｜（型号）
【商品描述】 略。
【监管证件】 无监管证件要求

【税则号列】 8607. 9900
【商品名称】 铁路货车用侧架
【规格型号】 6733 牌｜18–100
【商品描述】 用于保护铁路货车车轮。
【监管证件】 无监管证件要求

【税则号列】 8607. 9900
【商品名称】 旧火车厢
【规格型号】 （品牌）｜（型号）
【商品描述】 俄罗斯生产的火车货车上使用过的旧车厢，已经拆解成框架，无底、无厢门。
【监管证件】 无监管证件要求

【税则号列】 8607.9900
【商品名称】 3992 牵引梁
【规格型号】 连接货车车厢的牵引梁|（品牌）|（型号）
【商品描述】 略。
【监管证件】 无监管证件要求

【税则号列】 8608.0090
【商品名称】 关节可挠型道岔梁及附件
【规格型号】 轻轨用道岔梁及其附件|（品牌）|（型号）
【商品描述】 钢铁制。
【监管证件】 无监管证件要求

【税则号列】 8609.0019
【商品名称】 20 英尺钢制干货集装箱
【规格型号】 （类型）|20 英尺×8 英尺×8.6 英尺|（品牌）
【商品描述】 钢制长方体，经钢材切割、焊接、油漆、铺地板等工艺制成，运送货物用。
【监管证件】 AB

【税则号列】 8609.0029
【商品名称】 40 英尺超高钢制干货集装箱
【规格型号】 （类型）|40 英尺×8 英尺×9.6 英尺|（品牌）
【商品描述】 钢制长方体，经钢材切割、焊接、油漆、铺地板等工艺制成，运送货物用。
【监管证件】 AB

【税则号列】 8609.0090
【商品名称】 装货运输用托盘箱
【规格型号】 公路运输用托盘箱|425 毫米×1101 毫米×1070 毫米|UBE
【商品描述】 略。
【监管证件】 AB

第八十七章　车辆及其零件、附件，但铁道及电车道车辆除外

注释：

一、本章不包括仅可在钢轨上运行的铁道及电车道车辆。

二、本章所称“牵引车、拖拉机”，是指主要为牵引或推动其他车辆、器具或重物的车

辆。除了上述主要用途以外，不论其是否还具有装运工具、种子、肥料或其他货品的辅助装置。

用于安装在税目 87. 01 的牵引车或拖拉机上，作为可替换设备的机器或作业工具，即使与牵引车或拖拉机一同报验，不论其是否已安装在车（机）上，仍应归入其各自相应的税目。

三、装有驾驶室的机动车辆底盘，应归入税目 87. 02 至 87. 04，而不归入税目 87. 06。

四、税目 87. 12 包括所有儿童两轮车，其他儿童脚踏车归入税目 95. 03。

【税则号列】 8701. 2000
【商品名称】 斯堪尼亚 11705CC 牵引车
【规格型号】 半挂车用的公路牵引车 | 斯堪尼亚牌 | G420LA6X2MNA
【商品描述】 略。
【监管证件】 46Axy

【税则号列】 8701. 2000
【商品名称】 东风牵引车 CKD 散件
【规格型号】 载重 25 吨的半挂公路牵引车 CKD 散件 | 东风牌 | DFL4251A-999
【商品描述】 略。
【监管证件】 46Axy

【税则号列】 8701. 9110
【商品名称】 四轮驱动拖拉机
【规格型号】 农用四轮驱动拖拉机 | 金鹿牌 | 工农-16KIIS-1 | 功率为 11. 8 千瓦
【商品描述】 可以拖曳各种农具。
【监管证件】 6A

【税则号列】 8702. 1091
【商品名称】 柴油机客车，座位≥30 座
【规格型号】 （厂牌） | （排气量） | （规格型号）
【商品描述】 略。
【监管证件】 46AOxy

【税则号列】 8702. 1091
【商品名称】 中通客车
【规格型号】 中通牌 | LCK6127H 型 | （排气量）
【商品描述】 略。
【监管证件】 46AOxy

【税则号列】 8702. 4010
【商品名称】 无轨电车
【规格型号】 电力发动 | 32 座 | （厂牌） | JNP6120GDZ
【商品描述】 使用电力发动，在道路上不依赖固定轨道行驶的 32 座客车。整车参数为总长 12000 毫米，宽度 2550 毫米，总高 3480 毫米，轴距 5980 毫米，整备质量 13500 千克，最大总质量 18000 千克，最高车速≥50 千米/小时。
【监管证件】 46AOxy

【税则号列】 8702. 9020
【商品名称】 丰田中东之星考斯特 2694CC 客车
【规格型号】 20 座~29 座 | 考斯特 | 汽油型客车 | 排气量 2694 毫升
【商品描述】 略。
【监管证件】 46AOxy

【税则号列】 8702. 9030
【商品名称】 福特 6800CC 客车
【规格型号】 汽油型 | 10 座 | 福特 | FORD E450 | 排气量 680 毫升
【商品描述】 略。
【监管证件】 46AOxy

【税则号列】 8702. 9030
【商品名称】 吉姆西萨瓦纳 6000CC 客车
【规格型号】 汽油型 | 10 座~19 座 | 吉姆西萨瓦纳 | （规格型号） | 排气量 6000 毫升
【商品描述】 略。
【监管证件】 46AOxy

【税则号列】 8703. 1011
【商品名称】 全地形车
【规格型号】 汽油动力 | 两座全地形车 | （厂牌） | （规格型号） | （排气量）
【商品描述】 略。
【监管证件】 46xy

【税则号列】 8703. 1019
【商品名称】 高尔夫球车
【规格型号】 （发动机类型）｜（座位数）｜Supermach 牌｜HS700UTV 型｜（排气量）
【商品描述】 多功能用高尔夫球车，适用于草地、山林、沙滩地形使用，可用于娱乐、代步，少量载货。
【监管证件】 6

【税则号列】 8703. 2130
【商品名称】 精灵 999CC 小轿车
【规格型号】 汽油型｜两座小轿车｜排气量 999 毫升｜（厂牌）｜（规格型号）
【商品描述】 略。
【监管证件】 46AOxy

【税则号列】 8703. 2230
【商品名称】 甲壳虫 1197CC 小轿车
【规格型号】 汽油型｜四座小轿车｜排气量 1197 毫升｜大众｜BEETLE 1. 2
【商品描述】 略。
【监管证件】 46AOxy

【税则号列】 8703. 2230
【商品名称】 1399CC 雪佛兰新赛欧成套散件
【规格型号】 汽油型｜五座轿车｜成套散件｜排气量 1399 毫升｜雪佛兰牌｜S94754276
【商品描述】 略。
【监管证件】 46Oxy

【税则号列】 8703. 2341
【商品名称】 奥迪 1798CC 小轿车
【规格型号】 汽油型｜五座轿车｜排气量 1798 毫升｜奥迪｜A3 Sportback 1. 8T
【商品描述】 略。
【监管证件】 46AOxy

【税则号列】 8703. 2341
【商品名称】 PRIUS 轿车整套散件
【规格型号】 汽油型｜五座｜轿车成套散件｜排气量 1800 毫升｜丰田｜（规格型号）
【商品描述】 略。
【监管证件】 46Oxy

【税则号列】 8703. 2342
【商品名称】 路虎极光 1999CC 越野车
【规格型号】 汽油型 | 五座越野车 | 排气量 1999 毫升 | 路虎 | 极光
【商品描述】 略。
【监管证件】 46AOxy

【税则号列】 8703. 2342
【商品名称】 丰田 RAV4 越野车整套散件（2. 0L 豪华版）
【规格型号】 汽油型 | 越野车整套散件 | 排气量 2000 毫升 | （座位数） | 丰田 | RAV4
【商品描述】 略。
【监管证件】 46Oxy

【税则号列】 8703. 2343
【商品名称】 夏朗 1984CC 小客车
【规格型号】 汽油型 | 七座小客车 | 排气量 1984 毫升 | 大众 | SHARAN 2. 0 TSI
【商品描述】 略。
【监管证件】 46AOxy

【税则号列】 8703. 2343
【商品名称】 长城旅行车
【规格型号】 汽油型 | 五座 | 旅行车成套散件 | 排气量 1997 毫升 | 长城 | CC6460KM27 型
【商品描述】 略。
【监管证件】 46Oxy

【税则号列】 8703. 2351
【商品名称】 雷克萨斯 2362CC 小轿车
【规格型号】 汽油型 | 五座轿车 | 排气量 2362 毫升 | ES240ACV40L-BEAGKC2
【商品描述】 略。
【监管证件】 46AOxy

【税则号列】 8703. 2352
【商品名称】 丰田 RAV4 越野车整套散件（2. 5 升豪华版）
【规格型号】 汽油型 | 越野车整套散件 | 排气量 2500 毫升 | （座位数） | 丰田 | RAV4
【商品描述】 略。
【监管证件】 46Oxy

【税则号列】 8703. 2352
【商品名称】 欧蓝德 2360CC 越野车
【规格型号】 汽油型丨七座越野车丨排气量 2360 毫升丨三菱丨欧蓝德 GF8WXTXPZL1C
【商品描述】 略。
【监管证件】 46AOxy

【税则号列】 8703. 2353
【商品名称】 普瑞维亚 2362CC 小客车
【规格型号】 汽油型丨七座小客车丨排气量 2362 毫升丨丰田丨普瑞维亚 ACR50L-GFXGK6
【商品描述】 略。
【监管证件】 46AOxy

【税则号列】 8703. 2353
【商品名称】 长城旅行车
【规格型号】 汽油型丨五座丨旅行车成套散件丨排气量 2378 毫升丨长城牌丨CC6461KM29 型
【商品描述】 略。
【监管证件】 46Oxy

【税则号列】 8703. 2361
【商品名称】 奥迪 2773CC 小轿车
【规格型号】 汽油型丨四座轿车丨排气量 2773 毫升丨奥迪丨A7 2. 8 FSI EU4
【商品描述】 略。
【监管证件】 46AOxy

【税则号列】 8703. 2362
【商品名称】 宝马 2979CC 越野车
【规格型号】 汽油型丨五座越野车丨排气量 2979 毫升丨宝马丨X5 XDRIVE 35I
【商品描述】 略。
【监管证件】 46AOxy

【税则号列】 8703. 2362
【商品名称】 宝马 X5 2979CC 越野车
【规格型号】 汽油型丨五座越野车丨排气量 2979 毫升丨宝马丨X5 xDrive35i
【商品描述】 略。
【监管证件】 46AOxy

【税则号列】 8703. 2363
【商品名称】 梅赛德斯-奔驰 2996CC 小客车
【规格型号】 汽油型 | 五座小客车 | 排气量 2996 毫升 | GLK300 4MATIC
【商品描述】 略。
【监管证件】 46AOxy

【税则号列】 8703. 2411
【商品名称】 劳伦士 3498CC 小轿车
【规格型号】 汽油型 | 五座轿车 | 排气量 3498 毫升 | Lorinser | S350L 4MATIC
【商品描述】 略。
【监管证件】 46AOxy

【税则号列】 8703. 2412
【商品名称】 兰德酷路泽 200 散件（4. 0L 廉价版）
【规格型号】 汽油型 | 七座越野车 | 成套散件 | 排气量 4000 毫升 | 兰德酷路泽 | 200
【商品描述】 略。
【监管证件】 46Oxy

【税则号列】 8703. 2412
【商品名称】 保时捷凯宴 3598CC 越野车
【规格型号】 汽油型 | 五座越野车 | 排气量 3598 毫升 | 保时捷 | 凯宴
【商品描述】 略。
【监管证件】 46AOxy

【税则号列】 8703. 2413
【商品名称】 埃尔法 3456CC 轻型客车
【规格型号】 汽油型 | 七座小客车 | 排气量 3456 毫升 | 丰田 | GGH20L-PFTQK4
【商品描述】 略。
【监管证件】 46AOxy

【税则号列】 8703. 2421
【商品名称】 古思特 6592CC 小轿车
【规格型号】 汽油型 | 五座轿车 | 排气量 6592 毫升 | 劳斯莱斯 | 古思特 Ghost EWB XZ41
【商品描述】 略。
【监管证件】 46AOxy

【税则号列】 8703. 2422
【商品名称】 林肯领航员 5409CC 越野车
【规格型号】 汽油型 | 六座越野车 | 排气量 5409 毫升 | 林肯 | 领航员，NAVIGATOR 5. 4L
【商品描述】 略。
【监管证件】 46AOxy

【税则号列】 8703. 3212
【商品名称】 途威 1968CC 越野车
【规格型号】 柴油型 | 五座越野车 | 排气量 1968 毫升 | 大众 | 途威 Tiguan 2. 0 TDI
【商品描述】 略。
【监管证件】 46AOxy

【税则号列】 8703. 3213
【商品名称】 旅行车
【规格型号】 柴油型 | 五座旅行车 | 成套散件 | 排气量 1996 毫升 | 长城牌 | CC6460RM40 型
【商品描述】 略。
【监管证件】 46AOxy

【税则号列】 8703. 3222
【商品名称】 神行者 2 2179CC 越野车
【规格型号】 柴油型 | 五座越野车 | 排气量 2179 毫升 | 路虎 | 神行者 2 Freelander 2 （AF-BA）
【商品描述】 略。
【监管证件】 46AOxy

【税则号列】 8703. 3223
【商品名称】 索兰托 2199CC 小客车
【规格型号】 柴油型 | 五座小客车 | 排气量 2199 毫升 | 起亚 | 索兰托 Sorento 2. 2 AT 4WD-4
【商品描述】 略。
【监管证件】 46AOxy

【税则号列】 8703. 3311
【商品名称】 辉腾 2967CC 小轿车
【规格型号】 柴油型 | 五座轿车 | 排气量 2967 毫升 | 大众 | 辉腾 Phaeton 3. 0 TDI
【商品描述】 略。
【监管证件】 46AOxy

【税则号列】 8703. 3312
【商品名称】 梅赛德斯–奔驰 2987CC 越野车
【规格型号】 柴油型 | 七座越野车 | 排气量 2987 毫升 | 梅赛德斯–奔驰 | GL350
【商品描述】 略。
【监管证件】 46AOxy

【税则号列】 8703. 3362
【商品名称】 揽胜 4367CC 越野车
【规格型号】 柴油型 | 五座越野车 | 排量 4397 毫升 | 路虎 | 揽胜 Range Rover（EJGA）
【商品描述】 略。
【监管证件】 46AOxy

【税则号列】 8704. 1090
【商品名称】 非公路矿用自卸车
【规格型号】 矿石运输用 | 非电动轮 | 柴油型自卸车 | 不带轮胎 | 三一牌 | SRT55C
【商品描述】 略。
【监管证件】 6A

【税则号列】 8704. 2230
【商品名称】 卡车
【规格型号】 柴油型卡车 | 车辆总重 5. 45 吨 | 力帆牌 | LFJ3053F1
【商品描述】 略。
【监管证件】 46Axy

【税则号列】 8704. 2300
【商品名称】 自卸车
【规格型号】 公路用 | 柴油型 | 车辆总重量在 20 吨以上 | 别拉斯 | 75310 型
【商品描述】 通过液压或机械举升而自行卸载货物的车辆，又称翻斗车。
【监管证件】 46AOxy

【税则号列】 8704. 2300
【商品名称】 载重汽车
【规格型号】 柴油型载重汽车 | 车辆总重 25 吨 | 豪泺牌 | Z3257N3847A
【商品描述】 略。
【监管证件】 46AOxy

【税则号列】 8704. 2300
【商品名称】 东风卡车 CKD 散件
【规格型号】 东风牌柴油型发动机卡车 CKD 散件 | 车辆总重 41. 5 吨 | 东风牌 | DFL4251A-999
【商品描述】 略。
【监管证件】 46AOxy

【税则号列】 8704. 3100
【商品名称】 微型货车
【规格型号】 汽油型微型货车 | 车辆总重 1. 010 吨 | 哈飞民意 | HFJ1021HE
【商品描述】 略。
【监管证件】 46AOxy

【税则号列】 8704. 9000
【商品名称】 运煤机
【规格型号】 风冷式交流泵电机驱动的梭式矿车 | （车辆总重） | 久益 | 10SC32
【商品描述】 略。
【监管证件】 46Axy

【税则号列】 8705. 1021
【商品名称】 汽车起重机
【规格型号】 全路面 | 最大起重重量 30 吨 | 中联牌 | ZLJ5322JQZ30V
【商品描述】 略。
【监管证件】 6A

【税则号列】 8705. 1021
【商品名称】 汽车起重机
【规格型号】 全路面 | 最大起重量 25 吨 | 徐工牌 | XZJ5328JQZ25K 型
【商品描述】 装在普通汽车底盘或特制汽车底盘上的一种全路面起重机。
【监管证件】 6A

【税则号列】 8705. 9060
【商品名称】 自行式飞机除冰车
【规格型号】 装有除冰泵、除冰大臂等设备的飞机除冰车| 威海广泰| WGCB40E
【商品描述】 略。
【监管证件】 6A

【税则号列】 8705. 9099
【商品名称】 加油车
【规格型号】 加油站加油用车| 国道牌| JG5317GJY 型
【商品描述】 略。
【监管证件】 6A

【税则号列】 8707. 1000
【商品名称】 RAV4 白车身
【规格型号】 丰田| RAV4 车身
【商品描述】 材质钢铁。
【监管证件】 6

【税则号列】 8707. 1000
【商品名称】 标致 408 车型轿车车身（成套散件）
【规格型号】 东风标致| 408
【商品描述】 轿车车身（包括驾驶室）成套散件。
【监管证件】 6

【税则号列】 8708. 1000
【商品名称】 保险杠
【规格型号】 汽车用保险杠|（品牌）| A24688035409999/288363|（适用车型）|（零部件编号）
【商品描述】 略。
【监管证件】 6

【税则号列】 8708. 1000

【商品名称】 钢铁制前保险杠缓冲器

【规格型号】 钢铁制车辆用前保险杠缓冲器 | （品牌） | （零部件编号） | S/71131-SNA-U000

【商品描述】 略。

【监管证件】 6

【税则号列】 8708. 2100

【商品名称】 奥迪轿车用座椅安全带

【规格型号】 轿车用座椅安全带总成 | （品牌） | 4G8 857 705 C | （零部件编号）

【商品描述】 略。

【监管证件】 6A

【税则号列】 8708. 2941

【商品名称】 小轿车电动天窗

【规格型号】 轿车用电动天窗总成 | 大众迈腾 | 3C877041KAK1 | （零部件编号）

【商品描述】 略。

【监管证件】 6

【税则号列】 8708. 2952

【商品名称】 奥迪轿车用车门

【规格型号】 轿车车门总成 | （品牌） | 4FD 831 021 B

【商品描述】 略。

【监管证件】 6

【税则号列】 8708. 2955

【商品名称】 奥迪轿车行李箱盖

【规格型号】 轿车行李箱盖总成 | 4FD 827 023 B | （品牌）

【商品描述】 略。

【监管证件】 6

【税则号列】 8708. 2990

【商品名称】 马自达 6 轿车用车身零件（后视镜—外罩）

【规格型号】 （品牌） | BVSF691A1

【商品描述】 材质钢铁。

【监管证件】 6

【税则号列】 8708. 2990
【商品名称】 门锁控制拉索
【规格型号】 轿车用门锁控制拉索 | （品牌） | 3019185H
【商品描述】 略。
【监管证件】 6

【税则号列】 8708. 2990
【商品名称】 奥迪轿车用车身零件（密封板）
【规格型号】 （品牌） | 8K0 035 474 B
【商品描述】 用于密封后纵梁内部闭合区域。
【监管证件】 6

【税则号列】 8708. 2990
【商品名称】 奥迪轿车用车身零件（阻尼板）
【规格型号】 轿车用车身前部前阻尼板 | （品牌） | 8R0 853 887
【商品描述】 用于隔热、隔音减震。
【监管证件】 6

【税则号列】 8708. 2990
【商品名称】 大众轿车用车身零件（固定座）
【规格型号】 用于支撑和固定后轮罩 | （品牌） | 3C8 831 508
【商品描述】 略。
【监管证件】 6

【税则号列】 8708. 2990
【商品名称】 马自达 6 轿车用车身零件（顶棚）
【规格型号】 马自达 6 轿车用车身顶棚 | （品牌） | GJ6S68030J34
【商品描述】 钢铁制。
【监管证件】 6

【税则号列】 8708. 2990
【商品名称】 马自达 6 轿车用车身零件（孔盖）
【规格型号】 马自达 6 轿车用车身安装孔孔盖 | （品牌） | B03858866A
【商品描述】 塑料制，已制成专用形状。
【监管证件】 6

【税则号列】 8708. 2990
【商品名称】 马自达 6 轿车用车身零件（杂物盒总成）
【规格型号】 马自达 6 轿车用车身杂物盒总成｜（品牌）｜LFG1 10 334B
【商品描述】 用于收纳杂物。
【监管证件】 6

【税则号列】 8708. 2990
【商品名称】 汽车天窗用零件（导轨）
【规格型号】 奥迪、宝来车用汽车天窗用导轨｜（品牌）｜1721658P
【商品描述】 钢铁及塑料制成，安装于汽车顶棚。
【监管证件】 6

【税则号列】 8708. 2990
【商品名称】 加强件
【规格型号】 三菱牌帕杰罗 V73 用｜A 柱左上加强件｜（品牌）｜S/5311A813V
【商品描述】 钣金件，起加强作用。
【监管证件】 6

【税则号列】 8708. 2990
【商品名称】 隔音垫
【规格型号】 三菱牌帕杰罗 V73 用｜（品牌）｜MR484715V
【商品描述】 丙烯类发泡材料制成，用于车身后地板部位消音降噪。
【监管证件】 6

【税则号列】 8708. 2990
【商品名称】 奥迪轿车用车身零件（悬置）
【规格型号】 （品牌）｜4H0 399 263 L
【商品描述】 将发动机固定在车身纵梁上。
【监管证件】 6

【税则号列】 8708. 2990
【商品名称】 脚踏板
【规格型号】 安装在车门外｜（品牌）｜W/51780-60082
【商品描述】 连接到车辆地板上，用于结构加强，以承载乘客上车重量。
【监管证件】 6

【税则号列】 8708. 2990
【商品名称】 奥迪轿车用车身零件（框架）
【规格型号】 （品牌） | 4B0 819 181 B
【商品描述】 连接车身和悬挂。
【监管证件】 6

【税则号列】 8708. 2990
【商品名称】 汽车智能门把手
【规格型号】 用于丰田 CRV | （品牌） | （型号）
【商品描述】 外部为塑料制，内部装有信号接收功能的电路。
【监管证件】 6

【税则号列】 8708. 2990
【商品名称】 奥迪轿车用车身零件（衬垫）
【规格型号】 储物格衬垫 | （品牌） | 4H0 399 263 L
【商品描述】 略。
【监管证件】 6

【税则号列】 8708. 2990
【商品名称】 车身构件（支架）
【规格型号】 伊兰特车型用车身构件 | （品牌） | 55155-0U000
【商品描述】 略。
【监管证件】 6

【税则号列】 8708. 2990
【商品名称】 车身加强板
【规格型号】 宝马 X1E84 车用 | （品牌） | S/2990806
【商品描述】 略。
【监管证件】 6

【税则号列】 8708. 2990
【商品名称】 车身零件（侧饰板）
【规格型号】 右前隔板侧饰板 | 现代索纳塔 | 97510-3M000
【商品描述】 略。
【监管证件】 6

【税则号列】 8708. 2990
【商品名称】 汽车用仪表板
【规格型号】 奔驰 W212 | A2126802387
【商品描述】 汽车装配件，不含电路。
【监管证件】 6

【税则号列】 8708. 2990
【商品名称】 奥迪轿车用车身零件（螺纹板）
【规格型号】 （品牌） | 4B0 809 237 B
【商品描述】 用于车身上，起固定连接作用。
【监管证件】 6

【税则号列】 8708. 2990
【商品名称】 奥迪轿车用车身件（遮阳板）
【规格型号】 轿车用遮阳板，位于驾驶、副驾驶上方 | （品牌） | 4G0 857 551
【商品描述】 略。
【监管证件】 6

【税则号列】 8708. 2990
【商品名称】 奥迪轿车用车身零件（上挡块）
【规格型号】 （品牌） | 191 807 196
【商品描述】 轿车用稳定杆上挡块。
【监管证件】 6

【税则号列】 8708. 2990
【商品名称】 奥迪轿车用车身零件（出水口）
【规格型号】 轿车用空调附近出水口 | （品牌） | 3B0 816 355
【商品描述】 略。
【监管证件】 6

【税则号列】 8708. 2990
【商品名称】 奥迪轿车用车身零件（导向件）
【规格型号】 用于定位固定尾灯 | （品牌） | 8R0 971 824 A
【商品描述】 略。
【监管证件】 6

【税则号列】 8708. 2990
【商品名称】 奥迪轿车用车身零件（盖板）
【规格型号】 （品牌） | 8R0 887 187
【商品描述】 装饰盖板，起保护线束作用。
【监管证件】 6

【税则号列】 8708. 2990
【商品名称】 奥迪轿车用车身零件（固定钩）
【规格型号】 轿车用行李箱内固定钩 | （品牌） | 6Y5 867 615 C
【商品描述】 略。
【监管证件】 6

【税则号列】 8708. 2990
【商品名称】 奥迪轿车用车身零件（横梁总成）
【规格型号】 （品牌） | 4H0 399 263 L
【商品描述】 顶盖横梁，用于支撑顶盖。
【监管证件】 6

【税则号列】 8708. 2990
【商品名称】 奥迪轿车用车身零件（加强板）
【规格型号】 （品牌） | 4H0 399 263 L
【商品描述】 用于提高前挡板局部强度。
【监管证件】 6

【税则号列】 8708. 2990
【商品名称】 奥迪轿车用车身零件（连接板总成）
【规格型号】 （品牌） | 4F0 801 257
【商品描述】 安装于侧围内板上，起连接作用。
【监管证件】 6

【税则号列】 8708. 2990
【商品名称】 纵梁
【规格型号】 宝马 TY 系列 | W41117174312
【商品描述】 轿车车身用零件。
【监管证件】 6

【税则号列】 8708. 3010
【商品名称】 制动摩擦片
【规格型号】 车用制动摩擦片，装在蹄片上｜（品牌）｜（型号）｜（零部件编号）
【商品描述】 略。
【监管证件】 6

【税则号列】 8708. 3010
【商品名称】 碟刹摩擦片套件
【规格型号】 适用于小轿车，装在蹄片上｜丰田｜04466-33130
【商品描述】 略。
【监管证件】 6

【税则号列】 8708. 3010
【商品名称】 东风本田汽车刹车片
【规格型号】 （品牌）｜45221TP6A600M1
【商品描述】 制动片装在蹄片上，主要是通过制动片与制动盘接触后产生摩擦力和制动力矩，来实现车的制动。
【监管证件】 6

【税则号列】 8708. 3029
【商品名称】 ABS 防抱死制动器
【规格型号】 本田思域用｜（品牌）｜S/009-V01-F55J
【商品描述】 略。
【监管证件】 6

【税则号列】 8708. 3095
【商品名称】 制动鼓
【规格型号】 适用于重型柴、汽油货车制动器｜（品牌）｜BD-545-17
【商品描述】 非成套散件，铸铁制。
【监管证件】 6

【税则号列】 8708. 3099
【商品名称】 制动液储液罐
【规格型号】 轿车用|（品牌）|（型号）
【商品描述】 略。
【监管证件】 6

【税则号列】 8708. 3099
【商品名称】 刹车碟
【规格型号】 轿车用制动器零件|（品牌）|42431-60281
【商品描述】 安装于碟式制动器上，另一边与车轮相连，与碟式摩擦片一起共同构成车辆的制动系统。制动时，摩擦片在液压系统作用下，夹住刹车碟外圈，通过摩擦片与外圈的摩擦产生制动力。
【监管证件】 6

【税则号列】 8708. 3099
【商品名称】 制动盘护板
【规格型号】 奔驰 E 级轿车通用的制动器零件|（品牌）|S/A2124202244
【商品描述】 略。
【监管证件】 6

【税则号列】 8708. 3099
【商品名称】 奥迪轿车用制动系统零件（制动软管）
【规格型号】 轿车用制动软管|（品牌）|4F0 611 707 B
【商品描述】 钢铁与塑料合制。
【监管证件】 6

【税则号列】 8708. 3099
【商品名称】 轿车前制动器
【规格型号】 马自达小轿车用前制动器|（品牌）|S/G22D33980
【商品描述】 略。
【监管证件】 6

【税则号列】 8708. 3099

【商品名称】 制动器总成

【规格型号】 帕杰罗 V73 用 | 三菱牌 | S/MR390301

【商品描述】 通过油压使制动片与制动盘摩擦。

【监管证件】 6

【税则号列】 8708. 3099

【商品名称】 轻型轿车用制动盘

【规格型号】 （品牌） | 8957

【商品描述】 制动盘即刹车盘，是一个金属圆盘，车子行进时随车轮转动。车辆行驶过程中踩刹车时，制动卡钳夹住制动盘，起到减速或者停车的作用。

【监管证件】 6

【税则号列】 8708. 4040

【商品名称】 皮卡车用变速箱组件

【规格型号】 标准皮卡车用 | 变速箱的成套散件 | 日产 | S/32000VK410

【商品描述】 略。

【监管证件】 6

【税则号列】 8708. 4060

【商品名称】 变速箱

【规格型号】 用于生产最大起重吨位为 100 吨的汽车起重机 | ZF 牌 | 12AS2535

【商品描述】 用于改变发动机曲轴的转速和扭矩，以适应车辆在起步、加速、行驶及克服各种道路障碍等不同行驶条件下，对驱动车轮牵引力及车速的不同需要。

【监管证件】 6

【税则号列】 8708. 4091

【商品名称】 丰田花冠轿车用四挡自动变速箱

【规格型号】 （品牌） | （型号）

【商品描述】 略。

【监管证件】 6

【税则号列】 8708.4091
【商品名称】 变速箱用制转杆
【规格型号】 轿车用变速箱零件｜（品牌）｜135NM-180NM
【商品描述】 双离合自动变速器驻车用。
【监管证件】 6

【税则号列】 8708.4091
【商品名称】 2.0L 福克斯自动变速箱
【规格型号】 四挡电控自动变速器｜最大扭矩 180 牛米｜用于福克斯 2.0L AT 车型｜（品牌）｜8M5P7000AA
【商品描述】 略。
【监管证件】 6

【税则号列】 8708.4091
【商品名称】 钢带
【规格型号】 适用日产天籁｜无级变速箱用钢带｜（品牌）｜S/312401XF0A
【商品描述】 已制成零件形状。
【监管证件】 6

【税则号列】 8708.4091
【商品名称】 齿轮 S-L
【规格型号】 适用于本田车辆｜五档自动变速箱用零件｜（品牌）
【商品描述】 略。
【监管证件】 6

【税则号列】 8708.4091
【商品名称】 六挡自动变速箱
【规格型号】 用于菲翔小轿车｜拥有六个前进挡，能实现自动换挡｜最大输出扭矩为 350 牛米｜FIAT 牌｜C633.6.35.08
【商品描述】 略。
【监管证件】 6

【税则号列】 8708.4091
【商品名称】 奥迪轿车用自动六挡变速箱零件（换挡操纵机构）
【规格型号】 用于奥迪轿车| 自动六挡变速箱换挡操纵机构| 扭矩 380 牛米| （品牌）| 8K1 713 041 T
【商品描述】 略。
【监管证件】 6

【税则号列】 8708.4091
【商品名称】 轿车用六挡自动变速箱
【规格型号】 新宝来轿车用| 自动六挡变速箱| 扭矩 250 牛米| （品牌）| 09G300039Q
【商品描述】 略。
【监管证件】 6

【税则号列】 8708.4091
【商品名称】 奥迪轿车用 CVT 自动变速箱
【规格型号】 奥迪轿车用| CVT 自动变速箱| 扭矩 380 牛米| （品牌）| 0AW 300 046 L
【商品描述】 略。
【监管证件】 6

【税则号列】 8708.4091
【商品名称】 小轿车用自动变速箱
【规格型号】 新高尔夫轿车用| 七挡变速| （扭矩）| OAM300048K009
【商品描述】 略。
【监管证件】 6

【税则号列】 8708.4091
【商品名称】 汽车用自动变速箱
【规格型号】 六挡变速，液压机械型| 轿车用| （扭矩）| （品牌）| S/45000-3BDJ0
【商品描述】 略。
【监管证件】 6

【税则号列】 8708.4091
【商品名称】 车用自动变速箱
【规格型号】 适用于奥迪 A6L| 七挡变速| 扭矩 380 牛米| （品牌）| OAW300046M
【商品描述】 略。
【监管证件】 6

【税则号列】 8708. 4091
【商品名称】 八挡自动变速箱总成
【规格型号】 适用宝马 5 系 F18 车型 | 扭矩 600 牛米 | （原理） | 宝马 | OAW300046M
【商品描述】 略。
【监管证件】 6

【税则号列】 8708. 4091
【商品名称】 大众轿车用六挡自动变速箱
【规格型号】 六挡自动变速箱 | （扭矩） | （品牌） | Jetta NF 1. 6L
【商品描述】 略。
【监管证件】 6

【税则号列】 8708. 4099
【商品名称】 变速操纵杆
【规格型号】 适用于标致雪铁龙汽车 | 五速手动变速箱用零件 | （扭矩） | （品牌） | （型号） | （零部件编码）
【商品描述】 与变速箱相连，用于操控选择行车挡位的装置。
【监管证件】 6

【税则号列】 8708. 4099
【商品名称】 汽车用自动变速箱
【规格型号】 IX35 越野车用 | （原理） | （扭矩） | （品牌） | S/45000-3BDC0
【商品描述】 转换发动机动力至传送轴，液压机械型。
【监管证件】 6

【税则号列】 8708. 4099
【商品名称】 越野车用自动变速箱
【规格型号】 适用于奥迪 Q7 | 八挡变速 | 扭矩 550 牛米 | （品牌） | 0C8300036Q
【商品描述】 略。
【监管证件】 6

【税则号列】 8708. 4099
【商品名称】 越野车自动变速箱
【规格型号】 适用于普拉多 | 五挡手动自动一体换挡 | 扭矩 160 牛米～250 牛米 | （品牌） | 35000-60A90
【商品描述】 略。
【监管证件】 6

【税则号列】 8708. 4099
【商品名称】 奥迪 Q5 自动八挡变速箱
【规格型号】 适用于奥迪 Q5 | 自动八挡变速箱 | 扭矩 550 牛米 | （品牌） | 0BK 300 037 Q
【商品描述】 略。
【监管证件】 6

【税则号列】 8708. 4099
【商品名称】 六档机动车用自动换挡变速箱
【规格型号】 适用于大众“途观”2. 0L | 六挡自动变速箱 | （扭矩） | （品牌） | S/09M300036J
【商品描述】 略。
【监管证件】 6

【税则号列】 8708. 5079
【商品名称】 汽车用主减速器
【规格型号】 日产 X11M 型商务车用 | 驱动桥零件 | 六挡变速 | （品牌） | S/38300JD610 | (零部件编码)
【商品描述】 通过液力传递和齿轮组合的方式来达到变速、变矩。
【监管证件】 6

【税则号列】 8708. 5079
【商品名称】 奥迪轿车用驱动桥零件（差速器）
【规格型号】 奥迪轿车用驱动桥差速器 | （品牌） | 0BS 525 010 C | （零部件编码）
【商品描述】 直接装车使用。
【监管证件】 6

【税则号列】 8708. 5079
【商品名称】 奥迪轿车用驱动桥零件（后轴）
【规格型号】 轿车用后轴，后驱动桥的一部分｜（品牌）｜OBC 500 043 Q｜（零部件编码）
【商品描述】 略。
【监管证件】 6

【税则号列】 8708. 5089
【商品名称】 后桥总成（汽车非驱动桥）
【规格型号】 宝骏轿车用非驱后桥｜（品牌）｜10001473｜（零部件编码）
【商品描述】 略。
【监管证件】 6

【税则号列】 8708. 5089
【商品名称】 后横梁轴管
【规格型号】 非驱动桥总成用于标致雪铁龙轿车｜（品牌）｜（型号）｜（零部件编码）
【商品描述】 起强化非驱动桥横向强度的作用。
【监管证件】 6

【税则号列】 8708. 7091
【商品名称】 奥迪轿车车轮零件（轮辋）
【规格型号】 铝合金制车轮轮辋总成｜4F0 601 190｜（零部件编码）
【商品描述】 略。
【监管证件】 6A

【税则号列】 8708. 7091
【商品名称】 轮毂盖
【规格型号】 铝合金制轮毂盖｜三菱｜（型号）｜（零部件编码）
【商品描述】 略。
【监管证件】 6A

【税则号列】 8708. 8010
【商品名称】 活塞杆
【规格型号】 小轿车减震器用零件｜（品牌）｜（型号）｜（零部件编码）
【商品描述】 略。
【监管证件】 6

【税则号列】 8708.8010
【商品名称】 稳定杆连杆
【规格型号】 小轿车减震器用零件|（品牌）|（型号）|S/A2123201289
【商品描述】 略。
【监管证件】 6

【税则号列】 8708.8010
【商品名称】 奥迪轿车用减震器零件（挺柱）
【规格型号】 轿车用减震器挺柱|（品牌）|8K0 413 031 BJ|（零部件编码）
【商品描述】 减震器的一部分。
【监管证件】 6

【税则号列】 8708.8010
【商品名称】 轿车减震器用罩盖
【规格型号】 轿车减震器用罩盖|WOCO 牌|（型号）|（零部件编码）
【商品描述】 略。
【监管证件】 6

【税则号列】 8708.8010
【商品名称】 减震器
【规格型号】 （适用车型）|RAV|W/48510-80287|（零部件编码）
【商品描述】 主要用来抑制弹簧吸震后反弹时的震荡，以及来自路面的冲击。
【监管证件】 6

【税则号列】 8708.8010
【商品名称】 悬挂球头
【规格型号】 税目 87.03 项下车用悬挂系统零件|（品牌）|W/43330-39625|（零部件编码）
【商品描述】 略。
【监管证件】 6

【税则号列】 8708. 8010
【商品名称】 前悬挂支架
【规格型号】 标致雪铁龙用|（品牌）|（型号）|（零部件编码）
【商品描述】 悬挂式车架（或承载式车身）与车桥（或车轮）之间的一切传力装置的支架，起缓冲、减震和受力传递的作用。用于税目 87. 03 项下车辆用。
【监管证件】 6

【税则号列】 8708. 8090
【商品名称】 汽车发动机减震器支撑垫
【规格型号】 安装在 5 吨、8 吨、10 吨五十铃小卡车发动机下面的减震器上|NC|FEDA-453|（零部件编码）
【商品描述】 目的是为了减轻发动机的震动，减小对发动机部件的磨损，对发动机起安全保护的作用，同时为了消除发动机工作时产生的噪音。
【监管证件】 6

【税则号列】 8708. 9110
【商品名称】 奥迪轿车用水箱散热器
【规格型号】 （品牌）|（型号）|S/4F0 121 251 AE
【商品描述】 奥迪轿车用水箱散热器，直接装车。
【监管证件】 6

【税则号列】 8708. 9120
【商品名称】 奥迪轿车用机油冷却器
【规格型号】 （品牌）|4G0 317 021 M|（零部件编码）
【商品描述】 轿车机油冷却器总成。
【监管证件】 6

【税则号列】 8708. 9190
【商品名称】 大众轿车用散热器零件（增压空气冷却器）
【规格型号】 （品牌）|3C0 145 805 AM|（零部件编码）
【商品描述】 轿车增压空气冷却器总成。
【监管证件】 6

【税则号列】 8708. 9200
【商品名称】 排气管
【规格型号】 车用排气管|克莱斯勒|52059937AH|(零部件编码)
【商品描述】 略。
【监管证件】 6

【税则号列】 8708. 9200
【商品名称】 奥迪轿车用消声器
【规格型号】 (品牌)|4G0 254 250 F|(零部件编码)
【商品描述】 轿车用消声器总成。
【监管证件】 6

【税则号列】 8708. 9200
【商品名称】 托板
【规格型号】 宝马车用排气管零件|波森牌|(型号)|S/25. 6-05926. 52
【商品描述】 直接焊接使用。
【监管证件】 6

【税则号列】 8708. 9200
【商品名称】 异型管
【规格型号】 宝马车用排气管零件|波森牌|(型号)|S/15. 8-05599. 57
【商品描述】 直接焊接使用。
【监管证件】 6

【税则号列】 8708. 9390
【商品名称】 离合器转换臂总成
【规格型号】 大众七挡小轿车用离合器零件|(品牌)|(型号)|S/OAM 141 147 F
【商品描述】 通过推杆的往复运动，实现离合器分离功能。
【监管证件】 6

【税则号列】 8708. 9490
【商品名称】 奥迪轿车用电动转向机
【规格型号】 (品牌)|4G1 423 055 AP|(零部件编码)
【商品描述】 轿车电动转向机总成。
【监管证件】 6

【税则号列】 8708.9490
【商品名称】 汽车用转向柱
【规格型号】 越野车用转向柱|（品牌）|（型号）|S/48810JG40C
【商品描述】 略。
【监管证件】 6

【税则号列】 8708.9490
【商品名称】 汽车用转向器总成
【规格型号】 小客车用转向器总成|（品牌）|（型号）|S/48001JD90B
【商品描述】 略。
【监管证件】 6

【税则号列】 8708.9490
【商品名称】 动力转向储液罐
【规格型号】 轿车用非电动转向系统零件|（品牌）|（型号）|S/A0004602983
【商品描述】 略。
【监管证件】 6

【税则号列】 8708.9490
【商品名称】 汽车用转向柱（电动助力）
【规格型号】 轿车用转向柱|（品牌）|（型号）|S/56500-4V700
【商品描述】 略。
【监管证件】 6

【税则号列】 8708.9490
【商品名称】 扭矩撑杆总成
【规格型号】 轿车用非电动转向系统零件|（品牌）|（型号）|S/A2123300211
【商品描述】 略。
【监管证件】 6

【税则号列】 8708.9490
【商品名称】 奥迪轿车液压转向器
【规格型号】 （品牌）|4F1 422 066 A|（零部件编码）
【商品描述】 轿车液压转向器总成。
【监管证件】 6

【税则号列】 8708.9490

【商品名称】 转向柱下段总成

【规格型号】 奥迪 C7 用，转向柱下段总成 | 蒂森克 | 675079 | （零部件编码）

【商品描述】 略。

【监管证件】 6

【税则号列】 8708.9500

【商品名称】 奥迪汽车安全气囊用气体发生器

【规格型号】 （品牌） | （型号） | S/34002794B

【商品描述】 钢铁制。

【监管证件】 6

【税则号列】 8708.9500

【商品名称】 汽车安全气囊

【规格型号】 标致雪铁龙汽车用 | （品牌） | （型号） | （零部件编码）

【商品描述】 设置在车内前方（正副驾驶位）、侧方（车内前排和后排）和车顶三个方向，旨在减轻乘员的伤害程度。当发生碰撞事故时，避免乘员发生二次碰撞或车辆发生翻滚等危险情况下被抛离座位。

【监管证件】 6

【税则号列】 8708.9910

【商品名称】 手扶拖拉机底盘散件

【规格型号】 手扶拖拉机用 | 桂花牌 | XGN61

【商品描述】 未装发动机。

【监管证件】 6

【税则号列】 8708.9960

【商品名称】 分动箱

【规格型号】 用于泵车 | Stiebel 牌 | 4496.53.N9901.97

【商品描述】 连接发动机和泵组、底盘后桥的机械部件，安装在发动机与泵组、底盘后桥之间。用于将泵车底盘发动机的动力输出进行切换和分配，分别为底盘行驶提供动力或为泵车泵送提供动力。

【监管证件】 6

【税则号列】 8708. 9992
【商品名称】 传动轴总成
【规格型号】 适用于英菲尼迪 FX | Nissan 牌 | 37200-ZZ71A
【商品描述】 传动轴总成，非发动机用。
【监管证件】 6

【税则号列】 8708. 9999
【商品名称】 奥迪轿车用零件（定位轴套）
【规格型号】 (品牌) | 03L 260 817
【商品描述】 空调压缩机定位轴套，位于空调压缩机与空调压缩机支架中间。
【监管证件】 6

【税则号列】 8708. 9999
【商品名称】 汽车用分动箱
【规格型号】 越野车用分动箱 | （品牌） | S/33100JG20A
【商品描述】 略。
【监管证件】 6

【税则号列】 8708. 9999
【商品名称】 后下控制臂（底盘零件）
【规格型号】 奥迪车用 | 8K0505375J
【商品描述】 奥迪 B8 底盘用，钢铁制零件。
【监管证件】 6

【税则号列】 8708. 9999
【商品名称】 奥迪轿车用零件（盖板）
【规格型号】 (品牌) | 03L 260 817
【商品描述】 发动机舱前框架覆盖导流。
【监管证件】 6

【税则号列】 8708. 9999
【商品名称】 奥迪轿车用零件（导向臂）
【规格型号】 (品牌) | 4G0 121 485 AB
【商品描述】 轿车用车轮导向臂。
【监管证件】 6

【税则号列】 8708. 9999
【商品名称】 奥迪轿车用零件（冷却水管）
【规格型号】 （品牌）| 4G0 121 485 AB
【商品描述】 轿车用冷却水管，塑料制。
【监管证件】 6

【税则号列】 8708. 9999
【商品名称】 奥迪轿车用零件（回油管）
【规格型号】 （品牌）| 4F0 201 167 B
【商品描述】 轿车用回油管，塑料制。
【监管证件】 6

【税则号列】 8708. 9999
【商品名称】 奥迪轿车用零件（进油管）
【规格型号】 （品牌）| 4G1 721 465 D
【商品描述】 位于变速箱附近，钢铁及塑料合制。
【监管证件】 6

【税则号列】 8711. 1000
【商品名称】 50CC 摩托车
【规格型号】 装有往复式汽油活塞发动机| 排气量 50 毫升| Racer 牌| RC50QT-15K
【商品描述】 略。
【监管证件】 46Axy

【税则号列】 8711. 1000
【商品名称】 助力车
【规格型号】 汽油型发动机助力车| 排气量 48 毫升| Racer 牌| 48Q
【商品描述】 略。
【监管证件】 6A

【税则号列】 8711. 1000
【商品名称】 摩托车散件
【规格型号】 装有汽油型发动机的摩托车成套散件| 排气量 50 毫升| Traxx 牌| JL50Q-2
【商品描述】 略。
【监管证件】 46Axy

【税则号列】 8711. 2010
【商品名称】 摩托车
【规格型号】 装有往复式活塞内燃发动机摩托车 | 排气量 88 毫升 | YYCF 牌 | YCF START F88S
【商品描述】 略。
【监管证件】 46Axy

【税则号列】 8711. 2020
【商品名称】 非公路用两轮摩托车
【规格型号】 汽油发动机非公路用两轮摩托车 | 排气量 110 毫升 | Racer 牌 | CM110
【商品描述】 略。
【监管证件】 46Axy

【税则号列】 8711. 2020
【商品名称】 摩托车
【规格型号】 点燃式内燃发动机摩托车 | 排气量 125 毫升 | Yamaha 牌 | ZY125T-6（2BK1）
【商品描述】 略。
【监管证件】 46Axy

【税则号列】 8711. 2040
【商品名称】 往复式内燃机摩托车
【规格型号】 往复式活塞内燃发动机 | 排气量 200 毫升 | Shuangshi 牌 | SS200ZH-2A
【商品描述】 三轮摩托车成套散件。
【监管证件】 46Axy

【税则号列】 8714. 1000
【商品名称】 摩托车零件（挡泥板）
【规格型号】 （品牌） | （型号）
【商品描述】 塑料制挡泥板是安装在车轮外框架后面的板式结构，被摩托车用作覆盖件，防止一些泥土溅到车身或人身上，也可以防止泥土溅到拉杆、球头上导致过早的生锈。
【监管证件】 6

【税则号列】 8714. 1000

【商品名称】 减震器

【规格型号】 摩托车用 | Yamaha 牌 | 18D-F3103-10

【商品描述】 由套管组合、柄管组合、减震杆组合、减震油、前叉弹簧、衬管等组成，安装在摩托车上，起到缓冲摩托车给地面带来的震动作用，使人骑摩托车时感觉安全舒适。

【监管证件】 6

【税则号列】 8714. 1000

【商品名称】 摩托车铝轮

【规格型号】 JIELI 牌 | 42601-AAE-H230

【商品描述】 摩托车铝合金整体轮毂（铝轮），由轮毂、轮辐和轮辋三部分组成，主要功能是支撑汽车自重和负荷，传递驱动力和制动力，是关系摩托车安全的部件之一。

【监管证件】 6

【税则号列】 8715. 0000

【商品名称】 婴儿手推车

【规格型号】 Bebesitos 牌 | ITEM-V500

【商品描述】 手推的婴儿车。

【监管证件】 6A

【税则号列】 8716. 8000

【商品名称】 工具车

【规格型号】 （品牌） | HT2090

【商品描述】 工具车是以人力推、拉的搬运车辆，有独轮、两轮、三轮和四轮之分，能在机动车辆不便使用的地方工作，在短距离搬运较轻的物品时十分方便。

【监管证件】 6

【税则号列】 8716. 9000

【商品名称】 车轮轴

【规格型号】 手推车用 | （品牌） | （型号）

【商品描述】 铁制，非传动轴。

【监管证件】 6

【税则号列】 8716. 9000
【商品名称】 手推车轮子
【规格型号】 (品牌) | 3. 25/3. 00–8
【商品描述】 用于手推车的轮子，一般由轮辐、内外胎组成。把内胎填入外胎中，合上轮辐，用螺丝固定住，充气即可完成。
【监管证件】 6

第八十八章　航空器、航天器及其零件

子目注释：

子目 8802. 11 至 8802. 40 所称“空载重量”，是指航空器在正常飞行状态下，除去机组人员、燃料及非永久性安装设备后的重量。

【税则号列】 8802. 1100
【商品名称】 直升机
【规格型号】 广泛用于巡逻执法、运输乘客、运输货物、医疗救援、训练飞行员、喷洒农林等领域的轻型直升机 | 空载重量 1036 千克 | PZL | SW–4
【商品描述】 略。
【监管证件】 3O/O

【税则号列】 8802. 3000
【商品名称】 B–9300 号校验飞机
【规格型号】 (用途) | (类型) | 空载重量 8034 千克 | Citation | MSN680–0297
【商品描述】 略。
【监管证件】 O

【税则号列】 8802. 3000
【商品名称】 挑战者 605 型飞机
【规格型号】 (用途) | 空载重量 12319. 57 千克 | (类型) | 庞巴迪牌 | B7768
【商品描述】 略。
【监管证件】 O

【税则号列】 8802. 3000

【商品名称】 空中国王飞机

【规格型号】 通用于航空作业 | 固定翼涡轮螺旋桨中型飞机 | 空载重量 4524 千克 | 豪克比奇 | King Air B300（350ER）

【商品描述】 飞机注册号 B-3586，飞机序列号 FL-775。

【监管证件】 O

【税则号列】 8802. 3000

【商品名称】 凯旋 208 型飞机

【规格型号】 通用于航空飞机，可用于旅游、探矿等领域 | （类型） | 空载重量 2517. 84 千克 | CESSNA（塞斯纳）牌 | 208 CARAVAN 675 型

【商品描述】 略。

【监管证件】 O

【税则号列】 8802. 3000

【商品名称】 MA60 涡桨飞机

【规格型号】 载客用涡桨支线飞机 | 空载重量 13700 千克 | MA60（新舟 60）

【商品描述】 略。

【监管证件】 O

【税则号列】 8802. 4010

【商品名称】 空客 A320-214 型飞机

【规格型号】 客运 | 喷试 | 空载重量 43511 千克 | 空客 | A320-214/B6859

【商品描述】 略。

【监管证件】 O

【税则号列】 8802. 4010

【商品名称】 客运飞机

【规格型号】 喷气客机 | 空载重量超过 25000 千克，小于 45000 千克 | 安博威牌 | EMB190

【商品描述】 略。

【监管证件】 O

【税则号列】 8802. 4010
【商品名称】 湾流 550 公务机/B8126
【规格型号】 空载重量 21491 千克| （类型） | 湾流| S/N5349
【商品描述】 略。
【监管证件】 O

【税则号列】 8802. 4010
【商品名称】 B737-700IGW 公务机，波音
【规格型号】 空载重量 34374 千克| （类型） | B737-700IGW/B5273
【商品描述】 略。
【监管证件】 O

【税则号列】 8802. 4010
【商品名称】 ERJ190-100LR 客机
【规格型号】 （类型） | 空载重量 27893 千克| Embraer| MSN19000539/B-3138
【商品描述】 略。
【监管证件】 O

【税则号列】 8802. 4020
【商品名称】 民用货运飞机
【规格型号】 （类型） | 空载重量 164900 千克| 波音| 747-400/B-2453
【商品描述】 略。
【监管证件】 O

【税则号列】 8802. 4020
【商品名称】 A321 客机
【规格型号】 （类型） | 空载重量 49000 千克| （品牌） | A321 B-6957
【商品描述】 略。
【监管证件】 O

【税则号列】 8802. 4020
【商品名称】 B2083 波音 777-200LRF 货机
【规格型号】 喷试| 空载重量>45000 千克| B777-200LRF
【商品描述】 略。
【监管证件】 O

【税则号列】 8803. 2000

【商品名称】 飞机起落架防扭臂锻件

【规格型号】 （适用机型）|（品牌）| 43-2105020-01

【商品描述】 在飞机起飞和着陆时，防止减震支柱内筒和外筒出现相对转动，保证在安全范围内。

【监管证件】 无监管证件要求

【税则号列】 8803. 3000

【商品名称】 飞机机身 16/18 段

【规格型号】 用于 ATR72 飞机 |（品牌）|（型号）

【商品描述】 飞机机身生产分很多段，对接组成飞机完整的机身。

【监管证件】 无监管证件要求

【税则号列】 8803. 3000

【商品名称】 飞机货舱检修门

【规格型号】 用于 A320 飞机 |（品牌）|（型号）

【商品描述】 货舱检修门是安装在腹舱左侧下部的门，用于飞机地面维护人员由此进入对飞机货舱进行维护检修。

【监管证件】 无监管证件要求

【税则号列】 8803. 3000

【商品名称】 飞机短舱舱门

【规格型号】 （适用机型）| SAVI 牌 | 321-310/360

【商品描述】 飞机发动机吊舱门，用导流板使发动机排气的方向发生偏转，倾斜向前方喷气，以产生向后的拉力，使飞机在着陆滑跑过程中更快地减速。其主要材料是航空用铝合金、镍合金、钛合金及复合材料制成。

【监管证件】 无监管证件要求

【税则号列】 8803. 3000

【商品名称】 A320 飞机机翼前缘组件

【规格型号】 空客牌 | D574

【商品描述】 飞机机翼前缘为翼剖面的最前端，处于机翼上表面与下表面的前交点。当飞机行进时，气流首先接触机翼前缘，并由此开始分开。

【监管证件】 无监管证件要求

【税则号列】 8803. 3000
【商品名称】 Legacy650 飞机机翼组件
【规格型号】 （品牌） | 135-25771-405
【商品描述】 连接在机身上，让飞机在高速滑行中产生升力，使飞机起飞。
【监管证件】 无监管证件要求

【税则号列】 8803. 3000
【商品名称】 747-8 飞机内襟翼
【规格型号】 （适用机型） | （品牌） | （型号）
【商品描述】 飞机机翼后缘内侧活动翼面，平飞时收起与翼面形成一个整体，放下时用以增加机翼升力，常在飞机起降或低速状态时使用。其放下时一般在向下偏转的同时做后退运动，与机翼前部形成缝隙，同时襟翼本身还可以再分级安装向下偏转的翼面，形成多开缝的襟翼。
【监管证件】 无监管证件要求

【税则号列】 8803. 3000
【商品名称】 飞机机身组件
【规格型号】 Legacy650 飞机的机身组件 | Embraer | 145-51219-404
【商品描述】 略。
【监管证件】 无监管证件要求

【税则号列】 8803. 3000
【商品名称】 油箱
【规格型号】 莱格赛 650 飞机用 | Embraer | 135-33681-401
【商品描述】 略。
【监管证件】 无监管证件要求

【税则号列】 8803. 3000
【商品名称】 飞机用盖板
【规格型号】 波音 747-400 用盖板 | （品牌） | 141T5921-50
【商品描述】 略。
【监管证件】 无监管证件要求

【税则号列】 8803. 3000
【商品名称】 飞机零件（护罩）
【规格型号】 波音 777-200 用护罩 | Boeing | 649-9128
【商品描述】 略。
【监管证件】 无监管证件要求

【税则号列】 8803. 3000
【商品名称】 747-8 飞机垂尾
【规格型号】 （适用机型） | （品牌） | （型号）
【商品描述】 飞机垂尾是顺气流直立于飞机尾部，航向操纵用的以保持航向的平衡、翼面的稳定。通过控制飞机垂尾后半部的活动面的偏转方向来改变近机身气流的阻力方向，完成航空器的转向动作。
【监管证件】 无监管证件要求

【税则号列】 8803. 3000
【商品名称】 747-8 飞机后部肋
【规格型号】 （适用机型） | （品牌） | 115U2111-957
【商品描述】 飞机机翼翼盒由前缘、后缘、上壁板、下壁板和上下壁板之间的肋组成，肋在其中起支撑作用。其中，靠近前缘的肋为前部肋，靠近后缘的肋为后部肋。
【监管证件】 无监管证件要求

【税则号列】 8805. 2900
【商品名称】 全自动飞行模拟机及附件
【规格型号】 用于 A320 机型 | INDRA | A320
【商品描述】 飞行员在地面上进行仿真模拟训练，带一个 CFM 模拟系统和数据模拟系统。
【监管证件】 O

第八十九章　船舶及浮动结构体

注释：

已装配、未装配或已拆卸的船体、未完工或不完整的船舶以及未装配或已拆卸的完整船舶，如果不具有某种船舶的基本特征，应归入税目 89. 06。

【税则号列】 8901.1010
【商品名称】 高速客船
【规格型号】 内燃机驱动 | 最高时速 34 海里/小时 | （适用机型） | （品牌）
【商品描述】 略。
【监管证件】 0

【税则号列】 8901.2011
【商品名称】 成品油船
【规格型号】 用于运载汽油的货运船舶 | 载重量 3200 吨 | （品牌） | （型号）
【商品描述】 略。
【监管证件】 0

【税则号列】 8901.9041
【商品名称】 散货船
【规格型号】 运输散货 | 载重量 69058 吨 | （品牌） | 巴拿马型
【商品描述】 略。
【监管证件】 0

【税则号列】 8901.9041
【商品名称】 7800DWT 货船
【规格型号】 运输木材、煤炭、谷物等大宗散货 | 载重量 7800 吨 | Haoyuan 牌 | （型号）
【商品描述】 略。
【监管证件】 0

【税则号列】 8901.9043
【商品名称】 矿砂船
【规格型号】 运输矿砂 | 载重量 40 万吨 | （品牌） | （型号）
【商品描述】 柴油机驱动。
【监管证件】 无监管证件要求

【税则号列】 8903.9100
【商品名称】 机动帆船
【规格型号】 装有舷内机的机动帆船 | 装有柴油发动机 1 台 | 船长 16.8 米 | Beneteau | SENSE 55 | (用途)
【商品描述】 船宽 4.97 米，发动机功率 55 千瓦。
【监管证件】 无监管证件要求

【税则号列】 8904.0000

【商品名称】 拖轮

【规格型号】 用来拖曳没有自航能力的船舶、木排，协助大型船舶进出港口、靠离码头或做救助海洋遇难船只的船舶|（品牌）|（型号）

【商品描述】 拖轮又称为拖船，没有装载货物的货舱，船身不大，但装有大功率的推进主机和拖曳设备。

【监管证件】 无监管证件要求

【税则号列】 8905.1000

【商品名称】 挖泥船

【规格型号】 海洋工程用挖泥船|（品牌）|（型号）

【商品描述】 略。

【监管证件】 3/无监管证件要求

【税则号列】 8905.1000

【商品名称】 12000立方米自航耙吸式挖泥船

【规格型号】 从航道中吸取泥沙，以保证航道水深|（品牌）|（型号）

【商品描述】 略。

【监管证件】 3

【税则号列】 8905.2000

【商品名称】 半潜式钻井平台

【规格型号】 用于海上油气勘探开发|（品牌）|（型号）

【商品描述】 钻井和完井。

【监管证件】 无监管证件要求

【税则号列】 8905.9090

【商品名称】 工程船

【规格型号】 填海工程用船|钢质纵横混合骨架|（品牌）|（型号）

【商品描述】 用于抛石、抛沙。

【监管证件】 无监管证件要求

【税则号列】 8907.9000
【商品名称】 浮码头
【规格型号】 （材质） | Poralu 牌 | （型号）
【商品描述】 浮码头成套散件，供游艇靠泊，游客上、下游艇用。
【监管证件】 无监管证件要求

【税则号列】 8907.9000
【商品名称】 浮子
【规格型号】 （材质） | Dunlop | （型号）
【商品描述】 用于单点系泊平台，起浮力作用，3200 千克浮力/个。
【监管证件】 无监管证件要求

【税则号列】 8908.0000
【商品名称】 废钢船
【规格型号】 散货轮 | （轻吨数）
【商品描述】 供拆解用。
【监管证件】 9AB

第十八类
光学、照相、电影、计量、检验、医疗或外科用仪器及设备、精密仪器及设备；钟表；乐器；上述物品的零件、附件

第九十章 光学、照相、电影、计量、检验、医疗或外科用仪器及设备、精密仪器及设备；上述物品的零件、附件

注释：

一、本章不包括：

（一）机器、设备或其他专门技术用途的硫化橡胶（硬质橡胶除外）制品（税目 40.16）、皮革或再生皮革制品（税目 42.05）或纺织材料制品（税目 59.11）；

（二）纺织材料制的承托带及其他承托物品，其承托器官的作用仅依靠自身的弹性（例如，孕妇用的承托带，用于胸部、腹部、关节或肌肉的承托绷带）（第十一类）；

（三）税目 69.03 的耐火材料制品；税目 69.09 的实验室、化学或其他专门技术用途的陶瓷器；

（四）税目 70.09 的未经光学加工的玻璃镜及税目 83.06 或第七十一章的非光学元件的贱金属或贵金属制的镜子；

（五）税目 70.07、70.08、70.11、70.14、70.15 或 70.17 的货品；

（六）第十五类注释二所规定的贱金属制通用零件（第十五类）或塑料制的类似品（第三十九章）；

（七）税目 84.13 的装有计量装置的泵；计数和检验用的衡器或单独报验的天平砝码（税目 84.23）；升降、起重及搬运机械（税目 84.25 至 84.28）；纸张或纸板的各种切割机器（税目 84.41）；税目 84.66 的用于机床或水射流切割机上调整工件或工具的附件，包括具有读度用的光学装置的附件（例如，“光学”分度头），但其本身主要是光学仪器的除外（例如，校直望远镜）；计算机器（税目 84.70）；税目 84.81 的阀门及其他装置；税目 84.86 的机器及装置（包括将电路图投影或绘制到感光半导体材料上的装置）；

（八）自行车或机动车辆用探照灯或聚光灯（税目 85.12）；税目 85.13 的手提式电灯；电影录音机、还音机及转录机（税目 85.19）；拾音头或录音头（税目 85.22）；电视摄像机、数字照相机及视频摄录一体机（税目 85.25）；雷达设备、无线电导航设备或无线电遥控设备（税目 85.26）；光导纤维、光导纤维束或光缆用连接器（税目 85.36）；税目 85.37 的数字控制装置；税目 85.39 的封闭式聚光灯；税目 85.44 的光缆；

（九）税目 94.05 的探照灯及聚光灯；

（十）第九十五章的物品；

（十一）税目 96.20 的独脚架、双脚架、三脚架及类似品；

（十二）容量的计量器具（按其构成的材料归类）；或

（十三）卷轴、线轴及类似芯子（按其构成材料归类，例如，归入税目 39.23 或第十五类）。

二、除上述注释一另有规定的以外，本章各税目所列机器、设备、仪器或器具的零件、附件，应按下列规定归类：

（一）凡零件、附件本身已构成本章或第八十四章、第八十五章或第九十一章各税目（税目 84.87、85.48 或 90.33 除外）所包括的货品，应一律归入其相应的税目；

（二）其他零件、附件，如果专用于或主要用于某种或同一税目项下的多种机器、仪器或器具（包括税目 90.10、90.13 或 90.31 的机器、仪器或器具），应归入相应机器、仪器或器具的税目；

（三）所有其他零件、附件均应归入税目 90.33。

三、第十六类注释三及四的规定也适用于本章。

四、税目 90.05 不包括武器用望远镜瞄准具、潜艇或坦克上的潜望镜式望远镜及本章或第十六类的机器、设备、仪器或器具用的望远镜；这类望远镜瞄准具及望远镜应归入税目 90.13。

五、计量或检验用的光学仪器、器具或机器，如果既可归入税目 90.13，又可归入税目

90.31，则应归入税目 90.31。

六、税目 90.21 所称“矫形器具”，是指下列用途的器具：

预防或矫正躯体畸变；或

生病、手术或受伤后人体部位的支撑或固定。

矫形器具包括用于矫正畸形的鞋及特种鞋垫，但需符合下列任一条件：

（一）定制的；

（二）成批生产的，单独报验、且不成双的，设计为左右两脚同样适用。

七、税目 90.32 仅适用于：

（一）液体或气体的流量、液位、压力或其他变化量的自动控制仪器及装置或温度自动控制装置，不论其是否依靠要被自动控制的因素所发生的不同的电现象来进行工作的，它们将要被自控的因素调到并保持在一设定值上，通过持续或定期测量实际值来保持稳定，修正任何偏差；以及

（二）电量自动调节器及自动控制非电量的仪器或装置，依靠要被控制的因素所发生的不同的电现象进行工作的，它们将要被控制的因素调到并保持在一设定值上，通过持续或定期测量实际值来保持稳定，修正任何偏差。

【税则号列】 9001.1000

【商品名称】 非色散位移单模光纤

【规格型号】 由玻璃抽丝制成，表面覆有塑料薄层 | 用于制造光导纤维束及光缆 | （品牌） | ITU-T G.652.D

【商品描述】 略。

【监管证件】 无监管证件要求

【税则号列】 9001.2000

【商品名称】 偏光片

【规格型号】 偏振材料 | 贴在液晶板的两面 | Winda 牌 | HN-1824TAH

【商品描述】 略。

【监管证件】 无监管证件要求

【税则号列】 9001.9010

【商品名称】 彩色滤光片

【规格型号】 显示屏用滤光片，适用于手机等设备 | （材质） | 住华牌 | AD0223A-R

【商品描述】 略。

【监管证件】 无监管证件要求

【税则号列】 9001.9090
【商品名称】 增光片
【规格型号】 液晶显示屏零件，用于增加背光亮度 | 塑胶制 | 3M 牌 | TDCW1490A-IA
【商品描述】 75.54 毫米×51.6 毫米。
【监管证件】 无监管证件要求

【税则号列】 9001.9090
【商品名称】 镜片
【规格型号】 数码相机用 | 玻璃制 | （品牌） | （型号）
【商品描述】 经光学加工镜片，非滤光片，未装配。
【监管证件】 无监管证件要求

【税则号列】 9002.1131
【商品名称】 变焦镜头
【规格型号】 单反相机用镜头 | （已装配） | 佳能牌 | EF70-200MM
【商品描述】 略。
【监管证件】 无监管证件要求

【税则号列】 9002.1990
【商品名称】 塑料镜头
【规格型号】 手机摄像模组用镜头 | 已装配 | Kolen 牌 | KL27Q328M50A
【商品描述】 略。
【监管证件】 无监管证件要求

【税则号列】 9003.1100
【商品名称】 眼镜框
【规格型号】 塑料制框 | （品牌） | RT-30
【商品描述】 略。
【监管证件】 无监管证件要求

【税则号列】 9004.1000
【商品名称】 太阳眼镜
【规格型号】 非变色 | 太阳镜 | （品牌） | RH004
【商品描述】 略。
【监管证件】 无监管证件要求

【税则号列】 9004.9090
【商品名称】 近视镜
【规格型号】 用于矫正视力| Boshi| （型号）
【商品描述】 略。
【监管证件】 无监管证件要求

【税则号列】 9004.9090
【商品名称】 眼镜
【规格型号】 游泳用镜| RL-3| XCSDF
【商品描述】 略。
【监管证件】 无监管证件要求

【税则号列】 9005.1000
【商品名称】 双筒望远镜
【规格型号】 民用双筒折射望远镜| 熊猫牌| 10×50WA
【商品描述】 50倍。
【监管证件】 无监管证件要求

【税则号列】 9007.2010
【商品名称】 数字电影放映机
【规格型号】 数字影院放映电影用| 采用3DLP显示技术| 巴可牌| R9005901
【商品描述】 分辨率2048×1080。
【监管证件】 无监管证件要求

【税则号列】 9007.9200
【商品名称】 光引擎
【规格型号】 用于Harbin系列放映机| （品牌）| R87619131
【商品描述】 把光源信号转换成可视图像。
【监管证件】 无监管证件要求

【税则号列】 9011. 2000

【商品名称】 宽带共聚焦系统

【规格型号】 显微照相镜 | 徕卡牌 | TCS SP5 II | （倍数）

【商品描述】 用于跟踪自然状态下或受某种因素刺激后活细胞内的结构和生理过程随时间变化的情况，具有图像处理功能和生物学研究功能。

【监管证件】 无监管证件要求

【税则号列】 9012. 1000

【商品名称】 场发射扫描电子显微镜

【规格型号】 对样品进行高倍观察物质的微观形貌 | ZEISS | SUPRA 55 SAPPHIRE

【商品描述】 依据电子与物质的相互作用吸收物质表面反射的电子信号进行成像。

【监管证件】 无监管证件要求

【税则号列】 9012. 1000

【商品名称】 热场扫描电镜

【规格型号】 进行材料形貌组织观察，材料断口、失效分析 | 英国蔡司 | Sigma

【商品描述】 电子束作为光源在电压作用下经过三级电磁透镜扫描电子像。

【监管证件】 无监管证件要求

【税则号列】 9012. 1000

【商品名称】 透射电子显微镜

【规格型号】 主要用于分析制备的纳米铝粉的内部结构、微观缺陷等内部微观信息 | Tecnai | G2 F30 S-TWIN

【商品描述】 以电子束透过样品经过聚焦与放大后所产生的物象，投射到荧光屏上或照片底片上，该显微镜对其进行观察。

【监管证件】 无监管证件要求

【税则号列】 9012. 1000

【商品名称】 压电力显微镜

【规格型号】 测试各类样品在纳米尺度的表面微观结构 | AsylumResearch | Cypher

【商品描述】 略。

【监管证件】 无监管证件要求

【税则号列】 9012. 1000
【商品名称】 原子力显微镜
【规格型号】 能够进行表面结构和力学性能的高灵敏度和高分辨微区分析｜Bruker 牌｜Dimension FastScan
【商品描述】 利用检测样品表面与细微的探针尖端之间的相互作用力测出表面的形貌。
【监管证件】 无监管证件要求

【税则号列】 9013. 2000
【商品名称】 光纤激光模块
【规格型号】 用于通信和材料加工｜通入交流电源及面板设置便可发射激光｜IPG 牌｜YLR-500-MM-WC-TR-Y11
【商品描述】 略。
【监管证件】 3/无监管证件要求

【税则号列】 9013. 2000
【商品名称】 激光器
【规格型号】 质谱仪用发射激光装置｜布鲁克牌｜SMART BEAM II
【商品描述】 略。
【监管证件】 3/无监管证件要求

【税则号列】 9013. 2000
【商品名称】 泵浦激光器
【规格型号】 掺铒光纤放大器（EDFA）里的主要部件｜（品牌）｜980/1480
【商品描述】 半导体激光器的一种，其工作原理是激励方式，利用半导体物质（即利用电子）在能带间跃迁发光，用半导体晶体的解理面形成两个平行反射镜面作为反射镜，组成谐振腔，使光振荡、反馈，产生光的辐射放大，输出激光。
【监管证件】 3/无监管证件要求

【税则号列】 9013. 2000
【商品名称】 DQ80 激光器
【规格型号】 用于太阳能电池制造中的激光扫边工艺｜Rofin 牌｜DQx80 型
【商品描述】 由半导体模块产生光源，在激光腔振荡中产生激光，用光圈限制光束大小，用数轴控制光束的路径。
【监管证件】 3/无监管证件要求

【税则号列】 9013. 8030

【商品名称】 47″LCD 屏

【规格型号】 （用途） | 液晶 | LGD 牌 | LC470EUJ-SFK1

【商品描述】 通过给液晶加电压，让液晶透光，不同时间点亮某个点，使总体能看出图像的效果。报验状态不带背光模组，不带信号处理电路，不带高频头等各种视频型号接口。

【监管证件】 无监管证件要求

【税则号列】 9013. 8030

【商品名称】 31. 5″LCD 屏

【规格型号】 （用途） | 液晶 | （品牌） | T315HB01 V1

【商品描述】 不带信号处理器和各种视频信号接口，带有 LED 背光模组。

【监管证件】 无监管证件要求

【税则号列】 9013. 9020

【商品名称】 电视背光模组

【规格型号】 电视机用液晶模组的背光模组 | （品牌） | BL+ INVERTER V26F1

【商品描述】 略。

【监管证件】 无监管证件要求

【税则号列】 9013. 9020

【商品名称】 21. 5″液晶显示板零件（发光二极管组合）

【规格型号】 用于液晶显示器 | （品牌） | （型号）

【商品描述】 由多个发光二极管组合在一起，为液晶显示器提供亮光源。

【监管证件】 无监管证件要求

【税则号列】 9013. 9020

【商品名称】 线路板组品

【规格型号】 液晶显示模块用 | （品牌） | （型号）

【商品描述】 有电子元器件。

【监管证件】 无监管证件要求

【税则号列】 9014. 8000
【商品名称】 长基线定位系统
【规格型号】 长基线利用海底应答器器阵确定载体的位置 | 用于海底运载器进行高精度定位导航 | Ixblue 牌 | RAMSES 6000
【商品描述】 略。
【监管证件】 无监管证件要求

【税则号列】 9015. 8000
【商品名称】 地震仪
【规格型号】 用于野外勘探作业 | 将地震检波器置于地层深层进行地源强弱分析 | Inova 牌 | G3I
【商品描述】 略。
【监管证件】 无监管证件要求

【税则号列】 9015. 8000
【商品名称】 地质结构检测分析仪
【规格型号】 主要用于地质结构数据采集 | 利用数据采集、探头、分析终端等对采集数据进行分析 | Sercel | 428XL
【商品描述】 略。
【监管证件】 无监管证件要求

【税则号列】 9015. 8000
【商品名称】 微电阻率成像测井系统
【规格型号】 用途 | （品牌） | MCI5570
【商品描述】 判断各种岩石之间性质的差异，通过对测量信号进行刻度，并合成处理，获得伪彩色或灰度等级图像，反映井眼附近地层电阻率、温度、张力、孔隙度、含水饱和度等相关地层参数。
【监管证件】 无监管证件要求

【税则号列】 9018. 1291
【商品名称】 彩色超声波诊断仪
【规格型号】 用于医用临床小器官及妇科脏器检查 | 利用多普勒超声显像准确定位任一特定血管 | Philips 牌 | IU22
【商品描述】 略。
【监管证件】 6OA

【税则号列】 9018.1310
【商品名称】 磁共振成像系统
【规格型号】 用于医学 MRI 图像诊断方面的研究及科研 | GE 牌 | DISCOVERY MR750 3.0T
【商品描述】 利用人体分子中氢核在稳定强磁中经射频系统激发后运动的改变，通过接收线圈采集氢核释放出来的信号在计算机中重建产生图像，为医学诊断提供影像依据。
【监管证件】 6OA

【税则号列】 9018.1930
【商品名称】 病人监护仪
【规格型号】 用于监护患者的无创血氧、呼吸速率及血氧饱和度的监测 | 光学检测 | Welch Allyn 牌 802LTOS
【商品描述】 通过检测充血人体末梢组织对不同波长红光和红外光吸光度变化率之比后，监测出组织的血氧饱和度。
【监管证件】 6A

【税则号列】 9018.3100
【商品名称】 甘舒霖笔
【规格型号】 胰岛素注射笔 | 东宝 | （型号）
【商品描述】 略。
【监管证件】 6A

【税则号列】 9018.5000
【商品名称】 全自动验光仪
【规格型号】 眼科用验光仪 | 新缘 | FA6000A
【商品描述】 略。
【监管证件】 6A

【税则号列】 9018.9030
【商品名称】 关节镜
【规格型号】 关节内窥检查用关节镜 | 史赛克 | 1088-010-000I
【商品描述】 略。
【监管证件】 6A

【税则号列】 9018.9030
【商品名称】 电子腹腔镜系统
【规格型号】 （品牌） | WA50012A
【商品描述】 利用腹腔镜使用的冷光源提供照明，利用数字摄像技术使腹腔镜镜头拍摄到的图像通过光导纤维传导至后级信号处理系统，并且实时显示在专用显示器上。医生根据不同角度的图像，对病情进行分析判断。
【监管证件】 6A

【税则号列】 9018.9030
【商品名称】 电子内窥镜系统
【规格型号】 身体内部检查用医学内窥镜 | 奥林巴斯 | 260SL
【商品描述】 略。
【监管证件】 6A

【税则号列】 9018.9070
【商品名称】 麻醉系统
【规格型号】 用于手术中对患者进行吸入麻醉 | GE 牌 | AESPIRE 7900
【商品描述】 略。
【监管证件】 6A

【税则号列】 9018.9099
【商品名称】 半导体激光治疗仪
【规格型号】 治疗“三高”疾病用 | （品牌） | ALOD-01
【商品描述】 采用波长为 650 纳米的低强度激光照射桡动脉、内关穴及鼻腔，通过光化学效应，使血液动力和血脂、血糖代谢得到改善，从而提高红细胞的携氧能力和变形能力，降低血液黏稠度，降低血脂、血压，改善血糖，达到治疗“三高”症及心脑血管疾病的目的。
【监管证件】 6A

【税则号列】 9018.9099
【商品名称】 手术器械
【规格型号】 外科手术用手术钳 | Aesculap | FB030R
【商品描述】 略。
【监管证件】 6A

【税则号列】 9019.2000

【商品名称】 呼吸机

【规格型号】 治疗用｜增加肺通气量，改善呼吸功能｜Amtek 牌｜DV54D-HH

【商品描述】 略。

【监管证件】 A

【税则号列】 9020.0000

【商品名称】 防护面具

【规格型号】 用于消防逃生｜由面罩、过滤盒构成｜可互换过滤装置｜新华｜MF18

【商品描述】 略。

【监管证件】 无监管证件要求

【税则号列】 9021.3100

【商品名称】 医用人造关节

【规格型号】 为髋关节柄｜主要用于外科手术的关节置换｜Stryker｜6051-0425FS

【商品描述】 主要材料为钛合金棒料及钴合金棒料。

【监管证件】 无监管证件要求

【税则号列】 9021.3900

【商品名称】 人工晶体

【规格型号】 人造义眼晶体｜眼科医疗用｜Aaren 牌｜（材质）｜（型号）

【商品描述】 略。

【监管证件】 无监管证件要求

【税则号列】 9021.5000

【商品名称】 植入式心脏起搏器

【规格型号】 (材质）｜百多力牌｜TALOS SR

【商品描述】 治疗慢性心律失常。

【监管证件】 A

【税则号列】 9021. 9090

【商品名称】 人工耳蜗系统

【规格型号】 用于听力残疾人的康复医疗｜通过植入体电极对人的耳蜗感音性根神经实施经编程的音频电信号刺激，使耳聋患者获得听觉｜MED-EL｜SONATA T1 100（OPUS1）

【商品描述】 略。

【监管证件】 无监管证件要求

【税则号列】 9022. 1200

【商品名称】 X 射线计算机体层摄影设备

【规格型号】 主要用于头部诊断成像｜用迭代方法求出 X 射线衰减值得到不同密度组织的黑白图像｜Neurologica 牌｜NL3000｜（排数）

【商品描述】 略。

【监管证件】 6OA

【税则号列】 9022. 1400

【商品名称】 X 射线远程控制透视摄影系统

【规格型号】 X 射线透视｜摄影检查用设备｜GMM 牌｜OPERA

【商品描述】 采用 X 射线穿透受检者疑患病部位，经影像增强器成像，由高清晰数字摄影系统获取数字图像并由计算机对图像进行处理，最终由医生通过显示器或激光打印机胶片进行诊断。

【监管证件】 6OA

【税则号列】 9022. 1400

【商品名称】 医用直线加速器

【规格型号】 临床医用放射治疗｜高能 X 线｜Elekta Synergy｜（型号）

【商品描述】 略。

【监管证件】 6OA

【税则号列】 9022. 1400

【商品名称】 心血管成像系统

【规格型号】 用于诊断手术和介入程序期间提供患者的透视｜（原理）｜品牌 GE｜INNOVA 3100-IQ

【商品描述】 主要由 C 型臂装置、控制柜、检查床、监视器、附件软件等部件组成。

【监管证件】 6OA

【税则号列】 9022.1400

【商品名称】 X 射线血管造影系统

【规格型号】 通过发出 X 射线，发现人体病灶 | Siemens 牌 | ARTIS ZEE FLOOP

【商品描述】 略。

【监管证件】 6OA

【税则号列】 9022.1400

【商品名称】 医用直线加速器

【规格型号】 用于临床常规 X 线或电子线的放射治疗 | （原理） | （品牌） | （型号）

【商品描述】 由治疗头、加速管、速调管、准直器、定位系统、治疗床、控制系统、调制器、水冷机组等部件组成。

【监管证件】 6OA

【税则号列】 9022.1920

【商品名称】 微焦点 X 射线扫描系统

【规格型号】 主要用于科研领域中物体结构的无损检测 | Phoenix 牌 | V/tome/x s

【商品描述】 根据被检样品的材料及尺寸，选择不同能量的 X 射线，对样品进行透照。在获得样品内部结构图像后，检测系统能在不破坏样品的情况下，准确地再现样品的内部结构，能定量地提供样品内部的物理、力学特性，如缺陷的位置及尺寸、密度的变化，物体内部孔隙率分布等。

【监管证件】 A

【税则号列】 9022.1990

【商品名称】 X 射线单晶衍射仪

【规格型号】 （用途） | （原理） | Super Nova 牌 | E Mova

【商品描述】 本仪器分析的对象是一粒单晶体，如一粒砂糖或一粒盐。在一粒单晶体中原子或原子团均是周期排列的。将 X 射线（如 Cu 的 Kα 辐射）射到一粒单晶体上会发生衍射，由对衍射线的分析可以解析出原子在晶体中的排列规律，即也解出晶体的结构。

【监管证件】 6A

【税则号列】 9022. 1990
【商品名称】 X 射线应力分析仪
【规格型号】 金属材料构件的残余应力分析 | iXRD 牌 | （型号）
【商品描述】 检测和分析断纹的产生和扩展、疲劳寿命和失效分析等。
【监管证件】 6A

【税则号列】 9022. 1990
【商品名称】 小角度 X 射线散射仪
【规格型号】 用于检测纳米级非晶态体 | SAX 牌 | Sess mc2
【商品描述】 当 X 射线照射到试样时，如果试样内部存在纳米尺度的电子密度不均匀区，则会在入射光束周围的小角度范围内出现散射 X 射线。
【监管证件】 6A

【税则号列】 9022. 1990
【商品名称】 热轧带钢 X 射线测厚仪
【规格型号】 利用 X 射线非接触式测量热轧带钢厚度 | 伊士顿 | Perfecta9600-150KV/C
【商品描述】 略。
【监管证件】 6A

【税则号列】 9022. 3000
【商品名称】 X 射线管
【规格型号】 作为射线源用于医用 X 射线设备 | Medtec 牌 | 202MV
【商品描述】 利用 X 射线管正负两端的高压电产生 X 射线。
【监管证件】 A

【税则号列】 9022. 3000
【商品名称】 球管
【规格型号】 医用直线加速器用 X 射线管 | Varian 牌 | 26735
【商品描述】 略。
【监管证件】 A

【税则号列】 9022. 9090
【商品名称】 探测器
【规格型号】 CT 机专用零件 | 将 X 射线转为电信号 | GE 牌 | 5202200-2
【商品描述】 略。
【监管证件】 O

【税则号列】 9023. 0090
【商品名称】 综合导航与船桥仿真系统
【规格型号】 用于船舶驾驶和航行仿真教学实验 | Polaris | Version 5. 6. 0
【商品描述】 略。
【监管证件】 无监管证件要求

【税则号列】 9024. 8000
【商品名称】 衬套耐久试验系统
【规格型号】 测试汽车橡胶制零部件的疲劳度 | MTS | 100–221–504
【商品描述】 略。
【监管证件】 无监管证件要求

【税则号列】 9026. 2010
【商品名称】 压力变送器
【规格型号】 电潜泵零附件 | 用于测量气体压力 | （品牌） | （型号）
【商品描述】 略。
【监管证件】 3/无监管证件要求

【税则号列】 9026. 2090
【商品名称】 压力表
【规格型号】 测量气体压力 | （品牌） | （型号）
【商品描述】 略。
【监管证件】 无监管证件要求

【税则号列】 9026. 9000
【商品名称】 压力变送器用晶片基座组件
【规格型号】 （品牌） | 02088–0330–0112
【商品描述】 略。
【监管证件】 无监管证件要求

【税则号列】 9027.1000
【商品名称】 氧传感器
【规格型号】 安装在汽车排气管中，用以检测排气中氧的浓度｜（原理）｜（品牌）｜39210-2E700
【商品描述】 略。
【监管证件】 无监管证件要求

【税则号列】 9027.2011
【商品名称】 气相色谱仪
【规格型号】 以柱色谱技术进行定量分析｜Agilent｜7890A
【商品描述】 略。
【监管证件】 无监管证件要求

【税则号列】 9027.2012
【商品名称】 液相色谱仪
【规格型号】 用于各种化学物质成分定性、定量的分析和检测｜Agilent｜1260
【商品描述】 样品溶液经进样器进入流动相，再通过色谱柱把液态的化学成分进行分离，然后使用各种检测器，检测得出各种化学成分相对应的色谱图。最后根据色谱图就可以检测不同的化学成分。
【监管证件】 无监管证件要求

【税则号列】 9027.3000
【商品名称】 原子吸收分光光度计
【规格型号】 检测分析化合物组分｜岛津｜AA-7000F/G
【商品描述】 利用待测元素的共振辐射，通过其原子蒸气，测定其吸光度，检测分析化合物组分。
【监管证件】 无监管证件要求

【税则号列】 9027.5000
【商品名称】 全自动生化分析仪
【规格型号】 光栅后分光原理｜检测血清或尿液的最终产物｜东芝牌｜TBA-40FR
【商品描述】 运用光栅，采用后分光原理，即可见光源通过光栅时光源分成多个波长的色光，用于检测血清或尿液的最终产物。
【监管证件】 6

【税则号列】 9027.5000

【商品名称】 高光谱成像系统

【规格型号】 用于特殊材料高温辐射空间光谱的分布研究 | Themis Vision Systems 牌 | NUV350

【商品描述】 通过镜头获得光学信息，在工作站控制下扫描器和光谱仪对信号自动分解。

【监管证件】 6

【税则号列】 9027.5000

【商品名称】 高内涵细胞分析系统

【规格型号】 利用光学设备将荧光信号转换成电信号 | 测细胞大小 | BD 牌 | pathway 855

【商品描述】 略。

【监管证件】 6

【税则号列】 9027.5000

【商品名称】 红外光学传递函数测试仪

【规格型号】 成像质量评价 | （检测对象） | Trioptics | （型号）

【商品描述】 通过测试光学系统中镜片的光学传递函数。

【监管证件】 6

【税则号列】 9027.8012

【商品名称】 气相色谱质谱联用仪

【规格型号】 测定分子的分子量 | 用于环境、农业等的检测 | Agilent | 5975C

【商品描述】 利用气相色谱把化合物分离开，然后用质谱把分子打碎成碎片，来测定该分子的分子量。用于环境、农业等的检测。

【监管证件】 无监管证件要求

【税则号列】 9027.8099

【商品名称】 DNA 质谱阵列基因分析系统

【规格型号】 核酸质谱定性 | 美国西格诺牌 | QD/UPLC H-CLASS

【商品描述】 该系统是一个核酸质谱定性定量的平台，结合了质谱检测的高分辨率、PCR 扩增的高敏感度，以及生物芯片技术的高通量，直接以分子量为标记对样本进行多方位分析。

【监管证件】 6

【税则号列】 9028.2010
【商品名称】 水表
【规格型号】 计量管道内饮用水的体积流量 | （品牌） | （型号）
【商品描述】 略。
【监管证件】 无监管证件要求

【税则号列】 9028.3013
【商品名称】 单相电能表（电子式）
【规格型号】 单相静止式 | （品牌） | DDSD101
【商品描述】 静止式单相电能表，内无机械式转盘。用电量的记录信号采集器分别采到电压和电流信号，经模数转换后，进行差乘得到瞬时参量（有功、无功功率），然后进行对时间的积分，达到累计的电量。
【监管证件】 无监管证件要求

【税则号列】 9029.2010
【商品名称】 车用速度计
【规格型号】 指示速度，汽车用仪表 | 大众牌 | 7P6920880QX
【商品描述】 为总成件，可直接装车。
【监管证件】 无监管证件要求

【税则号列】 9030.1000
【商品名称】 辐射监测系统
【规格型号】 通过监测探头对 α、β、γ 射线进行收集并转换为电子信号，传输至电脑进行分析 | 监测核辐射量 | Mirion 牌 | （型号）
【商品描述】 略。
【监管证件】 无监管证件要求

【税则号列】 9030.4090
【商品名称】 无线通信测试仪
【规格型号】 用于电子通信产品的检测，如测试高频信号等 | 测试频率 70 兆赫~3.3 千兆赫 | R&S 牌 | CMW500
【商品描述】 略。
【监管证件】 无监管证件要求

【税则号列】 9031. 2000

【商品名称】 传动器终检试验台

【规格型号】 生产线用｜总成性能试验｜（品牌）｜CDFQ40

【商品描述】 略。

【监管证件】 无监管证件要求

【税则号列】 9031. 2000

【商品名称】 发动机试验台

【规格型号】 测试柴油发动机｜显示转速、油耗、扭矩值｜（品牌）｜（型号）

【商品描述】 功率 160 千瓦，扭矩 370 牛米。

【监管证件】 无监管证件要求

【税则号列】 9031. 4990

【商品名称】 基板外观检查机

【规格型号】 通过光学原理检查基板外观有无漏焊、少焊等情况｜Omron 牌｜VT-RNS2-L3

【商品描述】 结果为 PASS 或 NG。

【监管证件】 无监管证件要求

【税则号列】 9031. 4990

【商品名称】 动态干涉仪

【规格型号】 在有振动或气流干扰的环境下，进行光学加工表面面形误差及微波纹分布规律的高精度在位或离线检测及分析｜4D Technology 牌｜Phase Cam 6000

【商品描述】 略。

【监管证件】 无监管证件要求

【税则号列】 9031. 4990

【商品名称】 6 寸激光干涉仪

【规格型号】 用于表面形貌检测及球面曲率半径测量｜ZYGO｜（型号）

【商品描述】 略。

【监管证件】 无监管证件要求

【税则号列】 9031.8020

【商品名称】 三坐标测量机

【规格型号】 试验室用| 测头以点线等元素进行测量| 测量轿车零件| PRO Premium| （型号）

【商品描述】 略。

【监管证件】 无监管证件要求

【税则号列】 9031.8031

【商品名称】 超声波探伤检测系统

【规格型号】 利用超声波技术并结合先进的电子分析系统，检测钢轨内部用肉眼看不到的伤损| Sperry| CS12

【商品描述】 包括探轮校验装置、1900检测系统硬件、PLC倾角和水平显示系统、高速超声波探伤检测单元等部件。

【监管证件】 无监管证件要求

【税则号列】 9031.8039

【商品名称】 电磁探伤仪

【规格型号】 电磁感应|（原理）| 用于判断管理的裂缝和孔洞、壁厚| EMDS-TM-42M

【商品描述】 根据电磁感应的原理，给发射线圈供一脉冲，接收线圈记录产生的、随时间变化的感应电动势。当套管（油管）厚度变化或存在缺陷时，感应电动势将发生变化，通过分析和计算，在单套、双套管柱结构下，可判断管柱的裂缝和孔洞，得到管柱的壁厚。

【监管证件】 无监管证件要求

【税则号列】 9031.8090

【商品名称】 机械振动检测系统

【规格型号】 检测机械的损坏程度| 旋转机械振动的幅度、频率、方向等信息通过传感器反馈至机柜与参考值做比较，确认是否存在损坏| Areva牌|（型号）

【商品描述】 略。

【监管证件】 无监管证件要求

【税则号列】 9031.8090

【商品名称】 车辆安全检测系统

【规格型号】 轿车生产用｜对车辆安全的检测｜通过模拟撞击静压等方式进行检测｜（品牌）｜（型号）

【商品描述】 略。

【监管证件】 无监管证件要求

【税则号列】 9031.8090

【商品名称】 模块式串联谐振局放耐压试验系统

【规格型号】 电势差｜负载的耐压试验和局放试验用｜（品牌）｜（型号）

【商品描述】 主要包括调压装置、励磁变压器和可调电抗器等部件。调压装置和励磁变压器提供谐振回路的电源，它与可调电抗器和电容负载组成一个串联高压谐振回路。当调节电抗器使它的电感量与电容负载的电容值相互匹配时，电抗器的两端和电容负载的两端会出现非常高的电势差，利用这个电压值可以进行负载的耐压试验和局放试验。

【监管证件】 无监管证件要求

【税则号列】 9031.8090

【商品名称】 换挡测试系统

【规格型号】 对变速器进行全面的换挡感觉评价｜汽车换挡品质评价试验测试系统｜Ricardo牌｜（型号）

【商品描述】 略。

【监管证件】 无监管证件要求

【税则号列】 9031.8090

【商品名称】 整车 UCF 检具（内、外饰一体）

【规格型号】 定位零件，提升整车外观质量｜六个自由度的原理｜Toda 牌｜（型号）

【商品描述】 根据定位空间物体需要限制物体的六个自由度的原理，做出限制零件、模块活动方向的定位结构，以定位零件，提升整车外观质量。

【监管证件】 无监管证件要求

【税则号列】 9031.8090

【商品名称】 大众轿车用车身电子稳定系统传感器

【规格型号】 测量加速度｜为控制器提供车辆偏移信号｜（品牌）｜7P0 907 652

【商品描述】 略。

【监管证件】 无监管证件要求

【税则号列】 9031. 8090
【商品名称】 奥迪轿车用安全气囊传感器
【规格型号】 测量加速度|（品牌）|1K0 909 606 C|半导体压力式加速度传感器
【商品描述】 装有半导体压力式加速度传感器的轿车，在正常行驶时，可以持续测量正向加速度；在发生碰撞时，半导体受压会发生弯曲应变，产生较大变化值的信号，用于感应碰撞中测得的加速度信号，将其变换成数字信号，传送给安全气囊控制单元。
【监管证件】 无监管证件要求

【税则号列】 9031. 8090
【商品名称】 底盘测功机
【规格型号】 实验室用|利用动力学原理模拟道路阻力|排放耐久试验
【商品描述】 略。
【监管证件】 无监管证件要求

【税则号列】 9032. 2000
【商品名称】 压力调节器（恒压器）
【规格型号】 用于自动调节压力|保持压力恒定|Emerson|FS63EG-2E2D 2″150RF
【商品描述】 略。
【监管证件】 无监管证件要求

【税则号列】 9032. 8990
【商品名称】 液位控制器
【规格型号】 自动控制液位|磁力作用|SOR|41A1S1B1N-LS11HN03
【商品描述】 该控制器由浮球组和触头组两部分组成。当被测液位升高或降低时，浮子随之升降，使其端部的磁钢上下摆动，通过磁力作用推斥安装在外壳内相同磁极的磁钢上下摆动，其另一端的动触点便与静触头连通或断开，达到控制泵或阀的电开关通断的目的。该商品可自动控制液位。
【监管证件】 无监管证件要求

【税则号列】 9032.8990

【商品名称】 考林斯驾驶系统用控制器

【规格型号】 飞机驾驶系统用 | 用于分析处理信息，判断飞机的状态，控制飞机飞行 | 考林斯 | 622-8051-004

【商品描述】 该控制器由传感器、输入接口、中央处理机组件、输出接口、自检和故障监控系统等部分组成，通过分析处理传感器输入的原始信息，判断飞机各项飞行参数及飞行状态，控制飞机飞行高度、速度、航向、航程、着陆、飞行仰俯角等。

【监管证件】 无监管证件要求

【税则号列】 9032.8990

【商品名称】 电子控制器 ECU

【规格型号】 汽车专用微机控制器 | （品牌） | 9001040471

【商品描述】 ECU（Electronic Control Unit）中文为电子控制单元，又称“行车电脑”“车载电脑”等，是汽车专用微机控制器，主要由微处理器（CPU）、存储器（ROM、RAM）、输入/输出接口（I/O）、模数转换器（A/D）及整形、驱动等大规模集成电路组成。

【监管证件】 无监管证件要求

【税则号列】 9032.8990

【商品名称】 汽车空调用控制器

【规格型号】 自动控制汽车空调的冷热 | Halla 牌 | C800NEABA05P

【商品描述】 略。

【监管证件】 无监管证件要求

【税则号列】 9032.8990

【商品名称】 自动调节或控制仪器及装置

【规格型号】 主要靠脉冲源定位，通过发出和接受脉冲达到精确控制电机的动转，从而实现精确的定位 | 用于调控机器运转速度 | Bosch Rexroth | HCS02.1E-W0054-A-03-NNNN

【商品描述】 略。

【监管证件】 无监管证件要求

【税则号列】 9032.8990

【商品名称】 低压励磁控制柜

【规格型号】 根据发电机的出口电压实际幅值与整定值的比较，改变励磁电流的大小和角度，从而改变发电机气隙磁场，将调节电压维持到整定范围丨Siemens 牌丨8MF6

【商品描述】 略。

【监管证件】 无监管证件要求

【税则号列】 9032.8990

【商品名称】 柴油发电机组控制柜

【规格型号】 通过外部 DCS 系统的控制指令或机柜自身的控制面板实现对柴油机组启停及运行参数的调整和控制丨Kriko 牌丨（型号）

【商品描述】 略。

【监管证件】 无监管证件要求

【税则号列】 9032.8990

【商品名称】 电梯控制柜用变频调速器

【规格型号】 电梯控制柜用丨提供可变电源调节的电机转速，可进行自动反馈控制丨Thyssenkrupp 牌丨CPIK-32M1

【商品描述】 略。

【监管证件】 无监管证件要求

【税则号列】 9032.8990

【商品名称】 转速控制器

【规格型号】 收集温度传感器所检测到的数据，计算出值后，比对内置芯片中所设定的参数，通过自身的开关装置自动控制调节电机的运转丨闭环控制丨Bosch丨F011500081

【商品描述】 略。

【监管证件】 无监管证件要求

【税则号列】 9032.8990

【商品名称】 驻车辅助控制单元

【规格型号】 通过信号采集自动控制驻车丨用于奔驰 E260 轿车用丨（品牌）丨S/A2469007307

【商品描述】 略。

【监管证件】 无监管证件要求

【税则号列】 9032.8990

【商品名称】 机床用成套数控伺服装置散件

【规格型号】 CNC 发出指令信号，经伺服放大器放大后传递给伺服电机，通过伺服电机驱动机床运动 | Fanuco 牌 | OI-MD/TD 型

【商品描述】 略。

【监管证件】 无监管证件要求

【税则号列】 9032.8990

【商品名称】 发动机电控装置总成

【规格型号】 安装于发动机左侧连接自动变速器与发动机 | 起动力传导作用，自动控制装置 | 现代牌 | 39155-2G760

【商品描述】 略。

【监管证件】 无监管证件要求

【税则号列】 9032.8990

【商品名称】 静态励磁系统

【规格型号】 发电机配套用，对励磁电流进行自动控制和调节 | ABB 牌 | T6S-O/U231-S4500

【商品描述】 通过控制器软件对各系统反馈来的控制信号进行运算判断，自动智能地调节输出，对系统进行闭环控制；恒定机端电压，控制并列运行的各发电机间的无功功率的分配，提高电力系统的稳定性，能强行增磁、减磁和灭磁。

【监管证件】 无监管证件要求

【税则号列】 9032.8990

【商品名称】 奥迪轿车用自动控制器

【规格型号】 发动机控制器 | 按发动机需求量控制燃油泵输出 | （品牌） | 4F0 906 093 L

【商品描述】 按发动机所需油量向燃油泵控制器发出控制信号，燃油泵控制器将其转换成可驱动燃油泵的信号，从而达到按发动机需求进行定量控制燃油泵输出燃油的目的。

【监管证件】 无监管证件要求

【税则号列】 9032.9000

【商品名称】 调温器零件（感应器总成）

【规格型号】 汽车调温器总成用|（品牌）|（型号）

【商品描述】 感应器总成内部包含膨胀材料（一般由石蜡与铜粉混合而成）、橡胶管和顶杆。当水温上升到90℃以上时，膨胀材料发生缓慢的体积膨胀，通过橡胶管的变形，挤出顶杆。当水温下降到85℃以下时，膨胀材料逐渐恢复到原状，顶杆在外力作用下可缩回橡胶管。感应器总成外部是上下盖、大小两个弹簧，上下盖起到固定感应器在汽车调温器总成上的作用，大小弹簧帮助感应器更好地完成开闭循环。

【监管证件】 无监管证件要求

第九十一章 钟表及其零件

注释：

一、本章不包括：

（一）钟表玻璃及钟锤（按其构成材料归类）；

（二）表链（根据不同情况，归入税目71.13或71.17）；

（三）第十五类注释二所规定的贱金属制通用零件（第十五类）、塑料制的类似品（第三十九章）及贵金属或包贵金属制的类似品（一般归入税目71.15）；但钟、表发条则应作为钟、表的零件归类（税目91.14）；

（四）轴承滚珠（根据不同情况，归入税目73.26或84.82）；

（五）税目84.12的物品，不需擒纵器可以工作的；

（六）滚珠轴承（税目84.82）；或

（七）第八十五章的物品，本身未组装在或未与其他零件组装在钟、表机芯内，也未组装成专用于或主要用于钟、表机芯零件的（第八十五章）。

二、税目91.01仅包括表壳完全以贵金属或包贵金属制的表，以及用贵金属或包贵金属与税目71.01至71.04的天然、养殖珍珠或宝石、半宝石（天然、合成或再造）合制的表。用贱金属上镶嵌贵金属制成表壳的表应归入税目91.02。

三、本章所称"表芯"，是指由摆轮及游丝、石英晶体或其他能确定时间间隔的装置来进行调节的机构，并带有显示器或可装机械指示器的系统。表芯的厚度不超过12毫米，长、宽或直径不超过50毫米。

四、除注释一另有规定的以外，钟、表的机芯及其他零件，既适用于钟或表，又适用于其他物品（例如，精密仪器）的，均应归入本章。

【税则号列】 9101.2100

【商品名称】 含濒危动物皮自动上弦贵金属制机械手表

【规格型号】 贵金属制 | 机械 | 指针 | Omega | 42453402002001

【商品描述】 Omega（欧米茄）为瑞士品牌，Swatch 集团旗下品牌之一。始于 1848 年，欧米茄在帆船、田径、游泳等世界级赛事中担任标准计时，并且常常赞助欧洲高尔夫球赛，获奥运会指定计时器达 31 次。欧米茄是第一只也是唯一一只在月球上被佩戴过的手表。

【监管证件】 EF

【税则号列】 9101.2100

【商品名称】 自动上弦贵金属制机械手表

【规格型号】 贵金属制 | 机械 | 指针 | Omega | 42453402102002

【商品描述】 自动上弦机械手表，是相对于手动上弦的机械表来说的，一般的机械手表有一个螺旋线。当人们给手表上弦时，螺旋线也同时被上紧了。在螺旋线被松开时，它就开始带动表芯进行运动。自动上弦机械手表是在一般手拨上弦表的基础上再加上一个自动部件，其核心是自动陀（或称自动重锤），这是一种偏心的摆陀。它的形状像个半圆的盘，选用质量比较重的金属制成（比如 K 金，钨等），且边缘比较厚，所以大部分质量都在陀的边缘上，利用地心的引力和人手臂的摆动而旋转，并驱动一组齿轮去卷紧发条来上弦。

【监管证件】 无监管证件要求

【税则号列】 9101.2100

【商品名称】 指针金表（含濒危品）

【规格型号】 贵金属 | 自动上弦 | 指针 | 积家 | Q1352420

【商品描述】 略。

【监管证件】 EF

【税则号列】 9102.1100

【商品名称】 西铁城指针式电子手表

【规格型号】 外壳不锈钢制 | 电子 | 指针式 | 西铁城 | AR0015-68A

【商品描述】 略。

【监管证件】 无监管证件要求

【税则号列】 9102. 1100

【商品名称】 机械指示式电子手表

【规格型号】 非贵金属制带 | 电力驱动 | 指针 | Tissot | T0025201705102

【商品描述】 Tissot（天梭）为瑞士品牌，于 1853 年创立，自 1983 年加入世界最大的手表制造商及分销商 Swatch 集团，成为其中一员，立基于瑞士力洛克（Le Locle）并在全球超过 150 个国家设有零售点。天梭表是瑞士制表业中的佼佼者，目标是用最有竞争力的价格向大众提供具有国际一流品质的计时工具，为全美国汽车比赛协会 NASCAR、MotoGP 大奖赛及自行车、击剑和冰球等国际赛事的官方指定计时器。

【监管证件】 无监管证件要求

【税则号列】 9102. 2100

【商品名称】 自动上弦机械手表

【规格型号】 镀金钢制壳 | 机械 | 指针 | Longines | L4. 260. 2. 11. 7

【商品描述】 略。

【监管证件】 EF/无监管证件要求

【税则号列】 9102. 2100

【商品名称】 自动上弦机械手表（不锈钢，镶金，机械，指针）

【规格型号】 不锈钢制，镶金 | 机械 | 指针 | （品牌） | O42420372008001

【商品描述】 略。

【监管证件】 EF/无监管证件要求

【税则号列】 9102. 2100

【商品名称】 自动上弦机械手表

【规格型号】 金属制 | 机械 | 指针 | ENICAR | 3269/51/322GCH

【商品描述】 略。

【监管证件】 EF/无监管证件要求

【税则号列】 9102. 2100

【商品名称】 劳力士自动上弦机械手表

【规格型号】 外壳不锈钢制 | 机械、自动 | 指针 | 劳力士牌 | 116234/63600

【商品描述】 略。

【监管证件】 EF/无监管证件要求

【税则号列】 9105.1100

【商品名称】 电子闹钟

【规格型号】 电子驱动丨无牌丨RL295

【商品描述】 家居用。主要用于指示一天时间的时计，因此，它们必须装有表芯以外的机芯。可以是由摆锤、发条、电气或电子驱动的，通常用摆锤、摆轮及游丝、音叉或压电石英晶体进行调节。它们一般装有报时机械装置，每隔一小时、半小时或一刻钟敲击一次铃或锣，或引发一次多铃的谐音机构。

【监管证件】 无监管证件要求

【税则号列】 9108.2000

【商品名称】 已组装的自动上弦完整表芯

【规格型号】 表用丨机械驱动丨机械指示式丨Miyota 牌丨（表面尺寸）

【商品描述】 略。

【监管证件】 无监管证件要求

【税则号列】 9110.1200

【商品名称】 已组装的不完整电子表机芯

【规格型号】 电子表用丨电子驱动丨（表面尺寸）丨（指示方式）丨无品牌

【商品描述】 略。

【监管证件】 无监管证件要求

【税则号列】 9111.2000

【商品名称】 贱金属制男士镀金表壳

【规格型号】 黄铜镀金

【商品描述】 直径 39 毫米。贱金属制男士镀金表壳，其材质为黄铜，镀金厚度为 5 微米，采用内塑料袋、外木箱的包装标准空运。

【监管证件】 无监管证件要求

【税则号列】 9113.2000

【商品名称】 贱金属制男士镀金表带

【规格型号】 不锈钢镀金

【商品描述】 宽度 20 毫米。贱金属男士镀金表带，其材质为不锈钢，镀金厚度为 5 微米，采用内塑料袋、外木箱的标准包装空运。

【监管证件】 无监管证件要求

第九十二章 乐器及其零件、附件

注释：

一、本章不包括：

（一）第十五类注释二所规定的贱金属制通用零件（第十五类）或塑料制的类似品（第三十九章）；

（二）第八十五章或第九十章的传声器、扩大器、扬声器、耳机、开关、频闪观测仪及其他附属仪器、器具或设备，虽用于本章物品但未与该物品组成一体或安装在同一机壳内；

（三）玩具乐器或器具（税目95.03）；

（四）清洁乐器用的刷子（税目96.03），或独脚架、双脚架、三脚架及类似品（税目96.20）；或

（五）收藏品或古物（税目97.05或97.06）。

二、用于演奏税目92.02、92.06所列乐器的弓、槌及类似品，如果与该乐器一同报验，数量合理，用途明确，应归入有关乐器的相应税目。

税目92.09的卡片、盘或卷，即使与乐器一同报验，也不视为该乐器的组成部分，而应作为单独报验的物品对待。

【税则号列】 9202.9000

【商品名称】 吉他

【规格型号】 非野生动物皮制｜弹奏用｜（规格型号）

【商品描述】 吉他又译为结他或六弦琴，属于弹拨乐器，通常有六条弦，形状与提琴相似。其面板与背板都是平的，琴身腰部一般无角，琴颈很宽、很长，指板上有弦枕并装有很多窄而稍向上凸起的金属制的横格，称之为“品”。吉他在流行音乐、摇滚音乐、蓝调、民歌、佛朗明哥中，常被视为主要乐器。

【监管证件】 无监管证件要求

第二十类
杂项制品

第九十四章　家具；寝具、褥垫、弹簧床垫、软座垫及类似的填充制品；未列名灯具及照明装置；发光标志、发光铭牌及类似品；活动房屋

注释：

一、本章不包括：

（一）第三十九章、第四十章或第六十三章的充气或充水的褥垫、枕头及坐垫；

（二）落地镜［例如，税目 70.09 的试衣镜（旋转镜）］；

（三）第七十一章的物品；

（四）第十五类注释二所规定的贱金属制通用零件（第十五类）、塑料制的类似品（第三十九章）或税目 83.03 的保险箱；

（五）冷藏或冷冻设备专用的特制家具（税目 84.18）；缝纫机专用的特制家具（税目 84.52）；

（六）第八十五章的灯具及照明装置；

（七）税目 85.18、85.19、85.21 或税目 85.25 至 85.28 所列装置专用的特制家具（应分别归入税目 85.18、85.22 或 85.29）；

（八）税目 87.14 的物品；

（九）装有税目 90.18 所列牙科用器具或漱口盂的牙科用椅（税目 90.18）；

（十）第九十一章的物品（例如，钟及钟壳）；

（十一）玩具家具、玩具灯或玩具照明装置（税目 95.03）、台球桌或其他供游戏用的特制家具（税目 95.04）、魔术用的特制家具或中国灯笼及类似的装饰品（电气彩灯串除外）（税目 95.05）；或

（十二）独脚架、双脚架、三脚架及类似品（税目 96.20）。

二、税目 94.01 至 94.03 的物品（零件除外），只适用于落地式的物品。

对下列物品，即使是悬挂的、固定在墙壁上的或叠摞的，仍归入上述各税目：

（一）碗橱、书柜、其他架式家具（包括与将其固定于墙上的支撑物一同报验的单层搁架）及组合家具；

（二）坐具及床。

三、

（一）税目 94.01 至 94.03 所列货品的零件，不包括玻璃（包括镜子）、大理石或其他石料以及第六十八章及第六十九章所列任何其他材料的片、块（不论是否切割成形，但未与其

他零件组装）。

（二）税目 94.04 的货品，如果单独报验，不能作为税目 94.01、94.02 或 94.03 所列货品的零件归类。

四、税目 94.06 所称“活动房屋”，是指在工厂制成成品或制成部件并一同报验，供以后在有关地点上组装的房屋，例如，工地用房、办公室、学校、店铺、工作棚、车房或类似的建筑物。

【税则号列】 9401. 2090
【商品名称】 汽车后排座椅坐垫靠背骨架
【规格型号】 奥迪 Q5 车用丨钢铁制丨Brose丨1234569AL1
【商品描述】 低高配车后排 1/3、2/3 座椅骨架。
【监管证件】 无监管证件要求

【税则号列】 9401. 2090
【商品名称】 柯斯达霸道汽车未组装成套座椅
【规格型号】 用于柯斯达、霸道汽车（材质）丨71015-60330-00 等
【商品描述】 略。
【监管证件】 无监管证件要求

【税则号列】 9401. 3000
【商品名称】 办公椅
【规格型号】 用于室内办公丨材质为钢铁制丨可调高度、可转动丨无品牌
【商品描述】 略。
【监管证件】 无监管证件要求

【税则号列】 9401. 4090
【商品名称】 沙发床
【规格型号】 坐卧两用丨PU、海绵、木及铁制丨可做床用丨无牌
【商品描述】 规格为 192. 5 厘米×92 厘米×88 厘米。通常情况下，沙发床具有座椅的功能。需要时，展开沙发床，就是一张床，可以满足坐和卧两种功能。
【监管证件】 无监管证件要求

【税则号列】 9401.6190
【商品名称】 桃花芯木软包沙发
【规格型号】 客厅、卧室用 | 桃花芯木制 | 装软垫 | Christopher Guy
【商品描述】 规格为 111 厘米×99 厘米×84 厘米，货号 60-0261，软包面料平绒。
【监管证件】 AB

【税则号列】 9401.6190
【商品名称】 沙发
【规格型号】 用于家居 | 木框架，装布软垫 | 无品牌
【商品描述】 略。
【监管证件】 AB

【税则号列】 9401.6190
【商品名称】 仿皮沙发
【规格型号】 家用 | 桦木 | 带软垫 | 无牌
【商品描述】 规格为 484 毫米×597 毫米×826 毫米。
【监管证件】 AB

【税则号列】 9401.6900
【商品名称】 木椅（不带垫）
【规格型号】 餐厅用 | 由 70%硬杂木，30%刨花板制成 | 不装软垫 | 无牌
【商品描述】 规格有两种，即 111 厘米×50 厘米×29 厘米，107 厘米×50 厘米×27 厘米。
【监管证件】 AB

【税则号列】 9401.6900
【商品名称】 苦楝木制三人位沙发
【规格型号】 客厅用 | 苦楝木制 | 无软垫 | 无品牌 | 388#
【商品描述】 略。
【监管证件】 AB

【税则号列】 9401.7190
【商品名称】 沙发
【规格型号】 坐具用 | 由五金、海绵、布及木制成 | 带软垫 | 无牌
【商品描述】 规格有两种，即 83 厘米×97 厘米×79 厘米，210 厘米×97 厘米×79 厘米。
【监管证件】 无监管证件要求

【税则号列】 9401. 7190
【商品名称】 公园椅
【规格型号】 无品牌｜材质为铝、仿藤等｜装有软垫｜公园用
【商品描述】 规格为 123 厘米×32 厘米×31 厘米。
【监管证件】 无监管证件要求

【税则号列】 9401. 7190
【商品名称】 椅子
【规格型号】 坐具用｜由铁架、多层板、海绵填充、布、塑料制成｜装软垫｜Juyi 牌
【商品描述】 略。
【监管证件】 无监管证件要求

【税则号列】 9401. 7190
【商品名称】 餐椅
【规格型号】 坐具用｜铁架、海绵制成｜装软垫｜无牌
【商品描述】 规格为 61. 5 厘米×49. 5 厘米×99 厘米。
【监管证件】 无监管证件要求

【税则号列】 9401. 7900
【商品名称】 椅子
【规格型号】 坐具｜铁制｜无软垫｜无品牌
【商品描述】 略。
【监管证件】 无监管证件要求

【税则号列】 9401. 7900
【商品名称】 沙滩椅
【规格型号】 休闲用｜铝制｜无牌｜无软垫
【商品描述】 沙滩椅也可称作折叠椅或休闲椅，它的主要特点就是能够折叠，携带方便，采用防水牛津布做面料，钢管做支架。
【监管证件】 无监管证件要求

【税则号列】 9401.7900

【商品名称】 铝合金折叠椅

【规格型号】 户外用|铝合金制|不带软垫|Hillerstorp 牌

【商品描述】 略。

【监管证件】 无监管证件要求

【税则号列】 9401.9011

【商品名称】 座椅调角器

【规格型号】 奥迪 A4 等小轿车用|钢铁制

【商品描述】 调角器为一种安装于汽车座椅上实现座椅靠背角度调节的装置。该装置一般由椅背连接板、椅座连接板、核心件、手轮或调节手柄、回复弹簧等部分组成(在一些低成本座椅中，一般将椅背连接板、椅座连接板整合到靠背骨架和座椅骨架上)。按角度调节的连续性可分为有级调节调角器和无级调节调角器。

【监管证件】 无监管证件要求

【税则号列】 9401.9011

【商品名称】 汽车座椅用调角器

【规格型号】 通用轿车|铁制

【商品描述】 略。

【监管证件】 无监管证件要求

【税则号列】 9401.9019

【商品名称】 座椅饰板

【规格型号】 机动车辆座椅用零件|塑料制

【商品描述】 略。

【监管证件】 无监管证件要求

【税则号列】 9401.9019

【商品名称】 座椅控制拉索

【规格型号】 适用于马自达 6 汽车|钢铁制

【商品描述】 略。

【监管证件】 无监管证件要求

【税则号列】 9401. 9019
【商品名称】 汽车座椅前座机构
【规格型号】 宝马 E84 车用｜钢铁制
【商品描述】 汽车座椅用零件。
【监管证件】 无监管证件要求

【税则号列】 9402. 9000
【商品名称】 医疗病床
【规格型号】 供医院病人休息用｜配置摇把｜不带医疗用具｜无品牌
【商品描述】 略。
【监管证件】 无监管证件要求

【税则号列】 9403. 2000
【商品名称】 桌子
【规格型号】 装饰用｜由铁、中纤板、玻璃制成，铁为主要材质｜非办公室用｜Style Selections 牌｜101 厘米×41 厘米×76 厘米
【商品描述】 略。
【监管证件】 无监管证件要求

【税则号列】 9403. 2000
【商品名称】 茶几
【规格型号】 家用｜由不锈钢、玻璃制成，主要材质为不锈钢｜（品牌）｜直径 90 厘米×30 厘米或 135 厘米×34 厘米
【商品描述】 略。
【监管证件】 无监管证件要求

【税则号列】 9403. 2000
【商品名称】 组合柜
【规格型号】 非办公室用｜金属组合柜｜（品牌）｜（规格）
【商品描述】 略。
【监管证件】 无监管证件要求

【税则号列】 9403. 2000

【商品名称】 柜子

【规格型号】 浴室用｜由不锈钢、塑料、木制成，主要材质为不锈钢｜无品牌｜750 厘米×460 厘米×750 厘米或 1250 毫米×460 毫米×950 毫米

【商品描述】 略。

【监管证件】 无监管证件要求

【税则号列】 9403. 2000

【商品名称】 铁制红酒搁架

【规格型号】 存放红酒用｜铁制｜（品牌）｜（型号）

【商品描述】 略。

【监管证件】 无监管证件要求

【税则号列】 9403. 3000

【商品名称】 办公室用组合台

【规格型号】 纤维板制｜（规格）｜无品牌

【商品描述】 落地式。

【监管证件】 AB

【税则号列】 9403. 4000

【商品名称】 木橱柜

【规格型号】 无牌｜规格（6 及 33）×24×（35. 5 及 96）寸

【商品描述】 落地式。

【监管证件】 ABFE/AB

【税则号列】 9403. 5010

【商品名称】 卧室用濒危红木制家具

【规格型号】 大果紫檀木、巴里黄檀木等制｜（品牌）｜（型号）

【商品描述】 主要包括桌子、柜子、床等卧室用濒危红木制家具，大果紫檀木、巴里黄檀木等制成，落地式。所谓“红木”，从一开始就不是某一特定树种的家具，而是明清以来对稀有硬木优质家具的统称。根据国家标准，红木范围确定为五属八类。五属即紫檀属、黄檀属、柿属、豆属及铁刀木属。八类则是以木材的商品名来命名的，即紫檀木类、花梨木类、香枝木类、黑酸枝类、红酸枝木类、乌木类、条纹乌木类和鸡翅木类。红木是指这五属八类木料的中心部分。除此之外的木材制作的家具都不能称为红木家具。

【监管证件】 ABFE

【税则号列】 9403. 5099
【商品名称】 软包双人床
【规格型号】 木制| 卧室用| （品牌） | 135 厘米×193 厘米，150 厘米×203 厘米，180 厘米×203 厘米
【商品描述】 木制软包双人床。
【监管证件】 ABFE/AB

【税则号列】 9403. 5099
【商品名称】 木制家具
【规格型号】 卧室用| 东北白椴木制| 睡床| Yihua 牌| （规格）
【商品描述】 略。
【监管证件】 AB

【税则号列】 9403. 5099
【商品名称】 木床（卧室用）
【规格型号】 用于睡觉| 白橡木、辐射松制| 卧室用| Polocyte 牌| 214 厘米×166 厘米×112 厘米
【商品描述】 略。
【监管证件】 AB

【税则号列】 9403. 5099
【商品名称】 床边柜
【规格型号】 卧室用| 山毛榉木制| （品牌） | 770 毫米×475 毫米×845 毫米
【商品描述】 略。
【监管证件】 AB

【税则号列】 9403. 5099
【商品名称】 床
【规格型号】 卧室用| ABYAT 牌| 欧洲山毛榉制| 1620 毫米×2221 毫米×1050 毫米
【商品描述】 纤维板家具，落地式。
【监管证件】 AB

【税则号列】 9403. 6099

【商品名称】 木桌

【规格型号】 中纤板制｜室内用家具｜无牌｜119 厘米×29 厘米×134 厘米或 120 厘米×60 厘米×76 厘米

【商品描述】 略。

【监管证件】 AB

【税则号列】 9403. 6099

【商品名称】 苦楝木制长茶几

【规格型号】 客厅用｜苦楝木制｜无牌｜140 厘米×70 厘米×60 厘米

【商品描述】 货号 388#。

【监管证件】 AB

【税则号列】 9403. 6099

【商品名称】 木柜

【规格型号】 非卧室用｜装杂物用｜中纤板制｜无牌｜41. 5×20. 5×3. 9 寸

【商品描述】 略。

【监管证件】 AB

【税则号列】 9403. 6099

【商品名称】 木台（非卧室用）

【规格型号】 摆物用｜白橡木制｜Polocyte 牌｜（50 及 152）厘米×（44 及 50）厘米×（44 及 76）厘米

【商品描述】 略。

【监管证件】 AB

【税则号列】 9403. 6099

【商品名称】 装饰柜

【规格型号】 非卧室用｜由白杨木、纤维板、油漆等制成｜长 15 厘米~90 厘米，宽 14 厘米~40 厘米，高 15 厘米~98 厘米

【商品描述】 略。

【监管证件】 AB

【税则号列】 9403. 6099
【商品名称】 木柜（非卧室用）
【规格型号】 储物用｜白橡木、辐射松制｜Polocyte 牌｜（45 及 166）厘米×（38 及 62）厘米×（55 及 194）厘米
【商品描述】 落地式。
【监管证件】 AB

【税则号列】 9403. 8990
【商品名称】 玻璃茶几
【规格型号】 客厅用｜台面为钢化玻璃，辅以造型别致的仿金电镀配件及静电喷涂钢管、不锈钢等底架｜无牌｜（规格）
【商品描述】 略。
【监管证件】 无监管证件要求

【税则号列】 9403. 9000
【商品名称】 木柜板
【规格型号】 用于木柜的制作｜木制｜65 厘米×（38 及 75）厘米×45 厘米
【商品描述】 略。
【监管证件】 EF/无监管证件要求

【税则号列】 9403. 9000
【商品名称】 抽屉侧板
【规格型号】 抽屉侧板｜（材质）｜（规格）
【商品描述】 略。
【监管证件】 EF/无监管证件要求

【税则号列】 9403. 9000
【商品名称】 桉木制餐桌脚
【规格型号】 桉木制｜餐桌脚｜54 毫米×54 毫米×760 毫米等
【商品描述】 略。
【监管证件】 无监管证件要求

【税则号列】 9405. 1000

【商品名称】 荧光灯具

【规格型号】 镀锌板配件 | 照明灯 | Westek

【商品描述】 荧光灯分传统型荧光灯和无极荧光灯。传统型荧光灯即低压汞灯，是利用低气压的汞蒸气在放电过程中辐射紫外线，从而使荧光粉发出可见光，因此它属于低气压弧光放电光源。无极荧光灯即无极灯，它取消了传统荧光灯的灯丝和电极，利用电磁耦合的原理，使汞原子从原始状态激发成激发态，其发光原理和传统荧光灯相似，有寿命长、光效高、显色性好等优点。本商品为吸顶式镀锌板配件照明灯。

【监管证件】 无监管证件要求

【税则号列】 9405. 1000

【商品名称】 吊灯

【规格型号】 铁制 | 照明用 | Yazawa

【商品描述】 略。

【监管证件】 无监管证件要求

【税则号列】 9405. 2000

【商品名称】 LED 台灯

【规格型号】 塑料制 | 照明用 | Uniel 牌

【商品描述】 含 21 粒~84 粒 LED 灯珠。

【监管证件】 无监管证件要求

【税则号列】 9405. 3000

【商品名称】 节日灯

【规格型号】 电线 | 串灯 | 圣诞户内装饰

【商品描述】 略。

【监管证件】 无监管证件要求

【税则号列】 9405. 3000

【商品名称】 圣诞灯

【规格型号】 圣诞节用成套装饰和照明用灯 | （材质） | （品牌）

【商品描述】 略。

【监管证件】 无监管证件要求

【税则号列】 9405. 4090
【商品名称】 太阳能灯
【规格型号】 ABS 塑料制，以不锈钢为主 | 太阳能灯具 | 装饰，户外照明用 | （品牌）
【商品描述】 略。
【监管证件】 无监管证件要求

【税则号列】 9405. 4090
【商品名称】 丽彩灯
【规格型号】 电压 230V | 塑胶制 | LED 灯带 | 户外装饰用 | 无牌
【商品描述】 每卷 44 米。
【监管证件】 无监管证件要求

【税则号列】 9405. 4090
【商品名称】 可移动式可充电灯具
【规格型号】 ABS 塑料制 | 充电灯 | 应急照明用 | Semum Lighting 牌
【商品描述】 KN-116L，功率 1. 8 瓦。
【监管证件】 无监管证件要求

【税则号列】 9405. 4090
【商品名称】 户外灯
【规格型号】 户外照明用灯具 | （材质） | （品牌）
【商品描述】 户外照明用的灯具，例如街灯、门廊及大门灯，专门用于公共建筑、纪念碑、公园的照明。
【监管证件】 无监管证件要求

【税则号列】 9405. 4090
【商品名称】 LED 灯
【规格型号】 户外照明用 | （材质） | （品牌）
【商品描述】 略。
【监管证件】 无监管证件要求

【税则号列】 9405. 9100
【商品名称】 灯罩
【规格型号】 装饰用 | 玻璃、铁、塑料制，材质主要为玻璃 | 灯配件 | 无牌
【商品描述】 直径 35 厘米~55 厘米。
【监管证件】 无监管证件要求

【税则号列】 9405. 9100
【商品名称】 玻璃灯罩
【规格型号】 (用途) | 玻璃制
【商品描述】 略。
【监管证件】 无监管证件要求

【税则号列】 9405. 9900
【商品名称】 智能灯配件
【规格型号】 灯支架等 | 铁制 | (用途)
【商品描述】 略。
【监管证件】 无监管证件要求

【税则号列】 9405. 9900
【商品名称】 灯零配件：头、罩
【规格型号】 由铁、塑料、木、布制成，以铁为主要材质 | (用途)
【商品描述】 略。
【监管证件】 无监管证件要求

【税则号列】 9406. 9000
【商品名称】 钢铁制活动房屋
【规格型号】 钢铁制 | 无内部配置 | 16 米×14 米×96 米
【商品描述】 以轻钢为骨架、夹芯板为围护材料，以标准模数系列进行空间组合，采用螺栓连接，是一种全新概念的环保经济型活动房屋。
【监管证件】 3/无监管证件要求

【税则号列】 9406. 9000
【商品名称】 淋浴房
【规格型号】 由玻璃、铝合金、ABS 制成 | 装有龙头、花洒等 | 1. 2 米×0. 8 米×2. 25 米、1 米×1 米×2. 2 米等
【商品描述】 略。
【监管证件】 3/无监管证件要求

【税则号列】 9406.9000
【商品名称】 活动房屋
【规格型号】 钢铁制|无内部配置|42 米×36 米×28.5 米
【商品描述】 钢铁制活动房屋，内部无配置，用于联合储库。
【监管证件】 3/无监管证件要求

第九十五章 玩具、游戏品、运动用品及其零件、附件

注释：

一、本章不包括：

（一）蜡烛（税目 34.06）；

（二）税目 36.04 的烟花、爆竹或其他烟火制品；

（三）已切成一定长度但未制成钓鱼线的纱线、单丝、绳、肠线及类似品（第三十九章、税目 42.06 或第十一类）；

（四）税目 42.02、43.03 或 43.04 的运动用袋或其他容器；

（五）第六十一章或第六十二章的纺织品制的化装舞会服装；第六十一章或第六十二章的纺织品制的运动服装或特殊衣着（例如，击剑服或足球守门员球衣），无论是否附带保护配件，例如，肘部、膝部或腹股沟部位的保护垫或填充物；

（六）第六十三章的纺织品制的旗帜及帆板或滑行车用帆；

（七）第六十四章的运动鞋靴（装有冰刀或滑轮的溜冰鞋除外）或第六十五章的运动用帽；

（八）手杖、鞭子、马鞭或类似品（税目 66.02）及其零件（税目 66.03）；

（九）税目 70.18 的未装配的玩偶或其他玩具用的玻璃假眼；

（十）第十五类注释二所规定的贱金属制通用零件（第十五类）或塑料制的类似货品（第三十九章）；

（十一）税目 83.06 的铃、钟、锣及类似品；

（十二）液体泵（税目 84.13）、液体或气体的过滤、净化机器及装置（税目 84.21）、电动机（税目 85.01）、变压器（税目 85.04）；录制声音或其他信息用的圆盘、磁带、固态非易失性数据存储器件、“智能卡”及其他媒体，不论是否已录制（税目 85.23）；无线电遥控设备（税目 85.26）或无绳红外线遥控器件（税目 85.43）；

（十三）第十七类的运动用车辆（长雪橇、平底雪橇及类似品除外）；

（十四）儿童两轮车（税目 87.12）；

（十五）运动用船艇，例如，轻舟、赛艇（第八十九章）及其桨、橹和类似品（木制的归入第四十四章）；

（十六）运动及户外游戏用的眼镜、护目镜及类似品（税目 90.04）；

（十七）媒诱音响器及哨子（税目 92.08）；

（十八）第九十三章的武器及其他物品；

（十九）各种电气彩灯串（税目 94.05）；

（二十）独脚架、双脚架、三脚架及类似品（税目 96.20）；

（二十一）球拍线、帐篷或类似的野营用品、分指手套、连指手套及露指手套（按其构成材料归类）；或

（二十二）餐具、厨房用具、盥洗用品、地毯及纺织材料制的其他铺地制品、服装、床上、餐桌、盥洗及厨房用的织物制品及具有实用功能的类似货品（按其构成材料归类）。

二、本章包括天然或养殖珍珠、宝石或半宝石（天然、合成或再造）、贵金属或包贵金属只作为小零件的物品。

三、除上述注释一另有规定的以外，凡专用于或主要用于本章各税目所列物品的零件、附件，应与有关物品一并归类。

四、除上述注释一另有规定的以外，税目 95.03 主要适用于该税目所列的物品与一项或多项其他货品组合而成的物品，只要这些物品为零售包装，且组合后具有玩具的基本特征。这些组合物品不能视为归类总规则三（二）所指的成套货品，如果单独报验，应归入其他税目。

五、税目 95.03 不包括因其设计、形状或构成材料可确认为专供动物使用的物品，例如，“宠物玩具”（归入其适当税目）。

子目注释：

子目 9504.50 包括：

（一）在电视机、监视器或其他外部屏幕或表面上重放图像的视频游戏控制器；或

（二）自带显示屏的视频游戏设备，不论是否便携式。

本子目不包括用硬币、钞票、银行卡、代币或任何其他支付方式使其工作的视频游戏控制器或设备（子目 9504.30）。

【税则号列】 9503.0010

【商品名称】 童车

【规格型号】 供儿童乘骑 | 电动四轮车 | 无牌

【商品描述】 略。

【监管证件】 无监管证件要求

【税则号列】 9503.0010

【商品名称】 儿童电动玩具车

【规格型号】 电动 | 玩具车 | 儿童娱乐用

【商品描述】 略。

【监管证件】 无监管证件要求

【税则号列】 9503. 0021
【商品名称】 填充玩具
【规格型号】 娱乐用| 动物玩具| 无牌
【商品描述】 用于玩耍或装饰的动物玩具，通常由橡胶、塑料、纺织材料、蜡、陶瓷、木材、纸板、竹制品制成或用多种上述材料制成。
【监管证件】 A

【税则号列】 9503. 0021
【商品名称】 动物玩偶
【规格型号】 娱乐用| 玩具类| 无牌
【商品描述】 玩偶通常用橡胶、塑料、纺织材料、蜡、陶瓷、木材、纸板、铸纸品制成或用多种上述材料制成。它们可以装接有肢体、头或眼部活动机械装置及人造发音装置等，还可以穿上衣服。
【监管证件】 A

【税则号列】 9503. 0029
【商品名称】 塑料玩偶
【规格型号】 玩具| 人物| Brittany 牌
【商品描述】 略。
【监管证件】 A

【税则号列】 9503. 0060
【商品名称】 塑料智力玩具
【规格型号】 儿童益智用| 积木| 无牌
【商品描述】 略。
【监管证件】 A

【税则号列】 9503. 0060
【商品名称】 木制玩具
【规格型号】 开发儿童智力| （种类）|（品牌）
【商品描述】 略。
【监管证件】 A

【税则号列】 9503.0083

【商品名称】 塑料电动玩具：遥控车

【规格型号】 供玩耍｜遥控车｜带有动力装置｜无牌

【商品描述】 本遥控车为仿真车型，配五号电池六粒，直流电源 9 伏作为驱动电源，正常行驶 30 分钟左右，可以作为车模摆放，也可供七岁以上儿童遥控玩耍。遥控车配有无线遥控功能，有效遥控距离在 20 米以上，操作器可操纵前进、后退、左转弯、右转弯，并对应转向灯闪烁。

【监管证件】 A

【税则号列】 9503.0089

【商品名称】 塑料套装玩具

【规格型号】 儿童玩耍用｜餐具组合等｜成套

【商品描述】 略。

【监管证件】 A

【税则号列】 9503.0089

【商品名称】 塑料玩具

【规格型号】 儿童玩耍用｜惯性车等｜无牌

【商品描述】 该产品为儿童玩耍用的塑料惯性车。

【监管证件】 A

【税则号列】 9504.4000

【商品名称】 扑克牌

【规格型号】 娱乐用｜纸制｜虎跃牌｜无型号

【商品描述】 略。

【监管证件】 无监管证件要求

【税则号列】 9505.1000

【商品名称】 圣诞工艺品

【规格型号】 摆设｜圣诞树等｜Lemax 牌

【商品描述】 略。

【监管证件】 AB/无监管证件要求

【税则号列】 9505. 1000

【商品名称】 圣诞饰品

【规格型号】 圣诞袜|（品牌）

【商品描述】 圣诞袜是圣诞节装饰用的装饰品，一般是由化纤布、化纤棉制作而成，绣有老人、雪人等显著圣诞标志图案。

【监管证件】 无监管证件要求

【税则号列】 9505. 1000

【商品名称】 圣诞工艺品（摆饰）

【规格型号】 装饰用|无品牌

【商品描述】 用于装饰房间、桌台等的圣诞节装饰品，塑料制。

【监管证件】 无监管证件要求

【税则号列】 9506. 1100

【商品名称】 高山滑雪板（含固定器）

【规格型号】 滑雪用|高山滑雪板|Atomic|AASS00228000

【商品描述】 滑雪板发明于20世纪初的北欧，用来提高滑雪者在滑雪时的速度，一般分为高山板、越野冬季两项板、跳台板、自由式板、单板等。高山板由多层结构组成，主要包括弹性反材、板芯、玻璃纤维复合材料、高分子材料底板、金属边刃等。

【监管证件】 无监管证件要求

【税则号列】 9506. 2900

【商品名称】 潜水装具

【规格型号】 潜水防护用|潜水装具|海豚牌|TF12

【商品描述】 略。

【监管证件】 无监管证件要求

【税则号列】 9506. 5900

【商品名称】 碳素羽毛球拍

【规格型号】 羽毛球运动用｜碳素｜Yonex｜NS-6600（CH）

【商品描述】 一支球拍的长度不超过68厘米，其中球拍柄与球拍杆长度不超过40厘米，拍框长度为28厘米，宽为23厘米。羽毛球拍一般由拍头、拍杆、拍柄及拍框与拍杆的接头构成。随着科学技术的发展，球拍的发展向着重量越来越轻、拍框越来越硬、拍杆弹性越来越好的方向发展。以碳素为主材料的合成纤维拍目前成为主流。每一支球拍都应该标出重量，一般通用的标法为U、2U、3U。一般全碳羽毛球拍的重量大多为2U（90克~94克）或3U（85克~89克），而铝框羽毛球拍的重量一般在U（95克~99克）以上，也有少数全碳羽毛球拍的重量更低。

【监管证件】 无监管证件要求

【税则号列】 9506. 9111

【商品名称】 电动跑步机

【规格型号】 健身｜跑步机｜无牌｜（型号）

【商品描述】 略。

【监管证件】 无监管证件要求

【税则号列】 9506. 9119

【商品名称】 健身器材

【规格型号】 健身用｜杆子｜无牌｜无型号

【商品描述】 略。

【监管证件】 无监管证件要求

【税则号列】 9506. 9900

【商品名称】 木制滑梯屋

【规格型号】 杉木制｜（品牌）｜65411

【商品描述】 用于幼儿园、露天等场所，属于综合型运动器械，通过攀爬进行滑梯活动。户外用，规格为50毫米×134毫米×2274毫米，每套102片，未拼装，工艺流程为取材锯板、烘干、精锯、四面刨、分选、木工、倒角、修补、检验等。

【监管证件】 无监管证件要求

【税则号列】 9506.9900
【商品名称】 户外游戏屋
【规格型号】 户外游戏屋用|杉木制|无牌|无型号
【商品描述】 用于幼儿园、露天等场所，属于综合型运动器械。
【监管证件】 无监管证件要求

【税则号列】 9507.1000
【商品名称】 碳纤维鱼竿
【规格型号】 碳纤维制|（品牌）|（型号）
【商品描述】 钓鱼竿有各种不同规格，可用各种材料（竹、木、金属、玻璃纤维、塑料等）制成，可以是一整根材料制成，也可以是几根套接而成。本商品为碳纤维制。
【监管证件】 无监管证件要求

【税则号列】 9507.2000
【商品名称】 钓鱼钩
【规格型号】 （品牌）|（型号）
【商品描述】 它们通常由钢制成，但亦可以镀铜、镀锡、镀银或镀金。
【监管证件】 无监管证件要求

第九十六章 杂项制品

注释：

一、本章不包括：

（一）化妆盥洗用笔（第三十三章）；

（二）第六十六章的制品（例如，伞或手杖的零件）；

（三）仿首饰（税目71.17）；

（四）第十五类注释二所规定的贱金属制通用零件（第十五类）或塑料制的类似品（第三十九章）；

（五）第八十二章的利口器及其他物品，其柄或其他零件是雕刻或模塑材料制的；但税目96.01或96.02适用于单独报验的上述物品的柄或其他零件；

（六）第九十章的物品，例如，眼镜架（税目90.03）、数学绘图笔（税目90.17）、各种牙科、医疗、外科或兽医专用刷子（税目90.18）；

（七）第九十一章的物品（例如，钟壳或表壳）；

（八）乐器及其零件、附件（第九十二章）；

（九）第九十三章的物品（武器及其零件）；

（十）第九十四章的物品（例如，家具、灯具及照明装置）；

（十一）第九十五章的物品（玩具、游戏品、运动用品）；或

（十二）艺术品、收藏品及古物（第九十七章）。

二、税目 96. 02 所称“植物质或矿物质雕刻材料”，是指：

（一）用于雕刻的硬种子、硬果核、硬果壳、坚果及类似植物材料（例如，象牙果及棕榈子）；

（二）琥珀、海泡石、黏聚琥珀、黏聚海泡石、黑玉及其矿物代用品。

三、税目 96. 03 所称“制帚、制刷用成束、成簇的材料”，仅指未装配的成束、成簇的兽毛、植物纤维或其他材料。这些成束、成簇的材料无须分开即可安装在帚、刷之上，或只需经过简单加工（例如，将顶端修剪成形）即可安装的。

四、除税目 96. 01 至 96. 06 或 96. 15 的货品以外，本章的物品还包括全部或部分用贵金属、包贵金属、天然或养殖珍珠、宝石或半宝石（天然、合成或再造）制成的物品。而且，税目 96. 01 至 96. 06 及 96. 15 包括天然或养殖珍珠、宝石或半宝石（天然、合成或再造）、贵金属或包贵金属只作为小零件的物品。

【税则号列】 9603. 2100
【商品名称】 牙刷
【规格型号】 洗漱用品 | 塑料制
【商品描述】 非野生动物产品。
【监管证件】 A

【税则号列】 9603. 9090
【商品名称】 拖把
【规格型号】 拖地用 | PP、纤维、不锈钢制
【商品描述】 擦洗地面的长柄清洁工具。
【监管证件】 无监管证件要求

【税则号列】 9607. 1900
【商品名称】 尼龙拉链
【规格型号】 咪齿材质为尼龙 | YKK
【商品描述】 该产品的咪齿材质为尼龙，长度为 7 厘米~110 厘米。
【监管证件】 无监管证件要求

【税则号列】 9608.1000
【商品名称】 圆珠笔
【规格型号】 油性圆珠笔|（品牌）|（型号）
【商品描述】 圆珠笔是风行世界的一种书写工具。它具有结构简单、携带方便、书写润滑，且适宜于用来复写等优点，因而从学校的学生到写字楼的文职人员等各界人士都乐于使用。圆珠笔的书写原理，主要是利用球珠在书写时与纸面直接接触产生摩擦力，使圆珠在球座内滚动，带出笔芯内的油墨或墨水，以达到书写的目的。笔杆内通常带有一支内装有油墨、笔头及圆珠的管子。
【监管证件】 无监管证件要求

【税则号列】 9617.0019
【商品名称】 保温瓶
【规格型号】 带外壳
【商品描述】 保温瓶，日常用品，以内抽真空的双层壁瓶为内胆，罩以外壳而成的保温容器，非玻璃内胆。
【监管证件】 无监管证件要求

【税则号列】 9617.0090
【商品名称】 保温提锅
【规格型号】 不带外壳
【商品描述】 具有保温功能的提锅，容量2升~4升。
【监管证件】 无监管证件要求

【税则号列】 9619.0011
【商品名称】 纸尿裤
【规格型号】 Goon大王牌
【商品描述】 纸尿裤是一次性，使用后即可抛弃的产品，由无纺布、卫生纸、绒毛浆、高分子吸水树脂、PE膜、橡皮筋等材料制成。有幼儿专用与成人专用两种。
【监管证件】 A

【税则号列】 9620.0000
【商品名称】 三脚架
【规格型号】 相机用三脚架|Silver Crest牌|TS 2430-HJ
【商品描述】 略。
【监管证件】 无监管证件要求

第二十一类
艺术品、收藏品及古物

第九十七章　艺术品、收藏品及古物

注释：

一、本章不包括：

（一）税目 49.07 的未经使用的邮票、印花税票、邮政信笺（印有邮票的纸品）及类似的票证；

（二）作舞台、摄影的布景及类似用途的已绘制画布（税目 59.07），但可归入税目 97.06 的除外；或

（三）天然或养殖珍珠、宝石或半宝石（税目 71.01 至 71.03）。

二、税目 97.02 所称“雕版画、印制画、石印画的原本”，是指以艺术家完全手工制作的单块或数块印版直接印制出来的黑白或彩色原本，不论艺术家使用何种方法或材料，但不包括使用机器或照相制版方法制作的。

三、税目 97.03 不适用于成批生产的复制品及具有商业性质的传统手工艺品，即使这些物品是艺术家设计或创造的。

四、

（一）除上述注释一至三另有规定的以外，可归入本章各税目的物品，均应归入本章的相应税目而不归入本协调制度的其他税目；

（二）税目 97.06 不适用于可以归入本章其他各税目的物品。

五、已装框的油画、粉画及其他绘画、版画、拼贴画及类似装饰板，如果框架的种类及价值与作品相称，应与作品一并归类。如果框架的种类及价值与作品不相称，应分别归类。

【税则号列】　9703.0000
【商品名称】　根雕摆件
【规格型号】　具有商业性质的装饰用雕塑品 | 34 厘米×26 厘米×73 厘米
【商品描述】　具有商业性质的装饰用雕塑品，非野生动物材质，山楠木飞禽。
【监管证件】　无监管证件要求

【税则号列】 9706.0000
【商品名称】 文物、兵马俑等
【规格型号】 陶类等|秦代、春秋战国|非野生动物产品
【商品描述】 略。
【监管证件】 无监管证件要求

【税则号列】 9706.0000
【商品名称】 古字画
【规格型号】 字画|北宋|非野生动物产品
【商品描述】 略。
【监管证件】 无监管证件要求

【税则号列】 9706.0000
【商品名称】 古物（超过100年）
【规格型号】 古代刀具、护具等|青铜器时期到清代|非野生动物产品
【商品描述】 略。
【监管证件】 无监管证件要求

附表

监管证件代码表

证件代码	证件名称
1	进口许可证
2	两用物项和技术进口许可证
3	两用物项和技术出口许可证
4	出口许可证
5	纺织品临时出口许可证
6	旧机电产品禁止进口
7	自动进口许可证
8	禁止出口商品
9	禁止进口商品
A	检验检疫
B	电子底账
E	濒危物种允许出口证明书
F	濒危物种允许进口证明书
G	两用物项和技术出口许可证（定向）
H	港澳 OPA 纺织品证明
I	麻醉精神药品进出口准许证
J	黄金及黄金制品进出口准许证
K	深加工结转申请表
L	药品进出口准许证
M	密码产品和设备进口许可证
O	自动进口许可证（新旧机电产品）
P	固体废物进口许可证
Q	进口药品通关单
R	进口兽药通关单
S	进出口农药登记证明
T	银行调运现钞进出境许可证（废止）
U	合法捕捞产品通关证明
V	人类遗传资源材料出口、出境证明

续表

证件代码	证件名称
W	麻醉药品进出口准许证
X	有毒化学品环境管理放行通知单
Y	原产地证明
Z	赴境外加工光盘进口备案证明
a	保税核注清单
b	进口广播电影电视节目带（片）提取单
c	内销征税联系单
d	援外项目任务通知函
e	关税配额外优惠税率进口棉花配额证
f	音像制品（成品）进口批准单
g	技术出口合同登记证
h	核增核扣表
i	技术出口许可证
k	民用爆炸物品进出口审批单
m	银行调运人民币现钞进出境证明
n	音像制品（版权引进）批准单
q	国别关税配额证明
r	预归类标志
s	适用 ITA 税率的商品用途认定证明
t	关税配额证明
v	自动进口许可证（加工贸易）
x	出口许可证（加工贸易）
y	出口许可证（边境小额贸易）
z	古生物滑石出境批件